Georg Henke
Julia Sander

Umbrien und die Marken

Vorwort

Über Jahrhunderte lag das kleine **Umbrien** abseits der üblichen Reiserouten. Die Bildungsreisenden des 18. und 19. Jhs. ließen die Region meist links liegen. Von den berühmten Kunststädten Norditaliens wie Venedig, Mailand oder Florenz strebten sie zügig nach Süden zu den großen Kulturdenkmälern der Antike, nach Rom, Neapel, Pompeji und Sizilien, und äußerten sich dabei nur abfällig über die „mittelalterliche Dunkelheit" der ländlichen Regionen in der Mitte Italiens. Erst nachdem die angrenzende Toskana mehr und mehr zum Gegenstand schwärmerischer Reisereportagen und üppig bebilderter Fotobände geworden war, rückte auch das ähnlich strukturierte Umbrien ins Licht des touristischen Interesses. Sehr schnell stellte man dabei fest, dass es hier auf engstem Raum nicht weniger **große Kunst** und nicht weniger **malerische Landschaften** gab, als in der ungleich berühmteren Nachbarregion.

Perugia, Assisi und **Orvieto** gehören heute zu den Orten, die wegen ihrer vielen Kulturdenkmäler jeder Italienbegeisterte einmal besucht haben muss, und die natürlich auch im vorliegenden Band ausführlich beschrieben sind. Doch daneben wird auch den vielen weiteren sehenswerten kleineren Orten breiter Raum gewidmet. Spoleto, Gubbio, Spello, Città della Pieve, Norcia, Montefalco, Bevagna oder Città di Castello gehören zu den zahlreichen fast perfekt erhalten **historischen Orten** Umbriens, die es zu entdecken gilt, ebenso wie die oft in malerische Landschaften gelegenen vielen Castelli, Klöster und Landkirchen des Mittelalters.

Die Rolle der unbekannten Region im touristischen Abseits hat, was Mittelitalien angeht, Umbrien inzwischen an die **Marken** abgetreten. Hier wurden bisher allenfalls die langen **Badestrände der Adriaküste** als Reiseziel wahrgenommen. Das hügelige bis gebirgige Hinterland blieb ein weißer Fleck auf der Landkarte. Der vorliegende Reiseführer versucht, in dieser Hinsicht etwas Abhilfe zu schaffen. Auch wenn in den Marken bis auf wenige Ausnahmen nicht die ganz großen kulturellen Glanzlichter wie in Umbrien zu finden sind, gibt es auch in dieser Region durchaus lohnende Reiseziele und unbekannte Schönheiten. Vor allem die intakte und lebendige Alltagskultur der vielen **gastfreundlichen Kleinstädte** wirkt ausgesprochen anziehend. Zusammen mit Umbrien bilden die Marken so etwas wie die „gesunde Mitte" Italiens, die zwischen der hektische Modernität des reichen Nordens und der mafiös verstrickten ökonomischen Rückständigkeit Süditaliens ihr Gleichgewicht bewahrt hat.

Vor allem in Umbrien wird neben der so zahlreich vorhandenen großen Kunst und Architektur oft übersehen, dass es in den beiden Regionen weite Gebiete mit **herrlicher unberührter Natur** gibt: dunkel-verwunschene Steineichenwälder, sanftes harmonisches Hügelland mit silbrig in der Sonne flimmernden Olivenhainen, blumenübersäte Bergalmen von grenzenloser Weite, einsame Schluchten und unvertraut erscheinende eiszeitliche Hochgebirgstäler. Aus der Perspektive des Autofahrers bleiben die vielen landschaftlichen Schönheiten Umbriens und der Marken oft verborgen, weswegen detaillierte Wegbeschreibungen für **Wandertouren** ebenfalls nicht fehlen.

Der **reisepraktische Informationsteil** bei den Städten und Orten mit Adressen und Kurzcharakteristika von Hotels, Agriturismo-Betrieben, Restaurants usw. bietet eine persönliche Auswahl und hat nicht den Anspruch absoluter Vollständigkeit. Für Anregungen und Kritik von Seiten des Lesers bedanken sich Verlag und Autoren im Voraus ganz herzlich.

Buon viaggio!

Inhalt

Exkurse

PRO LOCO
15

Praktische Tipps A–Z

Touristen-Information Pro Loco in Calvi

Franziskus-Souvenirs aus Assisi
Schlangestehen im Postamt, Umbertide
Porchetta ist eine Imbiss-Spezialität

Anreise

Mit dem eigenen Kfz

Die **Brennerautobahn** ist nach wie vor der schnellste Weg in den Süden (München - Bologna etwa 550 km); Oberbayern können auch über den Reschenpass nach Bozen kommen. Von Nord- oder Westdeutschland empfiehlt sich auch die Strecke durch die Schweiz über Basel, **Gotthardpass,** Bellinzona, Mailand, Modena (Basel - Bologna etwa 600 km).

Bei der Fahrt über die Alpen werden **Mautgebühren** fällig. In **Österreich** hat man die Wahl zwischen einer Jahresvignette zu 72 €, einer Zwei-Monats-Vignette zu 21 € sowie einer 10-Tagesvignette zu 7,60 € (jeweils für Pkw, für Motorräder zahlt man etwa die Hälfte). Für die Benutzung der Brennerautobahn Innsbruck - Bozen werden ca. 10 €, für die Tauern-Autobahn Salzburg - Villach ca. 12 € Wegezoll zusätzlich fällig. In der Schweiz kostet die ein Jahr gültige Autobahn-Vignette 27 € (Pkw u. Motorrad). Je nach anschließender kostenpflichtiger Autobahnfahrtstrecke in Italien (s. u.) können so schnell 100 € Straßenmaut für Hin- und Rückfahrt zusammenkommen. Das Ausweichen auf gebührenfreie Nebenstraßen lohnt jedoch wegen der längeren Strecke und Fahrzeiten kaum.

Je nach Reiseziel, Umbrien oder Marken, trennen sich ab **Bologna** die Wege. Wer es eilig hat nach **Umbrien** zu kommen, fährt auf der **A 1**, der *Autostrada del Sole*, weiter. Die 100 km zwischen Bologna und Florenz sind besonders unangenehm, wenn Lkws unterwegs sind. Die Strecke über den Apennin ist schmal, kurvenreich und hat viele Tunnels. Ansonsten geht es zügig dahin bis zur Ausfahrt *Valdichiana, Chiusi-Chianciano, Perugia* ca. 100 km hinter Florenz (Mautgebühr ab Brenner ca. 35 €). Über eine vierspurige *Superstrada* erreicht man schnell den Lago Trasimeno, Perugia und Assisi (Bologna - Lago Trasimeno 240 km). Die kürzeste Anreise nach Umbrien bietet die Superstrada **E 45** Cesena - Orte, eine gebührenfreie Schnellstraße die ganz Umbrien von Norden nach Süden durchquert. Nach den kargen Apenninbergen der Romagna erreicht man über den *Vergheretopass* das sanfte Tibertal bei Città di Castello in Nordumbrien (Bologna - Città di Castello 180 km).

Der schnellste Weg in die **Marken** führt über die gebührenpflichtige Adriaautobahn **A 14** (Bologna - Ancona 200 km). Die erste Ausfahrt der Region ist *Cattolica/San Giovanni/Gabicce,* die letzte *Ascoli Piceno.*

Beim Halt an Autobahnraststätten und in größeren Orten sollte man sein Auto gut im Auge behalten - mit Gepäck beladene, unbewachte Fahrzeuge werden hier manchmal gerne und gründlich aufgebrochen.

Autoreisezüge verkehren in der Sommersaison von Düsseldorf, Köln, München nach Florenz und von Hamburg, Hannover, Dortmund, Köln und München nach Rimini; Auskunft Tel. 01 80/5 24 12 24.

Mit der Bahn

Auch mit dem Zug führt die Hauptroute nach Süden von München über den Brenner nach Florenz. Daneben ist auch die Anreise durch die Schweiz über Mailand möglich.

Umbrien

Da die Hauptorte Umbriens, mit Ausnahme Orvietos an Nebenlinien liegen muss fast immer in **Florenz Santa Maria Novella** oder **Terontola** umgestiegen werden. In Terontola zweigt von der Hauptstrecke Florenz – Rom die Nebenlinie nach Foligno ab. Von Florenz aus geht es 5x täglich umsteigefrei nach Foligno über Passignano – Perugia – Assisi – Spello. In Terontola hat man etwa 15x täglich Anschluss. Alle zwei Stunden fährt ein Interregio von Florenz nach Rom über Orvieto.

Da die **Hauptverbindungen nach Mittelitalien** seit Jahren fast unverändert geblieben sind gebe ich sie hier kurz an: Der *Brenner Express* D 289 verlässt München kurz vor Mitternacht und erreicht Florenz gegen 9 Uhr. Der Euronight 287 *Capri* München (20.30 Uhr ab) – Napoli hält gegen 6.30 Uhr in Terontola. (Nach Orvieto eine Station weiter in Chiusi umsteigen.) Tagsüber fährt der Eurocity *Michelangelo* von München (ab 9.30 Uhr) über Florenz (an 17.30 Uhr) nach Rom. Der Euronight 313 *Roma* (Basel SBB – Rom) hält gegen 7.00 Uhr in Florenz, der Euronight 235 *Remus* (Wien – Rom) hält gegen 6.30 Uhr in Florenz und 8.00 Uhr in Orvieto. Alle Nachtzüge haben Schlaf- und Liegewagen.

Von West- und Südwestdeutschland ist die Anreise durch die Schweiz meist kürzer, wobei immer in Mailand und/oder Florenz ungestiegen werden muss. (Direktverbindung Dortmund/Frankfurt – Mannheim – Mailand/Florenz).

Marken

Von München an die Adria gibt es von Mai bis September 3 x pro Woche mit dem Uex 1289 eine umsteigefreie Nachtverbindung mit Schlaf- und Liegewagen. Der Zug hält in den Marken in Pesaro, Fano, Senigallia, Ancona, Civitanova Marche, Porto San Giorgio und San Benedetto del Tronto. Ansonsten muss man in Bologna umsteigen. Mit dem Intercity dauert die Fahrt von hier nach Pesaro etwa 1 1/2 Stunden.

Kosten

Die einfache Fahrt von München nach Perugia oder Ancona kostet ohne Zuschläge etwa 70 €. Die Anfahrt durch die Schweiz ist erheblich teurer als die Brennerstrecke durch Österreich. Nach Einführung des neuen Preissystems der DB AG gelten ab 2003 auch im grenzüberschreitenden Verkehr neue **Ermäßigungsbedingungen.** Sowohl in Italien als auch in den Transitländern Österreich und Schweiz gelten der *Mitfahrerrabatt* (50 % für jede weitere mitreisende Person) sowie der *Bahn Card RailPlus-Rabatt* (25 %). Weitere 25 % Ermäßigung gibt es mit *Plan & Spar Europa* (Bedingungen u. a. Vorkaufsfrist mindestens 7 Tage, Festlegung für Hin- und Rückfahrt auf einen bestimmten Zug auf dem deutschen Streckenteil). Der Gesamtpreis ist darüber hinaus auch abhängig von der konkret gewählten Verbindung. München – Ancona/Perugia hin und zurück kostet für zwei Personen mit allen Ermäßigungen etwa 145 €. Für eine entsprechend ermäßigte Rückfahrkarte von Hamburg oder Berlin nach Ancona/Perugia sind für zwei gemeinsam Reisende insgesamt etwa 300 € zu zahlen. Schlaf- oder Liegewagenzuschläge sind darin noch nicht enthalten. Für den Urlaubsexpress an die Adria gelten besondere Preis- und Benutzungsbedingungen.

Tipp: Einzelfahrkarten zum Normaltarif für inneritalienische Strecken sind zurzeit in Deutschland gekauft ganz erheblich teurer als am italienischen Bahnschalter(bis zu 50 %), dies gilt insbesondere bei zuschlagfreien Zügen!

Vorsicht! In den Nachtzügen kommt es immer wieder zu Diebstählen. Deshalb sollte man die Abteile gut verriegeln und keine Wertsachen in Koffern und Taschen lassen.

Kleiner Lokführer auf märkischer Nebenbahn

Fahrradmitnahme von Deutschland nach Italien ist zurzeit im Brenner-Express (München – Florenz) und im Uex 1289 (München –Ancona– Pescara) möglich. Radfahrerhotline der Deutschen Bahn: 0 18 05/99 66 33.

Mit dem Flugzeug

Für Süddeutsche, Österreicher oder Schweizer lohnt es wahrscheinlich weniger, *via aereo* nach Umbrien oder in die Marken zu reisen. Mit eigenem Auto oder Bahn kommt man wesentlich billiger und fast ebenso schnell ans Ziel. Die beiden Regionen haben je einen eigenen **Flughäfen:** in **Perugia** den *Aeroporto Regionale Umbro Sant' Egidio* und in Falconara bei **Ancona** den *Aeroporto Raffaello Sanzio*. Beide Flughäfen werden inneritalienisch von Rom und Milano aus angeflogen. Zweimal täglich fliegt die *Air Dolomiti/Lufthansa* für etwa 500 € von München nach Ancona; Spezialtarife zurzeit ab etwa 240 €.

Vom Hauptflughafen *Leonardo da Vinci* in Fiumicino bei **Rom** fahren Direktbusse nach Perugia und Terni in Umbrien. Für die Anreise in die Marken kommt auch der Flughafen von **Rimini** in betracht. Von Rimini bestehen gute Bahnverbindungen nach Pesaro/Ancona.

Ausrüstung

Für Umbrien und die Marken ist keine besondere Ausrüstung notwendig, soweit man keine sportlichen Aktivitäten unternehmen will. Bei der Zusammenstellung des Reisegepäcks sollte man die Temperaturen in Mittelitalien nicht überschätzen. Entgegen mancher Vorurteile schwitzt man nur etwa von Mitte Juni bis Mitte September allerorten und bis in die Abendstunden unter einer vom wolkenlosen Himmel niedersengenden Sonne. Die übrige Zeit muss man mit schnellen Wetterumschwüngen und niedrigen Temperaturen rechnen. In den Nächten kann es empfindlich kühl werden, und hinter dicken Steinmauern und in schattigen Altstadtgassen hält sich die Kälte lange. Hinzu kommt, dass in Mittelitalien Heizungen in den Hotels, Restaurants, Bars und öffentlichen Gebäuden oft nicht richtig funktionieren. Viele Gebäude sind schlecht isoliert und an Heizkosten wird auch in teureren Hotels gerne gespart. Ausreichend warme Kleidung zum Wechseln und für drinnen und draußen sowie einen Regenschutz sollte man deshalb (fast) zu jeder Jahreszeit dabei haben. Insbesondere gilt dies für die Monate März/April, die öfters feucht-kalte Wetterlagen bringen. Für diese Zeit nur einen warmen Pullover einzupacken reicht sicherlich nicht aus.

Die Italiener sind sehr modebewusst und haben, wenn man nicht gerade körperliche Arbeit verrichtet, wenig Verständnis für nachlässige Kleidung oder in ihren Augen unmögliche Zusammenstellungen. *„Fare una bella figura"* ist angesagt, und Sandalen mit Socken zu tragen gilt beispielsweise als ästhetischer Tiefschlag, der allenfalls Ausländern verziehen wird. Auf der anderen Seite gibt es in formaler Hinsicht keine Vorschriften, Anzug, Krawatte oder Abendkleid sind auch in Nobelrestaurants und Luxusherbergen nicht gefordert.

Gutes Schuhwerk ist nicht nur für Wanderer empfehlenswert, denn die Pflastergassen der historischen Orte sind oft steil und holprig. Schon die Reiseführer für die Bildungsbürger des 19. Jhs. empfahlen die Mitnahme eines Opernglases als unentbehrliches Requisit für Kunstfreunde zur Betrachtung von Kirchenfresken und architektonischen Details der Fassaden. Eine Leselupe hilft, die winzige Schrift im offiziellen Hotelverzeichnis Umbriens und den regionalen Fahrplanheftchen zu lesen.

Diplomatische Vertretungen und Konsulate

Weder in Umbrien noch in den Marken unterhalten die deutschsprachigen Ländern momentan Konsulate. Botschaften und Konsulate gibt es in Rom und Florenz:

Bundesrepublik Deutschland

- **Botschaft der bundesrepublik Deutschland,** Konsularabteilung, Via San Martino della Battaglia 4, I-00185 Roma, Tel. 06 49 21 31, Fax 06 49 21 33 20, www.ambgermania.it.
- **Deutsches Konsulat in Florenz,** Lungarno Vespucci 30, Tel. 0 55 29 47 22.

Republik Österreich

- **Österreichische Botschaft Rom,** Konsularabteilung, Viale Liegi 32, Tel. 0 68 55 29 66.
- **Österreichisches Konsulat Florenz,** Lungarno Vespucci 58, Tel. 05 52 65 42 22.

Schweiz

- **Botschaft der Schweiz,** Konsularabteilung, Via Barnaba Oriani 61, Tel. 06 8095 71.
- **Schweizer Konsulat Florenz.** Piazza Galileio 5, Tel. 0 55 22 34 34.

Einkaufen

Das Preisniveau ist nach der drastischen Lireabwertung von 1995 im großen und ganzen wie in den deutschsprachigen Ländern. Deutlich preiswerter sind hier neben Getränken und Imbiss in den Bars, Bus- und Bahnfahrkarten vor allem **Kleidung** und **Schuhe**, solange man die superschicken Läden der *alta moda,* der italienischen Variante der *Haute Couture* meidet. Zahlreiche fliegende Händler wandern mit ihren fahrenden Verkaufsständen über die zahlreichen Märkte in den kleineren und größeren Orten Mittelitaliens. Das Angebot an Hosen, Hemden, Röcken, Schuhen und sonstigen Lederwaren ist groß. Manches, aber keineswegs alles, ist minderwertige Billigware. Die Marktatmosphäre ist fast orientalisch entspannt, und manchmal gelingt es auch, den Preis herunterzuhandeln, vor allem, wenn man gleichzeitig mehrere Sachen kauft.

Scontrino

Im Kampf gegen den Volkssport der Steuerhinterziehung, der vor allem von Ladenbesitzern, Restaurant- und Barbetreibern mit Begeisterung betrieben wurde, kam die Finanzverwaltung auf eine durchschlagende Idee. Sie zwangen die Käufer und Kunden zur Mitarbeit. Diese sind unter Androhung einer saftigen Geldbuße verpflichtet, einen Kaufbeleg, *scontrino* oder *ricevuta fiscale,* beim Verlassen von Geschäften, Restaurants, Hotels und Bars mitzuführen. Wer im Umkreis von 50 m um das Ladenlokal erkennbar als Käufer von der *Guardia di Finanza* angetroffen wird und kein *scontrino* vorweisen kann, muss bis zu 150 € Bußgeld zahlen. Der gleiche Betrag wird dann nochmal für den Verkäufer fällig. Die Finanzpolizei gilt als gnadenlos. Also wundere man sich nicht, wenn man, nach dem Konsum eines Glas Mineralwassers im Werte von 25 Cent zügig zur Ausgangstür strebend, vom *Barista* energisch zurückbeordert wird, um einen Papierschnipsel in die Hand gedrückt zu bekommen.

Souvenirs

Die handwerklichen und kunsthandwerklichen Traditionen sind vielerorts noch lebendig. Sowohl in Umbrien als auch in den Marken werden seit Jahrhunderten glasierte und farbig bemalte **Keramiken** hergestellt. Vor allem Deruta südlich Perugia ist bis heute eines der Produktionszentren, wo man neben allerlei Kitsch auch gute Stücke erwerben kann. Daneben sind in Umbrien Gubbio, Gualdo Tadino, Città di Castello, Orvieto, in den Marken Pesaro, Urbino und Urbania Einkaufsorte für schöne Keramiken. Città di Castello mit der Werkstatt *Laboratorio della Tela Umbra* ist seit jeher ein Zentrum der **Webkunst.** Daneben gibt es hier mehrere Kunsttischlereien zur Herstellung stilvoller **Möbel.** Ein weiteres Zentrum der Holzbearbeitung (Stilmöbel, Holzbildhauer) ist Todi. In den Orten um den Trasimenischen See (Panicale, Isola Maggiore) sowie in Offida in den Marken fertigen die Frauen nach wie vor feine **Klöppelspitzen.** Als Mitbringsel eignen sich natürlich bestens die **kulinarischen Spezialitäten** der Regionen: feines Olivenöl aus Trevi oder Montefalco, als Paste oder in Öl konservierte Trüffeln aus Norcia oder Acqualanga, Schinken und Salami (Norcia, Montefeltro), Pecorino (Monti Sibillini), umbrische Stringozzi- oder märkische Strozzapreti-Nudeln, Olive all'Asolane aus Ascoli Piceno, Weine aus Jesi (Verdicchio) oder Montefalco (Sagrantino).

Beim Einkauf auf das Haltbarkeitsdatum achten! Damit nimmt man es in Italien nicht immer ganz so genau und gerade durchreisende Touristen eignen sich gut, um abgelaufene Ware doch noch an den Mann zu bringen.

Essen und Trinken

Obwohl es im Gebiet Umbriens und der Marken zwei der besten Restaurants Italiens gibt (*Vissani* bei Todi, *Symposium* bei Fano) versuchen sich die Köche Umbriens und der Marken nur selten in gewagten kulinarischen Experimenten. Die Küche ist bodenständig und kräftig, und lebt von der hohen Qualität der Grundprodukte. **Pasta** in hundert Variationen, **Vorspeisenteller** mit Schinken, Salami, Pecorino-Käse und **deftige Hauptgerichte** mit Wildschwein, Kaninchen, Lamm, Wildtauben oder Perlhuhn bestimmen die Speisekarten. Das heute gerne gezeichnete Bild von der leichten, fleischarmen mediterranen Küche mit viel Fisch gerät schnell ins Wanken, wenn man italienischen Familien beim Tafeln in den sonntäglichen Ausflugslokalen zuschaut. Das Fleischgericht ist der Höhepunkt der Mahlzeit, Gemüse ist meist nur Bestandteil der Nudelsauce oder Beilage, und ein größeres Angebot an Fischgerichten gibt es allenfalls dort, wo in der Umgebung Süßwasserfische ins Netz gehen. Meeresfisch kommt in der traditionellen Küche Mittelitaliens abseits der Küsten kaum vor. Allenfalls gedörrt als *stoccafisso* (Stockfisch) kam er früher auf den Tisch.

Viele der **Zutaten** kommen frisch aus den Wäldern, Bergen, Seen und Flüssen der Umgebung. Im Apennin und den umbrischen und märkischen Mittelgebirgen leben noch Wildschweine in großer Zahl, und auch Steinpilze und die begehrten Trüffelknollen gedeihen hier prächtig. In den glasklaren Gebirgsbächen der Valnerina wimmelt es nur so von Forellen. Schafherden weiden in den Hochebenen und Gebirgszonen, wo für Italien leicht exotische Feldfrüchte wie Dinkel, Kichererbsen, Linsen und rote Kartoffeln kultiviert werden. Etwas weiter unten an den Berghängen wachsen Ölbäume und Wein, in den Tälern werden allerlei Gemüsesorten angebaut. Der überall verbreitete Rosmarin wird gepflückt, um Röstkartoffeln sein intensives Aroma zu geben. Den vielen Wildkaninchen, Fasanen und Rebhühnern sind allerorten die Jäger auf der Spur, die Fischer ziehen immer noch Hecht, Schleie, Barsch und Aal aus dem Trasimenischen See. Überall auf den Wie-

sen wachsen im Frühjahr vielerlei Wildgemüse, an den Waldrändern sprießt dann der beliebte wilde Spargel. Die vielen landwirtschaftlichen Betriebe halten Ziegen, Federvieh, Kaninchen und Schweine. Immer mehr Bauern setzten auf hohe Qualität oder gehen sogar zur **biologischen Anbauweise** über. Alles, was das Land gerade zu bieten hat, kommt weitgehend naturbelassen und ohne komplizierte Rezepte zubereitet auf den Tisch. An der Adriaküste rächt sich allerdings langsam der in den letzten Jahrzehnten mit Meeresverschmutzung und Überfischung betriebene ökologische Raubbau. **Fisch und Meeresfrüchte** sind hier zwar aus der regionalen Küche nach wie vor nicht wegzudenken, wegen des knappen Angebots werden jedoch die Portionen in den Restaurants immer kleiner und/oder die Preise immer höher.

Schweinespezialitäten aus der Norcineria

Zum Kochen wird überall das sehr milde und säurearme **Olivenöl** der Region verwendet. Es verfeinert den Eigengeschmack der Zutaten ohne ihn zu verfälschen. Und natürlich der berühmte **Trüffel** *(tartufo)* – in vielen Variationen verfeinert er die Speisen. Vor allem als Vorspeise auf geröstete Weißbrotscheiben gestrichen *(crostini tartufata)* sowie zu Risotto und diversen Nudelgerichten wird er verwendet. Aber auch Kalbfleisch, Forellen und Omelettes gibt er sein eigenwilliges Aroma. (Bei *Tartufo* als Nachspeise handelt es sich allerdings um eine halbgefrorene Schokoeiskugel).

Nudeln *(pasta)* nehmen einen wichtigen Platz sowohl in der umbrischen als auch in der märkischen Küche ein. Es gibt sie in den verschiedensten Formen und Zubereitungsarten, wobei die Spaghetti nicht unbedingt an erster Stelle stehen, Bandnudeln (*tagliatelle)* sind mindestens genauso häufig. In den Landrestaurants werden sie öfters noch *fatto a casa, fatto a mano* oder als *pasta fresca* angeboten. Sie sind dann hausgemacht, wobei reichlich Eigelb in den Nudelteig gerührt wird. (Dass man in Italien keine Eiernudeln esse, ist nur ein Gerücht.) Spezifisch umbrisch sind *stringozzi,* dickliche Bandnudeln, die entfernt an Spätzle erinnern. An Marktständen erhält man frisch zubereitete *porchetta,* ein in ganz Mittelitalien beliebter Fleischimbiss. Die Umbrer reklamieren die Urheberschaft für dieses Gericht für sich. Ein ganzes Jungschwein wird mit wildem Fenchel, Knoblauch Rosmarin und Pfeffer gewürzt und am Spieß gebraten, dann scheibenweise in ein *panino* eingeklemmt zum Verzehr auf der Hand verkauft.

Auf der Hochebene von Castelluccio wachsen in etwa 1400 m Höhe die angeblich besten **Linsen** Italiens. Der biologische Anbau ist hier keine Modeerscheinung, sondern hat Tradition. Schon zu Urgroßvaters Zeiten hielten sich die Landwirte strikt an den Landbau mit regelmäßigem Fruchtwechsel. Im ersten Jahr werden Linsen gepflanzt, im zweiten eine Getreideart und im dritten Jahr lässt man das Land brach liegen. Die kleinen Linsen (2 mm Ø) gibt es in drei Varianten: grün, rötlich und marmoriert. Durch ihre feine Schale garen sie schnell und brauchen vor dem Kochen deshalb nicht eingeweicht zu werden. Auch aus der Gegend von Colfiorito und Annifo kommen erstklassige Linsen. Hier werden auch die bekannten roten Kartoffeln angebaut, die für die Herstellung der *gnocchi* verwendet werden.

Norcia, das kleine abgelegene Städtchen am Rande der Monti Sibillini, wird seit jeher gerühmt für die Qualität seiner Salami, Schinken und sonstigen Produkten aus **Schweinefleisch.** Im Mittelalter bedeckten ausgedehnte Eichenwälder die Berge um Norcia. Die Eicheln waren die Grundlage der Schweinemast. Begehrt ist der *Prosciutto crudo di Norcia* (roher Schinken aus Norcia). Ein guter Schinken sollte auf jeden Fall „einen Sommer und einen Winter" erleben, am besten zwei Jahre gelagert werden. Er wird zunächst mit Salz, Pfeffer und Knoblauch gewürzt und einen Monat ruhen gelassen. Nachdem er mit Wasser und Wein abgewaschen wurde, wird er nochmals gewürzt und leicht geräuchert. Anschließend lagert er in einer Paste aus Mehl und Schmalz in einem feuchten aber frisch belüfteten Raum. Manche Kunden bestehen darauf, dass der Schinken mit der Hand aufgeschnitten wird. Angeblich verliert er beim Aufschnitt mit der Maschine an Geschmack. Leider ist das Grundmaterial für den Schinken heute nicht immer von bester Qualität, öfters kommt es aus Massentierhaltungen der Valle Umbra.

Linsen mit Würstchen eine italienische Spezialität? *Salsicce,* gut gewürzte, kräftige Schweinswürste sind sowohl in Umbrien als auch den Marken sehr beliebt. Sie werden gegrillt oder kommen in die Suppe mit den Linsen von Castelluccio. Weitere Spezialitäten aus Schweinernem sind *salsicce stagionate,* kleine harte Salami, *capocollo,* Halsgratschinken und *mazzafegati,* deftige Lebersalami.

Auch der **Käse** Umbriens hat einen guten Ruf. Kühe und Schafe finden auf den unberührten Almweiden der Hochebenen und Gebirgsketten des Apennin beste Lebensbedingungen. Gute Qualität kommt vor allem aus der Hochebene von Castelluccio, sowie aus der Gegend von Norcia, Gubbio und Gualdo Tadino. Typische Käsesorten sind der *Pecorino fresco* (frischer Schafskäse), *Ricotta di mucca, Pecora o mista* (Frischkäse aus Kuhmilch, Schafsmilch oder gemischt), *Mozzarella* (in Umbrien und den Marken aus Kuh-, statt Büffelmilch), *Scamorza bianca* (fester, milder Käse aus Kuhmilch), *Scamorza affumicata* (geräucherter Scamorza) und *Caciotta* (milder, leicht cremiger Mischkäse).

Auch in den Eichenwäldern der Gebirge der **Marken** finden die Trüffelhunde überall die begehrten schwarzen und weißen Knollen. Ebenso wie in Umbrien werden hier Pecorino, Schinken und Schweinesalami von guter Qualität hergestellt. Geschätzt ist der *Prosciutto di Montefeltro* vom Monte Carpegna. Eine Besonderheit aus der Provinz Ascoli ist *Ciabusculu,* eine Streichsalami, die mit Schmalz wildem Fenchel, Knoblauch und Orangenschale zubereitet wird. *Strozzapreti* ist die märkische Variante der dicken umbrischen Stringozzi-Bandnudeln. *Cappelletti* sind mit Hack oder Ricotta und Spinat gefüllte Teigtaschen. Eine weitere märkische Pasta-Spezialität ist *Vincigrassi,* eine Art Lasagne mit Fleischfüllung, die mit einer hellen Bechamelsauce serviert wird. Im Piceno in den südlichen Marken wird Gemüse auch als Hauptgericht gereicht. Paniert und frittiert kommen die verschiedensten Sorten *all'ascolana* auf den Tisch. Eine auch überregional bekannte lokale Spezialität Ascoli Picenos sind gefüllte *Olive all'ascolana.* Die nur in einem kleinen Gebiet bei Ascoli wachsenden großen Oliven der Sorte Tenera Ascolana wurden schon vom römischen Schriftsteller Plinius wegen ihrer besonderen Qualität gepriesen. Die Früchte werden entsteint, dann einzeln mühselig mit einer Mischung aus Mett, Parmesan, Eiern, Zitronenschale und Muskat gefüllt, in Mehl gewendet und anschließend in Olivenöl ausgebacken. Als Hauptgang oder auch nur als kleine Beilage zum Aperitif werden sie gegessen. *Fritto misto all'ascolana* ist ein reichhaltiger Hauptgang aus allerlei Paniertem und Frittierten (gefüllten Oliven, Zucchini, Artischocken, Frischkäse, Lammkotelettes). Das klassische märkische Fischgericht ist die *Brodetta,* eine reichhaltige Fischsuppe, die in diversen Varianten gekocht wird, u. a. essigsauer mit Tomaten, Zwiebeln, Knoblauch, Petersilie oder mit Kräutern und Safran. *Stocafissa all'anconetana,* langsam in Gemüse, Olivenöl und Wein geschmorter Stockfisch, früher das Alltagsgericht

Kulinarische Reise durch die Jahreszeiten

Frühling ... la primavera

- **Asparagi,** wilder Spargel, zu Pasta oder Risotto
- **Erbe campagnola,** gekochtes, leicht bitter schmeckenden wildes Blattgemüse, ähnlich dem Spinat
- **Carciofi,** Artischocken, entweder ripiene, mit Hack gefüllt oder zu Pasta oder als Kochgemüse
- **Fave e pecorino,** typisch umbrische Frühlingsvorspeise, rohe Saubohnen mit Schafskäse

Sommer ... l'estate

- **Tartufo nero estivo o scorzone,** schwarzer Sommertrüffel, trota tartufata, Forelle mit Trüffel
- **Waldfrüchte,** u. a. sehr aromatische wilde Erdbeeren
- **Pomodori,** Tomaten mit frischem Basilikum, als *caprese* mit dem milden Mozzarella
- **Melanzane e peperoni sulla brace,** Auberginen und Peperoni, gebraten
- **La bandiera,** gemischte Gemüsepfanne
- **Melone,** *prosciutto e melone,* Melone mit rohem Schinken
- **Fichi,** Feigen, *fichi e prosciutto,* frisch gepflückte Feigen mit rohem Schinken

Herbst ... l'autunno

- **Sedeno,** schwarzer Wildsellerie, als *sedeno ripieno,* gefüllter Sellerie, eine Spezialität aus Trevi
- **Cipolle,** Zwiebeln, Zwiebelsuppe, Zwiebelbrot, Spezialitäten im September in Cannara/Valle Umbra
- **Porcini,** Steinpilze, beliebt als *tagliatelle ai porcini,* Eiernudeln mit Steinpilzsauce
- **Farro,** Dinkel, für die beliebte *zuppa di farro,* Dinkelsuppe

Winter ... l'inverno

- Frisches **Olivenöl** für die traditionellen *bruschette,* Olivenöl auf geröstetem Weißbrot
- **Cardi** oder **Gobbi,** geschmacklich den Artischocken ähnliches Gemüse, *parmigiana di cardi,* Cardiauflauf mit Tomaten, Hackfleisch, Parmesankäse
- **Lenticchie,** kleine Linsen, *con cotecchino,* mit Schweinswurst
- **Selvaggina,** Wild, vor allem *cinghiale,* Wildschwein
- **Pecorino in tegame,** geschmolzener Schafskäse
- **Tartufo nero e bianco,** weißer und schwarzer Trüffel
- **Kaki,** Im Winter wenn die meisten Bäume längst kahl sind, hängen am Kakibaum, wie gelbe Weihnachtskugeln die orangengrossen wässrigen Früchte. Kakis werden überreif und geschält gegessen

Der Trüffel – schwarzes und weißes Gold

Il Tartufo – unangefochten beherrscht er das Bild der typisch umbrischen Landküche, und auch im märkischen Bergland darf er auf keiner Speisekarte fehlen. Schon bei den alten Griechen war der Trüffelpilz begehrt. Sie glaubten, er entstehe aus der Vereinigung von Regen und Blitz. Theoprast, ein Schüler des Aristoteles, schrieb in seiner Pflanzenkunde: „Man sagt, Trüffel wüchsen im Herbstregen, wenn es stark donnert und blitzt. So ist es der Blitz, der ihre wichtigste Lebensquelle darstellt". Im 2. Jh. v. Chr. warnte der berühmte Arzt Galen vor übermäßigem Konsum. Wer zu viel davon esse, verfalle in einen Zustand der Wolllust. Den Römern missfiel dies keineswegs. Sie sangen die wahrsten Lobeshymnen auf ihn. Im Mittelalter geriet er ein wenig in Vergessenheit. Erst in der Renaissance taucht der Trüffel in raffinierten Gerichten bei Hofe wieder auf. Als Aphrodisiakum ließen sich reiche Familien aus Venedig im 18. Jh. diese Kostbarkeit direkt aus Spoleto schicken.

Allein in Europa gibt es **30 verschiedene Unterarten.** Er wächst vor allem in Italien, daneben auch in Frankreich (Pèrigord) und Spanien (Katalonien). In Mittelitalien kommen 8 schwarze und 2 weiße Sorten vor. Der Trüffel wächst nur wenige Zentimeter unter der Erde. Er liebt kalkhaltige Böden mit einer dichten Humusschicht und wächst in Höhen von 250 bis 1000 Metern. Er gedeiht nur unter bestimmten Baumarten; von diesen nimmt er sich organische Substanzen, da er selbst kein Chlorophyll produziert. Je nach Baum verändert sich seine Beschaffenheit. Nussbraun und mit starkem Aroma sind Trüffel die unter Eichen wachsen, wie überhaupt die Eichen ihre Lieblingsbäume sind. Unter Weiden oder Pappeln, die feuchte Erde lieben, hat er eine helle Rinde, duftet allerdings wenig. Die wertvollsten Trüffelknollen findet man unter Linden, fast goldgelb mit einem unvergleichbarem Aroma.

Die Form der Trüffel hängt hingegen von der Bodenbeschaffenheit ab. Ist die Erde locker, so wachsen sie gleichmäßig rund. Trifft er auf harte Erdschichten oder Steine, passt er sich den Umständen an und wächst ungleichmäßig und knollig. Die Qualität bleibt die Gleiche, nur preislich ist er etwas weniger wert, weil es mehr Abfallschale gibt. Die kleinsten Pilze sind nur so groß wie eine Nuss, Musterexemplare können die Größe eines Apfels erreichen.

Der *Tartufaro*, der **Trüffelsucher** ist bereits vor den Jägern auf den Beinen. In aller Herrgottsfrühe macht er sich auf den Weg in den Wald und geht mit seinen Hunden die Trüffelplätze ab. Wie auch andere Pilze wachsen Trüffel meist jahrelang an den gleichen Orten. Jeder Tartufaro hat seine eigenen Plätze und hütet sie wie ein Geheimnis. Für die Hunde ist es ein Spiel, die aromastarken Trüffel auszugraben und gegen eine Belohnung ihrem Herrchen zu bringen. Noch besser wittern Schweine die Knollen im Erdreich. Der ausströmende Duft ähnelt ihren Sexuallockstoffen. Allerdings zerwühlen sie das Erdreich zu sehr und zerstören dabei die Pilzkulturen. Wegen des heute hohen Wertes der Trüffel werden deshalb Suchschweine in Umbrien und den Marken nicht mehr eingesetzt.

Im wesentlichen wachsen in Umbrien und den Marken drei Trüffelsorten. Der wertvolle **schwarze Wintertrüffel** treibt zwischen November und März seine Knollen im Erdreich. In Umbrien wächst er entlang des Flusses Nera, in den Bergen um Spoleto, in den Martanerbergen, auf dem Monte Subasio und in den Bergen östlich Trevi. Die Qualität entspricht der des bei uns etwas bekannteren Trüffel des Pèrigord. Die Franzosen importieren ihn, wenn bei ihnen die Jahrgänge schlecht sind. Je nach Angebot und Nachfrage kostet er etwa 300–400 € das Kilo. Noch kostbarer ist der seltene **weiße Wintertrüffel.** Er wächst vor allem bei Città di Castello im oberen Tibertal, daneben bei Gubbio, Gualdo Tadino und Orvieto. In den Marken wird er vor allem in den Bergen bei Acqualanga gefunden. Die Knollen entwickeln sich zwischen Oktober bis Dezember, in frostfreien Gegenden bis Januar. Er wächst tiefer unter der Erde als die andere Arten, und ist schwerer zu entdecken. In knappen Jahren kommt ein Kilo dieser Rarität gut und gerne auf einen Preis von 1000 €.

Weniger wertvoll ist der tartufo nero estivo oder scorzone, der relativ häufiger vorkommende **schwarze Sommertrüffel.** Er ist schon für etwa 30–35 € pro Kilo zu haben. Vor allem zum Aromatisieren von Olivenöl, Pasta, Saucen, Käse und sogar Likören wird er verwendet. Ein wichtiges Vermarktungszentrum ist neben Norcia und Città di Castello das märkische Acqualanga, wo jedes Jahr im November eine große Trüffelverkaufsmesse abgehalten wird.

Der Trüffel in der Küche

Vor der Verwendung wird der Trüffel kurz in lauwarmen Wasser gewaschen und dann mit einer kleinen Bürste (Zahnbürste) gereinigt. Hartnäckige Erdkrusten werden vorsichtig mit einem kleinen Messer abgekratzt. Der Trüffelpilz darf nie stark erhitzt oder gar gekocht werden, da er dann seinen typischen Geschmack verliert. Der weiße Wintertrüffel wird roh in feinen Scheiben geschnitten gegessen; der schwarze Trüffel soll im Gegensatz zum weißen leicht angewärmt werden. Er wird mit einer Reibe kleingeraspelt oder in einem Mörser zerstoßen. Soll die typische Geschmacksrichtung nicht verfälscht werden, darf er dann allenfalls mit Salz und etwa Olivenöl vermischt werden. Tartufo passt zu Speisen mit schwach ausgeprägtem Eigengeschmack wie hellem Fleisch, Süßwasserfisch, vor allem Forelle, Weißbrot, Reis, Nudeln, Käse und Butter.

Der Trüffel verliert an der Luft sehr schnell sein Aroma. Ein Tipp zur Aufbewahrung: Den Trüffel ungereinigt in Brotpapier eingewickelt in ein Einmachglas geben und im wärmeren Teil des Kühlschranks oder evtl. vor dem Fenster aufbewahren. Das Papier sollte täglich gewechselt werden. Weißen Trüffel kann man so etwa 5 Tage aufbewahren, schwarzen etwa doppelt so lange. Für den Transport soll man ihn angeblich am besten in trockenen Reis packen. In den Feinkostgeschäften bekommt man den Trüffel auch pasteurisiert als schwarze Masse in kleinen Gläsern, tiefgefroren oder in Olivenöl konserviert. Manche Kenner behaupten, dass das Aroma dadurch einbüßt.

Drei einfache Grundrezepte für Trüffelgerichte

- **Trüffelbutter:** Der weiße Trüffel wird in feine Scheiben geschnitten, der schwarze mit der Reibe gerieben (auch die Schale verwenden!) Mit etwas Salz in weicher Butter verkneten. Im Kühlschrank hält sich die Buttermasse einen guten Monat lang.
- **Tagliatelle al Tartufo:** Man benötigt für 300 g Tagliatelle ca. 10 g schwarzen Trüffel, 80 g Olivenöl extra Vergine, einen halben Teelöffel Salz.
Den Trüffel fein reiben oder auch im Mörser vorsichtig zerstoßen. Mit Salz und Öl in eine Schüssel geben. Tagliatelle in Salzwasser kochen, abgießen und den Tartufo untermengen. Pronto!
- **Falsche Trüffelspaghetti** (nur Trüffelöl statt Pilz): 500 g Spaghetti, Salz, Olivenöl, 300 g Champignons, 1 Essl. Trüffelöl.
Die Champignons ungewaschen schälen, fein wiegen, salzen und in etwas Olivenöl garen. Die Spaghetti kochen, abgießen und mit den Pilzen vermengen und zuletzt das Trüffelöl daruntermischen.

der Hafenarbeiter von Ancona, ist heute fast schon eine Spezialität.

Die Gänge des Menüs

Zum vollständigen Menü gehören in Italien eigentlich Brot *(pane)*, Vorspeise *(antipasto)*, erster Gang *(primo)*, zweiter Gang als Hauptgericht *(secondo)*, Beilage *(contorno)*, Nachtisch *(dolce)*, ein Espresso *(caffè)* und ein Verdauungsschnaps (amaro). Dazu wird immer reichlich Mineralwasser und fast immer Wein getrunken.

Bei den **Vorspeisen** ist vor allem *antipasto misto*, eine gemischte Platte mit Schinken, Salami und manchmal auch Oliven und Schafskäse beliebt. Etwas seltener, aber unbedingt probierenswert, ist *sottolio* oder *sottaceto*, diverse in reichlich Olivenöl, Kräutern, Knoblauch und etwa Essig oder Zitrone eingelegte Gemüse wie Zucchini, Auberginen, Paprika, Pilze und Artischocken. In Umbrien und den Marken isst man gerne *crostini*, kleine geröstete und mit Trüffelmasse, Leberpastete oder einer Tomaten-Basilikum-Mischung bestrichene Weißbrotscheiben. Die einfachste Variante ist die *bruschetta*, Röstbrot nur mit Salz, Knoblauch und Olivenöl. In ganz Italien beliebt ist *caprese*, Tomatenscheiben mit Basilikum und Mozzarella-Käse.

Bei den **primi** dominieren natürlich die Nudelgerichte. Dass es dabei viel mehr gibt als die obligaten Spaghetti mit Tomatensauce merkt man schnell bei einem Blick in die Speisekarten. Mit Spargel, Steinpilz, Trüffel, Tomaten, Radicchio, Rucola, Basilikum, Ente, Wildschwein, Hase, Schafskäse mit Spinat, Walnuss, Butter mit Salbei und sogar Fisch werden die unterschiedlichsten Saucen gezaubert. In ganz Italien, sogar in Bologna, wird man jedoch nur ratlose Blicke ernten, wenn man „spaghetti bolognese" ordert. Die beliebte Tomaten-Hackfleischsauce heißt hier nur *sugo di carne* oder *al ragu*. Neben Pasta werden auch Suppen wie die dicke Dinkelsuppe *zuppa di farro* oder die Gemüsesuppe *minestrone* als erster Gang genommen. In ganz Italien als primo beliebt sind *gnocchi*, kleine Teigklöße aus Kartoffelmehl in Tomatensauce oder Butter mit Salbei. Daneben gibt es auch *risotto* und in den Marken *polenta* (Maismehlbrei) als ersten Gang.

Beim **secondo** (Hauptgang) gibt es in der ganzen mittelitalienischen Küche ein breites Spektrum an Fleischgerichten. *Cinghiale* (Wildschwein), *coniglio* (Kaninchen), *agnello* (Lamm), *faraone* (Perlhuhn), *piccione* (Wildtaube), *tacchino* (Truthahn) kommen meist gegrillt oder kräftig gebraten ohne irgendeine Sauce auf den Tisch. Der toscanische Klassiker *bistecca fiorentina*, ein über offenem Feuer gegrilltes saftiges großes Lendenstück vom Rind des Chianatals, ist auch im westlichen Umbrien beliebt, wo das weiße Rindvieh ebenfalls auf den Weiden steht. Daneben gibt es auch überall italienische Standardgerichte wie *scaloppine al vino bianco/limone* (Kalbsschnitzel in Weißwein oder Zitrone) *cotelette di maiale/agnello* (Schweine-, Lammkotelets) oder *arrosto misto*, gemischte Fleischplatte. Unter den Fischen kommt jenseits der Adria nur die Forelle *(trota)* auf vielen Speisekarten vor; für Vegetarier ist die Auswahl bei den secondi gering. Manchmal gibt es gegrilltes Gemüse *(verdure grigliata)* oder Trüffelomelettes *(frittata tartufata)*. Auch *caprese* (Tomaten, Mozzarella, Basilikum) wird gerne als Hauptgericht statt Vorspeise gegessen.

Unter **contorno** werden Gemüse und Salate zusammengefasst. Zumindest auf den Speisekarten der Restaurants werden sie nur stiefmütterlich behandelt. Manchmal erscheint da nur *verdura cotta* (gekochtes Gemüse) und *insalata mista* (gemischter Salat). Auch Kartoffeln *(patate)* gelten als Gemüse. Beilagen zum Hauptgericht im bei uns gebräuchlichen Sinn (Reis, Kartoffeln, Nudeln) gibt es generell nicht. Diesen Part übernimmt das Brot.

Beim **Nachtisch** *(dolce)* dominieren auch in Umbrien und den Marken die italienischen Klassiker *tiramisu, zuppa inglese, gelati, zabaione, panna cotta*. Daneben wird auch hausgemachter Kuchen *(pasta)* gerne als Nachspeise angeboten. Hier gibt es viele lokale Spezialrezepte.

An **Getränken** hat so gut wie jedes Restaurant seinen *vino della casa*, offenen Hauswein, der oft ordentlich und fast immer ausgesprochen preiswert ist. Auch das Mineralwasser, das man *con gas* oder *senza gas* (mit oder ohne Kohlensäure) bekommt, ist spottbillig und von hervorragender Qualität. Ein halber Liter Hauswein plus ein Liter Mineralwasser ist in einfachen Restaurants schon für etwa 2,60 € zu haben. Bier ist hingegen relativ teuer, wird aber zunehmend mehr getrunken.

Das **Frühstück** hat in Italien keinen hohen Stellenwert. Meist geht man einfach in die nächste Bar und nimmt einen *cappuccino* mit süßer *pasta* (Kuchen) zu sich. Den **caffè** gibt es in vielen Variationen. Neben dem auch bei uns inzwischen fest eingeführten *cappuccino* gibt es den kräftig schwarzen kleinen *espresso* (Italiener bestellen ihn einfach als *caffè*), den *lungo* mit etwas zusätzlichem Wasser, den *corretto* mit einem Schuss Alkohol, *con latte,* mit Milch, *macchiato,* mit wenig Milch. Die Teekultur ist in Italien unterentwickelt. Das äußerste an Qualität ist der in heißes Wasser getauchte Teebeutel britischer Herkunft.

Restaurantgebräuche

In diesem Buch sind die Restaurants mit Sternen klassifiziert. Diese beziehen sich auf den Preis und nicht die Qualität. Bei den Preisen eines Restaurant gibt es oft starke Unterschiede. Das fixe Mittagsmenü oder das *menu turistico* liegt insbesondere bei gehobenen Restaurants oft deutlich unter dem durchschnittlichen Preisniveau des betreffenden Lokals.

Hinsichtlich der **Restaurantsitten** gibt es in Italien einige Abweichungen von dem bei uns Gewohnten:

Vor allem in **gehobeneren Restaurants** wird man manchmal etwas schief angesehen, wenn man auf das Hauptgericht verzichtet und vielleicht nur einen Teller Nudeln und einen Salat bestellt. Am ehesten lässt man, wenn überhaupt, antipasto, primo oder dolce weg. Allerdings ist man in

Umbrien und den Marken diesbezüglich lange nicht so verbohrt wie in der Toscana, wo schon vereinzelt Schilder an den Lokalen den Zutritt verwehren, falls man nicht beabsichtigt, ein vollständiges Menu zu bestellen. Lockerer geht es auf jeden Fall in Restaurants und Trattorien mit Pizzeria zu.

Pane e coperto, Brot und Gedeck werden fast immer mit einem festen Betrag von etwa 1–3 € gesondert in Rechnung gestellt. Manchmal wird auch noch Bedienungsgeld *(servizio)* in Höhe von 10–15 % auf die Rechnung aufgeschlagen. Dies muss aber auf der Speisekarte ausdrücklich vermerkt sein.

In **einfachen Lokalen** liegen manchmal keine Speisekarten aus. Man muss sie dann extra anfordern. Manchmal gibt es gar keine, weil der Wirt es gewohnt ist, seinen ihm meist gut bekannten Gästen sein täglich wechselndes Angebot mündlich *(a voce)* vorzutragen. Um späteren Überraschungen bei der Rechnung aus dem Weg zu gehen, sollte man in diesem Fall vor der Bestellung nach dem Preis fragen.

Will man bezahlen, so ruft man die Bedienung mit „il conto per favore". In einfacheren Restaurants und bei Überfüllung ist es manchmal aber auch üblich, beim Hinausgehen an der Kasse zu zahlen. Trinkgeld lässt man einfach nach Erhalt des Wechselgeldes auf dem Tisch liegen. Den Endpreis, wie bei uns üblich, einfach aufrunden zu wollen, schafft nur Verwirrung. Mit kleinen Münzen macht man beim Trinkgeld „brutta figura". Man lässt Scheine liegen und gibt besser garnichts als nur Mickerbeträge. Wie mir ein Aushilfskellner erzählte, sind die Italiener beim Trinkgeld in den letzten Jahren immer knausriger geworden.

Vor allem in teureren Restaurants und bei Überfüllung am Wochenende wird es nicht gerne gesehen, wenn man ins Lokal stürmt und sich auf den ersten besten freien **Platz** setzt. Man wartet besser auf ein zustimmendes Handzeichen des Kellners oder *padrone*. Sonst kann es passieren, dass man wieder aufstehen muss, weil der Platz für angemeldete Gäste freigehalten werden soll. Telefonische Reservierung ist bei guten Restaurants üblich.

Edelfisch und Bistecca Fiorentina werden auf den Speisekarten meist mit dem Preis je 100 Gramm *(etto)* angeboten. Hat man dies übersehen, gibt's bei der Rechnung ein böses Erwachen, wenn es das drei- bis vierfache des Erwarteten zu berappen gilt.

In Italien isst man zwischen 13 und 14 Uhr zu Mittag und ab 20 Uhr zu Abend. Um 18 Uhr, zur deutschen **Essenszeit,** ist es fast unmöglich, etwas Warmes auf den Teller zu bekommen.

Gastronomie

Il Bar

Die Bar ist in Italien ein klassischer Alltagstreffpunkt für jedermann und hat überhaupt nichts mit Nachtschwärmerei zu tun. Im Laufe des Tages kehren die Italiener hier öfters ein, zum Frühstücken, auf einen Cafè zwischendurch, während der Arbeitspause, um sich mit einem panino zu stärken – per Gesetz ist den öffentlichen Angestellten täglich eine Kaffeepause an der Bar erlaubt – und abends auf einen *aperitivo* oder *amaro*. Anders als im deutsche Kaffeehaus ist die italienische Bar, jedenfalls in den größeren Städten, ein unruhiger Platz mit lautem Stimmengewirr und einem ständigen Kommen und Gehen. Gemütlicher geht es in kleinen Dorfbars zu. Eine Gruppe Männer sitzt beim Kartenspiel zusammen, im Fernsehen läuft eine Fußballübertragung, die unter lauten Zurufen kommentiert wird, an der Theke wird über den neuesten Korruptionsskandal in der Politik oder die Qualität der Oliven in diesem Jahr diskutiert. Einige blättern in Zeitungen, die der *barista,* der Chef hinter der Theke, täglich für seine Kunden auslegt. Die *anziani,* die Dorfältesten, sitzen stundenlang draußen vor der Eingangstür und beobachten aufmerksam die Passanten. Die Bar ist neben der Piazza der Treffpunkt schlechthin.

Als Urlauber findet man hier ein geeignetes Ambiente, um zu frühstücken und auch um zwischendurch eine Kleinigkeit zu essen. Sandwich, gefüllt mit Artischocken und Tunfisch, knusprige panini mit Salami oder Tomaten und Mozzarella oder Tramezzini, weiche Weißbrotschnitten gefüllt mit Majonäse, Pilzen, Russischem Salat, usw. Man wird hier auch nicht schief angesehen, wenn man nur ein Glas Mineralwasser trinkt oder vor dem Regen flüchtet.

Manchmal kostet der Cappuccino „a tavolo" am Tisch mehr als „al banco", am Tresen. Dies ist kein Touristennepp, denn in gehobeneren Bars und vor allen in den Städten ist ein Preisaufschlag für die Bedienung üblich.

Ristoranti, Trattorie, Osterie

Heute ist es in der Praxis nicht mehr so einfach, diese drei Arten von Esslokalen voneinander abzugrenzen. **Il Ristorante** war ursprünglich ein bürgerlich-gehobenes Restaurant mit breitem, oft kreativem Angebot an Speisen, die **Trattoria** eher eine einfache Wirtsstube, oftmals ohne Speisekarte und mit wenigen, täglich wechselnden Gerichten nach Art des Hauses. In der Küche werkelte die *mama* und hinter der Theke stand der *padrone* und schaute seinen Kindern beim servieren zu. Unter **Osteria** verstand sich eine Weinstube, eine Metzgerei oder ein Ladenlokal, in denen nur nebenbei einige Kleinigkeiten zu essen angeboten wurden. Heute sind die Grenzen fließend geworden. Viele Trattorien sind immer noch

Il Bar ist der zentrale Treffpunkt

Familienbetriebe im echten Sinne. Manchmal verbergen sich aber auch superteure Restaurants hinter der Bezeichnung, die vom kulinarischen Trend „zurück zu den unverfälschten Traditionen der Regionalküche" profitieren wollen. Und so manche ehemals einfache Osteria bietet heute eine Auswahl an Gerichten wie ein Ristorante, und versucht sich dabei in raffinierten Kochexperimenten. Um mehr Klarheit zu gewinnen bleibt einem nur der Blick auf die Speisekarte, ins Innere, auf die Einrichtung und die Gäste.

Unter den drei Restauranttypen gewinnen die *Osterie* an Beliebtheit; viele bieten gehobene Alltäglichkeit in netter Atmosphäre. Anders als in den oft nüchtern-modern eingerichteten Ristorante/Trattorie wird dem Ambiente Aufmerksamkeit geschenkt. Viele Osterie pflegen ihre altmodische einfache Einrichtung mit Holztischen und Papiertischdecken, versuchen hingegen in der Küche Neues. Sie bietet oft eine Mischung aus Vertrautem und neuen Kreationen, die den auch in Italien zu beobachtenden Trend zu leichteren, frischeren, weniger fleischbetonten Gerichten aufgreift.

Pizzeria

Ist dem Ristorante oder der Trattoria eine Pizzeria angeschlossen, kann man eigentlich immer davon ausgehen, dass es sich um ein eher preiswertes Esslokal handelt, da Pizza im gehobenen Ristorante nicht vorkommt. In guten Restaurants wird man bei der Frage nach einer Pizza unverständliche Blicke ernten. Noch in den 50er- Jahren war die Pizza in Mittelitalien kaum mehr verbreitet als in Bayern oder Westfalen. Sie galt lange als rein neapolitanische Spezialität. Erst in den letzten Jahrzehnten vollzog sie auch in Italien ihren kulinarischen Siegeszug nach Norden.

Viele einfachere Speiselokale Umbriens und der Marken haben heute auch ihren Holzofen zum Pizzabacken; reine Pizzerien sind aber nach wie vor selten. In einem Esslokal mit Pizzeria wird nicht erwartet, dass man ein volles Menü bestellt, weswegen sie vor allem bei Leuten, die weniger Geld ausgeben wollen, und Jugendlichen sehr beliebt ist. In den Ristorante/Trattorie mit Pizzeria gibt es in der Regel nur am Abend Pizza. Mittags werden die üblichen Gerichte angeboten.

Enoteca

Die Enoteca ist eigentlich nur eine Weinhandlung mit einer großen Auswahl edler Tropfen. Daneben kann man manchmal hier auch andere kulinarische Spezialitäten der Region bekommen, wie Olivenöl, Qualitätsessig, Saucen usw. Zur Weinprobe bieten einige Enotheken auch *merenda,* eine Brotzeit mit Schinken, Salami und Käse an. In einigen gibt es sogar ein täglich wechselndes vollständiges Menü, darunter kleine raffinierte kulinarische Entdeckungen.

Für den kleinen Hunger – Pizza al taglio, Tavola calda, Rosticcerie, Porchetta

Für den Hunger zwischendurch gibt es neben dem sehr unterschiedlich ausfallenden Angeboten der Bars

(s. o.) vielerorts **Pizza al taglio.** In kleinen Ladenlokalen wird Pizza stückweise vom Blech verkauft; man isst sie direkt aus der Hand. Manche Pizza al taglio haben einfache Holztische und Bänke und bieten frisch gezapftes Bier vom Fass. Von ähnlichem Zuschnitt ist die **Tavola calda,** nur dass es hier eine breitere Auswahl an Speisen gibt. Das schnelle Sattwerden zu geringen Preisen steht im Vordergrund, nicht die Befriedigung kulinarischer Ansprüche. Manche sind nur eine Erweiterung einer Bar, andere lange Selbstbedienungstheken in der Nähe von Bahnhöfen, Bürogebäuden oder Universität.

Wer keine Lust auf Restaurants hat kann auch in der **Rosticceria** allerlei Gerichte (Grillhähnchen, frittiertes Gemüse, Lasagne, Ofenkartoffeln) zum Essen im Stehen oder zum Mitnehmen bekommen. Die regionale Spezialität *La Porchetta,* eine Scheibe frisch am Spieß gegrilltes würziges Spanferkel, bekommt man beim Metzger, auf dem Markt und an fahrenden Imbissständen.

Pasticceria, Caffè

Auch auf den Nachmittagskaffee mit Kuchen muss man in Italien nicht verzichten. In der **Pasticceria** gibt es Süßes aller Art zu kaufen. Manchmal kann man sich auch an Tischen und Stühlen niederlassen und wird mit warmen Getränken versorgt. Oder die Bar ist zur Pasticceria erweitert. Als **Caffè** geben sich die Bars etwas vornehmer. Hier gibt es immer ein ausreichendes Angebot an Sitzgelegenheiten, große Kuchenauswahl, in den ersten Häusern, livrierte Kellner und stilvolles Mobiliar. Manche Traditionscaffès sind wahre Schmuckstücke aus vergangenen Zeiten, wie das *Sandri* in Perugia oder das *Meletti* in Ascoli Piceno.

Die Weine

Archäologische Funde beweisen, dass lange vor den Römern bereits die Umbrer und Etrusker die Kunst der Weinherstellung beherrschten. Die Weinstöcke wuchsen in der Antike in die Äste von Pappeln, Ulmen oder Ahorn hinein. (Auch heute noch entdeckt man hin und wieder in abgelegenen Gebieten Weinbauern, die diese Methode des Weinbaus weiterhin pflegen.) Der Weißwein aus Orvieto und der Sagrantino aus Montefalco wurden im Mittelalter an den Tafeln des Papstes serviert. Dennoch hatte der **umbrische Wein** nie das Renommee der Tropfen aus der benachbarten Toscana oder Latiums. Doch in den letzten Jahrzehnten hat er sich auf dem italienischen und internationalen Markt nach und nach einen Namen gemacht. Nach wie vor wird ein großer Teil des Weines von traditionell wirtschaftenden kleinen Winzern gemacht. Einige größere Winzereibetriebe stellen inzwischen qualitativ hochwertige D.O.C.-Weine *(di origine controllata)* her, die mit den besten Weinen Italiens konkurrieren. Die bekanntesten sind der Weiße aus Orvieto und der Rotwein aus Torgiano. Aber auch in den Anbaugebieten ohne D.O.C.-Siegel werden ausgezeichnete Tafelweine produziert.

Das für Umbrien gesagte gilt auch für die **Marken.** Auch diese Region zählt innerhalb Italiens nicht zu den besonders renommierten Anbauzonen. Eine Ausnahme bildet der Verdicchio aus den Castelli di Jesi, den Weinbaudörfern im Esino-Tal. Er zählt seit langem zu den besten Weißweinen Italiens. Daneben haben noch der Rosso Conero vom Monte Conero und der Rosso Piceno aus der Gegend von Ascoli Piceno einen Namen. Aber auch in den anderen Anbaugebieten der Marken ist ein Trend zu mehr gehobener Qualität zu beobachten

Umbrische Weine

In den Hügeln um **Torgiano** südlich Perugia werden umbrische Qualitätsweine ausschließlich vom Weingut Lungarotti erzeugt. Der weiße **Torre di Giano** wird aus den Trauben Trebbiano Toscano, Grecchetto und Malvasia Toscano, Malvasia di Candia und Verdello gekeltert. Mit dem leicht fruchtigen, angenehm säuerlichen Geschmack und einem Alkoholgehalt von 11,5 % wird dieser Wein besonders als Aperitif und zu leichten Gerichten serviert. Der rote **Rubesco** aus den Sorten Sangiovese, Canaiolo, Trebbiano Toscano, Ciliegio und Montepulciano zählt zu den besten Rotweinen Italiens. Der rubinrote Wein mit 12 % Alkohol kann jung getrunken werden, verträgt allerdings auch bis zu acht Jahren Lagerung.

Im Hügelland rund um den Trasimenischen See wachsen seit Tausenden von Jahren vom milden Klima begünstigt Weinstöcke. Der Rebensaft wird heute unter dem D.O.C.-Bezeichnung **Colli del Trasimeno** vermarktet. **Colli del Trasimeno bianco,** ein strohgelber, trockener, harmonischer Weißwein aus Trebbiano, Malvasia, Verdicchio, Verdello und Grecchetto (11 %) ist das klassische Getränk zum Süßwasserfisch des Lago Trasimeno. Der **Rosso dei Colli del Trasimeno** ist ein granatroter Tafelwein aus den Trauben Sangiovese, Ciliegio, Gamay, Malvasia und Trebbiano. Sein bestes Alter liegt zwischen zwei und drei Jahren.

In **Montefalco** und den umliegenden Ortschaften wie Bevagna, Gualdo Cattaneo, Castel Ritaldi und Giano dell'Umbria wird neben ausgezeichneten Rotweinen auch ein exzellenter Dessertwein produziert. Der **Sagrantino di Montefalco Passito** mit einem Alkoholgehalt von 14 % und leichtem Geschmack von Brombeeren wird ausschließlich aus gelesenen Sagrantinotrauben gewonnen. Ein Jahr Lagerung ist zur Aromaentfaltung notwendig; allerdings ist es besser, noch ein weiteres Jahr zu warten. Seinen Höhepunkt erreicht dieser Wein zwischen dem vierten und sechsten Jahr. Der **Sagrantino di Montefalco,** ein körperhafter, schwerer, trockener Rotwein (12,5 %), wird hingegen aus den frischen Sagrantinoreben gewonnen. Er kann gut 5–10 Jahre lagern. Etwas leichter ist der **Rosso di Montefalco** (11,5 %), der aus Sangiovese, Sagrantino und Trebbiano produziert wird

Colli Altotibertini heißt ein Weinregion in Nordumbrien. An den Hügeln des oberen Tibertal wird aus den Traubensorten Trebbiano Toscano und Malvasià ein trockener, frischer Weißwein erzeugt, aus Sangiovese und Merlot ein rubinroter, trockener Rotwein. Auch der **Rosato dei Colli Altotiberini,** ein frischer, lebendiger Rosèwein, ist nicht zu verachten.

In den Hügeln um Perugia, Deruta, Marsciano, Fratta Todina, Mont Castello di Vibio und Piegaro wachsen die Reben für die Weine des Anbaugebietes **Colli Perugini.** Der Weiße, ein fruchtig-frischer, strohgelber Wein wird mit den Trebbiano, Verdicchio, Grecchetto, Garganenga und Malvasiatrauben erzeugt. Der **Rosato Col-**

Kleiner Gastronomie-Sprachführer

Buchtipp: Italienisch kulinarisch – Wort für Wort, erschienen im Reise Know-How Verlag.

Al ristorante	**Im Restaurant**
Andiamo al ristorante!	Gehen wir ins Restaurant!
Lì c'e un tavolo libero!	Dort ist ein freier Tisch!
Ha un tavolo libero per due persone?	Haben Sie einen freien Tisch für 2 Personen?
Si, certo, venga!	Ja, sicher, kommen Sie!
Il menú, la lista (lista dei vini) per favore!	Die Speisekarte (Weinkarte) bitte!
Il coperto	Gedeck
Il pane, Il panino	Brot, Brötchen
Il coltello, La forchetta, Il cucchiaio	Messer, Gabel, Löffel
Il bicchiere	Glas
Il piatto	Teller
l'olio	Öl
l'aceto	Essig
Un mezzo litro di vino rosso.	Einen halben Liter Rotwein.
Una bottiglia di acqua minerale con / senza gas.	Eine Flasche Mineralwasser mit / ohne Kohlensäure.
Come primo prendo i tortellini alla panna	Als 1. Gang nehme ich Tortellini mit Sahne
Come secondo mi porti il pesce, per favore	Als 2. Gang bringen Sie mir bitte Fisch
A me una porzione di scampi fritti	Mir eine Portion gebratene Scampi
Mi puo portare un secondo bicchiere?	Können Sie mir ein zweites Glas bringen?
Il conto, per favore!	Die Rechnung bitte!
Vorrei pagare.	Ich möchte zahlen.

Pasti, Piatti	**Mahlzeiten, Gänge**
la (prima) colazione	Frühstück
il pranzo	Mittagessen
la cena	Abendessen
l'antipasto	Vorspeise
la minestra	Suppe
il primo (piatto)	1. Gang
il secondo (piatto)	2. Gang
il contorno	Beilage (Gemüse, Salate)
il dessert	Nachtisch

Bibite	Getränke
acqua naturale	Wasser
acqua minerale	Mineralwasser
il succo di frutta	Fruchtsaft
l'aranciata	Orangenlimonade
il caffè	Kaffee (Espresso)
il cappuccino	Kaffee mit aufgeschäumter Milch
il latte	Milch
la panna	Sahne
il tè	Tee
la cioccolata	Kakao
il vino rosso, bianco	Rot-, Weißwein
vino sfuso, vino della casa, vino locale	offener Wein, Hauswein
lo spumante	Sekt
dolce / secco	süß / trocken
la birra (alla spina)	Bier (vom Fass)
il digestivo	Verdauungsschnaps
l'amaro	Magenbitter
il liquore	Likör
con / senza ghiaccio	mit / ohne Eiswürfel

Antipasti	Vorspeisen
acciughe	Sardinen
antipasto misto, affetato misto	gemischter Vorspeisenteller (Schinken, Salami)
bruschetta	in Olivenöl geröstetes Weißbrot mit Knoblauch
crostini con tartufo, di fegato	geröstete Weißbrotscheiben mit Trüffel, Leberpastete
insalata di mare	gemischte Meeresfrüchte
olive all'ascolane	mit Hack gefüllte, frittierte Oliven
pecorino	Schafskäse
prosciutto crudo	roher Schinken
salumi	Wurstwaren, Salami
sottolii, sottaceti	in Olivenöl eingelegtes Kochgemüse

Primi	Erster Gang
farfalle, fettuccine, fusilli, pappardelle, penne, pici, rigatoni, spaghetti, stringozzi, strozzapreti, tagliatelle ...	(Nudeln in den unterschiedlichsten Formen)
cappelletti, cannelloni, lasagne, ravioli, tortellini, vincigrassi ...	(Nudeln, meist mit Fleisch und/oder Käse gefüllt)
cappelletti ... spinaci e ricotta	(Nudeln) mit Spinat und Quarkkäse gefüllt
agli olio	mit Knoblauch und Olivenöl
all'amatriciana	mit Tomaten-Schinkenspeck-Sauce
all'arrabiata	mit scharfer Tomatensauce
all'burro e salvia	mit Butter und Salbei
alla carbonara	mit Speck, Ei, Käse
al cinghiale	mit Wildschweinfleisch-Sauce

ai funghi porcini	mit Steinpilzsauce
alla lepre	mit Hasenfleischsauce
alla marinara	mit Meeresfrüchten
alla norcina	mit Wurstbrät
alla panna	in Sahnesauce
alla pesce	in Fischsauce
al pomodoro, al sugo	in Tomatensauce
al ragú, al sugo di carne	in Tomatensauce mit Fleisch, Bolognese
al salmone	mit Lachs
al tartufo	in Trüffelsauce
al vonghole	in Muschelsauce
gnocchi ai funghi, al sugo, ragú, burro e salvia usw.	Teigklößchen (in unterschiedlichen Saucen)
capelletti ... in brodo	(gefüllte Nudeln) in klarer Suppe
minestrone di verdure	Gemüsesuppe
zuppa di farro	Dinkelsuppe
zuppa di funghi porcini	Steinpilzsuppe
risotto ai funghi	Reis in Pilzsauce
polenta al sugo	Maismehlbrei mit Tomatensauce
caprese	Mozzarella mit Tomaten, Basilikum (auch als secondo)

Secondi	**Hauptgerichte**
agnello	Lamm
anatra	Ente
anguilla	Aal
arista di maiale	Schweinebraten
bistecca fiorentina	Rindersteak
carpa	Karpfen
cinghiale	Wildschwein
coniglio	Kaninchen
coteletta milanesi	paniertes Schnitzel
cozze ripieni	gefüllte Muscheln
fagiano	Fasan
faraone	Perlhuhn
fegato	Leber
frittata	Omelette
gamberi, gamberetti	Krebse
lepre	Hase
luccio	Hecht
maiale	Schwein
manzo	Rind
persico	Barsch
pesce	Fisch
pesce spada	Schwertfisch
petto di pollo	Hühnerbrust
pollo arrosto	gebratenes Huhn
piccione	Wildtaube
salsicce	Schweinebratwürste
saltimbocca alle romana	Kalbfleisch mit Schinken und Salbei

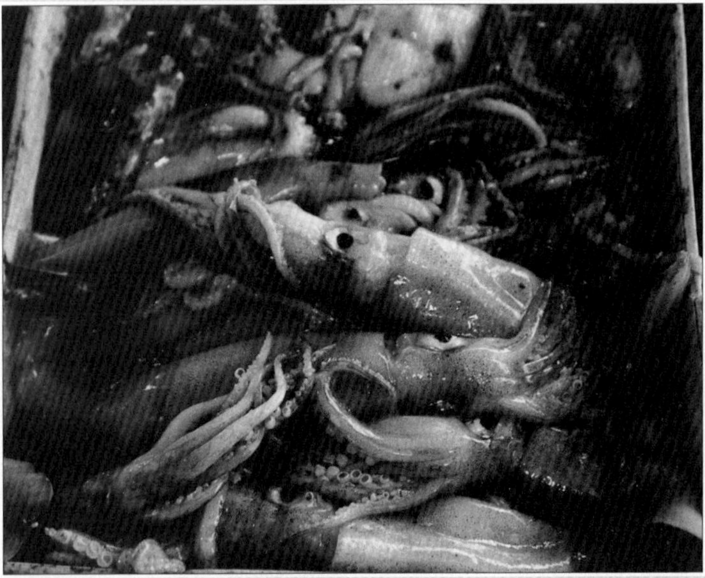

scaloppine	Kalbsschnitzel
sogliola	Seezunge
spada	Schwertfisch
stoccafisso	Stockfisch
tacchino	Truthahn
tinca	Schleie
tonno	Tunfisch
trippa	Kutteln
trota	Forelle
vitello	Kalbfleisch
vitello tonnato	Kalbfleisch mit kaltem Tunfisch

Zubereitungsarten

alla brace	über Holzglut gegrillt
arista	geschmort
arrosto	gebraten
affumicato	geräuchert
cotto, lesso	gekocht
ai ferri	gegrillt
al forno	im Backofen gegart
fritto, frittura	ausgebacken
alla griglia, grigliata	gegrillt

involtini	Rouladen
polpette	Hackbällchen
ripiene	gefüllt
spezzatino	Ragout
al limone	mit Zitrone
al vino bianco	in Weißwein
al marsala	in Marsala-Wein
allo spiedo, spiedino	am Spieß
al tartufo	mit Trüffel, Trüffelsauce

Contorni	Beilagen (Gemüse, Salate)
asparagi	grüner Wildspargel
bietola	Mangold
carciofi	Artischocken
cavolo	Kohl
ceci	Kichererbsen
cetriolo	Gurke
cipolla	Zwiebel
fagioli, fave	dicke Bohnen
fagiolini	grüne Bohnen
finocchio	Fenchel
funghi	Pilze
insalata mista, verde, di pomodori	gemischter, grüner, Tomatensalat
lenticchie	Linsen
melanzane	Auberginen
patate fritte	Pommes Frites
perperoni	Paprika
piselli	Erbsen
pomodori	Tomaten
sedano	Stangensellerie
spinaci	Spinat
verdura cotta	Gekochtes Gemüse

Formaggio	Käse
caciotta	milder Weichkäse aus Kuh- und Schafsmilch
grana, parmigiano	Parmesankäse
pecorino	Schafskäse
ricotta	Frischkäse
scamorza	weicher Kuhmilchkäse

Dolci	Süßspeisen
cantucci vin santo	Mandelkekse in Likörwein getunkt
dolci fatti in casa	hausgemachte Süßspeise
macedonia	gemischter Obstsalat
semifreddo	Halbgefrorenes
tartufo nero, bianco	schwarze, weiße Kugel (halbgefrorenes) Eis
torta di mele	Apfelkuchen
zuppa inglese	Vanillecreme mit Biskuits und Likör

li Perugino aus Sangiovese, Montepulciano, Ciliegiolo, Barbera und Merlot ist ein frischer und harmonischer Rosé. Der rote **Colli Perugini Rosso,** aus den Trauben wie der Rosé gekeltert, ist ein eher leichter, feinaromatischer Rotwein, der am besten im Alter von ein bis vier Jahren getrunken wird.

Aus dem Anbaugebiet von **Orvieto** mit seinen wärmespeichernden Tuffböden stammt einer der beliebtesten Weißweine Italiens, der auch in den Regalen vieler deutscher Weinhandlungen steht. Aus den Traubensorten Trebbiano, Verdello, Grecchetto, Drupeggio Malvasia und Toscano werden sowohl die leicht bitter nachschmekkende trockene sowie die etwas lieblichere Version dieses viel konsumierten Weißweines gewonnen. Unter dem Gütesiegel **Orvieto classico** dürfen nur die genannten Traubensorten verwendet werden.

Seit einigen Jahren zählt auch das Gebiet um Amelia unter der Bezeichnung **Colli Amerini** zu den DOC-Weinbaugebieten Umbriens. Der weiße **Bianco dei Colli Amerini** aus den Sorten Trebbiano, Grecchetto, Verdello, Garganenga und Malvasia ist ein trockener, harmonischer Wein, der bevorzugt im ersten Jahr getrunken wird. Aus Sangiovese, Montepulciano, Ciliegiolo, Merlot und Barbera werden sowohl der Rote wie auch der Rosé der Colli Amerini gekeltert. Der Rosso ist ein vor allem jung zu trinkender relativ leichter Wein.

Märkische Weine

In den Marken gibt es insgesamt nicht weniger als 11 Anbaugebiete, die sich mit dem D.O.C.-Gütesiegel schmücken dürfen. An erster Stelle ist der weiße **Verdicchio di Castelli di Jesi** zu nennen, der als einziger Wein der Marken auch ins Ausland geht. Gekeltert wird er in mehreren Dörfern um das Esino-Tal (Cupramontana, Staffolo, Maiolati Spontini) westlich Jesi, das selbst nur als Vermarktungszentrum fungiert. Neben Großerzeugern gibt es in den Weinorten auch kleinere Winzer, die vor allem auf Qualität setzen. Der Verdicchio von Jesi wird manchmal als der beste Wein zu Fischgerichten überhaupt bezeichnet. Der Verdicchio wird jung getrunken; älter als zwei Jahre sollte er nicht sein.

In die gleiche Qualitätsklasse fällt der **Verdicchio di Matélica** aus dem bergigen Westteil der Provinz Macerata. Er wird aus den selben Traubensorten wie sein bekannterer Nachbar erzeugt. Außer Verdicchio dürfen bis zu 15 % Malvasià- und Trebbiano-Trauben verwendet werden. Der Ertrag pro Hektar ist allerdings etwas geringer, der Wein daher etwas kräftiger als im Anbaugebiet von Jesi.

Aus dem Hügelland südwestlich Ancona kommt der **Rosso Conero,** der vor allem aus der Montepulciano-Traube, daneben zu 15 % aus Sangiovese, gekeltert wird. Der gehaltvolle, rubinrote Wein kann gut einige Jahre lagern und entfaltet dann bestens seine Aromen. Aus den gleichen Traubensorten, aber in anderem Mischungsverhältnis (Montepulciano etwa 60 %, Sangiovese etwa 40 %) wird der **Rosso Piceno** in der Provinz Ascoli Piceno erzeugt. Er ist leichter und für den baldigen

Konsum bestimmt. Es gibt ihn auch in der Qualitätsstufe *Piceno superiore*. Der eigenwillige **Vernaccia di Serrapetrona,** der aus einem kleinen Anbaugebiet in den Bergen südlich von San Severino Marche kommt, ist etwas für Freunde halbsüßer, leicht moussierender Likörweine.

Die weiteren D.O.C.-Regionen mit überwiegend gehobenen weißen Konsumweinen. sind: **Colli Maceratesi,** Weißweine aus der Gegend von Macerata/Loreto; **Colli Pesaresi,** ein größeres Anbaugebiet zwischen Pesaro und Urbino (rot und weiß); südlich daran anschließend **Bianchello del Metauro** (frischer Weißwein aus Bianchellotrauben); **Lacrima di Morro d'Alba** nordwestlich Ancona,Rotwein aus der seltenen Lacrima-Traube; **Falerio dei Colli Ascolani,** Weißwein aus der Provinz Ascoli Piceno; **Esino,** ein Gebiet zwischen Ancona und Jesi mit leichten Weißen und Roten, das erst 1995 das D.O.C.-Gütesiegel erhielt.

Feste und Feiertage

Gesetzliche Nationalfeiertage

- **1. Januar:** *Capodanno,* Neujahr
- **6. Januar:** *Epifania,* Erscheinungsfest
- **Ostermontag:** *Pasquetta*
- **25. April:** *Anniversario della Liberazione,* Tag der Befreiung vom Faschismus
- **1. Mai:** *Festa del Lavoro,* Tag der Arbeit
- **15. August:** *Ferragosto,* Mariä Himmelfahrt
- **1. November:** *Ognissanti,* Allerheiligen
- **8. Dezember:** *Festa dell'Immacolata,* Maria Empfängnis
- **25. Dezember:** *Natale,* Weihnachten
- **26. Dezember:** *Santo Stefano,* Fest des hl. Stephanus

Ein guter Rosso wird gekeltert

In vielen Orten Umbriens und der Marken gilt neben o. a. Nationalfeiertagen der **Festtag des Stadtheiligen** als zusätzlicher lokaler Feiertag, an dem die Läden geschlossen bleiben.

Fällt der Feiertag auf einen Donnerstag oder Freitag, und ist das Wetter dann auch noch gut, strebt halb Italien für ein verlängertes Wochenende zu den Ausflugszielen und alles ist hoffnungslos übrfüllt.

Feste und Veranstaltungen

Eine Übersicht über die umbrischen Feste sowie einige Kunst- und Kulturveranstaltungen in Umbrien gibt die in vielen Infobüros ausliegende Broschüre *Manifestazioni,* die jährlich neu aufgelegt wird. Für die Marken gibt es leider nichts Entsprechendes. Die zeitliche Lage der Festveranstaltungen ändert sich von Jahr zu Jahr etwas, wenn sie sich nicht gerade auf ein bestimmtes feststehendes Ereignis (Fronleichnam, Karfreitag) beziehen. Die wichtigsten sind hier aufgelistet; weitere Informationen bei den Ortstexten.

- Der Karneval im Februar wird vor allem in **Fano** beim **Carnevale Adriatico** groß gefeiert.
- Der Karfreitag wird mit der **Prozessione del Cristo morto** begangen, große Umzüge bei Fackelschein und Trommelschlag z. B. in Assisi, Cascia, Norcia, Panicale oder Porto Recanati (Marken).
- 25. April – 10. Mai, **Corsa all'Anello** in **Narni,** mittelalterliches Turnier der Stadtviertel. Höhepunkt ist das Lanzenstechen am ersten Maisonntag. Am Abend zuvor Trachtenumzug in der fackelbeleuchteten Altstadt.
- Im Mai vom ersten Donnerstag bis zum ersten Sonntag der **Calendimaggio** in **Assisi.** Während dieses Frühlingsfestes in mittelalterlichen Kostümen treten die Ober- und die Unterstadt in Wettbewerben im Gesang, Bogen- und Armbrustschießen gegeneinander an.
- 15. Mai, **Corsa dei Ceri** in **Gubbio,** der Wettlauf der Riesenkerzen wird seit Jahrhunderten nach den gleichen Ritualen gefeiert und gehört zu den beeindruckendsten Fest Italiens, das wirklich alle Zuschauer in seinen Bann zieht.
- 21./22. Mai, **Fest der heiligen Rita,** der Schutzpatonin der Hausfrauen und Dienstmädchen in **Cascia;** Fackelzug, religiöse Feiern und überbordende Volksfrömmigkeit.
- Im Juni an Fronleichnam in **Spello** die **Infiorate di Corpus Domini.** Die Gassen und Plätze der Stadt werden mit farbenfrohen Bildern aus Blütenblättern geschmückt.
- Ende Juni–Mitte Juli, **Festival dei due Mondi** in **Spoleto.** Das Festival der zwei Welten, das ein kulturelle Brücke zwischen den USA und Europa schlagen will, wurde 1958 vom Italoamerikaner Gian Carlo Menotti ins Leben gerufen. Tanztheater und Konzerte auf den stimmungsvollen Plätzen der Stadt, daneben aber auch Theater, Prosa, Filme und Ausstel-

Kerzenträger bei der Corsa dei Ceri in Gubbio

lungen internationaler Künstler bringen jedes Jahr Tausende von Kulturfans nach Spoleto.

- Ende Juni, Anfang Juli, **Festa delle Acque,** das fröhliche Wasserfest am **Lago di Piediluco.** Nachts ziehen bunt geschmückte und beleuchtete Boote am Ufer vorbei. Es gibt Theater, Konzerte und Feuerwerke.
- Ende Juni, **Mercato delle Gaite** in **Bevagna,** für 10 Tage wandelt sich das alte Städtchen in einen mittelalterliche Jahrmarkt mit Traditionshandwerkern (Seildreher, Papierschöpfer, Weber, Spinner, Kerzentaucher).
- Mitte Juli etwa 10 Tage **Umbria Jazz** in **Perugia,** eines der bedeutendsten Jazzfestivals Europas, mit internationalen Jazz-Größen.
- Anfang August der historische **Palio della Quintana** in **Ascoli Piceno,** buntestes Fest der Marken, Höhepunkt der Reiterwettkampf der Stadtviertel *(sestiere)*, erster Augustsonntag.
- In der ersten Augusthälfte die **Fuga del Bove,** das Ochsenrennen von **Montefalco,** Wettkämpfe der vier Stadtviertel, historische Umzüge.
- 15. August. Am Feiertag **Ferragosto** (Maria Himmelfahrt), dem Höhepunkt der Sommerferien, finden in zahlreichen Städten Umbriens und der Marken alle möglichen historische Feste statt.
- Erster Sonntag nach dem 15. August, **Palio dei Terzieri** in **Città della Pieve,** Wettkampf der Stadtviertel im Bogenschießen, historische Umzüge, Gaukler, Feuerschlucker und Seiltänzer beleben die Stadt.
- 2. und 3. Sonntag im September, **La Quintana,** das große Ritterturnier von **Foligno** mit dem Ringestechen der Lanzenreiter und historischen Umzügen.
- 9./10. Dezember, das große Religionsfest um die **Santa Casa,** heiliges Haus von **Loreto.**

Finanzen

Das **Preisniveau** in Italien entspricht im Großen und Ganzen dem der deutschsprachigen Länder. Deutlich niedriger sind die Kosten für Standardgetränke in Bars und Restaurants (Espresso, Cappuccino, Mineralwasser, offener Wein, nicht aber Bier) sowie öffentliche Verkehrsmittel, insbesondere die Bahn (Kilometerpreis um etwa 60–70 % unter deutschem Niveau). Das Auto fahren verteuert sich auf langen Strecken durch die beträchtlichen Autobahngebühren. Hotels und Restaurants sind geringfügig günstiger als bei uns, allerdings nicht im Juli/August, wenn Saisonaufschläge fällig werden.

Die Italienische Lira wurde 2002 durch den **Euro** abgelöst. Die Rückseiten der italienischen Centmünzen zeigen das *Castel del Monte* bei Andria (1 Cent), den Aussichtsturm „Mole Antonelliana" in Turin (2 Cent), das Colosseum in Rom (5 Cent), den Kopf der Venus von Alessandro Filipepi (10 Cent), eine Bronzeskulptur von Umberto Boccioni (20 Cent) sowie das Reiterstandbild des Marcus Aurelius auf der Piazza del Campidoglio in Rom (50 Cent). Auf den Euromünzen sind die Proportionsstudie des menschlichen Körpers von Leonardo Da Vinci (1 Euro) und mit Dante Alighieri Italiens bedeutendster Dichter (2 Euro) zu sehen. Ausgesprochen wird der Euro in Italien übrigens „E-uro".

Besser und bequemer als Bargeld sind auf jeden Fall Euroscheck- und Kreditkarten. Bankautomaten *(bancomat)* für Euroscheckkarten sind zahlreich. Der maximale Abhebebetrag liegt zurzeit bei 250 €, die Gebühr bei Lastschrift auf dem Konto zu Hause etwa 3,50 €. Mancherorts werden allerdings an Wochenenden die Standleitungen zu den Zentralen gekappt, so dass der Kreditrahmen nicht abgefragt werden kann, und man geht leer aus. Kreditkarten werden fast mehr als bei uns akzep-

tiert; Hotels, Restaurants, Tankstellen, Supermärkte und Geschäfte mit dem Zeichen *Carta Si* nehmen sie an.

Gesundheit

• **Erste Hilfe** bei Notfällen leistet der Notfalldienst **Pronto Soccorso** der Krankenhäuser, in kleineren Orten der notärztliche Dienst **Guardia Medica.** Die Telefonnummern sind in den Telefonbüchern beim jeweiligen Ort am Anfang unter *Pronto Soccorso* oder *Guardia Medica* zu finden.

• **Ärztliche Behandlung:** Patienten, die bei deutschen gesetzlichen Krankenkassen versichert sind, haben nach den EU-Normen über die soziale Sicherheit auch in Italien einen Anspruch auf ärztliche Behandlung und Krankenhausaufenthalt als Regelversicherungsleistung. Näheres in den Merkblättern der Krankenkassen. Auf jeden Fall empfiehlt es sich, den **EU-Anspruchsausweis E 111** mitzunehmen. Für Österreich gilt das gleiche, nicht jedoch für die Schweiz. Falls der Arzt wegen der umständlichen Krankenscheinprozedur auf Barzahlung besteht, eine Rechnung geben lassen, damit man sich das Geld von der Krankenkasse später zurückholen kann. Eine private Reisekrankenversicherung zu 5–10 € deckt zusätzliche Risiken ab, z. B. Rücktransport in Notfällen oder Behandlung durch Privatärzte ohne Kassenzulassung.

• Namen und Adressen **deutschsprachiger Ärzte** bekommt man über die Konsulate.

• Eine **Apotheke** *(farmacia)* ist an einem großen grünen Kreuz über dem Eingang zu erkennen. Sie haben meist nur Mo–Fr von 9–13 und von 16–20 Uhr geöffnet. Nacht- und Wochendbereitschaftsdienste sind beim Eingang vermerkt.

Informationen und Auskunftsstellen

Das **Staatliche Italienische Fremdenverkehrsamt ENIT** unterhält mehrere Informationsbüros in Deutschland,

Hochwürden vor der Sparkasse

Österreich und der Schweiz, wo man Hotelverzeichnisse und Informationsbroschüren anfordern kann. Möglichst detaillierte Anfragen stellen, ansonsten bekommt man nur das wenig hilfreiche Standard-Prospektmaterial.

Für die Bestellung von Prospektmaterial gibt es eine **kostenlose Servicerufnummer:** 0 08 00 00 48 25 42. Internet: www.enit.it

ENIT in Deutschland

- Kontorhaus Mitte, 5. OG, Friedrichstr. 187, 10117 **Berlin,** Tel. 0 30/2 47 83 98, Fax 0 30/ 2 47 83 99, E-mail: enit-berlin@t-online.de
- Kaiserstr. 65, 60329 **Frankfurt/Main,** Tel. 0 69/ 23 74 34, Fax 23 28 94, Mo–Fr 9–17 Uhr. E-mail: enit.ffm@t-online.de
- Goethestraße 20, 80336 **München,** 0 89/ 53 13 17, Fax 0 89/ 53 45 27, Mo–Fr 9–17 Uhr, E-mail: enit-muenchen@t-online.de

ENIT in Österreich

- Kärntnerring 4, A-1010 **Wien,** Tel. 01/5 05 16 39, Fax 01/5 05 02 48; Mo–Fr 9–17 Uhr, Internet: www.enit.at, E-mail: enit-wien@aon.at

ENIT in der Schweiz

- Uraniastr. 32, CH-8001 **Zürich;** Tel. 01/ 2 11 36 33, Fax 01/2 11 38 85, Mo–Fr 9–17 Uhr. E-Mail : enit@bluewin.ch

In Umbien und den Marken

Detaillierteres Informationsmaterial als beim Staatlichen Italienischen Fremdenverkehrsamt bekommt man über die regionalen Fremdenverkehrsämter:

Ente Nazionale Italiano per il Turismo

- **Umbrien:** *Azienda di Promozione Turistica dell'Umbria,* Via Mazzini 21, 06100 Perugia, Tel. 0 75 57 59 51, Fax 07 55 73 68 28, Internet: www.umbria-turismo.it, E-mail: info@apt.umbria.it
- **Marken:** *Assessorato al Turismo,* Via Gentile da Fabriano 9, 60125 Ancona, Tel. 07 18 06 22 84, Fax 07 18 06 21 54, Internet: www.turismo.marche.it, E-mail: servizio.turismo@regione.marche.it

Die beiden o. g. regionalen Infobüros versenden die vollständigen **Hotel- und Campingverzeichnisse** *Ospitalità/Hotels & Camping sites* (Umbrien) bzw. *Hotels e Campings* (Marken). Das Verzeichnis für Umbrien enthält auch die Adressen und Telefonnummern der größeren Fremdenverkehrsämter *(I.A.T),* der Jugendherbergen, Unterkünfte in Klöstern, einiger Reiterhöfe, Fahradverleihstellen, Auto- und Kleinbusvermieter.

In allen größeren Städten und Touristenorten der Regionen findet man vor Ort die Informationsbüros **A.P.T.** – *Aziende per la Promozione Turistica.* Die größeren, die für mehrere Gemeinden zuständig sind, firmieren seit kurzem unter **I.A.T.** – *Servicio Turistico Territoriale.* In den Infobüros erfährt man Bus- und Zugverbindungen, bekommt Hotel- und Restaurantlisten, Öffnungszeiten, Stadtpläne, Veranstaltungskalender usw. Alle Angestellten sprechen mindestens zwei Sprachen. Bei allen praktischen Problemen um das Reisen, insbesondere auch Reklamationen, sollten sie weiterhelfen. Anschriften bei den jeweiligen Ortskapiteln.

Ein **Ufficio Informazione,** ein Informationsbüro, findet man in einigen größeren Orten oder touristisch erschlossenen Gebieten. Auch diese haben die Funktion eines allgemeinen Infobüros. Oft werden sie von Hotelkonsortien gesponsort, arbeiten meist aber mit den Fremdenverkehrvereinen zusammen. Hotelzimmer werden hier, meist gebührenfrei, reserviert.

In vielen Ortschaften gibt es eine **Pro Loco** (lat. für „das Wohl des Ortes"). Diese Kommunalvereine organisieren Veranstaltungen wie Dorffeste *(sagre),* Ausstellungen, Turniere usw. In den kleineren Ortschaften ersetzen sie die Fremdenverkehrsbüros und stellen Informationsmaterial zur Verfügung.

Umzüge scheinen bei den Organisatoren der Infobüros beliebt zu sein. Anders sind die vielen Anschriftenänderungen im Laufe der Jahre kaum zu erklären. Auch neuen Namensgebungen oder geänderte Telefon- und Faxnummern sind häufig. Die Angaben im Buch beziehen sich auf das Jahr 2002.

Internet

Informationen zu den Regionen

Auch touristische Informationen zu Unterkünften, Reisezielen, Veranstaltungen, Verkehrsmittel, Einkaufsmöglichkeiten usw.:

- www.umbria-turismo.it
- www.umbria2000.it
- www.regione.marche.it
- www.turismo.marche.it
- www.diemarken.com

Unterkunft

- **bed & breakfast:** www.bbumbria.it, www.bbitalia.it
- **agriturismo:** www.agriturist.it, www.umbriaincampagna.com
- **Jugendherbergen:** www.hostels-ait.org

Verkehrsmittel

- www.deutsche-bahn.de
- www.umbriatrasporti.it
- **Italienische Staatsbahn (FS):** www.fs-online.com; www.trenitalia.com
- **Privatbahn FCU** Terni - Perugia - Città di Castello: www.fcu.it
- **Busse Perugia:** www.apmonline.com
- **Busse Spoleto:** www.spoletina.com
- **Busse Terni:** www.atcterni.it
- **Busse Ascoli Piceno:** www.startspa.it

Museen

- www.sistemamuseo.it
- www.museionline.it

Naturparks

- www.parks.it

Kartenmaterial

Straßenkarten

Ganz Umbrien und die Marken erfassen auf einer Karte:

- **world mapping project,** *Umbrien,* 1: 200 000, Reise Know-How Verlag.
- **Touring Club Italiano,** *Umbrien-Italienische Adria,* 1: 200 000, Kümmerly u. Frey.
- **Shell,** Generalkarte, Blatt 6, *Adria-Umbrien-Marken,* 1: 200 000.

Wanderkarten

- Die überall im deutschsprachigen Raum in den Buchhandlungen erhältlichen **Kompass-Wanderkarten** im Maßstab 1:50 000 gibt es für den Bereich des Lago Trasimeno und den umbrisch-märkischen Apennin; Kartenblätter: *K 662 Lago Trasimeno, K 663 Perugia - Deruta, K 664 Gubbio - Fabriano, K 665 Assisi - Camerino, K 666 Monti Sibellini, K 675 Europäischer Fernwanderweg E1,* Abschnitt Umbria, mit Kurzführer, Höhenprofilen und Etappenbeschreibungen in italienischer Sprache. Die in den Kompass-Karten durch rote Kennzeichnungen vorgeschlagenen Wanderrouten sind nach meiner Erfahrung nicht immer geschickt ausgewählt, manchmal folgen sie für Stunden Asphaltstraßen.

• Weitere Wanderkarten zu einzelnen Regionen sind **vor Ort** erhältlich. Gutes Material im Maßstab 1:25 000 gibt es für die *Monti Sibillini, Monti Martani* und den *Monte Conero,* nur eingeschränkt brauchbare Karten 1:50 000 für den *Monte Subasio* bei Assisi und das *Bergland von Spoleto.*

• Wanderkarten zu den im Buch ausführlich beschriebenen Wanderungen befinden sich auch im **Farb-Kartenatlas** im Anhang.

Notfall

• **Unfallrettung, allgemeiner Polizeinotruf – 113:** Medizinische Soforthilfe bei Unfällen, **Pronto Soccorso,** ist über diese Nummer landesweit anzufordern. Sie führt zu den Krankenhäusern mit Erste-Hilfe-Station, die es in fast allen größeren Ortschaften gibt. Über die 113 muss die Polizei bei allen Unfällen mit Personenschäden verständigt werden.

• **Polizeinotruf – 112:** Dies ist die landesweite polizeiliche Notrufnummer, z. B. bei Straftaten wie Autoeinbrüchen. Bei Unfällen mit Verletzten ist die **113** zu wählen. Die 112 führt zu den *Carabinieri.*

• **Feuerwehr – 115:** Bei Feuer und Waldbränden ist die *Vigili del Fuoco* zu verständigen.

• **Pannenhilfsdienst – 116:** Der italienische Automobilclub **A.C.I.** unterhält, ähnlich dem ADAC, einen Straßenhilfsdienst *(Soccorso Stradale).* An den Autobahnen stehen etwa alle 2 Kilometer gelbe Notrufsäulen. Der **ADAC** hat eine deutschsprachig besetzte Notrufstation in Mailand, Tel. 02/66 15 91.

• Bei **Unfällen nur mit Sachschäden** ohne polizeiliche Beteiligung ist bei der Unfallaufnahme daran zu denken, Versicherungsnummer sowie Name und Anschrift der Versicherung des Unfallgegners zu notieren.

• Bei der Polizei gibt eine verwirrende Vielfalt von Zuständigkeiten: Die **Polizia Stradale** (hellblaue Uniform) kontrolliert v. a. den Straßenverkehr außerhalb der Städte, **Vigili Urbani** regeln den Stadtverkehr. Für die Kriminalitätsbekämpfung sind die **Polizia** des Innenministerium und/oder die **Carabinieri** des Verteidigungsministeriums zuständig, die sich z. T. gegenseitig die Kompetenzen streitig machen. Daneben gibt es noch die unbeliebte **Finanzpolizei** *(Guardia di Finanza),* mit der man es auch als Tourist zu tun bekommen kann, wenn man sich in Geschäften, Hotels, Restaurants keine Rechnung *(scontrino, ricevuta fiscale)* ausstellen lässt.

In ganz Italien gelten die folgenden Notrufnummern:

112: Polizei, Straftaten
113: Polizei, Unfallrettung
115: Feuerwehr
116: Pannendienst des ACI
118: Ärztlicher Notruf, Erste Hilfe

Öffnungszeiten

In Italien herrscht bei den *„Orari di apertura"* fröhliches Durcheinander, ein System ist nicht so recht zu erkennen. Oft grinst einem das Schild *„chiuso"* entgegen, obwohl doch eigentlich geöffnet sein sollte. Im Extremfall gibt es fünf oder sechs jahreszeitlich sich jeweils ändernde Öffnungszeiten die dann auch noch zusätzlich bei den Wochentagen differieren. Insbesondere bei Museen und Informationsbüros sind Zeiten und Ruhetage ständig in Bewegung. Die Angaben im Buch sollten deshalb nur als Orientierung gesehen werden. Sie beziehen sich auf das Jahr 2002; 2003 kann schon wieder alles anders sein.

• Die *Siesta* ist heilig. Über **Mittag** machen so gut wie alle eine lange Pause, die im Hochsommer auch mal bis 17 Uhr reichen kann. Ist dennoch ausnahmsweise geöffnet, muss mit missmutigen Angestellten gerechnet werden.

• **Lebensmittelgeschäfte** *(Alimentari).* Mo bis Sa von 8.30/9 bis 12.30/13 Uhr und von 16 bis 19/19.30 (Winter) bzw. 17 bis 20 Uhr (Sommer). In der Regel haben Alimentari einen Nachmittag in der Woche, oft den Mittwoch, geschlossen. Vor allem kleinere Lebensmittelläden öffnen auch sonntags am Vormittag für einige Stunden. Obwohl es kein striktes Ladenschlussgesetz gibt, bleiben auch in Italien am Sonntag die Ladentüren überwiegend geschlossen. Durchgängig geöffnet sind einige Einkaufszentren an den Stadträndern, von denen es allerdings in Umbrien und den Marken nicht allzu viele gibt.

- **Sonstige Geschäfte.** In der Regel Mo bis Sa von 9 bis 13 und 16 bis 19.30/20 Uhr. Die Ladenschlusszeiten variieren stark und werden besonders auf dem Land und von kleinen Läden nicht so genau genommen. Montag vormittag bleiben Bekleidungsläden, Geschäfte für Haushaltswaren, Buchhandlungen und viele andere Verkaufsstellen geschlossen. In Touristenzentren und während der Badesaison an der Adria sind viele Geschäfte auch das ganze Wochenende über geöffnet.
- **Banken.** Mo bis Fr 8.30–13.45 und 14.45–15.30 Uhr.
- **Post.** Kleinere Postämter Mo bis Sa nur vormittags 8–13.45 Uhr, in größeren Städten durchgehend bis 19.25 Uhr und manchmal sogar sonntags am Vormittag für einige Stunden.
- **Info-Büros.** Die größeren Regionalbüros *(I.A.T./A.P.T.)* 8.30–13/14 und 16–19.30 Uhr. *Ufficio Informazione* und *Pro Loco* sehr unterschiedlich; in der Hauptsaison meist Mo bis So von 9–14 und von 16–20 Uhr, in der übrigen Zeit oftmals geschlossen oder nur wenige Stunden täglich offen.
- **Kirchen.** Kirchen sind meist von Sonnenaufgang bis Sonnenuntergang geöffnet. Oft bleiben sie über den Mittag für mehrere Stunden geschlossen, öfters von 12 bis 16 Uhr. Während der Messen sind Kirchenbesichtigungen unerwünscht. Kleine Landkirchen sind meist generell verschlossen und werden nur zu Messen und Andachten geöffnet (oft werktags gegen 17–18 Uhr, sonntags gegen 9–10 Uhr). Manchmal kann man den Kirchenschlüssel bekommen. Fast immer sitzt irgendjemand am Kirchplatz, der gerne den Weg zum Kustoden weist.
- **Museen.** Große örtliche und jahreszeitliche Unterschiede. Generell gilt, dass fast immer eine Mittagspause eingelegt wird. Montags ist öfters Ruhetag. Kleinere Museen sind im Winter ganz geschlossen oder nur am Wochenende geöffnet, größere im Sommer auch bis in den frühen Abend.

Post

Das **Porto** für Postkarten und Briefe in EU-Länder (inkl. Schweiz) beträgt 0,41 €. Briefe sind schneller als Postkarten, weshalb man letztere auch in Kuverts versenden sollte. **Briefmarken** *(francobolli)* werden auch auch in allen Tabakläden *(tabacchi)* verkauft, die durch ein schwarzes Schild mit weißem T gekennzeichnet sind.

Postlagernde Sendungen *(fermo posta* bzw. *poste restante)* nimmt jedes Postamt entgegen. Bei Abholung muss sich der Empfänger ausweisen. (**Öffnungszeiten** s. o.)

Reisen im Land

Mit dem Auto

Verkehrsvorschriften

Die Verkehrsvorschriften entsprechen im großen und ganzen den Regelungen in Deutschland. **Tempolimits:** 50 km/h innerorts, 90 km/h auf Landstraßen, 110 km/h auf Schnellstraßen *(superstrada)* und 130 km/h auf Autobahnen *(autostrada)*. An Sonn- und Feiertagen und in der Hauptreisesaison darf auf der Autobahn nur 110 km/h gefahren werden.

Die **Promillegrenze** liegt bei 0,5; **Gurtanlegepflicht** gilt, auch wenn viele Autofahrer sich nicht daran halten. Unnachgiebig geahndet werden Wenden, Rückwärtssetzen und Spurwechsel im Mautstellenbereich und auf Autobahnzu- und abfahrten. Generell müssen erwischte Verkehrssünder mit saftigen Bußgeldern rechnen. Entgegen mancher Vorurteile pflegen italienische Polizisten einen eher preußischen Stil. Wird man erwischt, sollte man sich im eigenen Interesse höflich und einsichtig verhalten.

Autobahngebühr

Für die Benutzung der meisten **Autobahnen,** die grün ausgeschilderten *autostrade,* muss eine besondere Gebühr bezahlt werden. Diese beträgt etwa 5 Cent pro Kilometer. In Umbrien gilt dies für die **Autostrada del Sole** (Florenz - Orvieto - Rom) in den Marken für die **Adria-Küstenautobahn.** Bei der Auffahrt passiert man eine Zahlstelle, wo man per Knopfdruck am Automaten ein Ticket bekommt. Abgerechnet wird bei der Ausfahrt. Man kann bar bezahlen oder durch elektronische Abbuchung von der *Viacard.* Diese ist für 25,25 € oder für 50,50 € beim ADAC, an Grenzübergängen, Raststätten und Mautstellen erhältlich. Auch mit *Viacard* muss bei der Einfahrt das Autobahnticket gezogen werden. Bei der Ausfahrt auf gesonderter *Viacard*-Spur muss das Ticket und anschließend die *Viacard* in den Automaten der Zahlstelle eingeführt werden. Inzwischen werden an den meisten Mautstellen auch Kreditkarten akzeptiert. Als *superstrada* klassifizierte **Schnellstraßen** sind gebührenfrei.

Parkplatzsuche

In den größeren Städten und den Touristenzentren wie Perugia, Spoleto, Orvieto, Assisi oder Urbino sollte man unbedingt den Hinweisschildern zu den **offiziellen Parkplätzen** folgen, die meist zentrumsnah **am Rande der Innenstadtzonen** eingerichtet wurden. Sicherlich findet man mit etwas Geduld auf eigene Faust auch eine Parklücke im Straßengewirr der Altstadt, die allerdings oft für den Verkehr

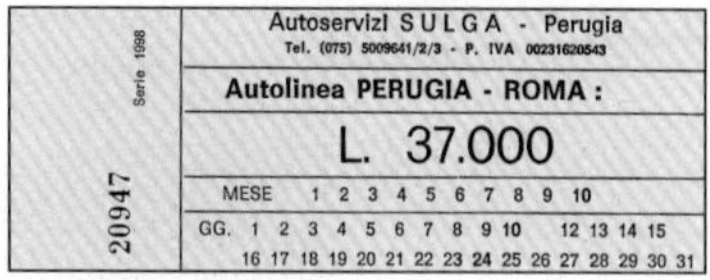

ganz oder zeitweise gesperrt ist - auch wenn sich viele nicht daran halten. Wer aber den italienischen Verkehr nicht gewohnt ist, wird da so manches mal ins Schwitzen kommen. Oft genug findet man sich nach langer Irrfahrt dort wieder, wo man vor einiger Zeit in das Zentrum hineingefahren ist. Die **bewachten Parkplätze und Parkhäuser** kosten zwischen 0,50 und 2 € pro Stunde. Sie sind meist schon am Stadtrand ausgeschildert; ansonsten folgt man einstweilen dem Schild *Centro.* Von den vom Zentrum weiter entfernten Parkplätzen führen oft Rolltreppen, Aufzüge oder kleine Busse in den Stadtkern. Behindertenparkplätze gibt es fast überall auch im Zentrum. Der Ausweis ist deutlich sichtbar auszulegen.

Ist der **Bordstein schwarz-gelb markiert,** besteht **Parkverbot. Blaue Farbe** bedeutet dass **gebührenpflichtig** (Parkscheinautomat) geparkt werden darf, **Weiß,** dass Parken **kostenfrei** zulässig ist. Auch wenn die Italiener sich trotz saftiger Strafzettel oft nicht an die Halteverbote halten, sollte man dies, besonders in den größeren Städten nicht nachahmen. Es kann dann schon passieren, dass das Auto abgeschleppt wird. In diesem Fall wendet man sich an die Stadtpolizei, die *Vigili Urbani.* In kleineren Ortschaften gibt es meist keine Parkplatzprobleme.

Italienische „Verkehrsregeln"

Für viele, die den bei uns vorschriftsmäßig geregelten Verkehr gewohnt sind, erscheint der chaotische Verkehrsalltag Italiens zunächst wie ein Albtraum. Kaum jemand hält sich an die Geschwindigkeitsbegrenzungen, geschweige denn an Überholverbote. Das angemessene Tempo bestimmt jeder Fahrer nach eigenem Gutdünken. Auf engen Kurvenstraßen schießen plötzlich lebensmüde Motorradfahrer mit 150 km/h an einem vorbei, während man auf gut ausgebauter Landstraße unvermittelt auf eine Autoschlange trifft, die sich hinter einem Bauern im uralten Fiat Cinquecento gebildet hat. Völlig unbeeindruckt von genervten Nachfolgern zuckelt er mit Tempo 50 gemütlich dahin. In Einbahnstraßen ist es nicht selten, dass einem ein Auto entgegenkommt, und schon manch einer wartet immer noch darauf, beim Einfädeln hineingelassen zu werden. Der italienische Autofahrer sieht Regelungen und Bestimmungen oft nicht als strenge Vorschriften, sondern als wohlgemeinte Ratschläge. Aber soweit es geht, entscheidet jeder für sich. Wer Vorfahrt hat wird oft vor Ort an der Kreuzung per Handzeichen bestimmt. Im Stadtverkehr herrscht mancherorts das Gesetz des Dschungels. Auf Verkehrspolizisten kann man lange warten. Die lassen sich meist nur sehen, wenn man sie längst nicht mehr braucht.

Wenn jemand an einer Kreuzung oder hinter einem auf der Autobahn aufblinkt, bedeutet das nicht etwa, dass man netterweise vorbei- oder hineingelassen wird. Im Gegenteil, kurzes Aufblinken heißt in Italien „*attenzione* – mach Platz, jetzt komm ich!" Doch falls Sie ein entgegenkommendes Auto anblinkt, können Sie sicher sein, dass Sie die nächsten Kilometer an einem Polizeiposten vorbeikommen. Also spätestens jetzt anschnallen und das Tempolimit einhalten. Radargeräte sind noch wenig in Gebrauch, allerdings werden tagtäglich bei zahlreichen Straßenkontrollen Führerschein, Wagenpapiere, Steuermarken und Versicherungen nachgeprüft. Ausländische Autos werden zwar seltener angehalten, wenn es aber doch mal passiert, sollte man sich höflich, respektvoll und einsichtig zeigen. Italienische Polizisten sind nämlich alles andere als locker und lässig, wenn es um ihre Autorität und die Beachtung von Verkehrsbestimmungen geht.

Wer nach dem oben gesagten mit einem überdurchschnittlich hohen Blutzoll auf den Straßen Italiens rechnet, täuscht sich. Die scheinbare Disziplinlosigkeit der italienischen Autofahrer ist weit weniger gefährlich, als zu vermuten wäre. Denn jeder rechnet jederzeit mit dem Fehlverhalten der anderen, fährt entsprechend aufmerksam und beharrt nicht auf formale Vorfahrtsrechte. Hat man sich erst einmal an den etwas unkonventionellen Fahrstil gewöhnt, verliert der Straßenverkehr in Italien schnell seine Schrecken.

Solange man keine Ausfahrt oder andere Fahrzeuge behindert kann man fast überall das Auto einige Stunden stehen lassen. Im Übrigen werden die Parkvorschriften von Ort zu Ort mit sehr unterschiedlicher Strenge durchgesetzt, und nur die Einheimischen wissen, wo man die Verbote gefahrlos ignorieren kann.

Benzin, Tanken

Benzin ist etwa genauso teuer wie in Deutschland. Ein Liter kostet um die 1,05 € (Super). **Diesel** ist mit etwa 0,84 € pro Liter auch in Italien preiswerter. Bleifreies Benzin *(senza piombo* oder *benzina verde)* gibt es inzwischen an allen **Tankstellen;** Öffnungszeiten in der Regel von 7–13 und von 16–20 Uhr.

In größeren Ortschaften gibt es Tankstellen, die rund um die Uhr geöffnet haben oder Self-service mit Geldautomaten. In abgelegenen Gegenden und vor allem an Sonn- und Feiertagen ist es manchmal nicht leicht, an Benzin zu kommen. Rechtzeitig volltanken sollte man auch bei angekündigten Streiks. Oft gibt es dann drei bis vier Tage lang nur an den Autobahnen geöffnete Tankstellen.

Pannen und Unfälle

Die Mitnahme der **Grünen Versicherungskarte** *(carta verde)* ist obligatorisch. Bei **Unfällen mit Personenschaden** ist die Einschaltung der Polizei generell vorgeschrieben (Unfallrettung *pronto soccorso* und Polizeinotruf: Tel. 113). Die auch für ADAC-Mitglieder in der Regel kostenpflichtige **Pannenhilfe** wird vom Italienischen Automobilclub ACI organisiert: Pannenhilfedienst *(soccorso stradale)* Notrufnummer 116 bzw. 8 00 11 68 00 (handy). Deutschsprachige ADAC-Notrufstation Mailand: 02 66 15 91.

Autoeinbrüche und -diebstähle

Sie sind in Umbrien und den Marken in Kleinstädten und auf dem Land selten. Überhaupt ist die Kleinkriminalität hier sehr gering. Anders ist die Situation inzwischen in größeren Städten wie Perugia, Terni oder Ancona, in denen es auch immer mehr Beschaffungskriminalität von Drogenabhängigen gibt. Parken Sie hier ihr Auto nicht in abgelegenen Gassen, und lassen sie keinerlei Gepäckstücke sichtbar im Wageninnern liegen.

Mietwagen

Autoverleih heißt im Italienischen *autonoleggio.* Unter dieser Bezeichnung sind auch die Adressen der örtlichen Vermieter in den gelben Seiten, den *pagine gialle,* zu finden.

Autovermieter wie Avis, Hertz, Interrent sind an den Flughäfen und in einigen großen Ortschaften (z. B. Perugia, Foligno, Spoleto in Umbrien oder Ancona, San Benedetto del Tronto, Ascoli Piceno in den Marken) zu finden. Daneben gibt es noch einige kleine Einzelunternehmen, die nicht immer billiger sein müssen. Bei den internationalen Vermietern ist es meist günstiger, schon vom Ausland aus zu buchen. Wie in Deutschland beträgt das Mieter-Mindestalter 21 Jahre. Die Preise liegen auf deutschem Niveau. Fast immer muss eine Kreditkarte vorgelegt werden.

Öffentliche Verkehrsmittel

Man kann sowohl Umbrien als auch die Marken problemlos mit Bahn und Bus bereisen. So gut wie jeder Ort ist an das öffentliche Verkehrsnetz angeschlossen. Selbst auf dem flachen Land gibt es regelmäßig verkehrende Busverbindungen. Vor allem, wenn man in erster Linie die gut angeschlossenen großen Kunst- und Kulturstätten der Region besuchen will, ist der eigene fahrbare Untersatz entbehrlich. Gelegentlich braucht man etwas Geduld und Muße wegen der Lücken im Fahrplan oder Verspätungen. Aber zum Glück gibt es ja die Bar um die Ecke, die bei der Überbrückung der Wartezeiten hilft. Andererseits ist man mit Bahn und Bus sicherlich näher am italienischen Alltag, als innerhalb der vertrauten Blechwände des eigenen Autos.

Bahn

Die italienischen Staatsbahnen *(FS)* sind besser als ihr Ruf. Die Züge sind recht pünktlich, meist sauber und vor allem preiswert (Kilometerpreis etwa 6 Cent). Der Eurostar ist das Flagschiff der FS, außerdem gibt es Intercity, Express, Interregio, Diretto, Lokale. Eurostar und Intercity sind zuschlagpflichtig und deshalb für kurze Strecken innerhalb der Regionen relativ teuer.

Das Streckennetz

- Terontola – Castiglione del Lago – Chiusi – Orvieto – Orte (Strecke Florenz – Rom), Intercity, Interregio- und Lokalzüge. Der Eurostar Florenz – Rom hält nicht in Umbrien.
- Terontola – Passignano sul Trasimeno – Perugia – Ponte San Giovanni – Assisi Santa Maria degli Angeli – Spello – Foligno. Recht häufige Interregio- und Lokalzüge, auch durchgehend von und nach Florenz.
- (Rom) – Orte – Narni – Terni – Spoleto – Trevi – Foligno – Gualdo Tadino – Fabriano – Jesi – Ancona. Es verkehren Eurostar (5x) sowie Interregio von Rom nach Ancona.
- Perugia Santa Anna – Ponte San Giovanni – Todi – Terni. Strecke der privaten Ferrovie Centrale Umbra (FCU). Etwa 1–2stündlich Direttos oder Lokalzüge. Die Dieseltriebwagen dieser Bahn sind fahrende Studienobjekte für die Graffitti der 1990er Jahre.
- Perugia Santa Anna – Ponte San Giovanni – Umbertide – Città di Castello – Sansepolcro (Toscana). Zweite Strecke der FCU mit etwa gleichem Angebot wie nach Terni.
- (Rimini) – Gabicce – Pesaro – Fano – Senigallia – Falconara – Ancona – Civitanova Marche – Porto San Giorgio – San Benedetto del Tronto. Märkischer Abschnitt der Fernstrecke Bologna – Bari mit Eurostar (Halt nur in Ancona), Intercity und recht häufig verkehrenden Regionalzügen.
- Fabriano – San Severino Marche – Tolentino – Macerata – Civitanova Marche. Recht gut bediente Verbindungsroute von Fabriano zur Adria.
- San Benedetto del Tronto – Ascoli Piceno. Stichstrecke mit Lokalzügen, soll nach neuesten Planungen bis Rom verlängert werden.
- Fabriano – Sassoferrato – Pergola. Nur noch drei Lokalzüge werktags.

Fahrkarten und -preise

Fahrkarten *(biglietti)* sind **vor Fahrtantritt zu lösen.** Es gibt sie auch in Reisebüros. Für Kurzstrecken bekommt man z. T. in Tabacchis und Bars Fahrkarten nach Kilometerstufen *(biglietti a fasce kilometri),* insbesondere in Orten mit geschlossenem Fahrkartenschalter. Nachlösen im Zug ist unverhältnismäßig teuer, selbst dann, wenn der Bahnhofsschalter dicht ist. Es wird erwartet, dass man sich auf jeden Fall vor Fahrtantritt ein biglietto a fasce kilometri besorgt. Wer öfters Bahn fährt,

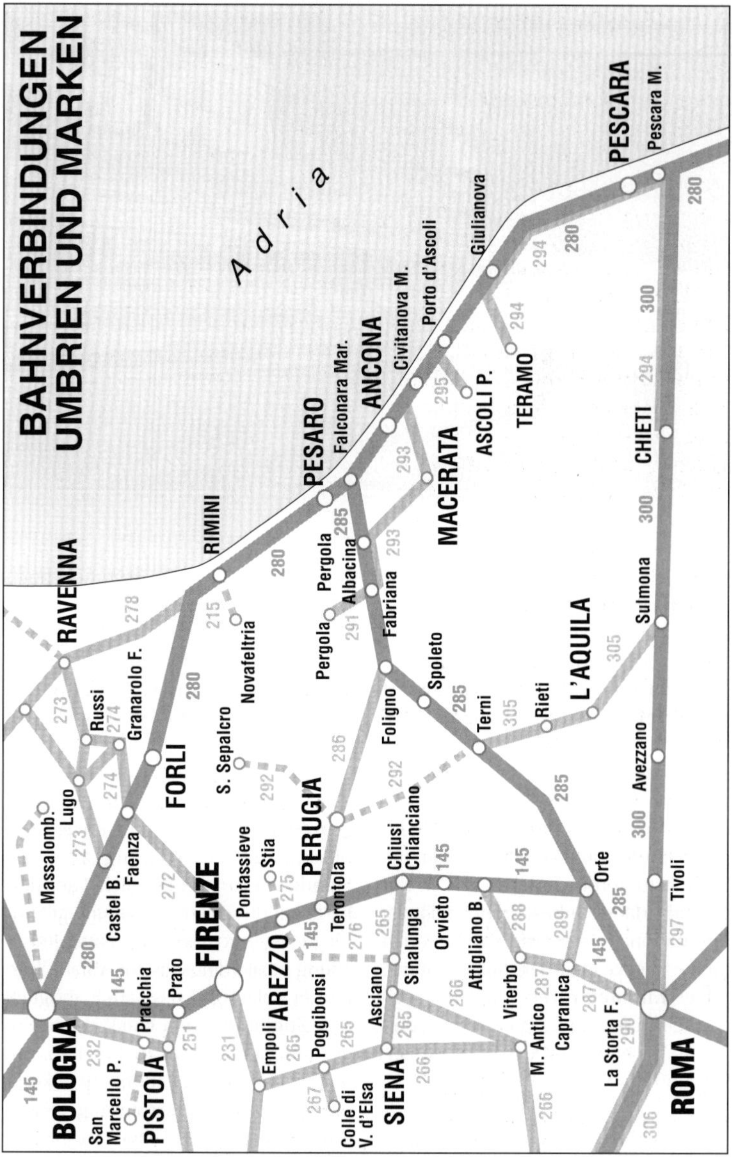
BAHNVERBINDUNGEN
UMBRIEN UND MARKEN
Adria
BOLOGNA
San Marcello P.
PISTOIA
Pracchia
Prato
Massalomb.
Castel B.
Lugo
Russi
Granarolo F.
Faenza
RAVENNA
FORLI
RIMINI
FIRENZE
Empoli
Pontassieve
Stia
AREZZO
S. Sepalcro
Novafeltria
PESARO
Falconara Mar.
ANCONA
Civitanova M.
Porto d'Ascoli
Giulianova
PESCARA
Pescara M.
Pergola
Albacina
Fabriana
Foligno
Spoleto
Terni
Rieti
L'AQUILA
Sulmona
Avezzano
CHIETI
TERAMO
ASCOLI P.
MACERATA
PERUGIA
Terontola
Chiusi Chianciano
Orvieto
Attigliano B.
Orte
Tivoli
Sinalunga
Asciano
SIENA
Poggibonsi
Colle di V. d'Elsa
Viterbo
M. Antico
Capranica
La Storta F.
ROMA
145
232
280
251
231
265
267
266
273
274
272
278
215
291
286
292
275
276
288
289
287
290
297
306
293
295
294
300
305
285

sollte sich einen kleinen Vorrat von 10-km-Tickets anschaffen. Nachlösen im Zug ist dann bei geschlossenem Bahnschalter ohne Aufschlag möglich.

Fahrkarten müssen **vor Fahrantritt entwertet** werden, sonst sind sie nicht gültig! Dazu sind an den Bahnsteigzugängen kleine gelbe Stempelautomaten angebracht. Nach ihrer Entwertung gelten die Fahrkarten bis 200 km 6 Stunden. Darüber sind sie 24 Stunden gültig. Fahrtunterbrechungen sind in der Geltungsdauer unbeschränkt zulässig. Internationale Fahrkarten gelten auch für die Strecke innerhalb Italiens länger.

Der **Kilometerpreis** sinkt mit steigender Entfernung. So kosteten 2002 21–30 km etwa 1,80 €, 91–100 km etwa 4,60 €, 551–600 km etwa 26 €.

Kunst am Diretto

Bei Eurostar/Intercity kommen noch kräftige **Zuschläge** hinzu, die ebenfalls vor Fahrantritt zu kaufen und zu entwerten sind. Zuschlagkosten für **Intercity:** 50 km etwa 2,30 €, 100 km 3 €, 500 km 8,20 €. Der Zuschlag für den **Eurostar** ist im Schnitt etwas mehr als doppelt so hoch. Er differiert nach Zug, Strecke und Reisetag. Die Eurostar-Züge sind generell reservierungspflichtig. Eine Reservierung ist bis eine Stunde vor Abfahrt möglich. Die Fahrkarte mit der Platzreservierung gilt nur für den gebuchten Zug, eine Umbuchung ist allerdings bis zur Abfahrt kostenfrei zulässig. Es ist auch möglich den Zugführer nach Einfahrt des Zuges am Bahnsteig anzusprechen, um noch eine Mitfahrerlaubnis zu bekommen, wofür jedoch eine saftige Nachlösegebühr von 8 € fällig wird.

Am Freitagnachmittag und mehr noch an Sonn- und Feiertagen ab spätem Nachmittag sind die Züge übervoll; v. a. in Fernzügen muss dann oft gestanden werden. Wenn immer möglich, sollte man diese Zeiten meiden.

Fahrpläne

Wer öfter die Bahn nimmt, sollte sich einen **Gesamtfahrplan** *(orario generale)* besorgen. Man erhält ihn preiswert an den Bahnhofskiosken. Manchmal gibt es am Schalter die kostenlosen Regionalfahrpläne *In Treno in Umbria* bzw. *Trenomarchebus* mit allen Zug- und wichtigsten Busverbindungen. Das Zugangebot weist über den Tag gesehen oft große Lücken auf (vor allem zwischen 9 und 12 sowie 14 und 16 Uhr).

Bus

Fast alle Orte sind mit dem **Linienbus** von den Zentralorten aus erreichbar. Die Fahrpreise sind unwesentlich höher als bei der Eisenbahn. Fahrkarten bekommt man im Regelfall nicht im Bus, man muss sie sich am Busbahnhof, in Tabacchis oder Bars vor Fahrtantritt besorgen. Bei einigen Gesellschaften (z. b. atc Terni) kann man gegen Aufschlag ausnahmsweise auch im Bus lösen.

Die Busse werden jeweils für einen bestimmten Bereich von einer halbstaatlichen Gesellschaft betrieben (SSIT Spoleto, Contram Camerino usw.). Die **Überlandbusse** sind bis auf seltene Ausnahmen blau, während im Stadtverkehr eingesetzte Fahrzeuge fast immer orangefarben lackiert sind. Auch für die Stadtbusse müssen Fahrkarten vor Fahrtantritt gekauft werden.

Der Bus hat gegenüber der Bahn den Vorteil, bis mitten in die Stadt zu fahren, während einige Bahnhöfe (Perugia, Assisi, Todi) außerhalb der Zentren liegen. Allerdings sind die Busse langsamer, fahren manchmal unerwartete Umwege oder bleiben im Stau stecken. Im Regelfall ist man mit der Bahn dann doch schneller an seinem Ziel.

Die **Abfahrten** sind ungleich über den Tag verteilt. Morgens und in den Mittagsstunden fahren die Busse meist in kurzen Abständen. Schülermassen auf dem Schulweg veranstalten dann manchmal einen Höllenlärm in überfüllten Fahrzeugen. An Sonn- und Feiertagen fahren erheblich weniger Busse als unter der Woche. Auf vielen Nebenstrecken ruht dann der Verkehr völlig.

Fahrpläne

Oft, aber nicht immer, hängen Fahrpläne aus. Auskünfte bekommt man dort, wo man auch die Fahrkarten kaufen kann, also in der nächstgelegenen Bar oder im Tabacchi. Lieber einmal mehr als zu wenig nach Abfahrtszeiten

In den Fahrplänen heißt:

fer. (feriale): werktags
fer. escl. sab. (feriale escluso sabato): werktags außer samstags
fest. (festivo): sonn- und feiertags
sc. oder scol. (scolastico): an Schultagen, also nicht während der langen Sommerferien zwischen Ende Juni und Anfang September
non sc. oder non scol.(non scolastico): nur an Tagen außerhalb der Schulzeit
sosp. (sospeso) il...: ausgenommen am...
invernale: im Winter (außer Juli/August)
estivo: im Sommer (Juli/August)

und -orten fragen. Oft hat sich etwas geändert, was auf den aushängenden Plänen noch nicht vermerkt ist.

Größere **Verspätungen** sind beim Bus selten, kleinere hingegen häufig. Auf Nebenstrecken und vor allem bei letzten Fahrten am Samstag, kann es vorkommen, dass der Bus bis zu 10 Minuten vor der Zeit startet.

Taxi

Das Taxi als Verkehrsmittel auch für kürzere innerstädtische Routen ist in Italien weniger gebräuchlich als bei uns. Taxistände gibt es nur in einigen wenigen größeren Städten und Touristenorten an Bahnhöfen und Hauptplätzen (Perugia, Assisi, Foligno, Spoleto, Orvieto, Ancona, Fabriano, Pesaro, Ancona, Macerata, San Benedetto del Tronto, Ascoli Piceno). In kleineren Orten auf dem Lande muss man das Taxi telefonisch vorbestellen, wobei lange Wartezeiten und Absagen wegen zu kurzer Fahrtstrecke einzukalkulieren sind. Die Preise entsprechen in etwa deutschem Niveau; auf dem Lande kann man sie öfters frei aushandeln, während in den Städten Taxameter gebräuchlich sind.

Trampen

Trampen auf längeren Strecken wird in Italien im Allgemeinen nicht gerne gesehen; auch wegen Sicherheitsbedenken wird man kaum mitgenommen. Dies gilt nicht, wenn man in mit Bus und Bahn schlecht erschlossenen Regionen ohne größeres Gepäck kurze Strecken mitfahren will. Am Altipiano von Castelluccio z. B. wird gegenseitige Mitnahme geradezu erwartet.

Reisezeit

Die optimale Reisezeit ist natürlich v. a. vom Klima abhängig. Dementsprechend sind für das umbrisch-märkische Hügelland **Frühling und Herbst** die **besten Jahreszeiten.** Das weiß inzwischen jeder, und so sind vor allem die Kunst- und Kulturstädte (Assisi, Orvieto, Todi, Gubbio, Spoleto, Urbino) in dieser Zeit sehr voll. Dies gilt besonders für die Osterfeiertage und die Woche zwischen den beiden Feiertagen 25. April und 1. Mai. Die Natur ist wegen der Pflanzenblüte am schönsten zwischen Mitte Mai und Mitte Juni bzw. Anfang Juli (Monti Sibillini).

Noch stärker als bei uns ist in Italien der **Hochsommer Hauptreisezeit.** Im Juli und August zieht es die halbe Bevölkerung aus den Städten ans Wasser oder, in deutlich geringerem Maße, ins Gebirge. Umbrien und die Marken sind bis auf die Adriaküste, den Trasimenersee und die Monti Sibillini auch in der Hochsaison kaum überfüllt. Lange Besichtigungsfahrten mit dem Auto sind bei der auf dem Land lastenden Hitze aber wenig erfreulich. Besser ist es, sich in ein höhergelegenes Ferienhaus, möglichst mit Schwimmbad, einzumieten und sich auf kleine Touren in die nähere Umgebung zu beschränken. Die Badesaison an der Adria reicht von Juni bis Anfang Oktober, wobei manche Hotels erst Mitte Juni öffnen und schon Mitte September wieder dicht machen.

Der September, der meist verlässlich gutes Wetter bringt, und auch noch der Oktober sind beliebte Reisemonate. Im November kommt der Touristenstrom fast vollständig zum Erliegen. Spätherbst und Winter sind eine optimale Reisezeit für diejenigen, die das italienische Alltagsleben erfahren oder sich in Ruhe der Kunst der Regionen widmen wollen. Viele Kunstschätze, Kirchen und Museen hat man in dieser Zeit fast für sich alleine. Ein preiswertes Hotelzimmer zu finden macht dann keine Probleme. Das Wetter kann zwar kalte, aber traumhafte schöne Tage blauen Himmels bringen.

Sport

(**Wandern** siehe eigenes Kapitel).

Radeln und Mountainbiken

Immer mehr Radler treibt es nach Umbrien. Kein Wunder, gibt es doch unendlich viele nur wenig befahrene Panoramastraßen in herrlicher Landschaft. Für **Radtouren** gut geeignet ist v. a. das reizvolle südumbrische Hügelland zwischen Lago Trasimeno, Todi, Narni, Orvieto; die Anstiege sind auch für den Durchschnittsradler verkraftbar, auf den Straßen fahren nur wenige Autos. Einsame Straßen in herrlicher Landschaft gibt es auch im umbrisch-märkischen Apennin, allerdings sind lange, harte, schweißtreibende Steigungsabschnitte unvermeidbar. Für **Mountainbiker** gibt es unzählige Staubstraßen *(strade bianche)* und Karrenwege *(carrareccia)*. Die Valle Umbra und die märkische Küstenregion sind wegen des dichten und hektischen Verkehrs für gemütliche Radtouren absolut ungeeignet.

Rad fahren ist in ganz Italien ein beliebtes Freizeitvergnügen am Wochenende, das allerdings als reiner Sport gesehen wird. Der *Giro d'Italia* bringt einmal im Jahr halb Italien an die Landstraßen. Gemütliche Fahradtouren mit oder ohne Gepäck sind hingegen weitgehend unbekannt.

Fahrradtransport mit der Bahn ist möglich; fast alle Interregio, Regional- und Lokalzüge nehmen Räder mit (Fahrradkarte 3,50 €), darüber hinaus auch einige ICs und Nachtexpresszüge (5 €), wobei hier die Räder in der Regel demontiert/zusammengeklappt sein müssen. Die Radabteile sind mit weißem Fahrradsymbol auf blauem Grund gekennzeichnet. Grenzüberschreitend können Räder u. a. im Brenner-Express München – Firenze sowie im D 1289 (Mai bis September 3 x pro Woche München – Ancona – Pescara) transportiert werden.

Das offizielle umbrische **Hotelverzeichnis** *Alberghi* sowie das Verzeichnis *Campeggi e altra ospitalità* listen die

Mountainbiker im Altipiano di Castellucio

Fahradverleiher auf. Es gibt sie u. a. in Assisi, Castiglione del Lago, Città di Castello, Foligno, Orvieto, Passignano sul Trasimeno, Perugia und Spoleto.

Wassersport

Die am meisten besuchten **Badestrände** der **märkischen Adria** liegen im Abschnitt nördlich Ancona bei Gabicce Mare, Pesaro, Fano-Marotta, Senigallia, südlich Ancona bei Numana, Porto San Giorgia und vor allem San Benedetto del Tronto. Lange gerade flache Ufer und breite Sandstreifen ziehen jeden Sommer Badelustige in Massen an. Am Monte Conero bei Ancona findet man auch einige malerische kleiner Felsbuchten.

Im meerfernen Umbrien ist der **Lago Trasimeno** das bevorzugte Baderevier. Mit seinen flach abfallenden, z. T. sandigen Ufern ist er vor allem bei Familien mit Kleinkindern beliebt, obwohl die Wasserqualität nicht ganz optimal ist. Besser ist sie im **Lago di Bolsena** bei Orvieto. Der wohl schönste zum Baden geeignete Binnensee Mittelitaliens liegt schon in Latium. Ein kleiner, auch zum Baden geeigneter See in den Marken ist der **Lago di Fiastra** am Nordrand der Monti Sibillini.

An Adria und Trasimenersee gibt es auch andere **Wassersportmöglichkeiten** wie Segeln, Surfen, Wasserski-, Kanu- und Ruderbootfahrten.

Angeln

Die fischreichen Wildbäche der Valnerina, die glasklaren Flüsse Nera und Corno, in denen es vor Forellen nur so wimmelt, aber auch der Clitunno, der Chiascio und der Assino lassen so manches Anglerherz höherschlagen. Weitere Angelreviere sind der Trasimenische See, der Lago di Fiastra in den Marken, und natürlich die Adria. Allerdings darf nur mit **Genehmigung** der zuständigen Provinzverwaltung geangelt werden. (Auskünfte über regionale Infobüros.)

Reiten

Die über weite Strecken unberührten umbrischen Berglandschaften sind ideal für **Reitferien.** Insbesondere der umbrisch-märkische Apennin mit seinen weiten Bergwiesen, wo Tausende halbwilde Pferde weiden, bieten sich auch für mehrtägige Touren im Sattel an. In Umbrien listet das offizielle Agriturismoverzeichnis **mehr als 50 Anbieter** von Reiterferien auf. Oft sind es schöne, einsam auf dem Land gelegene Agriturimo-Betriebe, wo man auch gut übernachten kann.

Gleitschirm-, Drachenfliegen

Den richtigen Wind und ein traumhaftes Panorama gibt es an vielen Stellen im umbrisch-märkischen Apennin. Die eigenwillige, von kahlen Wiesenbergen eingerahmte **Hochebene von Castelluccio** in den Monti Sibillini ist das Zentrum für die Gleitschirmflieger. Hier befindet sich auch Umbriens einzige Deltaplanschule. Daneben sind der **Monte Subasio** bei Assisi und der **Monte Cucco** zwischen Gubbio und Sassoferrato beliebte Startplätze.

Steilwandklettern

Die Kalkwände der unteren Valnerina **bei Ferentillo** sind ein beliebtes Kletterrevier. Auskünfte über Routen erhält man u. a. in der Bar an der Piazza im Ortsteil Ferentillo-Precetto, deren Besitzer begeisterter Kletterer ist.

Ski fahren

Zum Pistenwedeln wird wohl kaum jemand auf die Idee kommen, nach Mittelitalien zu reisen, obwohl es in den **Monti Silbillini** einige **Liftanlagen** gibt: die Abfahrten an der *Forca Canapine* östlich Norcia genügen wohl nur Anfängern; etwas schwierigere sind die Hänge am *Monte Bove* bei Ussita und Sarnano in den Marken. Hier gibt es eine bescheidene Wintersportinfrastruktur; die damit verbundene moderne Betonarchitektur ist ein störender Fremdkörper im Landschaftsbild, allerdings auf eine kleine Zone beschränkt. Eher schon sind die Monti Sibillini für den **Langlauf** geeignet. Die oft tief verschneiten flachkuppigen kahlen Bergzüge westlich und südlich der Hochebene von Castelluccio im umbrisch-märkischen Apennin mit ihrer im Winter fast sibirischen Landschaftsszenerie sind ein herrliches Terrain für Skiwanderungen. Auch am Monte Piselli südlich von Ascoli Piceno gibt es ein kleines Skigebiet mit Lift und Langlaufmöglichkeiten.

Agriturismi bieten auch Reitferien an

Sprache

Wer sich abseits der Touristengebiete begibt, sollte sich schon etwas Sprachkenntnisse aneignen. Es lohnt sich auf jeden Fall, um mehr von Land und Leuten zu erfahren. In unbekannten Gegenden, in Berg- und Bauerndörfern, werden i. d. R. keinerlei Fremdsprachen gesprochen. Wer auch nur ein paar Brocken Italienisch vorzuweisen hat, ist ein gerne gesehener Gast. Italienisch ist eine sehr ausdrucksvolle und melodische Sprache, und es macht Spaß, sich mit ihr zu befassen.

Telefon

Telefonkarten *(scheda telefonica)*, erhält man in Tabacchi-Läden und Zeitschriftenkiosken. Vor dem Gebrauch

Kleiner Sprachführer

Buchtipp: Italienisch – Wort für Wort erschienen im Reise Know-How Verlag.

Aussprache

Die Aussprache ist relativ einfach, da in der Regel alles so ausgesprochen wie geschrieben wird. Es gibt allerdings einige Abweichungen vom Deutschen:

ie, ai, eu	Doppellaute werden immer getrennt ausgesprochen, also i-e, a-i, e-u
c	wie „k" vor den Vokalen a,o,u – Beispiel: casa (sprich: *kasa*)
c	wie „tsch" vor den Vokalen e,i – Beispiel: cena (sprich: *tschena*)
ch	wie „k" – Beispiel: chilo (sprich: *kilo*)
g	wie „g" vor den Vokalen a,o,u – Beispiel: gatto (sprich: *gatto*)
g	wie „dsch" vor den Vokalen e,i – Beispiel: gelato (sprich: *dschelato*)
gh	wie „g" – Beispiel: ghetto (sprich: *getto*)
gli	wie „lji" – Beispiel: maglia (sprich: *maljia*)
gn	wie „nj" – Beispiel: pugno (sprich: *punjo*)
h	stumm, wird nicht gesprochen – Beispiel: hanno (sprich: *anno*)
r	gerolltes Zungenspitzen-r
s	am Wortanfang stimmlos, wie in „Bus" – Beispiel: sole (sprich: *ßole*)
s	in der Wortmitte zwischen Vokalen stimmhaft, wie in „Rose" – Beispiel: rosa
st	spitzes „st" wie in „Rast" – Beispiel: strano (sprich: *ßtrano*)
v	wie „w" in „Welt" oder „v" in „Vase" – Beispiel: vengo (wengo)
z	stimmhaftes „ds" – Beispiel: zio (sprich: *dsio*)

Zur Betonung der Wörter

Die Betonung liegt in der Regel auf der vorletzten Silbe, wie in parlare, venire, ragazzo. Es gibt einige Wörter, die diese Regel durchbrechen, z.B. die Infinitivformen der meisten Verben auf „-ere", wie credere, ridere, sowie die 3. Person Plural: parlano, vengono. Wörter, die auf der letzten Silbe betont werden, tragen einen Akzent, wie città, caffè, unità.

Der Grundwortschatz

(Zu **Speisen, Getränken, im Restaurant** usw. siehe unter Essen und Trinken)

Die Zahlen — i numeri

0 zero	10 dieci	20 venti	60 sessanta

1 uno	11 undici	21 ventuno	70 settanta
2 due	12 dodici	22 ventidue	80 ottanta
3 tre	13 tredici	23 ventitre	90 novanta
4 quattro	14 quattordici	28 ventotto	100 cento
5 cinque	15 quindici	30 trenta	101 centuno
6 sei	16 sedici	31 trentuno	102 centodue
7 sette	17 diciassette	32 trentadue	110 centodieci
8 otto	18 diciotto	40 quaranta	200 duecento
9 nove	19 diciannove	50 cinquanta	500 cinquecento
1000 mille	10000 diecimila		$^1/_2$ un mezzo
1300 milletrecento	900 000 novecentomila		$^1/_4$ un quarto
2000 duemila	1 000 000 un millione		$^2/_3$ due terzi

Die **Jahreszahlen** spricht der Italiener einzeln, d. h. die beiden ersten Zahlen werden nicht zu Hundertern zusammengefasst, z. B: 1999 mille-novecento-novanta-nove

Die Ordnungszahlen / **i numeri ordinali**

1. primo
2. secondo
3. terzo
4. quarto
5. quinto
6. sesto
7. settimo
8. ottavo
9. nono
10. decimo
11. undicesimo
20. ventesimo
100. centesimo

Die Wochentage		i giorni	
Montag	lunedi	Freitag	venerdi
Dienstag	martedi	Samstag	sabato
Mittwoch	mercoledi	Sonntag	domenica
Donnerstag	giovedi	Feiertag	giorno festivo

Die Monate		i mesi	
Januar	gennaio	Juli	luglio
Februar	febbraio	August	agosto
März	marzo	September	settembre
April	aprile	Oktober	ottobre
Mai	maggio	November	novembre
Juni	giugno	Dezember	decembre

Die Jahreszeiten		le stagioni	
Frühling	la primavera	Herbst	l'autunno
Sommer	l'estate	Winter	l'inverno

Die Tageszeiten

Morgen/Vormittag	la mattina	Nachmittag	il pomeriggio
Mittag	il mezzogiorno	Abend	la sera
Nacht	la notte	Mitternacht	la mezzanotte

Zeitangaben

heute	oggi	gestern	ieri
vorgestern	l'altro ieri	morgen	domani

übermorgen	dopodomani
jetzt	adesso, ora
sofort	subito
noch nicht	non ancora
vorher	prima
nachher / danach	dopo
später	più tardi
immer	sempre
nie	mai
früh, spät	presto, tardi

Redewendungen

Grußformeln

Guten Morgen, guten Tag (bis 16.00 Uhr)	Buongiorno
Guten Tag, guten Abend (nach 16.00 Uhr)	Buona sera
Gute Nacht	Buona notte
Gruß unter jungen Leuten und guten Bekannten	Ciao
Willkommen	Benvenuto/-a
Auf Wiedersehen	Arrivederci
Auf Wiedersehen (förmlich)	ArrivederLa
Tschüß	Ciao
Bis später	A più tardi
Bis morgen	A domani

Ausdrücke der Höflichkeit

Bitte (als Antwort auf ein „Danke" / als Angebot, sich zu bedienen)	Prego
Bitte (als Ausdruck eines Wunsches)	Per favore
Danke	Grazie
Danke sehr / vielen Dank	Tante grazie
Entschuldige! / Entschuldigen Sie!	Scusa! / scusi!
Es tut mir leid!	Mi dispiace!
Einen Augenblick, bitte!	Un momento, per favore!
Gestatten? / Darf ich?	Permesso?
Gern	Volentieri
Das ist sehr nett von Ihnen!	È molto gentile!
Wie geht es Dir?	Come stai?
Wie geht es Ihnen?	Come sta?
(Sehr) gut / schlecht	(Molto) bene / male
Prost! / Zum Wohl!	Salute! / cin cin!
Gesundheit!	Salute!
In Ordnung!	Va bene! D'accordo!
Sag / sagen Sie mir!	Dimmi! / Mi dica!
Ich weiß es nicht.	Non lo so.
Helfen Sie mir bitte!	Mi aiuti, per favore!
Hilfe!	Aiuto!

Zur Sprache

Sprichst du / sprechen Sie Deutsch?	Parli / parla tedesco?
Ich spreche nicht gut Italienisch.	Non parlo bene l'italiano
Ich möchte Italienisch lernen.	Vorrei imparare l'italano
Wie heißt das auf italienisch?	Come si dice in italiano?
Ich habe nicht verstanden.	Non ho capito
Come?	Wie bitte?
Sprechen Sie bitte etwas langsamer!	Parli più lentamente, per favore!
auf deutsch, englisch, französisch	in tedesco, inglese. francese

Die wichtigsten Fragewörter

wer?	chi?
was?	che (cosa) ?
wie?	come?
wo? wohin?	dove?
woher?	di / da dove?
wann?	quando?
warum?	perchè?
wie viel?	quanto/a?
welche/r	quale?

Die wichtigsten Fragen

Gibt es...?	C'è...?
Haben Sie...?	Ha...?
Wie viel kostet...?	Quanto costa...?
Wo ist...?	Dov'è...?
Wo kann man... kaufen?	Dove si può comprare...?
Wie heißt...?	Come si chiama...?
Darf man...? / kann man...?	Si può...?
Wann öffnet...?	A che ora apre...?

Unterwegs

der Zug	il treno
der Bahnhof	la stazione
die Fahrkarte	il biglietto
– 1. Klasse	di prima classe
– 2. Klasse	di seconda classe
– einfach	di andata
– hin und zurück	di andata e ritorno
der Preis	il prezzo
der Fahrplan	l'orario
das Gleis	il binario
die Abfahrt	la partenza
die Ankunft	l'arrivo
der (Sitz-)platz	il posto
der (Stadt-) bus	l'autobus
der Bus (außerhalb)	il pullman
die Haltestelle	la fermata
das Flugzeug	l'aereo
der Flughafen	l'aeroporto

das Schiff	la nave
der Hafen	il porto
der Eingang	l'entrata
der Zutritt, Eintritt	l'ingresso
der Ausgang	l'uscita
das Taxi	il tassi
das Auto	la macchina
das Motorrad	la motocicletta / il moto
das Fahrrad	la bicicletta
die (Auto -/ Motorrad-)Vermietung	il noleggio
das Gepäck	il bagaglio
der Koffer	la valigia
fragen	domandare
mieten, leihen	noleggiare
warten	aspettare
abfahren	partire
anhalten	fermare
ankommen	arrivare
frei	libero
besetzt	occupato
voll	pieno
langsam	lento
schnell	veloce
erlaubt	permesso
verboten	vietato
Wann fährt der nächste Zug nach Orvieto?	A che ora parte il prossimo treno per Orvieto?
Wo muss ich umsteigen?	Dove devo cambiare il treno?
Auf welchem Gleis kommt der Zug von Florenz an?	Su quale binario arriva il treno da Firenze?
Wo ist die Bushaltestelle?	Dov'è la fermata dell'autobus?
Wie lange dauert die Fahrt bis...	Quanto tempo ci vuole per arrivare a ....
Haben Sie einen Busfahrplan?	Ha l'orario per il pullman?
Die Fahrt ist sehr lang.	Il viaggio è molto lungo
Ich ziehe es vor zu fliegen.	Io preferisco andare in aereo
Für den kurzen Weg trampen wir.	Per questa strada breve facciamo l'autostop
Halt an!	Ferma!
Halten Sie an, bitte!	Si fermi, prego!

Übernachten

das Hotel	l'albergo
die Pension	la pensione
die Jugendherberge	l'ostello della gioventù
die Unterkunft	l'alloggio
der Campingplatz	il campeggio
das Zimmer	la camera
ein Einzelzimmer	una camera singola
ein Doppelzimmer	una camera doppia

ein Doppelschlafzimmer (mit Ehebett)	una camera matrimoniale
mit (ohne) Bad / Dusche	con (senza) bagno / doccia
mit Frühstück	con prima colazione
Halbpension	mezza pensione
Vollpension	pensione completa
für eine Nacht	per una notte
für drei Tage	per tre giorni
für eine Woche	per una settimana
das Erdgeschoss	il pianterreno
im 1. Stock	al primo piano
ganz oben	tutto insù
ganz unten	tutto in giù
das Bett	il letto
schlafen	dormire
der Wecker	la sveglia
wecken	svegliare
die Toilette	il gabinetto
das Handtuch	l'asciugamano
waschen / sich waschen	lavare / lavarsi
Wo kann ich einen Stadtplan kaufen?	Dove posso comprare una pianta della città?
Ich suche ein Hotel / Pension im Zentrum.	Cerco un albergo in centro.
Möglichst ein günstiges.	Possibilmente a buon prezzo.
Das ist mir zu teuer.	E troppo caro per me.
Kennen Sie ein Hotel, das nicht ganz so teuer ist?	Conosce un hotel, che non è tanto caro?
Wo ist das Hotel?	Dov'è l'albergo?
Immer geradeaus!	Sempre diritto!
Haben Sie ein Einzelzimmer für 3 Nächte?	Ha una camera singola per tre notti?
Nur ohne Bad.	Soltanto senza bagno.
Einverstanden.	D'accordo.
Haben Sie ein Doppelzimmer mit Bad oder Dusche?	Ha una camera doppia con bagno o doccia?
Haben Sie vorgebucht?	Ha prenotato?
Es gibt noch eins für 32 €.	C'è ancora una per trentadue euro.
Wir haben eines im dritten Stock.	Abbiamo una al terzo piano.
Kann ich das Zimmer sehen?	Posso vedere la camera?
Ist es ruhig?	È tranquilla?
Nein, es geht zur Straße raus.	No, dà sulla strada.
Jedoch – nachts ist kein Verkehr!	Comunque – di notte non cè traffico!
Haben Sie noch eins, das nach hinten (zum Hof) rausgeht?	Ha ancora una camera che dà sul cortile?
Wir haben ein sehr kleines.	Ne abbiamo una molto piccola.
Das Zimmer ist in Ordnung.	La camera va bene.
Es ist klein, aber ruhig.	È piccola ma tranquilla.
Machen Sie mir einen guten Preis!	Mi faccia un buon prezzo!

teuer	caro	das kostet viel	costa molto
zu teuer	troppo caro	das kostet zu viel	costa troppo
sehr teuer	tanto caro	das kostet sehr viel	costa tanto
billig	buon prezzo	das ist ein guter Preis	è un buon prezzo

das ist nicht zu viel / nicht zu teuer	non è troppo caro / non costa troppo
das kostet nicht so viel / das ist nicht so viel	non costa tanto / non è tanto

Geographische Begriffe

das Land	la campagna
die Landschaft	il paesaggio
der Berg	il monte
das Gebirge	la montagna
der Felsen	la roccia
der Hügel	la collina
der Wald	il bosco
das Tal	la valle
die Ebene	la pianura
das Feld	il campo
der Weg	il sentiero
der Fluss	il fiume
der See	il lago
das Meer	il mare
der Strand	la spiaggia
die Küste	la costa

hinaufsteigen	salire
hinuntersteigen	scendere
wandern	camminare
schwimmen	nuotare
Vorsicht!	attenzione!
die Gefahr	il pericolo
gefährlich	pericoloso

Richtungsangaben

weit	lontano
nah	vicino
hier	qui
dort	lì / là
neben	accanto a
vor	davanti
hinter	dietro
gegenüber	di fronte
(nach) rechts	(a) destra
(nach) links	(a) sinistra
geradeaus	diritto
zurück	indietro

musica popolare in It
Sirico Orlando
suonatore di organetto

Der Spaziergang	La passegiata
Sie müssen immer geradeaus gehen!	Deve andare sempre diritto!
Dann biegt ihr rechts ab!	Poi girate adestra!
Dieser Weg führt immer aufwärts.	Questo cammino va sempre in sù
ein wenig nach links	un pò verso sinistra
nach 200 m kommt ein Sträßchen	dopo duecento metri viene una stradina
das bis zum Dorf hinunterführt.	che porta giù fino al villaggio.
Es ist ein kleines Dorf, sehr niedlich	È un piccolo villaggio, molto bellino
Sie gehen etwa 1 Std. abwärts	Lei scende giù per un'ora circa
Zum Raufgehen braucht man 3 ganze Stunden	Per salire ci vogliono tre ore intere
Also Sie steigen auf den Hügel	Allora Lei salga su questa collina,
von dort haben Sie ein herrliches Panorama!	da lì ha un panorama bellissimo!

Einkaufen

der Lebensmittelladen	il negozio di alimentari
der Supermarkt	il supermercato
die Bäckerei	la panetteria
die Konditorei	la pasticceria
die Metzgerei	la marcelleria
das Fischgeschäft / die Fischhalle	la pescheria
der Tabakladen	il tabaccaio
die Apotheke	la farmacia
einkaufen	fare la spesa
kaufen	comprare
das Geld	i soldi
ein Kilo	un chilo
ein Pfund	mezzo chilo
Hundert Gramm	un etto
ein Stück	un pezzo
eine Scheibe	una fetta
ein Liter	un litro
1/2 Liter	mezzo litro

Auf dem Markt

ich gehe zum Markt	vado al mercato
ich möchte 2 Äpfel	voglio due mele
3 Bananen und eine Zitrone	tre banane ed un limone
4 Apfelsinen und 5 Birnen	quattro arance e cinque pere
dann ein wenig Gemüse	poi un pò di verdura
ich nehme 1 kg Karotten	prendo un chilo di carote
1 Pfund Tomaten	mezzo chilo di pomodori
und 200 g Zwiebeln	e due etti di cipolle
haben Sie auch frische Eier?	ha anche delle uova fresche?
gut, davon nehme ich sechs	bene, ne prendo sei
ein Ei – zwei Eier	un uovo – due uova
ich hätte auch gern einen Salat	vorrei anche un'insalata
ich will	voglio
ich möchte / hätte gern (höflich)	vorrei

muss man die Ecke abknicken. In den meisten Telefonkabinen kommt man heutzutage mit Bargeld oder den *gettoni,* speziellen Telefonmünzen, nicht mehr weiter. Bei der enormen Beliebtheit des Funktelefons ist zu erwarten, dass öffentliche Telefonzellen weiter abgebaut werden. Gespräche mit Mobiltelefonen ist in den Netzen E-Plus, D1 und D2 möglich.

Meist zentral in Städten und größeren Orten oder Touristenhochburgen unterhält die staatliche Telefongesellschaft **SIP Telefonzentralen** mit manchmal 20 oder mehr Fernsprechapparaten. Beliebt sind auch ohne nennenswerte Abschirmung an der Wand angebrachte öffentliche Telefone, die offensichtlich bevorzugt an sehr lauten Örtlichkeiten (z. B. unter dem Bahnhofslautsprecher) platziert werden. Man muss sich dann schreiend unterhaltend, was die Stimmkräfte stärkt und den Umstehenden ein wenig Abwechslung bringt.

Bars mit Telefonzeichen (Wählscheibe) über dem Eingang besitzen einen öffentlichen Fernsprecher. Dies kann ein normaler Apparat mit Zähler, ein Münz- oder Kartenautomat sein, und auch hier hat man meist gegen kräftigen Hintergrundlärm anzusprechen.

Von Italien aus nach Deutschland zu telefonieren ist deutlich teurer als umgekehrt. Günstiger wird es Mo–Fr nach 18.30 Uhr, Sa nach 13 Uhr sowie sonn- und feiertags. Bei Ferngesprächen vom Hotelzimmer sind meist erhebliche Aufschläge zu zahlen!

Unterkunft

An guten und/oder preiswerten Unterkünften herrscht weder in Umbrien noch in den Marken Mangel. Vom einfachen Dorfhotel bis zur besternten Luxusherberge, von der schlichten Ferienwohnung auf dem Lande zum Edelagriturismo in den historischen Räumlichkeiten eines restaurierten Klosters, vom kargen Zeltplatz in den Bergen bis zum perfekt ausgestatteten Campingarreal an der Adria mit Bar, Disco und Vergnügungpark reicht die Bandbreite.

Vorwahlen und Auskunft

- **Vorwahl vom Ausland nach Italien:** 0039. Die erste Null der italienische Vorwahl muss mitgewählt werden.
- **Vorwahlen von Italien ins Ausland:** 0049 nach Deutschland, 0043 nach Österreich, 00 41 in die Schweiz. Anders als beim Telefonieren nach Italien die erste Null der örtlichen Vorwahl im Ausland nicht mitwählen.
- **Innerhalb Italiens:** Seit 1998 muss in Italien auch bei innerörtlichen Gesprächen immer die Ortskennzahl mitgewählt werden, also in Perugia z. B. die 0 75 plus die Nummer des Angerufenen, auch wenn dieser ebenfalls in Perugia wohnt.
- **Telefonauskunft:** Inland 12 (gebührenfrei), Ausland 176

Hotel

Alle Hotels werden durch die **staatlichen Aufsichtsbehörden kontrolliert** und mit einem bis zu fünf Sternen **klassifiziert.** Die Preisgestaltung ist an keine amtlichen Vorgaben gebunden, jedoch ist der Hotelier verpflichtet, die Preise mindestens einmal jährlich bekannt zu geben.

Änderungen sind kurzfristig möglich. (Die Angaben zu Übernachtungspreisen in diesem Buch, die überwiegend auf dem offiziellen, zu Beginn eines Jahres herausgegebenen Hotelverzeichnis beruhen, können deshalb nur einen ungefähren Anhaltspunkt bieten.) Im Hotelzimmer muss allerdings der aktuell gültige Übernachtungspreis durch Aushang kenntlich gemacht werden. Er differiert in den meisten Häusern zwischen **Hochsaison** *(alta stagione)* und **Nebensaison** *(bassa stagione).* Vor allem in Touristengegenden wie der Adriaküste sind die saisonalen Preisschwankungen beträchtlich; in der Nebensaison kann man hier mit ordentlichen Abschlägen rechnen. Das Frühstück ist im Preis nicht inbegriffen, es sei denn, der Hotelier oder die Preisliste weisen ausdrücklich darauf hin.

Die Anzahl der Sterne ist in der Regel ein verlässlicher Anhaltspunkt für den generellen Komfort des betreffenden Hauses. Über Lage, Ästhetik, Atmosphäre, Lärmbelästigung usw., auf die es ja auch wesentlich ankommt, ist damit natürlich noch nichts gesagt. Es versteht sich, dass **Fünf- und Viersternehäuser** im Hinblick auf Komfort wenig Wünschen offen lassen. Vor allem in Umbrien findet man darunter sehr stilvolle Unterkünfte in historischen Palazzi, vor allem in den Marken auch nüchtern-professionelle Bettenburgen für gehobenen Geschäftsreisende. **Drei Sterne** klassifizieren vom Standard her gute Mittelklasse. In Umbrien sind auch die **Zwei-Sterne-Häuser** nach unserer Erfahrung fast immer angenehme Häuser, in den Marken gilt dies mit Abstrichen. Hier scheint es einfacher zu sein, an die Sterne zu kommen. Drei Sterne in den Marken entprechen im Hinblick auf Komfort aber auch Preis zwei in Umbrien. Bei Hotels mit nur **einem Stern** muss man nicht unbedingt in einer schmuddeligen Billigbleibe nächtigen. Die Mängel liegen meist nicht im Bereich Sauberkeit oder Zimmerzuschnitt, sondern bei nicht richtig funktionierenden Duschen, Heizungen, Beleuchtung oder durchhängenden Matratzen. Innerhalb der Sterne-Kategorien gibt es je nach Lage und Zimmerausstattung große Unterschiede. Zimmer ohne Bad sind natürlich beträchtlich preiswerter, werden aber immer weniger angeboten. Die Bezeichnung *pensione* bedeutet nur, dass es im Hotel auch **Voll- oder Halbpension** gibt. Das Hotelfrühstück ist in den Häusern der unteren Kategorien meist ausgesprochen kärglich. Es besteht oft nur aus einem Kaffee und zwei Scheiben Weißbrot mit Marmelade. Caffè oder cappuccino mit pasta oder Schinken- bzw. Käsepanini in der Bar um die Ecke sind fast immer vorzuziehen.

Einfaches Berghotel in den Monti Sibillini

Die regionale Touristeninformationsstellen in Perugia und Ancona versenden auf Anfrage die vollständigen **Hotelverzeichnisse** In Umbrien ist die Broschüre *Alberghi Umbria* auch in fast allen lokalen Infobüros leicht erhältlich, während das entsprechende Gesamtverzeichnis für die Marken aus unerfindlichen Gründen nur schwer zu bekommen ist. In Umbrien erhält man die Listen auch in fast allen Infobüros vor Ort, in den Marken hingegen nicht überall.

Preiskategorien im Buch

Übernachtungspreis im Doppelzimmer für zwei Personen, in der Regel ohne Frühstück, außerhalb der Hochsaison. Einzelzimmer kosten im Schnitt 25–35 % weniger.

€	unter 50 €
€€	50–70 €
€€€	70–90 €
€€€€	90–130 €
€€€€€	mehr als 130 €

Privatzimmer

Nachdem in den letzten Jahren einige der im Interesse der Hotelbesitzer errichteten bürokratische Hürden abgebaut wurden, gibt es inzwischen auch in Italien ein zunehmend breiteres Angebot an privaten Zimmervermietern. Unter *Affitacamere* sind hotelähnliche Unterkünfte mit maximal 6 Zimmern zusammengefasst, die im Regelfall für einen zusammenhängenden Zeitraum von 7 Tagen vermietet werden müssen. Diese Regelung kann in Orten ohne Hotel sowie in der Hauptsaison aufgehoben werden.

Private Zimmervermieter, die maximal 3 Zimmer in ihrer eigenen Wohnung zur Verfügung stellen, firmieren unter *Bed & Breakfast*. Eine Mindestaufenthaltsdauer gibt es hier nicht. Ein größeres Zimmerangebot gibt es in Umbrien in der Studentenstadt Perugia, in Assisi und rund um den Lago Trasimeno, in den Marken in Urbino sowie an der adriatischen Badeküste. Aufgelistet sind die Unterkünfte in den Broschüren *Campeggi e altra ospitalità* (Umbrien) bzw. *Campeggi, Agriturismo, Affittacamere* (Marken). *Bed & Breakfast* im Internet: www.bbitalia.it (ganz Italien) und www.bbumbria.it (nur Umbrien).

Agriturismo – Ferien auf dem Bauernhof

Ursprünglich war der *Agriturismo* eine zusätzliche Einnahmequelle der Landwirte. Sie vermieteten ein oder zwei einfach eingerichtete Zimmer an Gäste, die, ob bei der Weinernte oder beim Brotbacken, auch gerne mal mithalfen. In den letzten Jahren kam es besonders im grünen Umbrien zu einem richtiggehenden Agriturismo-Boom. Die Regionalverwaltungen, aber auch die EU, unterstützten Entwicklungen hin zu „sanftem" und naturnahem Urlaub mit Zuschüssen. Besonders Familien mit Kindern wählen diese Art von Ferienaufenthalt. Während die Eltern die „langweiligen" Kirchen besichtigen, können sich die Kleinen mit Tieren beschäftigen oder in der Natur austoben.

Die meisten Agriturismo-Betriebe bieten außer Idylle und frischer Luft auch verschiedene Möglichkeiten für einen Aktivurlaub, wie Reiten, Mountainbiking, Trekking und Wandern, Kochkurse, Trüffelsuche mit Hunden und vieles mehr. Immer mehr haben auch ihr kleines Schwimmbad vor der Tür.

Üblicherweise gehört zu einem Agriturismo auch eine kleines Esslokal, in dem man, nicht nur als Pensionsgast, mit typischen Produkten der Umgebung und hausgemachten Köstlichkeiten, von Mama zubereitet, verwöhnt wird. Die landwirtschaftlichen Produkte, meist Wein, Öl, Getreide, Eingemachtes, werden direkt am Hof verkauft.

Allerdings ist nicht zu übersehen, dass sich immer mehr Agriturismo-Betriebe auf eine gehobene Kundschaft ausrichten und Unterkünfte auf dem Niveau von Drei- oder gar Viersternehotels bieten – zu entsprechenden Preisen natürlich. Mit unserem „Ferien auf dem Bauernhof" hat dieser Edelagriturismo, der öfters von finanzstarken Investoren aus dem fernen Rom oder Mailand betrieben wird, nichts mehr zu tun. In Umbrien sind die Agriturismo-Betriebe im Gesamtverzeichnis *Agriturismo Umbria* mit Preisangaben aufgelisten in den Marken ohne Preise in der Broschüre *Campeggi, Agriturismo, Affittacamere*. Eine Auswahl von Adressen für ganz Italien stellt das Buch „Urlaub auf dem Bauernhof" vor, das in Deutschland beim Landschriften-Verlag in Bonn erhältlich ist. Internet: www.agriturist.it.

Agritourismo-Verbände

Einige Agriturismo-Betriebe sind in diversen nationalen und regionalen Verbänden zusammengefasst. Hier gibt es weiteres Informationsmaterial:

- **Agriturist** ist der gößte nationale Verband. Der jährlich erscheinenden Katalog in italienischer Sprache ist erhältlich bei: Agriturist, Corso Vittorio Emanuele 101, 00186 Roma, Tel. 0 66 85 23 97, Fax 06 68 30 85 78.
- **Agriturist Umbria,** c/o Federumbria Agricoltori, Via Savonarola 38, 06121 Perugia, Tel. 07 53 20 28, Fax 07 53 66 65, E-mail: fedumbri@confagricoltura.it.
- **Umbria in campagna,** Strada S. Cristoforo 16, 05022 Amelia, Tel. 07 44 98 82 49, Fax 07 44 98 84 59, E-mail: consorzio@umbriaincampagna.com, Internet: www.umbriaincampagna.com.

Ferienwohnungen

Leichter als alleinstehende Häuser sind unabhängige Ferienwohnungen zu finden. Vor allem, wenn man mit Kindern unterwegs ist die Ferienwohnung neben dem Agriturismo eine angenehme, praktische und kostengünstige Unterkunftsmöglichkeit. Man kann von dort aus Tagesausflüge unternehmen, oder auch mal faul einen Tag „daheim" im Garten verbringen und sich selbst in der Küche mit den typischen Produkten der Gegend kulinarische Leckerbissen preisgünstig zubereiten.

In den Reiseteilen „Umbrien" und „Marken" dieses Buches sind einige schöne Ferienwohnungen bei den Ortsbeschreibungen aufgeführt (Perugia, Panicale, Assisi, Spello, Montone, Gubbio, Nocera Umbra, Todi). Aber auch über Anzeigen in den größeren Tageszeitungen wie *Süddeutsche* oder *Die Zeit* findet man öfters schöne Feriendomizile. Die Wohnungen sind nicht klassifiziert; die untere Preisgrenze liegt bei etwa 250 € pro Woche, nach oben ist die Skala offen. Adressen in den Broschüren *Campeggi e altra ospitalità* (Umbrien) bzw. *Campeggi, Agriturismo, Affittacamere* (Marken).

Klöster

Eine oft sympathische und günstige Unterbringung bieten in Umbrien einige Klöster, die als *Case religiose di ospitalità* firmieren. Heute werden unverheiratete Paare meist nicht mehr wie früher abgewiesen; an die Klosterordnung muss man sich allerdings schon halten. Im Herbst und im Winter kann es vorkommen, dass die Pforte schon um 21 Uhr geschlossen wird, im Sommer darf man etwas länger draußen bleiben. Gegen 22 Uhr fällt dann die Klappe endgültig zu. Nichts für Nachtschwärmer, die aber ohnehin im ländlichen Umbrien kein gutes Betätigungsfeld finden. Oft ist ein Mindestaufenthalt von 2 Tagen Voraussetzung und/ oder Halb- oder Vollpension obligatorisch. Die Preise für ein Doppelzimer liegen meist bei 35–50 €. Religiöse Häuser gibt es in **Umbrien** u. a. in Assisi, Foligno, Orvieto, Perugia, Spoleto und Todi. Auch die Unterkünfte in den Klöstern sind im umbrischen Verzeichnis *Campeggi e altra ospitalità* aufgeführt.

Jugendherbergen

Die *Ostelli per la gioventú* stehen in der Regel jedermann auch ohne Ausweis offen. In manchen gibt es auch neben den Schlafsälen einfache Doppelzimmer. Jugenherbergen gibt es in **Umbrien** in u. a. Assisi, Foligno, Gubbio, Magione, Perugia, und Sigillo (Monte Cucco), in den **Marken** u. a. in Loreto und Ascoli Piceno.

Camping

Wer gerne mit Zelt oder Campingmobil in den Urlaub fährt, wird in Umbrien und den Marken eine ganze Reihe idyllisch gelegener und gepflegter Campingeinrichtungen vorfinden. Viele Römer oder Norditaliener haben das ganze Jahr über ihren Wohnwagen auf Campingplätzen stehen; oft ist es üblich, dass die Frau mit Kindern, Oma, und dem halben Haushalt mitsamt Waschmaschine und Fernseher ab Juli ans Meer zieht. Der Mann kommt an Wochenenden und in den Ferien nach.

Neben den offiziellen Campingplätzen gibt es seit neuestem auch den **Agricamping.** Das sind Agriturismo-Betriebe, die einige Stellplätze mit Strom, Toiletten und Waschräumen zur Verfügung stellen. **Wildzelten** ist natürlich **verboten,** wer aber spätabends wirklich mal keinen Campingplatz mehr erreicht, kann meist ohne Probleme am Straßenrand campieren. Polizei und Carabinieri drücken in einem solchen Ausnahmefall schon mal ein Auge zu.

In den Reiseteilen „Umbrien" und „Marken" wird auf die Campingmöglichkeiten im Ortstext hingewiesen. Weitere nicht aufgeführte Plätze gibt es vor allem an der Adriaküste in großer Zahl, die anzugeben den Rahmen des Buches sprengen würde. Eine Auflistung sämtlicher Campingplätze enthalten wiederum die Unterkunftsverzeichnisse der Regionen *Campeggi e altra ospitalità* (Umbrien) bzw. *Campeggi, Agriturismo, Affittacamere* (Marken) die man bei ENIT oder den jeweiligen regionalen Touristeninformationen (s. dort) kostenlos erhält.

Wandern

Wer ein Land wirklich erleben will, muss den Asphalt hinter sich lassen, die Wanderschuhe anziehen und Schritt für Schritt in die Natur vordringen. Eine Landschaft vom Autofenster oder von einem Aussichtspunkt aus zu genießen ist sicherlich nicht ohne Reiz, aber nicht vergleichbar mit dem Gefühl, sich „mitten drin" zu befinden. Sowohl in Umbrien als auch in den Marken lassen sich herrliche Wanderungen unternehmen. Geht man allerdings einfach aufs Geratewohl los, so steht man bald vor unerwarteten Hindernissen. Der Weg verliert sich in der wuchernden Macchia, oder das Sperrschild eines Grundstücksbesitzer verwehrt den Weitermarsch. Gutes Kartenmaterial und verlässliche Wegemarkierungen sind ebenfalls nur vereinzelt vorhanden. In den Talebenen Umbriens und auch im märkischen Hügelland ist das Land zu zivilisiert und zersiedelt, als dass das Wandern Spaß macht.

Sorgfältige **Routenplanung** ist deshalb unerlässlich. In den Reiseteilen „Umbrien" und „Marken" dieses Buches sind eine Reihe von **Wandervorschlägen** enthalten, die in die landschaftlich abwechslungsreichsten Regionen des Reisegebietes führen. Wegen der genannten Schwierigkeiten sind die Wegbeschreibungen recht detailliert gehalten. Die Touren sind wegen der Weglänge oder der zu überwindenden Höhenmeter nicht immer ganz mühelos zu gehen, stellen aber ausnahmslos keine großen sportlichen oder bergsteigerischen Anforderungen.

Bei der **Ausrüstung** sollte man darauf achten, dass man wegen des manchmal steinigen Untergrundes Trekking- oder feste Wanderschuhe an den Füßen hat. Von Mai bis Oktober ist an Sonnenschutz (Kopfbedeckung, Creme, Sonnenbrille), zu denken. Die Wege verlaufen langen Strecken in schattenlosem Gelände. Eine Wasserflasche, die man unterwegs an Quellen frisch auffüllen kann, sowie ausreichender Proviant sind unerlässlich. Nur bei den wenigsten Wanderungen kann man sich unterwegs versorgen. Auch einen Regenschutz sollte man immer dabei haben. Mit plötzlichen Wetterumschwüngen ist im Gebirge immer zu rechen.

Die ideale **Wanderzeiten** sind natürlich Frühjahr und Herbst. Abgesehen von gelegentlichen Regenschauern kann eigentlich nichts schief gehen. Bis in den Frühsommer hinein sind die Bergwiesen des Apennin mit einem farbigen Blütenteppich bedeckt. Von Ende Juni bis Ende August empfiehlt es sich, in den frühen Morgenstunden aufzubrechen, oder aber den späten Nachmittag bis zur Dämmerung nutzen. Während der heißen Mittagsstunden sollte man sich ein Beispiel an den Südländern nehmen und Siesta halten. Auch während der Wintermonate, von November bis Februar gibt es immer wieder schöne Sonnentage. Allerdings sind die Wege manchmal nass und schlammig. Die Bergspitzen des Apennin, insbesondere die auf bis über 2000 m ansteigenden Monti Sibillini liegen für Monate unter einer dichten Schneedecke.

Das Buch enthält 19 Vorschläge für Halbtags- und Tagestouren mit detaillierten Wegbeschreibungen.

Wanderungen Umbrien

Wanderung Umbrien/Marken

Wanderungen Marken

Land und Leute

Sonntägliche Passegiata in Città di Castello

Adriafischer im Hafen von Fano
San Vittorio alle Chiuse im Apennin
Giro d'Italia im umbrisch-märkischen Apennin

Provinzstruktur Umbrien und Marken

Umbrien

Einwohner: 835 000
Fläche: 8456 qkm (vgl. Thüringen: 16 300 qkm)
Bevölkerungsdichte: 99 Einwohner pro qkm (Italien insgesamt 192)
Ausdehnung: Nord–Süd ca. 140 km, Ost–West ca. 110 km
Hauptstadt: Perugia
Provinzen: Perugia (6334 qkm), Terni (2122 qkm)
Größte Städte: Perugia (157 000 Einw.), Terni (108 000), Foligno (53 000)
Topographie: 53 % Gebirge, 41 % Hügelland, 6 % Ebenen
Höchste Erhebung: Cima del Redentore (2448 m) in den Monti Sibillini
Hauptgewässer: Lago Trasimeno, größter See der Apenninhalbinsel (128 qkm); Fiume Tevere, der Tiber (nicht schiffbar) mit seinen Nebenflüssen Chiascio, Topino, Nera und den Stauseen Lago di Corbara, Lago di Alviano.
Touristische Schwerpunkte: die historischen Stadtzentren mit zahlreichen Kunstdenkmälern in Assisi, Perugia, Orvieto, Todi, Gubbio, Spoleto; der große Badesee Lago Trasimeno, die Berglandschaft der Valnerina.
Wirtschaftsstruktur: prägend sind Landwirtschaft (Oliven, Wein, Tabak, Gemüse, Schweinezucht zur Wurst- und Schinkenherstellung), Mittel- und Kleinindustrie (Möbel, Keramik, Zement) und Handwerk (Kunsthandwerk). Größere Industriebetriebe nur punktuell bei Terni/Narni (Stahl) und Perugia (Nahrungsmittelherstellung).

Marken

Einwohner: 1 455 000
Größe: 9690 qkm (vgl. Hessen 21 100 qkm)
Bevölkerungsdichte: 150 Einwohner pro qkm (Italien insgesamt 192)
Ausdehnung: Nord–Süd ca. 180 km, Ost–West ca. 80 km
Hauptstadt: Ancona
Provinzen: Pesaro-Urbino (2891 qkm), Ancona (1938 qkm), Macerata (2774 qkm), Ascoli Piceno (2087 qkm)
Größte Städte: Ancona (99 000 Einw.), Pesaro (89 000 Einw.), Ascoli Piceno (52 000), Macerata (42 000)
Topographie: 55 % Hügelland, 36 % Gebirge, 9 % Ebenen, 180 km Meeresküste
Höchste Erhebung: Monte Vettore (2476 m) in den Monti Sibillini
Hauptgewässer: zahlreiche kleinere, nicht schiffbare Flüsse, u. a. Metauro, Misa, Esino, Potenza, Chienti, Tronto; kleinere Stauseen, wie Lago di Fiastra, Lago di Polverina, Lago di Mercatale.
Touristische Schwerpunkte: die adriatische Badeküste; die historischen Stadtzentren von Urbino und Ascoli Piceno; die Pilgerstätte von Loreto; die Grotten von Frasassi; das Hochgebirge der Monti Sibillini.
Wirtschaftsstruktur: stark diversifizierte Mittel- und Kleinindustrie (Haushaltsgeräte, Schuhe, Landmaschinen, Musikinstrumente, Möbel, Papier, Kleinroller); daneben Landwirtschaft (Getreide, Schweinezucht, Wein, Obst, Sonnenblumen), an der Küste Fischfang (abnehmend) und sommerlicher Badetourismus; großindustrielle Anlagen nur punktuell bei Ancona/Falconara (Handelshafen, Erdölraffinerie).

Umbrien und Marken

Harmonische Berglandschaften in der Mitte Italiens

Umbrien

„Das grüne Herz Italiens" – mit diesem immer wieder zitierten Slogan umwirbt das kleine Umbrien den Reisenden. Und in der Tat prägt das Grün der Natur wie kaum irgendwo sonst in Italien das Landschaftsbild. Von den silbrig schimmernden Olivenhügeln über dem Trasimenischen See bis zu den weiten Almwiesen und Hochebenen im märkisch-umbrischen Apennin ist es die dominierende Farbe. In anderer Hinsicht erscheint das vielbemühte Bild vom Herz Italiens nicht ganz so stimmig. Zwar liegt Umbrien geographisch zentral zwischen dem entwickelten Norden und dem wirtschaftlich weniger dynamischen Mezzogiorno im Süden. Jedoch kann man kaum davon reden, dass sich hier die pulsierende Mitte, das wirtschaftliche und politische Kraftzentrum des Landes befindet. Sowohl machtpolitisch als auch ökonomisch lag und liegt das kleine Umbrien am Rande, sieht man einmal von einer kurzen Periode im Hochmittelalter ab.

Mit seinen 8500 qkm nimmt es gerade einmal 2,8 % der Gesamtfläche Italiens ein, die Gesamteinwohnerzahl entspricht in etwa der von Köln. Als einzige Region der Apennin-Halbinsel hat es keinen Zugang zum Meer, die wichtigsten italienischen Verkehrswege lassen die Region links liegen. Und selbst die **Hauptstadt Perugia** zählt nicht zu den wichtigsten städtischen Zentren Italiens. Es gibt hier nicht einmal einen international erfolgreichen Fußballclub, im sportbesessenen Italien ein nicht ganz unwichtiger Aspekt.

Umbrien wird oft nur als eine Fortsetzung oder als ein Anhängsel der viel gerühmten Toscana gesehen; die Ähnlichkeiten im Landschaftsbild sind unübersehbar. Auch Umbrien ist über weite Strecken ein harmonisches Land mit Olivenhainen und Weinbergen, wo schlanke, dunkle Zypressen markante Akzente im Auf und Ab der weitgeschwungenen Hügelwellen setzen.

Wie in der Toscana gibt es zahlreiche **pittoreske Städte mit intakten, historisch gewachsenen Zentren** und viel Kunst und Kultur innerhalb der alten Mauern. Insgesamt erscheint jedoch Umbrien dunkler, erdiger, ländlicher. Anders als in der Toscana entwickelte sich hier nach dem Mittelalter keine vornehme säkulare städtische Hochkultur, die weit in das Umland ausstrahlte. Dadurch erscheint in Umbrien die Natur elementarer, weniger durch den Menschen geformt. Sie rückt näher an die Städte heran. In den immer wieder die Region heimsuchenden **Erdbeben** zeigt sie sich von ihrer feindseligen Seite. Wohl in keiner anderen Region Italiens gibt es so viele verborgene, „mystisch" wirkende Orte der Zurückgezogenheit in unberührter Natureinsamkeit wie im umbrisch-märkischen Bergland.

Aussagen über die **Menschen** einer Region zu machen, erscheint bei der heutigen Tendenz zur Vermischung und Nivellierung etwas problematisch. Dennoch ist nicht zu übersehen, dass in Umbrien die intensivere Verbindung zur Natur und die gleichzeitige Ferne der kulturellen Metropolen, einen etwas ernster wirkenden, bodenständigeren, bis heute stärker durch die **Religion** geprägten Menschentypus geschaffen hat. Mit dem italienischen „dolce vita" hat er wenig im Sinn, und das immer noch gängigen Klischee vom extrovertierten Italiener, voll von überschäumendem Temperament, passt auf ihn im Allgemeinen nicht. Hingegen ist der typisch italienische **Gemeinschaftsgeist** in den Städten und Dörfern Umbriens wie kaum sonstwo in Italien ausgeprägt und intakt. Verkörpert sind diese Elemente in der berühmtesten Person, die die Region je hervorgebracht hat. Der bis heute hochverehrte **hl. Franziskus von Assisi** forderte von seinen Mitbrüdern ein auf die Gemeinschaft ausgerichtetes, bedürfnisloses und arbeitsames Leben fernab der großen Städte. Immer wieder zog er sich in die Einsamkeit „starker" Naturplätze zurück. Sein Vorbild ist abgeschwächt vielleicht immer noch im Charakter der Bevölkerung Umbriens präsent.

Marken

Das Gesagte gilt mit Einschränkungen auch für die Nachbarregion Marken. Hier unterscheiden sich die meerfernen **Hügelregionen** und das gebirgige **Hinterland entlang des Apenninhauptkammes** atmosphärisch und in ihrer Landschaftsstruktur nicht wesentlich von den ländlichen Gebieten an der Westseite des die beiden Regionen trennenden Gebirges. Auch in den Marken findet man einsame unberührte Berglandschaften, das sanfte Bauernland der Oliven- und Weinhügel und eine Vielzahl **historisch gewachsener Kleinstädte.** Der Gemeinschaftssinn der Bewohner, der *Marchegiani,* ist nicht weniger ausgeprägt als in Umbrien.

Bei allen Gemeinsamkeiten zeigen sich jedoch auch Unterschiede. Vor allem zur Adriaküste hin werden sie deutlich. Im Gegensatz zu Umbrien standen die Marken über ihre **Seehäfen** seit der Bronzezeit in stetigem **Austausch mit fremden Kulturen.** Entlang der Meeresküste verliefen immer wichtige Verkehrswege, über die fremde Einflüsse ins Land kamen. Dies führte dazu, dass neue kulturelle und wirtschaftliche Entwicklungen in den Marken etwas schneller aufgegriffen wurden als in der Nachbarregion Umbrien. Die Aufgeschlossenheit gegenüber dem Neuen und Fremden, der Fleiß und pragmatische Geschäftssinn der Bewohner der Marken sind im ganzen Lande sprichwörtlich. Manchmal werden sie nicht ganz zu Unrecht als die „Schwaben" Italiens bezeichnet. In der Nähe der Küste und in den Flusstälern entwickelten sie in den letzten Jahrhunderten eine dynamisch expandierende Kleinindustrie, was sich im Landschaftsbild allerdings nicht immer angenehm bemerkbar macht. Die **Adriaküste** mit ihren langen Sandständen wurde zu einem der ersten Zentren des massenhaften sommerlichen

Badetourismus entwickelt. In den Marken verlief der Wechsel von der Agrargesellschaft zum Industrie- und Dienstleistungssektor damit schneller und raumgreifender als in Umbrien. Dennoch sind auch die Marken - wie Umbrien - im Wortsinn Provinz geblieben. An der großen geschichtlichen und politischen Ereignissen Italiens hat man hier immer nur am Rande teilgenommen.

Soziales Leben

Lebendige Provinz

Der Begriff der Provinzialität hat in den beiden Regionen nicht den üblichen negativen Beiklang der Rückständigkeit - die umbrische, und fast mehr noch die märkische Provinz gibt sich ausgeprochen selbstbewusst und lebendig. In allen größeren und kleineren Städten des Landes zeigt sich eine pulsierende, weitgehend intakte Alltagskultur. Das *centro storico,* die historische Altstadt wird überall mit Stolz vorgezeigt und mit viel Liebe und Aufwand herausgeputzt. Die **Hauptplatz im alten Zentrum** ist immer der **Mittelpunkt des kommunalen Gemeinschaftslebens.** Hier trifft man sich allabendlich in großer Zahl zur *passegiata* oder zum *corso,* Ritualen des Sehens und Gesehen-Werdens. Für zwei Stunden füllt sich dann die Piazza mit flanierenden und diskutierenden Menschen aus allen Altersschichten und ein vielstimmig summenden Chor hallt von den Fassaden am Platz wider.

In vielen kleinen und größeren Orten ist man stolz auf seinen Stadtpalazzo mit dem Kunstmuseum oder das kleine **kommunale Theater,** meist wahre Schmuckstücke des 19. Jhs. Noch in den kleinsten Gemeinden, wie Spello und Montecastello di Vibio in Umbrien oder Cagli, Montegiorgio, Penna San Giovanni, Amandola in den Marken existiert ein lokales Theaterleben mit regelmäßigen Aufführungen. Bei nur 1,4 Millionen Einwohnern gibt es in den Marken mehr als 40 Theater! Daneben werden mit viel Engagement **kulturelle Aktivitäten** in den verschiedensten Bereichen entwickelt. Neben so renommierten und überregional beachteten Ereignissen wie dem *Um-*

Die Piazza ist das Kommunikationszentrum

Land und Leute

bria-Jazz in Perugia, dem *Festival dei Due Mondi* in Spoleto oder den *Rossini-Festwochen* in Pesaro gibt es kleinere Veranstaltungen in vielen Orten in großer Zahl.

Auch in den in großer Zahl veranstalteten historischen **Stadtfesten** zeigt sich die lebendige Gemeinschaftlichkeit. Sie gehen meist auf lange zurückliegende geschichtliche Ereignisse zurück und werden oftmals seit Jahrhunderten nach gleichem Ritual gefeiert. Wer der *Corsa dei Ceri* in Gubbio oder dem *Palio della Quintana* in Ascoli Piceno beiwohnt, merkt sehr schnell, dass er nicht Zuschauer eines touristisch organisierten Spektakels ist. Mit hohem Maß an Emotionen nehmen die Bewohner an ihren großen Festen teil. Über Monate hat man sich auf den großen Tag vorbereitet. Auf die manchmal auch nicht wenigen Touristen wird keine besondere Rücksicht genommen. Die selbstbewusste Provinzialität zeigt sich daneben auch in der **Pflege örtlicher Handwerkstraditionen** oder der **alten Dialekte.** Die sprachliche Selbstkolonialisierung durch überflüssige Amerikanismen, wie sie inzwischen nicht nur in Deutschland, sondern auch in rückständigen Gegenden der Abruzzen und Süditaliens gang und gäbe ist, findet hier kaum Nachahmer.

Von der lebendigen **Urbanität alter mittelitalienischer Städte** könnten moderne Stadtplaner einiges lernen. Sie lebt vor allem vom Gleichgewicht zwischen Zurückgezogenheit auf Familie und nachbarliches Umfeld, die in den Winkeln der Altstadtgassen ihre Orte hat, und dem öffentlichen Bereich der Plätze, die als Foren für das städtische Gemeinschaftsleben dienen. Die Wohnung war und ist im ganzen Mittelmeergebiet ein geschützter Raum, in den Fremde nicht so ohne weiteres hineingelassen werden. Als Treffpunkt, wo man sich besprechen kann, gibt es ja die Piazza.

Allerdings ist nicht zu übersehen, dass sich die **alten Stadtkerne vielerorts langsam entvölkern.** Die engen Gassen bieten zu wenig Raum, um heutigen Ansprüchen an komfortables Wohnen zu genügen, und die Anfahrt mit dem Auto gestaltet sich oft schwierig. Die mittelalterliche Stadtanlagen waren nicht auf Expansion ausgerichtet, sondern politisch konzeptioniert. Im Mittelpunkt stand die Wahrung der städtischen Identität, die in den freien Kommunen ihren höchsten Ausdruck fand, sowie die nachbarlichen Verbindung in geschlossenen Vierteln *(quartiere, terziere).* Dies war auch eine Frage des Schutzes vor Feinden und Kriminalität. Das alte Band ist noch heute im Ablauf der historischen Stadtfeste sichtbar, die oft in einem ritualisierten Wettkampf zwischen den verschiedenen Stadtteilen gipfeln.

Besonders in den Marken macht sich die **Abwanderung aus den Innenstädten** auch im Landschaftsbild unangenehm bemerkbar. Deutlich wird dies z. B. auf der Fahrt von Macerata zur Küste. Im sich weitende Tal stehen zunehmend wahllos in die Landschaft gestreute Neubauten. Helle, meist einfallslos gebaute Betonhäuser setzen in der grünen Wiesen- und

Hügellandschaft die ästhetischen Akzente. In Italien existiert kein effizientes Baurecht, das den Landschaftsschutz einbezieht. Einen geschützten Außenbereich, in dem das Bauen auf eigenem Grund außerhalb geschlossener Orte nur unter Vorbehalt möglich ist, kennt man nicht – und ließe sich wohl auch nicht durchsetzen. Man ist froh, den beengten Verhältnissen mit ihren unzureichenden sanitären Verhältnissen und fehlenden Parkmöglichkeiten entkommen zu sein.

Die sozialen Verluste des ausgefächerten Siedelns werden erst langsam bewusst. Sie zeigen sich z. B. in viel Autoverkehr zu allen Anlässen. Millionen Schüler müssen täglich mit Schulbussen kreuz und quer durchs Land gekarrt werden. Die alten lebendigen Nachbarschaftsbeziehungen drohen zu verschwinden.

So weit wie in den USA ist man allerdings noch lange nicht. Das **Centro Storico** bleibt fast überall nicht nur ideeller Hauptbezugspunkt des lokalen Selbstbewusstseins, sondern – trotz aller Parkplatzprobleme – auch Standort der wichtigsten kommunale Einrichtungen. Auch wenn man nicht mehr im alten Ort nebeneinander wohnt, versucht man die alten Verbindungen aufrecht zu erhalten.

Die Familie

Wie in ganz Italien hat man auch in Umbrien und den Marken nur begrenztes Vertrauen in den als korrupt geltenden Zentralstaat und die bürokratischen öffentlichen Institutionen. Wenn es um die Lösung der anstehenden Probleme geht. verlässt man sich lieber auf sein unmittelbares Umfeld. An erster Stelle steht dabei immer noch die Familie. **Familiäre Bande** bieten verlässlich **Schutz und Hilfe** und gewährleisten die materielle Grundversorgung besser als jede Bürokratie. Vor allem **in ländlichen Regionen** sieht man das in ganz Italien bis heute so. Es ist selbstverständlich, dass man sich gegenseitig unterstützt, wenn Not am Manne ist in der Landwirtschaft oder beim Hausbau aushilft, oder für Schulden anderer Familienmitglieder einspringt. Bei der Vergabe von Arbeitsplätzen oder bei behördlichen Entscheidungen zählt die verwandschaftliche Beziehung oft immer noch mehr als Zeugnisse, Leistung oder formale Rechtsposition.

Umgekehrt bedeuten enge Familienbande natürlich auch **Kontrolle und Eingrenzung.** Eltern haben bis ins hohe Alter ein waches Auge auf das, was ihre „Kleinen„ so anstellen. Ein unabhängiges Studentenleben fern der Familie ist z. B. wenig verbreitet. Es wird erwartet, dass man am Wochenende zu Hause ist. Ansonsten ist Besuch der Mutter angesagt, die ohnehin schon lange mal nach dem Rechten sehen wollte. Oder eine erwachsene Akademikerin verschiebt wie selbstverständlich ein lange geplante Fernreise, da sie bei einer Familienfeier präsent sein muss usw.

Allerdings hat auch in Mittelitalien die **Kleinfamilie** die traditionelle, unter einem gemeinsamen Dach wohnende **Großfamilie verdrängt**. Aber zum Glück gibt es ja das Handy als Hilfsmittel zur Aufrechterhaltung des Kontakts – in Italien eher ein Suchtmittel, so ausgiebig wird es genutzt.

Mittelpunkt der Familie ist i. d. R. immer noch die *Mama.* Auf den Straßen und Plätzen dominieren zwar eindeutig die Männer, innerhalb der Mauern des Heims regiert hingegen meist das weibliche Geschlecht. Wie es der Schriftsteller Luigi Barzini in seinem Buch „Gli Italiani" ausdrückt: *„Die Männer lenken das Land, doch die Frauen lenken die Männer. In Italien herrscht das geheime Mutterrecht."*

Aber auch in Italien nimmt die Wertigkeit von Ehe und Familie stetig ab. Die **Scheidungsrate nimmt** Jahr für Jahr **zu.** Die **Geburtenrate** ist inzwischen die **niedrigste in ganz Europa.** Vor allem in den Städten gibt es auch in Italien immer mehr Einzelhaushalte. Der äußere Schein der funktionierenden Ehe ist jedoch nach wie vor sehr wichtig. Die über lange Jahre hingehaltene heimliche Geliebte in der Nachbarstadt, die hinter der Fassade einer intakten Ehe verborgen gehalten wird, ist in Italien ein weit verbreitetes Phänomen.

In Italien herrscht das Mutterrecht (L. Barzini)

Verwaltung

Verwaltungsmäßig ist die Republik Italien in 20 **Regionen** gegliedert, die in etwa den Bundesländern in Deutschland entsprechen. Darunter besitzen 5 eine größere Autonomie (u. a. Südtirol). Umbrien und Marken gehören bezüglich ihres Status zu den „normalen" Regionen. In der Verwaltungshierarchie darunter existieren 94 **Provinzen.** In Umbrien sind dies *Perugia* und *Terni,* wobei Foligno darum kämpft, ebenfalls diesen Status zuerkannt zu bekommen. In den Marken existieren vier Provinzen: *Urbino-Pesaro, Ancona, Macerata* und *Ascoli Piceno.*

Allgemein scheint die **öffentliche Verwaltung** in Italien bürokratischer als überall sonst in Westeuropa zu sein. Wie lange in Italien Ansässige übereinstimmend berichten, ist sie manchmal von geradezu unbarmherziger Härte und Verbohrtheit: Da wird ein Autofahrer in Haft genommen, weil er aus der falsch gewählten Zahlstelleneinfahrt der Autobahn drei Meter zurückgesetzt hat, was ihm als Wenden auf der Autobahn ausgelegt wird. Ein Weinbauer muss ein saftiges Bußgeld zahlen, weil er mit seinem Laderoller einem Kunden eine Weinkiste 200 m vom Hof zum an der Straße parkenden Auto transportiert hat, wofür eine besondere Lebensmitteltransportberechtigung notwendig gewesen wäre. Ein Fahrgast wird auf offener Strecke von der Polizei aus dem überfüllten Linienbus geworfen, weil nach irgendeiner obskuren Vorschrift auf diesem Abschnitt im Bus nicht mehr gestanden werden darf usw. Die Proteste der Betroffenen fallen bei solchen Gelegenheiten vergleichsweise verhalten aus. Man weiß, dass sie ohnehin wenig nutzen werden. Lieber wartet man auf eine günstige Gelegenheit, bei der man es „dem Staat" heimzahlen kann.

Also regelt man die Dinge möglichst vor Ort ohne offizielle Beteiligung, was meist schneller und effektiver ist. Eine unstreitige Forderung über die Zivilgerichte einzuklagen, kann sich z. B. allein in der ersten Instanz bis zu 10 Jahre hinziehen. Mancher Kleinbetrieb wird dadurch in den vermeidbaren Konkurs getrieben. Das Gesagte gilt vor allem, wenn es um die zentralstaatliche Verwaltung geht (Post, Bahn, Carabinieri). In den lokalen Behörden vor Ort scheint effizienter gearbeitet zu werden, z. B. wenn es darum geht, Stadtfeste zu organisieren, Museen und Bibliotheken einzurichten, Theater zu restaurieren, Theaterfestivals oder Konzerte zu veranstalten oder die für die Touristen interessanten Bauten und Kunstwerke in Ordnung zu halten.

Wirtschaft

Trotz aller ländlicher Idyllen sind weder Umbrien noch die Marken als wirtschaftlich rückständig einzustufen. Auch auf dem Lande gibt es keine Armutsgebiete mehr. Schon in den 50er Jahren wurden beide Regionen nicht mehr in die staatliche Förderung für unterentwickelte Regionen durch die *Cassa di Mezzogiorno* einbezogen. Die **Umstrukturierung** der reinen **Agrar- zur Industrie- und Dienstleistungsgesellschaft** gelang auffallend zügig und ohne Einschnitte. Noch in den 50er Jahren arbeiteten in beiden Regionen die Mehrzahl der Erwerbstätigen in der Landwirtschaft. In Umbrien kommt heute nur noch etwa 5 % des Einkommens aus dem Agrarsektor, und in den Marken ist der Anteil der Industrie an der Erwirtschaftung des Bruttosozialprodukt inzwischen höher als im Landesdurchschnitt.

Die wirtschaftliche Entwicklungsdynamik war jedoch geographisch sehr unterschiedlich ausgeprägt Die **Industrialisierung** fand schwerpunktmäßig in einigen begrenzten Zonen statt. Im Umbrien sind diese die Gegend um Perugia, die Ebene der Valle Umbra sowie das Becken von Terni. In den Marken waren die Küste, die unteren Abschnitte der zum Apennin ansteigenden Flusstäler sowie einige industrielle Inseln in Tälern des Hinterlandes (Fabriano, Sassoferrato) bevorzugte Gebiete neuer Industrieansiedlungen. Diese Zonen gehören zu den wirtschaftlich aktivsten und prosperierendsten in ganz Europa.

Um Perugia ist z. B. ein Zentrum der Nahrungsmittelindustrie entstanden, deren Hauptprodukte, wie die *Buitoni*-Nudeln auch europaweit vermarktet werden. In ganz Italien kennt man die *Perugini*-Süßwaren. Auf jeder Bartheke stehen die in blau-silberne Folie eingewickelten Schokopralinen *Baci Perugini.* In den Marken ist die Wirtschaft in die unterschiedlichsten Bereiche aufgefächert. Um Fabriano werden Kühlschränke, Waschmaschinen und Papierwaren hergestellt, bei Jesi Landmaschinen, Pesaro ist eines der drei italienischen Zentren der Möbelherstellung und daneben Standort der Keramikwerkstätten, Porto Sant'Elpidio ein wichtiges Zentrum der Schuhproduktion, aus der Gegend von Castelfidardo kommen Musikinstrumente, in Ascoli Piceno werden u. a. Stromkabel hergestellt usw. **Überwiegend** wird in **Klein- und Mittelbetrieben** produziert. Nur um Terni (Stahlwerke) und Falconara bei Ancona (Erdölraffinerien) gibt es etwas Schwerindustrie.

Die zahlreichen Klein- und Mittelbetriebe entstanden vielfach erst in den 60er Jahren. Viele Bauern, deren landwirtschaftlicher Betrieb – auch infolge der Großbetriebe bevorzugenden EWG-Agrarpolitik – nicht mehr genug abwarf, gründeten neue Familienbetriebe im gewerblichen Sektor. Besonders die als findig und fleißig geltenden Bewohner der Marken waren sehr erfolgreich bei der Suche nach neuen wirtschaftlichen Betätigungsfeldern.

In den Unternehmen bestehen zwischen dem *padrone* und der Belegschaft häufig noch fast familiäre Bindungen. Oft stammt ein großer Teil der Beschäftigten aus der Verwandschaft oder Nachbarschaft des Unternehmers. Die Arbeitnehmer identifizieren sich stärker mit ihrem Betrieb, der fest in der Region verankert ist, was mit als Grund für den wirtschaftlichen Erfolg der Kleinindustrie der Marken und Umbriens gesehen wird. Auch hier spiegelt sich die kulturelle Grundstruktur der beiden Regionen wieder, die u. a. durch Kleinräumigkeit, Unmittelbarkeit, Überschaubarkeit und persönliche Verbindung gekennzeichnet ist. Die beweglichen kleinen Betriebseinheiten können schneller auf die Erfordernisse des Marktes reagieren. Flexible Arbeitszeitmodelle zur Sicherung des Unternehmenserfolges konnten hier auch ohne lange gewerkschaftliche Auseinandersetzungen eingeführt werden. Auch dem Problem des Arbeitsplatzmangels wird etwas die Schärfe genommen. In den auch durch persönliche Bindungen zusammengehaltenen Unternehmen geht man mit Entlassungen zurückhaltender um. In Umbrien liegt die Arbeitslosenquote vielleicht auch deshalb konstant unter dem italienischen Landesdurchschnitt.

Schließlich muss ein weiterer, nicht unwichtiger Punkt für den **Erfolg der mittelitalienischen Wirtschaft** hervorgehoben werden, der einem gängigen Vorurteil widerspricht: Wenn es um den unternehmerischen Erfolg geht, sind die Italiener allenfalls in Äußerlichkeiten nachlässig. Ansonsten wird hier sehr hart, effizient und kreativ gearbeitet.

Landwirtschaft

Auch wenn ökonomisch Industrie und Dienstleistungsgewerbe dominieren, so bleibt doch die **Landwirtschaft im Erscheinungsbild der beiden Regionen prägend.** Sie spielt auch heute noch eine nicht unwichtige Rolle, wobei auch beim Agrarsektor, je nach Landstrich, große Unterschiede bestehen. Die peripheren Bergregionen des Apennin, der Valnerina und der Monti Sibillini litten lange unter der Landflucht. Arbeitsintensive Terrassenkulturen und kleinräumige Mischwirtschaft rechneten sich bei den gängigen EU-Marktmechanismen kaum noch. Im Hügelland und den Ebenen war die Landwirtschaft davon weniger betroffen. In der Valle Umbra stehen in großen Stallungen ca. 100 000 Stück Borstenvieh und wissen noch nichts davon, dass sie zu Schinken und Salami verarbeitet werden sollen. Ein traditionsreiche Zentrum für die Verarbeitung von Schweinernem ist Norcia, und in ganz Italien heißen deshalb Feinkostgeschäfte für Wurst- und Schinkenspezialitäten „Norcineria". Ähnlich wie in der benachbarten Toscana versucht man, vom auch durch den Tourismus geförderten Trend zu hochwertigen Nahrungsmitteln zu profitieren. Immer schon begehrt waren die Trüffel aus Umbrien und den Marken. Daneben wird im **Weinbau** statt wie früher auf Alltagskonsumweine verstärkt auf Qualität unter dem *D.O.C.*-Gütesiegel gesetzt. Weinan-

Orvieto Classico-Weingut in Südumbrien

bauzentren sind das märkische Jesi, wo ein renommierter weißer *Verdicchio* produziert wird, sowie Montefalco (Sagrantino) und Torgiano in Umbrien. Auch die Produktion von hochwertigem **Olivenöl** ist ein wichtiger Erwerbsbereich in der Landwirtschaft. Die größten Olivenanbauflächen findet man am Rande der Valle Umbra (Trevi). Vor allem in Umbrien ist auch die **ökologische Landwirtschaft** auf dem Vormarsch. Seit 1990 sind die Biobetriebe im Verband *Bioumbria* zusammengeschlossen.

In den Marken boten die fruchtbaren Böden gute Voraussetzungen vor allem für den **Getreideanbau.** Macerata ist ein wichtiges italienisches Vermarktungszentrum für Weizen. Der **Fischfang** hat nicht mehr ganz die frühere Bedeutung. Die Fangerträge, die in den Hauptfischereihäfen San Benedetto del Tronto und Fano angelandet werden, sind wegen Überfischung wie überall am Mittelmeer zurückgegangen. Das ökonomischer Rückgrat der Küste ist heute vor allem der sommerliche Badetourismus.

Eine nicht zu unterschätzende Rolle spielt überall noch die **Nebenerwerbslandwirtschaft.** Beamte und Fabrikarbeiter eilen nach getaner Arbeit in ihre Gemüsegärten, Olivenhaine oder Weinberge, um sich der Landwirtschaft zu widmen. Fast jede Stadtfamilie hat irgendwo noch ein Stück Land, auf dem Gemüse für den Eigenverbrauch oder sogar für den lokalen Markt angebaut wird. Dieser mengenmäßig nicht unbeträchtliche Anteil an der bäuerlicher Gesamtproduktion taucht in den offiziellen Statistiken nicht auf.

Daneben wird auch der **Tourismus** zunehmend zu einer wichtigen Einkommensquelle. *Agriturismo,* Ferien auf dem Lande, findet zunehmend Anhänger. Vor allem in Umbrien gibt es zahlreiche Ferienunterkünfte von oft gehobenem Komfort in restaurierten Bauerngehöften. Ohnehin scheint sich eine Trendumkehr in den ländlichen Gebieten zu vollziehen. Auch in den abseitigeren Landstrichen nimmt die Bevölkerung durch **Zuzügler** wieder zu. Statt der zivilisationsmüden Landfreaks der Anfangszeit kommen jetzt gut betuchte Mitglieder der „Toscana-Fraktion“ ins Land, die langsam auch das benachbarte Umbrien entdecken. Dabei fällt auf, dass die Stadtflüchtlinge auf der Suche nach Ruhe, Einsamkeit und ländlicher Idylle dann doch wieder in immer die gleiche Ecken streben. So hat sich das Hügelland nördlich des Trasimenischen Sees zu einem bevorzugten Terrain englischer Neusiedler entwickelt, während es Amerikaner, unter denen es sich nur eine dünne Schicht Wohlhabender leisten kann, eine Zweitwohnung im Ausland zu erwerben, vor allem in die Gegend um Todi zieht. Die Grundstückpreise haben hier inzwischen astronomische Höhen erreicht. In anderen Regionen, die landschaftlich nicht weniger reizvoll sind, wie z. B. die umbrische Valnerina oder der märkische Apennin, warten viele alte Gehöfte und verfallene Weiler darauf, durch die Umwandlung in Feriensitze wieder zu Leben erweckt zu werden.

Mezzadria

Betrachtet man die Wahlergebnisse in den ländlichen Gebieten Umbriens und der Marken, so stellt man mit einiger Überraschung fest, dass hier, inmitten einer bäuerlich geprägten Agrarkultur nicht die Konservativen, sondern die Linken politisch dominieren. Manch abseitige, dörflich strukturierte Region ist seit Jahrzehnten fest in der Hand der Kommunisten. Eine der Ursachen dafür ist das seit dem 13. Jh. in Mittelitalien vorherrschende Rechtssystem der Landnutzung, die *Mezzadria,* die **Halbpacht oder Teilungswirtschaft.** Es machte die Bauern zu wirtschaftlich Abhängigen, indem sie das Land von den Feudalherren und Großgrundbesitzern zur Pacht überlassen bekamen. Die Hälfte der Ernteerträge mussten sie jedes Jahr an die Eigner als Pachtzins abgeben. Diese hatten im Gegenzug das Haus, Saatgut, das Vieh und die Gerätschaften zur Landbearbeitung zu stellen. Der *mezzadro* musste sich in den Verträgen vielfältigen Einschränkungen unterwerfen. Oft wurde das Risiko von Missernten auf ihn übertragen. Manchmal engten Vertragsklauseln seinen Handlungsspielraum so weit ein, dass er in schlechten Jahren gerade noch das absolute Existenzminimum behalten konnte.

Das Pachtland wurde von den Grundeignern auf viele Kleinbetriebe aufgeteilt, damit einzelne Pächter nicht zu größerem Wohlstand und damit politischen Einfluss gelangen konnten. Das übertragene Land war immer gerade so groß, dass es noch von einem einzelnen Familienverband bewirtschaftet werden konnte. Die *mezzadri* wohnten nicht in Dörfern, sondern nahe bei ihren Feldern. Die *poderi,* die alten Pachtgehöfte, stehen noch heute über das ganze Land verstreut in Sichtweite voneinander entfernt. Die starke **Parzellierung des Landes** ist bis heute in der kleinräumigen landschaftlichen Gliederung auf dem Land erkennbar. Das wirtschaftliche Zentrum des gesamten Pachtlands bildete die *Fattoria.* Hier standen Getreidespeicher, Ölmühle und Weinkeller für die Pachtabgaben, hier lebte der Grundbesitzer in seiner oft herrschaftlichen Villa. Auf dem eigentlichen Bauernland hielt er sich nur selten auf.

Den freien Bauern auf freier Scholle gab es somit über lange Jahrhunderte in Mittelitalien nicht – allerdings auch nicht den noch stärker abhängigen und stetig in seiner wirtschaftlichen Existenz bedrohten Tagelöhner Süditaliens. Erst **Mitte des 20. Jhs.** wurde die Mezzadria durch eine durchgreifende **Landreform** endgültig abgeschafft. Das Bewusstsein der Landbevölkerung, zu einer Schicht von Abhängigen zu gehören, die sich gemeinschaftlich gegen ungerechte Ansprüche zu erwehren haben, hat sich bis heute erhalten. Es schlägt sich immer noch im Wahlverhalten nieder – auch wenn manche alte Bauerngüter nach Abschaffung der Mezzadria zu prosperierenden landwirtschaftlichen Großbetrieben entwickelt wurden.

Geographischer Überblick und Reiseziele

Umbrisches Hügelland und Mittelgebirge

Sanfte Hügel, kleine Städte, trutzige Mauern – Umbrien aus dem Bilderbuch

Auch wenn es in Umbrien wild-einsame Landschaften mit hohen Bergketten, wie die Monti Sibillini, oder tief eingeschnitte schluchtartige Täler, wie die Valnerina, gibt, ist es das ruhige, weitgeschwungene **Land der Hügel und Mittelgebirge im Westen,** welches das Vorstellungsbild von der Region prägt. Hier findet man das Umbrien aus dem Bilderbuch, die unspektakuläre sanft-harmonische Landschaft, in der sich Olivenhaine, Weinberge, Obstbaumwiesen, Sonnenblumenkulturen und Getreidefelder in bunter Folge aneinanderreihen. Dazwischen stehen stolze alte Bauerngehöfte. Die Kleinstädte, Dörfer und Weiler klammern sich mit trutzigen Mauern und dichtgedrängten Häuserfronten an die Hügelflanken. In den höheren Lagen prägt in allen Schattierungen das Grün des Eichenwaldes, der Pinien und der blühenden Ginsterheiden das Bild. Atmosphärisch dominiert das Mittelalter wie vielleicht nirgendwo sonst in Italien.

Die **Städte** stehen oft wie Steingebirge erhöht über dem Tal **auf Hügelkuppen und an den Bergflanken.** In der Antike mussten die Siedlungsplätze abseits der verseuchten Sumpfebenen angelegt werden, im unruhigen Mittelalter bot die erhöhte Lage besseren Schutz vor feindlichen Angriffen. Auch wenn viele Bewohner inzwischen in die Ebenen gezogen sind, blieben die alten Stadtzentren überall lebendig. Vielerorts ist die traditionelle Verbindung zwischen der Stadt und dem *contado,* dem ländlichen Umgebung, noch intakt. Aus den mittelalterlichen Stadttoren von Assisi, Spoleto oder Spello tritt man unvermittelt in weitgehend unzerstörte Natur.

Die Höhe der umbrischen Mittelgebirge liegt meist zwischen etwa 300 und 800 Metern, die 1000-Meter-Marke wird nirgendwo überschritten. In Nordumbrien, wo im Landschaftsbild mehr als weiter südlich geschlossene Wälder dominieren, ist der *Monte Tezio* (961 m) bei Perugia die höchst Erhebung, im agrarischen Südumbrien der *Monte Croce di Serra* (994 m) südwestlich Todi. Deutlich höher sind der Hausberg von Assisi, der 1290 m hohe *Monte Subasio,* der in Nord-Süd-Richtung verlaufende langgestreckte Bergzug der **Monti Martani** mit dem *Monte Torre Maggiore* (1121 m) bei Terni, sowie der namenlose Bergzug östlich der Linie Foligno–Spoleto mit dem Monte Serano (1429 m). In Geologie und Landschaftscharakter sind diese auf der Höhe kahlen, kaum besiedelten Gebirge jedoch schon als **Ausläufer des Apenninhauptkammes** einzustufen.

Umbrien, das nirgendwo ans Meer grenzt, ist eine wasserreiche Region.

Der größte und wichtigste Fluss ist der **Tiber,** italienisch *Tevere.* Er entspringt in der Emilia Romagna und fließt von Norden nach Süden über eine Länge von 210 km durch die gesamte Region. Während seiner Reise durch Umbrien wird der Tevere mit den klaren Gewässern der im Apennin entspringenden Flüsse **Chiascio** und **Nera** gespeist. Im Unterlauf, südwestlich Todi, bilden zwei Wehre Stauseen, den in schöne Landschaft eingebetteten **Lago di Corbara** sowie den **Lago di Alviano,** heute ein Vogelschutzgebiet.

Im umbrischen Hügelland liegt auch der größte Binnensee der Apenninhalbinsel, der 128 qkm große, allerdings durchschnittlich nur 6 Meter tiefe **Lago Trasimeno.** Der gleichmäßig runde, meist friedlich daliegende große See ist von einem Kranz grüner Hügel eingefasst. Drei kleine Inseln stechen als dunkle Tupfer aus der hellen Wasserfläche hervor, zu zweien (Isola Maggiore, Isola Polvese) kann man mit dem Linienboot übersetzen. Am See gibt es mehrere Sandstrände, beliebte Ferienziele für sommerliche Familienbadeferien. Die touristische Infrastruktur mit zahlreichen Campingplätzen ist hier gut entwickelt, macht sich aber im Landschaftsbild auch hier und da etwas störend bemerkbar. Vor allem an der Ostseite findet man jedoch noch schöne Naturlandschaft am Wasser.

In der Zone der Hügel und Mittelgebirge liegen auch fast alle großen kulturellen Sehenswürdigkeiten Umbriens. Die Besichtigung von **Perugia, Assisi** und **Orvieto** mit ihren historischen Stadtplätzen, Kirchen und Rathäusern gehört auch zum Minimal-Besuchsprogramm, bei dem eigentlich auch die uralten pittoresken Städte **Gubbio, Todi** und **Spoleto** nicht fehlen dürfen. Aber auch vielen Kleinstädte bieten hohe Kunst und sehenswerte alte Architektur in ihren Mauern. Besonders schön, auch von der Lage her, sind **Spello, Bevagna, Montefalco** und **Trevi.** am Rande der Valle Umbra, im Umkreis des Trasimenischen Sees sind **Città della Pieve** und **Panicale,** beide mit intakten alten Ortsbildern, hervorzuheben. Einige hübsche Orte findet man auch weiter südlich **im Amerino** (Amelia, Lugnano in Teverina) einem agrarisch geprägtem Bergland östlich des Tibertals. Alle genann-

Trevi in malerischer Hügellage

ten Orte liegen in einem kleinräumig gegliederten Bauernland ohne größere Industriebauten, das qualitativ hochwertige Agrarprodukte hervorbringt.

Im **Südwesten** der Region, westlich des Tibertals, ändert sich die Landschaftscharakter etwas. Es beginnt hier die schon latinische **Landschaft der Tuffplateaus** mit ihren aus rostbraunen Felsen hervorwachsenden Kleinstädten und Dörfern. Einzigartig ist die Lage von **Orvieto,** das auf einem wie ein Schiffsrumpf aus dem Tal emporsteigenden Felsrücken liegt. Bei der Einteilung der Regionen nach der italienischen Einigung wurde das Land um Orvieto etwas willkürlich zu Umbrien statt Latium geschlagen.

Gehöft in der Valle Umbra bei Spoleto

Umbrische Ebenen

Kleinindustrie, Zersiedlung
und Intensivlandschaft

Die **Talebenen** Umbriens waren ursprünglich ständig überschwemmtes und feuchtes Brachland. Die ersten Siedlungen und Städte wuchsen daher hoch oben auf den Bergrücken. In der Blütezeit des Mittelalters wurde die schon in der Römerzeit erstmas mit Erfolg durchgeführte Entwässerung der Ebenen erneut in Angriff genommen. Die in der Völkerwanderungszeit versumpften Gebiete wurden nach und nach wieder trockengelegt. Das letzte Moorgebiet um Cannara herum verschwand allerdings erst Anfang des 19. Jhs.

Die entwässerten Talauen entwickelten sich zu Gebieten mit sehr ertragreicher Landwirtschaft; die Ebenen nehmen jedoch nur etwa 6 % der Landfläche der Region ein. Die wichtigste ist die **Valle Umbra,** die zusammen mit den angrenzenden Hügeln das ökonomische und kulturelle Kernland Umbriens darstellt. Sie erstreckt sich etwa 10 km breit von den Hügeln Torgianos bei Perugia bis vor die Tore Spoletos. Neben einer intensiv betriebenen Landschaft breiten sich hier heute zunehmend die Anlagen einer rasch angewachsenen Kleinindustrie aus. Zahlreiche Verkehrswege durchschneiden das Land; Hauptort ist die lebhafte Industrie- und Handelsstadt **Foligno.** Die Valle Umbra ist landschaftlich klar abgetrennt vom unmittelbar angrenzenden, kleinparzellierten Agrarland der Hügel und dem Gebirge. Vom Bahnhof in Trevi gelangt man z. B. schon nach wenigen Kilometern Anstieg aus der verkehrsreichen Ebene in eine nur noch wenig besiedelte Landschaft mit weiten Olivenkulturen und einsamen Hangwäldern.

Die zweite größere Ebene bildet das **Ternate,** das untere Neratal zwischen Terni und Narni. Das etwa 15 km lange Talbecken südlich der Monti Martani ist der einzige Landstrich Umbriens, wo sich etwas Schwerindustrie angesiedelt hat. **Terni,** die zweitgrößte Stadt Umbriens, wurde im Zweiten Weltkrieg schwer beschädigt, und besitzt daher nur noch wenige Reste der historischen Bausubstanz. Besser erhalten ist **Narni** am anderen Talende, eine kompakte mittelalterliche Stadt, die sich mit ihrem alten Teil auf einem Felsrücken über dem Neratal erhebt.

Ansonsten findet man nur noch bei Gubbio und im oberen Tibertal, der **Altotiberina** an der Grenze zur Toscana, größere Flächen flachen Landes. Auch hier habt sich lokal einige Kleinindustrie entwickelt. Hauptort der Altotiberina ist **Città di Castello,** eine schon toskanisch wirkende, hübsche Kleinstadt mit einigen Kunstschätzen, die zu Unrecht kaum besucht wird.

Umbrisch-märkischer Apennin

Grenzenlose Weite

Die **Berglandschaften des Apennin** bilden meistens weiße Flecke auf der touristischen Landkarte der italienischen Regionen, obwohl fast alle ihren Anteil an dem die ganze Halbinsel durchziehenden Gebirge haben. Das imaginäre Bild des heiter-sanften, mediterranen Italiens lassen sich hier einfach nicht wiederfinden. Die langgestreckten Bergrücken mit ihren einsamen und dunklen Wäldern, den abseitigen Bauerndörfern mit ihren etwas ernsten und zurückhaltenden Menschen erinnern eher an weiter im Norden gelegene Landschaften. Andererseits bieten die Berge auch nur ganz selten wild-alpine Felsszenerie, so dass eingefleischte Hochgebirgsfreunde nur die Nase rümpfen, wenn die Rede auf den Apennin kommt.

Dass diese äußerst einsame Region durchaus ihre Reize hat, spürt man vor allem, wenn man sich das Land zu Fuß erschließt (oder vielleicht, was die Hochlagen der Sibillinischen Berge betrifft, auch im Winter auf Langlaufskiern). Hat man den Gürtel der dichten Buchenmischwälder an den Flanken durchquert, so gelangt man fast überall unvermittelt auf baumlose Bergwiesen, über denen sich oft ein blauer Himmel wölbt. Das Land wirkt hier licht und weit. Wenig begangene, schmale Pfade ziehen sich über Blumenwiesen und ausgedehnte Bergweiden, wo man außer einem Schafhirten mit seiner Herde oder einem Pilzsammler nur selten einen anderen Menschen trifft. Die Horizonte sind von grenzenloser Weite. Im Dunst verschwimmen unter bewegten Wolkenimpressionen die fernen steilen Grate der Abruzzen.

Der Hauptkamm des Apennin verläuft von Nordwest nach Südost entlang der Grenze zwischen Umbrien und den Marken und gewinnt dabei zunehmend an Höhe. Schon ganz im Norden findet man, an der Grenze zwischen den Marken und der Toscana um den **Monte Carpegna** (1415 m) und den eigenwilligen **Monte Simoncello** (1121 m), die typische einsame Landschaft der weiten baumlosen Almwiesen. Weiter südlich bilden auf märkischer Seite der markante **Monte Catria** (1701) mit der mittelalterlichen Abtei Fonte Avellana und der **Monte Cucco** (1566 m) mit der Schlucht des Rio Freddo und einem riesigen Karstsystem in seinem Bauch landschaftliche Höhepunkte.

Südlich von Fabriano beginnt das bis dahin durch einen einzigen Hauptkamm gebildete Gebirge mit einzelnen vorgelagerten Bergzügen zunächst weiter nach Osten (Monte San Vicino, 1479 m, Monte Igno, 1435 m) dann auch nach Südwesten (Monte Fema, 1575 m) auszufransen. Dadurch entsteht ein bewegteres Landschaftsrelief mit einem stetigen Wechsel zwischen kahlen Gebirgs- und fruchtbaren Talzonen mit dichter Vegetation.

Der ganze mittlere Apennin, bis nach Norcia und hinüber nach Assisi ist ein durch **Erdbeben** stark gefährdetes Gebiet. Norcia wurde viele Male zerstört. Zum letzten Male bebte die Erde im September 1997 heftig. In den Bergen zwischen Fabriano, Nocera Umbra und Colfiorito sind die Schäden bis heute unübersehbar. Überall in den Bergdörfern trifft man noch auf eingestürzte Häuser, durch Gerüste mühselig abgestützte Mauern und helle Containersiedlungen, in die die Bewohner ausquartiert wurden. Für manche war die Rückkehr in ihre alten Dörfer auch zu Beginn des Jahres 2002 noch nicht absehbar.

Valnerina und Monti Sibillini

Gebirgsidyllen

Ein landschaftlicher Höhepunkt des Apennin bildet am Südwestrand des Gebirges unzweifelhaft die **Valnerina.** Das Tal der Nera gehört zu den idyllischsten Regionen Mittelitaliens. Der oberhalb Visso in den Sibillinischen Bergen in den Marken entspringende klare, fischreiche Fluss bahnt sich auf umbrischem Gebiet zwischen steil aufragenden Kalkbergen seinen Weg nach Süden. In der von dunkelgrünen Waldbergen eingerahmten Talaue erstrecken sich kleine Wiesen, Schafweiden, Getreidefelder und winzige Gemüsegärten, an den Hängen darüber stehen verschachtelt gebaute winzige alte Dörfer. Östlich über dem Tal verlaufen die menschenleeren Bergzüge des **Monte Coscerno** (1685 m) und **Monte Aspra** (1652 m). Ein Kleinod mittelalterlicher Baukunst findet sich im unteren Teil des Tales mit der Abtei **San Pietro in Valle.**

Im ihrem **Südteil** bekommt die Valnerina wieder mediterranen Charakter. Bei Ferentillo stehen unter steilen Kalkwänden Zypressen und Olivenbäume. Noch weiter südlich, östlich Terni, liegt in eine wunderschöne Berglandschaft eingebettet der kleine **Lago di Piediluco.** Er wird vom Velino,

einem Nebenfluss der Nera gespeist, der einige Kilometer weiter westlich mit den spektakulären Wasserfällen der **Cascate delle Marmore** eine 160 m hohe Geländestufe überwindet.

Näher am Gebirge liegt in einem weiten Talbecken der Hauptort dieser Region, das sehenswerte, in ganz Italien für seine Wurst- und Schinkenspezialitäten bekannte alte Bergstädtchen **Norcia.** Nach Norden gelangt man von hier durch die landschaftlich reizvolle **Valle Castoriana** zurück in die Valnerina. Im Osten der Stadt türmt sich die Hochgebirgslandschaft der **Monti Sibillini** auf, deren größter Gebirgsteil in den Marken liegt. Noch auf umbrischer Seite erstreckt sich der **Altopiano di Castelluccio.** Die fast nicht mehr europäisch wirkende, von kahlen Bergen eingerahmte, menschenleere Hochfläche, aus der ein einziges winziges Dorf hervorragt, erblüht im Frühsommer in prächtigen Farben. Der nicht weit entfernte **Monte Vettore** in den Marken ist mit 2476 m die höchste Erhebung des Gebirges. Der aus Kalkstein aufgebaute Bergstock bildet hier stellenweise, im Gegensatz zu den meist rundbuckeligen Höhen im Norden des Apennin, steile Grate

Castelluccio mit Kulisse der Monti Sibillini

und Felstürme von hochalpinen Charakter. An der Ostflanke haben abfließende Bergbäche zwei **Schluchten** in das Kalksteinmassiv gegraben (Gola del Infernaccio, Gola del Fiastrone). Ein schöner kleinerer, auch zum Baden geeigneter Stausee ist am Nordrand der Sibillinischen Berge der **Lago di Fiastra.**

Südlich der Monti Sibillini, jenseits der Tronto-Tals setzt sich der Apennin mit dem Gebirgszug der **Monti della Laga** fort, der zu einem kleinen Teil auf märkischem Gebiet liegt. Während die Monti Sibillini Anfänge touristischer Erschließung zeigen, sind die bis auf 2458 m ansteigenden Monti della Laga völlig menschenleeres Bergland.

Märkische Mittelgebirge

Zwischen Apennin und Adria

Das sich zwischen dem Apennin und der Adriaküste erstreckende **märkische Bergland** ähnelt im Landschaftscharakter den umbrischen Mittelgebirgen. Es ist bäuerlich geprägtes Hügelland, wo mehr noch als Olivenbäume und Weinreben die Getreide- und Sonnenblumenfelder das Bild prägen. So weit das Auge reicht erstrecken sich sanft geschwungene Hügelwellen. In den Bereichen, wo die kleinbäuerliche Agrarlandschaft frei von Zivilisationswunden ist, wo gewundene Feldwege, Wiesenstücke und Waldflecken und alte Gehöfte das Bild dominieren, wirkt sie harmonisch und ansprechend. Auf den Hügelkuppen stehen verschachtelte alte Dörfer im Rostbraun des Ziegelsteins. Der langgestreckte Bergzug des Apennin bildet einen bewegten Landschaftshintergrund. In der Nähe des Gebirges ist das Land am abwechslungsreichsten und am wenigsten zersiedelt.

Ähnlich den Zacken eines Kammes durchziehen parallel verlaufende Flüsse von West nach Ost das Bergland zwischen Apennin und Adriaküste. Die wichtigsten sind **Metauro, Esino, Potenza, Chienti** und der **Tronto.** Allesamt sind sie nicht schiffbar, denn die Wasserstände sind zu starken Schwankungen unterworfen. Im Sommer blickt man in fast trockene Kies- und Geröllrinnen, während zu Zeiten der Schneeschmelze und der Frühjahrsregen breite Flüsse zu Tal strömen. Die **Flusstäler** sind seit jeher die Verkehrsadern, in der Neuzeit entwickelten sie sich auch zu Siedlungsschwerpunkten. Je weiter man nach Osten kommt, um so mehr weichen die landwirtschaftlich genutzten Flächen den Bauten der Kleinindustrie und Handwerksstätten. In einigen Bereichen am Unterlauf der Flüsse sind als Folge des märkischen Wirtschaftswunders expandierende Industriezonen entstanden.

Die Ortschaften der Region besitzen nicht in dem Maße wie in Umbrien herausragende Kunst- und Bauwerke. Dennoch überraschen auch hier die vielen **Kleinstädte** immer wieder mit schönen Stadtplätzen und interessanten historischen Bauwerken. Die Menschen sind hier meist offen und gastfreundlich, der Tourismus hat nicht eine solche Bedeutung wie in Umbrien. Das Bild der lebendigen selbstbewussten Provinz trifft im märkischen Bergland ganz besonders zu. Städte wie die kleinen Orte Cagli, San Severino, Sarnano oder die größeren Jesi und Macerata seien hier stellvertretend genannt.

Urbino im Norden der Region, ein malerisches altes Städtchen, zählt zu den interessantesten kleineren Kulturzentren ganz Italiens. In seinen Mauern birgt es einen herrlichen, mit großer Kunst vollgestopften Renaissancepalast. Urbino ist der Hauptort des **Montefeltro,** eines dünn besiedelten bäuerlich geprägten Berglands von eher herbem Charakter. In einzigartiger Lage auf einem Felssporn erhebt sich hier die Festung von **San Leo.** Ganz im Süden der Marken ist das lebhafte, wenig besuchte **Ascoli Piceno** unbedingt sehenswert, in dessem historischen Zentrum man neben alten Kirchen und Palästen einen der schönsten Stadtplätze Mittelitaliens findet.

Auf dem Weg von den Bergen zum Meer haben einige Flüsse enge Kalkschluchten in den Stein gegraben. Südlich Urbino hat der Candigliano die malerische **Gola di Furlo** gebildet. Auch zwischen Jesi und Fabriano führen Kalksteinschluchten vom Hügelland durch die ersten Gebirgsausläufer. Hier liegt auch die größte Natursehenswürdigkeit der Marken, das bizarre unterirdische Höhlenreich der **Grotte di Frasassi.**

Märkische Adria und angrenzendes Hügelland

Badeküsten

Die etwa 180 km lange märkische Adriaküste bietet vor allem Sonne, Sand und Meer. Ansonsten ist der Küstenstreifen konsequent und so gut wie lückenlos mit Hotels, Ferienappartements, Campinganlagen usw. zugebaut. Die ursprünglichen Küstennatur ist unter Bergen von grauem Beton verschwunden. Eine Ausnahme bildet nur ein kleiner Abschnitt nördlich von Pesaro, wo erdige Hügel mit Steilflanken ans Meer drängen, sowie vor allem der **Monte Conero** südlich Ancona. Das kleine, gut 500 m hohe Kalkgebirge bietet auf kleinem Raum noch

Traumhafte Bucht am Monte Conero

ein Stück unberührter Natur am Meer, mit Macchiawald und kleinen, von hellen Kalkfelsen gesäumten Strandbuchten. Ansonsten dominieren überall flache lange **Sandstrände** an schnurgeraden Ufern. Die meistbesuchten Badeabschnitte liegen bei Pesaro/Fano im Norden, Senigallia sowie ganz im Süden bei San Benedetto del Tronto.

Die **älteren Küstenorte** liegen, mit Ausnahme von Ancona, vom Meer abgewandt oder auf Hügeln im Hinterland. Alle besitzen noch ihr historisch gewachsenen Zentren mit engen Gassen und einigem an Kunst und alter Architektur. Sehenswürdigkeiten allerersten Rangen sind jedoch nicht zu finden. Zu den interessanteren Orten an der Küste zählen Pesaro, Fano und Senigallia, im hügeligen Hinterland sind Osimo, Recanati und vor allem Loreto und Fermo hervorzuheben. Die monumentale Basilica von **Loreto** ist nach Rom die wichtigste christliche Wallfahrtsstätte Italiens und auch ohne besonderes religiöses Anliegen wegen seiner Kunst sehenswert. Das hübsche alte Hügelstädtchen **Fermo** bietet mit stimmungsvoller Piazza und engem Gassengewirr ein Stück gut erhaltenes Mittelalter. **Ancona,** die Hauptstadt der Marken, hat unter dem Bombenhagel des Zweiten Weltkriegs schwer gelitten, wobei das alte Viertel am Meer zerstört wurde. Der Besuch der lebhaft-alltäglichen Hafenstadt mit ihren diversen Märkten gehört dennoch zu jeder Markenreise, zumal nicht sämtliche alte Bausubstanz vernichtet wurde.

Buchtipp: Praxis Sonne, Wind und Reisewetter, Reise Know-How Verlag

Klima und Reisezeit

Umbrien und die Marken liegen an der **Nordgrenze der mediterranen Klimazone,** die durch heiße, trockene Sommer und milde Winter gekennzeichnet ist. Entgegen einem gängigen Vorurteil sind jedoch die Gesamtniederschlagsmengen höher als in unseren Breiten. Sie liegen zwischen 800 mm am Trasimenischen See oder an der Adriaküste und 1300 mm in den Hochlagen des Apennin.

Zwei wesentliche **Faktoren** bestimmen die Wetterlage in den beiden Regionen: die **Meere** sowie der sich quer durch das Land von Nordwesten nach Südosten ziehende Bergrücken des **Apennin** und seiner Ausläufer. Die im Tyrrenischen Meer gespeicherte Wärme macht sich auch noch überall in Umbrien über die typischen Westwindlagen positiv bemerkbar. Der Gebirgsbogen des Apennin schirmt die Region gegen kalte Luftmassen aus dem Nordosten ab. Die Marken sind diesen Einflüssen etwas stärker ausgesetzt. Allerdings wird dieser klimatische Nachteil durch die unmittelbare Lage am Adriatischen Meer wieder ausgeglichen. Durch die stärker Abschirmung der Marken gegen die atlantischen Einflüsse aus dem Westen ist es hier etwas trockener. Während man in Perugia jährlich im Durchschnitt 95 Regentage zählt sind es in Ancona nur 75 Regentage.

Die generellen klimatischen Unterschiede zwischen Umbrien und den Marken sind jedoch letztlich nur aus den statistischen Werten abzulesen.

Für den Reisenden sind sie kaum bemerkbar.

Das bewegte Landschaftsrelief führt jedoch oft zu starken **lokalen Unterschieden im Wettergeschehen** – für die Meteorologen ist Mittelitalien ein ausgesprochen schwieriges Terrain. Die ganz Mittelitalien durchziehenden Mittelgebirgszüge und der Apennin verhindern das freie Zirkulieren der Luftmassen, die Gebirge bilden oft Wetterscheiden, die die Wolken nicht überwinden können. Es ist nichts Ungewöhnliches, wenn man auf der Bahnfahrt von Fabriano nach Gualdo Tadino unter strahlend blauen Himmel in den Apennintunnel einfährt und auf der anderen Seite bei strömenden Regen hinauskommt. Hinzu kommen die starken Höhenunterschiede auf kleinem Raum. Zwischen dem Trontotal bei Arquata in 650 m Höhe und dem knapp 2500 m hohen Gipfel des Monte Vettore liegen beispielsweise ganze 7 km Luftlinie. Die damit verbundenen starken Aufwinde führen zu einem sehr bewegten Wettergeschehen.

Jahreszeiten

Im zeitigen **Frühjahr** sind verlässliche Wetterprognosen am allerschwierigsten. März und April können durchaus schon warmes Wetter für Cappuccino und Aperitivo auf der Terrasse im Freien bringen. Öfters allerdings regnet es tagelang. Manchmal blickt man sogar nach dem Aufstehen überrascht auf vom Schnee weiß bestäubte Hügel, Folge eines plötzlichen Wintereinbruchs. Im Verlauf des Mai beginnt sich das Wetter zu stabilisieren. Neben regnerischen Tagen kommt es auch schon zu längeren Schönwetterperioden. Im Juni hat die Sonne deutlich die Oberhand. Manchmal wird es schon sommerlich heiß.

Der **Sommer** bringt von Ende Juni bis etwa Mitte September fast immer nur von kurzen heftigen Gewittern unterbrochene heiße und trockene Tage. Die Hitze dringt dabei bis ins Hochgebirge vor. In den tieferen Lagen verschwimmen die Silhouetten der alten Städte im weiß-flimmernden Dunst des *Sfumato*. Ab Mitte September wird es dann merklich kühler.

Im **Herbst** bringt der beginnende Oktober vor allem in den Bergen oft eine erste kurze Periode starken Niederschlags. Dieser folgen bis in den November hinein aber auch immer wieder längere Schönwetterperioden. Im November wird es schnell kalt. Im Gebirge fällt der erste Schnee.

Die **Winter** bringen im umbrischen und märkischen Hügelland und an der Adria relativ milde Temperaturen. Die Durchschnittstemperatur des Januars liegt in Perugia bei 7 °C. Die Niederschlagsmengen sind bis etwa Mitte Februar geringer als im Spätherbst oder im zeitigen Frühjahr. Neben grau-bedeckten Tagen gibt es Perioden mit strahlendem Sonnenschein unter hohem blauen Himmel. Das Wettergefälle zwischen Gebirge und Ebenen kehrt sich bei winterlichen Hochdrucklagen öfters um. Während Nebelbänke die Talböden tagelang in lichtlose Kälte tauchen, wölbt sich über den Bergen ein wolkenloser eisig-blauer Himmel.

Typische mediterrane Steineiche

Lange Frostperioden sind nicht häufig, kommen aber vor. 1963 und 1985 bangten die Bauern Umbriens um ihre Olivenbäume, die in der eisigen Kälte auseinanderbrachen. Auf dem zugefrorenen Trasimenischen See liefen die Kinder Schlittschuh.

Flora und Fauna

Pflanzenwelt

Weite Teile Umbriens und der Marken sind von einer ausgesprochen **vielfältigen Vegetation** bedeckt. In ihr mischen sich **mediterrane, mitteleuropäische** und sogar **alpine Elemente.** Ihren spezifischen Reiz gewinnt die Natur Mittelitaliens aus dem kleinräumigen Wechsel zwischen dem vom Menschen gestalteten Kulturland, mit seinen Weinbergen, Olivenhainen und Obstbaumwiesen, und der oft unmittelbar angrenzenden Wildnis der Macchia, der Steineichen-, Kiefern- und Buchenwälder.

In den tieferen Zonen breitet sich am Rande des Kulturlandes auf sonnenexponierten Flächen und auf den Küstenhügeln manchmal die **Macchia** aus. So bezeichnet man einen trockenen Niederwald aus immergrünen Hartlaubgewächsen wie Steineichen, phönizischem Wacholder, Mastixstrauch und Baumheide, unter die sich zum Teil intensiv duftende Blütenpflanzen wie Stechginster, Stechwinde, Zistrose, Rosmarin und Thymian mischen. Im Herbst leuchten hier und da die gelb-roten, essbaren Früchte des Erdbeerbaumes aus dem Buschwerk hervor. Die Pflanzen der Macchia sind an trockene, sonnige Standorte angepasst. Lederartige verdickte Blattoberflächen oder Stachelbildung mindern z. B. die Verdunstung. Oft bildet der Macchiawald ein undurchdringliches, dorniges Pflanzengeflecht. In den durch fortschreitende Erosion entstehenden Degradationsformen besteht er nur noch aus buschhohem Gestrüpp. Ursprünglich bedeckten auf der ganzen Apenninhalbinsel in den tieferen Lagen ausgedehnte Macchiawälder die Hänge. Heute sind sie in Umbrien und den Marken durch Gewinnung von Kulturland, Holzeinschlag, Viehverbiss und Waldbrände stark dezimiert worden. Einen typischen Macchiawald findet man z. B. noch am Monte Conero in den Marken südlich von Ancona.

Der ursprüngliche Charakterbaum – nicht nur der Macchia, sondern des ganzen Mittelmeerraumes – ist die **Steineiche.** Der Kalkböden bevorzugende immergrüne Baum besitzt kleine, eiförmige, dunkelgrüne, an den Ränder leicht gezackte Blätter mit glänzend ledriger Oberfläche. Nur durch seine Eichelfrüchte zeigt er seine botanische Verwandtschaft mit den bei uns heimischen Eichenarten. Die Größe der Steineiche variiert beträchtlich. In der Antike gab es noch ausgedehnte Hochwälder, die in den letzten Jahrhunderten weitgehend abgeholzt wurden. Die das ganze Jahr in mystisches Dunkel gehüllten Waldungen galten den Römern vielerorts als heiliger Hain der Götter. Das Fällen der Bäume war hier verboten. Und auch die Mönche des Mittelalters, die sich zur Meditation bevorzugt in die Steineichenwälder zurückzogen, stellten die Wälder unter ihren Schutz. So findet man heute vor allem noch in der Umgebung der Klöster Eremo di Carceri bei Assisi, Sassovivo bei Foligno oder Monteluco bei Spoleto Reste der alten Steineichen-Hochwälder. Daneben hat sich v. a. auf den landwirtschaftlich schlecht nutzbaren Kalksteinböden der südlichen Monti Martani und der untere Valnerina der Steineichenwald noch erhalten.

Unter die Macchia mischen sich fast überall diverse Kiefernarten, u. a. die anspruchslose, wärmeliebende **Aleppokiefer,** die manchmal auch größere Waldungen bilden. Die **Pinie** mit ihrer markanten Schirmform kommt in Umbrien und den Marken nur vereinzelt vor. Sie wird manchmal als Zier- oder Nutzbaum angepflanzt. Ihre essbaren Samen, die Pinienkerne *(pinoli),* finden in der Küche für Nudelsaucen und Kuchen Verwendung.

Häufig sind hingegen diverse kleinere sommergrüne Eichenarten. Vor allem die **Flaumeiche** ist bis in die mittleren Bergzonen überall weit verbreitet. Unter ihrem Wurzelgeflecht wachsen die begehrten Trüffelknollen. Auch durch gezielte Aufforstungen haben sie vielerorts die für die Region eigentlich charakteristischere Steineiche verdrängt. In abgelegenen Bergtälern ist auch hier und da die **Edelkastanie** anzutreffen. Sie galt in den vergangenen Jahrhunderten als Brotbaum der armen Mannes. In den Zeiten großer Not wurden die Esskastanien zu Backmehl vermahlen. Schöne Kastanienbestände gibt es in den südlichen Marken an den Hängen des Trontotals westlich von Ascoli Piceno.

In den Höhenlagen des Apennin breitet sich ab etwa 1000 m Höhe eine dem Mitteleuropäer vertraute Waldgemeinschaft aus. *Faggeta* heißt im Italienischen der **Laubmischwald,** in dem die **Buchen** dominieren. Daneben kommen viele uns vertraute Baumarten hiesiger Mittelgebirge vor (Ahorn, Bergulme, Esche), allerdings – bis auf vereinzelte Weißtannen und Lärchen – kaum Nadelbäume. Die weiten **Bergwiesen** im umbrisch-märkischen Apennin sind im Frühsommer in eine üppige Blütenpracht getaucht.

Der Ölbaum

Überall im mittelitalienischen Hügelland bedecken bis auf etwa 600 m Höhe die **Terrassenkulturen** des Ölbaums die Hänge. Mit seinen silbrig-grün in der Sonne flimmernden Blätter und den oft bizarr verwachsenen Stamm- und Astformen strahlt er eine gewisse Würde und Individualität aus. Unter den **Charakterpflanzen des mediterranen Raums** nimmt er unstreitig den ersten Platz ein. Seit 4000 Jahren kultivieren die Menschen des Mittelmeerraums die Pflanze nicht nur zu Ernährungszwecken. In der Antike verwendete man das Olivenöl als Brennstoff für Lampen, nutzte es als Seife und Medizin oder salbte den ganzen Körper mit ihm ein. Ursprünglich kommt der Ölbaum aus Kleinasien. Schon bei den Ägyptern war er wegen seiner Heilkraft bekannt. Den Griechen galt der Ölbaumzweig als Friedenssymbol. Sie pflanzten Olivenbäume in allen von ihnen gegründeten Kolonien. Wahrscheinlich legten die Etrusker nach griechischem Vorbild die ersten Olivenhaine in Mittelitalien an.

Der Ölbaum ist eine immergrüne Pflanze, die nur in wärmeren Klimazonen gedeiht. Lange Frostperioden mit Temperaturen von unter 15 °C verträgt er nicht; die Bäume brechen dann auseinander und sterben ab. Im Winter 1984/1985 fielen in Mittelitalien Ölbäume in so großer Zahl dem Frost zum Opfer, dass man hier heute fast nur noch junge, relativ kleine Exemplare sieht. Unter optimalen Umständen kann sich der Baum in Hunderten von Jahren zu einem alten, knorrig-verwachsenen Prachtexemplar entwickeln.

Um ausreichend Früchte zu tragen, muss der Baum jedes Jahr im Januar zurückgeschnitten werden, Im Mai zeigt er kleine, unscheinbar weiße Blüten. Gegen November beginnen die **Oliven** nach und nach die Farbe zu wechseln, von hellgrün über blaugrün zu schwarzlila. Frisch vom Baum gepflückt schmecken Oliven extrem bitter. Genießbar werden sie erst, nachdem die Bitterstoffe entzogen wurden. Dies geschieht je nach Region oder Hausrezept unterschiedlich: in Salzlauge eingelegt, im Ofen getrocknet, aufgekocht, in Öl eingelegt oder einfach nur dem Frost ausgesetzt.

Die grünen Tafeloliven werden schon unreif im September vom Baum geholt, die eigentliche Ernte für die **Ölherstellung** beginnt Anfang November. Gepflückt wird nach wie vor in erster Linie mit der Hand. Es gibt zwar auch Maschinen, die den Baum so lange rütteln bis die letzte Olive ins Netz fällt. Diese Methode schadet jedoch der Pflanze. Bei der schonenderen Methode steigt man mit Leitern auf den Ölbaum, und mit einer Art Kamm oder mit den bloßen Händen streift und zieht man die Oliven von den Zweigen. Das Netz wird dann zusammengezogen, und die Oliven werden in Kisten oder Säcke gefüllt. Bei Sonnenschein ist das die wahre Freude, man verbringt den ganzen Tag oben auf den Ästen und wird vom lauen Herbstwind geschaukelt. Aber wenn womöglich schon der erste Frost einsetzt, die Finger von der Kälte steif werden und die Nase zum Eiszapfen wird, ist das schon nicht mehr ganz so romantisch. Sobald nach vielen langen Tagen die Oliven gesammelt wurden geht es zum *Frantoi,* der **Ölmühle;** ein wahrer Festtag nach der Mühsal der Erntearbeit. Während man wartet, bis das Olivenöl aus der Presse rausrinnt, sitzt man bei Wein und am Kamin geröstetem Weißbrot mit Olivenöl, Knoblauch und Salz *(Bruschette)* zusammen, erzählt sich dieses und jenes, diskutiert über die Ernte und atmet den starken aber angenehmen Duft der frischgepressten Oliven ein.

Aus der umbrischen und märkischen Küche ist das **Olivenöl** nicht wegzudenken. Es ist die **Basis vieler Rezepte.** In den Olivengegenden Italiens konsumiert eine Familie zirka einen Liter Öl pro Woche. Abgesehen davon, dass es gut schmeckt, wird dem Öl auch **Heilwirkung** beigemessen. Es gilt als optimales Mittel für Magen- und Darmkrankheiten, hilft angeblich bei Verstopfung, regt die Gallenblase und die Nieren und beschleunigt den Abbau von Nierensteinen. (Als Therapie wird manchmal empfohlen, einen Esslöffel auf nüchternem Magen zu trinken.)

Wichtig ist es, wirklich gutes Olivenöl zu gebrauchen. Die **Qualität** hängt wesentlich vom **Säuregehalt** ab, der bei hochwertigen Ölen nicht über 1 % liegen soll. Je früher man erntet, desto niedriger ist der Säuregehalt. Allerdings geben später geerntete Oliven mehr Öl ab. Auch beim Olivenöl gewinnt man somit Qualität auf Kosten der Quantität. Deshalb, aber auch wegen des großen Arbeitsaufwands, kann wirklich gutes Olivenöl nicht billig sein. Je nach Jahrgang, Gebiet und Qualität kostet ein Liter hochwertiges Olivenöl zwischen 5 und 15 Euro In jeder Hinsicht am günstigsten bekommt man es vor Ort bei den Olivenmühlen. Ein Ölbaum trägt zwischen 20 und 40 kg Oliven. Fünf Kilo braucht man um einen Liter Öl zu gewinnen. Bei der **Kaltpressung** werden die Oliven von Blättern und Zweigen gereinigt und auf Steinrädern gemahlen. Die Olivenpaste wird dann auf ringförmige, geflochtene Strohmatten aufgetragen, die anschließend übereinandergelegt und gepresst werden. Das Olivenöl wird aufgefangen und abgefüllt. In vielen Frantoi werden die Oliven während des Mahlvorgangs erhitzt, was den „Vorteil" hat, dass die Oliven mehr Öl abgeben. Erhitztes Olivenöl verliert allerdings an Geschmack, Vitaminen und Heilwirkung. Manchmal steht auf den Etiketten *Sansa di Olive*. Dies bedeutet, dass das Öl aus einer Zweitpressung stammt. Wirklich erstklassiges Öl ergibt nur die kalte Erstpressung. An der Bezeichnung *Extra vergine* ist sie auf den Etiketten zu erkennen. Vor allem umbrisches Olivenöl zählt wegen seines geringen Säuregehalts zu den qualitativ herausragenden Ölen Italiens. Das regionale Olivenölkonsortium akzeptiert nur Öle mit einem maximalen Säureanteil von 0,5 %.

Sie begeistern auch ohne besonderes Interesse für seltene Wildblumen. Neben dem alltäglichen Pflanzen wie Klatschmohn, Kornblumen oder Margeriten lassen sich zahlreiche seltenere Blütenpflanzen entdecken, wie diverse Orchideenarten oder die farblich hervorstechende Feuerlilie. In den Hochlagen der Monti Sibillini finden sich mit Alpenveilchen, Edelweiß und Enzian typisch alpine Pflanzen.

Unter den importierten Pflanzen sind neben den die Uferpromenaden der Adria säumenden Palmen vor allem der Ölbaum und die Zypresse zu nennen. Den **Ölbaum** brachten wahrscheinlich griechische oder etruskische Seefahrer als Nutzpflanze nach Italien, die **Zypresse** stammt, wie der Name schon sagt, wahrscheinlich aus Zypern. Es gibt sie in zwei Unterarten. Die Ursprungsform mit breiter ausladenden Ästen unterscheidet sich nicht sehr von anderen Nadelbäumen. Die auffälligere, schlank-hochaufstrebende dunkle Säulenzypresse wurde schon in der Antike aus ästhetischen Gründen angepflanzt. Noch heute erfreut sie den Fotografen bei der Suche nach markanten Akzenten für die Bildgestaltung. In langen Reihen säumen sie die Auffahrten zu herrschaftlichen Villen, und auf den Hügelkuppen zeichnen sie sich als isolierte Ausrufezeichen mit klarer Silhouette gegen den Himmel ab. Wie im vorderen Orient umstehen Zypressen auch in Italien häufig die Friedhöfe. Der Baum gilt als Symbol für geläuterte Reinheit und die nach oben, zum Göttlichen, strebende Seele der Verstorbenen.

Tierwelt

Die **Fauna** Mittelitaliens ist **relativ arm an größeren Arten –** die Jagdleidenschaft der Italiener ist mit der Grund dafür. Immer noch kann jedermann im Herbst die Flinte schultern und außerhalb der Naturparks oder privater Jagdreviere auf so gut wie alles schießen, was sich in freier Natur bewegt.

Recht weit verbreitet sind **Wildschweine** und **Wildkaninchen,** seltener **Fuchs, Dachs,** diverse **Marderarten** und die sehr scheue **Wildkatze.** Lieblingstier der Jäger ist neben dem Wildkaninchen, das sich als *coniglio al cacciatore* auf den Speisekarten der Landrestaurants wiederfindet, das Wildschwein. Als Gulasch oder Zutat zur beliebten Nudelsauce *al cinghiale* landet es in den Kochtöpfen. Außer auf dem Teller ist es nicht leicht ein Wildschwein vor die Augen zu bekommen. Es sind sehr scheue und vorsichtige Tiere, die sich tagsüber im Dickicht der Wälder verbergen. Sie sehen schlecht, hören und riechen dafür um so besser. Wahrscheinlicher ist es ihre Spuren zu entdecken, durchfurchte Schlammlöcher und zerwühltes Erdreich. Im Dreck suhlen ist ihre Lieblingsbeschäftigung, und Wurzeln und Knollen sind ihr Leibgericht. In Umbrien und im Inneren der Marken sind Wildschweine noch zahlreich, und da sie außer dem Menschen keine Feinde haben, vermehren sie sich zum Leidwesen der Landwirte stark. Nachts kommen sie aus den Wäldern, reißen Zäune ein, zerwühlen Felder, legen

Weinstöcke, Obst- und Ölbäume frei und fressen deren Wurzeln. Die Wildschweinjagd ist in Italien erlaubt, aber in manchen Gebieten, wie z. B. dem Nationalpark der Monti Sibillini darf jährlich nur eine begrenzte Anzahl geschossen werden. In manchen Jahren vermehren sie sich dann so stark, dass sie zur Nahrungssuche in großen Rudeln in die Täler einfallen. 1995 wurde in der Valnerina ein großer Teil der Getreideernte durch Wildschweine zerstört.

Über Jahrhunderte wurde im Apennin versucht mit Gift, Fallen und Schießpulver den ewigen Feind des Menschen, den **Wolf** auszurotten. Zum Glück ist das bis heute noch nicht gelungen. Hoch oben, in den abgelegensten Gegenden gibt es ihn noch – zum Leidwesen der Schäfer und Bauern, denen immer wieder mal ein Tier gerissen wird. Man schätzt, dass heute noch etwa 300 Wölfe in den Apenninbergen leben. In den einsamen Gebirgsregionen der Monti Sibillini und der Monti della Laga kann man sie manchmal nachts heulen hören. Zu Gesicht bekommt man die scheuen Tiere so gut wie nie. Der Apenninenwolf ist etwas kleiner als die in Nord- und Osteuropa vorkommenden Unterarten. Dem Menschen wird er nicht gefährlich. Seit er in den 70er-Jahren im Nationalpark der Abruzzen unter Schutz gestellt wurde, vermehrt er sich auch anderswo wieder. Dabei wandert er immer weiter nach Norden. Der ganz Italien bis zu den Alpen durchziehende kaum besiedelte Höhenrücken des Apennin, der nach den

Tunnelbauten der letzten Jahrzehnte von keiner wichtigen Verkehrsschneise mehr durchschnitten wird, lässt das Ausweichen nach Norden aus dem zu eng gewordenen Schutzgebiet zu. Inzwischen ist der Apenninenwolf in den provenzalischen Alpen angekommen, wo geschädigte Schafhirten schon auf Protestversammlungen die Freigabe des Abschusses forderten.

Auf den Wanderwegen liegen öfters die langen, spitzen, schwarz-weiß gemusterten Stacheln, die das **Stachelschwein** (s. Abb. o.) verloren hat *(istrice oder porcospino)*. Sowohl in Umbrien als auch den Marken sind sie recht häufig. Das nachtaktive Tier verkriecht sich tagsüber in tiefe Höhlen, wo sie in Gruppen hausen. Manchmal teilen sie sich die Höhle auch mit dem Dachs. Das Stachelschwein wiegt ca. 15 kg, und wird bis zu 70 cm lang. Der Kopf ist mit borstigen Haaren bedeckt ist. Ab dem Kragen wachsen ihm 20 bis 30 cm lange Stacheln, die es bei Gefahr aufstellt und sich so vor seinen Feinden schützt. Häufig verlieren sie diese beim Kampf oder auch am Eingang ihrer Höhle.

Im Gelände kann man öfters den heiseren Schrei des auffliegenden **Goldfasans** *(fagiano)* hören, ebenfalls beliebtes Jagdobjekt, genauso wie die noch häufigen **Rebhühner** und **Wachteln.** Die Vogeljagd mit Netzen, die leider in Italien immer noch nicht verboten ist, führt dazu, dass man außerhalb der Schutzgebiete weniger Singvögel als in nördlicheren Breiten in den Wäldern sieht und hört. Die **Greifvögel** sind mit den auch bei uns vertrauten Arten vertreten (Habicht, Sperber, Wespenbussard, Wanderfalke, Rohrweihe, Milan). In den dichten Bergwäldern der Valnerina haust der **Uhu,** und über den Monti Sibillini zieht noch der **Steinadler** seine Kreise, während die ehemals hier heimischen Gänsegeier ausgestorben sind.

Raschelndes Laub zu Füßen des Wanderers stammt meist von der flüchtenden **Mauereidechse.** Die unscheinbar-braunen Tiere sonnen sich überall an den alten Mauern. Mehr für das Auge bietet die gar nicht so seltene größere und leuchtend-grün gefärbte **Smaragdeidechse.**

Auch diverse **Schlangenarten** sind in Umbrien und den Marken heimisch, giftige kleine Vipern und ungiftige größere Nattern. Weit verbreitet, aber nicht sehr häufig ist die giftige **Aspisviper,** eine kleine braune Schlange, mit kurzen dunklen Querstreifen auf dem Rücken. Theoretisch es ist relativ einfach sie zu erkennen. Wie alle Vipern hat sie einen vom Körper deutlich abgesetzten dreieckigen Kopf, länglich-vertikale Pupillen und einen relativ dicken Rumpf mit dünnem kurzen Schwanzende. Im Gegensatz dazu geht bei den ungiftigen Natternarten der längliche Kopf gleichmäßig in den Rumpf über, das stark verdünnte Schwanzende fehlt, die Pupillen sind rund. Allerdings wird man bei der Begegnung mit einer Viper wenig Gelegenheit haben, dem Tier allzu tief in die Augen zu schauen, da sie sehr scheu sind. Man muss schon direkt über sie stolpern um von ihnen gebissen zu werden. Für kleinere Säugetiere ist der Biss sofort tödlich, für den Menschen aber meist weniger gefährlich, als immer wieder behauptet wird. Das Gift beginnt nach 3–6 Stunden zu wirken. Man hat also i. d. R. genug Zeit, das nächste Krankenhaus aufzusuchen. Der Schock ist meist schlimmer als die Folgen des Bisses. Erste Anzeichen einer Vergiftung sind Schweißausbrüche und Durst. Die Bisswunde sollte gereinigt und der Arm oder Fuß abgebunden werden. Dann sollte der Verletzte möglichst ruhig gehalten werden, damit das Gift nicht zu schnell in die Blubahnen gerät.

Häufiger als Vipern sind diverse ungiftige Natternarten, darunter einige von beträchtlicher Größe, wie die angriffslustige **Zornnatter** oder die bis 2 Meter lange harmlose **Äskulapnatter.** Im märkischen Apennin braucht man im Sommer nicht viel Glück, um sie zu Gesicht zu bekommen, wenn auch oft nur in totem Zustand. Der aufgewärmte Asphalt der Landstraßen übt auf die wechselwarmen Tiere eine große Anziehungskraft aus. Daneben halten sie sich auch im Geäst der Bäume auf und jagen manchem Wanderer einen leichten Schreck ein, wenn sie mit leisem Zischeln aus den Zweigen zu Boden gleiten.

Naturschutzgebiete

Auch in Italien besinnt man sich zunehmend auf die Bewahrung des Naturraumes. In den letzten Jahrzehnten sind mehrere größere und kleinere Schutzgebiete ausgewiesen worden. Neben den größeren staatlichen Nationalparks gibt es auf regionaler Ebene kleine Naturparks, Reservate und geschützte Feuchtgebiete:

In Umbrien

- **Parco Regionale del Monte Cucco** – größerer Naturpark im nördlichen Apennin um den Monte Cucco (1566 m), Bergalmen, alte Buchenwälder, Karsthöhlen, Felsklamm des Rio Freddo.
- **Parco Regionale del Subasio** – am Monte Subasio (1290 m), dem Hausberg von Assisi, mit Steineichenhochwald und Bergalmen.
- **Parco Regionale del Pausillo** – kleines Mittelgebirge mit mediterranen Waldungen südlich des Trasimenischen Sees.
- **Parco Fluviale del Tevere** – Schutzgebiet am Tiber zwischen Todi und Orvieto mit dem Stausee Lago di Corbara im Zentrum.
- **Parco Fluviale del Nera** – die untere Valnerina, das Nera-Tal oberhalb Terni, mit malerischen Landschaften.
- **Parco del Lago Trasimeno** – neu eingerichteter Landschaftsschutzbereich im Schilfgürtel der Südostecke des Trasimenischen Sees mit der Isola Polvese.
- **Oasi del Lago di Alviano** – Vogelschutzgebiet am aufgestauten Tiber südlich Orvieto
- **Palude di Colfiorito** – kleines Sumpfgebiet auf der Hochebene von Colfiorito im Apennin östlich Foligno.
- **Parco Regionale del Coscerno/Aspra** – dünn besiedelte Apenninregion östlich der Valnerina um den Monte Coscerno (1685 m), Monte Aspra (1652 m).

In den Marken

- **Parco Nazionale dei Monti Sibillini** (mit kleinerem Anteil in Umbrien) – Nationalpark mit etwa 70 000 ha Fläche, Kalksteingebirge mit mehreren Gipfeln über 2000 m, Karsthochflächen, Schluchten.
- **Monti della Laga** – Teil des Abruzzennationalparks, der am Macera della Morte (2053 m) den Südzipfel der Marken erfasst, unberührte Gebirgsalmen.
- **Riserva Naturale Montagna di Torrichio** – nicht allgemein zugängliches kleines Reservat des WWF, Felstal im märkischen Apennin bei Camerino.
- **Riserva Naturale Abbazzia di Fiastra** – kleines Schutzgebiet im Hügelland am Fiastrabach südwestlich Macerata.
- **Parco Regionale del Conero** – kleinerer Regionalpark an der Adria südlich Ancona, Monte Conero mit Macchiawäldern und Steilküste.
- **Parchi Naturali Sasso Simone, Monte Nerone, Valleremita, Monte San Vicino e Piani di Canfaito** – vier neu eingerichtete Schutzgebiete im märkischen Apennin.

Geschichte

Die Frühzeit – Umbrer, Picener und Etrusker

Im Gebiet der heutigen italienischen Verwaltungsregionen Umbrien und Marken sind um das 7./6. Jh. v. Chr. im wesentlichen drei Kulturen geschichtlich nachgewiesen: Der Lauf des Tibers bildete die Trennlinie zwischen den Etruskern im Westen und den Umbrern im Osten; noch weiter östlich, jenseits des Apenninhauptkammes zur Adriaküste hin, siedelten die Picener.

Die **Umbrer** zählen zu den altitalischen indogermanischen Völkern. Ihre Herkunft, Kultur und politische Organisation sind weitgehend unbekannt. Man weiß, dass sie eine eigener Sprache und Schrift besaßen, die sich deutlich vom Latein der Römer unterschieden. Antike Schriftsteller nannten die Umbrer ein sehr altes Volk oder hielten sie gar für den italischen Urstamm überhaupt, der ursprünglich fast die ganze Apenninhalbinsel vom Tyrrhenischen Meer bis zu den Alpen beherrschte. Von Galliern und Etruskern sollen sie später auf einen kleinen Bereich östlich des Tibers zurückgeworfen worden sein. Die authentischste Information über ihre Kultur liefern noch die **Eugubinischen Tafeln** (siehe Kastentext). Sie geben Einblick in die religiöse Ordnung der Stadt *Ikuvium,* die beim heutigen Gubbio lag. Daneben waren Assisi, Spello, Spoleto und Amelia altumbrische Siedlungsplätze.

Genauso rätselhaft sind Sprache, Schrift und Herkunft der **Picener,** von denen man immerhin einige Grabstätten gefunden hat. Es handelte sich wahrscheinlich um ein recht kriegerisches Volk, das in Fürstenclans organisiert war. Ihre Anführer ließen sich mit reichen Grabbeigaben in Nekropolen bestatten. Die Blütezeit der picenischen Kultur lag um das 6./5. Jh. v. Chr. Im Gegensatz zu den Umbrern pflegten die Picener sehr weitreichende Kontakte zu fremden Völkern. Die Grabfunde lassen auf Beziehungen zum griechischen Kulturraum schließen. Auch mit Kelten, Galliern und anderen nordischen Völkern muss schon ein Handelsaustausch bestanden haben, wie u. a. aufgefundene Grabbeigaben von Bernsteinschmuck belegen. Götterkult und Mythen der Picener drehte sich um die Verehrung des Pferdes und des Pferdelenkers, der wohl eine herausragende soziale Stellung hatte. Daneben war der Waldspecht ein wichtiges Symboltier. Der in der Antike dem Kriegsgott geweihte Vogel (lateinisch *picus)* gab dem ganzen Volk den Namen. Nach der Gründungslegende soll die erste Volksgruppe der Picener von den Sabiner Bergen an die Adria gelangt sein, indem sie dem Flug eines Spechtes folgte. Das Siedlungsgebiet der Picener reichte von Ancona nach Süden bis zu den heutigen Abruzzen.

Die Stadt Ancona selbst wurde als Kolonie der **Griechen** gegründet; der märkische Küstenstreifen noch weiter nördlich war zeitweise von **Galliern** bewohnt, wie beispielsweise der Ortsname *Senigallia* (gallisches Siena) noch belegt.

Die Herkunft der **Etrusker** ist Gegenstand eines endlosen Gelehrtenstreites. Sind sie aus dem Orient eingewandert oder handelt es sich um ein ursprünglich auf der Apenninhalbinsel heimisches Volk, das durch den frühen Kontakt mit den entwickelteren Völkern des östlichen Mittelmeerraumes kulturell profitierte? Vor allem italienische Historiker bevorzugen natürlich die letztgenannte These, wahrscheinlich wird man aber nie zu einem eindeutigen Ergebnis kommen, obwohl die etruskische Kultur durch zahlreiche archäologische Funde dokumentiert ist. Auf jeden Fall schufen die Etrusker ab dem 8. Jh. v. Chr. die **erste Hochkultur auf europäischem Boden.** Sie bauten erstmalig befestigte Städte mit gepflasterten Straßen und öffentlichen Gebäuden, entwickelten staatsrechtliche Strukturen und verbesserten die Landwirtschaftstechniken und die Verfahren der Metallherstellung entscheidend. Daneben schufen sie eine differenzierte Kunst- und Religionskultur, die sich in den reich geschmückten Totenstädten widerspiegelt (siehe Kastentext). Die Etrusker übten einen großen kulturellen Einfluss auf die benachbarten Völker aus, der auch in die Zeit der Römerherrschaft hineinwirkte. Der Siedlungsraum der Etrusker erstreckt sich von der Po-Ebene bis vor die Tore von Rom, vom Tyrrenischen Meer bis zum Tiber. Auf dem Gebiet des heutigen Umbriens lagen die beiden Etruskerstädte *Volsinii* (Orvieto) und *Perusia* (Perugia). Beide gehörten zum etruskischen **Zwölf-Städte-Bund,** zwischen dem 7. und 4. Jh. v. Chr. der beherrschende Machtfaktor in Mittelitalien.

Unter römischer Herrschaft

Um 500 v. Chr. wurde in dem bis dahin unbedeutenden Rom das am etruskischen Vorbild orientierte Priesterkönigtum durch eine Adelsherrschaft abgelöst, aus der sich die römische Republik entwickelte. Damit verbunden war der stetige Machtaufstieg der Römer, die sich vor allem auf den Gebieten der Heeresorganisation, Verwaltung und Ingenieurskunst ihren Nachbarn zunehmend überlegen erwiesen. Nach und nach eroberte Rom weite Gebiete Mittelitaliens und beendete dabei auch die Eigenständigkeit von Etruskern, Umbrern und Picenern.

In der etruskischen Nekropole bei Orvieto

Die **Schlacht von Sentinum 295 v. Chr.** beim heutigen Sassoferrato (Marken), bei der die vereinigten italischen Stämme vom Römerheer vernichtend geschlagen wurden, sowie die vollständigen **Zerstörung der Etruskerhauptstadt Volsinii (Orvieto) 264. v. Chr.** waren wichtige Erfolge auf dem Weg zur unangefochtenen Dominanz der Römer. Diese wird auch durch den Bau der großen **Via Flaminia** 220 v. Chr. belegt. Die gepflasterte Fernstraße verlief von Rom über Narnia (Narni), Carsulae, Mevania (Bevagna), Forum Flaminii (Foligno), Nuceria (Nocera Umbra), Tadinum (Gualdo Tadino), Scheggiapass und Furlo-Schlucht nach Fanum Fortunae (Fano) an der Adriaküste. Zwischen Narnia und Forum Flaminii wurde später eine weiter östlich über Spoletum (Spoleto) verlaufende Variante angelegt. Mit der Fertigstellung der Via Flaminia wurde die Einverleibung der Gebiete Umbriens und der Marken in das römische Reich endgültig besiegelt.

Die Via Flaminia bei Carsuale

217 v. Chr. zog **Hannibal** mit seinen Truppen durch Umbrien. Am Trasimenischen See und nochmals bei Plestia (Colfiorito) brachte er den Römern schmerzliche Niederlagen bei. Mit Ausnahme Spoletums beugten sich alle Römerstädte am Wege dem neuen Herren aus Afrika. Warum dieser auch nach der weiteren erfolgreichen Schlacht von Cannae 216 v. Chr. nicht zum endgültigen Schlag gegen Rom ausholte, bereitet den Historikern bis heute Kopfzerbrechen.

So blieb die römische Macht letztlich ungebrochen. Um **91 v. Chr.** kam es im so genannten **„Bundesgenossenkrieg"** unter der Führung der Picener zu einem letzten, erfolglosen Aufstand der unterworfenen Stämme. Mit dem **Sieg Octavians,** des späteren *Augustus,* über *Marc Anton* im Kampf um die Nachfolge Cäsars begann um die Jahrtausendwende die lange **Periode der pax romana.** Auch die Regio Umbria, die bis zur Adriaküste von Fano reichte, sowie das südlich angrenzende Picenum profitierten von der langen Periode des Friedens. Die wichtigsten Städte der Regionen bekamen das römische Bürgerrecht verliehen, u. a. Perusia (Perugia), Hispellum (Spello), Iguvium (Gubbio), Asculum (Ascoli Piceno) und Firmum Picenum (Fermo). Damit ging ein enormer wirtschaftlicher Aufschwung einher. Durch die Entwässerung der versumpften Ebenen, wie der Valle Umbra, wurde neues Ackerland gewonnen und die Malariagefahr gebannt. Überall entstanden repräsentative Bauten – Theater, Arenen, Thermen, Stadttore – von denen sich viele bis heute als Ruinen erhalten haben.

Über die Via Flaminia fand auch die neue Religion der Christentums im Gebiet Umbriens und der Marken schnell neue Anhänger. Viele Stadtchroniken berichten hier von frühen christlichen Heiligen, die ihr Leben als Märtyrer während der immer wieder aufflammenden blutigen Christenverfolgungen verloren. Erst im Jahre **311** unter *Konstantin dem Großen* wurde das **Christentum toleriert.** Gleichzeitig leitete er die machtpolitische Aufteilung des Reiches in einen West- und Ostteil ein. Im **Westreich** waren die Nachfolger Konstantins des Großen immer weniger in der Lage, den Machtanspruch des Staates gegenüber einer reich gewordenen, im Luxus lebenden Oberschicht von Senatoren, Staatsbeamten, Heerführern und vor allem Großgrundbesitzern durchzusetzen, die ihre hergebrachten Steuerprivilegien nicht aufgeben wollten. Dem Zentralstaat fehlten zunehmend die Ressourcen, um die Verteidigungs- und Infrastrukturaufgaben im Riesenreich zu bewältigen. Eine Provinz nach der anderen ging in kriegerischen Auseinandersetzungen verloren, Straßennetz, Kanal- und Entwässerungsbauten verfielen, mühselig entwässerte Talebenen begannen wieder zu versumpfen. Während das **byzantinisch-oströmische Reich** noch bis ins 15. Jh. hinein existierte, zerfiel Westrom schnell unter den Eroberungsschlägen der von Norden anstürmenden germanischen Völker. 476 musste der letzte Kaiser Westtroms zugunsten des Germanenführers Odoaker abdanken.

Das frühe Mittelalter – Goten, Byzantiner, Langobarden und fränkische Kaiser

In den kriegerischen Jahrhunderten der **Völkerwanderungszeit** hatten die Gebiete des heutigen Umbrien und der Marken besonders zu leiden. Als Durchgangsland für die sich auf Rom zu bewegenden germanischen Heere wurden sie immer wieder Opfer der Aggressionen. Den „barbarischen" Stämmen aus den Norden war die Hochkultur der Römerstädte unbekannt, die zunächst vor allem als lohnende Objekte der Zerstörung und anschließenden Ausplünderung gesehen wurden. Insbesondere der Durchzug der **Westgoten** unter *Alarich* im **5. Jh.** zog das Land schwer in Mitleidenschaft. Hungersnöte und Epidemien brachten die Entvölkerung weiter Landstriche. Der Prozess der Verwilderung und Versumpfung des gerodeten und trockengelegten Agrarlandes, der schon in der Endzeit der Römer eingesetzt hatte, beschleunigte sich noch einmal.

Im **6. Jh.** dominierten machtpolitisch zunächst die germanischen **Ostgoten.** Sie waren von den Hunnen aus der russischen Steppe am Don nach Westen gedrängt worden. Nach der Einnahme Roms versuchten die Ostgoten unter ihrem charismatischen **König Theoderich** eine Politik des Ausgleichs und der zivilen Befriedung in Italien einzuleiten. Nach der Ermordung Theoderichs 526 begann jedoch bald wieder der Krieg.

Der Kaiser von Byzanz (Ostrom) *Justinian* (527–565) schickte seine Heere von Konstantinopel nach Italien, um das römische Imperium in seinen alten Grenzen wiederherzustellen. Unter den genialen Heerführern *Belisar* und *Narses* gelang es Byzanz, nach wechselnden Erfolgen letztlich die Stadt Rom und weite Teile Italiens den Ostgoten wieder abzutrotzen. In der Entscheidungsschlacht 552 bei Gualdo Tadino in Umbrien verlor der letze Ostgotenkönig *Totila* sein Leben. Es entstand ein **byzantinischer Teilstaat** *(Exarchat)* auf italienischem Boden, der von Ravenna aus regiert wurde.

Schon **568** kam der nächste Eroberungszug, der diesmal von einem westgermanischen Stamm angeführt wurde. Aus dem Unterelberaum drängten die **Langobarden** unter *Alboin* nach Süden und entrissen Ostrom weite Teile Nord- und Mittelitaliens. Ein Stück Adriaküste, darunter das Land des Fünfstädtebundes *(pentapolis)* zwischen Rimini und Ancona, sowie einen schmalen Landstreifen, der längs der Via Flaminia durch Umbrien nach Rom führte, konnte Ostrom zunächst erfolgreich verteidigen. Die Langobarden, deren Hauptstadt in Pavia bei Mailand lag, gründeten **571** unter *Faroald I.* das eigenständige **Herzogtum (Dukat) von Spoleto.** Für etwa zwei Jahrhunderte blieben der größere Teil Umbriens und der südlichen Marken unter der Herrschaft der Langobardenherzöge, die später auch die Byzantiner endgültig vertreiben konnten. 774 beendeten schließlich die Heere des Frankenkönigs *Karls des Großen,* der vom Papst ins Land geholt worden war, die Macht der Langobarden.

Mit der Vertreibung der Langobardenherrscher durch die **Franken** begann ein weiteres Kapitel in der komplexen Machtbeziehung zwischen der Kirche und den germanischen Völkern. Die römischen Päpste reklamierten zunehmend auch einen weltlichen Herrschaftsanspruch für sich. Als legitime Nachfolger der in Rom bestatteten Kirchenapostel Petrus und Paulus wollten sie sich in ihrem Umkreis keiner diesseitigen Macht unterwerfen. Um ihre Ansprüche u. a. gegen die Langobarden abzusichern, hatten sie allerdings eine Schutzmacht benötigt, die sie in den mächtig gewordenen Frankenkönigen gefunden hatten. Diese durften sich im Gegenzug mit dem römischen Titel des *Caesaren* (Kaiser) schmücken, womit sie die führende Stellung innerhalb der Hierarchie der europäischen Königshäuser einnahmen. Formale Grundlage der päpstlichen Ansprüche war die **„Konstantinische Schenkung“.** Heute weiß man, dass es sich um eine dreiste Fälschung handelte. Die Urkunde bewies angeblich, dass Kaiser Konstantin der Große 330, im Jahr, in welchem er seine Residenz von Rom nach Konstantinopel verlegte, die Gebiete Westroms dauerhaft an Papst Sylvester und seine Nachfolger übertragen habe. Diese hätten damit auch das Recht, die Kaiserwürde zu verleihen. Mit der so genannten **„Pippinischen Schenkung"** legitimierte der Frankenkönig *Pippin I.* die von ihm nicht als solche erkannte päpstliche Fälschung. Sein Nachfolger Karl der Große wurde im Jahre 800 zum Kaiser gekrönt. Auch die von 919–1024 regierenden sächsischen Ottonenkönige respektierten die päpstlichen Rechte, begaben sich nach Rom und wurden mit dem Kaisertitel ausgestattet. Damit war der Keim für die Entstehung des Kirchenstaats von Rom gelegt, der später zu einem wichtigen neuen politischen Machtfaktor in Italien werden sollte.

Im **9./10. Jh.** bedrohten immer wieder die von Osten heranstürmenden Heere der noch heidnischen **Ungarn** und **Slawen** die Apenninhalbinsel. Von Nordafrika kamen **sarazenische Seefahrer** über das Meer, um die Küstenstädte auszuplündern. Letztlich konnte sich jedoch keiner der Angreifer dauerhaft in Italien festsetzen.

Das hohe Mittelalter – Guelfen, Ghibellinen und der Aufstieg der Städte

Im **11. Jh.** versuchten die deutschen Kaiser zunehmend die Macht des Papstes einzuschränken. Im Gebiet Umbriens und der Marken verlief eine sich ständig verschiebende Grenzlinie zwischen päpstlichem und kaiserlichem Einflussbereich. (Der Name der heutigen Region Marche/Marken stammt vom deutschen Wort für Mark, Grenzland.) Gleichzeitig begann ein stetiger **Aufstieg der Städte** Nord- und Mittelitaliens, die mal die eine, mal die andere Seite unterstützten, um dabei ihre Autonomie zu erweitern. Formal blieben die aufblühenden Stadtstaaten zwar weiter dem Papst oder dem deutschen Kaiser unterworfen.

Der Kaiser war allerdings meist zu weit entfernt und der Papst noch zu schwach, um sich gegen die selbstbewussten Städte durchzusetzen. Auch war die geistliche Autorität des Papstes in dieser Zeit schweren Anfeindungen ausgesetzt. Von Südwestfrank-

San Salvatore bei Spoleto aus dem 4.–8. Jh.

Libero comune – die freie Stadt des Mittelalters

Für die Städte Italiens begann im **10./11. Jh.** ein rascher **wirtschaftlicher und kulturellen Aufschwung.** Er resultierte zu Beginn vor allem aus dem Boom des Mittelmeerhandels. **Mit dem vorderen Orient** bestand eine enge **Austauschbeziehung,** von dem zunächst die Hafenstädte Amalfi, Pisa, Genua, und Venedig profitierten – nicht nur materiell, sondern auch geistig, denn der orientalische Kulturraum war vor allem auf dem Gebiet der Wissenschaft (Mathematik, Medizin) dem europäischen zu dieser Zeit überlegen. Diese positive Entwicklung griff aber bald auch auf die Städte im Binnenland über, die mit den Hafenstädten in Handelsaustausch standen. Kaufleute und Handwerker kamen auch hier zu Wohlstand, häuften Geldvermögen und Landbesitz an. Die Bevölkerung in den Städten wuchs bald überall wieder an. Auch mit der Landwirtschaft ging es bergauf, woran die neu entstehenden Mönchsorden der Franziskaner, Benediktiner und Zisterzienser nicht unbeträchtlichen Anteil hatten. Die einer strengen Arbeitsethik unterworfenen Klosterbrüder machten überwuchertes Land erneut urbar und legten Sumpfland wieder trocken.

Die zu Reichtum gelangten Städte waren nicht länger bereit, sich fremden Herren, sei es Papst oder Kaiser, zu unterwerfen. Die Schicht der selbstbewussten Bürger schufen erstmalig seit der Antike wieder **Formen demokratischer Selbstverwaltung** auf europäischem Boden. Das Wahlrecht war allerdings auf die Männer beschränkt und teilweise an Status und Besitzstand geknüpft. Zahlreiche Städte Umbriens und der Marken wurden zur **libero comune** und entwickelten sich zu selbstständigen **Stadtstaaten.** Neben Perugia, Assisi, Gubbio, Ancona, Fabriano und Ascoli Piceno zählten dazu auch so kleine Orte wie Gualdo Tadino, Nocera Umbra, Bevagna, Montefalco, Ripatransone, Offida oder Cagli. Ihren *contado,* den ländlichen Einflussbereich, versuchten die neuen Stadtstaaten immer weiter ins Umland auszudehnen. Kriegerische Konflikte mit den Nachbarstädten blieben dabei nicht aus. So stritten sich z. B. Perugia und Orvieto jahrzehntelang um den Besitz von Città della Pieve.

Die freien Städte gaben sich eine komplizierte innere **Verfassung.** Ein **System der Machtbalance** sollte verhindern, dass einzelne Familienclans die alleinige Herrschaft an sich rissen. Manche Städte besaßen zwei oder drei Rathäusern, die den unterschiedlichen städtischen Amtsträgern als Sitz dienten. In Todi stehen beispielsweise noch heute der Palazzo dei Priori, der Palazzo del Popolo und der Palazzo del Capitano nebeneinander an der Hauptpiazza. Die gewählten Prioren oder Konsuln bildeten den **Rat der Stadt,** dem der *Podestà* als eine Art Bürgermeister vorstand. Die Exekutive, insbesondere die Befehlsgewalt über die Polizei, lag in der Hand des *Capitano del Popolo.* Daneben gab es zahlreiche weitere Ämter mit genau definierten Aufgaben. Alle Amtsgewalt wurde nur auf Zeit vergeben. Podestà und Capitano del Popolo hatten regelmäßig nach wenigen Monaten einem Nachfolger zu weichen, der immer aus einer fremden Stadt kommen musste. Damit sollte Machtambitionen Einzelner entgegengewirkt und Neutralität bei den Entscheidungen gewahrt werden.

Die freien Kommunen regelten fast alle Aspekte des Gemeinschaftsleben. Manche Städte schufen sich ein ausgeklügeltes **Sozial- und Rechtssystem.** Für **Gubbio** ist es besonders gut dokumentiert. Die etwa 20 000 Einwohner zählende Stadt betrieb ein Krankenhaus mit festangestellten Ärzten. Geeignete Studenten bekamen ein gemeindliches Stipendium für den Besuch auswärtiger Universitäten. Alle männlichen Einwohner zwischen 14 und 70 Jahren wurden nach einem geregelten Plan zur Bewachung der Stadtmauern herangezogen. Frauen wurden mit fest umgrenzten Aufgaben in den Polizei- und Miltärdienst einbezogen. Für die Prostitution wurden Lizenzen unter der Auflage vergeben, dass die Frauen aus anderen Orten stammen mussten. Einheimische Dirnen durften ihrem Gewerbe nur in mindestens zwei Meilen Abstand von Gubbio nachgehen und mussten sich von Klöstern fernhalten. Die Stadtverwaltung bestimmte Samstag und Sonntag als arbeitsfreie Tage und benannte etwa 50 weitere Tage im Jahr, an denen zu Ehren von diversen Heiligen die Arbeit ruhen sollte. Die Festkultur, die in der *Corsa dei Ceri* (s. Abb. unten) bis heute fortlebt, war offensichtlich gut entwickelt. Zweifel am gängigen Bild vom „finsteren Mittelalter" sind von daher, zumindest für die Zeit der Blüte der italienischen Stadtrepubliken, angebracht.

Die wohlhabenden Städte schmückten sich mit repräsentativen Ratspalästen, Kirchen, Brunnen und Toren. Sie umgaben sich mit neuen wehrhaften Mauern, da die alten Befestigungen aufgrund der rasch anwachsenden Bevölkerung bald zu eng wurden. Im Verlauf des **14./15. Jhs.** ging die Freiheit der Städte nach und nach überall verloren. In einem schleichenden **Prozess der Refeudalisierung** durch einflussreiche Familienclans verschwanden die demokratischen Strukturen. Autoritäre Herrschersippen, die *Signoria,* oder die Vertreter des Kirchenstaates übernahmen die Macht. Vor allem in Umbrien kam damit der kulturelle Elan der Städte für Jahrhunderte zum Erliegen, weswegen sich hier vielleicht mehr Orte als irgendwo sonst bis heute unverändert im Bild des Mittelalters präsentieren.

reich her drang die religiöse Erneuerungsbewegung der **Katharer (Ketzer)** auch in die Städte Nord- und Mittelitaliens, wo sie in allen Schichten der Bevölkerung zahlreiche Anhänger gewannen. Sie lehnten jegliche päpstliche Autorität entschieden ab.

Der deutsche Kaiser war wiederum meist zu weit entfernt, um seinen Ansprüchen dauerhaft auch militärisch Nachdruck zu verleihen. Die **staufischen Herrscher** zogen im **12./13. Jh.** immer wieder mit ihren Heeren durch die Marken und Umbrien, bauten militärische Stützpunkte, Trutzburgen und zerstörten feindliche und unterstützten freundliche Städte. **Kaiser Barbarossa,** wegen seines roten Bartes (ital. *barba rossa)* so genannt, war davon überzeugt, als **Herr des Heiligen Römischen Reiches Deutscher Nation** zum legitimen Nachfolger Cäsars und der Römerkaiser auserwählt zu sein. Insgesamt sechs Mal führte ihn deswegen sein Weg über die Alpen nach Mittelitalien. Spoleto, das sich ihm nicht beugen wollte, ließ er 1155 zerstören, während kaisertreuen Orte wie Urbino und Foligno großzügige Förderung genossen.

Unter dem großen Stauferkaiser **Friedrich II.** (1198–1250), der von Sizilien aus regierte, verschärfte sich der Konflikt nochmals. Die Stadtstaaten Nord- und Mittelitaliens teilten sich in die Parteien der kaisertreuen **Ghibellinen** (von Waiblinger/Staufer) und der päpstlichen **Guelfen** (von Welfen, den Feinden der Staufer in Deutschland). Die meisten schlugen sich auf die guelfische Seite, da vom Papst weniger Gefahr für die Autonomie zu drohen schien. Vor allem die reichen Städte im Norden (Venedig, Genua, Florenz, lombardischer Bund) unterstützten ihn. Der geniale Friedrich II., in Italien (Jesi/Marken) geborener Herrscher deutscher Abstammung und Bewunderer der überlegenen arabischen Kultur, schuf in Sizilien das wohl effektivste Staatswesen seiner Zeit. Dabei bediente es sich des Wissens jüdischer und islamischer Gelehrter und Philosophen, mit denen er vorurteilsfrei kommunizierte. Trotz der wirtschaftlichen Unterlegenheit gegenüber den reichen guelfischen Stadtstaaten Norditaliens konnte er den Kampf um die Vorherrschaft über Italien bis zu seinem Tod 1250 offen halten. Erst nachdem der Papst **1266** die Unterstützung der französischen Krone gewonnen hatte, fiel die **Entscheidung zugunsten Roms.** Das entsandte Heer des *Karl von Anjou* konnte 1266–1268 Sizilien und danach auch Süditalien erobern und beendete damit endgültig die Herrschaft der Staufer in Italien.

Damit blühte die italienische Städtefreiheit nochmals auf. Das im 14. Jh. zunächst in interne Machtkämpfe verstrickte Papsttum – zeitweise agierten drei Päpste blutig gegeneinander – konnte die Autonomie der Stadtstaaten nicht ernsthaft gefährden. Auf die mittelalterliche Epoche der freien Städte gehen die Anlage und viele repräsentative Bauten umbrischer und märkischer Städte zurück. Trotz der kriegerischen Episoden bedeutete sie eine Blütezeit in der Geschichte der beiden

Der heilige Franz von Assisi, der Papst und die Ketzer

San Francesco von Assisi zählt ohne Zweifel zu den bedeutendsten Heiligengestalten der gesamten Religionsgeschichte. Im christlichen Hochmittelalter, wo die katholische Kirche am Konflikt zwischen religiösen Erneuerern und dem in Reichtum und Dogmatismus erstarrten Amtsklerus zu zerbrechen drohte, trat er auf die historische Bühne und setzte entscheidende Impulse. Dabei sah es zunächst garnicht danach aus, dass der aus einer begüterten Familie stammenden Kaufmannssohn als *Il Poverello* (kleiner Armer) zum einflussreichen Heiligen werden sollte.

1182 wurde Francesco als *Giovanni Bernardone* in Assisi **geboren.** Sein Vater war ein erfolgreicher Kaufmann, dessen Handelsbeziehungen bis nach Südfrankreich reichten. Von dorther stammte auch die Mutter. Im Hause wurde provenzalisch gesprochen und die maurisch beeinflusste Liebeslyrik der Troubadoure gepflegt. Wegen der Herkunft der Mutter wurde Giovanni Bernardone nur „Francesco" genannt. In seiner Jugend führte er ein ausschweifendes Leben. Mit vollen Händen streute er das Geld seines Vaters unter seine Freunde. *„In eitlen Beschäftigungen übertraf er all seine Altersgenossen ... Alle bewunderten ihn, alle versuchte er mit maßlosem Ehrgeiz zu übertreffen: in den Spielen der Eleganz, den schönen Sprüchen, dem Singen, der aufwendigen Kleidung ..."* schrieb der franziskanische Biograph Thomas von Celano. Einen ersten Bruch brachten 1198 die Kriegshändel zwischen den Stadtrepubliken Perugia und Assisi, an denen sich Francesco aktiv beteiligte. Er wurde gefangengenommen und musste ein Jahr im Kerker verbringen.

Die persönliche Erfahrung der Grausamkeit des Krieges war mit eine Ursache dafür, dass Francesco seinen Lebensstil im Alter von etwa 25 Jahren vollständig änderte. Vom väterlichen Reichtum und Erbe löste er sich gänzlich; er führte nun ein Leben in völliger Armut und zog sich immer wieder zu einsamer Meditation in die Wälder Umbriens zurück. Bald berichtete man von seinen Wundern. Francesco gewann rasch zahlreiche Anhänger, die seinen Idealen folgen wollten. Es waren jedoch nicht die Wundertaten, die den franziskanischen Gemeinschaften den Zulauf brachten; vielmehr überzeugte die eindrucksvolle Persönlichkeit Francescos. Anders als die Vertreter der Amtskirche verkündete er die christliche Lehre nicht nur in klugen Reden. Er selbst verwirklichte sie kompromisslos in seinem ganzen Tun. Er verzichte auf jegliche Annehmlichkeit, kleidete sich in eine ärmliche Wollkutte, aß einfachste Nahrung, schlief in Scheunen, Ställen oder im Freien. Von Ort zu Ort wandernd pflegte er Aussätzige oder bot sich verarmten Bauern ohne Gegenleistung für niedrigste Hilfsarbeiten an. Daneben ging er mit großer Energie daran, mit eigenen Händen verwahrloste Gotteshäuser wieder herzurichten.

Diese gelebte Religiösität war einfach, anschaulich und in all ihren Aspekten für jeden Christen nachvollziehbar. Wo Francesco auftauchte scharten sich die Menschen um ihn, um seinen Worten zu lauschen. Gelehrige Diskussionen und abstraktes Spekulationen über religiöse Dogmen lehnte er allerdings als Zeitverschwendung ab. Die Evangelium wollte er durch aktives Tun, das persönliche Vorbild und die unmittelbare emotionale Hinwendung zum Menschen vermitteln. Seine Gemeinschaft entwarf er als **Bruderschaft der Gleichen ohne formale Hierarchie.** Auch die intellektuell hervorragenden Köpfe unter seinen Anhängern mussten sich ausschließlich in demütiger körperlicher Arbeit betätigen. Das Evangelium nahm er wörtlich; mit ungewöhnlich offenen Worten kritisierte er Prunksucht und Verschwendung der kirchlichen Würdenträger. Geld durften seine Mitbrüder selbst als Almosen nicht annehmen: *„Wer Geld für wertvoller als Feldsteine hält, ist vom Teufel verblendet"*. Für die Zeit ungewöhnlich war auch die **Hinwendung** Francescos **zur Natur.** Berühmt sind seine Predigt zu den Vögeln von Bevagna und die Bezähmung des Wolfes von Gubbio. Im *Canto del Sole* (Sonnengesang), manchmal als das erste Gedicht Italiens bezeichnet, preist er Gottes Schöpfung in all ihren Erscheinungsformen.

Mehrfach zog es Francesco in den vorderen Orient. Im Jahre **1220** weilte er in Damiette **am Hof des ägyptischen Sultans Al-Kamil.** Diesen beeindruckte er so nachhaltig, dass er auch vor dessen moslemischen Untertanen frei das Evangelium verkünden durfte. Ein vor den Toren der Stadt verschanztes Kreuzfahrerheer konnte Francesco allerdings nicht von einem Angriff abhalten. Die christlichen Belagerer mussten sich bald mit großen Verlusten zurückziehen. In der Vita des Heiligen werden die Aufenthalte im Orient oft übergangen oder als einfache Missionsreisen zu den Ungläubigen gesehen. Islamische Gelehrte betonen hingegen die geistige Verwandtschaft der Franziskanerbewegung mit den mystischen Derwischgemeinschaften der *Sufis.* Sie sehen die Orientreisen des Franziskus vor allem als eine Suche nach den geistigen Mitbrüdern in der fremdem Religion. Die Parallelen zu den Sufigemeinschaften sind unübersehbar: Wie die Derwische sah Francesco den reinen Intellekt vor allem als Quelle von Hochmut und Irrlehre und dem Wissenserwerb aus praktischem Tun unterlegen. Wie diese forderte er die Geringschätzung der eigenen Person und der körperlichen Bedürfnisse, betonte die Wichtigkeit von einfacher Handarbeit und der emotionalen Zuwendung, sah die unmittelbare Verbundenheit des Menschen mit allem Natürlichen und der ganzen Umwelt. Auch Francesco lehnte den offenen Konflikt mit den Herrschenden ab: *„Widersetzt euch nicht den Mächtigen und Begüterten, laßt sie leben wie sie wollen. Sie können uns nicht daran hindern, die Gebote des Evangeliums zu befolgen. Nur wer auf alles verzichtet, ist in der Lage, alles zu besitzen ...".* Am deutlichsten werden die Ähnlichkeiten in der Forderung nach einem Leben in stetiger Wanderschaft, wie es die *Qualandare,* die Wanderderwische, praktizierten. *„Die Brüder sollen sich weder ein Haus noch einen Ort noch sonst irgendein Ding zu eigen machen. Als Pilger und Reisende sollen sie unterwegs sein ..."* lautete eine wichtige franziskanische Ordensregel.

In ihrer Grundhaltung waren die franziskanischen Gemeinschaften zu ihrer Zeit keine isolierte Erscheinung. Im Verlauf des **12. Jh.** waren von Südwestfrankreich her neue religiöse Reformbewegungen wie Waldenser oder Katharer nach Nord- und Mittelitalien gekommen. Dort bekamen sie schnell Zulauf aus allen Bevölkerungskreisen. Die **Katharer (Ketzer)** besaßen zu Beginn des 13. Jhs. in den Städten der Valle Umbra eine feste Anhängerschaft, deren Vertreter bis in höchste Ämter gelangten. Sie provozierten die Amtskirche, forderten bedingungslose Armut, lehnten Ablasshandel, Heiligenverehrung, Eucharistie, Kreuzestod und das Dogma der göttlichen Natur Jesu als Blendwerk ab. Vor allem negierten sie jegliche religiöse oder weltliche Autorität von Papst und Kirche. Manchen Katharern galt der Papst geradezu als Verkörperung des Antichristen.

Francesco nahm auch den Katharern gegenüber eine neutrale Position ein. Die spirituellen Extreme der katharischen Elite, der *perfekti,* von denen sich manche mit radikalen Fastenübungen in den Tod hungerten, lehnte er von Anfang an ab. Dennoch wurde auch Francesco anfänglich des Ketzertums verdächtigt. Als er 1209 beim Papst vorsprach, um die offizielle Anerkennung seiner Bruderschaft zu gewinnen, wurde er auch wegen seiner ärmlichen Erscheinung zunächst brüsk abgewiesen. Er solle doch lieber den Schweinen predigen. Für die folgenden Nacht wird von einer Vision des Papst berichtet, die zum Umdenken führte. Im päpstlichen Traumbild hatte Francesco die sich neigende Kirche des Vatikans vor dem Einsturz bewahrt.

Die größer werdende **Franziskanerbewegung** gewann über die neu entstandene parallele **Gemeinschaft der Heiligen Klara** bald auch die Frauen. Zunehmend wurden sie von der Amtskirche nicht nur geduldet, sondern sogar gefördert. Das Armutsgebot und das unstete Leben auf der Wanderschaft gefiel den kirchlichen Würdenträgern zwar ganz und gar nicht. Dennoch sahen sie in der franziskanischen Bewegung die einmalige Chance, den Katharern den Nährboden zu entziehen. Wie diese beeindruckten die Franziskaner das einfache Volk durch ihre vorbildliche Lebensweise, ohne dabei jedoch eine antikirchliche Haltung einzunehmen oder kirchliche Dogmen in Frage zu stellen. Die Strategie *Papst Innozenz III.* ging in zweifache Richtung: die Katharer wurden mit inquisitorischer Gewalt bekämpft, die Franziskaner organisatorisch in den Griff genommen. Schon zu Lebzeiten Francescos gingen den Zielen des Papstes aufgeschlossene Mitbrüder daran, die franziskanischen Regeln zu verfälschen und „störende" Elemente zu beseitigen. Die von Francesco gewollte Bruderschaft der Gleichen wurde nach und nach zu einem festen Orden mit hierarchischer Struktur umgewandelt. Die aus Klerus, Adel oder Gelehrtenschaft stammenden Mitglieder entband man von der Pflicht zur Verrichtung niedriger einfacher Arbeiten. Sie mussten nicht mehr unterwegs sein, sondern durften sich in festen Klöstern auf Dauer niederlassen. Geistige und organisatorische Arbeit wurden gegenüber körperlichem Tun zunehmend aufgewertet. Francesco versuchte vergeblich, die sich abzeichnende Entwicklung aufzuhalten. Es ist überliefert, dass er Mitbrüder, die sich in feste Klöster zum Gelehrtenstudium zurückziehen wollten, eigenhändig aus ihren Behausungen zur Wanderschaft hinaustrieb. Dennoch konnte er sich gegen den Papst und dessen Verbündete unter seinen Mitbrüdern nicht mehr durchsetzen. In der Leitung des Ordens folgte ihm noch zu Lebzeiten *Elias von Cortona,* ein aus Bologna stammenden gelehrter Notar, der die endgültige Preisgabe der wichtigsten Ordensregeln besiegelte.

Am 3. Oktober 1226 verstarb Francesco im Alter von nur 44 Jahren in der Porziuncola-Kapelle von Santa Maria degli Angeli. Schon zwei Jahre später war er heiliggesprochen. *Papst Gregor IX.* ließ zu seinem Gedenken in Assisi eine große Grabeskirche errichten, die die berühmtesten Künstler ihrer Zeit reich mit Fresken ausschmückten. Auch dieser aufwändige Kirchenbau hätte dem Heiligen Franziskus wohl kaum gefallen. Nach seinem Tod spaltete sich die Bewegung in Kleriker und einfache Laienbrüder, in Befürworter der neuen festen Ordensstruktur und die Observanten. Diese versuchten, die ursprünglichen franziskanischen Ideale wieder durchzusetzen. Manche von ihnen mussten dies in den folgenden Jahrhunderten mit dem Tod als „Ketzer" auf dem Scheiterhaufen der Inquisition büßen.

Regionen. Der hohe kulturelle Entwicklungsstand der Stadtrepubliken Mittel- und Norditaliens war zu seiner Zeit in Europa einzigartig.

Von der Signoria zum Kirchenstaat

Im Verlauf des **14. Jhs.** war die Städtefreiheit der *liberi comune* von innen wie von außen zunehmend bedroht. Der wirtschaftliche Aufschwung und die Wirtschaftsform der Mezzadria hatten überall eine kleine Schicht von immer wohlhabenderen und dadurch zunehmend auch einflussreicheren **Stadtherren** entstehen lassen. Den Vertretern des *popolo grasso* (des „fetten Volkes") gelang es zunehmend die führenden Stadtämter des *Podestà* und des *Capitano del Popolo* (Polizeihauptmann) auch dauerhaft an sich zu reißen. Dabei beschnitten sie die demokratischen Rechte, um schließlich, auch mit Waffengewalt, eine feudale, durch Familienbande zusammengehaltene **Clanherrschaft** - die **Signoria** - zu etablieren. Daneben gelangten auch die **Condottieri** in führende Machtpositionen. In den vielen Kleinkriegen zwischen Stadtstaaten, päpstlichen und kaiserlichen Verbündeten agierten im Spätmittelalter meist unabhängige Söldnerführer im Auftrag *(condotta)* reicher Geldgeber. Für gutes Geld, quasi als freie Unternehmer, betrieben sie für fremde Herren das Kriegshandwerk.

Die Erfolgreicheren unter ihnen entwickelten schnell eigene politische Ambitionen, unterwarfen einzelne Stadtstaaten, um anschließend selbst die Rolle des Feudalsignore einzunehmen. Beispiele dafür sind *Braccio da Montone,* der kurzzeitig nicht nur Perugia, Assisi und Jesi sondern sogar auch Rom beherrschte, oder *Federico di Montefeltro,* der in Urbino einem langlebigeren Feudalherzogtum vorstand. Viele der neuen Herren waren brutale Tyrannen, die in stetigen Fehden mit nicht minder despotischen Konkurrenten verstrickt waren.

Die Kathedralen der Städte Mittelitaliens wurden mehrfach Schauplatz blutrünstiger Mordtaten, bei denen ganze Großclans ausgelöscht wurden. Beispielsweise 1435 in Fabriano, wo die *Sforza* die Signoria der *Chiavari* während der Messe niedermetzeln ließ, oder 1500 in Perugia, als die *Baglioni* von den *Oddi* vernichtet wurden. Das positive Gegenbild war Frederico di Montefeltro, der in Urbino ein durch die neuen Ideen des italienischen Humanismus geprägtes, für seine Zeit ungewöhnlich mildes Regiment ausübte.

Die umbrischen und märkischen Städte verloren ihre Unabhängigkeit mit Ausnahme Perugias schneller als die größeren und reicheren Stadtstaaten in der benachbarten Toscana oder in Oberitalien. Auch machte sich der von Rom ausgehende Druck des Kirchenstaates hier schneller bemerkbar. Schon im 14. Jh. hatten die Päpste von ihrem Exil in Avignon aus, einen ersten erfolgreichen Versuch unternommen, ihre weltliche Macht im Zentrum Italiens wiederherzustellen. Der entsandte päpstliche Stellvertreter, der unbeugsame spanische Kardinal **Gil d'Albornoz,** legte mit den 1357 in Fano verkündeten so genannten **Aegidischen Konstitutionen** den Grundstein für den Kirchenstaat. Der Flickenteppich der verfeindeten Feudalsignorien Mittelitaliens sollte einem politisch und administrativ ganz auf das päpstliche Rom ausgerichteten Zentralstaat weichen. Eine ganze Reihe Städte Umbriens und der Marken mussten sich dem päpstlichen Stellvertreter unterwerfen. Kardinal Albornoz ließ erste Zwingburgen errichten (Narni, Spoleto), um jeden späteren Widerstandsversuch im Keim ersticken zu können.

Im Verlauf der **15. und 16. Jhs.** dehnten die inzwischen nach Rom zurückgekehrten Päpste, die Zwiste zwischen den Feudalherren geschickt nutzend, ihre Macht mit politischen und militärischen Mitteln immer weiter aus. In Umbrien leistete Perugia am längsten Widerstand. Erst 1540 nach dem verlorenen Salzkrieg wurde es in den **Kirchenstaat** einverleibt. In den Marken spielte das **Herzogtum von Urbino,** das von Gubbio in Umbrien bis zur Adriaküste von Pesaro reichte, noch länger eine Sonderrolle. Unter den Montefeltro und den nachfolgenden *delle Rovere* konnte es sich bis 1631 weitgehend unabhängig vom päpstlichen Einfluss halten.

Die Anfänge der päpstlichen Regierungszeit brachten zunächst einen **kulturellen Aufschwung.** Durch kirchliche Aufträge gefördert schufen die Künstler der umbrischen und märkischen Malschulen hervorragende Renaissancewerke. Die Universität Perugias entwicklete sich zu einem der wichtigen Wissenschaftszentren Europas. Auch bedingt durch die überall enstandenen Buchdruckereien verbreiteten sich die an antiken Idealen ausgerichteten fortschrittlichen Ideen des **italienischen Humanismus** in der Geisteswelt.

Ende des 15. Jhs begann jedoch ein deutlicher **Niedergang.** Die Kirche steckte nun alle ihre finanziellen Ressourcen in den glanzvollen Ausbau der Kapitale Rom. Umbrien und große Bereiche der Marken wurden zu rückständigen, verarmenden Regionen, an denen die neuen kulturellen Entwicklungen weitgehend spurlos vorrübergingen. Das Land gehörte der Kirche oder Großgrundbesitzern, die wenig Interesse an einer Verbesserung der Lage der einfachen Bevölkerungsschichten hatten. In den Marken verlief die Entwicklung etwas weniger deutlich. Das Zentrum des Kirchenstaates war weiter weg, und über die Hafenstädte bestand ein regerer Austausch, der auch über die Grenzen des Kirchenstaates hinausreichte. Zudem stammten mehrere Päpste aus den Marken, die ihre Heimatregion auch von Rom aus förderten.

Die **kulturelle Stagnation** Umbriens und weiter Teile der Marken dauerte von der Renaissance bis in die beginnende Neuzeit. Dies ist der Hauptgrund dafür, dass sich hier die Orte, mehr als anderswo in Italien, noch heute in einem geschlossenen mittelalterlichen Bild präsentieren. Über Jahrhunderte wurden kaum größere

Neubauten errichtet. Es fehlten die finanziellen Mittel, und wegen der nicht mehr wachsenden Bevölkerung bestand auch keine Notwendigkeit, die Städte zu erweitern.

Im italienischen Zentralstaat

Zu einer ersten Unterbrechung der Herrschaft der Päpste kam es **1798** mit dem **Einmarsch der Truppen Napoleons,** die allerdings binnen eines Jahres mit Hilfe Österreiches wieder vertrieben wurden. Wenige Jahre später drang Napoleon erneut nach Mittelitalien vor. **1807** eroberte er die **Marken, 1809 Umbrien,** die Teile einer französisch kontrollierten **Römischen Republik** wurden. 1814 waren die napoleonischen Statthalter wieder aus Italien vertrieben und die alten Machtverhältnisse wiederhergestellt.

Mit Napoleon waren aber nicht nur Soldaten sondern auch die französischen Revolutionsideen von Freiheit, Gleichheit und Brüderlichkeit ins Land gekommen. Sie fanden zunehmend in weiten Bevölkerungskreisen Zuspruch. Das Land erwachte aus seiner Lethargie. **1831** und **1848** brachen gegen das päpstliche Regime gerichtete **Volksaufstände** aus, die ohne dauerhaften Erfolg blieben. **1859** gerieten dann aber auch Umbrien und die Marken in den Sog der Bewegung des **Risorgimento** (Wiedergeburt), die ganz Italien zu einem republikanischem Einheitsstaat machen wollte. Treibende Kraft der Bewegung war die von Frankreich gestützte erste konstitutionelle Monarchie Italiens in Piemont, deren geistiger Kopf der Minister *Benso di Cavour* war. Die piemontesischen Einheitstruppen wurden auf ihrem Marsch nach Rom im ganzen Kirchenstaat als Befreier vom päpstlichen Joch begeistert empfangen.

1860 konnten sie den Widerstand der päpstlichen Truppen brechen; per Volksentscheid wurden auch Umbrien und die Marken Teil des neuen **italienischen Einheitsstaates.** Die Hoffnungen, die umbrische und märkische Patrioten in den neuen Einheitsstaat gesetzt hatten, erfüllten sich jedoch nicht. Der Plan einer Förderation autonomer Regionen wurde bald fallengelassen, stattdessen schufen die Architekten des neuen Italiens eine **rigide zentralistische Verwaltungsstruktur** nach dem Vorbild Piemonts. Vor Ort lag die Macht in Händen der Präfekten, die direkt der Regierung in Rom unterstanden. Umbrien und die Marken blieben damit auch im neuen Italien periphere Regionen, die von aussen regiert wurden. Das Wahlrecht war so vielen Einschränkungen unterworfen, dass nur eine privilegierte Schicht von ca. 2 % der Bevölkerung Stimmrecht hatten, die ca. 75 % Analphabeten waren von vornherein ausgeschlossen. Auch der neue Zentralstaat tat wenig für die Entwicklung der ländlichen Regionen, die weiter verarmten, weshalb er hier zunehmend unpopulär wurde. Die meisten Bewohner sahen in ihm bald v. a. eine Institution zur Steuereintreibung und Militärdienstverpflichtung; die Steuerlast war 1880 in Italien höher als in jedem anderen Staat Europas. Das distanziert-misstrauische Verhältnis der Italiener zum Staat, das in den ersten Jahrzehnten des neuen Italiens entstand, hat sich bis heute erhalten. Ebenso hat hier wohl der italienische Anarchismus eine seiner Wurzeln.

Vor allem Umbrien blieb im 19. Jh. eine fast ausschließlich agrarisch geprägte Region, in der vor Ort reiche **Großgrundbesitzer** das Sagen hatten. Der Einfluss dieser jede Veränderung ablehnenden Schicht vergrößerte sich noch dadurch, dass der neue Staat das von den Klöstern konfiszierte Land an diese, und nicht an die verarmten Kleinbauern übergab. Zonen wirtschaftlicher Entwicklung bildeten nur Terni in Umbrien, wo Ende des 19. Jhs. Waffenfabriken und ein Stahlwerk entstanden, sowie Ancona in den Marken, dessen Handelshafen zunehmend wichtiger wurde. Daneben bildeten nur die neuegebauten Eisenbahnlinien wirtschaftliche Entwicklungsachsen. Viele verarmte Bewohnen nicht nur im besonders rückständigen Süditalien versuchten ihrem Armutsschicksal durch Auswanderung nach Südfrankreich, in die USA oder gar nach Südamerika zu entkommen.

Zu **Beginn des 20. Jhs.** verbesserte sich die ökonomische Lage der Bevölkerung etwas. Durch staatliche Förderung und eine Steuerreform begünstigt entstanden in Nordumbrien und in den küstennahen Regionen der Marken neue Industrien. Die Pachtsysteme auf dem Land wurden durch eine erstarkende **Gewerkschaftsbewegung** aufgebrochen. Nicht nur aus dem sozialistischen Lager, sondern

Filippo Corridoni, märkischer Gewerkschaftsführer (1887–1915)

auch aus Teilen der katholischen Kirche kamen jetzt Reformimpulse. Mit dem **Sieg des Faschismus 1922** wurden jedoch diese Kräfte auch in Umbrien und den Marken bald vollständig zerschlagen. Die Faschisten etablierten erneut die alte Machtstruktur mit der konservativen Schicht der großen Landherren an der Spitze.

Nach dem Zweiten Weltkrieg wurden Umbrien und die Marken nur kurzzeitig den besonderer Förderung bedürftigen Gebieten des *Mezzogiorno* zugeordnet. Das in den **1950er Jahren** einsetzende **italienische Wirtschaftswunder** des EWG-Gründerstaates machte sich schnell in Umbrien und mehr noch in den Marken positiv bemerkbar. Vielerorts entstanden neue Industriebetriebe, v. a. Klein- und Mittelbetriebe, oft in Familienbesitz. Die ländliche Armut verschwand vollständig. Allerdings ist dieser Wandel von der Agrar- zur Industrie- und Dienstleistungsgesellschaft in den

Historische Chronologie

10.–6. Jh. v. Chr.	In Mittelitalien siedelt das altitalische Volk der **Umbrer.** Im 9. Jh. wandern Angehörige des Sabinervolkes in das Gebiet der märkischen Adria ein und werden zu den **Picenern.** Im 7. Jh. leben im Gebiet an der Grenze zwischen Latium und der Toscana die von der orientalischen Kultur durchdrungenen Etrusker.
6./5. Jh. v. Chr.	Die **Etrusker** begründen die erste Hochkultur auf italienischem Boden. Ihren Machtbereich dehnen sie bis in die Po-Ebene, Neapel und das westliche Umbrien aus, der Tiber bildet die Grenze zum Herrschaftsbereich der Umbrer. Der kulturelle Einfluss der Etrusker wirkt stark auf die Nachbarvölker.
4./1. Jh. v. Chr.	Die **Römer** erobern nach und nach die Gebiete der sie umgebenden Völker.
295 v. Chr.	Wesentliche Festigung der Herrschaft Roms. In der **Schlacht von Sentinum** (Sassoferrato) besiegen die römischen Heere die vereinigten italischen Völker.
220 v. Chr.	Bau der wichtigen Fernstraße **Via Flaminia,** die eine Verbindung zwischen Rom und der Adriaküste herstellt.
217 v. Chr.	**Hannibal** zieht durch Umbrien und bringt Rom zwei Niederlagen bei, das letztlich aber ungeschoren davon kommt.
91–89 v. Chr.	Im **Bündnisgenossenkrieg** unter der Führung der Picener erfolgt einletzter erfolgloser Versuch der von den Römern unterworfenen Völker, die Fremdherrschaft abzuschütteln. Unangefochtene Macht Roms, das den Städten der Besiegten großzügig das *Munizipium* (Bürgerrecht) verleiht.
ab 40 v. Chr.	Zerstörung Perugias durch Octavian (Augustus) und Wiederaufbau als Perusia Augusta. Beginn der langen Friedensperiode der **pax romana** in der zahlreiche Repräsentationsbauten entstehen. Agrarland wird durch die Trockenlegung der Sümpfe gewonnen.
325	Nach blutigen Christenverfolgungen wird der neue Glaube unter Konstantin dem Großen schließlich zur Staatsreligion. **Konstantin teilt das Reich** in einen Ostteil mit der Hauptstadt Konstantinopel und den Westteil mit der Hauptstadt Rom.
5. Jh.	**Zerstörung des Westreiches** durch von Norden herandrängende Germanenvölker. 476 wird der letzte Kaiser Romulus von Odoaker abgesetzt.
5.–10. Jh.	Die dunklen Jahrhunderte. Verfall der Errungenschaften römischer Zivilisation. Niedergang der Landwirtschaft. Nacheinander herrschen **Ostgoten, Ostrom** (Byzanz), das einen Teil des Westreiches zurückerobern kann, germanische **Langobarden** und schließlich die Kaiser der **Franken.**
571	Gründung eines eigenständigen langobardischen Herzogtums mit der Hauptstadt Spoleto **(Dukat von Spoleto)**, das weite Teile Umbriens und der Marken umfasst.
774	**Karl der Große** besiegt den Langobardenkönig Desiderius von Pavia und erklärt sich zum König der Franken und Langobarden. Auch aufgrund einer gefälschten Urkunde (Konstantinischen Schenkung) erkennt er die päpstliche Vormacht über Mittelitalien mit dem Dukat von Spoleto an. Im Gegenzug wird er zum Kaiser gekrönt. Die wirkliche Macht im Lande liegt jedoch nicht bei Papst oder Kaiser, sondern auf dem Land bei Feudalherren, in der Stadt bei den Bischöfen. Durch den verstärkten Mittelmeerhandel mit dem vorderen Orient beginnt im 10. Jh. ein langanhaltender, wirtschaftlicher und kultureller Aufschwung.

11.–14. Jh. Die **Blütezeit der freien Kommunen.** Papst und Kaiser streiten sich bis Mitte des 13. Jhs. um die Vorherrschaft im Heiligen römischen Reich. Die Städte nutzen das Machtvakuum, um sich als unabhängige Stadtrepubliken *(liberi comune)* zu etablieren. Kaufleute und Handwerker übernehmen die politische Macht und schaffen erste Formen demokratischer Selbstverwaltung auf europäischem Boden nach der Antike. In den Städten entfaltet sich ein reiches kulturelles Leben. Überall entstehen große Ratspaläste und Kirchenbauten. Die Bevölkerung wächst wieder an. Die Städte dehnen sich ins Umland aus und erweitern ihre Stadtbefestigungen. Immer wieder kommt es zu kriegerischen Konflikten mit den Nachbarstädten. Die Autorität der Kirche in Rom ist von Reformbewegungen wie den Katharern (Ketzern) stark bedroht. In der Kunst beginnt der Prozess der Loslösung von der religiös-formelhaften Darstellung hin zu realistischer, psychologischer Abbildung der Wirklichkeit.

1155 Kaiser **Barbarossa** (1152–1190) zieht durch Umbrien und zerstört das papsttreue Spoleto. Foligno wird zu einem Zentrum der kaiserlichen Macht in Italien.

1182–1226 Zeit des hl. **Franziskus von Assisi.** Er gründet die Armutsbewegung der Franziskanerorden, die rasch eine große Anhängerschaft gewinnt. Der Papst erkennt die Bewegung an, auch um den Katharern den sozialen Nährboden zu entziehen.

1198–1250 Der große Stauferherrscher **Friedrich II.** vertritt nun die Seite der deutschen Kaiser. 1198 wird er in Jesi/Marken geboren, verbringt seine Kindheit auf der Burg von Assisi. Sizilien wird Mittelpunkt seines effektiv organisierten Reiches, das manchmal als der „erste moderne Staat" bezeichnet wird. Mehrfach zieht er mit seinen Heeren durch Umbrien. Nach seinem Tode entscheidet sich der Kampf zwischen den Kaiserlichen **(Ghibellinen)** und den Papstanhängern **(Guelfen)** endgültig zugunsten Roms, das die machtvollen Stadtrepubliken Norditaliens (Lombardischer Bund) auf seiner Seite hat.

14./15. Jh. Die demokratischen Institutionen in den Städten verfallen. Die Macht geht an sich blutig befehdende Feudalsippen **(Signorie)** über, wie die *Trinci* in Foligno oder die *Baglioni* in Perugia. Im Gebiet von Urbino herrscht seit dem 13. Jh. das Geschlecht der *Montefeltro.* Erste Versuche der Päpste, ihre Macht in Mittelitalien zurückzugewinnen.

1353–1360 Der energische Stellvertreter der im Exil von Avignon regierenden Päpste, der spanische Kardinal **Gil Albornoz,** lässt in Spoleto und Narni mächtige Zwingburgen errichten, um den Anspruch des Kirchenstaates zu sichern, dessen innere Verfassung er in einem bis 1816 gültigen Gesetzbuch regelt.

15./16. Jh. Auch mit Waffengewalt gelingt es dem Papst, große Bereiche Mittelitaliens unter die Kontrolle des Kirchenstaates zu bringen. Als letzte Stadt Umbriens fällt Perugia 1540 nach dem so genannten **Salzkrieg** an Rom.

1444–1631 In den nördlichen Marken besteht das von Gubbio bis zur Adriaküste von Pesaro reichende **Herzogtum von Urbino.** Für 38 Jahre (1444–1482) regiert *Frederico di Montefeltro* als aufgeklärter Renaissancefürst und Förderer von Wissenschaft und Kunst. Unter den Nachfolgern der *Della Rovere* bleibt das Herzogtum bis 1631 unabhängig.

17./18. Jh. Unangefochtene **Herrschaft des** zentralistisch von Rom aus verwalteten **Kirchenstaates.** Umbrien und Marken werden zu Randprovinzen; vor allem in Umbrien erlahmt der kulturelle Elan.

1798/99 und 1809–1814	Erste Unterbrechungen der Macht der Kirche nach dem Einmarsch der Truppen Napoleons. Umbrien und Teile der Marken werden für 5 Jahre Teil des napoleonischen Kaiserreiches.
1831, 1848	Durch Ideen der französischen Revolution inspiriert kommt es, wie auch anderswo in Italien, zu erfolglosen Aufständen gegen die päpstliche Regierung. Die von *Mazzini, Garribaldi* und *Benso di Cavour* angeführte Bewegung des **Risorgimento** (Wiederauferstehung) kämpft für eine vereinigte Republik Italien. Zentrum der Bewegung ist Piemont in Norditalien.
1860	Piemontesische Einheitstruppen marschieren durch Mittelitalien und beenden unter dem Jubel der Bevölkerung die Herrschaft des Kirchenstaates. Umbrien und Marken werden Teil des **italienischen Einheitsstaates.**
1860–1900	Die Erwartungen der Bevölkerung an den neuen Staat erfüllen sich nicht. Die alten Machtverhältnisse auf dem Lande bleiben bestehen. Die Großgrundbesitzer haben kein Interesse an der Verbesserung der Verhältnisse der einfachen Bevölkerung. Zunehmende Verarmung führt zu einer **Auswanderungswelle** (Südfrankreich, Südamerika, USA).
1884–1922	Mit dem Bau des Stahlwerks von Terni beginnt die **Industrialisierung.** Die wirtschaftliche Lage der Bevölkerung verbessert sich nicht überall und für alle. Insbesondere nach dem verlorenen **Ersten Weltkrieg** kommt es zu Arbeiterunruhen und Bauernaufständen. Die Kommunisten haben in ganz Mittelitalien eine breite Anhängerschaft.
1922	Machtergeifung **Mussolinis.** Unter der faschistischen Regierung herrscht ein autoritäres Regime, jegliche Opposition wird zerschlagen.
1936–1945	1936 **Hitler-Mussolini-Pakt.** 1941 tritt Italien auf Seiten Deutschlands in den **Zweiten Weltkrieg** ein. Juli 1943, als die Niederlage gegen die Alliierten sich abzuzeichnen beginnt, wird Mussolini durch eigene Leute entmachtet und durch Badoglio ersetzt. Aus der Haft befreit kann er unter dem Schutz der Nazis in Norditalien die Republik von Salí begründen, während von Süditalien her die Alliierten weiter vorrücken. In Umbrien und den Marken entsteht eine schlagkräftige Partisanenbewegung.
1945–1968	Nach dem Krieg beginnt in ganz Italien ein rasanter kultureller und wirtschaftlicher Wandel. Italien wird Gründungsmitglied der **EWG** und erlebt sein Wirtschaftswunder. In den 60er-Jahren ist der allgemeine Lebensstandard enorm angestiegen. Industriegürtel am Rand der Städte wachsen, während sich die Agarregionen durch Landflucht entvölkern.
1968–1980	Die Bewegung von 1968 findet nicht nur bei den Intellektuellen, sondern auch unter Bauern und Arbeitern viel Zuspruch. Die Auseinandersetzungen zwischen rechten und linken Gruppierungen radikalisieren sich. **Neofaschisten** zünden eine Bombe im Bahnhof von Bologna, wobei mehr als 80 Tote zu beklagen sind. Die regierenden Christdemokraten unter **Andreotti** knüpfen feste Bande zur **Mafia,** die Wählerstimmen bringt und im Gegenzug Einflussnahme zu ihren Gunsten in Mafiaprozessen fordert. Verhaftete Mafiabosse kommen regelmäßig in der Revisionsinstanz wieder frei. Ministerpräsident Andreotti unternimmt nichts gegen die Ermordung seines von den **Roten Brigaden** gefangengehaltenen Vorgängers *Aldo Moro,* der ein historisches Bündnis zwischen Christdemokraten und Kommunisten versuchen wollte.
1980–1994	In den politischen Strukturen des Landes machen sich mafiöse Verstrickungen und extreme Korruption immer mehr breit. Mutige Untersuchungsrichter und Staatsanwälte bekämpfen diese in der von breiten Bevölkerungskreisen gestützten **Anti-Korruptions-Kampagne**

„mani pulite" (saubere Hände) erfolgreich. Binnen kurzer Zeit verschwinden korrupte Politiker in den Gefängnissen und altetablierte Parteien wie die Christdemokraten Andreottis und die Sozialisten Craxis von der Bildfläche. **Craxi,** der wegen Korruption zu 20 Jahren Haft verurteilt wird, flieht nach Tunesien, *Andreotti* steht unter Mordanklage. Man wirft ihm vor, er habe einen Journalisten beseitigen lassen, der seinen mafiösen Verstrickungen auf die Spur gekommen war. An all diesen Dingen haben Umbrien und die Marken nur am Rande und eher passiv Anteil. Der provinzieller Charakter mit seinen übersichtlichen Strukturen und weitgehend fehlendes anonymes Großstadtambiente bilden kein gutes Bewegungsfeld für korrupte Großpolitiker und die Aktivitäten der Mafiabosse.

1994–1996 In den Wahlen von 1994 kommt ein **rechtes Dreierbündnis** aus der *Forza Italia* des Unternehmers Berlusconi, den Neofaschisten und der separatistischen *Lega Nord* an die Macht, das aber schon bald seine parlamentarische Mehrheit einbüßt; ab 1996 regiert eine linke Koalition unter **Romani Prodi.**

1997 Bei einem schweren **Erdbeben** mit Epizentrum im umbrisch-märkischen Apennin verlieren ca. 40 000 Menschen ihre Häuser; viele von ihnen müssen auch noch 2002 in Containerdörfern leben.

1998–2000 Prodi wird 1998 vom Chef der linken Demokraten **Massimo D'Alema** abgelöst, der 1999 zurücktritt, aber mit der Bildung der 57. italinischen Nachkriegsregierung betraut wird. Der unter Korruptionsverdacht stehende Medienunternehmer **Berlusconi** hat seine Ambitionen auf den Sessel des Ministerpräsidenten nicht aufgegeben. Seine drei großen Privatsender nutzt er bedingungslos für seine machtpolitischen Ziele. Seine Chancen steigen, da die Anti-Korruptions-Bewegung im Land an Schwung verliert. Vor allem in Süditalien wächst die Angst, dass die alte Verbindung zwischen Mafia, Justiz und politischer Führung sich wieder festigt. Der Prozess gegen Andreotti endete 1999 mit zweifelhaftem Freispruch mangels Beweisen, Craxi stirbt im Januar 2000 im tunesischen Exil.

2001–2002 Bei den **Wahlen** im Mai **2001** gewinnt das rechte Dreierbündnis aus Berlusconis *Forza Italia,* den Neofaschisten unter Franco Fini sowie der sezessionistischen *Lega Nord* unter Umberto Bossi erneut die Mehrheit. Ministerpräsident wird wiederum *Berlusconi.* Er ist nun Herrscher über alle Kanäle, denn als Regierungschef steht er automatisch auch den staatlichen Fernsehanstalten (RAI) vor. Mit einem geschätzten Jahreseinkommen von 13 Milliarden € gilt er als reichster Mann Italiens. Der Aufstieg seines riesigen Firmenimperium *Fininvest,* das sich vor allem bei Großbauinvestitionen engagierte, basierte auch auf kriminellen Machenschaften. In diversen Prozessen, u. a. wegen Richterbestechung, Bilanzfälschung und Steuerhinterziehung im großen Stil, steht er unter Anklage. An seiner Schuld bestehen wenig Zweifel. Durch zahlreiche Gesetzesänderungen versucht er seinen zurzeit gefährlichsten Gegnern, den Richtern und Staatsanwälten von Mailand, prozessuale Fesseln anzulegen. Im **November 2002** verurteilt ein Berufungsgericht in Perugia unerwartet den greisen Ex-Ministerpräsident *Andreotti* wegen Anstiftung zum Mord zu 24 Jahren Haft – für Berlusconi ein erneuter Ansporn, die Freiheit der, aus seiner Sicht, politisch indoktrinierten Justiz gesetzlich weiter einzugrenzen. Mit Großdemonstrationen und Generalstreiks versucht eine außerparlamentarische Oppositionsbewegung einer, in Teilen der Bevölkerung wachsenden, **Anti-Berlusconi-Stimmung** Ausdruck zu geben.

Marken, und mehr noch in Umbrien im Landschaftsbild weit weniger sichtbar, als in den meisten anderen Regionen Italiens. Immer noch findet man weite, unberührte Landstriche die das Bild bäuerlicher Idylle vergangener Jahrhunderte widerspiegeln.

Kunst und Architektur

Eine Statistik der UNESCO weist aus, dass in Italien mehr als die Hälfte aller bedeutenden Kunstwerke der Welt zu finden sind. Die beiden Regionen Umbrien und Marken haben daran einen nicht unwesentlichen Anteil. Insbesondere das kleine Umbrien ist im Verhältnis zu seiner Größe ungewöhnlich reich an Kunstschätzen und großer Architektur. **Assisi, Perugia, Orvieto** und **Spoleto** zählen zu den großen Kunststädten Italiens. In den Marken nimmt das Renaissancezentrum **Urbino** eine herausragende Stellung ein. Aber auch in fast jedem größeren oder kleineren Ort lässt sich in beiden Regionen Interessantes entdecken: römische Ruinen, romanische und gotische Kirchen, mittelalterliche Stadtpaläste, trutzige Wehrburgen, alte Stadtmauern mit Toren und Türmen. In den zahlreichen Museen und Kirchen finden sich Werke der bedeutendsten Malwerkstätten ihrer Zeit.

Vor allem in Umbrien war die Blütezeit des Kunstschaffens das hohe Mittelalter. Die wohlhabend gewordenen freien Stadtrepubliken ließen sich neue repräsentative Ratspaläste und große Bischofskirchen errichten. Für deren Bau und Ausschmückung beauftragten sie renommierte Architekten und Kunstwerkstätten. Sie kamen oft aus der benachbarten Toscana, das damals an der Spitze der künstlerischen Entwicklung stand. Auch für die Kirche war Umbrien im Mittelalter als Zentrum der franziskanischen Bewegung eine wichtige Region, die Förderung genoss. Mit der Festigung der Herrschaft des Kirchenstaates kam im 16. Jh. fast überall der künstlerische Elan zum Erliegen. Vor allem Umbrien nahm nun gegenüber den großen Kulturzentren Italiens eine ausgesprochen Randstellung ein. Die Stilepochen der Renaissance und des Barocks hinterließen hier kaum Spuren. In den Marken verlief diese Entwicklung weniger ausgeprägt. Die bis ins 17. Jh. im Nordteil der Region regierenden Herzöge von Urbino betätigten sich als engagierte Förderer der Kunst der Renaissance. Auch richtete der Kirchenstaat seine Blicke stärker auf die Marken, das nicht nur wichtige Hafenstädte, sondern mit **Loreto** auch eine wichtige Wallfahrtsstätte besaß. Über die Küstenstraßen erreichten die Marken nach wie vor die künstlerische Impulse aus der Metropole Venedig, das sich seinen Reichtum bis in die beginnende Neuzeit hinein bewahren konnte.

Umbrer, Picener und Etrusker

Aus der Kultur der **Umbrer** hat sich in Architektur und Kunst so gut wie nichts erhalten. Die **Eugubinischen Tafeln** von Gubbio, ein auf Bronzetafeln eingravierter religiöser Text, wurden erst in römischer Zeit (2. Jh. v. Chr.), allerdings nach älterer Überlieferung angefertigt. Die umbrischen Siedlungen schützten sich mit mächtigen Zyklopenmauern, von denen Teile in Amelia noch aufrecht stehen. Auf der Spitze des Monte Torre Maggiore bei Terni hat man in einmaliger Lage die Grundmauern eines frühumbrischen Heiligtums freigelegt (siehe Wanderung). Auch von den **Picenern** gibt es kaum archäologische Zeugnisse. Die wenig anschaulichen **Gräberfelder** dieser Kultur sind über den gesamten Südteil der Marken verstreut. Interessanter sind die aufgefundenen Grabbeigaben (Waffen, Schmuck), die z. T. im archäologischen Museum von Ascoli Piceno ausgestellt sind.

Zahlreicher sind die **etruskischen Funde.** In den archäologischen Museen Perugias und Orvietos sind reliefgeschmückte Graburnen, Steinstelen, Schmuck und Keramik der Etrusker zu sehen. Bei beiden Orten hat man typisch etruskische **Nekropolen** ausgegraben, bei Perugia das *Grab der Volumnier* und bei Orvieto die Nekropole *Crocifisso del Tufo.* In Perugia stehen auch noch Reste etruskischer Mauern mit einem Stadttor aufrecht. Nur ein Nachbau, aber dennoch ein sehr interessantes Zeugnis der Etruskerkultur, ist die beim abgelegenen Monteleone di Spoleto gefundene *Biga Etrusca,* ein typischer Streitwagen mit Schmuckreliefs.

Relief an dem Streitwagen Biga Etrusca

Die römische Antike

An zahlreichen Plätzen Mittelitaliens stößt man noch auf baulichen Relikte der römischen Kultur. Allerdings gibt es nur wenige gut erhaltene Großbauten. Die „heidnische" Architektur der antiken Städte mit ihren glatt behauenen Blöcken musste in den christlichen Jahrhunderten meist als bequemer Steinbruch herhalten, aus dem man sich hemmungslos bedienen konnte. So findet man fast nur noch Grundmauern und Ruinenfelder. Erst im 19. Jh. begann man auch in Italien, sich auf das historische Erbe zu besinnen und das noch Verbliebene unter Schutz zu stellen oder zu restaurieren. Fast alle noch erhaltenen Bauwerke stammen aus der langen Friedensperiode der *pax romana.*

Recht anschauliche Römerbauten findet man in Umbrien noch in Assisi (Minerva-Tempel), Gubbio (Theater), Spello (Porta Venere) und Spoleto (Theater und Drususbogen). Die interessanteste Ausgrabungsstätte ist die in einsamer Landschaft gelegene **Ruinenstadt von Carsulae** nördlich von Terni, mit einem gut erhaltenen Teilstück der **Via Flaminia.** Auch in den Marken findet man an vielen Plätzen Ruinen römischer Bauwerke. In Fano den Augustusbogen, das Hadrianstor im Hafen von Ancona, die Ausgrabungen von Urbisaglia und Falerone, die Brücken von Ascoli Piceno. Anschauliche Beispiele der hochentwickelten römischen Ingenieurskunst sind der Straßentunnel der Via Flaminia durch die Furlo-Schlucht oder die große der Wasserversorgung dienende Zisternenanlage von Fermo.

Das frühe Mittelalter

Aus der Epoche der **Ostgoten, Byzantiner** und **Langobarden** haben sich so gut wie keine archäologischen Zeugnisse erhalten. An der märkischen Adriaküste erinnern nur einige **Kirchenbauten** wie *San Ciriaco* in Ancona oder *Santa Maria di Portonovo* in ihrer am griechischen Kreuz angelehnten Raumstruktur an byzantinische Vorbilder. Über dem Tal der Nera östlich Spoleto steht das Kloster *San Pietro in Valle,* das um 720 vom Langobardenherzog Faroald II. gegründet worden sein soll. Der Altar zeigt die typischen einfachen langobardische Ritzreliefs. Ebenfalls aus langobardischer Zeit stammt der Altarbaldachin von *San Salvatore di Montecorona* bei Umbertide.

Von den **Anfängen des Christentums** haben drei Kirchenbauten die Zerstörungen der Zeit überdauert: in Perugia *San Michele Arcangelo,* der *Tempietto del Clitunno* bei Trevi sowie *San Salvatore* bei Spoleto.

In den zahlreichen ehemaligen Römerstädten - nicht nur in Italien - hat man über den antiken Ruinen nirgendwo etwas ausgraben können, was die in den schriftlichen Dokumenten dargestellte Geschichte des Frühmittelalters auch archäologisch bestätigen könnte. Die Zeit vom frühen 7. bis ins frühe 9. Jh. gilt als die dunkle Epoche der europäischen Geschichte.

Romanik und Gotik

Die romanisch-gotische Baukunst der kommunalen Blütezeit des 11.-14. Jhs. ist bis heute in den zahllosen Rathäusern, Stadtkirchen, Klosteranlagen und Wehrbauten überall in Umbrien und den Marken reichhaltig dokumentiert. Noch die kleinste Stadt besitzt seinen mittelalterlichen *Palazzo Comunale,* den *Torre Civica* oder die *Mura Mediavale,* die mit Toren und Zinnenkranz versehene, das *centro storico* einschließende Befestigungsmauer. Viele größere und kleinere Orte haben bis heute ihre mittelalterliche eng verwinkelte Struktur bewahrt: In Umbrien sind dies vor allem Assisi, Perugia, Gubbio, Città di Castello, Spello, Todi, Spoleto, Orvieto, Bevagna, Montefalco und Narni, in den Marken beispielsweise Ascoli Piceno, Fermo, Jesi oder Sarnano.

Die **romanische Baukunst** besticht durch ihre einfachen klaren Formen und Strukturen. Die Kirchen wirken oft gerade durch ihre strenge und klare

Architektur eindrucksvoll. Nichts soll hier die Konzentration auf das Gebet und die religiöse Meditation beeinträchtigen. Schmuckelemente und Baudekor sind meist auf die Kapitelle und die Fassaden beschränkt. In skurrilen steinernen Fratzen, Dämonen, allerlei Menschlein und Fabelwesen zeigt sich hier oft auch noch Heidnisches. Typisch für Umbrien sind die filigranen **Fensterrosen,** die von den Evangelistensymbolen Löwe (Markus), Stier (Lukas), Greif (Johannes), Mensch oder Engel (Mathäus) umgeben sind. Stimmungsvolle Anlagen sind die in den meisten umbrischen und märkischen Kirchen der Romanik erhaltenen **Säulenkrypten** (Unterkirchen). Sie stammen meist noch aus einer älteren Bauperiode als der Hauptbau, der erst später mit einem erhöhten Altarraum, dem *Presbyterium,* darüber errichtet wurde. Die Zahl der gut erhaltenen romanischen Kirchen und Klöster in Umbrien und den Marken geht in die Hunderte, allein im Zentrum von Ascoli Piceno stehen sechzehn. Neben den großen Bischofskirchen der Städte, wie *San Rufino* in Assisi oder *San Ciriaco* in Ancona, findet man vor allem einfache Land- und Dorfkirchen dieser Epoche in großer Zahl, die oft noch stilrein erhalten sind. Gute Beispiele hierfür sind in Umbrien *San Felice* bei Giano oder *San Felice* im Neratal, in den Marken *San Leo* oder *Santa Maria di Portonovo* bei Ancona. Auch durch ihre schöne landschaftliche Lage unbedingt sehenswert sind die romanischen Klöster von *San Pietro in Valle* (Umbrien) und *Fonte Avellana* (Marken).

Mitte des 13. Jhs. entwickelte sich in Frankreich aus der Romanik ein neuer Architekturstil. Italienische Gelehrte bezeichneten ihn in Anspielung auf die germanischen Eroberer der Völkerwanderungszeit als „gotisch", was heißen sollte „nordisch-barbarisch". Die neue Stilrichtung der **Gotik** konnte sich in Mittelitalien nur in abgeschwächter Form durchsetzen. Wesentliche Elemente der italienische Romanik blieben erhalten. Die gotischen Kirchen sind hier nicht so hochaufstrebend, manchmal sogar ohne Spitzturm, die gotischen Rathäuser weiterhin wehrhaft-trutzige Bauten, an denen nur Fassadendetails und Fensterformen den neuen Stil zeigen. *San Francesco* und *Santa Chiara* in Assisi,

Evangelistensymbole am Dom von Orvieto

San Fortunato in Todi und *San Francesco* in Ascoli Piceno sind Beispiele für die Kirchengotik in Mittelitalien. Herausragende Profanbauten sind die Rathäuser von Perugia und Todi. Ein Meisterwerk gotischer Skulptur ist die von Nicola und Giovanni Pisano geschaffene *Fontana Maggiore* in Perugia. Der in der Zeit der Gotik begonnene Dom von Orvieto gehört zu den prachtvollsten Kirchenbauten ganz Italiens.

Auch die **Malerei** des Mittelalters ist gut dokumentiert. In einigen Kirchen und Klöstern Umbriens und der Marken findet man noch gut erhaltene Reste der ursprünglichen **romanischen Freskenausmalung,** beispielsweise in *San Pietro in Valle* oder in *San Giovenale* in Orvieto. Der Malstil wirkt oft unbeholfen, schematisch, die Personen stehen statisch nebeneinandergereiht und sind nicht individualisiert. Die Bilder beeindrucken dennoch immer wieder durch ihre tiefreligiöse Ausstrahlung. Nicht der künstlerische Ausdruck stand in dieser Zeit im Vordergrund, sondern das Anliegen der Auftraggeber, der einfachen und leseunkundigen Bevölkerung das Evangelium bildlich nahezubringen. Urheberrecht und Künstlersignatur waren noch unbekannt. Die Individualität des Malers und seines Stils waren nicht von Bedeutung. Die romanischen Künstler sind deshalb meist annonym geblieben (Meister von Eggi bei Spoleto, Meister von Offida, Meister von Tolentino).

Wesentliche künstlerische Impulse gingen im 13. Jh. vom Bau der **Basilika San Francesco in Assisi** aus. An der Freskenausmalung wirkten die berühmtesten Künstler ihrer Zeit mit, unter ihnen die Toscaner *Cimabue* (1240–1302), *Giotto di Bondone* (1267–1137), *Simone Martini* (1284–1344) und *Pietro Lorenzetti* (1280–1348). Der große um 1300 von der Werkstatt Giottos geschaffenen **Bilderzyklus zum Leben des hl. Franziskus** gilt als das vielleicht wichtigste Werk im Übergang zur Frührenaissance. In Hintergrundlandschaften, Architekturszenen, der schon angedeuteten Tiefendimension, der bewegten Bildkomposition und dem individuellen, emotionalen Ausdruck des Dargestellten deutet sich der neue Stil an.

Auch die im 14. Jh. bestimmende Kunstrichtung der **internationalen Gotik** (Simone Martini, Pietro Lorenzetti) bezieht weltliche Elemente ein. Sie zeigen sich u. a. in einem höfisch-vornehmen Stil und vielen, oft originellen, alltäglichen Detailszenen, die die religiös bestimmten Hauptthemen umrahmen. Zu den wichtigsten Vertretern dieser Stilrichtung zählt *Gentile di Fabriano* aus den Marken (1370–1427), von dem in seiner Heimatregion allerdings keine Werke mehr zu finden sind. Ein gutes Beispiel für den Stil der internationalen Gotik findet sich in Urbino mit dem farbenfrohen Bildzyklus der Gebrüder *Salimbeni* (um 1400) im Oratorio di San Giovanni.

Renaissancekirche Madonna di Macereto bei Visso (Marken)

Renaissance

Zu Beginn der Renaissanceepoche (15./16. Jh.) hatten fast alle Städte Mittelitaliens ihre Freiheit eingebüßt. Vor allem in Umbrien erlahmte damit die Bautätigkeit fast vollständig. Nur bei Todi entstand mit der Wallfahrtskirche *Santa Maria della Consolazione* ein bedeutender Renaissancebau. In den nördlichen Marken entwickelte sich das Herzogtum von **Urbino** unter *Federico di Montefeltro* im 15. Jh. zu einem **Zentrum der Renaissancekultur.** Der Herzog beauftragte für seine Bauten die führenden Architekten und Künstler seiner Zeit. Der Palazzo Ducale von Urbino gilt als das Musterbeispiel für die Palastarchitektur der Renaissance. Die Hofarchitekten *Luciano Laurana, Francesco di Giorgio Martini* oder *Girolamo Genga* entwarfen im ganzen Herzogtum nicht nur weitere Paläste (Urbania, Gubbio) sondern auch diverse Festungsbauten, die Wehrhaftigkeit mit Eleganz verbinden (Sant'Agatha, Sassocorvaro, Mondavia). Unter diesen ist die auf einem Felssporn gelegene Festung von **San Leo** besonders eindrucksvoll.

In der **Malerei** vollzog sich im 15. Jh. die endgültige Abkehr von der formelhaften symbolischen Darstellungsweise des Mittelalters. Das Bild war zu einem wirklichen Fenster in die Welt geworden, das nun durch die entwickelte Tiefenperspektive optische Realität wiedergab. Die Personen wurden nicht mehr nur als abstrakte Träger eines Bildthemas gesehen, sondern als reale Menschen aus Fleisch und Blut mit individuellen Zügen. Zugleich bekamen weltliche Elemente in der Malerei größeres Gewicht: Stadtarchitektur, Landschaften, Mobiliar, Haustiere usw. wurden jetzt realitätsgetreu in die Bildkompositionen aufgenommen. Allerdings standen in Umbrien und den Marken, anders als in der Toscana, bis auf wenige Ausnahmen die religiöse Thematik auch weiterhin im Mittelpunkt.

Im Gegensatz zur Baukunst ist in der Malerei die Renaissance in Umbrien reich vertreten. Toskanische Künstler hinterließen in den Kirchen der Region Meisterwerke, *Filippo Lippi* (1406–1469) in Spoleto, *Benozzo Gozzoli* (1420–1497) in Montefalco. Besonders aktiv war die Werkstatt des *Luca Signorelli* (um 1450–1523) aus Cortona. Im Dom von Orvieto schuf er sein

Hauptwerk. Außerdem war er in Città di Castello, bei Umbertide und in Arcevia (Marken) künstlerisch tätig.

Daneben entwickelte sich jedoch auch eine eigene **umbrische Malschule,** die in **Perugino** *(Pietro Vannucci,* 1445–1523) und **Pinturicchio** *(Bernardino di Betto,* 1454–1513) ihre wichtigsten Vertreter hatte. Ihre zahlreichen Bildwerke zeigen meist verhaltene, weich-verträumte Personen vor dem Hintergrund anmutiger, weiter Landschaften. Die reichhaltigste Sammlung umbrischer Renaissancemalerei besitzt die Pinakothek von Perugia.

Auch in den Marken ist die Renaissance mit zahlreichen sehenswerten Werken vertreten. Für den Herzog von Urbino arbeiteten bedeutende Künstler aus dem In- und Ausland, *Piero della Francesca* schuf hier eines seiner Hauptwerke. Die Gemäldesammlung des Herzogspalastes ist für jeden Kunstinteressierten ein Muss. Daneben entstanden aber auch eigenständige **märkische Malschulen** (Fabriano, Camerino). Aus Venedig kamen Renaissancemaler und ließen sich dauerhaft in den Marken nieder, wo sie ihren eigen Stil schufen. Zu nennen sind hier vor allem **Carlo Crivelli** (1435–1500) und **Vittorio Crivelli** (1440–1502) sowie **Lorenzo Lotto** (1480–1557). Die Brüder Crivelli haben in der Region von Ascoli Piceno zahlreiche Werke hinterlassen. Im goldbetonten, aristokratischen Malstil weisen sie noch auf die internationale Go-

tik zurück. Lorenzo Lotto schuf hingegen Bilder von fast moderner psychologischer Ausdruckskraft. Hauptwerke von ihm sind in den Museen von Loreto und Recanati zu besichtigen.

Vom Barock zur Neuzeit

Sowohl Architektur als auch Malerei des **Barocks** in Umbrien und in den Marken erscheint trotz der fortgeschrittenen Beherrschung der handwerklichen Techniken weniger ansprechend. Sie besitzen nicht mehr die spirituelle Tiefe der mittelalterlichen Kunst, nicht mehr die gestalterische Raffinesse der Renaissance. Die überladenen Bildwerke mit religiösen Themen wirken in ihrer gekünstelten Dramatik oft stereotyp. Es war vor allem Propagandakunst der Gegenreformation des Kirchenstaates. Die großen Bilder, mit denen die vielen barock umgestalteten Kirchenräume ausgestattet wurden, sollten den Gläubigen vor allem die katholischen Dogmen nahebringen; dem Barock Mittelitaliens fehlt die spielerische Leichtigkeit. Am deutlichsten wird dies an den in dieser Zeit neu errichteten **Kirchen der Wallfahrtszentren.** *Santa Maria degli Angeli* bei Assisi und die *Basilica di Santa Casa* von Loreto sind großdimensionierte wuchtige Bauten. Nur in den mehr venezianisch beeinflussten **Marken** findet man einige hübsche kleine **Kirchen des Spätbarocks** und des Rokoko mit verspieltem Dekor (Macerata, Fabriano, S. Elpidio al Mare, Cagli).

Pinturicchio-Gemälde im Dom von Spoleto

Burri-Skulptur in Città di Castello

Wie in ganz Italien hat die **Klassische Moderne** des 19./20. Jhs. weder in den Marken noch in Umbrien nachhaltige Spuren hinterlassen. Dies spiegelt die nicht nur politisch und ökonomisch, sondern auch kunstgeschichtlich untergeordnete Rolle des ganzen Landes zu Beginn der Neuzeit wider. Die Kunst bekam nun aus Frankreich die wichtigsten Impulse, Impressionismus wie Expressionismus fanden in der italienischen Kunst kaum Nachahmer.

Auch die **Zeitgenössische Kunst** ist in Umbrien und den Marken nur schwach vertreten. Eine der Ausnahmen ist der auch international anerkannte **Alberto Burri** aus Città di Castello, der seiner Heimatstadt eine umfangreiche Sammlung seiner Werke hinterlassen hat.

Umbrien

Assisi, das religiöse und touristische Zentrum

Reiter bei der Corsa dei Ceri in Gubbio
Verfallenes Gehöft in der Valnerina
Fischerboote am Lago Trasimeno

Perugia

Eine junge Stadt in historischen Mauern

Perugia ist mit seinen gut 150 000 Einwohnern die **größte Stadt Umbriens** und dessen urbanes und kulturelles Zentrum. Trotz der für eine Regionalmetropole eher bescheidenen Einwohnerzahl erscheint die Stadt keineswegs provinziell. Dem Besucher präsentiert sich ein anregendes Zusammenspiel historischen Ambientes und moderner Belebtheit. Perugia präsentiert sich weltoffen, jung und dynamisch. So haben beim alljährlich im Juli stattfindenden, weithin renommierten *Umbria Jazz Festival* schon so gut wie alle internationalen Größen dieses Genres aufgespielt.

Zum intellektuell-kosmopolitischen Ambiente tragen vor allem die **Universitäten** Perugias bei, darunter die am Rande der Altstadt gelegenene Ausländeruniversität. Junge Leute aus aller Welt kommen hierher, nicht nur um die italienische Sprache zu erlernen, sondern vor allem auch, um italienisches Alltagsleben aus erster Hand zu erfahren. Zeitweise bilden etwa ein Viertel der Bevölkerung Studenten, wodurch Perugia lebendiger wirkt als manch andere italienische Provinzstadt vergleichbarer Größe. Die auch nicht gerade wenigen Touristen fallen dagegen im Stadtbild kaum auf. Anders als etwa in Assisi prägen sie nicht den Lebensstil und die Atmosphäre in der Stadt.

Im Zentrum Perugias erstreckt sich über zwei Hügel die Altstadt mit ihren geschichtsträchtigen etruskischen, mittelalterlichen und Renaissancebauwerken. Der baulich unversehrte **historische Kern** ist wie eh und je pulsierendes Herz des Gemeinwesens. Zur allabendlichen „passeggiata" quillt die Hauptflaniermeile, der *Corso Vanucci,* von Spaziergängern über.

Mit seinen lebendigen Plätzen, verwinkelten Gassen, alten Palazzi und Wohnhäusern, den Straßencafés, angenehmen Restaurants und Hotels, den mal exklusiven, mal bodenständigen Geschäften sowie den geschichtlichen Sehenswürdigkeiten bietet Perugia einen ausgesprochen angenehmen Platz auch für einen längeren Aufenthalt. Beim Durchstreifen der Stadt lässt sich immer wieder Neues entdecken.

Dem Reisenden zeigt sich Perugia jedoch zunächst von seiner weniger einladenden Seite. Eine nicht gerade anheimelnde Kulisse planlos in die Landschaft wuchernder nüchtern-moderner Hochhausbebauung versperrt zunächst den Blick auf die historisch gewachsenene Stadtsilhouette mit ihren Türmen und Mauern aus rotbraunem Naturstein. Die Auffahrt vom Bahnhof zum Zentrum gleicht einer Zeitreise. Blechschlangen kurven zwischen den versammelten Bausünden der 1950er bis 1970er Jahre den Hang hinauf zu einem wenig anheimelnden Großparkplatz neben dem Busbahnhof.

Ein ungewöhnliches Verkehrsmittel bringt den Besucher von hier in die

Altstadt: Eine Serie von Rolltreppen führt mitten durch den düsteren mittelalterlichen Gewölbekomplex der Rocca Paolina zur Piazza Italia und zum Corso Vanucci. Unversehens ist man im Zentrum, hat Abgaswolken und Verkehrslärm hinter sich gelassen. Der belebt-gemütliche Corso Vanucci nimmt den Besucher auf, führt ihn unbehelligt vom Autoverkehr mitten in das historische Zentrum Perugias.

Geschichte

Die Hügel Perugias waren bereits zur Zeit der Villanovakultur (10.–6. Jh. v. Chr.) besiedelt. Die eigentliche Stadtgründung erfolgte durch die Etrusker im **6. Jh. v. Chr.** Das **etruskische Perusia** gehörte zu den *Lucomonien,* dem Zwölferbund der von Priesterkönigen regierten wichtigsten Städte. Nach dem 4. Jh. v. Chr. erlebte Perugia eine kulturelle und wirtschaftliche Blüte, zu einer Zeit, in der die etruskische Kultur weiter westlich schon im Niedergang war. Auch nach der Niederlage der Etrusker gegen die römischen Eroberer in der **Schlacht am Sentinum** in den Marken **295 v. Chr.** behielt „bellum perusinum" seine Bedeutung. Es zeigte sich schnell loyal gegenüber den neuen Machthabern und blieb im zweiten punischen Krieg treue Verbündete Roms. Die Römer legten einen 2,9 km langen Befestigungsring um die Stadt, der bis ins 12. Jh. ausreichte, um der gesamten Bevölkerung Schutz vor Angreifern zu

Über den Dächern von Perugia

bieten. Die römische Stadtmauer mit ihren acht Toren hat sich in Teilen bis in die heutige Zeit erhalten.

Im Jahre **40 v. Chr.** musste Perugia allerdings eine schlimme Zeit durchleben. In den nach der Ermordung Cäsars einsetzenden römischen Bürgerkriegen hatte es sich gegen *Octavian,* den späteren Kaiser Augustus, auf die Seite *Marc Antons* geschlagen. Dessen Bruder *Lucius* verschanzte sich mit seinem Heer in den Mauern der Stadt. Nach siebenmonatiger Belagerung konnten die Truppen Octavians Perugia erobern, das bis auf die Grundmauern zerstört wurde. Um allerdings nur wenig später auf Anordnung von Octavian als **Augusta Perusia** großzügig wiederaufgebaut zu werden.

In den Wirren der Völkerwanderungszeit versuchten zwar die christlichen Bischöfe die staatliche Ordnung einigermaßen aufrechtzuerhalten, im 6. Jh. konnte aber auch der listenreiche **Sant'Ercolano,** noch heute als Stadtpatron hoch verehrt, die erneute Eroberung und Zerstörung Perugias nicht verhindern. Im Jahre **547** belagerten die Truppen des Gotenkönigs *Totila* lange die Stadt, deren Bewohner bald zu verhungern drohten. Sant'Ercolano ließ das letzte Kalb mit dem wenigen verbliebenen Getreide füttern und über die Stadtmauer den Belagerern vor die Füße werfen. Als diese das Kalb schlachteten und das Getreide im Magen fanden, wollten sie abziehen. Wenn die Bewohner ihr Vieh noch mit gutem Hafer mästen können, würde die Belagerung kaum Erfolg haben. Ein einfältiger Mönch verriet die List. Die Goten erstürmten die Stadt, Sant'Ercolano starb den Märtyrertod.

Über die Stadtgeschicke in den folgenden frühmittelalterlichen Jahrhunderten ist wenig bekannt. Im Machtkampf zwischen Papst und staufischen Kaisern schlug sich Perugia **Ende des 12. Jhs.** auf die Seite des Kirchenstaates. Trotz der päpstlichen Oberhoheit konnte es wie viele andere Städte Mittelitaliens den Status einer **libero comune** erlangen. Die damit verbundene bürgerliche Selbstverwaltung und weitgehende Freiheit von zentralstaatlicher Reglementierung führte zu einem enormen wirtschaftlichen und kulturellen Aufschwung. Die freie Stadtrepublik konnte sich nach und nach weite Bereiche des Umlandes einverleiben. Der Machtbereich Perugias erstreckt sich zeitweise von Chiusi westlich des Trasimenersees bis nach Osten zum Apennin bei Gualdo Tadino. Perugia wurde zur wichtigsten Handelsmetropole Umbriens. Um 1327 begann man damit, die zu eng gewordene römische Stadtbefestigung um einen 6 km langen neuen Mauerring zu erweitern. Als Demonstration von Macht und Wohlstand ließen die Bürger Perugias die zahlreichen Bauwerke errichten, die noch heute das Bild der Innenstadt prägen; der Palazzo die Priori, die Fontana Maggiore und die großen Kirchen der Bettelorden nahmen Gestalt an. 1308 eröffnete die erste Universität ihre Pforten.

Der **Niedergang** der libero comune nahm **um 1400** seinen Anfang. Zu Reichtum und Einfluss gekommene adlige Familienclans, die *signori,* begannen, sich in blutige Machtkämpfe zu verstricken. Die demokratischen Elemente in der Lenkung der Geschicke der Stadt gingen dabei nach und nach verloren, und damit auch jeglicher künstlerischer und architektonischer Elan. Von 1416–1424 regierte der draufgängerische Condottiere (Feldherr) *Braccio Fortebraccio* (Starkarm) Perugia. Nach dessen Tod konnte sich die Signoria der Baglioni gegen die verfeindeten Oddi durchsetzen und die Macht an sich reißen.

Im 16. Jh. verlor Perugia auch den letzten Rest kommunaler Unabhängigkeit. Ein **Volksaufruhr** gegen die Einführung einer kirchlichen Salzsteuer nahm *Papst Paul III.* **1540** zum Anlass, seine Truppen in die Stadt einmarschieren zu lassen. Das rebellische Perugia wurde mit Waffengewalt unterworfen, die Paläste der Baglioni niedergerissen. Als Symbol unbeschränkter päpstlicher Autorität wurde am gleichem Platz die Zwingburg Rocca Paolina errichtet. (Seither backen die Perugini ihr Brot *sciapo,* ohne Salz.). Für gut drei Jahrhunderte blieb Perugia dem Kirchenstaat unterworfen, verfiel unter der Regierung der päpstlichen Legaten in provinzielle Lethargie. Erste Aufstände gegen die verhasste päpstliche Macht 1848/49 und 1859 schlugen fehl.

Erst **1860** war die Herrschaft des Kirchenstaates endgültig gebrochen. Unter dem Jubel der Einwohner eroberten die piemontesischen Einigungstruppen Perugia, das **Teil des neuen italienischen Königreiches** wurde. In den **20er Jahren** des 20. Jhs. war Perugia zeitweise eine **Hochburg der Faschisten.** Heute, wo die demokratische Linke die Stadtgeschicke bestimmt, hört man davon nicht mehr gerne.

1972 wurde Perugia zur **Regional- und Verwaltungshauptstadt Umbriens** bestimmt. Die Stadt wächst seitdem kontinuierlich an und dehnt sich mit neuer Bebauung immer weiter ins Umland aus. In der Umgebung haben sich diverse Industriebetriebe angesiedelt (Bekleidung, Baustoffe, Lebensmittelverarbeitung), die viele Arbeitsplätze in die Region gebracht haben. In ganz Italien sind die „Baci“, die Schokoküsse der Firma *Perugina* bekannt und beliebt.

Orientierung

Das **historische Stadtzentrum** Perugias erstreckt sich in ungefährer Süd-Nord-Richtung über einen gewellten Hügelrücken. Stellenweise noch von den Mauern und Toren des Mittelalters eingegrenzt, bildet es ein verwirrenden Geflecht an- und absteigender Gassen, die in beschauliche kleine Plätze oder enge Treppenfluchten einmünden. Am **Südrand der Altstadt** liegt der *Giardino Carducci,* eine kleine Parkanlage mit herrlichen Ausblicken über die Valle Umbra. Bei der nördlich sich anschließenden *Piazza Italia* mit den Gebäuden der Regionalverwaltung beginnt die Hauptachse im alten Zentrum Perugias, der **Corso Vanucci.** Die für den Autoverkehr gesperrte Fußgängerstraße, Treffpunkt, Flaniermeile und Debattiersalon der

Perugini, endet nach etwa 500 m bei der **Piazza IV Novembre,** die mit Rathaus, Dom und dem berühmten Stadtbrunnen *Fontana Maggiore* den historischen und aktuellen Stadtmittelpunkt darstellt. Man ist hier im Bereich des römisch-etruskischen bzw. frühmittelalterlichen Perugia, das nördlich beim monumentalen Stadttor *Arco di Augusto* endete.

Im Laufe des 14. Jhs. wurden auch die das Zentrum umgebenden Hügel bebaut und in einen erweiterten Mauerring einbezogen. Auch diese neuen Stadtviertel des Mittelalters sind heute Teil der kompakten Altstadt Perugias. Durch die **nordwestliche Vorstadt** führt der *Corso Garibaldi* vom Arco di Augusto hinauf zur *Porta San Angelo* bei der frühchristlichen Kirche *San Michele Arcangelo* am Stadtrand. In das sich nach **Südosten ausdehnende Altstadtviertel** mit den Kirchen *San Domenico* und *San Pietro* gelangt man durch die *Porta San Ercolano* und den *Corso Cavour.*

San Michele Archangelo mit Olivenhain

Viele Gassen der Altstadt sind für den Autoverkehr gesperrt oder sehr eng und steil. Den fahrbaren Untersatz lässt man am besten außerhalb der Stadtmauern, zumal Parkraum in der Innenstadt äußerst knapp ist. (Die Zufahrt zu den Innenstadthotels ist allerdings bei An- und Abreise frei.) Ein günstiger **Ausgangspunkt für eine Stadtbesichtigung** ist südlich des Zentrum die **Piazza Partigiani** mit Parkhaus bei der zentralen Busstation. Hier halten auch die vom Bahnhof hinauf ins Zentrum fahrenden Stadtbusse.

Im **Stadtviertel Fontivegge** beim Bahnhof liegt die Mitte des neuen Perugia. Hier hat der mailänder Stararchitekt *Rossi* 1988 ein ganzes Stadtviertel im Stil der Postmoderne konzipiert. Mittelpunkt ist die Piazza Nuova mit dem Palazzo della Regione, dem Sitz der Regionalverwaltung. Trotz der im Detail einfallsreichen Architektur wirkt das Viertel insgesamt unlebendig. Bei den Perugini ist das alte Zentrum als Treffpunkt nach wie vor erheblich populärer als das nüchtern und kühle Fontivegge.

Besichtigung

Durch die Rocca Paolina und den Corso Vanucci zum Palazzo dei Priori

Zu Fuß heißt die Devise. Von der Piazza Partigiani gleitet man über die *scala mobile* (Rolltreppe) in die Gewölbe unter der ehemaligen **Rocca Paoli-**

na. Nach der Eroberung Perugias durch den Kirchenstaat ließ der berühmte päpstliche Festungsbaumeister Antonio Sangallo d. J. 1540 die Baglioni-Paläste und die umgebenden Häuser abreißen. Über den mit Schutt aufgefüllten Ruinen, Gassen und Toren des Viertels errichtete er die Rocca. Nach der endgültigen Entmachtung des Papstes 1860 wurde die Zwingburg der Päpste von den Bewohnern Perugias als verhasstes Symbol jahrhundertelanger Fremdherrschaft niedergerissen. Nachdem man Schutt und Geröll entfernt hatte, kam eine Gewölbeflucht aus etruskischen, römischen und mittelalterlichen Mauern zu Tage, das von verwinkelten Gängen durchzogen ist. Mittendurch führt heute die moderne Rolltreppe. Neonlicht und ausgestellte moderne Skulpturen vor dem Hintergrund historischen Gemäuers schaffen eigenwillige Kontraste.

Unter den Bögen des 1870 fertiggestellten **Palazzo della Provincia,** Sitz der Regionalverwaltung, erblickt man wieder das Tageslicht. Südlich vom Palazzo bietet der **Giardino Carducci** nach wenigen Schritten weite Ausblicke vom Rand des Stadthügels über die Ebenen und Bergzüge Zentralumbriens. Von der nördlich sich anschließenden *Piazza Italia* führt die von Palazzi gesäumte Flaniermeile des *Corso Vanucci* ins historische Zentrum bei der **Piazza IV Novembre.** Optisch beherrscht wird der Platz vom eindruckvollen Bau des **Palazzo dei Priori,** dem zwischen 1293 und 1297 errichteten Rathaus von Perugia.

☆Palazzo dei Priori

Der kastenförmig-langgestreckte Palast mit nur einem Turm wirkt wuchtig-dominant und gleichzeitig in vielen Details doch filigran. Das fein gearbeitete Bogenportal an der Längsseite, die zwei Fensterreihen mit gotischen Bögen, das weitere Portal mit Terrasse und Portikus im Norden, Bogenfries und Zinnen ganz oben sowie die angedeutete s-förmige Wölbung der Außenfront heben die Wirkung der Schwere des Bauwerkes auf, ebenso wie der als Baustein verwendete weiße und rosa Travertin.

Der mittelalterliche Palazzo dei Priori diente dem wichtigsten Entscheidungsgremien der libero comune, dem Rat der zehn gewählten Prioren, als repräsentativer Amtssitz. Ein komplettes Stadtviertel musste dem im 14. und 15. Jh. mehrfach erweiterten Komplex des Kommunalpalastes weichen, heute noch erkennbar an der Rückseite, wo ein mittelalterliches Turmhaus stehengelassen und in die Fassade einbezogen wurde. Das rundbogige, von zwei steinernen Löwen bewachte gotische Säulenportal am Corso Vanucci stammt aus der Mitte des 14. Jhs. Die figürlichen Darstellungen auf den Seitenpfeilern symbolisieren Tugenden und Laster. Die Greife mit Kälbern in den Klauen darüber stehen für die Zunft der Metzger, die die Erweiterung des Palastes wesentlich finanzierten.

Im Obergeschoss des Palazzo dei Priori ist heute die Gemäldeausstellung der **Galleria Nazionale dell'Umbria** untergebracht (geöffnet täglich

8.30–19.30 Uhr, am ersten Montag des Monats geschlossen; 6,50 € Eintritt). Sie besitzt die umfangreichste Sammlung umbrischer Kunst, daneben aber auch Werke toskanischer Künstler. Zahlreich sind die Madonnendarstellungen von bekannten mittelalterlichen Künstlern wie *Duccio di Buoninsegna* aus Siena (um 1305, Bild Nr. 29), *Gentile da Fabriano* (um 1408, Nr. 129), *Ottaviano Nelli* (1403), *Fra Angelico* (1437, Nr. 91), *Benozzo Gozzoli* (1456, Nr. 124) oder *Piero della Francesca* (um 1465, Nr. 111–114).

Wahrscheinlich aus der umbrischen Malschule um *Pietro Vanucci,* genannt **Perugino,** stammt die Geschichte des San Bernardino in Saal 14 (um 1475). Die Bildfolge zeigt farbig-bewegte Szenen aus dem Leben des Heiligen, die sich vor abwechslungsreichen Landschaften und schöner Renaissancearchitektur abspielen. Perugino (1445–1523) gilt als der **wichtigste Künstler der umbrischen Renaissance.** Seinen ruhigen, klar strukturierten Malstil zeigt z. B. „Die Anbetung der Weisen". Die porträtierten Personen sind zwar individualisiert, wirken aber in ihrer plakativen Aufreihung etwas gekünstelt und kraftlos. Sehr schön sind die weichen, detailreichen Landschaftshintergünde, die die umbrischen Heimat des Künstlers atmosphärisch widerspiegeln.

Bemerkenswert sind auch die zwischen 1461 und 1496 entstandenen Fresken *Bonfiglis* in Saal 23. Sie stellen Ereignisse aus dem Leben Sant'Ercolanos vor detailgetreuen Stadtansichten des spätmittelalterlichen Perugia dar.

Im Erdgeschoss des Palazzo dei Priori, gleich rechts vom Portal am Corso Vanucci, befindet sich der Eingang zum **Nobile Collegio della Mercanzia.** Ab 1390 versammelten sich hier die einflussreichen Vertreter der Kaufleute, um Zunftregeln festzusetzen und Handelsstreitigkeiten zu schlichten. Die feinen Schnitz- und Einlegearbeiten im holzvertäfelten Zunftsaal stammen aus dem 15. Jh. Die goldbemalten Figuren über der Kanzel symbolisieren die für die Ausübung des Kaufmannsberufes notwendigen Tugenden: Stärke, Gerechtigkeitssinn, Klugheit und rechtes Maß (geöffnet 9–13 Uhr, Mo geschlossen; Eintritt 3,12 €, Eintrittskarte auch gültig für *Collegio del Cambio* nebenan).

Noch großzügiger ausgeschmückt ist der ebenfalls im Untergeschoss des Palazzo dei Priori zu findende Versammlungssaal der mittelalterlichen Herren des Geldes, der **Nobile Collegio del Cambio.** Ab der Mitte des 15. Jhs. kamen hier die Angehörigen der Zunft der Bankiers und Geldwechsler zusammen. Bereits damals existierte eine enge Verbindung zwischen Kunst und Geld. Die Räume ließ man großzügig mit Holzarbeiten und Fresken ausschmücken.

Der erste Raum, die **Sala dei Legisti,** wo Rechtsstreitigkeiten entschieden wurden, zeigt schöne Intarsienarbeiten mit skurrilen Grotesken (geflügelte Drachen, langhalsige gehörnte Bocksgesichter).

Der zweite Saal, die **Sala dell'Udienza** (Audienzsaal), wurde von Perugino mit bemerkenswerten Fresken

ausgeschmückt. Das Bildprogramm, das die segensreiche Verbindung von antiken und christlichen Idealen propagiert, stammt von dem Humanisten *Maturanzio.* An der linken Wand sieht man Gestalten der Antike, die die zivilen Tugenden Klugheit, Gerechtigkeit, Mut und Mäßigkeit repräsentieren. Wie so oft bei Perugino wirken die Figuren mit ihren weich-verträumten Gesichtern und verhaltenen Gesten ruhig und harmonisch aber auch etwas unlebendig. Auf einem gemalten Pfeiler zwischen den Gestalten hat der Meister ein Selbstporträt hinterlassen. An der Stirnwand sind biblische Szenen dargestellt, an der rechten Wand thront Gottvater zwischen Engeln und Propheten. An der Decke schweben Götter der Antike zwischen den Tierkreissymbolen.

Den dritten Raum, die **Capella di San Giovanni Battista,** hat der Perugino-Schüler *Giannicola* mit Szenen aus dem Leben des Johannes des Täufers ausgemalt (Öffnungszeiten *Collegio della Mercanzia* und *Collegio del Cambio:* 1.3.–31.10 sowie 20.12.–6.1. werktags 9–12.30 und 14.30–17.30, sonntags nur vormittags; übrige Zeit werktags 8–14, sonntags 9–12.30 Uhr, gemeinsame Eintrittskarte zu 3,10 €).

An der nördlichen Schmalseite des Palastes führt eine großzügige Freitreppe zum ursprünglichen **Hauptportal** des Palastes. Über dem Eingang ragen zwei Bronzeskulpturen des 13. Jhs. aus der Fassade hervor, die ersten vollplastischen Bronzearbeiten des Mittelalters überhaupt. Der Greif ist

Palazzo dei Priori und Fontana Maggiore

das Wappentier Perugias, der Löwe steht für die Partei der Guelfen (Papsttreuen). Durch das Portal tritt man in die **Sala dei Notari,** ursprünglich Ratssaal, dann ab 1582 Versammlungsort der Notare. Die Decke wird von acht weit gespannten Bögen getragen. Holzgestühl und die Ausmalung in gedämpften Farben (Wappen, Legenden, biblische Szenen) vermitteln einen anheimelnden Raumeindruck (Eintritt frei, soweit keine besonderen Veranstaltungen stattfinden, 9–13 und 15–19 Uhr, von Oktober bis Mai montags geschlossen).

An der Piazza IV Novembre – Fontana Maggiore und Dom San Lorenzo

Von der Freitreppe vor der Sala dei Notari blickt man auf die Südfassade des Domes und die *Piazza IV Novembre* mit der **Fontana Maggiore,** die als die schönste **mittelalterliche Brunnenanlage** Italiens gilt. Anlässlich der Fertigstellung und Einweihung des Aquädukts, das Wasser von den Quellen des 5 Meilen entfernten Monte Paciano direkt in die Stadt leitete, ließ die damals mächtige und wohlhabende Kommune den reich geschmückten Brunnen 1278 errichten. Die künstlerische Gestaltung übernahmen *Nicolo Pisano* und sein Sohn *Giovanni Pisano* aus Pisa, die berühmtesten Steinmetzen ihrer Zeit. Die aufwändig gestaltete Brunnenanlage sollte jedem Besucher nicht nur Wohlstand und Einfluss demonstrieren, sondern auch die Tatsache, dass die für mittelalterliche Städte oft problematische Wasserversorgung der Stadtbewohner gesichert war.

Der Brunnen zeigt sich nach einer grundlegenden Restaurierung wieder in alter Pracht. Er besteht aus zwei großen übereinandergestuften Becken und einer schlichten Bronzeschale mit wasserspeienden Nymphen darüber. Das untere 25-eckige Marmorbecken weist insgesamt 50 durch Säulchen abgegrenzte Marmorfelder auf, die umlaufend mit plastischen Reliefs geschmückt sind. Beginnt man die Betrachtung des Bildzyklusses an der Seite des Bischofspalastes mit dem Bild der Ursünde und liest weiter Richtung Palazzo dei Priori so zeigen die ersten sieben Reliefs Episoden aus der Menschheitsgeschichte (Der Sündenfall, Vertreibung aus dem Paradies). Recht „lehrreich" die folgende Tafel: Samson im Kampf mit dem Löwen, verliert durch die Frau, die ihn zur fleischlichen Sünde verführt. Den Löwen besiegt man dadurch, dass man vor seinen Augen einen wehrlosen Hund schlägt und David besiegt Goliath). Die vier folgenden Tafeln sind der Geschichte Roms gewidmet, dem Perugia treu ergeben war. Danach folgen die zwölf Monate mit der Darstellung typischer Arbeiten im jahreszeitlichen Zyklus sowie die zeitlich entsprechenden 12 Tierkreiszeichen. Die Wiedergabe profaner Szenen wie Getreideernte, Falkenjagd oder Weinkelterung ist für das religiös geprägte Mittelalter ungewöhnlich. Nach dem Greif (Wappentier der Stadt Perugia) und dem Löwen (Wappentier der papsttreuen Guelfen) sind die sieben freien Künste symbolisiert: Grammatik, Dialektik, Rhetorik, Arithmetik,

Geometrie, Musik, Astronomie und an besonderer Stelle die Philosophie. Das obere Beckenrund ist in 24 schmucklose Marmorfelder unterteilt, die durch fein gearbeitete plastische Figuren gebildet werden. Zu sehen sind Personen und Symbolisierungen, die in Zusammenhang mit dem politischen und religiösen Schicksal Perugias eine wichtige Rolle spielten, u. a. der Stadtpatron Bischof Herkulanus (San Ercolano), der ehemalige Volkskapitän Ermanno di Sassoferrato, eine Frau mit Fischen, Hinweis auf die Herrschaft Perugias auch über den Trasimenersee, eine andere Frau mit Getreide, stellvertretend für das von Perugia eroberte fruchtbare Gebiet Chiusis.

Der **Duomo San Lorenzo** zeigt nach außen keine klare Baustruktur. An der **Westseite** ist ein Palazzo mit Loggia unmittelbar an das Kirchenschiff angefügt. Die Fassade mit ihrem im oberen Teil unbearbeiteten Stein wirkt unfertig. Nur der untere Fassadenteil mit seinen rosa-weißen Marmorrhomben gibt einen Eindruck davon, wie der Kirchenbau insgesamt aussehen sollte. Die Domtreppen und die Steinbank vor der **Südfassade** sind beliebter Treffpunkt und dienen sowohl als Aussichtsforum mit Blick auf Palazzo dei Priori und Fontana Maggiore als auch als Sonnenplatz in kühler Jahreszeit.

Das ursprüngliche – jetzt meist verschlossene – im 18. Jh. barock umgestaltete **Hauptportal** liegt an der Ostseite des Domes. Heute betritt man den Dom über die Südtreppe: rechts neben dem Eingangsportal eine kleine Kanzel mit Mosaik-Einlegearbeiten, links segnet, in Bronze gegossen, Papst Julius III die Stadt. Das Denkmal wurde 1555 von den Bürgern der Stadt als Dank für die Rückgabe der Stadtrechte errichtet. Aus der freundlichen Helle des Domplatzes gelangt man in das dunkle **Kircheninnere.** Zwei Reihen von je fünf mächtigen oktogonalen Säulen tragen den dreischiffigen gotischen Bau, der recht breit und ausladend wirkt. Die Kirche beherbergt einige sehenswerte Kunstschätze: vom östlichen Hauptportal aus gesehen rechts zunächst ein schönes Renaissancefenster „Predigt des San Bernardino", in der Kapelle darunter eine Kreuzabnahme von *Frederico Baroccio* (1569) in bewegter Szenerie. Gegenüber befindet sich die **Capella**

Die kunstvoll gestaltete Fontana Maggiore

Rast vor dem Domportal von San Lorenzo

di San Angelo, die Kapelle des hl. Ringes, wo in einem Prunktabernakel der angebliche Ehering der Jungfrau Maria aufbewahrt wird; im religiös geprägten Mittelalter eine äußerst prestigeträchtige Reliquie. Ein deutscher Wandermönch hatte sie 1473 in Chiusi/Toskana gestohlen und nach Perugia gebracht. Hinter dem Hauptaltar geschnitztes Chorgestühl mit Intarsien von 1490 und ein Bischofsthron von 1520. Rechts vom Hauptaltar führt ein schmaler Durchgang (Hinweis „chiostro") zu einem ersten **Kreuzgang,** von hier ein weiterer Durchgang zu einem zweiten, zweistöckigen Kreuzgang, in den im 15. Jh. Wohnungen eingefügt wurden, die heute noch genutzt werden. Vom ersten Kreuzgang hat man Zutritt zum **Dommuseum,** das liturgische Geräte, Handschriften und Gemälde zeigt, u. a. eine Mariendarstellung von *Lucca Signorelli.*

Nur wenig hat sich in Perugia aus der Zeit der Etrusker erhalten, darunter der **Pozzo Etrusco,** der etruskische Stadtbrunnen. In das Dunkel des 35 m tiefen Brunnenschachtes mit seinen 5 m Durchmesser kann man ganz hinabsteigen. Der Eingang befindet sich wenige Schritte östlich des Domes an der *Piazza Danti* (geöffnet 1.4.–30.9. täglich 10.00–13.30 u. 14.30–18.30 Uhr; übrige Zeit 10.30–13.30 u. 14.30–16.30 Uhr; 1,80 €, Eintrittskarte auch für die *Capella San Severo* gültig). Eindrucksvoll ist der obere aus mächtigen Travertinblöcken gemauerte Teil. Der von unterirdischen Wasseradern gespeiste Brunnen wurde wahrscheinlich im 3. Jh. v. Chr. angelegt.

Östlich und westlich des Corso Vanucci

Gegenüber vom Hauptportal des Palazzo dei Priori gelangt man in wenigen Schritten über die *Via Mazzini* zur langgestreckten **Piazza Matteotti.** An der östlichen Platzseite erheben sich zwei historische Gebäude. Der zwischen 1472 und 1481 errichtete **Palazzo del Capitano del Popolo** diente dem Volkskapitän Perugias als Amtssitz. Vom Balkon im ersten Stock des eleganten Renaissancebaus wurden Beschlüsse und Anordnungen der kommunalen Selbstverwaltung der versammelten Stadtbevölkerung verkündet. Der **Palazzo dell'Università** rechts daneben diente bis 1811 als Lehrstätte. Auf dem schlicht-gotischen Untergeschoss von 1453 ließ Papst Sixtus IV. 1483 zwei schmuckvollere Obergeschosse im Renaissancestil errichten, nachdem er den Bau als Sitz der neuen Universität Perugias ausgewählt hatte.

Links vom Palazzo del Capitano del Popolo führt ein Durchgang zum **Mercato Coperto,** dem mehrstöckigen gedeckten Markt von 1932. Von der Dachterrasse genießt man schöne Ausblicke über die Dächer der Altstadt und nach Assisi mit dem Monte Subasio.

Das Viertel westlich des Palazzo dei Priori ist der am stärksten mittelalterlich geprägte Stadtteil Perugias. Links vom Eingang zum Collegio della Mercanzia öffnet sich ein Durchlass im Rathauskomplex zur **Via dei Priori,** die schnurgerade zum westlichen Stadtrand hinabführt. Sie durchzieht ein Viertel dunkler Gassen, wie z. B. die enge *Via Ritorta,* über die man zur von mächtigen Bögen überspannten *Via Maestà delle Volte* gelangt. Das hübsche romanisch-gotische Kirchlein **Sant'Agata** (um 1300), linker Hand im oberen Abschnitt der Via dei Priori, ist mit sehenswerten Fresken aus der ersten Hälfte des 14. Jhs. geschmückt. Ein anonymer Meister hat das Leben des hl. Severus in stilistischer Anlehnung an die Toscaner Simone Martini und Pietro Lorenzetti in Szene gesetzt.

Von hier ein kurzes Stück die Via dei Priori abwärts öffnet sich rechts die kleine *Piazza Ferri* mit der barocken **Chiesa San Filippo Neri** (1627–34); im Innern Freskenschmuck des 17. und 18. Jhs. Weiter unten erhebt sich unterhalb der wegen Einsturzgefahr geschlossenen *Chiesa Santo Stefano* (14. Jh.) die **Torre degli Sciri** aus dem 12. Jh., der einzige noch aufrecht stehende Geschlechterturm Perugias. Im Mittelalter überragten zahlreiche dieser klotzigen Wehr- und Renommiertürme einflussreicher Sippen die Dächer der Stadt. Die kleine Renaissancekirche **Madonna della Luce** gleich darauf wurde 1513 an der Stelle eines wundertätigen Madonnenbildes errichtet; innen ist ein Altarbild von Tiberio d'Assisi (1530/1540) und ein Gewölbefresko von Caporali aus gleicher Zeit zu betrachten. Links an die Kirche schließt sich die **Porta Trasimeno** an, ein ursprünglich etruskisches Stadttor mit mittelalterlichem Spitzbogen. Die Via San Francesco rechts führt schließlich aus der Enge der Altstadt auf die großzügige, begrünte **Piazza San Francesco al Prato.**

An der Westseite des Platzes erhebt sich dominant **San Francesco al Prato.** Die Mitte des 14. Jhs. errichtete gotische Franziskanerkirche steht auf lockerem Baugrund und weist erhebliche Schäden auf. Geöffnet ist sie meist nur, wenn im Sommer im Innenraum der großen Ruine klassische Konzerte veranstaltet werden.

Links neben San Francesco zieht die ungewöhnliche Fassade des kleinen **Oratorio San Bernadino** die Blicke auf sich. Mit dem Bau des einschiffigen Kirchleins wurde schon 1451 begonnen, nur ein Jahr nach dem Tod des auch in Perugia hochverehrten Heiligen aus Siena. Für die Fassadengestaltung konnte man 1457 den Florentiner *Agostino di Duccio* gewinnen, der ein frühes Meisterwerk der Renaissance schuf. Der architektonische Rahmen lehnt sich eng an antike Vorbilder an.

Der Bau wirkt von vorne betrachtet eher wie ein römischer Tempel oder Triumphbogen als eine christliche Kirche. Die Farbigkeit des Steins und die Feinheit und Bewegtheit der Reliefdarstellungen ergeben ein lebendiges, abwechslungsreiches Bild. Sehr schön sind z. B. die sechs musizierenden Engel an den Portalpfeilern, die sich mit leidenschaftlicher Hingabe ihrer Aufgabe widmen. Nach der reich verzierten Fassade überrascht das nüchterne Innere der Betkapelle. Sehenswert ist der als Altar dienende römische Sarkophag aus frühchristliche Zeit. In den Reliefs erkennt man u. a. Jonas, der vom Wal verschlungen wird und dann wieder ausgepien am Strand liegt.

Neben dem Oratorium geht es hinunter zur **Accademia di Belle Arti** im ehemaligen Kreuzgang von San Francesco. Die bereits 1573 gegründete Kunstakademie besitzt eine Sammlung von Gipsabgüssen 500 berühmter Skulpturen sowie eine Gemäldesammlung mit Werken des 16. bis 19. Jhs.

Das nördliche Altstadtviertel

Nördlich der zentralen Piazza IV Novembre wird Perugia kleinstädtisch. Zwischen sandsteinfarbenen alten Hausfassaden verlaufen stille Gassen die zu kleinen Plätzen und zu Aussichtspunkten am Rande des historischen Zentrums führen. Über die *Piazza Piccinino* und die *Via Bontempi* gelangt man zur bescheidenen **Capella di San Severo,** mit einem kleinen Bildwerk Peruginos und seines berühmten Schülers *Raffael.* Letzterer demonstriert seine frühe, dem 50 Jahre älteren Lehrer schon überlegene Meisterschaft im oberen Teil (um 1507). So wirken die drei links sitzenden Heiligen Mauro, Placido, und Benedetto Abate in Haltung, Blickrichtung, Gesichtsausdruck bewegter, lebendiger als die später (1521) von Perugino im unteren Teil hinzugemalten Figuren. (Öffnungszeiten, Eintrittspreis wie *Pozzo Etrusco).*

Über die gewundene Treppengasse *Via dell'Aquila* gelangt man zur *Piazza Michelotti* und von hier leicht rechts zu einem Aussichtspunkt mit schönem Ausblick über rotbraune Ziegeldächer ins umbrische Hügelland. Am Hügelfuß blickt man in Hinterhöfe mit kleinen Gemüsegärten. Eine kurvige Treppenrampe der *Via delle Prome* führt anschließend hinab zur verkehrsreichen **Piazza Fortebraccio.**

An der Südseite des Platzes stehen festungsartig die wuchtigen Mauern des **Arco d'Augusto,** auch *Arco Etrusco* genannt. Das von kräftigen Festungswerken flankierte Stadttor etruskischen Ursprungs stammt aus der Zeit um 100 v. Chr. Nach der Einnahme Perugias durch die Truppen Octavians 40 v. Chr. ließ der Sieger auf dem Torbogen die Inschrift *Augusta Perusia* anbringen, damit jeder Bürger lesen konnte, wer jetzt Herr im Hause war. Die hochgelegene Loggia und der Brunnen links des Tordurchgangs wurden erst im 16. Jh. hinzugeführt. Der

Palazzo Stuart-Gallenga (18. Jh.) an der Westseite der Piazza Fortebraccio beherbergt heute die Ausländeruniversität von Perugia. Das schon in den 20er Jahren gegründete **Institut für italienische Kultur und Sprache** bietet in stilvollem Barockambiente Studenten jeglicher Nationalität Lehrveranstaltungen unterschiedlicher Dauer und Intensität, u. a. in den Fächern Italienisch, Literatur, Geschichte und Kunst. Auch wer nur einen einmonatigen Intensivsprachkurs machen möchte, kann hier unterkommen.

Von der Piazza Fortebraccio führt der *Corso Garibaldi* in den äußersten nördlichen Winkel der Altstadt. An der rechten Seite des Corso, etwas zurückgesetzt an der *Piazza Lupattelli,* erhebt sich die rosa-weiß gemusterte Fassade von **Sant'Agostino.** Die um 1260 errichtete Kirche wurde im 16. Jh. erweitert und Ende des 18. Jhs. innen grundlegend im Barockstil umgestaltet. Von der älteren Ausstattung hat sich nur wenig erhalten, u. a. das Kreuzigungsfresko über dem ersten Altar links (1387) und das geschnitzte Chorgestühl mit Einlegearbeiten (Anfang 16. Jh.). Ebenfalls schöne Holzarbeiten (Decke) sowie einige Wandgemälde sind in der kleinen, nur unregelmäßig zugänglichen Betkapelle **Oratorio di Sant'Agostino** zu sehen. Oberhalb Sant'Agostino führt der Corso Garibaldi an zwei mittelalterlichen Fassaden vorbei (Häuser Nr. 179 und 191) zum *Monastero Santa Catarina* und zum *Monastero della Beata Colomba.* Falls die Schwestern auf Klingeln öffnen kann man in letzterem die enge Klosterzelle der seligen Colomba sowie ein Lo Spagna zugeschriebenes Gemälde („Kreuztragung") besichtigen. Über die nach rechts abzweigende *Via del Tempio* gelangt man zur ungewöhnlichen **Chiesa San Michele Arcangelo.** Der um 500 erbaute frühchristlicher Rundbau gehört zu den ältesten Kirchen Italiens. Spätere Um- und Anbauten, wie das vorgesetzte gotische Portal, haben den ursprünglichen, ausgewogenen Gesamteindruck nicht wesentlich beeinträchtigt. Den Unterbau der Kuppel tragen 16 kreisförmig angeordnete Säulen, die von antiken Bauwerken stammen. Die 8 spinnenförmig angeordneten Schwibbögen wurden im 14. Jh. nachträglich eingefügt. Der Innenraum vemittelt in seiner Schlichtheit und Symmetrie Ausgeglichenheit und Harmonie, was sich atmosphärisch außerhalb der Mauern fortsetzt. Einige Zypressen beschatten den kleinen Wiesenplatz vor der Kirche, der sich für eine kurze Rast anbietet. Die Geräusche der Großstadt dringen nur schwach bis hierher. Der Blick fällt auf die mittelalterliche Stadtbefestigung mit der großen, gut erhaltenen **Porta San Angelo.** Verlässt man den Stadtbezirk durch das Tor, so gelangt man unvermittelt in ländlich wirkendes umbrisches Hügelland mit Wiesen und Olivenbäumen. Hinter dem auf einem Hügel gelegenen *Convento di Monteripido* beginnt jedoch schon bald wieder städtisch-moderne Bebauung.

Für den Rückweg von San Michele Arcangelo zur zentralen Piazza IV Novembre bietet sich die **Via dell'Acquedotto** an. Hinter dem *Monastero Santa*

Catarina vom *Corso Garibaldi* nach rechts abzweigend, dann nach links über die *Via Fagiano* abwärts gelangt man auf einen den Fußgängern vorbehaltenen Weg, der über mehrere hundert Meter an Dächern und alten Fassaden vorbei eine Talsenke durchquert. Er verläuft auf einem im 13. Jh. angelegten Aquädukt, der die Fontana Maggiore mit Wasser versorgte. Über die Treppenrampe der *Via Appia* aufwärts, dann rechts über die *Via Baldeschi* gelangt man zur *Piazza Cavalotti.* Die nach links wegführende **Via Maestà delle Volte** zeigt nochmals das mittelalterliche Perugia. Entlang an den hohen fensterlosen Fassaden alter Palazzi, zwischen denen sich mächtige Bögen spannen, gelangt man zurück zum Domplatz.

Die ursprünglich etruskische Porta Marzia

Das südöstliche Altstadtviertel

Nach Südosten erstreckt sich die Innenstadt Perugias über einen schmalen, weit vorspringenden Hügelrücken mit den markanten Kirchenbauten San Domenico und San Pietro. Hierher gelangt man vom südlichen Ende der Piazza Matteotti über die schmale gewundene *Via Oberdan,* die in den malerischen Treppenweg *Via Sant Ercolano* übergeht. Hinter dem unten etruskischen, oben gotischen Torbogen *Arco di San Ercolano* gelangt man zur nur selten geöffneten **Chiesa San Ercolano** (1326), die sich an die römische Stadtmauer anlehnt. Der harmonisch wirkende Innenraum mit oktogonalem Grundriss wurde im 17. Jh. barock umgestaltet. Im als Altar genutzten spätantiken Sarkophag ruhen die Gebeine des verehrten Stadtpatrons S. Ercolano, der an dieser Stelle bei der Belagerung Perugias durch die Ostgoten unter Totila den Märtyrertod starb.

Unterhalb von San Ercolano jeweils nach rechts abbiegend erreicht man über die *Viale Indipendenzia/Via Marzia die* **Porta Marzia,** den östlichen Zugang zur düsteren Gewölbeflucht der Rocca Paolina. Das ursprünglich etruskische Stadttor (Ende 2. Jh. v. Chr.) wurde vom päpstlichen Baumeister *Sangallo d. J.* im 16. Jh. um vier Meter nach vorne versetzt, um in die Außenmauer der Festung eingefügt zu werden.

Vom Ende des Treppenweges Via San Ercolano führt der schnurgerade *Corso Cavour* zur **Chiesa San Domenico.** Der schon schon 1305 begonnene Bau der großen dreischiffigen gotischen Hallenkirche erstreckte sich über einen Zeitraum von mehr als 150 Jahren. Der Außenbau blieb (wie beim Dom San Lorenzo) unvollendet, schmuckloses Mauerwerk bildet die Wände. Der erst um 1500 fertiggestellte Turm musste wegen statischer Probleme bald wieder abgerissen werden. 1614 und 1615 stürzten Teile der Kirche ein, die anschließend im Barockstil wieder aufgebaut wurde. Dadurch ging der hochaufstrebende Raumeindruck weitgehend verloren. Aus den älteren Bauperioden haben sich im hell und kahl wirkenden Innenraum nur einige Einzelkunstwerke erhalten. In der vierten Kapelle rechts, der Rosenkranzkapelle, steht ein reich geschmückter Renaissancealtar von *Agostino di Duccio* (1459), dem Künstler der Fassade des Oratorio di San Bernadino. Ein unbekannter Bildhauer schuf das ebenfalls sehr fein gearbeitete Grabmal des 1304 in Perugia gestorbenen Papst Benedikt IV. rechts vom Hauptaltar. Es gilt als das am besten erhaltene frühe gotisches Grabmonument Italiens. Ein großes gotische Glasfenster im Hauptchor erhellt die Kirche. Sehenswert sind auch das Chorgestühl mit Intarsienarbeiten (15. Jh.) sowie die teilweise beschädigten Fresken des 14. und frühen 15. Jhs. im linken Querarm von meist namentlich nicht bekannten Künstlern.

Links von der Kirchenfassade öffnet sich der Zugang zum Kreuzgang von San Domenico. In den ehemaligen Klostergebäuden ist heute das **Museo Archeologico Nazionale dell'Umbria** untergebracht, das bedeutendste Archäologiemuseum der Region. Insbesondere wegen der etruskischen Exponate lohnt ein Rundgang (Eintritt durch den Kreuzgang, geöffnet Di–So 8.30–19.30 Uhr, montags 14.30–19.30 Uhr, 2 €). Im Umgang des Kreuzgangs sind zahlreiche etruskische Graburnen ausgestellt. Daneben sind u. a. sehenswert: In Raum 1 die Stele mit kämpfenden Kriegern und die Sphinx (6. Jh. v. Chr.), die auf die kulturelle Verbindung der Etrusker zum vorderen Orient (Kleinasien, Ägypten) hinweisen, und in Raum 2 die reliefgeschmückten *Cippi* (Grenz- und Grabsteine) etwa aus gleicher Zeit. Letztere zeigen mit ihren Darstellungen von Tanz, Musik, Spielen und Gastmählern die für die frühe etruskische Kunst typische heiter-lebensfrohe Grundstimmung. Aus römischer Zeit stammt eine überlebensgroße, rekonstruierte Bronzestatue des Kaisers Germanicus (1. Jh.) mit prächtig verziertem Brustpanzer.

Bei der **Porta di San Pietro** geht der Corso Cavour in den *Borgo XX Giugno* über. Der nie ganz vollendete Bau des großen Stadttors wurde im 14. Jh. in Angriff genommen. Im 15. Jh. erhielt es eine prachtvolle Renaissancefassade, an deren Gestaltung wiederum der Florentiner Agostino di Duccio maßgeblich beteiligt war. Bei der kleinen *Porta di San Costanzo* endet der Borgo XX Giugno.

Auf einem Hügel linker Hand erhebt sich die Klosterkirche **San Pietro,** einer der ältesten christlichen Sakralbauten Perugias. Als Jahr der Einweihung ist 969 überliefert, aufgrund der heute noch vorhandenen Struktur des Längsschiffes, die sich an frühchristliche Kir-

Am Corso Cavour

chen Roms anlehnt, wird jedoch auf ein noch höheres Alter der Kirche geschlossen (6. Jh.). Vom Ursprungsbau hat sich allerdings nur die Raumgestalt erhalten. Das Innere erfuhr zwischen dem 14. und 17. Jh. zahlreiche Veränderungen. Im Halbdunkel des archaisch-würdevolle wirkenden Kirchenraums verbergen sich Kunstwerke in großer Zahl, die einen zeitlichen Bogen vom Mittelalter zum Barock spannen. Den Schwerpunkt bilden Renaissance- und Barockgemälde. Interessanter als diese sind das reichverzierte geschnitzte Chorgestühl, das von verschiedenen Künstlern zwischen 1526 und 1591 gefertigt wurde. Die Tür im Chorscheitel zeigt schöne Intarsienarbeiten.

Vom Säulenvorhof der Kirche führt ein Durchgang zum Renaissancekreuzgang des ehemaligen Klosters von San Pietro. Die angrenzenden Konventsgebäude sind heute von der landwirtschaftlichen Fakultät der Universität in Beschlag genommen. Vom Kreuzgang gelangt man weiter in den Klostergarten *Orto Medievale,* eine kleine grüne Oase, wo Heil- und Nutzpflanzen kultiviert werden, die in der mittelalterlichen Medizin Verwendung fanden.

Das Grab der Volumnier

Ponte San Giovanni ist eine gesichtsloser, moderner Vorort sieben Kilometer südöstlich des Zentrums. Der einzige Grund hierher zu fahren ist das **Ipogeo dei Volumni,** die am besten erhaltene **etruskische Nekropole** in Umbrien, die 1840 zufällig bei Straßenbauarbeiten entdeckt wurde. Sie diente als Begräbnisstätte der wohlhabenden Sippe der Volumnier. Datiert wird die aus 38 Einzelkammern bestehende Anlage in die etruskische Spätzeit (2. Jh. v. Chr.). Vom modernen Ausstellungspavillion mit Urnen und Grabbeigaben führt ein Treppengang hinunter in das dunkle Innere des repräsentativen Hauptgrabes. Es ist im Schema eines etruskischen Wohnhauses angelegt. Zu Beginn des zentralen Atriums öffnen sich vier seitliche Kammern, die den Schlafräumen einer Wohnung entsprechen. An der Stirnseite befindet sich der Hauptraum des Totenkultes, das *Tablinum,* in dem die Urnen der Verstorbenen noch in der ursprünglichen Anordnung aufgereiht sind. Der Glaube an ein Weiterleben nach dem Tode hatte in der etruskischen Kultur einen hohen Stellenwert; die Urnenreliefs zeigen u. a. Gastmahle und Trinkgelage, was auf die Vorstellung eines „süßen Lebens im Jenseits" hinweist. An der mittleren, erhöht stehende Urne des Sippenherrschers *Arnth Velimnas* sind zwei geflügelte weibliche Dämonenskulpturen zu sehen, die zu den hervorragendsten etruskischen Bildhauerarbeiten überhaupt zählen.

Geöffnet ist die Nekropole im Juli/August täglich 9–12.30 und 16.30–19 Uhr, die übrige Zeit täglich 9–13 und 15.30–18.30 Uhr, Eintritt 2 €; Anfahrt vom Zentrum über die Viale Roma und die alte Landstraße nach Assisi bis kurz vor die Bahnschranke in Ponte San Giovanni, linker Hand befindet sich der Eingang zur Nekropole; mit häufig verkehrendem Zug in acht Minuten von der Stazione Santa Anna nach Ponte San Giovanni, hier vom Bahnhof einen guten Kilometer nach rechts auf der Hauptstraße parallel zu den Gleisen bis zur zweiten Bahnschranke.

Praktische Tipps

Information

- **Perugia.** 151 000 Ew., 490 m ü. NN, PLZ 06 100, Regional- und Provinzhauptstadt.
- **Tourist-Info.** *Servizio Turistico Territoriale I.A.T di Perugia,* Palazzo dei Priori, Piazza IV Novembre 3, Tel. 07 55 73 64 58, Fax 07 55 73 93 86, E-mail: info@iat.perugia.it.
- Die **Stadtzeitung Viva Perugia** erscheint monatlich mit Stadtplan, wichtigen Telefonnummern und ausführlichem Veranstaltungskalender für Perugia und Umgebung (Konzerte, Theater, Kino, Feste, religiöse Veranstaltungen); daneben Adressen und Bewertungen von Hotels, Restaurants, Kneipen und Discos, Abfahrtszeiten öffentlicher Verkehrsmittel u. a.

Unterkunft

Hotels

Perugia bietet ein breites Hotelangebot in allen Preisklassen. Darunter befinden sich auch eine ganze Reihe Häuser in der Altstadt, die z. T. in stilvollen alten Stadtpalästen untergebracht sind. Allerdings sind die Zimmer im gleichen Hause hier oft von sehr unterschiedlicher Qualität. Manche bieten herrliche Ausblicke, andere sind sehr dunkel. Insgesamt listet das offizielle Verzeichnis 55 Hotels auf; hiervon eine kleine **Auswahl:**

- **Brufani*******/€€€€€, Piazza Italia 12, Tel. 07 55 73 25 41, Fax 07 55 72 02 10, E-mail: brufani@tin.it, Internet: www. sinahotels.com, bestes Hotel der Stadt, zentral am südlichen Altstadtrand, edel und luxuriös, mit jeglichem Komfort und entsprechend teuer.
- **Locanda della Posta******/€€€€€, Corso Vannucci 97, Tel. 07 55 72 89 25, Fax 07 55 73 25 62, E-mail: novelber@tin.it, mitten im Zentrum am Hauptcorso gelegen, ältestes Hotel der Stadt, bereits Goethe logierte hier, vor kurzem renoviert, Deckenmalereien, noble Einrichtung.
- **La Rosetta******/€€€€-€€€€€, Piazza Italia 19, Tel. u. Fax 07 55 72 08 41, E-mail: larosetta@ perugiaonline.com, Internet: www. perugiaonline.com/rosetta, zentral am südlichen Altstadtrand, sympatisches Hotel in einem mittelalterlichem Stadtpalast mit Deckenfresken und Gewölben, edel ausgestattet, Innenhof.
- **Fortuna*****/€€-€€€€, Via Bonazzi 19, Tel. 07 55 72 28 45, Fax 07 55 73 50 40, E-mail: fortuna@umbriahotels.com, Internet: www.umbriahotels.com, zentral in einer Seitengasse westlich des Corso Vanucci, mit Terrasse und Garten, große Unterschiede bei Preis und Komfort der Zimmer.
- **Rosalba****/€€, Via del Circo 7, Tel. u. Fax 07 55 72 06 26, kleines elegantes Hotel mit Blick auf die Rocca Paolina.
- **Signa****/€-€€, Via del Grillo 9, Tel. u. Fax 07 55 72 41 80, E-mail: hotelsigna@tin.it, Internet: www.paginegialle.it, 10 Fußminuten südöstlich des Zentrums bei der Porta San Pietro, am Ende des Corso Cavour, einfaches

und gepflegtes Hotel, Terrasse, Zimmer z. T. mit Balkon und Aussicht, Garage.

• **Eden** **/€€. Via C. Caporali 9, Tel. 07 55 72 81 02, Fax 07 55 72 03 42, sauberes und gepflegtes Hotel im Herzen der Stadt, ruhige Lage in einer Altstadtgasse westlich der Piazza Italia.

• **Umbria** **/€€. Via Boncambi 37, Tel. 07 55 72 12 03, Fax 07 55 73 79 52, E-mail: hotelumbria@libero.it, Internet: www.hotelumbria.com, 1996 komplett renoviert, zentral in einer ruhigen hübschen Gasse beim Palazzo dei Priori, kleine Terrasse, auch Zimmer ohne Bad.

• **Sant'Ercolano** **/€-€€. Via del Bovaro 9, Tel. u. Fax 07 55 72 46 50, E-mail: ercolano@tin.it, Internet: www.hotelercolano.it, familiäres Ambiente, kleine, einfache z. T. etwas dunkle Zimmer, in einer ruhigen Seitengasse am Rande der Altstadt bei der Porta Ercolano.

• **Etruria** */€. Via della Luna 21, Tel. 07 55 72 37 30, kleines freundlich-altmodisches Innenstadthotel, geräumige Zimmer, z. T. ohne eigenes Bad.

• **Anna** */€-€€. Via dei Priori 48, Tel. u. Fax 07 55 73 63 04, zentral, einfach und sympathisch, altmodische Einrichtung, Zimmer teilweise ohne Bad.

• Auf dem Lande in der Umgebung Perugias die **Residenza d'Epoca Castello dell'Oscano** ****/€€€€€, ein vornehmer alter Landsitz mit kleinem Park mit alten Bäumen, etwa 10 km nordwestlich beim Weiler *Cenerente,* Strada Forcella 37, Località Cenerente, Tel. 0 75 58 43 71, Fax 0 75 69 06 66, E-mail: info@oscano.com, Internet: www.oscano.com.

Agriturismo

• **Il Covone** €€€. Frazione Ponte Pattoli, Via Fratticiola 2, Tel. 0 75 69 41 40, Fax 0 75 69 45 03, E-mail: covone@mercurio.it, Internet: www.covone.com, ca. 10 km nördlich Perugia im Tibertal gelegene Villa, vier stilvoll eingerichtete Zimmer (bemalte Decken), Schwimmbad, Reitschule, Restaurant, Bogenschießen, Kochkurse und vieles mehr, Halbpension 55-65 €.

• **Case della Nonna** €€€. Fratticiola Selvatica 17, Tel. 07 55 91 53 47, Fax 0 75 5 91 53 22, E-mail: canonna@libero.it, Internet: www.casadellanonna.com, 25 km nordöstlich von Perugia, in 550 m ü. N.N.; von Perugia die SS 298 nach Gubbio nehmen, kurz vor Piccione rechts abzweigen und 1 km weiter nach links auf die Nebenstraße zum Dorf *Fratticiola Selvatica* biegen; Landwirtschaft mit allem drum und dran, Schwimmbad, Restaurant, Halbpension 48-67 €.

• Zwei weitere empfehlenswerte, gehobene Agriturismo-Unterkünfte sind die **Azienda Semidimela** und die **Abazzia di Vallingegno** (Ferienwohnungen) bei Scritto auf halbem Wege zwischen Perugia und Gubbio (s. Gubbio).

Ferienwohnungen

• **La Macina dell'Oscano.** Strada dell'Oscano 13, Località Cenerente, Tel. 0 75 58 43 71, Fax 0 75 69 06 66, E-mail: info@oscano.com, Internet: www. oscano.it, im Hügelland 10 km nordwestlich Perugia, Ferienwohnungen für 2 bis 3 Personen, kleines Schwimmbad, ca. 60–150 €.

Jugendherberge

• **Centro Internazionale di Accoglienza per la Gioventu.** Via Bontempi 13, zentral in der Nähe der Piazza IV Novembre gelegen, Terrasse mit schönem Blick auf die Altstadt, Tel. 07 55 72 28 80, Fax 07 55 73 94 49, E-mail: ostello@ostello.perugia.it, Internet: www.ostello.perugia.it, 15.1.–15.12. geöffnet, keine Altersbegrenzung, JH-Ausweis nicht erforderlich, bis 23.30 Uhr geöffnet, keine Vorausbuchung möglich, Übernachtungspreis 12 €.

Zimmervermietung

Perugia ist eine der wenigen Städte Italiens mit einem breiten Angebot an Privatzimmern. Allerdings sind viele dieser Unterkünfte längerfristig von Studenten der Ausländeruniversität belegt belegt und werden meist nur wochenweise vermietet. Auflistung der Affittacamere/Bed & Breakfast in der Broschüre *Campeggi e altra ospitalità,* die von den regionalen Info-Stellen verschickt werden.

Camping

• **Paradis d'Eté*****. Colle della Trinità, Via del Mercato 29, 10 km westlich Perugia gelegen, Zufahrt von Perugia über die Hauptstraße Richtung Arezzo, 300 m hinter dem Ortsschild „Perugia" nach rechts in die nach Colle della Trinità ausgeschilderte Nebenstraße abzweigen, keine Busverbindung, Tel. 07 55 17 31 21, 650 m ü. N.N., Hunde erlaubt, Restaurant, ruhige Lage, Schwimmbad, schattige Stellplätze, Bungalows, ganzjährig geöffnet.

- **Il Rocolo**.** Colle della Trinità, Strada Fontana Trinità 1, schöne Lage, gleiche Zufahrt wie zum Camping Paradis d'Eté, Tel. 0 75/ 5 17 85 50, 1.4–15.10 geöffnet

Essen und Trinken

Ristoranti, Trattorie, Osterie

- **Osteria del Bartolo*****.** Via Bartolo 30, Tel. 07 55 73 15 61, So u. Mi mittags geschlossen, auf den Spuren vergessener umbrischer Kochtraditionen, wiederentdeckte und verfeinerte Gerichte aus alten Tagen, hausgemachtes Brot und ausgezeichnete Weine, nicht gerade preiswert aber sehr gut.
- **La Taverna****.** Via delle Streghe 8, Tel. 07 55 72 41 28, gehobenes Restaurant mit einfallsreicher Küche (Lachsravioli mit Kräutern, Ente mit Wildfenchel, Kalbsschnitzel mit Thymian und Kräutern), Mo Ruhetag.
- **Aladino****.** Via delle Prome 11 (Porta Sole), geräumiges, lichtes Ambiente, gute kreative Küche, besonders fein Fisch und Nachspeisen und sogar relativ preiswert, Tel. 07 55 72 09 38, nur abends, Mo Ruhetag.
- **La Piazzetta**.** ***, Via Deliziosa 3 (Querstraße der Via dei Priori), im Sommer Tische in schönem Innenhof, regionaltypische Küche, sympathisches Ambiente, Di Rruhetag, Tel. 07 55 73 60 12.
- **La Bocca Mia***.** Via Ulisse Rocchi 36, geöffnet 12.30–14 u. 19.30–23 Uhr, So u. Mo mittags geschlossen, Reservierung erwünscht, Tel. 07 55 72 38 73, liebevoll und elegant-romantisch eingerichtet, sehr gute regionale und nationale Küche, phantasievolle Gerichte.
- Im **Dal mì Cocco**** hat man keine Wahl. Es gibt ein einziges täglich wechselndes Menü. Eine Osteria wie anno dazumal mit deftigen, traditionelle Gerichte und zudem preiswert, sehr beliebt, vor allem abends unbedingt reservieren! Tel. 07 55 73 25 11, Corso Garibaldi 12 (hinter dem Etruskertor), Mo Ruhetag.
- Einfache, ordentliche Hausmacherküche zu günstigen Preisen bietet das altmodisch-freundliche **Dalla Bianca*,** auf besonderes Design und Schnickschnack legt man hier keinen Wert, Via Piantarose 14 (bei der Porta Ercolana), Sa Ruhetag.
- Ordentliche, preiswert-traditionelle Küche ohne besonderen Anspruch bietet auch das **Brizi*** hinter der Ausländeruniversität, Via Fabretti 75, Di Ruhetag.
- **La Lumera*.** Porta Pesa, in der Nähe der Ausländeruni, kleine Trattoria mit gutem, preisgünstigen Essen in gemütlichem Ambiente, auch Kneipe, Di Ruhetag.
- **Contrappunto*.** Via degli Scortici 4/a, in der Nähe der Ausländeruni; einfaches Studentenrestaurant, große Terrasse mit phantastischem Blick, an Wochenenden Jazzkonzerte, kreative Küche, auch Pizzeria und Pub, abends von 19 bis 2 Uhr, Mo Ruhetag.
- **Pizzeria Scalino Sant'Ercolano*.** Via S. Ercolano 2, Holzofenpizza, einfaches rustikales Ambiente mit Natursteingewölbe, im Sommer wirds hier ganz schön heiß, Fr Ruhetag.

Imbiss

- **Pizzeria Rosticceria Etruschetto.** Corso Garibaldi 17, direkt neben der Ausländeruniversität, neonbeleuchtete kleine Imbissstube mit wenigen Tischen, deshalb oft überfüllt, und ausgezeichneten Pizzen (auch Pizza am Meter), Di Ruhetag.
- **Pizzeria Capri.** Corso Cavour 28, bietet in erster Linie Pizza zum Mitnehmen, nur wenige Tische, ausgezeichnete Qualität, Mi Ruhetag.

Bars und Cafés

- Die **Bar-Pasticceria Sandri** am Corso Vannucci 32 ist das Traditionscafé im Zentrum Perugias. Die Einrichtung mit altem Holzgestühl und Wandbemalung ist museumsreif. Im hinteren Teil gibt es mittags auch warme Kleinigkeiten zu essen.
- Das **Café Morlacchi** im Zentrum an der Piazza Morlacchi ist bei Studenten und Schauspielern des benachbarten Theaters beliebt.

Kneipen und Nachtleben

- **Nanà.** Corso Cavour, kurz vor der Porta San Pietro, Kneipe, Kleinigkeiten zu Essen, Kleinkunstbühne, Lesungen, Bücherecke, freundliche und offene Atmosphäre.

24 Stunden Perugia

von Julia Sander

Wer in aller Herrgottsfrühe schon auf den Beinen ist, sollte hinaufgehen Richtung Porta Sole. Von der **Terrasse bei der Biblioteca Augusta** hat man einen phantastischen Blick auf die Hügel Perugias, ins Tibertal bis nach Assisi. Im Herbst und im Winter ist die Atmosphäre manchmal märchenhaft: aus einem Meer von Nebel ragen die Bergspitzen wie Inseln hervor. Die ersten Sonnenstrahlen tauchen die mittelalterlichen Steinhäuser Perugias in warme Farben. Im Corso Vannucci beginnt langsam der Trubel, ein Holzkarren voller Obst und Gemüse frisch vom Großmarkt beliefert die Restaurants, die Bars stellen Tische und Sonnenschirme auf, die ersten schick gekleideten Perugini machen sich auf den Weg ins Büro.

Aber vor der Arbeit geht es erst noch auf einen Sprung **in die Bar.** Und die berühmteste und schönste aller Bars ist natürlich **Sandri,** eine Bar-Pasticceria mit Geschichte. Jung und alt, Ausländer wie Peruginer, Handwerker und Anwälte, auf einen *caffè* zu Sandri kommen sie alle gerne. Die Bar wird seit fünf Generationen von der schweizer Familie Schucani geführt. Das Mobiliar, die Vitrinen und Deckenbemalung stammen noch von anno dazumal, und die etwas betagten *baristi* passen wie maßgeschneidert in dieses stilvolle, altmodische Ambiente. Man bestellt einen Cappuccino und dazu gibt es natürlich eine Pasta, gefüllt mit Sahne, Schokolade, Creme oder Honig. Nicht weniger lecker sind die Spezialitäten der **Pasticceria Perusia** unterhalb der Treppen von Sant'Ercolano und der **Pasticceria L'Accademica** in der Via dei Priori, auch wenn das Ambiente hier weniger schön als im Sandri ist. Die Italiener nehmen ihr Frühstück meist im Stehen am Tresen ein. Zwischen einem Kaffee und einem Cornetto werden Neuigkeiten ausgetauscht, ein Blick in die für jedermann ausliegende Zeitung geworfen, diskutiert oder sogar Geschäfte ausgehandelt. In die Bar geht man nicht zuletzt um Gerüchte aus der Nachbarschaft in Erfahrung zu bringen, ausgiebig politische Ereignisse zu diskutieren oder die vergebenen Torchancen im letzen Spiel der Heimmannschaft zu beklagen. Wer sein deutsches gemütliches Frühstück nicht missen will, kann sich natürlich an einen der Tische auf dem Corso niederlassen; aber aufgepasst, wer sich seinen Cappuccino servieren lässt, zahlt bis zum doppelten Preis. Ein netter Ort zum Drinnensitzen ist das **Café Morlacchi.** Bei angenehmer Musik kann man hier in aller Ruhe seinen Cappuccino oder frischgepressten Orangensaft genießen. Besonders Nachmittags füllt sich dieses Café mit Studenten, denn die Universität liegt genau gegenüber.

Wer auch im Urlaub selbst kochen will, kann sich im **Mercato Coperto,** in den Markthallen Perugias, versorgen. Sie liegen am Ostrand des Stadtzentrums, nicht weit vom Rathaus, hinter dem Palazzo dell'Università Vecchia an der Piazza Matteotti. Von der Terrasse des Marktes genießt man ein schönes Panorama über das umbrische Hügelland. Im Sommer ist hier abends **La Terazza** geöffnet, eine Open-Air Kneipe/Piano Bar. Vorbei an Schuh- und Kleiderständen geht es über die Treppen hinunter zur Fleisch-, Brot- und Geflügelabteilung. Noch ein Stockwerk tiefer liegt der Obst und Gemüsemarkt. Auch die Fischhändler haben hier ihre Verkaufsstände; Fisch kommt Dienstags und Donnerstags frisch vom Meer. Wer sich nach dem Markttrubel stärken will, für den gibt es in der Markthalle die traditionelle *porchetta,* Schweinebraten gefüllt mit wildem Fenchel, Pfeffer und Knoblauch. Eine Scheibe davon in ein Panino gepackt ist eine beliebte umbrische Imbissspezialität.

Neben Museen und Kirchen bietet Perugia noch anderes zu sehen, z. B. die *scala mobile,* die die Parkplätze mit dem Zentrum verbinden. Per Rolltreppe kann man die mittelalterlichen Gewölbe der **Rocca Paolina** besichtigen. Häufig werden in den alten Gemäu-

ern Kunstaustellungen gezeigt. Jeweils am letzten Wochenende des Monats findet hier ein Antiquitätenmarkt statt.

Gegen Mittag wird es in der Stadt ruhiger. Um 13 Uhr schließen so gut wie alle Geschäfte, und bis frühestens 16 Uhr wirkt die Stadt wie ausgestorben. Nur einige Touristen sitzen noch an den Tischen vor den Bars oder schlendern durch die Straßen. *Ora di pranzo,* Zeit zum Mittagessen.

Am frühen Nachmittag kann man sich am Ende des Corso Vanucci im kleinen Park **Giardino Carducci** im Schatten der Bäume entspannen. Etwa 20 Fußminuten außerhalb des Zentrums gibt es vor dem Kirchlein Tempio di San Angelo einen weiteren kleinen Park, ein idealer Ort, um sich in aller Ruhe ins Gras zu legen und Siesta zu halten. Vor der Kunstakademie, neben der Kirche San Francesco, treffen sich gerne Studenten und verbringen hier die Zeit bis zur nächsten Vorlesung.

Gegen 16 Uhr erwacht die Stadt aufs neue. Geschäfte, Museen und Kirchen öffnen fast wie auf Kommando ihre Türen wieder. Es ist jetzt hohe Zeit für ausgedehnte **Einkaufstouren durch das Zentrum.** Verrückte Klamotten gibt es z. B. im **Underground** neben dem Dom unter den Arkaden. Handbemalte Keramik und Fliesen, auch auf Bestellung, kann man im **L'Alveare** in der Via dei Priori erstehen. Am Corso Vanucci bieten die exklusiveren Geschäfte ihre Waren an, während in den engen steilen Gassen der Altstadt kleinere Läden und einfachere Werkstätten ihren Platz haben. Gegen 18 Uhr kommen die *ragazzi,* die Jugendlichen, und belagern den Corso. Es beginnt die *passeggiata,* das allabendliche Flanieren, Sehen und Gesehenwerden. Bis Ladenschluss gegen 20 Uhr wimmelt es auf dem Corso vor Menschen.

Auf einen Aperitif geht man z. B. in die **Bar Etruska** mit ihren Deckenfresken, in die **Bar Turreno** neben dem Kino, in das jugendliche **Papaia** oder nochmals zu **Sandri** und lässt sich einen Prosecco, Campari oder einen Martini Dry bereiten. Zum **Abendessen** hat man die Qual der Wahl: Pizza, einfache umbrische Küche oder kulinarische Höhenflüge? Gute Holzofenpizza gibt es in der **Pizzeria San Ercolano,** allerdings ist es im Sommer sehr heiß. Das Lokal **Il Contrappunto** bietet neben Jazzkonzerten und einer Terrasse mit herrlichem Blick auf die Campagna auch ein große Auswahl an feinen Gerichten, wie Tagliatelle mit gelber Kürbissauce oder gebackene Zucchiniblüten, daneben auch gute Pizzen. Im beliebten **Dal mi'cocco** müssen sie nur noch den Wein bestellen, das täglich wechselnde Menü steht fest. Von der Vorspeise bis zum Nachtisch werden hier in rustikalem Ambiente preiswerte typische Gerichte der Stadt zubereitet. Vornehmer ist es bei Massimo im **Bocca mia,** eines der besten Lokale Perugias. Am Eingang werden Fotos der Prominenten, die hier schon tafelten, präsentiert, das Restaurant ist stilvoll dekoriert und liebevoll eingerichtet – einschließlich der Toiletten. Natürlich ist der ganze Spaß auch nicht gerade billig.

An das Essen ließe sich nochmals einen **Bummel auf dem** immer noch belebten **Corso Vannucci** anschließen; vielleicht gibt es auf der Terrazza auch ein Konzert. Im **Papaya** kann man einen Drink nehmen, oder man setzt sich auf die Stufen der Piazza und beobachtet die hier versammelten *papagalli* bei der Arbeit. Reggea, Punk, Rock, etc. **Um das Tanzbein zu schwingen** muss man ins Auto steigen, denn Perugias Diskotheken liegen alle außerhalb. Wer nochmal Hunger bekommt, kann bei **Dino** hinter der Ausländeruniversität noch bis 3 Uhr morgens eine Pizza bekommen.

- **Papaia.** Beim oberen Ende der Via dei Priori, Schickimickikneipe, Drinks und Pannini, So Ruhetag.
- **Punto Vista.** Nur im Sommer geöffnetes Nachtcafé auf der Terrasse bei den Giardini Carducci, Musik und Kleinigkeiten zu Essen.

Bahnverbindungen

- Der **Hauptbahnhof** Perugias liegt 2 km südwestlich unterhalb der Altstadt im Ortsteil Fontivegge, Zugauskunft Tel. 8 48 88 80 88. Vom Bahnhof fahren alle 10 Minuten Stadtbusse hinauf ins Zentrum.
- Perugia liegt an der Strecke Terontola–Foligno. In **Terontola** besteht Anschluss an die Fernstrecke *Rom–Florenz,* in **Foligno** an die Fernbahn *Ancona-Spoleto-Rom.*
- Direktverbindungen von Perugia: über *Spoleto* nach **Rom** mit Eurostar in gut 2 Std. (2x täglich); über *Arezzo* nach **Florenz** mit Diretto in ebenfalls gut 2 Std. (5x täglich).
- Daneben verkehren täglich etwa 15 Bummelzüge auf der Strecke, nach Westen über *Passignano* am Trasimenersee nach **Terontola,** nach Osten über *Santa Maria degli Angeli* (Assisi) und *Spello* nach **Foligno.**
- Direkt beim Altstadtzentrum, unterhalb der Porta Ercolana, liegt die **Stazione Sant' Anna,** wo die Züge der privaten *Ferrovia Centrale Umbra* starten, Tel. 07 55 75 40 38. Von hier fahren Schienenbusse auf der Südstrecke nach **Terni** über *Ponte San Giovanni, Marsciano,* **Todi Ponte Rio,** *Massa Martana, Acquasparta,* Fahrtzeit bis Todi ca. 45 Min, bis Terni 1 1/4 Std., werktags ca. 12 Züge, sonntags nur 4 Abfahrten. Daneben verkehren Schienenbusse auf der Nordstrecke nach *Sansepolcro* (Toscana) über *Ponte San Giovanni, Umbertide,* **Città di Castello,** Fahrzeit ca. 1 Std. 20 Min., Abfahrt etwa stündlich, werktags 11, sonntags 5 Abfahrten.
- Im **Umsteigebahnhof Perugia Ponte San Giovanni** 6 km südöstlich außerhalb des Stadtzentrums stoßen die Strecken der Privatbahn auf die Linie der Staatsbahn. Alle Züge halten hier. Von Perugia Zentrum Richtung Osten (Assisi/Spello/Foligno) kann es günstiger sein, mit dem Zug vom Bahnhof Sant'Anna loszufahren und in Ponte San Giovanni umzusteigen.

Busverbindungen

Fast alle Busse starten beim südlichen Rand der Altstadt von der **Haupt-Busstation** bei der **Piazza Partigiani,** die über Rolltreppen (scala mobile) mit dem Zentrum verbunden ist (Auskunft Tel. 07 55 06 78 94). Zum Hauptbahnhof der Staatsbahn fahren die Stadtbuslinien 25, 27 und 36.

Regionale Verbindungen

- Nach **Gubbio** über *Colombella,* 12x tgl., Fahrzeit ca. 1 1/4 Std.
- Nach **Todi** über *Deruta,* Fahrzeit ca. 1 1/2 Std., ca. 8x tgl.
- Nach **Foligno** über *Santa Maria degli Angeli* und *Spello,* Fahrzeit ca. 1 Std., etwa 5x werktags (der Zug ist schneller).
- Nach **Assisi** über *Santa Maria degli Angeli,* Fahrzeit ca. 1 Std., fast stündlich.
- Nach **Gualdo Tadino,** Fahrzeit 1 Std. 20 Min., Abfahrt werktags 6x.
- Nach **Citta della Pieve,** Fahrzeit ca. 1½ Std., werktags 6x tgl. Die Busse fahren weiter bis zur Bahnstation *Chiusi,* Intercityhalt an der Linie Rom–Florenz.
- Nach **Castiglione del Lago** über *Magione, Sant'Arcangelo,* Fahrzeit 1 1/4 Std., werktags 9x.
- Nach **Bettona** über *Torgiano,* Fahrtzeit 40 min., werktags 6x.

Überregionale Verbindungen

- Nach **Rom** und zum **Flughafen Fiumicino** mehrmals täglich, Fahrkarten im Bus erhältlich, Fahrtzeit etwa 3 Stunden, genaue Abfahrtszeiten bei der Touristeninformation *A.P.T.*
- Nach **Orvieto** werktags um 14.10 Uhr, Ankunft 15.35 Uhr.
- Nach **Siena** täglich um 9.00, 10.30 und 17.25 Uhr, Abfahrten ab Siena um 6.00, 14.05 und 16.50 Uhr, Busverbindung der Staatsbahn, Abfahrt vom Hauptbahnhof.
- Nach **Norcia** werktags um 15.30 Uhr, Ankunft 18.20 Uhr.
- Nach **Urbino** werktags einmal mit umsteigen in *Foligno,* Abfahrt 9.25 Uhr, Ankunft 12.30 Uhr; Abfahrt Urbino 16.00 Uhr, Ankunft Perugia 19.30 Uhr.
- Nach **Civitanova Marche** an der Adria über *Muccia (Camerino), Macerata* werktags um 14.15 Uhr, Ankunft Civitanova 18.15 Uhr,

ab Civitanova 6.30 Uhr, Ankunft Perugia 9.45 Uhr.

- Nach **Ascoli Piceno** über *Muccia (Camerino)* täglich 16.00 Uhr, Ascoli an 20.00 Uhr, Abfahrt Ascoli 6.00 Uhr, Ankunft Perugia 10.00 Uhr.

Taxi

- **Taxistände.** Piazza Italia, Piazzale Monteluce, Largo Cacciatori degli Alpi, Via Fani und am Bahnhof.
- **Vorbestellung** für Nachtfahrten unter Tel. 07 55 00 48 88.

Flugverbindungen

- Flughafen **Aeroporto Sant'Egidio,** 12 km östlich des Zentrums auf halbem Wege nach Assisi, Auskunft Tel. 0 75 59 21 41.
- 3 x täglich Regionalflüge nach **Milano.**

Autoverleih

- **AVIS.** Am Flughafen Sant'Egidio, Tel. 0 75 6 92 93 46.
- **Hertz.** Am Bahnhof, Piazza V. Veneto, Tel. 07 55 00 24 39.
- **Europcar.** Am Flughafen Sant'Egidio, Tel. 07 56 92 06 15.

Parken

- Das **Zentrum** ist nur für Fahrzeuge von **Anwohnern oder Hotelgästen** geöffnet.
- **Parkplätze** gibt es **am Rande** des Zentrums, meist nur mit Parkschein (blaue Linien); zahlreiche Parkplätze sind ausgeschildert.

Einkaufen

- Täglich **Lebensmittelmarkt** im *Mercato Coperto* bei der Piazza Matteotti.
- Samstags großer **Wochenmarkt** beim Stadion sowie beim Piazzale Europa.
- **Fiera dei Morti,** am Totensonntag und den vier vorausgehenden Tagen riesiger Markt auf dem Gelände beim Stadion.
- **Biomarkt** *Umbria Terraviva* jeden ersten Sonntag im Monat auf der Piazza Piccinino.
- **Antiquitätenmarkt** jedes letzte Wochenende im Monat in der Rocca Paolina und um den Giardino Carducci.
- **Enoteca provinciale.** Via Ulisse Rocchi 16, große Auswahl umbrischer Weine aus allen Anbaugebieten, gute Beratung, Probiermöglichkeit gegen Bezahlung, dazu kann man geröstete Weißbrotscheiben, *bruschette,* bestellen, geöffnet 10–13.30, 16.30–23.00 Uhr, außer Mo.
- **Casa del Parmiggiano,** Via S. Ercolano 36, gegenüber S. Ercolano, gut sortiertes Feinkostgeschäft, vor allem Käse.

Feste und Veranstaltungen

- Jedes Jahr Mitte Juli findet in den Mauern Perugias das international renommierte **Umbria Jazz** statt. Die Plätze der Stadt verwandeln sich dann für etwa 10 Tage in Konzertbühnen. Berühmte und weniger berühmte Musiker aus aller Welt treten auf, teilweise auch umsonst. Perugia ist dann voll von Jazzfans und die Hotels sind allesamt langfristig ausgebucht.
- Weitere Musikveranstaltungen sind Ende Juni **Rocking Umbria,** ein Rockfestival für weniger bekannte Gruppen außerhalb des Mainstream sowie Mitte September das zwei Wochen dauernde **Umbrische Sakralmusik-Festival.**
- Bei **Eurochocolate** Mitte Oktober dreht sich alles um die Schokolade. Die Süßwarenhersteller Italiens, unter denen Perugino aus

Tabacchi am Corso Vanucchi

Perugia einer der größten ist, zeigen ihre neuesten Kreationen.

- Große Antiquitätenschau **Rassegna Antiquaria** Ende Oktober.

Notfall

- **Vigili Urbani.** Im Palazzo dei Priori, neben dem Eingang zur Pinakotek, Tel. 07 55 72 32 32.
- **Krankenhaus.** *Ospedale Monteluce,* Piazza Monteluce, Notruf *(Pronto Soccorso)* Tel. 07 54 44 44.
- **Apotheke.** Farmacia San Martino, Piazza Matteotti 26, 24 Stunden geöffnet.

Sonstiges

- **Post.** Hauptpostamt im Zentrum in der Via Mazzini, Ecke Piazza Matteotti.
- **Sprachkurse.** *Università Italiana* per Stranieri, Palazzo Gallenga, Piazza Fortebraccio, 06122 Perugia; Studentenbüro Tel. 07 55 74 62 11, Fax 07 55 72 62 13, E-mail: relstu@unistrapg.it, Internet: www.unistrapg.it; bei der Zimmersuche hilft *Atena Service,* Via del Bulagaio 38, Tel. 07 55 73 29 92, E-mail: info@atenaservice.com, Internet: www.atenaservice.com.

Ausflug

☆Für Eltern mit Kindern – Città della Domenica

Wenn die Kleinen genug vom Pflastertreten haben, empfiehlt sich eine Fahrt zur *Città della Domenica* acht Kilometer nordwestlich des Zentrums. Die „Sonntagsstadt" ist nicht nur sonntags geöffnet, dann aber trotz hoher Preise meist übervoll. In der Woche haben hingegen die Kinder im **Freizeitpark** mit Märchenwald, Indianerdorf und zum Teil freilaufenden Zootieren viel Gelegenheit sich auszutoben. Geöffnet ist die Città April bis Oktober von 9.30 Uhr bis Sonnenuntergang, die Anfahrt führt vom Zentrum über die Landstraße Richtung Corciano bis zum Vorort Ferro di Cavallo, dann auf nordwestlich abzweigender Nebenstraße weiter.

In der Umgebung Perugias

Östlich des Tibers

Versteckt im ruhigen Hügelland jenseits des Tibertals im Nordosten Perugias liegen mehrere romanische Kirchenbauten. Nicht weit von Piccione, nördlich der Straße Perugia–Gubbio, steht bei *Montelabate* die 1325 erbaute ehemalige Klosterkirche der Abtei **Santa Maria di Valdiponte** einsam in der Landschaft. Von weitem erscheint sie wie eine Festung. Die gesamte Klosteranlage mit Kreuzgang des 12. und Krypta des 11. Jhs. ist leider wegen Erdbebenschäden bis auf weiteres nicht zugänglich

San Giustino südlich von *Piccione* ist ebenfalls durch die Erdbeben der jüngeren Vergangenheit in Mitleidenschaft gezogen worden, darf aber betreten werden (Schlüssel beim Bauernhof hinter der Kirche). Der schlicht-romanische Bau mit Krypta und offenem Dachstuhl ist seit der Errichtung im frühen 13. Jh. unverändert geblieben.

Einen knappen Kilometer hinter *Scritto* zweigt von der Hauptstraße nach Gubbio ein Fahrweg nach rechts zur **Abbazia di Vallingegno** ab. Die Abtei wurde Anfang des 13. Jhs. von Benediktinermönchen gegründet. Den Altar der Klosterkirche bildet ein römischer Sarkophag mit den Gebeinen eines frühchristlichen Märtyrers, die um einen kleinen Innenhof mit Brunnen gruppierten übrigen Klosterbauten dienen heute als stilvolle Ferienunterkunft eines Agriturismo-Betriebes.

Torgiano

In der Kleinstadt 15 km südlich Perugia dreht sich alles um den Wein. Die Hügel der Monti Martani, die bei Torgiano nach Norden sanft in die Ebene auslaufen, sind dicht mit Weinreben bestockt. Wegen ihrer qualitätsvollen Tropfen ist das Städtchen inzwischen über die Grenzen Umbriens hinaus bekannt. Vor allem die Erzeugnisse des traditionsreichen Weingutes der *Lungarotti* begründeten den guten Ruf. Seit 1974 befindet sich in den Räumen eines Altstadtpalazzos das von den Lungarotti in Privatinitiative gegründete Weinmuseum **Museo del Vino,** die Hauptsehenswürdigkeit des Ortes (täglich 9–13 Uhr u. 15–19 Uhr, im Winter nur bis 18 Uhr, 4 €) Von der Antike bis zur Neuzeit ist die Geschichte des Weines in all ihren Aspekten didaktisch geschickt durch vielfältige Exponate dokumentiert. Zu sehen sind u. a. originale Weingefäße der Etrusker, Griechen und Römer, große Weinpressen, traditionelles Handwerkszeug der Weinbauern, sowie Kunstwerke, die sich auf den Wein beziehen.

Nach der Theorie die Praxis: eine Weinprobe *(degustazione)* wird vom Museum angeboten, allerdings nur gegen Bezahlung. Als beste Qualitäten der Lungarotti-Erzeugnisse gelten allgemein die D.O.C.-Weine *Rubesco* (rot) und *Torre di Giano* (weiß).

Information

- **Torgiano.** 4800 Ew., 219 m ü. NN, PLZ 06 089.

Unterkunft

- **Le tre Vaselle*******/€€€€€. Via Garibaldi 48, Tel. 07 59 88 04 47, Fax 07 59 88 02 14, E-mail: 3vaselle@3vaselle.it, Internet: www.3vaselle.it, sehr vornehmes, gediegenes, makellos-korrektes Hotel in einem alten Palazzo.
- **Si. Ro.****/€€. Via Bruno 16, Tel. 0 75 98 20 10, Fax 07 59 88 00 35, einfaches, freundlich-familiäres Haus nicht weit vom Zentrum, ordentlicher Komfort, mit Restaurant.
- **Agriturismo Poggio alle Vigne**€€€. Piazza Matteotti 1, Località Montespinello, Tel. 0 75 98 21 29, Fax 07 59 88 70 14, 3 km nordöstlich des Zentrums, Ferienwohnungen für 2 oder 4 Personen, mit Schwimmbad, Preis je nach Wohnungsgröße und Saison.

Essen und Trinken

- Das Hotelrestaurant **Le Tre Vaselle****** bietet umbrische Küche auf hohem Niveau in vornehmer und stilvoller Umgebung, kleiner Speiseraum mit offenem Kamin und Barockbildern an den Wänden.
- Gute und preiswerte Küche im Hotelrestaurant **Si. Ro.****.

Öffentliche Verkehrsmittel

- **Bus.** Regelmäßige Verbindungen nach *Perugia, Assisi* und *Cannara.*

Bettona

Bettona liegt in schöner Aussichtsposition am Nordrand der Monti Martani, die das Topinotal vom Tibertal trennen. Vom mittelalterlichen Städtchen öffnet sich der Blick rundum in die umbrischen Hügel und die Ebene der Valle Umbra. Auf Grund seiner strategisch günstigen Lage war Bettona schon unter Etruskern und Römern ein wichtiges Gemeinwesen. Im Mittelalter gehörte es zu den freien Kommunen Umbriens. 1352 wurde die Stadt von den Truppen Perugias ausgehungert und anschließend dem Erdboden gleichgemacht. 15 Jahre später ließ der päpstliche Statthalter *Kardinal Albornoz* die Stadt neu aufbauen.

Bettona ist heute ein etwas verschlafenes Nest. Die meisten der ehemaligen Bewohner sind aus der Altstadt in neue Siedlungen am Fuße der Hügel umgezogen, z. B. in den 4 km nordöstlich entstandenen Vorort *Passagio di Bettona.* Viele Häuser im historischen Zentrum stehen leer. Vor allem Römer, Deutsche und Holländer haben viele alte Landhäuser in der Umgebung aufgekauft und als Zweitwohnungssitz restauriert. Haupterwerbsquelle der Region ist neben der **Olivenölproduktion** die **Schweinezucht.** Ca. 100 000 Stück Borstenvieh werden in den Landwirtschaftsbetrieben der Ebene unterhalb Bettona aufgezogen. Meist werden die Schweine in großen Stallungen gehalten, so dass man sie nur selten zu Gesicht bekommt.

Sehenswert ist die komplett erhaltene **mittelalterliche Stadtmauer,** die stellenweise noch auf den Sandsteinblöcken der Etruskerzeit ruht. *Culo delle monache* – „Nonnenhintern" – heißen die großen, runden Steine an der Ostseite des Mauerrings bei den Bettoni. Auf einem Spaziergang rund um die Befestigungsmauern lässt sich das schöne Panorama Bettonas am besten genießen.

Im Zentrum der bescheidenen Ortschaft erhebt sich der **Palazzo della Podestà** aus dem Jahr 1371, in dem die **Pinacoteca Comunale** untergebracht ist. 1987 wurden 29 wertvolle Exponate gestohlen, die jedoch 1991 in Jamaica wiederaufgefunden wurden. Nach der Neueröffnung 1996 sind z. T. frisch restaurierte Werke von *Tiberio di Assisi, Perugino, Fiorenzo di Lorenzo, Dono Doni* und einige archäologische Funde der Umgebung zu sehen.

Für Kunstinteressierte lohnt auch ein Blick in das **Oratorio San Andrea** (den Schlüssel holt man beim Kustoden Signore *Matteucci Marcello,* Via dei Archi 15). Bei Restaurationsarbeiten an der fein gearbeiteten Holzkassettendecke entdeckte man Wandfresken aus dem Jahr 1394 (Episoden des Leiden Christi). Das an das Kirchlein angrenzende Gebäude war bis 1996 die Ölmühle Bettonas, seit 2002 ist hier eine komfortables 4-Sterne-Hotel untergebracht. Die ursprünglich romanische Kirche **Santa Maria Maggiore** ist seit dem letzten Erdbeben wegen Einsturzgefahr geschlossen.

Von Bettona führt eine kleine Spazierfahrt nach Süden hinauf in die sanfthügeligen nördlichen Ausläufer der **Monti Martani.** Man folgt einfach der Wegbeschreibung zum „Agriturismo Torre Burchio". Die schöne, zuletzt ungeteerte Panoramastraße führt vorbei an alten Landhäusern, durch Mischwälder und schließlich durch die grüne Bergeinsamkeit bis zum gedie-

Perugia

genen Feriendomizil **Torre Burchio.** Auf der Terrasse kann man ein Gläschen Wein trinken oder auch eine Kleinigkeit essen.

Information

- **Bettona.** 3320 Ew., davon etwa 600 in der Altstadt, 355 m ü. NN, PLZ 06 084, 20 km südöstlich Perugia.

Unterkunft

- **Relais La Corte di Bettona******/€€€€. Via S. Caterina 2, Tel. 0 75 98 71 14, Fax 07 59 86 91 30, E-mail: rbettona@tin.it, 2002 neu eröffnete komfortable bis luxuriöse Unterkunft mitten im historischen Zentrum, mit Swimmingpool, Fitnessraum, Sauna, Aussichtsterrasse und gehobenem Ristorante*** im gemütlichen Kellergewölbe der ehemaligen Ölmühle von Bettona.
- **Cinque Cerri***/€. Via 5 Cerri 87, Tel. u. Fax 07 59 88 50 28, E-mail: 5cerri@econet.it, einfaches und preiswertes kleines Familienhotel 3 km südlich des Ortes, ruhige Lage in schöner Natur, Zimmer z. T. ohne Bad.
- **Agriturismo Azienda Torre Burchio**€€€. Località Burchio, Tel. 07 59 88 50 17, Fax 0 75 98 71 50, abgelegenes, elegantes Natursteinhaus in 500 m Höhe in den Monti Martani gelegen, ca. 4 km Erdstraße ab Bettona (Wegweiser), gepflegtes Ambiente, große Terrasse, Restaurant, Reitstall, Mountainbike-Verleih.
- **Ferienwohnungen**€€€. *Azienda Il Sambro,* Via Molinella, Passaggio di Bettona, Tel. 0 75 98 71 09, Fax 07 58 01 98 42, über die Nebenstraße Passagio di Bettona-Collemancio zu erreichen, Swimmingpool, Appartementpreis für 2 Personen bzw. für 4 Personen.

In den Monti Martani bei Bettona

Essen und Trinken

- In der Umgebung ist das **Cinque Cerri***-** mit Ristorante, Pizzeria, Gelateria, Bar ein beliebtes Ausflugsziel 3 km außerhalb, in den Hügeln von Bettona gelegen, mit schönem Panoramablick, Terrasse, an Wochenenden im Sommer meist überfüllt. Località Malandruge, Tel. 07 59 88 50 28.
- **Ristoro-Pizzeria Montelauro***. Località Fonti Montelauro, in einem schattigen Tal bei einer eisenhaltigen Mineralwasserquelle gelegen, an heißen Sommertagen ideal zum Erfrischen, einfache Küche.

Öffentliche Verkehrsmittel

- **Bus.** Werktags nicht allzu häufige Busverbindung nach *Perugia* und *Assisi.*

Einkaufen

- **Markt.** Di Vormittag.
- Die Gegend von Bettona ist für ihre guten **Schinken, Salami und andere Wurstwaren** bekannt. Im Ortsteil *Colle di Bettona,* beim Consorzio der zusammengeschlossenen Produzenten kann man Salami, Prosciutto crudo, Mortadella usw. direkt von den Erzeugern kaufen.

Feste und Veranstaltungen

- Jedes Jahr findet eine Woche vor Ferragosto (15. August) in den Gassen der Altstadt die **Sagra dell'Oca,** das Fest der Gans statt (kulinarische Spezialitäten, Musik und Tanz).

Deruta

Die Kleinstadt im Tibertal südlich Perugia lebt seit dem Mittelalter vor allem von der **Majolikaproduktion.** Die erstmalig Ende des 13. Jhs. urkundlich erwähnten glasierten Terrakottawaren aus Deruta waren besonders in der Rennaissancezeit in ganz Umbrien begehrt. Mehr als 50 Handwerksbetriebe existierten in der Stadt. Heute arbeiten einige Werkstätten immer noch nach den historischen Vorlagen.

Der Ortskern liegt auf einem kleinen Hügel am Rande des Tibertales. Der untere Teil der Stadt ist wenig einladend. Hier verläuft die Superstrada durch ein Gewerbegebiet, ein grauer Neubau reiht sich an den nächsten. In fast jedem Haus findet man eine Keramikwerkstatt, buntbemalte Töpferwaren wohin man auch schaut, darunter viel Kitsch, von Komikfiguren über Obst, Gemüse und allerlei Getier in Originalgröße bis zu schwebenden Engeln, Madonnen und Heiligen. Im kleinen alten Zentrum oberhalb findet man mehr Muße und Gelegenheit, die traditionelle Keramik Derutas kennen zu lernen.

Man betritt den alten Ortskern von Osten durch die *Porta di San Michele Arcangelo,* neben zwei weiteren Stadttoren ein Überbleibsel des mittelalterlichen Kastells. Den Mittelpunkt des kleinen *centro storico* bildet die langgestreckte *Piazza dei Consoli* mit dem Rathaus **Palazzo dei Consoli** (um 1300). In den Innenräumen ist die städtische Pinakothek untergebracht. Ausgestellt sind u. a. Arbeiten der Renaissancemaler *Fiorenzo di Lorenzo* und *Nicolo di Liberatore (Alunno).* Gegenüber vom Rathaus erhebt sich die Hauptkirche von Deruta, **San Francesco,** aus dem 14. Jh. Im klar gegliederten einschiffigen Innenraum sind neben mittelalterlichen Fresken auch einige neuere Majolika-Arbeiten zu bewundern. Wer tiefer in die Geschichte der örtlichen Keramikkunst eintauchen möchte, findet im angrenzenden ehemaligen **Kloster** von San Francesco das **Museo Regionale della Ceramica,** das einen guten Einblick in die Stilentwicklung vom ausgehenden Mittelalter bis zur Moderne gibt (Oktober bis März Di geschlossen; 2,60 €).

Information

- **Deruta.** 7600 Ew., 218 m ü. NN, PLZ 06 053, 20 km bis Perugia.
- **Tourist-Info.** *Pro Loco, Ufficio Informazione,* Piazza dei Consoli 4.

Unterkunft

- **Melody*****/€€. SS E45/Km 55 800, Tel. 07 59 71 10 22, Fax 07 59 71 10 18, E-mail: info@hotelmelody.it, Internet: www. hotelmelody.it, nüchtern-modernes großes Hotel direkt an der Superstrada am Südende von Deruta, mit ausgezeichnetem Restaurant.
- **Asso di Coppe****/€€. SS E45 Tiberina, ebenfalls an der Superstrada, freundliches Haus nicht allzu weit vom Zentrum, Tel. 07 59 71 02 05, Fax 0 75 97 20 25, E-mail: assodicoppe@libero.it, Internet: www.derutainfo.it.
- **L'Anfora***/€. SS E45/Km 43 700, weiteres, einfaches Hotel an der Superstrada, Tel. 07 59 71 10 83, Fax 97 20 39.
- Agriturismo-Betrieb **Antica Fattoria del Colle**/€€-€€€€. Strada E. V. Colle delle Forche 6, Tel. u. Fax 0 75 97 22 01; Bauernhof 3 km südlich Deruta mit Gemüsegarten, Schafen und Ziegen; mit Restaurant, Schwimmbad und Gelegenheit zum Bogenschießen; Ferienwohnungen und Zimmer.

Essen und Trinken

- Vom nüchternen Ambiente des Hotelrestaurants im **Melody**** sollte man sich nicht abschrecken lassen. Die Küche ist überdurchschnittlich. Leichte, einfallsreich kombinierte Speisen aus den sorgfältig ausgewählten Grundprodukten der Region.

Öffentliche Verkehrsmittel

- **Bahn.** Wenig empfehlenswert, denn der Bahnhof von Deruta an der Linie *Perugia Santa Anna-Terni* liegt ca. 4 km außerhalb des Ortes.
- **Bus.** Etwa 10 Verbindungen werktags von und nach *Perugia*

Feste und Veranstaltungen

- Am 25. September findet die **Festa dei Ceramisti** statt. Das Fest zu Ehren der *Santa Katherina d'Alessandria,* der Schutzheiligen der Töpfer, wird mit einer großen farbigen Prozession gefeiert.

Corciano

Das kleine malerische Städtchen konnte sich bis heute seine **mittelalterliche Struktur** bewahren. Entlang der Stadtmauern öffnet sich ein zauberhaftes Panorama über die grünen Hügel und Berge Umbriens. Corciano liegt am *Monte Malbe,* dem 625 m hohen Hausberg Perugias, im Frühjahr beliebtes Revier für die Suche nach Wildspargel. Jedes Jahr Ende April/Anfang Mai belebt sich für etwa 2 Wochen der im Inneren meist wie ausgestorben wirkende Ort. Dann treffen sich Gaukler, Jongleure, kleine Wanderzirkusse, Puppenspieler und Musikanten in den wenigen Gassen Corcianos und in kleinen Läden stellen Handwerker ihre Arbeiten aus. In der ersten Augusthälfte und an Weihnachten finden weitere **farbige Festlichkeiten** innerhalb der Mauern Corcianos statt.

Der mit einem Mauerring, Bastionen und Toren burgartig befestigte kleine Ort zeigt noch heute das Bild des Mittelalters. In der Pfarrkirche **Santa Maria Assunta** ist das Gemälde „Maria Himmelfahrt" von *Perugino* (1513) und ein Gonfalone (bemalte Prozessionsstandarte) von *Benedetto Bonfigli* (1472) zu sehen. Das 1537 auf den

Mauerresten eines Etruskerheiligtums errichtete Kirchlein **San Cristofero** beherbergt eine Sammlung sakraler Gegenstände. Angeschlossen ist ein kleines **Bauernmuseum,** das einen Einblick in die bescheidenen Lebensumstände vergangener Jahrhunderte gibt. Beachtenswert ist auch die schön dekorierte Holzdecke im Ratssaal des **Palazzo Comunale** aus dem 16. Jahrhundert.

Zirkus beim Frühlingsfest in Corciano

Informationen

- **Corciano.** 13 800 Ew., 408 m ü. NN, PLZ 06 073, 13 km westlich Perugia.
- **Tourist-Info.** *Pro Loco* im Rathaus am Corso Cardinale Rotelli, Tel. 07 55 18 82 55, Internet: www.comune.corciano.pg.it.

Essen und Trinken

- **Il Convento****. Am Nordwestrand des *centro storico,* schön gelegen in einem ehemaligen Franziskanerkovent, Tel. 07 56 97 89 46, Mo Ruhetag.

Öffentliche Verkehrsmittel

- **Bahn.** Der Bahnhof *Ellera/Corciano* liegt 3 km südlich des alten Ortszentrums an der Linie *Perugia-Terontola;* werktags verkehren 11, sonntags 9 Züge.
- **Bus.** Mehrere Busse täglich von *Perugia Piazza Partigiani.*

Feste und Veranstaltungen

- Der **Primavera Corcianese** bringt Ende April/Anfang Mai etwa 2 Wochen lang Straßenkünstler, Handwerker, Künstler, einen Flohmarkt und vieles mehr in die Gassen der Stadt.
- Der **Agoste Corcianese** in der ersten Augusthälfte ist ein mittelalterliches Stadtfest mit Musikdarbietungen, Straßentheater etc.
- **Artigianato degli Angeli,** „Handwerk der Engel", heißt der große Weihnachtsmarkt mit Kunsthandwerk und Krippenspielen.

Ausflug

☆Centro Recupero Rapaci Podere Seradino

Im Centro Recupero Rapaci Podere Seradino, einem schön gelegenen alten Bauernhaus auf dem Monte Malbe östlich Corciano, werden kranke und verletzte Vögel aller Art gesundgepflegt. *Sig. Domenico Rossi* führt gelegentliche Besucher auch gerne durch seinen botanischen Garten mit verschiedenen Heilpflanzen.

Lago Trasimeno

Der Lago Trasimeno ist mit 128 qkm und etwa 60 km Uferlinie der **größte Binnensee der Apenninhalbinsel** und der **viertgrößte Italiens** insgesamt. Die meist ruhige, weite Wasserfläche liegt eingebettet in eine unspektakuläre Landschaft sanfter grüner Hügel. Alles wirkt hier heller, lichter, mediterraner als in den umbrische Bergregionen weiter östlich.

Die **Vegetation** besteht aus weißen Weiden und Sumpfrohr an den Ufern, wo sich Feldränder, Schilfgürtel und kleine Sandstrände abwechseln. Auf den Hängen darüber werden Wein und Oliven angebaut. Größere Forstflächen im nördlichen Hinterland bestehen überwiegend aus Steineichen, Sommereichen und der typischen submediterranen Vegetation mit Ginster, Pinienwäldern und Macchia mit ihren duftenden Blütenpflanzen.

Diverse **Vogelarten** sind am See heimisch, wie Wasserhuhn, Sumpfrohrammer, Zwergrohrdommel, Haubentaucher, Fischreiher und Wildenten. Etwa 18 **Fischarten** tummeln sich im Wasser, darunter Hecht, Schleie, Karpfen, Barsch und Aal. In den Dörfern am Ost- und Südufer des Sees ist der Fischfang zwar nach wie vor wichtige Erwerbsquelle, allerdings sind die Fangerträge starken Schwankungen unterworfen, da das ökologische Gleichgewicht des Sees immer wieder aus den Fugen gerät.

Der Lago Trasimeno ist nur 6–7 m tief und besitzt keinen größeren Zufluss sowie keinen natürlichen Abfluss. Der geringe Wasseraustausch in Verbindung mit den Rückständen von Kunstdünger und Pestiziden führt vor allem im Sommer nach langen Trockenperioden zu übermäßigem Algenwachstum. Sauerstoffarmut durch fehlende Frischwasserzufuhr dezimiert dann immer wieder die Fischbestände. Mittlerweise verlassen sich die Fischer nicht mehr allein auf die althergebrachten Fangmethoden, und ziehen ihre Fische in künstlichen Wassergehegen groß. Da der See nach starken Niederschlägen immer wieder über die Ufer trat, bauten schon die Römer bei San Savino einen künstlichen Abflusskanal zur Wasserregulierung. Im 15. und 19. Jh. wurde dieser so erweitert, dass man den Trasimeno bequem hätte trockenlegen können, ein Vorhaben, das immer wieder diskutiert wurde, um die Malaria zu bekämpfen und neues Ackerland zu gewinnen. Zum Glück setzten sich die Fürsprecher des Sees immer durch. Durch die Umleitung zweier Bäche in den See kann man heute den Wasserstand besser regulieren, er schwankt um etwa 6 m. Die ökologischen Schäden können dadurch einigermaßen in Grenzen gehalten werden.

An den Ufern finden sich keine größeren Orte und kaum Industrie. Allerdings beeinträchtigen hier und da moderne Zweckbauten aus grauem Beton – Apartementssiedlungen, Zweitwohnungen, Ferienanlagen usw. – das Landschaftsbild.

Man findet jedoch vielerorts auch noch unberührte Uferzonen. Am reizvollsten ist wohl die Südostecke des Sees, wo bescheidene Dörfer von ölbaumbestandenen Hügelflanken auf das unverbaute schilfige Ufer blicken. Auch die beiden Inselchen **Isola Maggiore** und **Isola Polvese** bieten ursprüngliche Landschaft am Wasser.

Castiglione am Westufer und **Passignano** am Nordufer besitzen eine gut ausgebaute touristische Infrastruktur mit Hotels, Campingplätzen, Bootsverleih, Surfschulen, Restaurants, Discos etc. An den kleinen **Stränden** drumherum entfaltet sich ein reger sommerlicher Badebetrieb, allerdings kommen passionierte Schwimmer hier nur mit einiger Mühe auf ihre Kosten. Das Ufer fällt meist so flach ab, dass man erst ein gutes Stück durchs Wasser waten muss, ehe man in die Fluten springen kann. Um so besser sind die flachen Badestrände für Kleinkinder geeignet. Auch deshalb ist der See vor allem bei italienischen Familien als sommerliches Urlaubsziel beliebt. Die Wasserqualität ist allerdings nicht immer optimal. Die besten Strände lassen sich wohl auf der Isola Polvese finden.

Durch das ruhige sanfte Hügelland rund um den See verläuft ein markierter **Wanderweg,** der mit diversen An- und Abstiegen in einiger Entfernung dem Uferverlauf folgt. Immer wieder bieten sich schöne Ausblicke auf die blinkende weite Wasserfläche des Lago Trasimeno.

Auf der Isola Maggiore im Lago Trasimeno

Castiglione del Lago

Das freundliche Provinzstädtchen Castiglione del Lago ist mit seinen 13 500 Einwohnern schon der **größte Ort am Lago Trasimeno.** Es liegt auf einem in die Wasserfläche hineinragenden mit Ölbäumen bewachsenem Felshügel, einst die vierte Insel im See. Durch das kontinuierliche Absinken des Wasserspiegels seit dem Mittelalter entstand eine Landverbindung zum Ufer.

Der historische Ostteil der Stadt mit dem Herzogspalast und der Löwenfestung schaut auf den See. Der seeabgewandte Westteil, mit der Piazza Mazzini als belebtem Mittelpunkt, ist das bewohnte Zentrum. Mit ihrer gut erhaltenen wehrhaften Stadtmauer und den trutzigen alten Toren und Türmen zeigt sich die geruhsame Stadt ganz mittelalterlich, das Umland ist jedoch durch weniger schöne Neubauten zersiedelt. Im Schwemmland der Ebene unterhalb von Castiglione wird zudem Intensiv-Landwirtschaft mit hohem Chemieeinsatz betrieben.

Geschichte

Anfang des **6. Jh. v. Chr.** wurde Castiglione **von den Etruskern gegründet.** Wegen seiner strategisch günstigen Lage, aber auch wegen des fruchtbaren Umlandes war das Stadtgebiet **seit jeher stark umkämpft.** Seit dem 12. Jh. gehörte es zum immer mächtiger werdenden Stadtstaat Perugia, das es oft gegen die Nachbarstädte verteidigen musste. Durch eine päpstliche Schenkung herrschte ab 1550 der kriegerische Clan der *Corgna* über Castiglione. Die Stadt wurde grundlegend baulich verändert und bekam ihren heutigen rechtwinkligen Grundriss. Nach der Absetzung des letzten Herzogs der Corgna 1643 fiel die Stadt in den Besitz des Kirchenstaates zurück.

Besichtigung

Man betritt das *centro storico* von Westen durch die *Porta Senese.* Ein einziger langgezogener Hauptstraßenzug, die von Bars, Feinkostgeschäften und Andenkenläden gesäumte Via Vittorio Emanuele, durchzieht den kleinen Ort. Gleich hinter der Porta Senese steht linker Hand die neoklassizistische Kuppelkirche **Santa Maria Maddalena.** Das Bildwerk Madonna mit Kind und Heiligen links vom Hauptaltar (1500) wird heute *Eusebio di Giorgio,* einem Schüler Peruginos, zugeschrieben, nachdem es lange für ein Werk des jungen Raffael gehalten wurde.

Die Via V. Emanuele endet an der *Piazza Gramsci* mit dem **Palazzo della Corgna,** einem großzügigen Stadtpalast der Renaissance, den ab 1563 *Asciano della Corgna* u. a. durch den Baumeister *Galeazzo Alessi* hatte errichten lassen. Die Innenräume schmücken diverse manieristische Fresken mit mythologischen und historischen Szenen (Das Urteil des Paris, die Hannibalschlacht u. a.). Durch einen schmalen dunklen Gang ist der Palazzo mit der **Rocca del Leone** (Löwenburg) verbunden. Die mittelalterlichen Festung ließ der Stauferkaiser Friedrich II. ab 1247 als Teil seines von Apulien aus ganz Italien durchziehendes Verteidigungssysthem erbauen. Zu ihrer Zeit zählte sie zu den am schwierigsten zu erobernden Burgen Europas. Vom zinnenbekrönten Mauerring hat man einen schönen Blick auf den See. Im Burggarten finden im Sommer Theateraufführungen und Konzerte statt (Zugang zur Rocca durch den Palazzo della Corgna, täglich 10–13 und 16–19 Uhr, 2,60 € Eintritt).

Information

- **Castiglione.** 13 500 Ew., 304 m ü. NN, PLZ 06 061, 45 km westlich Perugia.
- **Tourist-Info.** *A.P.T. del Trasimeno,* Piazza Mazzini 10, Tel. 07 59 65 24 84, Fax 07 59 65 27 63, E-mail: info@iat.castiglione-del-lago.pg.it, Mo bis Sa 8.30–13 und 15.30–19.30 Uhr, zuständig für das gesamte Gebiet des Trasimenischen Sees.

Unterkunft

Hotels

Meist **langfristig ausgebucht** sind die Hotels im **Hochsommer,** wegen des großen Andrangs ohnehin keine ideale Reisezeit für den Trasimenischen See.

- Im historischen Zentrum liegt das etwas altmodische Traditionshotel **Miralago*****/€€-€€€, Piazza Mazzini 6, Tel. 0 75 95 11 57, Fax 0 75 95 19 24, E-mail: hotelmiralago@tin.it, Internet: www.hotelmiralago.com, geräumige Zimmer z. T. mit Seeblick, Restaurant, kleiner Garten.
- Ebenfalls mitten im alten Zentrum liegt das kleine Familienhotel **La Torre*****/€€, ordentlicher Komfort, Via V. Emanuele 50, Tel. u. Fax 0 75 95 16 66, E-mail: albergolatorre@libero.it
- Außerhalb des Zentrums 6 weitere Unterkünfte, u. a. beim Bahnhof das recht preisgünstige Dreisternehotel **Monna Lisa*****/€-€€, mit ordentlichem Restaurant, Via della Stazione 5/a, Tel. 0 75 95 10 71, Fax 07 59 65 28 00.

Zimmervermietung

- **Il Torrione**€€ in der Altstadt bei der Porta Senese, alle Zimmer mit Bad, z. T. mit gemütlicher kleine Gartenterrasse und Seeblick, Via delle Mura 4/8, Tel. u. Fax 0 75 95 32 36, E-mail: iltorrione@trasinet.com, Internet: www.trasinet.com/iltorrione.

Agriturismo

- **Podere Marella,** Via Ferretto 32, Loc. Piana-Ferretto, Tel. u. Fax. 07 59 65 90 28, 5 km vom See entfernt, in schöner Lage am Waldrand. *Inga Fiametta,* die vor Energie sprühende Padrona und Seele des Anwesens, experimentiert bereits seit Jahren erfolgreich mit biologischem Weinbau, ausgezeichnete Weine, Doppelzimmer mit Küchenbenutzung, Angeln, Tischtennis, Hunde erlaubt.

Ferienwohnungen

- **La Bandita.** Via dei Morini, Vitellino, Tel. 07 59 65 30 82, Fax 0 57 82 14 59, Schwimmbad, Appartements für 2–6 Personen, starke saisonale Preisunterschiede.

Camping

- **Badiaccia*****. Località Badiaccia, Tel. 07 59 65 90 97, Fax 07 59 65 90 19, E-mail: camping@badiaccia.com, Internet: www.badiaccia.com, ruhige und schöne Lage, Schwimmbad, Minigolf, Tennis, schattige Stellplätze, Bungalows, Hunde erlaubt, geöffnet 1.4.–30.9.
- **Listro****. Via Lungolago, beim Lido Arezzo, Tel. u. Fax 0 75 95 11 93, E-mail: listro@listro.it, Internet: www.listro.it, nahe beim Ort und direkt am Seeufer, 1.4–30.9. geöffnet.

Essen und Trinken

- **Paprika****. Via V. Emanule 107, Tel. 0 75 95 11 51, sympatische Trattoria im Zentrum, gute Küche zu angemessenen Preisen, Do Ruhetag.

Öffentliche Verkehrsmittel

Bahn

- **Bahnhof.** Castiglione del Lago an der Linie *Rom–Florenz,* 2 km westlich des Zentrums an der N 454 Richtung Pozzuola.
- 8x tgl. mit Interregio in 2 Std. nach **Rom** über *Chiusi/Orvieto;* zusätzliche Lokalzüge nach **Chiusi,** wo Anschluss nach *Siena* besteht; 8x tgl. 1½ Std. mit Interregio nach **Flo-**

renz über *Terontola/Arezzo,* zusätzliche **Lo**kalzüge; in **Terontola** Anschluss nach *Passignano/Perugia/Assisi/Spello/Foligno.*

Bus

- Werktags 7 Busfahrten am Südufer des Sees entlang nach **Maggione/Perugia.**

Schiffsverkehr

- Von Anfang Juni bis Mitte September häufig **Fähren zur Isola Maggiore;** April, Mai und zweite Septemberhälfte Schiffsverkehr nur am Wochenende; das übrige Jahr kein Fahrten.
- Schifffahrtslinie **Navigazione Lago Trasimeno** Tel. u. Fax 0 75/82 71 57, Internet: www.apmperugia.it.

Rund ums Auto

- **Parken.** Zahlreiche Parkmöglichkeiten entlang der Stadtmauer.
- **A.C.I.** *Carrozzeria Sprint,* Tel. 0 75 95 14 09.
- **Autoverleih.** *Cerboni Albano,* Piazza Marconi 12, Tel. u. Fax 0 75 95 11 54.

Feste und Veranstaltungen

- Das **Frühlingsfest** mit Spielen, Umzügen, Musik, Wein und typischen Gerichten der Region beginnt am ersten Sonntag im April.
- Alle zwei Jahre um den ersten Mai treffen sich jung und alt aus aller Welt, um auf dem ehemaligen Militärflughafen von Castiglione ihre phantasievoll gestalteten Drachen aufsteigen zu lassen. **Coloriamo i cieli,** „Lasst und den Himmel bunt anmalen", heißt diese fröhliche Initiative, die das nächste Mal im Jahr 2004 stattfinden soll.
- Während der letzten Juniwoche findet in den Straßen der Stadt die **Mostra Mercato Qualità Trasimeno** statt, eine Verkaufsaustellung handwerklicher, künstlerischer und vor allem kulinarischer Produkten aus der Umgebung des Lago Trasimeno.
- Volkstanzgruppen aus aller Welt treffen sich jährlich im August in der mittelalterlichen Festung zur **Rassegna internazionale del Folclore.**
- Im Sommer **Freilichtkino** im Innenhof der *Rocca del Leone.*

Einkaufen

- **Wochenmarkt** ist jeden Mittwoch vormittags.
- Von April bis September gibt es jeden 3. Samstag im Monat einen **Floh- und Antiquitätenmarkt** auf der Piazza Gramsci.

Sonstiges

- **Polizei.** Via Roma 15, *Vigili Urbani.* Piazza Mazzini 10.
- **Post.** Im Zentrum an der Via F. Rosselli.

Sport

- **Fahrradverleih.** *Marinelli Ferretini Fabio,* Via B. Buozzi 26, Tel. u. Fax 0 75 95 31 26.
- **Wassersport.** Im Sommer Verleih von Windsurfbrettern, Kanus, Ruder- und Segelbooten am Seeufer.

Strände

- Bei Castiglione erstrecken sich weite, meist sandige gut erschlossenene Badestrände – **Lido Arezzo, Lido Comunale, Billa Beach** – wo man Sonnenschirme, Liegestühle Tretboote, Kanus, Surfbrettet, Fahrräder u. a. mieten kann. Im Hochsommer herrscht hier Betrieb fast wie an der Adria.

Tuoro sul Trasimeno

Die Weiterfahrt von Castiglione parallel zum Seeufer nach Norden führt durch flaches, landwirtschaftlich intensiv genutztes Land. Hier und da starren deplatziert wirkende Betonhochhäuser auf die Wasserfläche. Über das

Das Blutbad am See – Hannibal und die Römer

Bei Tuoro liegt der Schauplatz einer der berühmtesten Schlachten der Weltgeschichte. **217 v. Chr.** trafen hier die Armeen der **Römer und Karthager** aufeinander. Die Karthager unter **Hannibal** – sie lebten im Gebiet des heutigen Tunesien – waren im Zweiten Punischen Krieg durch Spanien und Frankreich nach Italien gezogen, um den römischen Plan eines direkten Angriffs auf Afrika zu verhindern. Ihr Heer von 50 000 Fußsoldaten, fast 10 000 Reitern und 37 Kriegselefanten durchquerte in einem langen Marsch die Pyrenäen und die Alpen und gelangte nach kleineren Gefechten in Oberitalien an den Trasimenischen See. Das römische Heer zog dem Feind unter der Leitung des Konsuls **Caius Flaminius** entgegen.

Flaminius ließ ein Lager am Nordufer des Sees bei Tuoro aufschlagen, während die Karthager die darüberliegenden Hügel besetzt hielten. Durch fiktive Lagerfeuer täuschte Hannibal die Römer geschickt über die Position seiner Soldaten. Am Morgen des 24. Juni fielen die Karthager überraschend über die völlig unvorbereiteten Feinde her. Die römische Armee fand keine Zeit, sich zur Gegenwehr zu formieren, und wurde binnen kurzer Zeit aufgerieben. Der Historiker *Titus Livius* berichtet, viele römische Soldaten hätten noch versucht, sich durchs Flucht ins Wasser zu retten. „Sobald aber dieser Fluchtweg kein Ende nehmen wollte und aussichtslos wurde", schreibt er, „gaben sie auf und ertranken in den Tiefen, oder sie versuchten nach dieser vergeblichen Anstrengung mit letzter Kraft, wieder seichte Uferstellen zu erreichen. Dort wurden sie von den feindlichen Reitern, die ins Wasser geritten waren, restlos niedergemacht." Heutige Ortsnamen der Gegend wie *Sanguineto* (sangue = Blut) und *Ossaia* (ossa = Knochen) gehen angeblich auf das Blutbad zurück.

Nach dieser Schlacht war Rom praktisch ohne Verteidigung den Karthagern ausgesetzt. Doch Hannibal zog zunächst aus unerfindlichen Gründen über *Plestia* (Colfiorito) ins Winterquartier gen Apulien. Im folgenden Jahr brachte er den Römern bei *Cannae* eine weitere vernichtende Niederlage bei. In Rom ertönte der berühmte Angstschrei: „Hannibal ante portas" (Hannibal vor den Toren). Doch die Eroberung der Hauptstadt gelang dem Feldherrn aus Nordafrika nicht. Der noch jahrelang fortdauernde Krieg wurde schließlich von den Römern gewonnen.

kleine *Borghetto* in der Nordwestecke des Sees wird Tuoro sul Trasimeno erreicht, wo **eine der berühmtesten Schlachten der Antike** tobte. **217 v. Chr.** schlugen hier die Truppen des Karthagers Hannibal die römischen Verteidiger unter Flaminius vernichtend.

Außer dem Geschichtsbezug bietet Tuoro jedoch nichts besonderes. Der eigentliche Ort liegt 3 km vom See entfernt auf einem Hügel. Das Zentrum bildet eine ganz nette kleine Piazza. Drumherum wuchern eher unschöne Neubausiedlungen in die Umgebung. Ein beschilderter Weg führt in die Umgebung Tuoros zu den historischen Schauplätzen der Hannibal-Schlacht.

Unterhalb des Ortskerns, jenseits der Superstrada, liegt am Seeufer der Ortsteil **Punta Navaccia** mit Schiffsanleger, Bahnhof, dem Strand **Campo del Sole,** Bars, Restaurants, großem Campingareal und einer Disco. Im Sommer herrscht hier großer Rummel, in der übrigen Zeit wirkt der Platz meist wie ausgestorben. In der Nähe des Schiffsanlegers stehen 27 eigenwillig gestaltete **Steinstelen.** Sie wurden zwischen 1985 und 1989 von Künstlern aus aller Welt geschaffen und sollen wohl an die berühmte Hannibal-Schlacht erinnern.

In den Wäldern nördlich des Sees trifft man hier und da auf die Ruinen mittelalterlicher Verteidigungsbastionen, wie den bedenklich schiefen **Torre di Vernazzano** 5 km nordöstlich von Tuoro. Ein gemütlicher, rot-weiß markierter Wanderweg führt durch die grünen Hügel über dem Seeufer von Tuoro vorbei am Turm von Vernazzano nach Passignano.

Information

- **Tuoro.** 3510 Ew., 309 m. ü. NN, PLZ 06 069, 36 km westlich Perugia.
- **Tourist-Info.** *Associazione Turistica Pro-Tuoro,* Via Ritorta 1, Tel. 0 75 82 52 20, Mo bis Sa 9–12 Uhr.

Camping

- Am Sandstrand Lido di Tuoro der große Platz **Punta Navaccia***,** Via Navaccia 4, Tel. 0 75 82 63 57, Fax 07 58 25 81 47, E-mail: navaccia@camping.it, Internet: www.camping.it/umbria/navaccia, auch Bungalows, Hunde erlaubt, im Sommer viel Betrieb, 1.4–30.9. geöffnet.

Essen und Trinken

- **La Griglia**.** Loc. Punta Navaccia, Tel. 0 75 82 63 92, gemütliche Trattoria mit schönem Garten am See beim Fähranleger, Grill- und Fischspezialitäten. Mo Ruhetag.

Öffentliche Verkehrsmittel

- **Bahn.** Haltepunkt auf der Linie Perugia–Terontola in *Punta Navaccia,* gut 5 Fußminuten vom Fähranleger, werktags halten nur die Lokalzüge, ca. 10 Abfahrten täglich.
- **Bus.** Von Tuoro werktags einige wenige Verbindungen nach *Passignano/Perugia.*

Schiffsverkehr

- Ganzjährige Schiffsverbindung zur **Isola Maggiore** und nach **Passignano,** werktags etwa 8 Abfahrten, Fahrzeit 15 Minuten, an Wochenenden und im Hochsommer zusätzliche Schiffe.

Feste und Veranstaltungen

- Jedes Jahr Mitte August findet im Park *Il Sodo* der **Ferragosto Torregiano** mit Ausstellungen, sportlichen Wettkämpfen, Spiel, Musik und kulinarischen Kostproben statt.

Strände

- **Balneazione Tuoro,** Loc. Punta Navaccia, Umkleidekabinen, Sonnenschirme, Liegestühle, Tretboote, Kanu- und Ruderbootverleih.

Sport

- **Fahrradverleih.** Marzano Remigio, Via Console Flaminio 59, Tel. 0 75 82 62 69.
- **Wassersport.** Während der sommerlichen Badesaison Verleih von Motor- und Segelbooten, Wasserski und Windsurfbrettern bei diversen Anbietern bei den Badestränden von **Punta Navaccia.**

Passignano

Der ehemalige Fischerort lebt heute vorwiegend vom Tourismus. Passignano hat sich zu einem angenehmen kleinen **Badeort** mit familiärer, beschaulicher Atmosphäre entwickelt. Hier legen die Schiffe der Schifffahrtslinie des Trasimenersees ab, die Passignano mit den Küstenorten und Inseln des Sees verbindet. Anfang dieses Jahrhunderts wurde Passignano besonders durch die Flugzeugfabrik *SAI* bekannt, deren Anlagen bei einem Luftangriff im Zweiten Weltkrieg stark zerstört wurden.

Schon im Altertum verlief bei Passignano ein wichtiger Verbindungsweg vom Norden nach Mittelitalien. Dadurch wurde der Ort zum Schauplatz zahlreicher kriegerischer Konflikte. Hannibal schlug in der Nähe die römischen Truppen Flaminius, im Mittelalter kämpften die großen Städte wie Perugia, Arezzo und Florenz um die Herrschaft über die strategisch so wichtige Stadt. Später trugen hier die reichen Adelsfamilien *Oddi* und *della Corgna* ihre Zwistigkeiten aus.

Von den historischen Bauten haben einige wenige die Zerstörungen der Jahrhunderte überdauert. Auf dem höchsten Punkt der Stadt liegt die Ruine der **Rocca,** der ehemaligen Festungsanlage der Stadt, die einst bis zum Seeufer reichte. Es sind noch Teile der Schutzmauern, der dreieckige Turm und Überreste der Bollwerke erhalten. Im oberen Teil der Stadt befinden sich auch die zwei Rennaissancekirchen **San Rocco** und **San Bernardino,** beide aus dem späten 15. Jahrhundert. Etwa 2 km westlich des Städtchens liegt das Kirchlein **Madonna del Olivo,** das im 16. Jh. aus den Steinen eines älteren Vorgängerbaus errichtet wurde; über dem Altar befindet sich ein Fresko von *Bartolomeo Caporali* (15. Jh.).

Information

- **Passignano.** 4500 Ew., 289 m ü. NN, PLZ 06 065, 30 km westlich Perugia.
- **Tourist-Info.** *Pro Loco Passignano,* Via Roma 36, Tel. 0 75 82 76 35, 9–12 u. 16–18 Uhr.

Unterkunft

Im **Juli/August** ist wegen des großen Andrangs italienischer Badetouristen **Vorbestellung unerlässlich.** Es gibt etwa 10 Hotels in Passignano, u. a.

- **Villa Paradiso*****/€€€-€€€€, Via Fratelli Rosselli 5, Tel. 0 75 82 91 91, Fax 0 75 82 81 18, E-mail: info@bluhotels.it, Internet: www.bluhotels.it, guter Komfort, ruhige Lage.
- **Del Pescatore***/€, Via San Bernardino 5, Tel. 07 58 29 60 63, Fax 0 75 82 92 01, E-mail: delpescatore@libero.it, preiswertes und freundliches Haus im Zentrum, einfach eingerichtete Zimmer z. T. ohne eigenes Bad.

Camping

- **Kursaal*****. Viale Europa 24, Località San Donato, Tel. 0 75 82 80 85, Fax 0 75 82

71 82, E-mail: kursaalcamp@libero.it, Internet: www.camping.it/umbria/kursaal, am östlichen Ortsrand, Badestrand, Tretboote, Schwimmbad, Restaurant und Bungalows, schattige Stellplätze unter Olivenbäumen und Pinien, Hunde erlaubt, 1.4.–30.9. geöffnet.

- **Europa**.** SS 71, Località San Donato, Tel. u. Fax 0 75 82 74 05, E-mail: info@camping-europa.it, Internet: www.camping-europa.it, 2 km östllich Passignano (Fußweg), Badestrand, schattige Stellplätze, wegen der nahen Superstrada und Bahnlinie nicht ganz ruhig, Hunde erlaubt, 1.4.–30.9. geöffnet.

Essen und Trinken

- Das Restaurant des **Del Pescatore**** bietet preiswerte Küche bei ordentlicher Qualität und freundlichem Service, Fisch aus dem See *(fritto misto)* ab etwa 7 €, Via San Bernardino 5, Tel. 07 58 29 60 63.

Auf dem Anlegesteg in Passignano

Öffentliche Verkehrsmittel

- **Bahn.** Bahnhof am westlichen Ortsrand; etwa stündlich Verbindungen nach *Terontola* und *Perugia/Assisi/Spello/Foligno;* 5x tgl. Diretto nach *Florenz* über *Arezzo.*
- **Bus.** Werktags 4x nach **Perugia,** der Zug ist schneller.

Schiffsverkehr

- Das ganze Jahr über verkehren vom Schiffsanleger im Zentrum **Fähren** nach **Tuoro** und zur **Isola Maggiore;** zur **Isola Polvese** von April bis September morgens gegen 8.30 Uhr ein durchgehendes Schiff, Rückkehr in Passignano gegen 20 Uhr. Die Rückfahrkarte zur Isola Maggiore kostet 5,30 €. Die Fahrt dauert etwa 25 Minuten, bzw. 35 Minuten, wenn auch Tuoro angefahren wird.
- Informationen zum Schiffsverkehr im Büro von **Navigazione Lago Trasimeno,** Tel. u. Fax 0 75 82 71 57, Internet: www.apmperugia.it.
- **Hinweis.** Hunde dürfen nur mit Maulkorb aufs Schiff.

Einkaufen

- **Markt.** Samstag Vormittag auf dem Parkplatz beim östlichen Ortseingang; Antiquitätenmarkt von April bis Oktober am 3. Wochenende im Monat.

Sonstiges

- **A.C.I., Autoverleih.** *Rameschi Auto,* Zona Industriale, Tel. 82 91 78, Fax 8 29 90 28.

Strände

- **Sualzo,** Lungolago L. Giappesi, sauberer Sandstrand mit Umkleidekabinen, Sonnenschirmen, Liegestühlen, Bar und Tretbootverleih am östlichen Ortsrand.

Sport

- **Fahrradverleih.** *Ragnoni Brunello,* Via Pompili 61, Tel. 0 75 82 92 39.
- **Reiten.** *Poggio del Belveduto,* Località Campori di Sopra, Via San Donato 65, Reiterhof mit Ferienwohnungen im Hügelland 3 km nördlich des Lago Trasimeno, herrlicher Blick auf den See, Swimmingpool, Reitunterricht nach Voranmeldung, 2-Zimmerwohnung 390–570 €, 3-Zimmerwohnung 470–750 €, Abzweig von der Uferstraße ca. 2 km östlich von Passignano gegenüber Camping Europa (Wegweiser), Tel. 0 75 82 90 76, Fax 0 75 87 80 14, E-mail: lorenzorondini@libero.it, Internet: www.poggiodelbelveduto.com

Isola Maggiore

Die wenigen Bewohner der winzigen Insel im Nordteil des Sees leben in einer Fischersiedlung des 15. und 16. Jhs. Das bescheidene **Inseldorf** besteht aus dem Hafen und einer einzigen Gasse mit zwei Häuserzeilen. Kein Auto ist jemals hier gefahren. Akustisch dominiert Vogelgezwitscher, und neben den wenigen Menschen bevölkern vor allem Fasane und Kaninchen die Insel. Kurze Wanderpfade führen durch Olivenhaine und im Frühjahr gelb blühende Wolfsmilchgewächse auf die Hügel im Inselinnern. Beim höchsten Punkt neben der Kirche San Michele Arcangelo bieten sich herrliche Seeblicke. Auf dem Uferpfad lässt sich die Isola Maggiore in einer knappen Stunde ganz umrunden.

Einst lebten die Bewohner ausschließlich vom Fischfang, heute arbeiten viele auf dem Festland und im Tourismus. Tagsüber in der Saison und an Wochenenden ist die Insel voll von Tagesausflüglern, die sich gegenseitig auf die Füße treten; die übrige Zeit ist man hingegen oft der einzige Fremde auf dem Eiland. Gegen Sonnenuntergang, wenn die letzten Besucher die Insel verlassen haben, treffen sich die Inselbewohner in kleinen Gruppen vor ihren Häusern. Wer in dem kleinen Hotel ein Zimmer genommen hat, kann nun den besonderen Zauber und die Stille der Isola Maggiore genießen.

Für einen gemütlichen Rundgang auf der Insel und die Besichtigung der wenigen Sehenswürdigkeiten sollte man mit zwei Stunden rechnen. In der ältesten Locanda der Insel, der Trattoria da Sauro werden auf der Terrasse direkt am See ausgezeichnete Fischspezialitäten serviert. An der Nordseite der Insel gibt es auch einen kleinen Badestrand. Die nahegelegene kleine **Isola Minore** ist Naturschutzgebiet und darf nicht betreten werden.

Drei mittelalterliche Kirchen stehen auf der Isola Maggiore. Die bescheidene romanische **Chiesa di San Salvatore** aus dem 12. Jh. beim Nordende der Dorfgasse besitzt Fragmente eines Tafelbildes Madonna mit Kind des *Sano di Pietro* aus Siena (15. Jh.). Ganz oben auf dem Inselhügel erhebt sich **San Michele Arcangelo** aus dem 14. Jh. Das Kircheninnere ist mit Fresken der Umbrischen Schule (14.–16. Jh.) und einem bemalten Kreuz von *Bartolomeo Caporali* (um 1460) ausgeschmückt. Unter einem Felsen beim Seeufer östlich unterhalb San Michele Arcangelo soll 1211 der hl. Franziskus 40 Tage in strengem Fasten und intensivem Gebet verbracht haben. Angeblich kann man noch seine Knieabdrücke im Fels erkennen.

Das ehemalige Franziskanerkloster mit der Kirche **San Francesco** aus dem 14. Jh. liegt an der Südseite der Insel inmitten der verfallenden **Villa Guglielmi.** Eine verwunschen-dekadente Filmkulisse „à la Tarkowsky“: zerbröckelnde, vom Blattwerk überwucherte Mauern mit neugotischen Zinnen und Erkern, leere Zimmerfluchten von vergangener Pracht, ein verlassener Theatersaal und eine vergessene mittelalterliche Klosterkirche. Der steinreiche Guglielmi-Clan hatte das 1860 von den Mönchen endgültig verlassene Kloster aufgekauft und 1891 eine schlossartige Luxusvilla drumherumbauen lassen. Die *Marchesa Guglielmi* brachte den Fischersfrauen die Technik des irischen Spitzenklöppelns bei, das bis heute ein Nebenerwerb der Frauen ist. Die Guglielmi-Erben wollten in der Abgeschiedenheit der Isola Maggiore wohl nicht länger wohnen und gaben die Anlage ab 1960 dem Verfall preis. 2002 konnte man immer noch einen Teil der romantischen Bauten frei betreten, was sich jederzeit ändern kann. Gerüchte sprechen von einem Luxushotel an gleicher Stelle. Die Inselbewohner, zu diesem Thema befragt, verhalten sich seltsam wortkarg.

Information

- **Isola Maggiore.** 60 Ew., 290 m ü. NN, PLZ 06 069.

Unterkunft

- **Sauro*****/€€. Isola Maggiore, 06 069 Tuoro sul Trasimeno, Tel. 0 75 82 61 68, Fax 0 75 82 51 30. Das einzige Inselhotel, vom Komfort her eher ein 2-Sterne-Hotel, ist oft ausgebucht. Voranmeldung ratsam, freundlicher Service.

Essen und Trinken

- Recht gut isst man im Ristorante des Hotels **Sauro****. Serviert wird natürlich frisch gefangener Seefisch, der z. B. zur Nudelsauce Sugo di Pesce verarbeitet wird, Menü ab etwa 16 €.
- Daneben gibt es eine weitere einfache **Trattoria beim Anleger,** sowie zwei **Bars** und ein **Alimentari,** wo man sich Panini zubereiten lassen kann.

Schiffsverkehr

- Ganzjährige Schiffsverbindung nach **Passignano** und **Tuoro Navaccia;** ca. 8x täglich.
- Nach **Castiglione del Lago** verkehren Schiffe von Anfang April bis Ende September an den Wochenenden, von Juni bis Mitte September auch in der Woche ca. 8x täglich.

Castel Rigone

Von Passignano lohnt ein Abstecher zum in den Bergen über dem See gelegenen kleinen Castel Rigone. Kurz nach dem Abzweig von der Uferstraße liegt rechter Hand der Weiler *San Vito* mit der friedlich zwischen Olivenbäumen stehenden romanischer Kirche **San Vito del Lago.** Die Straße kurvt danach mit zunehmend weiterem Panorama über die blinkende Wasserfläche des Lago Trasimeno die Hügel hinauf. Oben im ruhigen 650 m hoch gelegenen **Dorf** eröffnet sich dann auch ein weiter Ausblick zu den dunklen Waldbergen Nordumbriens. Die Wallfahrtskirche **Madonna del Miracoli** wurde 1494 von lombardischen Meistern begonnen. Der schöne Renaissancebau zeigt außen feine Reliefarbeiten am Hauptportal, innen verzierte Seitenaltäre mit Renaissancerahmen und Freskenschmuck.

Unterkunft

- Das mitten im Dorf gelegene **Hotel Relais La Fattoria******/€€€-€€€€€, ein restauriertes historisches Adelshaus, ist vielleicht die schönste Unterkunft in der Umgebung des Trasimenersees. Ruhige Lage, Gartenterrasse mit Seepanorama, Swimmingpool, ansprechend eingerichtete Zimmer, die teureren mit Seeblick. Via Rigone 1, 06 065 Passignano sul Trasimeno, Loc. Castel Rigone, Tel. 0 75 84 53 22, Fax 0 75 84 51 97, E-mail: info@relaislafattoria.com, Internet: www.relaislafattoria.com.

Essen und Trinken

- Das dem Hotel Relais La Fattoria angeschlossene **Ristorante***** bietet gute, gehobene Küche.

Magione

Auf der Hügelkette, die den See von der Ebene vor Perugia trennt, liegt das bescheidene Städtchen Magione. Im Mittelalter lag hier ein kleines Dorf, an dem sich die Wege nach Perugia, Arezzo und Chiusi trennten. Der berühmteste Sohn der Stadt ist der Franziskanermönch **Fra Giovanni da Pian di Carpine.** Als Botschafter von Papst Innozenz IV. wurde er im 13. Jh. in die Mongolei zum Khan der Tartaren geschickt. Sein Reisebericht aus dem Jahre 1248 beweist, dass er bereits Jahrzehnte vor Marco Polo bis nach China gelangt war. Beim Ort erhebt sich das trutzige **Castello di Cavallieri di Malta,** eine um 1420 errichtete, stark befestigte Burganlage des Malteserordens. Es befindet sich in Privatbesitz und kann nur im Juli/August besichtigt werden. Vom mittelalterlich befestigten Hügeldorf **Montecologola** 3 km nordwestlich bieten sich herrliche Ausblicke über den See und die grünen Berge Zentralumbriens.

Information

- **Magione.** 11 200 Ew. einschließlich Umland, 299 m ü. NN, PLZ 06 063, 20 km westlich Perugia.
- **Tourist-Info.** *Associazione Pro Magione, Ufficio Informazione,* Corso Marchesi 14, Tel. 0 75 84 38 59, Mo–Sa 9.30–12.30 und 16–19 Uhr.

Unterkunft

- **Hotel Le Rocce*****/€€-€€€, Via Boschi del Quarto 24, Località Villa di Magione, Tel. 07 58 40 93 26, Fax 07 58 40 93 28, E-mail: infohotel@hotellerocce.com, Internet: www.hotellerocce.com, neuerer Bau mit hellen, kühlen Räumen, schön gelegen, großer schöner Garten, im zugehörigen Restaurant gute Küche, ein atmosphärisch angenehmes Haus.
- Agriturismo **Casanuova**€€€-€€€€, Via Case Sparse 12, Frazione Montecolognola, Tel. 0 75 84 16 82, Fax 07 5847 84 97, Zimmer mit Seeblick in liebevoll restauriertem Natursteinhaus, Swimmingpool, behindertengerecht, Halb- oder Vollpension, gute Küche.
- Jugendherberge **Casa del Fanciullo** im Ortsteil Torricella, Via del Lavoro 10, ganz-

jährig geöffnet, Tel. u. Fax 0 75 84 35 08, Übernachtungspreis ca. 11 €.

Öffentliche Verkehrsmittel

- **Bahn.** Bahnhof südöstlich des Zentrums, recht häufige Verbindungen nach *Perugia/Assisi/Foligno* und nach *Passignano/Terontola;* 5x tgl. Diretto nach *Florenz* über *Arezzo.*
- **Bus.** Magione wird werktags von der Linie *Perugia-Passignano-Tuoro* bedient.

Einkaufen

- **Markt.** Jeden Donnerstag vormittags.

Monte del Lago, San Feliciano, Isola Polvese, San Savino

Zur Gemeinde von Magione gehören die direkt am **Ostufer** gelegenen Orte Torricella, Monte del Lago, San Feliciano, San Savino und Sant'Arcangelo. Eine außerhalb der Saison nur wenig befahrene Uferstraße verbindet die bescheidenen Dörfer.

Am Seeufer zwischen **Torricella** und **Sant'Arcangelo** liegen mehrere Badestrände, Hotels, Restaurants und Campingplätze. Die touristische Erschließung ist jedoch auf einige Abschnitte begrenzt.

Monte del Lago ist mit Sicherheit das hübscheste Dorf der Gegend. Mit seinen niedrigen Steinhäusern und engen Gassen und Treppenwege liegt es malerisch auf einer Anhöhe über dem Wasser. Südlich Monte del Lago liegen in den Hügeln über dem See die Ruinen des **Castello di Zocco** (1274), im Mittelalter die mächtigste Festung am Lago Trasimeno.

Wenige Kilometer weiter erreicht man das Fischerdorf **San Feliciano.**

Hier sollte man den Besuch im **Fischereimuseum** nicht versäumen. Es beschreibt anschaulich die Geschichte und die Techniken der Fischfangtradition des Trasimenersees. Von San Feliciano legen von April bis September regelmäßig Fähren zur **Isola Polvese** ab. Mit 540 000 qkm ist sie die größte der drei Inseln im Trasimenischen See. Bis vor wenigen Jahren war sie Privatbesitz und Jagdrevier einer reichen umbrischen Familie. Nachdem sie dann von der Provinz Perugia erworben wurde, entwickelte sich sich zu einem beliebten Naherholungsgebiet. Der größte Teil der Insel ist Naturschutzgebiet und darf nicht bebaut werden. Spaziergänge sind jedoch auf den Wegen erlaubt, an deren Rand Ginster und Rosmarinsträucher duften. Durch kleine Oliven-

Abendstimmung am Lago-Ostufer

und Eichenhaine gelangt man zu den Ruinen eines Klosters und einer Burg des 14. Jhs. und zur kleinen Kirche **San Giuliano.** Auch zum Baden ist die Insel gut geeignet, ein Selbstbedienungsrestaurant und ein Kiosk sorgen für die Befriedigung leiblicher Bedürfnisse.

San Savino südlich San Feliciano ist das bescheidenste der Seedörfer. Außer herrlichen Sonnenuntergängen gibt es hier wenig zu sehen. Die stark verschilfte Südostecke des Sees steht unter Naturschutz und eignet sich nicht zum Baden.

Information

- **Alle Orte.** PLZ 06 063
- **Tourist-Info.** Pro-San Feliciano, Via Sergio Cocchini 43, Tel. u. Fax 07 58 47 60 27, geöffnet 2.5.–30.9.

Unterkunft

- In *Monte del Lago* das **Belvedere Da Santino****/€€. Via della Strage 14, im ruhigen Ortszentrum, etwas reservierter Empfang, einfach eingerichtete Zimmer, z. T. mit schönen Seeblick von der Terrasse, Tel. 07 58 40 01, Fax 07 58 40 01 88, E-mail: ifc@tecnonet.it, Internet: www.argoweb.it/hotel_dasantino/.
- In *San Feliciano* das etwas altmodische Familienhotel **Da Settimio***/€€. zentrale Lage beim Seeufer, freundlicher Empfang, recht ansprechend eingerichtete Zimmer, viele mit Blick aufs Wasser, 2-Sterne-Niveau, Via Lungolago 1, Tel. u. Fax 0 75 87 60 00.

Camping

Am Ostufer des Sees zwischen Torricella und Sant'Arcangelo gibt es insgesamt **8 Campingplätze** mit Strandzugang.

Bei Torrricella

- **Da Clito*.** Via del Lavoro 2, Tel. 0 75 84 39 75, einfacher Platz am Seeufer mit eigenem Strand, schattige Stellplätze, 1. 4.–30. 9., Hunde erlaubt.
- **Eden Parken*.** Via del Lavoro 18, Tel. 0 75 84 33 20, Fax 0 75 84 04 85, ruhiger, einfacher Platz am See, schattige Stellplätze, eigener kleiner Strand, freundlicher Service, ganzjährig, Hunde erlaubt.

Bei Monte del Lago

- **Cerquestra***.** Strada Provinciale Torricella, Tel. 07 58 40 01 00, Fax 07 58 40 01 73, E-mail: cerquestra@bcc.tin.it, Internet: www.trasinet.com/cerquestra, größere, professionell gemanagte Anlage am Hang über dem See, eigener Strandabschnitt, auch Bungalows, Selbstbedienungsrestaurant, Swimmingpool, von Ostern bis Ende September.

Bei San Feliciano

- **Riva Verde*.** Via Gandhi 5/7, Tel. u. Fax 07 58 47 93 01, E-mail: campingrivaverde@hotmail.com, einfacher schattiger Platz am See gegenüber der Isola Polvese, 1. 4. –30. 9.
- **Agila*.** Via Gandhi 1, Tel. 07 58 47 62 70, Fax 07 55 83 80 03, einfach ausgestatteter Platz am Seeufer, Strand, Swimmingpool, 1.4.–30. 9.
- **Porto Cervo*.** Via Case Sparse, Tel. u. Fax 07 58 47 93 52, E-mail: spunzy@libero.it, Internet: www.portocervotrasimeno.it, beschaulicher einfacher Platz, lockere Atmosphäre, schöne Lage am See, Badestege, auch einige Bungalows, 1. 4.–30. 9.

Bei Sant'Arcangelo

- **Polvese***.** Via Montivalli, Tel. 0 75 84 80 78, Fax 0 75 84 80 50, E-mail: cpolvese@interfree.it, Internet: www.polvese.com, mittelgroßer Platz am See mit allem was dazu gehört, Swimmingpool, Pizzeria, Bar, Einkaufsmarkt, nahebei am Seeufer die Trattoria Isola Miranda, relativ ruhig, schattige Stellplätze, Ende März bis Ende September.

• **Villagio Italgest****.** Via Martiri di Cefalonia, Tel. 0 75 84 82 38, Fax 0 75 84 80 85, E-mail: camping@italgest.com, Internet: http:/impnet.com/trasinet/italgest, mit fast 300 Stellplätzen die größte Campinganlage am Lago, entsprechend laut dürfte es in der Saison zugehen, gute Ausstattung, Schwimmbad, Restaurant, Kinderspielplatz, Wasserrutsche, mit 20-27 € für 2 Pers. mit Zelt und Pkw etwas teurer als die anderen Plätze am See.

Essen und Trinken

• Das Ristorante **Da Settimio****-*** im gleichnamigen Hotel in *San Feliciano* gilt als das beste Fischrestaurant am See. Aalsuppe, gerösteter Königskarpfen, Risotto mit Barschfilet stehen u. a. auf der Speisekarte. Tel. 07 58 47 60 00, Do Ruhetag. Im November geschlossen.

• Ebenfalls in *San Feliciano* das **Spiaggia del Giramondo***-**. Trattoria und Pizzeria (Holzofenpizza) in deutsch-italienischer Hand, große Terrasse direkt am See, vom Brot bis zu den Nachspeisen alles hausgemacht, ausgezeichnetes Menü und nicht teuer. Via Gandhi, Tel. 07 58 47 62 71, Di Ruhetag.

• In *Torricella* **Il Pontile****. Via del Pontile, Tel. 0 75 84 19 7, im Dorf am Bootsanleger, vom kahlen, etwas kühlen Ambiente sollte man sich nicht abschrecken lassen, gute lokale Küche mit Fischgerichten aus dem See, Mi Ruhetag.

• Wenige Kilometer vor *San Savino* sieht man links einen kleinen niedrigen Bau mit Imbissstube und Tischen unter Pinien. Hier sind wir bei **Maria***, und es ist längst kein Geheimtipp mehr, dass es hier die beste *Torta al Testo* weit und breit gibt. Die Torta ist ein typisch umbrisches Fladenbrot, das auf zuvor im Feuer erhitzten Steinplatten gebacken wird. Es besteht eigentlich nur aus Mehl, Wasser und etwas Hefe. Noch warm wird es gefüllt mit rohem Schinken, Spinat und Salsicce (gegrillte, grobe umbrische Schweinswurst) oder Käse. Ausgezeichnet ist auch *fritto misto,* gemischter frittierter Fisch aus dem See. An Wochenenden herrscht hier fast immer Hochbetrieb.

Schiffsverkehr

• Von Anfang April bis Ende September täglich 9x von **San Feliciano** zur **Isola Polvese.** Das erste Schiff kommt morgens von *Passignano,* das letzte fährt gegen 19.30 Uhr dorthin zurück.

Museum

• Die Geschichte des Lago Trasimeno und des Fischfangs ist anschaulich dokumentiert im **Museo della Pesca** in San Feliciano, Via Lungo Lago della Pace e del Lavoro 20, geöffnet: April, Mai, Juni u. September außer Mo 10–12.30 u. 15–18 Uhr; Juli/August täglich 10.30–13 u. 16–19 Uhr; Oktober, Februar u. März Do–So 10.30–12.30 u. 14.30–17.30 Uhr; November bis Januar Sa/So 10.30–13 u. 14.30–17 Uhr.

Feste und Veranstaltungen

• Jedes Jahr Anfang August findet in *San Feliciano* das Dorffest **Festa del Giacchio** statt. Es gibt Konzerte, Ausstellungen und natürlich jeden Abend typische Fischgerichte und andere kulinarische Köstlichkeiten.

Sonstiges

• **Geldwechsel.** *Monte dei Paschi di Siena* bzw. *Cassa di Risparmio di Perugia* haben Filialen in Agello, S. M. Arcangelo und San Feliciano.

Strände

• Öffentliche, in der Saison regelmäßig gesäuberte Sandstrände mit Umkleidekabinen, Sonnenschirmen, Liegestühlen und Tretbootverleih gibt es bei **Torricella, Monte del Lago, San Feliciano** und **Sant'Michele Arcangelo.**

Panicale

Nur einen Katzensprung vom See entfernt liegt Panicale, ein kleines liebenswertes Städtchen mit einigen sehenswerten Kunstschätzen. Der ruhige Ort steht dicht gedrängt hinter alten Backsteinmauern am sanft abfallenden Hang des *Monte Petrarvella* (645 m). Von Panicale eröffnet sich ein herrlicher Ausblick über den Lago Trasimeno bis nach Cortona in der Toscana. Aufgrund der strategisch günstigen Lage auf einem Hügel, von dem aus sowohl der Trasimenische See im Norden als auch das Tal des Flusses *Nestore* im Süden gut zu überblicken ist, entwickelte sich Panicale im Mittelalter zu einer nicht unbedeutenden Kommune. Aus Panicale stammen der spätgotische Maler *Tommaso Fini* (1380–1440), als **Masolino da Panicale** bekannt, und der Condottiere *Giacomo Panieri* (1331–1389), unter dem Namen **Boldrino** ein gefürchteter Landsknecht und Heerführer.

Der mittelalterliche Ortskern mit seinen Wehrmauern, Türmen und Toren ist noch weitgehend intakt, die Gebäude sind durchgängig in braunrotem Ziegelstein errichtet. Die Stadtväter achten konsequent darauf, dass die Einheitlichkeit der Bauformen gewahrt bleibt. Bisher ist Panicale von Restaurierungs- und Neubau-Sünden weitgehend verschont geblieben.

Ein Bummel durch die alten Gassen ist unbedingt lohnend: Von der *Piazza Municipio* am Ostrand des Ortskerns tritt man durch das Stadttor *Porta Fiorentina* (Stadtplan unter dem Torbogen) auf die anheimelnde *Piazza Umberto I* mit schönem Stadtbrunnen von 1437, der sich in seinen Formen an die Fontana Maggiore in Perugia anlehnt. Über eine steile Gasse gelangt man zu einem weiteren hübschen Platz mit der ursprünglich romanischen Kirche **San Michele Arcangelo,** im 17. Jh. vollständig im Barockstil umgebaut. Im Inneren blieben einige sehenswerte Kunstwerke aus älterer Zeit erhalten: hinter dem Altar eine „Verkündigung" von *Masolino da Panicale,* eine „Geburt Christi" von *Giovanni Battista Caporali* (1476–1560) und ein Holzkreuz

aus dem 15. Jh. Am höchsten Punkt der Stadt steht der **Palazzo del Podestà,** das Rathaus aus dem 14. Jh. mit einem Turm von 1789. Sehenswert ist auch das kleine **Teatro Cesare Caporali** von 1786 mit einem Bühnenvorhang von 1869, auf dem der Einzug des Condottiere Boldrino in Perugia dargestellt ist.

Verlässt man den Stadtkern durch die *Porta Fiorentina* nach Osten, so gelangt man nach etwa 500 m zur Kirche **San Sebastiano** (15. Jh.) mit einem der schönsten Werke des bekannten umbrischen Renaissancemalers *Perugino* (Pietro Vannucci): das „Martyrium des hl. Sebastian" von 1505 mit dem Lago Trasimeno als Landschaftshintergrund. (Zur Besichtigung des *Teatro Caporali* sowie von *San Sebastiano* wende man sich an das Info-Büro Pro Loco an der Piazza Umberto I.)

Nördlich unterhalb von Panicale, beim Ortsteil *Macchie-Panicarola,* liegt das riesige Anwesen **La Fiorita** der Familie **Lamborghini.** Der 1993 verstorbene Traktorenbauer *Ferruccio Lamborghini,* der später als Konstrukteur eleganter Sportwagen berühmt wurde, hatte sich 1970 auf sein Landgut zurückgezogen. Mit Erfolg betätigte es sich als Winzer und Betreiber eines gehobenen Agriturismo-Betriebes mit Golf, Tennis- und Reitplatz. Neben der Weinkellerei gibt es hier ein kleines Fahrzeugmuseum mit Traktoren und Sportwagen zu besichtigen (geöffnet auf Anfrage, Tel. 07 58 35 00 29).

Agriturismo La Rosa Canina bei Panicale

Paciano

Paciano (900 Ew., 390 m ü. NN), in den Hügeln 4 km westlich Panicale, ist ein weiterer mittelalterlich geprägter Ort in schöner Panoramalage. Die Stadtmauer des 14. Jhs. mit Toren und Zinnen ist noch weitgehend intakt. Im 13. Jh. war Paciano die westlichste Grenzfeste des mächtig gewordenen Stadtstaates von Perugia. Die Ruinen des Torre Orlando und eines Franziskanerklosters östlich oberhalb beim Ortsteil Ceraseto markieren noch den Mittelpunkt dieser ersten befestigten Siedlung des Mittelalters. 1322 entschieden sich die Bürger von Paciano, einen neuen Ort am heutigen Platz aufzubauen. Das heutige Paciano ist von Olivenhainen umgeben, das hier erzeugte Olivenöl genießt einen guten Ruf.

Information

- **Panicale.** 5050 Ew., die allerwenigsten davon im historischen Zentrum, 431 m ü. NN, PLZ 06 064, 34 km südwestlich von Perugia.
- **Tourist-Info.** *Pro Loco,* Piazza Umberto I, Tel. 0 75 83 75 81.

Unterkunft

- **Le Grotte di Boldrino*****/€€. Via Virgilio Ceppari 43, Tel. 0 75 83 71 61, Fax 0 75 83 71 66, im restaurierten Kastell, moderne Zimmer.
- **Masolino***/€. Via Roma 7, Tel. 0 75 83 71 80, Fax 0 75 83 76 12, E-mail: andreabelfico@inwind.it, Internet: http://web.tiscali.it/ristotelmasolino, preisgünstiges, angenehmes Kleinstadthotel am Rande des alten Ortszentrums, ordentlicher Komfort eher auf 2-Sterne-Niveau, einige Zimmer ohne eigenes Bad.
- Residenza di Campagna **Villa di Monte Solare**€€€€-€€€€€. Via Montali 7, Località Colle San Paolo, Tel. 0 75 83 23 76, Fax 07 58 35 54 62, E-mail: info@villamontesolare.it, Internet: www.villamontesolare.it, schöne Lage

beim Weiler Colle San Paolo oberhalb Tavernelle am Hang des Monte Solare, historische Villa mit altem Mobiliar, Aufenthaltsräume mit Kamin und Deckenfresken, deutsche Inhaberin, Pool, Reitmöglichkeit, Wein und Öl aus eigener Produktion, Zwei- u. Dreibettzimmer, nur Halbpension (ab 85 €), ausgezeichnete Küche.

- Agriturismo **La Rosa Canina**€€€, Via dei Mandorli 23, Frazione Casalini, Tel. u. Fax 07 58 35 06 60, E-mail: larosaca@tin.it, Internet: www.altair2000.it/rosacanina, an der Straße nach Sant'Arcangelo beim Weiler Casalini, ca. 4 km zum Trasimeno, Pool, Reitmöglichkeit, Halbpension 41–44 € pro Person.

Essen und Trinken

- Gut durchschnittliche, leicht verfeinerte umbrische Landküche bietet das zum gleichnamigen Hotel gehörden **Ristorante Masolino****, freundlicher Service, Tel. 0 75 83 71 51, Di Ruhetag.
- Sehr beliebt ist die **Locanda della Rocca***** in Paciano, gute crostini und bruschette, tagliata di manzo al rosmarino (dünn geschnittenes Fleisch mit Rosmarin) und filetto al vino rosso (Filet in Rotwein) von den berühmten weißen Rindern des nahegelegenen Chiana-Tals, Via Roma 4, Tel. 0 75 83 02 36, Di Ruhetag.

Öffentliche Verkehrsmittel

- **Bus.** Mit A.S.P. Perugia werktag 2x mit umsteigen in *Tavernelle* nach *Perugia* sowie 1x zum Bahnhof von *Chiusi.*

Von Panicale nach Città della Pieve

Südlich von Panicale erstreckt sich anmutiges Hügelland mit Olivenhainen, Weinbergen und kleinen Eichen- und Kiefernwäldern. Eine aussichtsreiche, teilweise nicht asphaltierte Nebenroute führt von Panicale an alten Festungsdörfern vorbei nach Città della Pieve.

Von Panicale folgt man zunächst den Wegweisern bis Tavernelle. Hier bietet sich ein kurzer Abstecher nach Norden zur großen Wallfahrtskirche **Madonna di Mongiovino** an. Der typische Zentralbau der Renaissancezeit wurde im 16. Jh. an der Stelle einer wundersamen Marienerscheinung errichtet. Das Innere ist reich mit Fresken des 16. und 17. Jhs. geschmückt. Die unterhalb der Kirche vorbeiführende Stichstraße endet bei der im 11. Jh. errichteten Burganlage *Mongiovino Vecchio.*

Am Ostrand von Tavernelle zweigt von der Talstraße eine Nebenstraße nach Süden zum kleinen *Castiglion Fosco* ab. Von hier erreicht man auf einer Erdstraße der Beschilderung nach das winzige **Greppoloschieto,** eine abseits gelegene mittelalterliche Dorffestung. Beim bescheidenen, von einer mittelalterlichen Burg überragten Hügeldorf **Montegiove** trifft man wieder auf eine Asphaltstraße. Folgt man dieser 2 km südöstlich Richtung *Pornello* und zweigt dann nach rechts auf eine Erdstraße ab, so gelangt man zum einsam gelgegenen ehemaligen Franziskanerkloster **La Scarzuola.** Der Hl. *Franz von Assisi* höchstpersönlich soll es im Jahre 1218 gegründet haben. Auf dem Klostergelände hat der 1981 verstorbene mailänder Architekt *Tomaso Buzzi* seine „città ideale" erbaut, ein surreales Ensemble eigenwilliger Phantasiebauten (Tempel, Türme, Skulpturen), in denen sich die Mythen und Rätsel des Altertums widerspiegeln (Privatbesitz, Besichtigung nur für Gruppen ab 10 Personen, Anmeldung Tel. 07 63 83 74 63, Eintritt 10 €).

Auf der Asphaltstraße von Montegiove aus nach Westen fahrend gelangt man durch ruhiges Hügelland ins 7 km entfernte befestigte **Montegabbione** (594 m ü. NN). Strategisch zentral zwischen Perugia und Orvieto, Rom und Florenz, dem Lago Trasimeno und dem Bolsenasee gelegen, verteidigte die Festung zusammen mit dem benachbarten *Monteleone* die reiche Stadt Orvieto vor feindlichen Übergriffen. Das Städtchen ist heute noch von den mittelalterlichen Mauern umgeben, von der Festung ist allerdings nur noch der Turm übrig geblieben.

Città della Pieve

Die ruhige Kleinstadt an der Grenze zur Toscana liegt erhöht auf einem Bergkamm über der Valdichiana-Ebene. Wie im benachbarten Panicale dominieren im Stadtbild die Braun- und Rottöne des Ziegels, der seit dem 13. Jh. in Città della Pieve gebrannt wird. Die verwinkelte Altstadt ist weitgehend aus Backstein erbaut, mittelalterliche Türme, Tore und Mauern prägen die Stadtsilhouette. Die Stimmung ist beschaulich bis provinziell. Kleine Geschäfte und Werkstätten überwiegen im Gassengewirr der Altstadt, in die sich nur wenige Besucher verirren.

Geschichte

Schon in etruskischer Zeit war das heutige Città della Pieve ein wichtiges Gemeinwesen, das nach der römischen Eroberung als **Castrum Plebis** fortbestand. Ab dem frühen Mittelalter war der Ort aufgrund seiner strategisch günstigen Lage an der Grenze zur Toscana und über der Valdichianaebene immer wieder in Machtkämpfe verstrickt, *Guelfen* und *Ghibellinen* fochten hier ihre Kämpfe aus. 1188 konnte Perugia gegen den Widerstand der Bewohner seinen Machtbereich über den Trasimenischen See bis hierher ausdehnen.

Die Stadt entwickelte sich, wie der Name sagt, um eine Taufkirche (Pieve) herum und schützte sich mit einer Stadtbefestigung (Castello). Verschiedene Söldnerführer wie *Braccio Fortebraccio* und *Biordo Michelotto* nahmen sie im 15. Jh. im Verlauf der Machtkämpfe zwischen den verfeindeten Stadtstaaten Perugia und Orvieto zeitweise in ihre Gewalt. Erst mit der endgültigen Unterstellung unter den Kirchenstaat 1529 und der Ernennung zum Bischofssitz 1600 durch *Papst Clemens VIII* brachen für „Castel della Pieve" ruhige Zeiten an. Die Stadt versank in eine Art Dämmerschlaf, der bis heute anzuhalten scheint.

Bekanntester Sohn der Stadt ist der Maler **Pietro Vannucci** (1445–1523), wegen seiner langen Schaffensperiode in Perugia auch **Perugino** genannt – was man in Città della Pieve, wo man den Künstler für sich reklamiert, ungerne hört. Der schon zu Lebzeiten berühmte Rennaissancemaler, Begründer der so genannten Umbrischen Malschule, ist bekannt für seine sanft-verträumten und dennoch ausdrucksvollen Portraits vor den weichen, fließenden Hintergrundlandschaften seiner umbrischen Heimat.

Città della Pieve

Besichtigung

Das wohl bedeutendste Werk Peruginos, die **„Anbetung der Könige"** von 1504, kann man sich im einfachen Betraum des **Oratorio Santa Maria dei Bianchi** anschauen. Der Maler zeigt hier seine Meisterschaft: eine ruhig-harmonische und dennoch lebendig wirkende Gruppenszene in fein abgestuften Farben vor der sanften, lichten Weite der Landschaft am Trasimenischen See. Unter den Gestalten in der zweiten Reihe, links mit roter Malerkappe, hat der Meister ein Selbstporträt hinterlassen, rechts daneben am Holzpfeiler ist sein berühmtester Schüler, Raffael von Urbino, zu sehen. Geöffnet ist das Oratorio täglich 10.30–12.30 und 16.30–18.30 Uhr (falls dennoch verschlossen, kann man sich an den Kustoden, Via Vannucci 42 oder 51, wenden).

Den Mittelpunkt des Ortes bildet die *Piazza Plebescito* mit dem Dom **Santi Gervasio e Protasio.** Vom ursprünglich romanischen Bau des 12. Jhs. sind nur noch wenige Überreste an der Fassade und der Apsis erhalten. 1580 wurde die Kirche erweitert und 1600, mit der Ernennung zum Bischofssitz, im damaligen Stil vollständig umgebaut. Im etwas erdrückenden Innenraum sind mit der 1510 gemalten „Taufe Christi" in der ersten Kapelle links und der „Madonna mit Glorienkranz und den Stadtheiligen Gervasius und Protasius" aus dem Jahr 1514 hinter dem Hauptalter zwei weitere Werke Peruginos zu sehen. Der **Torre Pubblico** (Stadtturm) in romanisch-langobardischem Stil neben dem Dom stammt aus dem 12. Jh. und war ursprünglich ein nicht mit der Kirche verbundener mittelalterlicher Geschlechterturm.

Ascanio della Corgna, päpstlicher Statthalter Città della Pieves, beauftragte im 16. Jh. den berühmten umbrischen Architekten *Galeazzo Alessi* mit dem Bau des **Palazzo Corgna.** Die oberen Räume des Stadtpalastes, die z. T. prunkvoll mit manieristischen Deckenfresken ausgeschmückt wurden, sind leider nicht der Allgemeinheit zugänglich; zu besichtigen ist aber im Renaissance-Innenhof des Erdgeschosses ein rätselhafter Obelisk der Etrusker aus dem 7. Jh. v. Chr., dessen Funktion nicht klar ist. Vielleicht hatte er eine symbolische Bedeutung im Rahmen eines etruskischen Sonnenkultes. Der **Palazzo della Fargna** des 18. Jhs. dient heute als Rathaus.

Außerhalb der Mauern, bei der Porta Romana, befindet sich die Kirche **Santa Maria dei Servi** (hl. Maria der Sklaven). Die ursprünglich gotische Kirche des 14. Jhs. wurde später barockisiert, im Inneren befindet sich ein weiteres, beschädigtes Fresko von Perugino, „Die Kreuzabnahme" aus dem Jahr 1517. Die **Rocca** (Burg) wurde 1326 vom Stadtstaat Perugia errichtet, der damit seine Macht über die Grenzfestung Castel della Pieve gegen Orvieto sichern wollte. Neben der Burg steht die Franziskanerkirche **San Francesco** aus dem 13. Jh., im 18. Jh. weitgehend verändert. Vom ursprünglichen Bau hat sich der untere Teil der Fassade erhalten. Nebenan, im Oratorio di San Bartolomeo, kann man sich weiter im Bilderbetrachten üben: die Frontwand der kleinen Betkapelle schmückt ein sehenswertes großes Kreuzigungsfresko von 1340 eines aus Siena stammenden Künstlers, von den Einheimischen oft als „Pianto degli Angeli" – „Weinen der Engel" – bezeichnet. Das mystisch-ernste, mit Goldhintergrund und fehlender Perspektive noch byzantinisch wirkende Bild steht in deutlichem Kontrast zu den anmutigen Darstellungen Peruginos. Diesem begegnet man nochmals in **San Pietro** am Südwestrand der Altstadt mit dem Fresko „Sant'Antonio Abate", falls die Kirche nicht, wie meist, verschlossen ist. Auf jeden Fall genießt man vom Kirchplatz schöne Ausblicke in das Valdichiane und die toscanischen Berge westlich von Chiusi.

Auch abseits der Sehenswürdigkeiten lohnt ein Rundgang durch das malerische Gassengewirr des historischen Zentrums. Die angeblich engste Gasse Italiens, den **Vicolo Baciadonne** (Frauenkussgasse) im nördlichen Altstadtviertel Casalino, sollten Breitschultrige mit Platzangst dabei besser meiden.

Information

- **Città della Pieve.** 6470 Ew., 508 m ü. NN, PLZ 06 062, 43 km südwestlich Perugia, 44 km nördlich Orvieto.
- **Tourist-Info.** *Associazione Turistica Pievese*, Piazza G. Matteotti 4, Tel. 05 78 29 80 31, geöff. Mo bis Fr 8.30–13 und 16–18.30 Uhr, Sa 8.30–12.30 Uhr. Weiteres Info-Büro an der Piazza Plebiscito, Tel. 05 78 29 93 75.

Unterkunft

- **Vannucci**/€.** Via I. Vanni 1, Tel. 05 78 29 95 72, Fax 05 78 29 80 63, E-mail: hvanucci@supereva.it, Internet: www.umbriatravel.com, freundlich-familiäres Haus am Rande des alten Zentrums, mittlerer Komfort, kleiner Garten,
- Agriturismo **Madonna delle Grazie€€€.** Vocabolo Madonna delle Grazie 6, Tel. u. Fax 05 78 29 98 22, E-mail: madgrazie@ftbcc.it, Internet: www.madonnadellegrazie.it, ca. 5 km außerhalb über die Straße Richtung Ponticelli/Fabro zu erreichen, Bauerngehöft mit Pferden, Ziegen, Schweinen, Bienen, Wein, Oliven.

Essen und Trinken

- **Silvana***,** Via Pietro Vanucci 26, Tel. 05 78 29 83 11, gehobene Trattoria im Zentrum, wenige, aber frisch zubereitete Gerichte, gut und nicht übermäßig teuer.
- Das Ristorante des **Albergo Vanucci**** bietet gut durchschnittliche Qualität zu günstigen Preisen, Menu mit Getränken für etwa 16 €.Via I. Vanni 1, Tel. 05 78 29 95 72.
- Eine weitere beliebte Altstadttrattoria mit Pizzeria ist das **Serenella***-**** in der Via Fiorenzuola 28, Tel. 05 78 29 96 83.
- Bis spät in die Nacht geöffnet sind **Conte Max** in der Via Pietro Vannucci 37, wo es Pizza, Panini und weitere Kleinigkeiten zu Essen gibt, sowie die Kneipe **Dandys Pub** in der Via Garibaldi 2.

Öffentliche Verkehrsmittel

Bahn

- Der nächste **Bahnhof** liegt 8 km nördlich in **Chiusi Scalo.**
- Intercityverbindung nach **Rom** und **Florenz.**
- Diretto alle zwei Stunden nach **Orvieto, Castiglione del Lago** und **Terontola**
- Etwa stündlich Lokalzüge nach **Siena.**
- Nachtzüge mit Schlaf- und Liegewagen von und nach **München** sowie **Wien.**

Bus

- Wochentags 6mal von und nach **Perugia,** Piazza Partigiani über *Tavernelle – Piegaro* (Fahrzeit gut 1 Std.); die Busse fahren weiter nach **Chiusi Scalo** Bahnhof (15 Min).

Rund ums Auto

- **Autoverleih.** *Giorgio Gianfranco,* Via G. Marconi 53, Tel. u. Fax 05 78 29 81 04.
- **Parken.** Parkmöglichkeiten außerhalb der Stadtmauern; im Zentrum wie so oft, wenige, meist kostenpflichtige Parkplätze an blauen Linien (Parkschein etwa 0,50 € die Stunde).

Feste und Veranstaltungen

- An dem dem 21. Juni nächstgelegenen Sonntag findet jedes Jahr im Stadtviertel Casalino zu Ehren des Stadtpatrons *Luigi Prottettore* die **Infiorata** statt. Blütenblätter werden auf dem Pflaster der Gassen zu Bildern und Ornamenten ausgelegt und in der Taverne des Bischofsturms gibt es allerlei Kulinarisches, u. a. Lumache (Weinbergschnecken), ein typisches Gericht der Stadt.
- Vom 10 August bis zum dem 17. August folgenden Sonntag steht die ganze Stadt beim **Palio dei Terzieri** für etwa 10 Tage Kopf. Die Viertel Borgo Dentro, Casalino und Castello messen sich im Bogenschießen. Die Bewohner nehmen in Rennaissancekostümen an den Festlichkeiten teil. Feuerschlucker, Fahnenschwinger und Straßenkünstler beleben die Stadt. Abends wird an großen Tischen gemeinsam getafelt.

Sonstiges

- **Markt.** Großer Markt im Zentrum jeden Samstag am Vormittag.

Wandern

- Im grünen Hügelland in der Umgebung von Città della Pieve verlaufen einige markierte Wanderwege, z. B. nach **Paciano** und **Panicale.** Im Infobüro ist dazu Kartenmaterial erhältlich.

Assisi

Wo Religion zu Kunst wird – Die Stadt des armen Heiligen

Alles dreht sich in Assisi um „Il Poverello", den kleinen Armen. Der **Heilige Franziskus von Assisi,** der heiligste Heilige der Italiener, ist überall in der Stadt präsent, in der großartigen Freskenausmalung der Franziskus-Basilika wie in den Auslagen der zahlreichen Touristenläden, wo sich abstruser Andenkenkitsch ballt.

Franziskus wurde 1182 in der bereits damals nicht unbedeutenden Stadt geboren. Die Stationen seines Lebens und die Meisterwerke der Kunst, die ihm zum Gedenken geschaffen wurden, ziehen jährlich Hundertausende von Besuchern aus aller Welt in die Stadt. Auf dem Weg zum Papst in Rom ist für gläubige Christen Assisi erste Pflichtstation. Polnische Pilgerverbände, deutsche Pfadfinder, amerikanische Jugendgruppen, ganze sizilianische Dorfgemeinschaften und viele andere Gläubige werden täglich busweise durchgeschleust. Zusammen mit kunstbeflissenen Touristen schieben sie sich von einer Sehenswürdigkeit zur nächsten durch die engen Gassen Assisis, das durch den Besucherstrom zu einer reichen Stadt geworden ist.

Dem großen Ordensgründer des Mittelalters hätten jedoch weder die große Kunst zu seinen Ehren noch die kommerziellen Auswüchse gepasst, hatte er doch sich und seine Mönchsbrüder unter das Gebot strikter Armut und Bescheidenheit gestellt.

Dennoch ist und bleibt Assisi einer der schönsten Orte Italiens, der unbedingt einen Besuch lohnt. Hoch über der *Valle Umbra* langgestreckt am Hang des gut 1200 m hohen *Monte Subasio* gelegen, zeigt die Stadt unzerstörtes Mittelalter mit alten Türmen, Toren und Mauern. An der Westseite begrenzt der imponierende gotische Bau des Klosters und der Basilika von **San Francesco** die Stadtsilhouette, die mit ihren mächtigen Substruktionen wie eine tibetische Klosterburg wirkt. Auf der Ostseite setzen die Kirchtürme von **Santa Chiara** und **San Rufino** helle Akzente gegen den dunklen Rücken des Monte Subasio. Beim höchsten Punkt stehen die zerbrochenen Mauern einer Burg. Modernes Bauen wird außerhalb vor den Toren der historisch gewachsenen Stadt gelassen. Das alte Zentrum bildet ein Gewirr enger, durch Treppen und Bögen verbundener Gassen. Die klare und helle Architektur der Gebäude, die einheitlich aus dem braun-rosa Stein des Monte Subasio errichtet sind, schaffen vor allem gegen Abend eine besondere Atmosphäre.

Meiden sollte man Assisi während der großen Fest- und Feiertage sowie an den Wochenenden von Frühjahr bis Herbst. Tagsüber ist die Stadt dann für eine geruhsame Besichtigungstour einfach zu voll. Während der übrigen Zeit ist es erheblich ruhiger, Assisi gewinnt dann sein Eigenleben zurück. Außerhalb der Saison wirkt es geradezu verschlafen.

Im Winter, wenn die Häuser der Stadt oft tagelang von den aus der Valle Umbra aufsteigenden Nebeln eingehüllt sind und der Geruch von Holzfeuer durch die dann leeren Gassen weht, fühlt man sich fast ins Mittelalter zurückversetzt.

Assisi liegt in einer schönen landschaftlichen Umgebung. Nach Osten grenzt die mittelalterliche Stadt unvermittelt an freie Natur mit Olivengärten, Eichen- und Pinienwäldern. Am Hausberg **Monte Subasio,** inzwischen ein Naturschutzgebiet, lassen sich schöne Wanderungen unternehmen. In der Umgebung der Stadt lohnen auch die Wirkungsplätze des hl. Franziskus einen Besuch, das bescheidene Kloster von **San Damiano,** die inmitten eines uralten Steineichenwaldes gelegene Einsiedelei **Eremo delle Carceri** oder die kleine Abtei **San Benedetto** auf dem Berg Subasio. Wichtiger als die Gebäude sind die Schönheit der Natur und die Stimmungen dieser Plätze. Es ist leicht verständlich, dass Franziskus in diesem Umfeld inspiriert wurde, eine Hymne auf Mutter Erde, Bruder Wasser und Schwester Sonne zu schreiben.

Geschichte

Elettra, Vorfahrin der Troianer, hatte einen Sohn mit Namen *Dardano.* Mit seinem Bruder *Tasio* erreichte er nach einer abenteuerlichen Reise die Gegend von Assisi. Allerdings war Tasio kein Bruder aus Fleisch und Blut, Tasio war ein beklemmender, ängstlicher Gemütszustand, der Dardano ständig und überallhin begleitete. Als Dardano Assisi gründet, tötet er seinen Bruder und setzt ihn in einem großen Mausoleum bei. So berichtet eine der Gründungssagen der Stadt.

Die Frühgeschichte Assisis lässt sich jedoch weniger durch rätselhafte antike Legenden als durch die archäologischen Funde in der Umgebung nachvollziehen. Assisi entwickelte sich aus einer Siedlung der umbrischen Urbevölkerung, die zur **Etruskerzeit** vom Priesterkönig des benachbarten Perugia beherrscht wurde. Auf dem Monte Subasio wurden Bronzefiguren aus dem 5. Jh. v. Chr. gefunden. Wahrscheinlich war der markante Berg ein wichtiger Kultplatz sowohl der Umbrer als auch der Etrusker.

Unter der **Herrschaft der Römer** entwickelte sich Assisi zu einem wichtigen Gemeinwesen, das **89 v. Chr.** in den Rang eines **Munizipiums** erhoben wurde. Die Bewohner hatten damit den Rechtsstatus der freien Bürger Roms. Der Handel florierte. In der Folgezeit ließen die wohlhabenden Stadtbürger u. a. ein Theater, ein Amphitheater, eine Thermenanlage und den heute teilweise noch erhaltenen Minervatempel errichten.

In frühchristlicher Zeit war *San Rufino* der erste Bischof der Stadt. 238 im Fluss Chiascio ertränkt, starb er während der Christenverfolgungen den Märtyrertod. Während der **Invasionen** der nordischen Völker ging es Assisi nicht viel besser als den anderen Städten Umbriens. 545 zerstörten die Goten unter *Totila* die Stadt, im 8. Jh. fiel sie in die Herrschaft der eingewan-

derten Langobarden und wurde Teil des Herzogtums von Spoleto.

Formal dem deutschen Kaiser oder dem römischen Papst unterstellt, erkämpfte sich Assisi im **12. Jh.** wie viele andere Städte Umbriens den Status einer **libero comune.** Es besaß damit weitreichende Selbstverwaltungsrechte, wodurch der neue Stadtstaat erblühte. Der schützende Mauerring wurde zur Ebene hin erweitert, um die neugebauten Basiliken einzuschließen. Terrassen wurden aufgeschüttet, Häuser und Straßen gebaut. Das mittelalterliche Stadtbild, wie es sich heute dem Besucher darbietet, entstand in dieser Periode.

Während der Auseinandersetzungen zwischen deutschen Kaisern und Papst stand Assisi zeitweise auf der **Seite der kaisertreuen Ghibellinen.** Es geriet so machtpolitisch und ökonomisch in Rivalität zum benachbarten Perugia, das guelfisch wurde. Um den Machtansprüchen Perugias zu begegnen, marschierten die Truppen Assisis 1202 gegen Perugia, mussten aber bei Ponte San Giovanni eine Niederlage hinnehmen. Unter den gefangenen Soldaten war ein gewisser *Giovanni di Bernardone,* der spätere San Francesco.

Nur die Rocca überragt den Morgennebel

Mit dem **Tod des hl. Franziskus,** dessen Wirkungsstätten bald große Pilgerströme anzogen, bekam Assisi einen neuen geistigen Mittelpunkt. In der dadurch auch ökonomisch prosperierenden Stadt setzte im **13. Jh.** erneut eine rege Bautätigkeit ein. Machtpolitisch geriet die Stadt bald unter die wechselnde Herrschaft von sich befehdenden Kriegsherren und Signorien. Der untere Teil der Stadt, geführt von der Familie *Fiumi,* und der obere, unter der Familie *Nepis,* kämpften zeitweise um die Macht über die Stadt. (Dieser historische Gegensatz zwischen Ober- und Unterstadt lebt heute noch im farbigen Frühjahrsfest des Calendimaggio fort.)

Unter dem Einfluss der wechselnden Feudalherren, die nichts mit kommunalen Freiheitsrechten im Sinn hatten, gingen die Errungenschaften der libero comune ab dem 14. Jh. immer mehr verloren. Es folgte eine lange Periode der Stagnation. Im **16. Jh.** geriet auch Assisi unter die strenge **Herrschaft des römischen Kirchenstaates.**

Im **September 1997** wurde Assisi vom großen **Erdbeben** schwer in Mitleidenschaft gezogen. Das Dach der Oberkirche von San Francesco stürzte ein. 1999 standen immer noch Gerüste zur Abstützung von Kirchen- und Hausfassaden. Die wiederhergestellte Oberkirche von San Francesco konnte im November 1999 erneut für Besucher geöffnet werden. Inzwischen stehen auch so gut wie alle anderen Sehenswürdigkeiten Assisis Besuchern wieder offen.

Orientierung

Assisi erstreckt sich in ungefährer West-Ost-Ausrichtung an den Ausläufern des Monte Subasio. Die Hauptorientierungspunkte im auf- und absteigenden Gassengewirr der **Altstadt** sind die markante Franziskuskirche am äußersten westlichen Stadtrand und die zentrale *Piazza del Comune* beim Rathaus. Dazwischen verläuft der Hauptpilgerweg der Touristen, der nach Osten ansteigende, langgezogene Straßenzug *Via San Francesco, Via del Semminario, Via A. Fortina, Via Portica.* Östlich des Rathausplatzes führt der ebene *Corso Mazzini* zur großen *Basilica di Santa Chiara* sowie die ansteigende *Via San Rufino* zur höhergelegenen *Piazza San Rufino* beim Dom.

Etwa 3 km südwestlich, in der Ebene außerhalb der Altstadt, liegt der modernere **Stadtteil Santa Maria degli Angeli** mit der gleichnamigen monumentalen Wallfahrtskirche sowie dem Bahnhof. Die Straße von Santa Maria degli Angeli nach Assisi trifft unterhalb der Altstadt auf die SS 147 von Perugia und kurvt dann südlich des Zentrums als *Viale Vittorio Emanuele II* außerhalb der Stadtmauern den Hang hinauf. Anfangs passiert sie das Infobüro der Hotelvereinigung von Assisi *(Consorzio Aberghatori Assisi),* dann drei kostenpflichtige Parkplätze, u. a. den Großparkplatz unterhalb der *Porta Nuovo,* von wo man mittels Rolltreppe Zugang zum Zentrum hat. Immer dem Wegweiser Carabinieri nach gelangt man ganz oben zur *Piazza Matteotti* mit weiterer Parkmöglichkeit und der Endhaltestelle der Stadtbusse von Santa Maria degli Angeli. Von hier ließe sich die Altstadt bis zur Franziskusbasilika bequem bergab erkunden. Zurück zur Piazza Matteotti kann man dann den Bus nehmen.

Von der Piazza Matteotti gelangt man nach Norden durch die *Porta Perlici* Richtung Gualdo Tadino wieder aus der Stadt hinaus und ist dabei sofort in der unberührten Natur der **Hügel nördlich Assisi.**

Besichtigung

In Assisi sind die Besucher dazu verdammt, sich zu Fuß fortzubewegen – sicherlich ganz im Sinne des hl. Franziskus. Auf den „Hauptrennstrecken" der Touristen kann es deshalb in der Saison schon mal zu Fußgängerstaus kommen. Es gibt jedoch viele Ausweichmöglichkeiten, verwinkelte Gassen, Treppenfluchten und kleine Plätze, wo die ruhige, besinnliche Atmosphäre der Stadt spürbar bleibt.

Um die Farben der Fresken zu schützen, sind die Kirchen oft wenig beleuchtet. Eine Taschenlampe und vor allem ein Opernglas sind hier nützlich, ebenso wie Kleingeld für die Beleuchtungsautomaten. Assisi ist nach wie vor ein Zentrum praktizierter Religösität. Die Kirchen sind keine Museen. Auf ruhiges Verhalten und angemessene Kleidung der Besucher wird Wert gelegt, nackte Schultern, tiefe Ausschnitte, Shorts und Miniröcke werden nicht gerne gesehen (praktisch ist ein Tuch, das man über die Schultern legt). Teilweise bestehen Fotografier- und Filmverbote.

San Francesco

Hauptziel der Besucherströme Assisis ist San Francesco, die **Kirche des hl. Franziskus.** Vor allem aufgrund ihres reichen Freskenschmucks zählt die im 13. Jh. errichtete Doppelbasilika zu den bedeutendsten sakralen Bauwerken Italiens. Die wichtigsten Künstler ihrer Zeit, darunter Cimabue, Giotto, Pietro Lorenzetti und Simone Martini, schmückten die Kirche mit ihren Malereien. In lebhaften Bildern ist das Neue Testament und das Leben des hl. Franziskus dargestellt. Den meist leseunkundigen Menschen des Mittelalters dienten sie als Schriftersatz bei der Vermittlung der christlichen Botschaft. An den verschiedenen Bilderzyklen lässt sich hier gut der Übergang von der spätmittelalterlichen Malweise zum sich ankündigenden Renaissancestil studieren.

San Francesco besteht aus der etwas älteren **Chiesa Inferiore,** (Unterkirche), der Begräbnis- und Pilgerkirche für den hl. Franziskus, und der etwa 15 Jahre später darüber errichteten größeren **Chiesa Superiore** (Oberkirche) für die Predigten und Messen des Franziskanerordens. Unter *Papst Gregor IX.* wurde 1228 mit dem Bau der Unterkirche begonnen, ganze zwei Jahre nach dem Tod des Franziskus und einen Tag nach dessen Heiligsprechung.

Die Vereinnahmung des im Volke hoch verehrten Heiligen für die Amtskirche war Rom offensichtlich sehr wichtig. Papst Gregor ließ verlautbaren, dass allen, die sich am Bau der Kirche beteiligten, ihre Sünden erlassen würden. Anfänglich sollte noch ei-

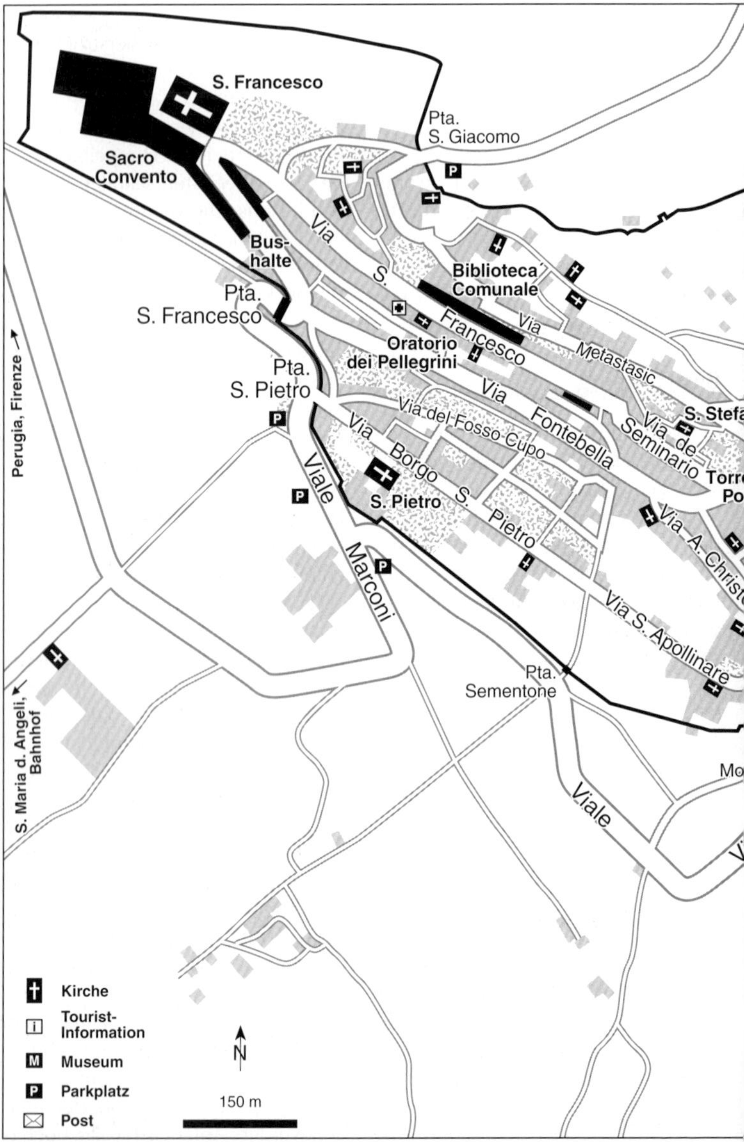
S. Francesco
Sacro
Convento
Pta.
S. Giacomo
Bus-
halte
Via
S.
Francesco
Biblioteca
Comunale
Pta.
S. Francesco
Via
Metastasio
Oratorio
dei Pellegrini
Pta.
S. Pietro
Via
Fontebella
Via del Fosso Cupo
Via
Borgo
S.
Pietro
S. Pietro
Via de
Seminario
Via A. Christo
Via S. Apollinare
Viale
Marconi
Pta.
Sementone
Viale
Perugia, Firenze
S. Maria d. Angeli,
Bahnhof
Kirche
Tourist-
Information
Museum
Parkplatz
Post
N
150 m

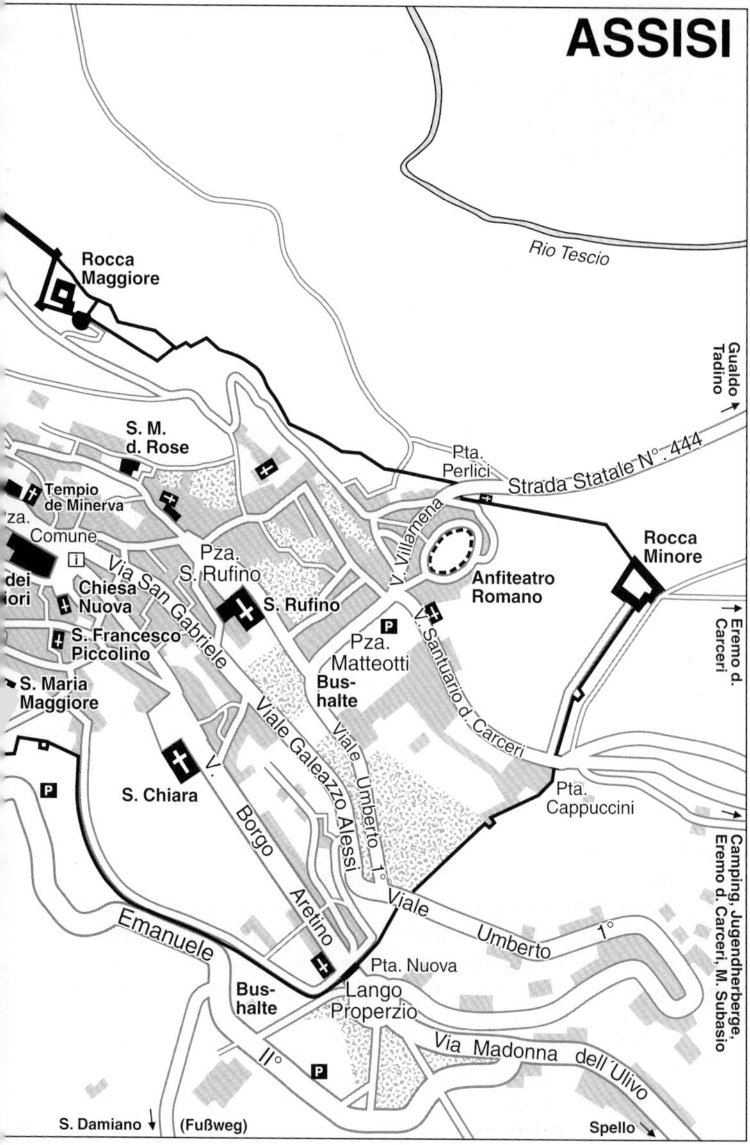
ASSISI
Rio Tescio
Rocca Maggiore
Gualdo Tadino
S. M. d. Rose
Pta. Perlici
Strada Statale N°. 444
Tempio de Minerva
Pza. Comune
dei Priori
i
Via San Gabriele
Chiesa Nuova
Pza. S. Rufino
S. Rufino
V. Villamena
Anfiteatro Romano
Rocca Minore
Eremo d. Carceri
S. Francesco Piccolino
P
Pza. Matteotti
V. Santuario d. Carceri
S. Maria Maggiore
Bus-halte
Viale Umberto 1°
Viale Galeazzo Alessi
Pta. Cappuccini
P
S. Chiara
V. Borgo Aretino
Camping, Jugendherberge, Eremo d. Carceri, M. Subasio
Viale Umberto 1°
Emanuele II°
Pta. Nuova
Bus-halte
Lango Properzio
Via Madonna dell´Ulivo
P
S. Damiano
(Fußweg)
Spello

ne Grabeskirche entstehen, die den schlichten Bauweisen des Franziskanerordens entsprochen hätte, ein Ideal, das mit weiterem Baufortschritt immer mehr verloren ging. Da auf dem Hügel westlich der Stadt nur wenig geeigneter Baugrund vorhanden war, mussten die mächtigen Substruktionen angelegt werden, die dem Klosterbezirk die wuchtige Außenansicht geben.

Bei der Besichtigung ist wegen der Vielzahl der Fresken Beschränkung geboten. Wer kein besonderes Kunstinteresse mitbringt sollte sich auf die wichtigsten Werke konzentrieren. In der Unterkirche gelten die Malereien im westlichen Querschiff (von Cimabue und Pietro Lorenzetti, allergorischen Deckenfresken des Maestro delle Vele), sowie in der 1. Kapelle links (Simone Martini) als besonders sehenswert, in der Oberkirche der große Bilderzyklus Giottos zum Leben des hl. Franziskus.

☆Chiesa Inferiore

Von der *Piazza Inferiore di San Francesco* tritt man durch einen Renaissancevorbau und ein gotisches Portal in die **Unterkirche** (täglich 7–12.30 und 14–18 Uhr geöffnet). Mit ihren niedrig-gedrungenen und fast lichtlosen Kreuzgewölben wirkt sie mystisch und erdverbunden. Ursprünglich war der Innenraum nur einschiffig mit einem Querarm im Westen. Das östliche Querschiff und die Seitenkapellen wurden Ende des 13. Jhs. nachträglich angebaut. Die Kirche wurde nicht wie üblich nach Osten, sondern nach Westen ausgerichtet. Das Kircheninnere ist bis in den letzten Winkel hinein mit Wandmalereien ausgeschmückt. Die ältesten (um 1260) befinden sich an den Wänden des Hauptschiffes. Leider wurden sie bei der Öffnung der Seitenkapellen teilweise zerstört. Sie stammen von einem unbekannten umbrischen Künstler, dem so genannten *Franziskusmeister.* Er verwandelte das Deckengewölbe in einen blauen Sternenhimmel und schmückte die Wände mit reicher Ornamentik und einer Serie von jeweils fünf Bildern auf jeder Seite. In beabsichtigter Parallelität zeigen sie rechts Szenen aus dem Leben Jesu, links aus dem Leben des hl. Franziskus.

In der ersten Kapelle auf der linken Seite des Hauptschiffes war um 1325 die Künstlerwerkstatt des aus Siena stammenden **Simone Martini** tätig. In bewegter Bildfolge sind Szenen aus dem Leben des hl. Martin dargestellt. Das Fresko links unten zeigt den Heiligen, wie er den Mantel teilt. Die fein differenzierte Darstellungsweise mit ihrer Freude an Farbigkeit und Details (Musikanten, Porträts an der rechten Wand) zeigen den herausragenden Stand der toscanischen Malerei in dieser Zeit.

Ebenfalls aus der Toscana stammt der Künstler **Pietro Lorenzetti.** Im linken Querhausarm hat er mit seinen Gehilfen zwischen 1315 und 1330 die Leidensgeschichte Christi in lebendigen Bildern mit intensiven Farben und abwechslungsreichem Landschafts- und Architekturhintergrund dargestellt, besonders schön beim „Einzug nach Jerusalem". An der Westwand sieht man auch den hl. Franziskus, unter fliegendem Kreuz mit Engelsflügeln, wie er die Stigmata empfängt.

Der rechte Querhausarm zeigt, ebenfalls in kräftigen Farben, bewegter Dramatik und teilweise schon perspektivisch wiedergegebener Architektur, die Kindheits- und Jugendgeschichte Christi; besonders eindrücklich die „Flucht nach Ägypten" und der „Kindermord von Bethlehem", sowie postume Wunder des hl. Franziskus. Die um 1315–1320 gemalten Fresken stammen aus der Werkstatt des Florentiners *Giotto*. Ob der Meister selbst mit Hand anlegte, ist nicht sicher. Darunter sind mit individualisierten, ausdrucksstarken Gesichtszügen der hl. Franziskus und vier weitere Heilige aufgereiht, wiederum ein Werk von *Simone Martini* (um 1325).

Das Fresko weiter rechts „Thronende Madonna mit Engeln und dem hl. Franziskus", mit ebenfalls markanten, großen Gesichtern, stammt von **Cimabue** (um 1280). Der Florentiner Maler gilt als erster Künstler überhaupt, der sich von der flächig-statischen Malweise des frühen Mittelalters zu lösen beginnt. Von Cimabue stammt auch die bekannte und oft reproduzierte Darstellung des hl. Franziskus als „Il Poverello", barfuß und mit Kutte. Angeblich eine realitätsnahes Bild des Heiligen, da es zu einer Zeit gemalt wurde, als Zeitgenossen des hl. Franziskus noch lebten.

In den vier Bogenfeldern im Kreuzgewölbe über dem gotischen Altar befindet sich ein mittelalterliches Tugendbild (1315–1320), das sehr gut das religös-symbolische Denken der Zeit widerspiegelt. Es wird einem *Maestro delle Vele* genannten anonymen Meister aus der Schule Giottos zugeschrieben.

Vom Hauptschiff aus gesehen rechts über dem Altar ist die „Allegorie der Keuschheit" zu sehen: Die weibliche Figur der Keuschheit sitzt betend in einem Turm, abgeschirmt von der Welt. Zwei Engel reichen ihr die Goldkrone und Palmzweige. An der Turmbasis helfen „Reinheit" und „Tapferkeit" vier Engeln bei der Reinigung eines Jünglings in einem Steinkübel. Die Burg wird von neun bärtigen Rittern bewacht. Links bittet San Francesco, einen Mönch, eine Klarisse und einen Laien (wahrscheinlich Dante) in die Szene, Symbole für die drei Franziskanerorden. Rechts verjagen die „Buße" und drei Engel die „profane Liebe", einen nackten jungen Mann mit verbundenen Augen, Vogelfüßen und Teufelchen als Begleiter. Im nächsten Feld steht in der Mitte die magere Gestalt der Armut, umgeben von Dornen. Ein Kind wirft mit Steinen nach ihr, ein anderes Kind hetzt einen Hund auf die Gestalt. Doch der hl. Franziskus reicht der Armut den Ring der Vermählung. Darüber tragen Engel einen von Franziskus abgelehnten bestickten Mantel und einen Palast zum Himmel – ein Symbol für den Verzicht auf weltliche Güter zugunsten des Seelenheils. Die drei Personen rechts wollen damit nichts zu tun haben und stehlen sich aus der Szene. Im folgenden Feld sieht man den Gehorsam als weibliche Ge-

stalt in einem Klosterraum, vor der ein Mönch niederkniet, dem das Joch auferlegt wird. Daneben die Demut mit brennender Kerze und die doppelköpfige Umsichtigkeit. Rechts weist ein Engel einen Zentauren, Symbol für Hochmut und Anmaßung, in die Schranken. Auf dem Dach der hl. Franziskus mit den Stigmata, geleitet von himmlischen Händen. Das vierte Feld zeigt den Triumph des hl. Franziskus. Der Heilige sitzt inmitten himmlischer Heerscharen auf einem Thron, der gen Himmel gehoben wird.

In der Mitte des Hauptschiffes führen Treppen hinunter in die **Krypta** mit dem **Grab des hl. Franziskus.** Er war 1230 in aller Eile heimlich bestattet worden, weil man in Assisi den Raub der wertvollen Reliquie durch das verfeindete Perugia befürchtete. Im religiös geprägten Mittelalter mit seinen großen Pilgerströmen hatte der Besitz eines so berühmten Heiligen auch immensen ökonomischen Wert. Über Jahrhunderte wusste man nicht genau, wo der hl. Franziskus seine letzte Ruhe gefunden hatte. Nach 52 Tagen des Suchens und Grabens wurde 1818 direkt unter dem Hauptaltars der steinerne Sarkophag mit den Überresten Francescos gefunden. Die anschließend um das Grab gebaute Krypta wurde 1925–1932 im neoromanischem Stil umgestaltet. Hinter dem Gitter befindet sich der originale Steinsarg; in den Ecknischen ruhen vier Brüder Francescos.

Die Doppelbasilika San Francesco

Über die steilen Treppen rechts im westlichen Querschiff gelangt man auf die Terrasse des 1476 erbauten doppelgeschossigen Renaissancekreuzgangs. Von hier aus hat man Zugang zum **Schatzmuseum** *(Tesoro)* mit einer Sammlung wertvoller Reliquiare, liturgischen Geräts und Tafelbilder. Die Treppen führen weiter hinauf in die Chiesa Superiore (Oberkirche). Ebenerdig an den Querarm schließt sich der ehemalige Kapitelsaal des Klosters an, wo heute Reliquien des hl. Franziskus ausgestellt sind, u. a. die restaurierte ärmliche Flickenkutte, die den Heiligen kleidete.

☆Chiesa Superiore

Im Gegensatz zu den gedrungenen, lastenden Gewölben der Unterkirche wirkt der Innenraum der **Oberkirche** hell und weit. Durch farbige Glasfenster dringt ein warmes, freundliches Licht in die Kirche. Pfeiler und Wände streben zu einem Kreuzrippengewölbe nach oben. Der Einfluss der französischen Gotik ist unverkennbar.

Für die Anfertigung der ersten Glasfenster im Jahre 1253 mussten Künstler aus Deutschland und Frankreich engagiert werden. Die Techniken waren in Italien noch nicht entwickelt. Die Fresken stammen auch in der Oberkirche von toscanischen Meistern, u. a. *Cimabue* (1240–1302), der die Apsis mit Szenen aus dem alten und neuen Testament schmückte. Die eindringlich-expressiven, individualisierten Gesichtszüge der dargestellten Figuren zeigen, dass die Künstlerwerkstatt ihrer Zeit weit voraus war. Leider sind die Fresken in eine Art Negativ umgeschlagen, die Oxydation des beigemischten Bleiweißes ließ die helleren Farben mit der Zeit immer dunkler werden.

Cimabue wird oft als wichtigster Vorläufer der modernen Malerei Italiens gesehen, sein zeitweiliger Schüler **Giotto** gilt als deren eigentlicher Begründer. Mit seinen Gehilfen schuf er um 1300 den berühmten Freskenzyklus zum Leben und Wirken Francescos in der unteren Wandhälfte der Oberkirche (siehe Exkurs „San Francesco in der Kunst Giottos"). Über dem Franziskuszyklus der unteren Wandhälfte sind in zwei Reihungen Szenen des Alten (rechte Seite) und des Neuen Testaments (linke Seite) zu sehen.

Die Bildfolge an der rechten Wand ganz oben zeigt die Schöpfungsgeschichte von der „Erschaffung der Welt" bis zur „Tötung Abels durch Kain". Die mittlere Reihe beginnt im ersten Joch mit der „Arche Noah"; in den folgenden drei Jochen Episoden um die alttestamentarischen Stammväter Abraham, Jakob und Joseph; besonders schön sind „Isaak segnet Jakob" und „Esau vor Isaak" im zweiten Joch. Der neutestamentarische Zyklus zeigt ganz links oben beginnend das Leben Jesu, von der „Verkündigung der Geburt" bis zur „Taufe Jesu" in der oberen Reihe und der „Hochzeit zu Kana" bis zur „Beweinung am Grabe" in der Reihe darunter. Dabei steht die „Kreuzigung" unmittelbar über dem „Tod Francescos" in der Sockelzone, Indiz dafür, wie sehr der hl. Franziskus in seiner Zeit als ein neuer Christus gesehen wurde.

San Francesco in der Kunst Giottos

Der Stil der Werkstatt Giottos entfernt sich schon deutlich von der byzantinisch beeinflussten Malweise des Mittelalters und weist damit auf die Renaissance. Erstmalig wird mit Hintergrundlandschaften und Architekturszenen eine sichtbare Tiefendimension eingeführt. Die Figuren werden nicht mehr mit Blick zum Betrachter statisch und flächig nebeneinandergereiht, sondern stehen innerhalb einer Bildkomposition durch Gesten, Haltung oder Blickrichtung in dynamischen Bezug zueinander. Sie zeigen Individualität und Gefühlsausdruck. All dies lässt sich am großartigen Freskenzyklus erkennen, den Giotto mit seinen Gehilfen um 1300 in der Oberkirche von San Francesco schuf.

Das Leben des heiligen Franziskus

In der Sockelzone der Langhauswände ist das Leben des hl. Franziskus in 28 Bildern dargestellt. Die 1263 vom Kirchenlehrer Bonaventura vollendete Legenda major zur Vita des hl. Franziskus ist Grundlage der Bilderzählung, Bilderzählung, die mit dem Fresko rechts vom Hauptaltar beginnt:

1. Ein Mann breitet vor dem jungen Francesco seinen Mantel aus

Die Szene spielt vor dem Minervatempel. Francesco weiß noch nichts von seiner Berufung. Ein einfacher Bürger berichtet, Gott habe ihm verkündet, Francesco werde bald große Taten vollbringen und von den Gläubigen hoch verehrt werden.

2. Francesco gibt seinen Mantel einem Armen

Vor den Toren der Stadt begegnet Francesco einem verarmten Ritter und schenkt ihm seinen neuen Mantel.

3. Die Vision vom Palast voller Waffen.

Nachts darauf sieht Francesco im Traum einen wunderschönen Palast mit vielen Waffen, die mit dem Kreuz verziert sind. Auf die Frage, wem diese gehörten, antwortet ihm eine Stimme, dass allesamt für ihn und seine Ritter bereitstehen.

4. Francesco betend vor dem Kreuz in San Damiano

Dreimal spricht eine Stimme vom Kruzifix zu ihm:„ Francesco, geh' und repariere meine Haus, das einzustürzen droht". San Francesco verkauft in Foligno sein Pferd und richtet das Kirchlein San Damiano wieder her.

5. Francesco verzichtet auf seine Güter

Vor dem Bischof von Assisi verzichtet Francesco auf seine Kleider, die Güter seines Vaters und sein Erbe. Er wird von seinem Vater verstoßen. Pietro di Bernardone, mit den Kleidern seines Sohnes auf dem Arm, wird am Handgelenk festgehalten, damit er Francesco nicht schlägt. Der Bischof bedeckt die Blößen Francescos.

6. Die Vision des Papstes

Nachdem Innozenz III. Francesco und seine Brüder zurückgewiesen hat, sieht er im Traum Francesco, der mit seinen Schultern die sich neigende Lateranskirche in Rom stützt.

7. Papst Innozenz III. bestätigt die Regel Francescos

Aufgrund des Traumes billigt der Papst den Orden Francescos. Die Mönche müssen sich die Tonsur scheren lassen.

8. Die Vision vom Feuerwagen

San Francesco erscheint seinen Brüdern auf einem hell leuchtenden, feurigen Wagen.

9. Vision der göttlichen Throne
Ein Mönch sieht im Himmel viele Throne. Einer fällt durch seine besondere Schönheit auf. Eine Stimme sagt: Dieser Thron gehörte einem gefallenen Engel (Luzifer) und steht nun für den demütigen Francesco bereit.
10. Francesco vertreibt die Teufel aus Arezzo
Francesco beauftragt seinen Bruder, im Namen Gottes die Teufel aus der Stadt zu jagen, die die Bürger zu Mordtaten anstiften. Frieden kehrt in die Stadt ein.
11. Die Feuerprobe vor dem Sultan
Auf seiner Reise durch Ägypten versucht Francesco 1219, historisch verbürgt, den Sultan Melek-El-Kamel mit einer Feuerprobe von seiner Lehre zu überzeugen. Der Sultan respektiert Franziskus sehr, lehnt es jedoch ab, dessen Glauben zu übernehmen.
12. Die Vision Francescos
Franziskus nimmt in einer Vision die Gestalt des Gekreuzigten an.
13. Die Krippe von Greccio
Zur Feier der Geburt Christi lässt Francesco die Weihnachtsnacht nachspielen – und wird damit zum Erfinder unserer Weihnachtskrippe.
14. Das Wunder der Quelle
Francesco reitet auf einem Esel zur Einsiedelei. Der ihn begleitende Bauer ist vom Durst ganz erschöpft. Francesco betet bis aus dem Fels eine Quelle fließt.
15. Die Vogelpredigt
Bei Bevagna spricht Franziskus zu einer Vogelschar: „Meine Brüder Vögel, voll Eifer sollt ihr Euren Schöpfer loben, der Euch Euer Federkleid und Flügel zum Fliegen geschenkt hat. Er lässt Euch in reiner Luft leben und nimmt sich Eurer an."
16. Der Tod des Ritters
Francesco, zu Gast bei einem Ritter, sieht dessen baldigen Tod voraus und fordert ihn auf, seine Sünden zu bereuen. Der Ritter gehorcht und stirbt zu Beginn des Gastmahles.
17. Francescos Predigt vor Papst Honorius III.
Bei der Papstaudienz vergisst Francesco die vorbereitete Rede. Er ruft den Heiligen Geist an und kraftvolle Worte strömen aus seinem Munde.
18. San Francesco erscheint beim Kapitel von Arles
1224 predigt Antonius von Padua vor einer Versammlung in Arles in der Provence. Ein Franziskanerbruder sieht Francesco im Raum schweben, der die Brüder segnet.
19. Francesco erhält die Stigmata
Nach 14 Tagen des Fastens auf dem Berg la Verna bei Arezzo erscheint die Gestalt des Gekreuzigten dem Francesco. Sofort werden an seinen Händen und Füßen die Wundmale (Stigmata) Jesu sichtbar. Aus einer Wunde an seiner rechten Seite fließt Blut.
20. Der Tod Francescos
Im Zeitpunkt des Todes Francescos sieht ein Mitbruder die Seele des Heiligen als leuchtenden Stern in den Himmel aufsteigen.
21. Bruder Augustinus und der Bischof von Assisi
In gleichzeitiger Vision sehen Augustinus und der Bischof die Himmelfahrt Francescos.
22. Die Überprüfung der Stigmata
Die Bürger von Assisi versammeln sich in der Porziuncola um den Leichnam Francescos. Ein zweifelnder Mönch berührt die Stigmata.

23. Die Trauer der Klarissinnen
Die Schwestern der hl. Klara betrauern den Leichnam, als dieser an San Damiano vorbeigetragen wird.
24. Die Heiligsprechung
Papst Gregor IX. spricht Francesco schon zwei Jahre nach dessen Tod heilig. (Die Figur des Papstes, der die testamentarische Verfügung Francescos missachtete, wurde zerstört.)
25. Francesco erscheint Papst Gregor
Auch der Papst zweifelt an der Stigmatisierung. Francesco erscheint ihm im Traum und füllt ein Glasgefäß mit Blut, das aus seiner Seite zu fließen beginnt.
26. Die wundersame Heilung eines Gläubigen
Nach seinem Tod heilt Francesco den Johannes von Ilerda, der, von den Ärzten aufgegeben, schon im Sterben lag.
27. Die Beichte einer Auferstandenen
Franceso lässt postum eine Verstorbene in das Leben zurückkehren, damit diese ihre Sünden noch beichten kann.
28. Die Erlösung eines Ketzers
Francesco befreit den Ketzer Petrus von Alife aus dem Gefängnis, wo ihn der Bischof auf päpstlichen Befehl eingekerkert hatte.

Die Fresken werden unbekannten Malern aus der Werkstatt des Cimabue zugeschrieben. In den bewegten Isaakszenen der rechten Langhauswand sehen manche Fachleute das Gesellenstück des jungen Giotto.

Von San Francesco zur Piazza del Comune

Von San Francesco führt die alte Pilgergasse Via San Francesco hinauf ins Zentrum bei der Piazza del Comune, vorbei an alten Gebäuden und Palazzi, wie der *Casa dei Maestri Comacini* (Haus Nr. 14), dem mittelalterlichen Zunfthaus lombardischer Baumeister; in der Fassade das Zunftwappen mit Zirkel und Lilie. Das **Oratorio dei Pellegrini** ist der erhaltene Teil eines Pilgerhospizes von 1432 und mit zahlreichen Fresken umbrischer Renaissancemaler (Mezzastris, Matteo da Gualdo, Ingegno) geschmückt. Das Hospital *Monte Frumentario* von 1267 (Via San

Francesco 3) und der Trinkwasserbrunnen *Fonte Oliviera* von 1570 einige Schritte oberhalb dienten ebenfalls den Bedürfnissen der vielen Pilger.

Im Altstadtbezirk oberhalb der Via del Seminario versteckt sich das schlicht-romanische Kirchlein **Santo Stefano,** das 1166 aus dem hellen Stein des Monte Subasio errichtet wurde. Die Legende berichtet, die Glocken der Kirche hätten zum Tode San Francescos von alleine zu läuten begonnen. Das Kircheninnere mit Holzbalkendecke und vier Ziegelgewölben wirkt klar und einfach.

Neben der Kirche liegt ein kleiner, schattiger Garten mit schönem Blick über das umbrische Tal. Nachmittags treffen sich hier deutsche Nonnen aus dem Kloster San Croce, die sich über einen kleinen Plausch auch mit Touristen freuen.

Im Herzen Assisis liegt die **Piazza del Comune.** Der freundliche Kleinstadtplatz mit dem Minervatempel, einem Brunnen, mittelalterlichen Fassaden und ein paar Straßencafés ist die gute Stube von Assisi. Die Bewohner treffen sich abends auf ein Eis oder ein Glas Wein, auf den Tempelstufen sitzen junge Leute, spielen Gitarre und singen. Die Piazza ist Schauplatz religiöser Zeremonien und Feste, wie dem *Calendimaggio.*

Auffallendstes Bauwerk am Platz ist der römische **Tempio di Minerva.** Schon der Italienreisende Goethe war begeistert: „Das löblichste Werk stand vor meinen Augen, das erste vollständige Denkmal der alten Zeit, das ich erblickte." Der Tempel besitzt noch die vollständig erhaltene Säulenfront. Zunächst als Versammlungsraum und Gefängnis genutzt, wurde er 1539 in eine Kirche umgewandelt. So entging er dem Schicksal anderer „heidnischer" Ruinen, als bequemer Steinbruch dienen zu müssen. Links an den Tempel anschließend steht der aus dem 13. Jh. stammende *Palazzo del Capitano del Popolo* mit dem zinnenbekrönten **Torre del Popolo.** In die Turmwand sind unten Maßeinheiten für Wolle, Leinen, Ziegel usw. eingemauert. An der Platzseite gegenüber steht das mittelalterliche Rathaus von Assisi, der langgestreckte **Palazzo dei Priori** von 1337, der noch heute Ratssitz ist. Die Touristeninformation und die städtische Gemäldesammlung sind ebenfalls hier untergebracht. Das Gewölbe im rechten Gebäudeteil wurde 1556 mit Grotesken ausgemalt.

In römischer Zeit lag der Platz vor dem Minervatempel deutlich tiefer. Durch das **Museo Civico** in der Krypta des Kirchleins *San Nicolo* (11. Jh.) geht es in den Untergrund. Unter der Erde trifft man auf Reste des römischen Assisium, Grundmauern, Pflasterungen und Wagenspuren (Eingang beim unteren Platzende gegenüber der Apotheke in der Via Portico 2). Vom oberen Platzende nach rechts gelangt man zu einem kleinen Platz hinter dem Palazzo dei Priori mit der **Chiesa Nuova.** Die barocke Kuppelkirche ließ Anfang des 16. Jhs. König Philipp II. von Spanien über dem Geburtshaus San Francescos errichten.

Gleich nach dem Eingang links die Kammer, in die San Fancesco eingesperrt wurde, weil er seinem Vater einen Stoffballen für die Reparatur von San Damiano entwendet hatte. Rechts hinter der Kirche befindet sich die winzige Kapelle **Oratorio San Francesco Piccolino.** Eine Inschrift im Türbalken sagt: „Dieses Bethaus war der Stall eines Esels und eines Ochsen. Hier wurde der heilige San Francesco, der Spiegel der Welt geboren." Dass der Heilige hier in einem Stall zwischen Ochs und Esel das Licht der Welt erblickte, ist durch nichts bewiesen. Nur allzu deutlich will die fromme Legende San Francesco in die Nähe Jesu rücken.

San Rufino und Rocca Maggiore

Der dem ersten Bischof von Assisi geweihte **Dom San Rufino** (12./13. Jh.) gilt als ein Meisterwerk der umbrischen Romanik, spiegelt rätselhaftes Mittelalter mit Tierfratzen, Masken und archaisch wirkenden Figuren an der Fassade wieder. Die Symbolik ist

Der Sonnengesang des Franziskus

Höchster allmächtiger guter Herr,
Dir sei das Lied die Herrlichkeit die Ehre
Und aller Segen
Dir allein kommen sie zu
Kein Mensch ist würdig Dich zu nennen

Lob sei Dir mein Herr mit Deiner ganzen Schöpfung
Vor allem mit der Herrin Schwester Sonne
Sie bringt uns jeden Tag und spendet uns Licht
Schön ist sie und strahlend mit großem Glanz
Von dir Höchster ein Zeichen

Lob sei dir mein Herr durch Bruder Mond und die Sterne
Am Himmel formtest du sie glänzend kostbar und schön

Lob sei dir mein Herr durch Bruder Wind
Durch Luft und Wolken, durch heiteres und jegliches Wetter
Durch sie gibst Du Deiner Schöpfung Leben

Lob sei dir mein Herr durch Schwester Wasser
Sehr nützlich ist sie, demütig und rein

Lob sei Dir mein Herr durch Bruder Feuer
durch ihn ist die Nacht erhellt
schön ist er fröhlich stark und mächtig

Lob sei dir mein Herr durch unsere Schwester Mutter Erde
Sie belebt und lenkt uns
Sie schenkt uns viele Früchte, Kräuter, bunte Blumen

Lob sei Dir mein Herr durch alle
Die um Deiner Liebe willen vergeben
Durch alle die Schwachheit und Not ertragen
Glücklich die aushalten in Frieden
Du Höchster wirst sie krönen

Lob sei Dir mein Herr durch unsern Bruder den leiblichen Tod
Kein lebender Mensch kann ihm entrinnen
Weh denen die in tödlicher Schuld sterben
Glücklich die er findet in Deinem heiligsten Willen
Der zweite Tod tut Ihnen nichts Böses...

bis heute nicht vollständig entschlüsselt. Über drei reich verzierten Portalen verläuft auf einem Sims aus Tierköpfen eine Zwerggalerie. Darüber befinden sich drei filigrane Fensterrosen, von denen die große mittlere von drei auf Fabelwesen stehenden Menschen getragen und von den vier Evangelistensymbolen eingerahmt wird. Das Hauptportal wird von zwei steinernen Löwen bewacht; im Bogenfeld in altertümlicher Darstellungsweise der thronende Christus zwischen Sonne und Mond, die nährende Muttergottes und der Märtyrer San Rufino. Über den von Greifen flankierten Seitenportalen trinken Löwen und Pfauen aus einem Krug. Der Kirchturm von San Rufino stammt noch von einem Vorgängerbau von 1030, das Kircheninnere wurde 1571 vollständig umgestaltet und wirkt eher nüchtern. Links vom Eingang sieht man eine römische Zisterne, auf die der Campanile gesetzt wurde, am Anfang des rechten Seitenschiffes ein Taufbecken, in dem der hl. Franziskus, die hl. Klara und der Stauferkaiser Friedrich II. getauft worden sein sollen.

Vom rechten Seitenschiff führen Treppen hinunter in die **Krypta.** Sie gehört noch zum älteren Vorgängerbau und wurde unter Verwendung antiker Spolien errichtet. Einige frühmittelalterliche Fresken in der Apsis (Evangelistensymbole) und ein spätantiker Sarkophag mit Reliefdarstellungen zur Göttin Diana sind unter Tage zu sehen.

Des Weiteren gelangt man vom rechten Seitenschiff auch ins **Dommuseum.** Ausgestellt sind liturgische Geräte, Messkleidung, Steinkapitelle der Vorgängerkirche sowie einige Gemälde. Dazu zählt ein Tryptichon des umbrischen Renaissancemalers *Nicolo di Liberatore,* genannt *Alunno,* mit Szenen aus dem Martyrium des San Rufino im Sockel (gemeinsame Eintrittskarte für Krypta und Dommuseum 3 €).

Vom Domplatz gelangt man über die ansteigende *Via Porta Perlici* und den ersten Treppenweg nach links zur hoch über der Stadt thronenden **Rocca Maggiore.** Man kann in der Burganlage herumkraxeln, Mittelalter spielen und vom Turm herrliche Ausblicke über die Valle Umbra und zum Monte Subasio genießen. Die Burg wurde im 12. Jh. vom deutschen Kaiser errichtet, der berühmte Stauferkaiser *Friedrich II.* verbrachte hier unter der Aufsicht des Burgvogts Konrad von Urslingen einen Teil seiner Jugend. 1198 wandten sich die Bewohner Assisis gegen den deutschen Kaiser und zerstörten die Burg. *Kardinal Albornoz* ließ sie zur Absicherung der Macht des Kirchenstaates 1367 wieder aufbauen und stark befestigen.

Von der Rocca Maggiore zieht sich die intakte Stadtmauer über die Porta Perlici zur kleineren Rocca Minore hinüber. Das Viertel zwischen San Rufino und der Stadtmauer ist der am besten erhaltene mittelalterliche Teil von Assisi. Hier lag auch das Zentrum der Römerstadt. Bei der Porta Perlici ist noch zwischen den Häusern das Oval des antiken Amphitheaters auszumachen.

San Rufino und Santa Chiara im Hintergrund

Santa Chiara, San Damiano und San Pietro

Die große gotische Kirche **Santa Chiara** wurde zwischen 1257 und 1265 als Grabeskirche für die hl. Klara, Weggefährtin des hl. Franziskus, errichtet. Zum Bau wurde der helle Stein des Monte Subasio verwendet, der in regelmäßigen rosa-weiß Schichtungen übereinandergesetzt wurde. Zusammen mit dem schlanken Turm und der filigranen Fensterrose über dem schlichten Portal entsteht so eine harmonisch wirkende Außenansicht. Zur Bergseite hin wurden wegen der Erdbebengefahr große Stützbögen angebracht. Der weite Vorplatz ist Treffpunkt, Spielplatz und Aussichtsterrasse mit weitem Blick über die Valle Umbra.

Der **Innenraum** wirkt klar und einfach. Die großflächigen, fast leeren Seitenwände waren ursprünglich vollständig mit Fresken bedeckt. Gut erhalten ist die Ausmalung im Querschiff. Das Tafelbild mit Szenen aus dem Leben Santa Chiaras im rechten Seitenarm stammt vom Meister der hl. Klara, einem anonymen umbrischen Künstler aus der Schule des Cimabue (um 1280). Die Bilder mit weiteren Szenen aus dem Leben der Heiligen an der Stirnwand sowie an den oberen Wandfeldern des Querarms (u. a. „Flucht nach Ägypten", „Kindermord") sind etwas jüngeren Datums und werden einem Maler aus der Schule Giottos zugeschrieben, dem so genannten Expressionistischen Meister von Santa Chiara. Vom älteren Meister der hl. Klara stammt wiederum das bemalte Kruzifix in der Apsis, von einem weiteren Giotto-Schüler die sehenswerte „Geburt Christi" im linken Seitenarm (um 1350).

Die erste Seitenkapelle rechts, die **Capella del Crocifisso,** beherbergt das Originalkreuz aus dem Kirchlein von San Damiano, das nach der Legende zu Franziskus gesprochen hat. In der Kapelle sind auch einige Reliquien der hl. Klara und des hl. Franziskus untergebracht (Kleidung, Haarlocke), die von schwarz verschleierten, durch ein Gitter flüsternden Nonnen näher erläutert werden können. Vom Hauptschiff gelangt man in die um 1850 angelegte, 1935 neugotisch umgestalte **Krypta,** die das Grab der Heiligen beherbergt. Auch hier musste man lange graben, bis man den vor mittelalterlichen Reliquienräubern versteckten Sarkophag wiederfand. Statt der mumifizierten Originalleiche, der man vor einigen Jahren noch erschaudernd nähertreten konnte, liegt heute eine perfekte Nachbildung in einem Glassarg. Die angrenzenden Klostergebäude sind für Besucher tabu – Klarissinnen in Klausur! Vor allem Männer sind höchst unerwünscht.

Von Santa Chiara gelangt man nach Osten durch die Porta Nuova in gut 10 Minuten zu Fuß zum außerhalb der Stadtmauer gelegenen **Kloster San Damiano;** ein Ort der Ruhe und des Friedens, wo das Vogelgezwitscher noch nicht vom Motorenlärm übertönt wird. Die kleine Klosteranlage liegt zwischen Zypressen und Olivenbäumen am Hang unterhalb von Assisi. Hier sprach nach der Überlieferung das Kruzifix zu Franziskus, um ihm den göttlichen Auftrag zur Wiederherstellung der Kirche zu geben, hier dichtete der Heilige seinen „Sonnengesang". San Damiano war auch das erste Kloster der Klarissinnen. Ein ausgeschilderter Rundgang führt durch die schlichten, nur wenig durch Fresken geschmückten Räume (Kreuzkapelle, Gebetssaal, Dormitorium, Refektorium), sowie in den Klostergarten und den kleinen Kreuzgang (geöffnet 10–12 Uhr und 14–16.30 Uhr; im Sommer bis 18. 30 Uhr).

Für Liebhaber romanischer Kirchen lohnt ein kurzer Gang durch das westliche untere Altstadtviertel. Vom Platz vor Santa Chiara fällt der Blick auf die runde Apsis von **Santa Maria Maggiore** an der Piazza del Vescovado. Bis zum Bau von San Rufino war Santa Maria Maggiore der Dom der Stadt. In der heutigen Form wurde die Kirche im 12. Jh. auf den Mauern einer Vorgängerkirche am Platz einer römischen Villa errichtet. Das Radfenster trägt die Jahreszahl 1163 und den Namen des Baumeisters – Giovanni, wahrscheinlich Giovanni von Gubbio. Die schlichte Fassade mit einfacher Fensterrose und der relativ schmucklose dreischiffige Innenraum mit gewölbten Seitenschiffen zeigen die einfachen Bauideale der frühen Romanik. Rechts vom Eingang steht ein frühmittelalterlicher Sarkophag. Der Freskenschmuck wurde größtenteils beim Erdbeben von 1832 zerstört und ist nur noch fragmentarisch erhalten.

Vorbei an der meist verschlossen Kirche *Sant'Apollinaire,* Teil eines Benedektinerinnenklosters, gelangt man parallel zur Stadtmauer abwärts nach **San Pietro** an der gleichnamigen Piazza. Wie bei Santa Chiara wurde zum Bau der Mitte des 13. Jhs. fertiggestellten Kirche der rosa-weiße Stein des Monte Subasio verwendet. Die schöne Fassade besitzt ein mit Ornamenten reich verziertes, von Löwen flankiertes Hauptportal und drei Fensterrosen. Die große mittlere ist besonders prächtig gestaltet. Das nur spärlich erhellte Innere weist kaum Schmuck auf, 1954 wurden nachträglich eingebaute Barockaltäre wieder abgerissen. Dadurch zeigt sich die Kirche heute in ihrer ursprünglichen romanischen Baugestalt, die durch ihre Klarheit beeindruckt.

Sehenswertes in der Umgebung

Die Basilika *Santa Maria degli Angeli* in der Ebene und die Einsiedelei *Eremo delle Carceri* am Hang des Monte Subasiso sind eng mit der Geschichte des Franziskus und seines Ordens verbunden, zwei Orte, die gegensätzlicher kaum sein könnten.

☆Santa Maria degli Angeli

Die große Kuppel der bombastischen Wallfahrtskirche Santa Maria degli Angeli ist unübersehbar. Sie wurde zwischen 1569 und 1697 im Stil des Monumentalbarocks errichtet. Die klassizistische Fassade entstand 1832 bei der Beseitigung von Erdbebenschäden, die neobarocke Vorhalle wurde erst 1928 gestaltet. Die wuchtig-grobe Architektur wirkt wie eine seelenlose Demonstration kirchlicher Macht. Die riesige, kalt und unspirituell wirkende Halle steht ganz im Gegensatz zum Denken und zu den Idealen des Franziskus. *Papst Pius* ließ im 16. Jh. die **siebtgrößte Kirche der Christenheit** errichten, um die Pilgermassen aufzunehmen, die zum großen *Perdono* hierher kamen. Diesen für seine Zeit ungewöhnlichen Sündenerlass, der für die Reuigen ohne materielle Gegenleistung zu haben war, hatte Franziskus gegen die päpstliche Autorität durchsetzen können. (Den Perdono gibt es auch heute noch. Wer sich also einen Platz im Paradies erhofft, muss am 1./2. August hierher pilgern und Buße tun.)

Die Kirche steht an einem Ort, der für Franziskus und seine Gemeinschaft ein hohe Bedeutung hatte. Im Wald der damals noch unbesiedelten Ebene lebte in einfachen Behausungen die erste franziskanische Mönchsgemeinschaft, hier traf Franziskus erstmals mit seiner Mitstreiterin Klara zusammen, hierher ließ er sich bringen, als er sich dem Tode nahe fühlte, und hier erteilte er erstmalig den Perdono.

Die Franziskanerbrüder waren ganz und gar nicht begeistert, als Papst Pius daran ging, einige der ärmlichen und einfachen Gebäude der ersten Brüder einzureißen, um mit viel Geld eine prunkvolle Basilika zu bauen. Die erste Franziskanerkapelle ließ man allerdings unangetastet. Die bescheidene **Porziuncola** („Keimzelle") steht verloren im hohen Kirchenschiff. Von Benediktinern vor dem Jahr 1000 errichtet, wurde sie später Francesco und seinen Brüdern gegen einen Korb Fische in Pacht gegeben. (Noch heute zahlen die Mönche den Benediktinern einen symbolischen Pachtzins). Die Außenwand schmücken Bilder des deutschen Malers *Friedrich Overbeck,* der 1829 versuchte, den Renaissancestil nachzuempfinden. Im rußgeschwärzten Innern der Kapelle befindet sich ein sehenswertes Altarbild von *Ilario di Viterbo* „Verkündigung und Geschichte des Ablasses" von 1393, das nach Restaurierung wieder in frischen Farben leuchtet.

Rechts hinter der Porzincula liegt die **Capella del Transito** („Übergangskapelle"), mit Fresken von *Lo Spagna* (1520) und einer Majolikastatue des Heiligen aus der florentiner Werkstatt della Robbia. Hier erwartete Franziskus, unbekleidet auf dem Steinfußboden liegend, am 3. Oktober 1226 den Tod.

Den Hinweisen „Roseto" folgend gelangt man durch einen Seitengang zum Rosengarten bei der **Capella delle Rose.** Nach der Legende warf sich hier Franziskus, vom Teufel in Versuchung gebracht, unbekleidet in einen wilden Rosenstrauch, der daraufhin sofort seine Dornen abwarf. Die Kapelle schmücken Fresken von *Tiberio d'Assisi* (1516) mit Szenen aus dem Leben des Heiligen.

Im anschließenden Klosterkomplex des 15. Jhs. ist das **Museum** der Basilika untergebracht. Herausragende Ausstellungsstücke sind ein Holzkreuz von *Giunta Pisano* (um 1236) und das Tafelbild „hl. Franziskus" von einem unbekannten Meister (um 1250).

☆Eremo delle Carceri

Die Eremo delle Carceri liegt 5 km östlich von Assisi in 800 m Höhe am Hang des Monte Subasio. Die bescheidenen Bauten des Klosters stehen dicht gedrängt am Berghang am Rande eines uralten Steineichenwaldes. Franziskus zog sich mit seinen Mitbrüdern von Assisi hier in der Waldeinsamkeit zurück, um in der in den Fels geschlagenen Kapelle **Santa Maria delle Carceri** zu beten und in den Höhlen der Umgebung zu meditieren. Auch heute noch wird an diesem ruhigen und abgelegenen Ort der ursprüngliche franziskanische Geist von Demut und Naturverbundenheit spürbar – soweit man rechtzeitig vor Ankunft der Besuchermassen kommt.

Zu Beginn des 15. Jhs. ließ *San Bernadino von Siena* bei der Betkapelle des Franziskus die heute noch vorhandenen Klosterbauten errichten. Ein Rundgang führt zunächst in einen freundlichen Innenhof, von hier in die Klosterkirche und gleich danach in die kleine Felskapelle, in der schon Franziskus betete. Über eine enge Steintreppe erreicht man danach die in den Fels geschlagene karge Schlafstelle des Heiligen. Die Besichtigung ist nichts für Klaustrophobiker – winzigste Räume und engste Durchlässe, wo zu korpulente Besucher schon mal steckenbleiben.

Jenseits des Kloster geht es auf ebenem Weg über eine Brücke in den schattigen **Steineichenwald** mit seinen stolzen, alten Bäumen. Unter dem dichten Blätterdach verstecken sich die Eremitenhöhlen der Franziskaner. Einst war der ganze Monte Subasio mit den immergrünen Steineichen bewachsen. Der als heilig geltende Wald der Einsiedelei wurde als einziger Forst am Berg im Mittelalter nicht gerodet. Durch die Jahrhunderte blieben die Steineichen dank der liebevollen Pflege der Franziskaner erhalten. Nur durch ihre Früchte erinnern die Bäume an die bei uns heimischen Eichen.

Die Eremo delle Carceri ist nicht mit öffentlichen Verkehrsmitteln zu erreichen. Eine schöne - allerdings recht steile - Wanderroute führt in einer guten Stunde von Assisi zur Einsiedelei. Die Straße zur Eremo führt südöstlich am Hang des Monte Subasio weiter zur Abtei **San Benedetto al Subasio.** Die Benediktinerabtei wurde Mitte des 11. Jhs. gegründet. Im 13. Jh. unterlagen ihr ein Krankenhaus, 10 Kirchen und 23 Kapellen. Ende des 14. Jhs. zerstörten die Bürger von Assisi das Kloster, das Feinden Zuflucht gewährt hatte. Erst 1945 ging es zurück in den Besitz der Benediktiner, die es restaurieren ließen. Die sehenswerte romanische Klosterkirche mit zwei Krypten ist leider meist verschlossen.

Ein schöner Wanderweg führt über den Monte Subasio von Assisi nach Spello, auch eine Mountainbike-Tour bietet sich an.

Praktische Tipps

Information

- **Assisi.** 25 000 Ew., 424 m ü. NN, PLZ 06 081.
- **Tourist-Info.** *I.A.T.*, Piazza del Comune 22, Tel. 0 75 81 25 34, Fax 0 75 81 37 27, E-mail: info@iat.assisi.pg.it.

Unterkunft

Assisi bietet ein breites Angebot an Übernachtungsmöglichkeiten in jeder Preislage, vom gehobenen Komforthotel bis zur Jugendherberge. Das offizielle Hotelverzeichnis für 2002 listet nicht weniger als 80 Hotels für Assisi und Umgebung auf. Die traditionelle Gastlichkeit hat nach meinen Erfahrungen unter dem Ansturm der Touristen bisher nicht gelitten; fast durchgängig ist man um korrekten bis guten Service bemüht.

Hotels in der Altstadt

- **Subasio******/€€€€€. Via Frate Elia 2, Tel. 0 75 81 22 06, Fax 0 75 81 66 91, eines der besten Hotels Assisis, mit allem Komfort, teurer und schöner sind die Zimmer mit Talblick, Parkplatz, Garage.
- **Dei Priori*****/€€€-€€€€. Stilvolle und komfortable Unterkunft in altem Stadthaus nicht weit von der zentrale Piazza del Comune, guter Service, Frühstücksbuffet, Corso Mazzini 15, Tel. 0 75 81 22 37, Fax 0 75 81 68 04.
- **Umbra*****/€€€-€€€€. Via degli Archi 6, Tel. 0 75 81 22 40, Fax 0 75 81 36 53, zentral bei der Piazza del Comune, angenehmes Haus mit gutem Restaurant, Gartenterrasse.
- **Properzio****/€€. Via San Francesco 38, Tel. 0 75 81 31 88, Fax 0 75 81 52 01, ansprechendes Hotel mit geräumigen Zimmern.
- Das **Ideale****/€€ beim höchsten Punkt der Stadt bietet vor allem schöne Ausblicke, fast alle Zimmer bieten Sicht auf Altstadt und Valle Umbre, hübsche Gartenterrasse, der Zimmerkomfort ist durchschnittlich, Piazza Matteotti 1, Tel. 0 75 81 35 70, Fax 0 75 81 30 20.
- **Da Rina****/€€. Piaggia San Pietro 20, Tel. 0 75 81 28 17, Fax 0 75 81 68 24, kleines familiäres Hotel in der unteren Altstadt.

• **Lo Scudo***/€€. Weiteres kleines, etwas biederes Familienhotel mitten im alten Zentrum, ordentlicher Komfort, helle und saubere Zimmer, Via S. Francesco 3, Tel. 0 75 81 31 96.

• **La Rocca***/€. Via Porta Perlici 27, Tel. u. Fax 0 75 81 22 84, unterhalb der Rocca, ist ein gut geführtes, preiswertes Stadthotel, ordentliche saubere Zimmer, ruhige Lage, in der Saison oft ausgebucht, mit einfachem Restaurant, Zimmer z. T. ohne eigenes Bad.

• Ebenfalls preisgünstig und ordentlich ist das **Anfiteatro Romano***/€. Ruhige Lage in der Nordostecke des *centro strorico* bei den Überresten des römischen Amphitheaters, Zimmer z. T. ohne Bad, Via Anfitetro 4, Tel. 0 75 81 30 25, Fax 0 75 81 51 10.

• Noch etwas preiswerter ist das sehr einfache **Italia***/€ wenige Schritte oberhalb der Piazza del Comune, Vicolo della Fortezza, Tel. 0 75 81 26 25.

Hotels außerhalb der Altstadt in der Umgebung

• **Castel San Gregorio*****/€€€. Via San Gregorio 16, Frazione San Gregorio di Assisi, Tel. 07 58 03 80 09, Fax 07 58 03 89 04, 13 km nordwestlich bei Pianello, kleines, ruhiges, in Baustil und Einrichtung einem alten Kastell nachempfundenes Hotel, schön gelegen, mit Park und Restaurant.

• **Country House****/€€. Via di Valecchie 41, Località Valecchie, Tel. 0 75 81 63 63, Fax 0 75 81 61 55, 2 km südwestlich unterhalb auf dem Land, schöne Lage mit Blick auf die Stadt, z. T. hübsche, mit Antiquitäten eingerichtete Zimmer.

• **Il Maniero****/€€-€€€€. Via San Pietro in Campagna 32, Località Biagiano, Tel. 0 75 81 63 79, Fax 0 75 81 51 47, ca. 5 km außerhalb in der Ebene unterhalb des Zentrums, restauriertes Natursteinhaus in schöner Lage, gutes Restaurant.

• **Santa Maria****/€€. Via Lorenzetti 3, Frazione Santa Maria degli Angeli, Tel. 07 58 04 10 30, Fax 07 58 04 16 22, nettes kleines Hotel im Ortsteil Santa Maria degli Angeli, an der Straße nach Assisi nicht weit vom Bahnhof entfernt.

• **Bellavista***/€. Via San Pietro Campagna 140, Località San Pietro Campagna, Tel. 07 58 04 16 36, Fax 07 58 04 24 92, kleines Hotel im Grünen zu Füßen Assisis, 3 km zum Zentrum.

Privatzimmer

In Assisi gibt es ein breites Angebot an relativ preiswerten privaten Unterkünften. **Vermittlungshilfe** und ein **Verzeichnis** erhält man im *I.A.T.-Infobüro*. Die Preise variieren je nach Komfort und Saison beträchtlich, sind z. T. außerhalb der Saison bei längerem Aufenthalt auch Verhandlungssache.

Geistlicher und weltlicher Ordnungshüter

Ferienwohnungen

- **Il Fosso delle Carceri.** San Rufino Campagna 19, Tel. u. Fax 07 58 06 48 33, E-mail: paolo-carli@libero.it, Natursteinhaus am Stadtrand am Hang des Monte Subasio, 7 Ferienwohnungen, behindertengerecht, Mountainbikes, 2-Zimmerwohnung 80–125 €, 3-Zimmerwohnung 95–135 € pro Tag
- **Santa Maria degli Ancilotti.** Sterpeto 42, Tel. u. Fax 07 58 03 97 64, E-mail: pavone@edison.it, Schwimmbad, Reitstall, auch für Behinderte geeignet, 3-Zimmerwohnung 130–135 € pro Tag.
- **Villamena.** Località Villamena, Costa di Trex, Tel. 07 55 72 22 01, Fax 07 55 73 03 44, nördlich von Assisi gelegen, gepflegtes Landhaus, 3-Zimmerwohnung 93–135 € pro Tag.

Agriturismo

- **Malvarina**€€€. Località Capodacqua, Via Malvarina 32, Tel. u. Fax 07 58 06 42 80, Ferienhaus neben dem Bauernhof, 5 km vom Zentrum Richtung Spello in herrlicher Lage am Hang des Monte Subasio, Reitmöglichkeit.
- **Podere la Fornace**€€€-€€€€. Via Ombrosa 3, Frazione Tordibetto, Tel. 07 58 01 95 37, Fax 07 58 01 96 30, einige Kilometer westlich unterhalb Assisi, Natursteinhaus, elegant-rustikale Wohnungen, Schwimmbad, Appartement für 2–4 Personen.
- **Il Morino**€. Via Spoleto 8, 06 083 Bastia Umbra, Tel. u. Fax 07 58 01 08 39, in der Ebene westlich Assisi Richtung Bastia Umbra, schönes Natursteinhaus, gutes Restaurant.
- **Casa Faustina**€€. Frazione Mora 28, Tel. u. Fax 07 58 03 93 77, schöne einsame Lage in den Bergen 8 km nordwestlich von Assisi, Schwimmbad, Campingmöglichkeit, Gemeinschaftsküche, ideal zum Wandern, kleine Appartements mit 2–6 Betten.
- **Agriturismo Siena**€. Strada della Pescara 64, Località San Pietro Campagna, Tel. 0 75 81 33 82, ca. 5 Kilometer westlich an der SS 147 Richtung Perugia, einfache, kleine Zimmer, sehr preiswert, z. T. ohne Bad.

Klöster

Diverse Klöster bieten preisgünstige Übernachtungen an, wobei Voranmeldung ratsam ist, da die Häuser oft von Gruppen langfristig belegt sind. Im Winter nehmen die meisten Klöster keine Gäste auf. Weitere Adressen erhält man über das *I. A. T.-Infobüro* in Assisi.

- **Monastero San Giuseppe**€. Via San Apollinare 1, Tel. u. Fax 0 75 81 23 32, franziskanische Schwestern, Halbpension 39–42 €.
- **Monastero Santa Croce**€. Via Santa Croce 4, Tel. 0 75 81 25 15, Fax 0 75 81 67 64. Von deutschen Schwestern geführt; die Nonnen machen so gut wie alles selbst, vom Brot bis zum Käse, halten Schweine, Hühner und sonstiges Federvieh.
- **Casa del Terziario**€. Piazza del Vescovado 5, Tel. 0 75 81 23 66, Fax 0 75 81 63 77, konfessionslose Schwestern, Übernachtung mit Frühstück, Halbpension, Vollpension.
- In San Masseo, einem kleinen Bauernhof wenige Kilometer von Assisi entfernt, kommen jung und alt aus aller Welt zusammen um hier gemeinsam zu beten, zu arbeiten und für einen längeren oder kürzeren Zeitraum unter der Betreuung zweier Franziskanerbrüder in einer kleinen Glaubensgemeinschaft zu leben; **Comunità San Masseo,** telefonische Voranmeldung erwünscht, Tel. 0 75 81 66 87.

Jugendherbergen

- **Ostello della Pace.** Via di Valecchia 177, Tel. und Fax 0 75 81 67 67, etwas außerhalb des Zentrums Richtung Santa Maria degli Angeli, schönes Natursteinhaus mit Garten, Übernachtung 13–16 €, Halbpension 21–24 €. Vom Bahnhof oder Zentrum mit dem häufig verkehrenden Bus Assisi–Santa Maria degli Angeli erreichbar; Haltestelle Viale Marconi, Wegweiser Hotel Country House/ Ostello della Pace.
- **Ostello Fontemaggio.** Via San Rufino Campagna 8, Tel. 0 75 81 36 36, Fax 0 75 81 37 49, private Jugendherberge mit Campingplatz, etwa 2 km östlich außerhab des Zentrums an der Straße zur Eremo delle Carceri, mit dem Bus bis Piazza Matteotti (Endhalt), dann dem Hinweis zur Eremo delle Carceri folgen, gut 20 Min. zu Fuß ins Zentrum, angenehme Leitung, Ausweis nicht erforderlich, Übernachtung mit Frühstück 18 €, im angeschlossenen 1-Stern-Hotel einfach eingerichtete DZ mit Bad zu 52 € (EZ 31 €).

Camping

- **Fontemaggio**.** Via San Rufino Campagna 8, bei der gleichnamigen Jugendherberge, Tel. 0 75 81 36 36, Fax 0 75 81 23 35, ganzjährig geöffnet, schön am Hang des Monte Subasio gelegen, Terassenplätze im Olivenhain, Lebensmittel, Restaurant mit Biergarten.
- **Internazionale***.** San Giovanni in Campiglione 110, Tel. 0 75 81 37 10, Fax 0 75 81 23 35, in der Ebene 3 km westlich Assisi an der SS 47 nach Perugia, wenig Schatten, Pizzeria, Pub, Lebensmittel, keine Busverbindung, von Mitte April bis Mitte Oktober geöffnet.

Essen und Trinken

In der Altstadt

- **Medio Evo****.** Via Arco dei Priori 4, Tel. 0 75 81 30 68, bietet gehobene umbrische und internationale Küche, Menü ab etwa 30 €, Mi Ruhetag.
- **Buca di San Francesco***.** Via Brizi 1, Tel. 0 75 81 22 04, ebenfalls eine Traditionsadresse mit überdurchschnittlicher umbrischer-Landküche (Wild- und Pilzgerichte), Mo Ruhetag.
- **La Fortezza**-***.** Vicolo della Fortezza, Tel. 0 75 81 24 18, zu recht beliebt und oft empfohlen, im Zentrum oberhalb der Piazza del Comune, kleine Speisekarte, Menu ab etwa 20 €, Do Ruhetag..
- **Piazetta dell'Erbe*-**.** Via San Gabriele dell'Addolorata, Tel. 0 75 81 53 52, Mo Ruhetag, Osteria im Zentrum, große Auswahl an Nudelgerichten, Crostini, Torta al Testa.
- **Da Erminio**.** Via Monte Cavallo 19, Tel. 0 75 81 25 06, im alten Viertel oberhalb San Rufino, kleine traditionelle Trattoria, wo das Fleisch am offenen Kamin gart, ordentliches Essen, recht günstige Preise, Do Ruhetag.
- Imbiss **Da Otello** neben der Chiesa Nuova. Pizza am Stück aber auch andere Kleinigkeiten wie *Farro con salsicce* (Dinkel mit umbrischen Würsteln), *Torta al testo* (Fladenbrot mit Gemüse oder Schinken) oder Vorspeisen, lockeres Ambiente, eher langsamer Service (vielleicht aber nur, weil gerade ein wichtiges Fußballspiel im Fernseher der Küche lief.)

Außerhalb der Altstadt

- **La Stalla*.** Beim Camping Fontemaggio an der Straße zur Eremo dei Carceri (3 km vom Zentrum), urig-einfache Trattoria mit Tischen im Freien, lockeres Ambiente, gute kräftige Küche ohne Schnickschnack, Tel. 0 75 81 23 17, Mo Ruhetag.

Bahnverbindungen

- Der **Bahnhof** liegt 3 km außerhalb in **Santa Maria degli Angeli** in der Ebene. Etwa alle 30 Minuten Stadtbusverbindung vom Bahnhof ins Zentrum. Gepäckaufbewahrung im Bahnhof beim Zeitschriftenkiosk.
- Linie Foligno–Terontola; recht häufige Lokalzüge nach **Perugia–Passignano–Terontola** und **Spello–Foligno(–Spoleto)**
- 2x tgl. in 2 Std. mit *Eurostar* nach **Rom;** 5x tgl. in etwa 2 1/2 Std mit *Diretto* nach **Florenz** über *Arezzo.*

Busverbindungen

Regionale Verbindungen

- Tägliche Verbindungen nach **Armenzano, Spello, Bastia, Bettona, Cannara, Petrignano, Foligno, Perugia.**
- **Hauptbushaltestelle** an der **Piazza San Francesco,** die Busse nach Spello/Foligno halten jedoch z. T. nur an der Piazza Matteotti; Busfahrplan bei der Touristeninformation an der Piazza del Comune.

Überregionale Verbindungen

- Täglich 2x mit *SULGA* ab Porta San Pietro nach **Rom,** 1x werktags mit *Bucci* ab S. M. d. Angeli (Via Los Angeles) nach **Urbino,** 1 x werktags mit *SSIT* ab S. M. d. Angeli nach **Norcia/Cascia.**
- Tgl. 3x in 1 3/4 Std. mit dem Bus der Staatsbahn *FS* nach **Siena** ab Bahnhof in Santa Maria degli Angeli.

Stadtbus

- Alle 30 Min. verkehrende Stadtbuslinie **von Santa Maria degli Angeli ins Zentrum.** Die Busse starten bei der Basilika, machen einen Schlenker zum Bahnhof, fahren dann in Assisi über die Porta San Francesco und die Porta Nuova an der Stadtmauer entlang ganz hinauf zum Endhalt an der Piazza Matteotti.

- **Busfahrkarten** in Bars, Zeitschriften- und Tabakgeschäften, gegen einen geringen Aufschlag auch beim Busfahrer.

Taxi

- **Taxistände.** Piazza San Francesco, Piazzale Unità d'Italia, Piazza Santa Chiara, Piazza del Comune; Santa Maria degli Angeli: vor dem Bahnhof und bei der Basilika.

Flugverbindungen

- **Flughafen** *Aeroporto Sant'Egidio,* 15 km westlich des Zentrums auf halbem Weg nach Perugia.
- 3 x täglich Regionalflüge nach **Milano.**
- **Auskunft** Tel. 0 75 59 21 41.

Autoverleih

- **Assisiorganizza.** Via Borgo Aretino 11a, Tel. 0 75 81 52 80.
- **Avis.** Aeroporto Sant' Egidio, Tel. 07 56 92 97 96.
- **DE.MA.** Via Fiorita 15, 0 60 86 Petrignano d'Assisi, Tel. 07 58 03 97 62.

Parken, Sperrungen

- Die **Innenstadt** ist während folgenden Zeiten mit Ausnahme der An- und Abreise zu den Hotels für den allgemeinen Autoverkehr **geperrt:** Werktags von 10.30–12.30 und von 16–18 Uhr. Sonn- und Feiertage von 9–12.30 und von 16–20 Uhr. Samstags und vor Feiertagen von 10.30–12.30 und von 16–20 Uhr. Täglich von 22.30–5 Uhr.
- Mehrere große gebührenpflichtig **Parkplätze** an der Hauptstraße unterhalb der Altstadtmauern, z. B. unterhalb des Stadttors Porta Nuova, wo eine Rolltreppe ins Zentrum beginnt.

Einkaufen

Spezialitäten

- Eine gute Adresse für umbrischen Wurst- und Käsespezialitäten ist die **Bottega del Bongustaio** in der Via San Gabriele 17.

Piazza San Rufino mit gleichnamigem Dom

• Eine große Auswahl an Käse gibt es bei **Brufani** sowie **Broccatelli,** beide Geschäfte in Santa Maria degli Angeli in der Via Los Angeles.

Markt

• Großer **Wochenmarkt** (Lebensmittel, Kleider) jeden Samstag an der Via Alessi

• Kleiner **Obst- und Gemüsemarkt** täglich nahe der Piazza del Comune an der Via San Gabriele.

Feste und Veranstaltungen

• Jährlich am ersten Mai-Donnerstag beginnt das große Frühlingsfest **Calendimaggio** (s. Kastentext).

• Im Juli findet jährlich auf den Plätzen Assisis das kleine Theaterfestival **Piazze a sorpresa** statt.

• Das ganze Jahr hindurch bietet Assisi **Konzerte** in den Kirchen und Sälen der Stadt.

• An Weihnachten werden in der Umgebung zahlreiche **Krippenspiele** aufgeführt, besonders schön in der Kirche von *Armenzano.*

• **Relilgiöse Feierlichkeiten** sind zahlreich, u. a. die großen Karfreitags- und Fronleichnamsprozessionen, der Perdono von Assisi am 1./2. August, am 3./4. Oktober das Fest des hl. Franziskus.

Sonstiges

• **Post.** In *Assisi Stadt* an der Piazza del Comune und der Piazza San Pietro; in *Santa Maria degli Angeli* an der Via Los Angeles.

• **Telefon.** *SIP*-Zentrale an der Piazza del Comune im Zentrum.

Sport

• **Fahrradverleih.** *Bartolucci Bruno,* Edicola della Stazione Ferrovaria (Zeitschriftenkiosk im Bahnhof), Santa Maria degli Angeli, Tel. 0 33 93 72 45 92, Leihgebühr ca. 13 € pro Tag.

• **Reiten.** In der Umgebung von Assisi gibt es mehrere Reitzentren, wo man Unterricht nehmen und Pferde für einen Ausritt mieten kann, u. a. beim *Centro Ippico Assisi,* Santa Maria Maddalena, Località Rivotorto, an der

Calendimaggio

Das große **Frühlingsfest,** das am ersten Donnerstag im Mai beginnt, ist noch relativ jung, denn es wird erst seit 1954 in der heutigen Form gefeiert. Es nimmt die uralte heidnische und christliche Tradition der Frühlingsfeiern wieder auf.

Die Vorbereitungen für das wichtigste Ereignis des Jahres starten bereits Monate vor dem eigentlichen Fest. Während des Calendimaggio verwandelt sich die Stadt in einen bunten Jahrmarkt aus vergangenen Zeiten. Der ewige Konflikt der Oberstadt, *la parte de sopra,* gegen die Unterstadt, *parte de sotto,* der seinen Ursprung im Mittelalter hat, als die zwei mächtigsten Familien sich in blutigen Kämpfen bekriegten, wird in diesen Tagen auf friedliche Weise nachvollzogen.

Die Grenzlinie verläuft in Höhe der Piazza del Comune. Jede Partei versetzt ihren Stadtteil ins Mittelalter zurück. Kellerräume werden in Wohnstuben des 13. Jhs. umgewandelt, farbenfrohe Gewänder werden genäht, Alltagsszenen mit traditioneller Musik werden einstudiert, Gedichte in altem Dialekt vorgetragen. Garküchen bereiten Gerichte nach traditionellen Rezepten zu, die Straßen füllen sich mit Gauklern, feinen Damen, Mägden und Rittern. Fahnenschwinger, Bogen- und Armbrustschützen messen sich in ihrer Kunst.

Die ganze Stadt nimmt aktiv am Fest teil, das Gedränge ist groß. Bis spät in die Nacht hinein dauern täglich die Vorbereitungen, und natürlich wird alles bis zum entscheidenden Moment geheimgehalten. Eine Jury, in der Bürger aus Assisi nicht vertreten sein dürfen, entscheidet zum Schluss, welche Partei in Darstellung, Musik und Text am besten den Geist des Frühling und das mittelalterliche Assisi in Szene gesetzt hat. Als Tourist hat man zu allen Schauplätzen Zutritt, und es ist ein einzigartiges Schauspiel, Assisi während Calendimaggio zu besuchen.

SS 75, in der Ebene südlich der Stadt, Tel. 07 58 04 29 97, und beim *Circolo Ippico Malverina,* Località Capodacqua, auf halbem Wege zwischen Assisi und Spello am Hang des Monte Subasio, Tel. 07 58 06 42 80.

Radtour

☆Über den Monte Subasio

Sehr schön ist auch eine Tour mit dem Mountainbike über den Monte Subasio. An der **Eremo delle Carceri** vorbei führt die Staubstraße über den massigen Bergkamm mit seinen Hochalmen zum hübschen Dorf **Collepino** oberhalb Spello. Zurück nach Assisi nimmt man am besten die wenig befahrene, aussichtsreiche Nebenstraße über **San Giovanni/Armenzano.**

Wanderung

☆Der Berg des hl. Franziskus – über den Monte Subasio von Assisi nach Spello

Die Gegend um Assisi ist wunderbar für kurze Wanderungen, Tagesausflüge, aber auch als Ausgangspunkt für mehrtägige Touren geeignet. Seit einigen Jahren ist der Monte Subasio – der Berg des hl. Franziskus – zum Leidwesen der Jäger Naturschutzgebiet geworden. Fast das ganze Jahr hindurch kann man am Berg wandern. Nur in den kältesten Monaten sind die höchsten Stellen mit Schnee bedeckt. Im Hochsommer sind die Weiden, auf denen im Sommer Schafe und Pferde grasen, ausgedörrt, und es besteht ebenso wie in den Waldgebieten – erhöhte Brandgefahr.

Die Wanderung von Assisi nach Spello führt mit langem Anstieg vorbei an der Einsiedelei Eremo delle Carceri auf die Hochalmen des Monte Subasio. Immer wieder bieten sich weite Ausblicke in die Valle Umbra und zu den fernen Bergen des Apennin. Im Frühsommer bedeckt farbige Blütenpracht die Hangwiesen.

- **Dauer/Schwierigkeit:** Reine Wanderzeit etwa 5½ Stunden, ab Eremo delle Carceri 4¼ Stunden; etwa 800 Höhenmeter Anstiege, ab Eremo delle Carceri etwa 450 Höhenmeter.
- **Markierung:** Rot-weiß, Weg Nr. 50 auf der gesamten Wegstrecke.
- **Wanderkarte:** Siehe Farbatlas Seite XV; *Carta dei Sentieri del Monte Subasio,* Club Alpino Italiano, 1:20 000.
- **Rückfahrt:** Mit Bus oder Zug von Spello nach Assisi (etwa stündlich).
- **Wegverlauf:** Start auf der Piazza Matteotti am östlichen (oberen) Ortsende. Wir nehmen die nach Osten ansteigende *Via Santuario delle Carceri,* folgen der Beschilderung Richtung Eremo delle Carceri. Durch die *Porta Cappuccini* verlassen wir Assisi, biegen gleich nach links, um im Schatten von Zypressen an der Stadtmauer entlang zum Turm der *Rocca Minore* anzusteigen. Hier halten wir uns rechts auf einem stark ansteigenden Weg. Bei einer Gabelung dreier Wege (20 Min.) muss der mittlere genommen werden; es folgt nochmals ein kräftiger Anstieg auf steinigem Pfad, an dessen Ende ein herrlicher Aussichtsplatz mit Blick auf die Valle Umbra erreicht wird (50 Min). Auf bequemem, ebenen Pfad gelangt man zu einer Asphaltstraße, und auf dieser nach rechts abwärts in wenigen Minuten zu einer Straßengabelung ca. 100 m oberhalb

des Eingangs zum Klosterbezirk der **Eremo delle Carceri** (1 Std. 15 Min.).

Für den Weiterweg zum Monte Subasio/Spello biegen wir bei der Straßengabelung nach links, folgen den Hinweisen „San Benedetto/Bolzella". Nach gut 5 Min. Anstieg auf dem Sträßchen biegt man dann in einer Rechtskurve nach links auf einen Waldweg ab (Hinweis „Vallonica"). In lichtem Wald geht es parallel zu einem meist trockenen Bachlauf weiter bergan; einen Abzweig nach links ignorieren wir. Der Pfad beschreibt einen Rechtsbogen, durchquert eine Bachsenke und führt schließlich aus dem Wald hinaus in das offene Grasland auf den Monte Subasio. Halblinks weiter ansteigend erreichen wir einen breiteren Querweg bei einem einzelstehenden Gebäude, dem unbewirtschafteten **Rifugio di Vallonica** in 1059 m Höhe (2 Std.).

Es geht rechts am Rifugio vorbei zu einer Viehtränke, dann steigen wir in einer offenen Senke zwischen kahlen Kuppen nach Süden leicht an. Uns etwas links haltend gelangen wir zum Wiesensattel **Sasso Piano** bei einem Holzkreuz rechter Hand (2 Std. 15 Min.) Hier folgen wir links dem deutlichen Pfad, auf dem nach kurzem ebenen Wegstück eine weitere Pfadgabelung erreicht wird, bei der wir erneut links gehen. Über die Wiesen des Monte Subasio zieht sich der Weg kontinuierlich bergan bis zu einem Zaun vor einer Schotterstraße (bei Sendemasten). Rechts am Zaun entlang geht es zu einem Durchschlupf, dann auf der Schotterstraße einige Minuten abwärts in eine Mulde, wo wir nach links, an einer rot-weiß gestrichenen Eisenschranke vorbei, auf einen ebenen Grasweg abzweigen. Dieser führt im Rechtsbogen zu zwei eigenartigen kraterartigen Vertiefungen, den Einsturzdolinen **Mortaro Grande** und **Mortaiolo** in 1200 m Höhe (3 Std.).

Unser Weg Nr. 50 führt zwischen den Dolinen durch, schwenkt etwas nach rechts, und erreicht eine Viehtränke; hier darf man nicht geradeaus dem markierten Weg Nr. 52 folgen, sondern geht im rechten Winkel rechts weglos zur Schotterstraße vor (im Folgenden ist die Orientierung für etwa 10 Min. nicht ganz einfach). Wir kreuzen die Straße und die Einzäunung dahinter, gehen 150 m den offenen Hang abwärts bis zu einer weithin sichtbaren, langgestreckten Viehtränke. 20 m links von der Tränke stößt man auf eine Mulde im Hang, in der einige Steintröge liegen. Weglos geht es etwa 100 m die Mulde abwärts, dann nach links auf einen durch Holzpflöcke deutlich gekennzeichneten Pfad. Dieser zieht sich mit weiten Ausblicken bis zu den Monti Sibillini schräg den Hang hinunter, trifft schließlich am Waldrand auf einen breiteren Weg. Einige Meter auf diesem bergab erreicht man die gemauerte Quelle **Fonte Bregno** (3 Std. 30 Min).

Gleich bei der Quelle biegt man scharf nach links ab. Auf einem herrlichen Waldpfad geht es nun bergab; wir bleiben auf dem Hauptpfad geradeaus. Nach einem Rechtsbogen durch die Bachsenke des **Fosso Rena-**

Im Sommer auf dem Monte Subasio

ro und kurzem Zwischenanstieg treffen wir unterhalb des *Monte Pietrolungo* (914 m) auf einen breiteren Weg (4 Std. 10 Min). Wir biegen nach rechts abwärts, kreuzen 10 Min. später einen breiten Querweg. Durch duftenden Pinienwald absteigend gelangen wir erneut zu einem Querweg, dem wir 10 Min. nach rechts abwärts folgen. Mit weiten Ausblicken wandern wir durch typische mediterran-trockene Macchiavegetation, Wacholder, Ginster, Thymian und Rosmarin verströmen ihren Duft. In einer Linkskurve nehmen wir den rechts abzweigenden schmaleren Weg, der 5 Min. später auf einen Fahrweg trifft. Diesen kreuzen wir, um 30 m weiter einem zweiten nicht zu verfehlenden Fahrweg abwärts zu folgen, auf dem man zum bald sichtbar werdenden **Spello** gelangt, das wir durch das nördliche Stadttor *Porta Montanara* betreten (5 Std. 15 Min.). Bis zum Bushalt für die Rückfahrt nach Assisi sind von hier noch etwa 10 Wegminuten, bis zum Bahnhof 15 Wegminuten einzuplanen (siehe Ortsplan Spello).

Das nordumbrische Hügelland

Nördlich von Lago Trasimeno, Perugia und Assisi erstreckt sich bis zum Hauptkamm des Apennin dünn besiedeltes Hügelland. Außerhalb einiger kleinstädtisch besiedelter Zonen mit etwas Industrie im oberen Tibertal (Altotiberina) sowie bei Gubbio findet man nur bescheidene Dörfer und abseitig gelegene Weiler.

Die **Landschaft** wirkt weniger mediterran als weiter südlich, Weinstöcke und Olivenbäume findet man nur vereinzelt an sonnenexponierten Hängen und in den wenigen Tallagen. Meist bedecken Wiesen, Weiden und dunkler Wald aus Eichen, Erlen und Pappeln die Hügel und Bergflanken. Die Landschaft ist zwar relativ unspektakulär, aber abseits der Zivilisationswunden in ihrer ruhigen Harmonie dennoch nicht ohne Reiz. Auf den zahlreichen wenig befahrenen Nebenstraßen lässt sich diese nur selten besuchte Region in Ruhe erkunden.

Die Kunst- und kulturgeschichtlichen Sehenswürdigkeiten der Region konzentrieren sich auf die beiden Hauptorte **Città di Castello,** eine freundliche alltägliche Provinzstadt an der Grenze zur Toscana, sowie **Gubbio.** Der Bilderbuchort des Mittelalters, das auf keiner Umbrienreise fehlen darf, wird in einem eigenen Kapitel beschrieben.

Vom Lago Trasimeno nach Umbertide

Eine Rundfahrt durch diese Region ließe sich z. B. in **Passignano** am Lago Trasimeno beginnen. Vom See führt eine schmale Straße Richtung Umbertide im Tibertal. Zunächst geht es mit schönen Ausblicken hinauf ins kleine **Castel Rigone.** Die Straße folgt dann einem Hügelkamm nach Norden durch die einsame unzersiedelte Berglandschaft am 818 m hohen **Monte Murlo.** Die periphere Region ist zunehmend bei Diskretion suchenden reichen Neusiedlern beliebt. Künstler wie *Sting, Elton John* oder *Konstantin Wecker* sollen hier ihre versteckten Landsitze haben. Daneben versuchen Landfreaks und Aussteiger in alten Bauerngütern eine oft kärgliche neue Existenzgrundlage zu finden.

Ein kurzer Abstecher nach Westen führt ins abgelegene **Preggio,** ein mittelalterliches Hügeldorf mit Burg in schöner Aussichtsposition über grünen Tälern gelegen. An der Hauptstraße des verschlafenen winzigen Ortes, die sich großspurig Via Centrale nennt, dösen ein paar Alte vor sich hin. Höhepunkt des Tages ist, wenn der Kustode mit seinem Moped zur Kirche knattert, um die Glocken läuten zu lassen. Aber immerhin gibt es noch die Dorfbar.

Durch die einsame Waldlandschaft des 926 m hohen, oben baumlosen kahlen **Monte Acuto** geht es dann hinunter ins Tibertal zum von Neubauten und Kleinfabriken umgebenenen **Umbertide.** Das immer weiter in die

Flussebene expandierende Städtchen besitzt noch einen winzigen alten Ortskern, der 1944 bei alliierten Luftangriffen schwere Schäden davontrug. Von der zentralen, verkehrsberuhigten Piazza mit der obligaten Bar sind es nur wenige Schritte bis zur frisch restaurierten **Rocca.** Die kleine, kompakte und wehrhafte Trutzburg wurde im Jahre 1385 zur Absicherung des Handelsweges durch das Tibertal errichtet. Die Barockkirche **Santa Croce** jenseits der Bahnlinie besitzt ein sehenswertes Fresko (Kreuzabnahme) des berühmten Renaissancemalers *Luca Signorelli.* Geöffnet ist die Kirche allerdings nur von Freitag bis Sonntag.

Etwa 4 km südlich Umbertide am westlichen Tiberufer liegt die Abtei **Badia di San Salvatore di Monte Corona.** In der Klosterkirche des 11. Jhs. ist vor allem der Altarbaldachin (Ziborium) aus dem 8. Jh. bemerkenswert, eines der seltenen Kunstwerke, die die Langobarden in Umbrien hinterlassen haben. Ihn schmückt die für diesen Germanenstamm typische, einfach-archaische Flechtbandornamentik. Die fünfschiffige, ungewöhnlich geräumige Krypta mit Kreuzgratgewölbe sowie antiken und frühmittelalterlichen Säulenkapitellen zeigt reine Romanik.

Westlich von Umbertide führt eine Nebenstraße Richtung Gubbio aus dem Tibertal hinaus zur Festung **Civitella Ranieri.** Der im 15. Jh. errichtete Bau, halb Schloss, halb Wehrburg, ist innen leider nicht zu besichtigen. Im Dorf **Campo Reggiano** im grünen Assino-Tal einige Kilometer weiter westlich ist die Abteikirche *San Bartolomeo* (11. Jh.) ein weiteres, unverfälschtes Beispiel umbrischer Romanik. Für die Säulen und Kapitelle der Krypta wurden offensichtlich Teile eines antiken Baus wiederverwendet.

Hügellandschaft bei Umbertide

Information

- **Umbertide.** 14 000 Ew., 250 m ü. NN, PLZ 06 019, 30 km nördlich Perugia.

Unterkunft

- In *Umbertide* das **Hotel Capponi****/€, Piazza XXV Aprile, Tel. 07 59 41 26 62, Fax 07 59 41 27 21, akzeptables Familienhotel im Zentrum.

• Bei *Preggio* das **Agriturismo Bellona**€-€€. Umbertide, Frazione Preggio-Petrignano, Tel. 07 59 41 02 91, Fax 07 59 41 09 60, beschilderter Abzweig von der Stichstraße zum Dorf, einfach, in rustikalem Steinhaus, schöne Panoramalage, beim Haus ein kleiner Badeteich.

Essen und Trinken

• Das **Ristorante***-** **Hotel Capponi** in Umbertide bietet mittlere Qualität zu mäßigen Preisen, Menu ab 14 €, So Ruhetag.

Öffentliche Verkehrsmittel

• **Bahn.** Werktags 12, sonn- und feiertags 4 Züge nach *Perugia* (45 Min. Fahrzeit) und *Città di Castello* (20 Min. Fahrzeit)
• **Busse** nach *Gubbio* vom Bahnhof werktags um 7.10, 14.20 und 18.15 Uhr.

Montone

Auf der im Tibertal verlaufenden Schnellstraße ließe sich von Umbertide aus Città di Castello in nur 20 Min. bequem erreichen. Abwechslungsreicher ist die Fahrtstrecke durch die Hügel abseits der Hauptroute über Montone östlich des Tibers. Das bescheidene Städtchen mit intaktem mittelalterlichen Ortsbild liegt in schöner Panoramalage über dem Tal.

Vom 13. bis 15. Jh. herrschte hier der Clan der *Fortebraccio,* die Familie „Starkarm", aus der einer der berühmtesten Condottiere Italiens hervorging. *Andrea Braccio da Montone* (1368–1424) war einer jener Söldnerführer, die mit ihren Truppen für Ruhm und gutes Geld im Auftrag *(condotta)* von Adel, Papst oder freier Städte kämpfte. Er unterjochte ganz Umbrien, war zeitweise Signore von Perugia, wo er als Volksheld verehrt wurde. Als Feind des Papstes erstritt er die Unabhängigkeit des Stadtstaates von Rom. Die nach dem Clan benannte kleine **Piazza Fortebraccio** bildet den Mittelpunkt des verwinkelten Ortskerns. Sie verwandelt sich im Sommer in einen belebten mediterranen Dorfplatz mit Straßencafé. Von hier führen die *Via Roma* und die *Via San Francesco* zu schönen Aussichtsplätzen am Rande des mittelalterlichen Mauerrings. Die Kirche **San Francesco,** im 14. Jh. im gotischen Stil erbaut, besitzt einige schöne Gemälde des Renaissancemalers *Corporali.* In den an den Renaissancekreuzgang (16. Jh.) neben der Kirche angrenzenden Klosterräumen sind heute Ferienwohnungen untergebracht.

Information

• **Montone.** 1500 Ew., 482 m ü. NN, PLZ 06 014, 40 km nördlich Perugia.
• **Tourist-Info.** *Pro Loco Montone,* Via San Francesco, Tel. 07 59 30 62 15.

Unterkunft

• **Locanda del Capitano*****/€€€. Via Roma 5/7, Tel. 07 59 30 65 21, Fax 07 59 30 64 55, kleines Hotel innerhalb Montones Altstadtmauern.
• **Fortebraccio****/€. Via dei Magistrati 11, Tel. u. Fax 07 59 30 62 15, E-mail: hotelfortebraccio@libero.it, Familienhotel in einem Neubau am Ortsrand.
• **Appartamenti per Vacanze Chiostro San Francesco**€€-€€€. Ferienwohnungen im ehemaligen Kloster von San Francesco, etwas nüchtern eingerichtete Appartements für 2 bis 4 Personen. Via San Francesco 4, Buchung über das Albergo Fortebraccio, in der Hauptsaison nur wochenweise Vermietung, Tel. u. Fax 07 59 30 62 15.

Essen und Trinken

- Preisgünstig ist das Hotelrestaurant des **Fortebraccio***-**, Menu Turistico ab 13 €.

Feste und Veranstaltungen

- In Montone behauptet man, eine Originaldorne aus der Krone Jesu zu besitzen, ein Geschenk Venedigs an die Fortebracci. Am Sonntag nach Ferragosto (15. August) wird an die Ankunft der Reliquie im Jahre 1473 erinnert. Mit historischen Umzügen und Wettkämpfen feiert man das große Ortsfest **Rievocazione Donazione della Sacra Spina.**

Von Montone nach Città di Castello

Von Montone geht es wieder hinunter ins Tibertal und auf die andere Flussseite zum kleinen Trestina. Für Kunstliebhaber lohnt ein kurzer Abstecher nach Westen ins Nestore-Tal. Bei **Petroia,** 5 km hinter Trestina, liegt rechter Hand die Ruine der romanischen Abteikirche **Santa Maria e Sant'Egidio.** Die nach schweren Erdbebenschäden noch aufrecht stehenden Säulen des Kirchenschiffes stehen unter freiem Himmel. Durch eine Tür an der rechten Wand gelangt man in eine dunkle Krypta.

Nach weiteren 8 km das Tal hinauf erreicht man **Morra.** Das **Oratorio San Crescento** ist mit Fresken des berühmten, aus dem benachbarten Cortona (Toscana) stammenden Renaissancemaler *Luca Signorelli* ausgemalt. Um 1507 erhielt seine Künstlerwerkstatt auf dem Weg nach Città di Castello den Auftrag, die kleine Betkirche mit Fresken zur Leidensgeschichte Jesu auszuschmücken. Gut erhalten ist vorne links die „Geißelung Christi", wie in den berühmten Malereien im Dom von Orvieto in ausgeprägter Körperhaftigkeit der Dargestellten. Ein Durchgang hinter dem Altar führt zu älteren Fresken aus der Enstehungszeit des Kirchleins (um 1420). Vorne rechts ist der hl. Crescentino zu sehen, der einen Drachen tötet. Um das Jahr 300 hatte der römische Soldat und Märtyrer das Christentum in diesen Teil Umbriens gebracht. (9–12.30 und 15–18.30 Uhr, Schlüssel beim Kustoden im Haus am Ende des Fahrweges gegenüber).

Nördlich von *Trestina* lohnt sich auf dem Weg nach Città di Castello ein Abstecher in das hochgelegene **Monte Santa Maria Tiberina,** das über kurvige Nebenstraßen zu erreichen ist. Als trutzige Bergfeste erhebt sich die mittelalterliche Ansiedlung in 688 m Höhe auf dem Rücken eines isolierten Bergstumpfes. Von dem kleinen Ort mit seinen stillen Gassen aus hat man eine prächtige Aussicht ins Land. Im 13. Jh. war Santa Maria Tiberina ein wichtiger fränkischer Stützpunkt mit eigener Münzpräge und dem Recht, Duelle bis zum letzten Blutstropfen in seinen Mauern zu dulden.

Information

- **Monte Santa Maria Tiberina.** PLZ 06 010.

Camping

- **Luna del Monte****. Bei *Monte Santa Maria Tiberina,* San Pietro 10, 06 010 Monte Santa Maria Tiberina, Tel. u. Fax. 07 58 57 00 54, ruhig, klein, einfach, auch was die sanitären Einrichtungen angeht, im Sommer 1.6.–15.9. geöffnet.

Essen und Trinken

- In *Monte Sante Maria Tiberina* bietet das dörfliche Ristorante **Oscari***-** ein einfaches Menu Turistico 11 € Menu della Casa für 20 €, kleine Terrasse, Do Ruhetag, mit Bar und Alimentari (belegte Brote). Do Ruhetag.

Città di Castello

Città di Castello vertritt den Prototyp der mittelitalienischen Provinzkleinstadt. Der recht hübsche Ort ist nicht gerade aufregend und der Alltagsrhythmus wirkt ausgesprochen ruhig. Nicht sehr viele Touristen verirren sich hierher, obwohl Città di Castello alte Bauten und beachtenswerte Kunstschätze in seinen Mauern birgt, die einen historischen Bogen von der Zeit des frühen Christentums bis zur abstrakten Moderne spannen.

Città di Castello liegt in der weiten Talebene des Tiber (Valtiberina), der westlich an der Stadt ruhig vorbeifließt. In der Umgebung wuchert der übliche Siedlungsbrei mit wenig attraktiven Neubauten, der kompakte alte Ortskern ist jedoch von größeren Bausünden verschont geblieben. Teilweise ist er noch von den dicken Backsteinmauern der Stadtbefestigung des 14.–16. Jhs. eingefasst. Blickpunkte in der Stadtsilhouette sind der Domturm, daneben die runde Torre Cilindrica sowie die eckige Torre Civica. Beim Bau der Häuser wurde nicht der übliche grau-weiße umbrische Kalkstein, sondern hellerer Sandstein verwendet, wodurch Città di Castello einen toscanischen Anstrich bekommt.

Der Ort wirkt weniger malerisch mittelalterlich als z. B. Gubbio oder Todi weiter südlich, jedoch alles in allem authentischer. Der Tourismus macht sich im Alltag der Stadt kaum bemerkbar, wirtschaftlich dominieren kleinere Handwerksbetriebe. In der Umgebung werden in zahlreichen Tischlerwerkstätten Stilmöbel produziert. Die traditionelle **Webkunst** von Città di Castello, wie sie auch heute noch die Webmanufaktur *Tela Umbra* pflegt, genießt seit langem überregionales Renommee. Auch der um die Stadt herum betriebene Tabakanbau trägt zum Wohlstand von Città di Castello bei.

Geschichte

Città di Castello ist eine sehr alte Stadt. Unter dem Namen *Tiferno* gehörte sie zu den frühen Gründungen der umbrischen Urbevölkerung. Als **Tifernum Tiberinum** wurde es unter den Römern zu einem wichtigen Handelsplatz. Aufgrund höheren Wasserstandes war der Tiber in der Antike schiffbar. Kleine Lastkähne transportierten Waren aus dem Valtiberina bis nach Rom. Plinius der Jüngere ließ das wohlhabend gewordene römische Munizipium mit öffentlichen Gebäuden und einem Tempel großzügig ausbauen.

In der Völkerwanderungszeit zerstörten die Goten Totilas die Stadt, die danach unter dem Stadtpatron Bischof Florido wiederaufgebaut und befestigt worden sein soll. Unter der Herrschaft der päpstlichen Guelfen wurde auch Città di Castello im Mittelalter zeitwei-

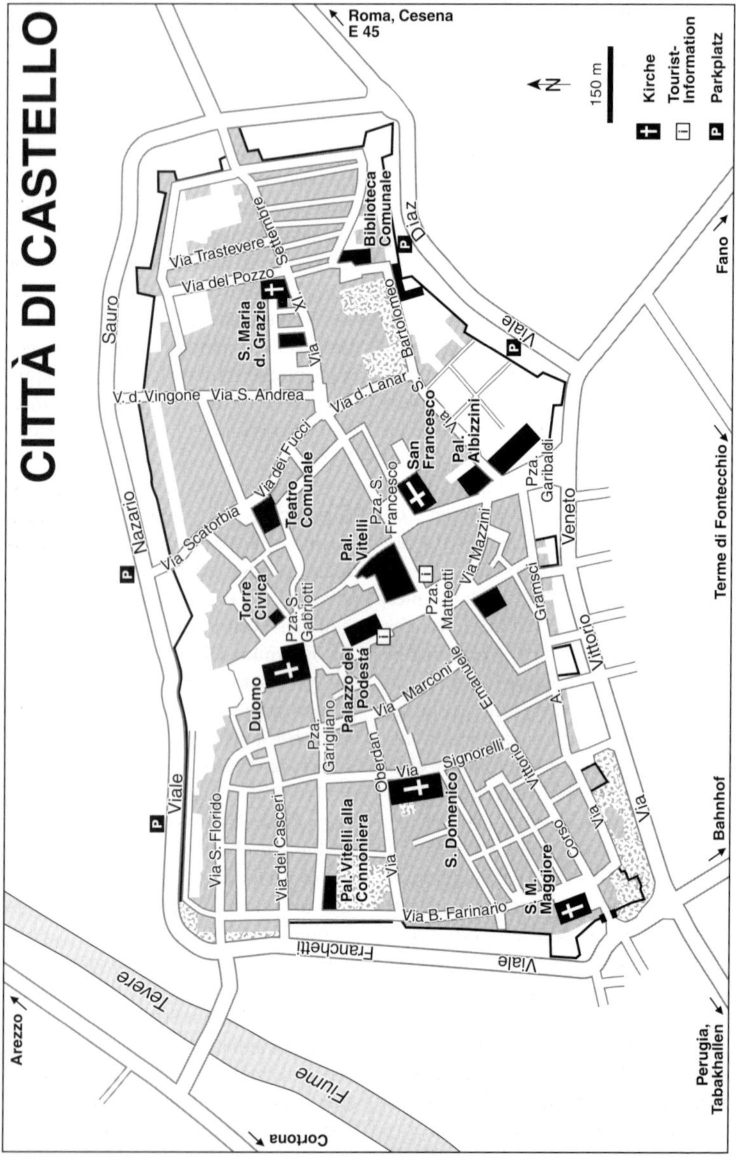
CITTÀ DI CASTELLO
Roma, Cesena
E 45
N
150 m
Kirche
Tourist-Information
Parkplatz
Fano
Terme di Fontecchio
Bahnhof
Perugia, Tabakhallen
Arezzo
Cortona
Fiume
Tevere
Viale Franchetti
Viale Nazario Sauro
Via Trastevere
Via del Pozzo
Via XI. Settembre
S. Maria d. Grazie
Biblioteca Comunale
Viale Diaz
Via S. Bartolomeo
V. d. Vingone
Via S. Andrea
Via d. Lanar
Via dei Fucci
Teatro Comunale
Via Scatorbia
San Francesco
Pza. S. Francesco
Pal. Vitelli
Pal. Albizzini
Via V.
Pza. Garibaldi
Veneto
Via Mazzini
Pza. Matteotti
Torre Civica
Pza. S. Gabriotti
Duomo
Palazzo del Podestà
Via Marconi
Gramsci
Vittorio
A.
Emanuele
Pza. Garigliano
Via Oberdan
Via Signorelli
S. Domenico
Corso Vittorio
Via S. Florido
Via dei Casceri
Pal. Vitelli alla Connoniera
Via B. Farinario
S. M. Maggiore
Via

se **libero comune** und erlebte eine erneute Blütezeit. Im 15. Jh. herrschten mächtige Adelsclans, zunächst die *Fortebracci,* danach die *Vitelli,* die mit diversen Bauprojekten das Stadtbild im Stil toscanischer Renaissance verschönerten. Berühmte Künstler der Toscana, wie die florentinischen Architekten Sangallo und Vasari oder der Maler Signorelli aus Cortona wurden mit Auftragsarbeiten bedacht.

Besichtigung

Mittelpunkt der Altstadt ist die **Piazza Matteotti,** ein hübscher, intimer Stadtplatz, der sich im gleichbleibenden Wechselrhythmus italienischer Provinzstädte bewegt. Mal ist er von Stimmen und Menschen gefüllt, mal leer und verwaist. An Markttagen sowie samstags und sonntags am Vormittag ist der Platz voller diskutierender Männergruppen. Ein vielstimmiger Chor hallt von den Häuserwänden wider. Mittags leert sich der Platz wie auf Kommando, um sich dann am späten Nachmittag langsam wieder zu füllen. Nach dem kurzen Höhepunkt der allabendlichen *passegiata* ist man dann plötzlich wieder allein auf der stillen Piazza.

Blickpunkt des Platzes ist am Westende der **Palazzo Podestà** aus dem 15. Jh. mit später barock umgestalteter Fassade. Von der Piazza Matteotti gelangt man rechts am Palazzo Podestà vorbei über den *Corso Cavour* zur *Piazza Venanzio Gabriotti.* Rechter Hand reckt sich der eckige mittelalterliche Geschlechterturm **Torre Civica** in den Himmel. Auf der Spitze eine Plattform, zu der man hinaufsteigen kann; von oben bietet sich eine schöner Blick über die Ziegeldächer von Città di Castello zu den sanften Hügeln des oberen Tibertals (geöffnet 10–12.30 u. 14–17.30 bzw. im Sommer 15–18 Uhr, außer Mo).

☆Santi Floride e Amanzio

Dem Turm gegenüber stehen der Palazzo Communale und der Dom Santi Floride e Amanzio. Wegen vieler Umbauten zeigt sich ein vielfältiges Stilgemisch: Der zylinderförmige Turm mit seinen flötenartigen Fensteröffnungen neben der Kirche, die Torre Cilindrica, stammt noch vom Ursprungsbau des 11. Jhs; zur Piazza Gabriotti öffnet sich ein fein gearbeitetes gotisches Seitenportal (14. Jh.), in dessen zwei senkrechten Reliefbändern figürliche Darstellungen eingearbeitet sind (u. a. Szenen aus dem Leben der Jungfrau Maria); das unvollendete Hauptportal wurde im 17. Jh. im Barockstil umgestaltet. Im Innern zeigt sich eine Renaissancekirche mit einer Kassettendecke des 18. Jhs. und leicht kitschiger Barockausmalung in der Kuppel über dem Altar. Das Chorgestühl mit Intarsienarbeiten wurde um 1540 geschnitzt.

Das **Dommuseum** besitzt eine Reihe interessanter Kunstschätze (geöffnet täglich 10.30–13.00 und 15.00–17.30 Uhr). Im ersten Saal ist rechts vom Eingang der „Schatz von Canoscio" ausgestellt, eine Sammlung liturgischer Geräte aus der Zeit des frühen Christentums. Die 25 Silberobjekte des 6. Jhs. wurden 1935 zufällig bei

Erdarbeiten gefunden, z. T. handelt es sich um Haushaltsgegenstände (Teller, Löffel), die mit der Christianisierung zu liturgischen Geräten umgewidmet wurden. Ein Silberteller mit zwei Lämmern und einer Taube zeigt byzantinischen Einfluss. Ansonsten sind in Saal 1 liturgische Geräte des 12.–19. Jhs. zu sehen. Am Ende des Saales hängt ein schönes Gemälde „Madonna mit Kind und Johannes der Täufer" vom umbrischen Renaissancekünstler Bernadino di Betto (1454–1513), Pinturicchio genannt. Bestes Stück in Saal 2 ist der „Paliotto", ein teilweise vergoldeter Silberaltar des 12. Jhs. Die Reliefdarstellungen zeigen Christus segnend auf dem Thron, umgeben von den vier Evangelistensymbolen, Szenen aus dem Leben Jesu (Flucht nach Ägypten, Gefangennahme Jesu) und unten rechts die drei Ortsheiligen Floridus, Amantius und Doninus. In Saal 3 ist der fein gearbeiteter Bischofsstab von 1324 („Crosier") beachtenswert.

☆Palazzo Vitelli alla Cannoniera

Die städtische **Pinakothek** ist im schönsten Renaissancebau Città di Castellos untergebracht (vom 1.4. bis 30. 10. geöffnet 10–13 u. 14.30–18.30 Uhr, übrige Zeit 10–12.30 u. 15.30–17.30 Uhr; Mo geschlossen).

Der Palazzo Vitelli alla Cannoniera am südlichen Altstadtrand wurde 1521–1532 von Antonio da Sangallo erbaut. Vom Garten blickt man auf die Rückfront mit feinen schwarz-weißen Sgraffittos und einer Loggia mit Majolika - Arbeiten der della Robbia. Der

Treppenaufgang ist mit feinen Deckenmalereien des 16. Jhs. (musizierende Frauen, Ornamente, Fabelwesen) geschmückt; an der Decke vor Saal I findet man die Tierkreiszeichen. Das Museum zeigt zahlreiche Gemälde aus dem 14.–16. Jh; hier eine Auswahl der interessantesten Stücke:

Saal I: Die „Jungfrau mit dem Kinde" (um 1320) vom anonymen Maestro di Città di Castello in ernster, fast byzantinisch wirkender Darstellungsweise. Das Bild gilt als wichtiges Werk mittelalterlicher Malkunst.

Saal II, III: Fünf weitere Madonnen mit Kind aus dem frühen 15. Jh. in spätmittelalterlichem Stil auf Goldhintergrund.

Saal V: Die Incoronazione della Vergine („Krönung Mariens") von Ghirlandaio (Ende 15. Jh.) zeigt beginnende Renaissance mit lebendiger Szenerie und individualisierten Gesichtern.

Saal VI: Vom jungen Raffael stammt die leider beschädigte Prozessionsfahne (1502).

Saal XI *(Il grande salone):* Die reiche Ausmalung stammt von 1543. Dargestellt sind Szenen aus der römischen Geschichte sowie die angeblichen Heldentaten des Vitelli-Clans, vor allem Schlachtszenen, unter dem Motto „viel Feind, viel Ehr".

Sonntags auf der Piazza Matteotti

Saal XII (Erdgeschoss): Luca Signorellis „Martyrium des hl. Sebastian" von 1498 ist schon ganz im neuen Stil der Renaissance gemalt: bewegte, psychologisierende Darstellung, (Armbrustschützen, die emotionslos-geschäftsmäßig ihrem Handwerk nachgehen), tiefer Landschaftshintergrund und architektonische Details.

Weitere Kunstwerke sind in der barock umgestalteten Kirche **San Francesco** zu sehen: In der **1. Kapelle links** *(Capella Vitelli):* Holzgestühl mit Schnitzarbeiten (Szenen aus der biblischen Geschichte, 16. Jh.). **2. Kapelle links:** glasierte Terracotta – Arbeit aus der Florentiner Künstlerwerkstatt della Robbia (Der hl. Franziskus empfängt die Wundmale). **4. Kapelle links:** Kopie des Raffael-Gemäldes „Die Vermählung der Jungfrau Maria" mit typischem Renaissancehintergrund (Rundtempel). Das Original stand ursprünglich in San Francesco.

☆Palazzo Albizzini

Im **Palazzo Albizzini** an der Piazza Garibaldi kann man sich mit dem Schaffen eines heute unbestrittenen Künstlers der Moderne vertraut machen. Die *Collezione Burri* zeigt Werke von **Alberto Burri,** der am 12.3.1915 in Città di Castello geboren wurde. Als Doktor der Medizin war er 1943 als Militärarzt in Tunesien tätig, wo er von den Alliierten gefangengenommen wurde. Im Gefangenenlager von Hereford/Texas, wo er drei Jahre bleiben musste, entdeckte er seine Leidenschaft für Malerei und Skulptur. Im Hinblick auf Stil und Arbeitsmateriali-

en begann er bald traditionelle Beschränkungen zu durchbrechen. Die Rezeption in den 1950ern bestand zunächst aus brüsker Ablehnung, dann neugieriger Annäherung die bald in kritiklose Begeisterung umschlug. Heute genießt Burri allgemeine Anerkennung als ein wichtiger Vertreter zeitgenössischer Kunst.

Die Exponate der **Collezione Burri** im Palazzo Albizzini vermitteln einen leicht morbiden Reiz. Aus dem banalen Verfall alltäglicher Materialien wird Kunst: schwarz-rissig-verkohlte Holzcollagen, Drapagen aus alten Zuckersäcken, in glänzende Plastibahnen verschweißte Alltagsgegenstände, abstrakte Tafelbilder, mal diachrom rot-schwarz, mal kräftig bunt - ein Muss für jeden Liebhaber moderner Kunst (geöffnet werktags 9–12.30 und 14.30–18 Uhr, vom 1.4. bis 30.10. geöffnet 10–13 u. 14.30–18.30 Uhr, übrige Zeit 10–12.30 u. 15.30–17.30 Uhr; Mo geschlossen, Eintritt 5 bzw. 7,50 € zusammen mit Zutritt zu den Tabakhallen; s. u.)

☆Tabakhallen

In den großen **Tabakhallen** von Città di Castello *(Ex Seccatoi Tabacco)* südlich des Ortszentrum an der Straße nach Umbertide (Viale E. Orlando) ist heute ein weiteres **Museum mit Werken Burris** untergebracht. Durch neue maschinelle Verfahrung zur Schnelltrocknung der Tabakpflanzen sind die großen hohen Lagerräume für die Landwirtschaft entbehrlich geworden. Auf der Wiese vor dem Museum stehen rote und schwarze Metallskulpturen, dahinter erheben sich die schwarz angestrichenen Hallen, die verschiedene Serien großformatiger Wandbilder beherbergen: rot-schwarze Abstrakta, ganz in Schwarz schattierte Tafelbilder, wie die Buchstabenserie in Raum I, die selbstironisch behauptet NON AMA IL NERO - „Er mag kein Schwarz". Nur die farbigen Arbeiten in Raum E „Sestante", Sextant, setzen freundliche Akzente, ansonsten überwiegen wenig farbige, z. T. ganz schwarze Arbeiten aus den Jahren 1985–1990 (Räume H, I, L). In die hohen, kahlen nur von bleichem Neonlicht erhellten fensterlosen Hallen dringt kaum ein Außengeräusch: man bewegt sich ganz in der abstrakten Welt des Alberto Burri. (Öffnungszeiten wie Burri-Museum im Palazzo Albizzini, Eintritt 7,50 € für beide Museen, 5 € für ein Museum, die Stadtbuslinie B fährt werktags alle 20 Min. von der Piazza Garibaldi zu den Hallen, 15 Fußminuten vom Zentrum.)

☆ Centro Tradizioni Popolari und Villa Capelletti

Die gute alte Zeit wird im Bauernmuseum von Città di Castello lebendig. Das **Centro Tradizioni Popolari** liegt ca. 4 km außerhalb im Ortsteil *Garavelle* (an der Hauptstraße Richtung Umbertide, an der auch die Tabakhallen liegen). In einem Bauerngehöft ist anschaulich der bäuerliche Alltag dargestellt, so wie er wohl noch bis Mitte des 20. Jhs. aussah. Zu sehen sind alte Landwirtschaftgeräte, Öl- und Weinpressen, Schmiede-, Tischler und Schusterwerkstätten. Im 1. Stock tritt man in die anheimelnde, von Kaminfeuer erwärmte Wohnstube mit allerlei Haushaltsgegenständen. Daneben liegt der bescheidene Schlafraum. Im 2. Stock sind traditionelle Webstühle zu sehen (geöffnet 9–12 sowie 14–17 Uhr im Winter, bzw. 15.30–18.30 Uhr im Sommer, Mo geschlossen, Eintritt frei). Neben dem Bauernmuseum in der großen **Villa Capelletti** kann man sich an der **Collezione Ferromodellistica** erfreuen, der in langen Jahren vom eisenbahnbegeisterten Grafen *Gioacchino Capelleti* zusammengetragene Sammlung von Modellbahnen (geöffnet Mo–Fr 15–17 Uhr).

Information

- **Cittá di Castello.** 38 000 Ew., 288 m ü. NN, PLZ 06 012, 50 km nördlich Perugia.
- **Tourist-Info.** *I.A.T. dell'Alta Valle del Tevere,* Piazza Matteotti – Logge Bufalini, im Palazzo an der Ostseite der Hauptpiazza, Tel. 07 58 55 49 22, Fax 07 58 55 21 00, E-mail: info@iat.citta-di-castello.pg.it.

Im Bauernhaus, Centro Tradizioni Populari

Unterkunft

- **Tiferno******/€€€€. Piazza R. Sanzio 13, Tel. 07 58 55 03 31, Fax 07 58 52 11 96, E-mail: info@hoteltiferno.it, gutbürgerliches, komfortables Traditionshotel im Zentrum, in den Gemäuern eines restauriertem Barockpalastes, mit gutem Restaurant.
- **Umbria****/€-€€. Via dei Galanti, Tel. 07 58 55 49 25, Fax 07 58 52 09 11, alteingesessenes freundliches Familienhotel im Zentrum, wenige Schritte östlich der Piazza Matteotti, nach Renovierung zum Zwei-Sterne-Hotel aufgewertet, die preiswerteren Zimmer in der Dependence.

Camping

- **La Montesca*****. Tel. 07 58 55 85 66, Fax 07 58 52 07 86, 4 km westlich außerhalb Richtung Ubbiano, beim Park der Villa Montesca mit altem Baumbestand, schöne Hanglage, mit kleinem Schwimmbad, 1.5.–30.9. geöffnet.

Essen und Trinken

- **Il Bersaglio*****. Tel. 07 58 55 55 34, Viale Orlando 14, oft gelobt für seine Trüffel- und Wildgerichte, in äußerlich unansehlichem Neubau an der Hauptstraße zu den Tabakhallen, Mi geschlossen.
- **Trattoria Lea***-**. Via San Florido 38, Tel. 07 58 52 16 78, recht preiswert, gut und fast immer voll, Menu ab 13 €, Mo Ruhetag.
- **Enoteca Altotiberina***. Tel. 07 58 55 30 89, in einem rustikalen Gewölbe beim Stadtpark gegenüber dem Dom, sehr beliebt, deftige Küche, preiswertes, reichhaltiges 4-Gänge-Menu für ca. 12 €, 5-Gänge-Menu mit Nachtisch und Café ca. 17 €, Di geschlossen.
- **L'Osteria***. Via Borgo di Sotto, Tel. 07 58 55 69 95, wenige Schritte von der Piazza Matteotti, einfach und preiswert, ordentliches Essen, gute Pizzen, angenehm lockeres Kneipenambiente, So geschlossen.

Öffentliche Verkehrsmittel

- **Bahn.** Bahnhof in der Via C. Liviero, gut 5 Min. südöstlich der Altstadt; werktags 11, sonntags 4 Züge nach *Perugia Santa Anna,* Fahrzeit ca. 1 Std.

• **Bus.** Vom Busbahnhof an der Piazza Garibaldi fährt die toscanische Gesellschaft SITA nach *Arezzo;* Mo–Fr 20, Sa 13 u. So 6 Fahrten.

Parken

Am besten außerhalb der Stadtmauern, großer Parkplatz an der Hauptstraße westlich des Mauerrings, über eine kurze Treppe geht es von hier bequem ins Zentrum beim Dom.

Einkaufen

• **Markt.** Großer *Wochenmarkt* (Lebensmittel, Kleidung, Haushaltswaren) am Samstag im Zentrum. Auf der Piazza Matteotti findet an jedem 3. Wochenende des Monats der große Antiquitäten- und Trödelmarkt *Fiera del Rigattiere* statt.

• **Stoffe.** In der Manufaktur *Laboratorio Tela Umbra* werden Stoffe in den traditionellen Farben und Mustern immer noch auf den alten Handwebstühlen hergestellt. Zu besichtigen und auch zu kaufen sind sie im Ausstellungsraum der Werkstatt im Zentrum an der Piazza A. Costa 3. (Tel. u. Fax 07 58 55 43 37, geöffnet täglich außer Mo 10–12 u. 15.30–18 Uhr).

Mittags in Città di Castello

Ausflüge an die Grenze zur Toscana

☆Santuario Madonna del Belvedere

Auf einem Hügel einige Kilometer östlich Città di Castello liegt das **Santuario Madonna del Belvedere.** Wie der Name schon sagt, bieten sich von hier prächtige Ausblicke. Die Wallfahrtskirche, ein oktogonaler Bau mit zylindrischem Glockenturm und abgerundeter Fassade, wurde zwischen 1669 und 1684 errichtet.

☆Citerna und Monterchi

Neben dem Panoramadorf *Monte Santa Maria Tiberina* lohnt auch das kleine **Citerna** einen Besuch. Der 2800 Einwohner zählende, ruhige Ort liegt 480 m hoch auf einem Hügel in der äußersten Nordwestecke Umbriens. Die Kirche **San Francesco** besitzt Fresken des Raphael-Schülers *Raffaellino del Colle* (1490–1566).

Eine berühmte Schwangere ist im *Museo Masso* in **Monterchi,** 3 km südlich von Citerna schon in der Toscana gelegen, zu sehen. Die fremd-rätselhaft wirkende **Madonna del Parto,** die Madonna der Schwangerschaft, ist ein Werk *Piero della Francescas.*

• Eine gute Adresse für Hotelgäste der gehobenen Kategorie ist in Citernia das **Hotel Sobaria*****/€€-€€€ (Via della Pineta 2, 06 010 Citernia, Tel. 07 58 59 21 18, Fax 07 58 59 34 10, E-mail: sobaria@technet.it, Internet: www.hotelsobaria.it, Frühstück am Buffet, Zimmer mit Terrasse Zuschlag), eine große ruhig gelegene

Anlage. Die geschmackvoll eingerichteten Zimmer sind nicht sehr groß besitzen aber oft eine geräumiger Terrasse, Swimmingpool, Fitness-Raum, Mountain-Bikes, Allein das **Ristorante La Rocca***** (Tel. 07 58 59 21 18, Mi Ruhetag) des Hotels Sobaria ist schon ein Grund für einen Besuch in Citerna, denn es bietet ausgezeichnete verfeinerte umbrische Traditionsküche auf hohem Niveau; letzteres gilt allerdings auch für die Preise.

- Die **SITA-Busse** der Linie *Città di Castello-Arrezzo* halten bei Monterchi, 2 km unterhalb Citerna.

☆San Giustino, Cospaia und Celalba

In der Ebene des Tibertals nördlich Città di Castello liegt das Landstädtchen **San Giustino,** das mit den umgebenden Weilern immerhin 9200 Einwohner zählt. Einzige Sehenswürdigkeit ist das **Castello Bufalini** im Zentrum, ein wehrhaftes Kastell, das 1492 von *Giorgio Vasari* zu einem vornehmen Feudalsitz umgestaltet wurde. Nach gründlicher Restaurierung können die reich mit Fresken von *Gherardi* ausgeschmückten Innenräume und der kleine Schlosspark an Wochenenden besichtigt werden (geöffnet Sa/So 10.30–13 und 15.30–19 Uhr). In San Giustino findet an Fronleichnam ein großes Blumenfest mit auf den Strassen kunstvoll ausgelegten Blumenbildern statt.

Zur Gemeinde San Giustino gehört auch **Cospaia,** nördlich unmittelbar an der Grenze zur Toscana gelegen. Der winzige Ort hat eine ungewöhnliche Geschichte: Im 15. Jh. bei der friedlichen Grenzziehung zwischen der Toscana und dem Kirchenstaat durch einen Vermessungsfehler von beiden Seiten übersehen, konnte es sich von 1440–1826 als selbstständige Republik etablieren – vielleicht der kleinste Kleinstaat, der je auf europäischen Boden existierte. Die freie Republik Cospaia zog Nutzen aus ihrem Sonderstatus und betrieb kräftig Schmuggelgeschäfte. Ab 1575 wurde der Handel mit dem hier erstmalig auf italienischem Boden angebauten Tabak wichtigste Erwerbsquelle.

Die **Villa Graziani** bei **Celalba** südöstlich San Giustino ist ein repräsentativer Landsitz von 1616. In der Umgebung sind die Spuren zahlreicher Römervillen zu entdecken, wie bei **Colle Plinio,** wo man die Fundamente des Landsitzes des römischen Dichters Plinius des Jüngeren ausgegraben hat. Im Ort selbst befindet sich die **Villa Capeletti,** eine weitere Adelsresidenz des 17. Jhs.

- Werktags befahren 12, sonntags 4 **Züge** die Strecke *Perugia-Città di Castello-San Giustino-Sansepolcro* (Toscana).

Von Città di Castello über Pietralunga nach Gubbio

Für die Weiterfahrt von Città di Castello nach Gubbio empfiehlt sich die Route über das abseitige Landstädtchen Pietralunga. Hinter den Tabakhallen von Città di Castello zweigt von der Hauptstraße nach Umbertide eine Nebenstrecke nach Osten ab. Die schmale Straße verläuft zunächst ein Stück im Tal des *Soara-Baches,* um anschließend mit engen Kurven einen bewaldeten Höhenrücken zu überwinden.

Der Landstrich ist nur dünn besiedelt, während der 30 km langen Fahrt bis **Pietralunga** wird keine nennenswerte Ansiedlung passiert. Der Ort selbst kann nicht mit besonderen Sehenswürdigkeiten aufwarten, liegt aber inmitten einer freundlichen Landschaft mit grünen Hügeln, Wiesen und Weiden und ist deshalb eine beliebte Sommerfrische.

Die Gegend um Pietralunga wurde sehr früh besiedelt. Dies beweist eine in der Nähe des Ortes gefundene etruskische Flöte aus Menschenknochen, die heute im Archäologischen Museum von Perugia ausgestellt ist. Eine Blütezeit erlebte Pietralunga unter den Römern. Ein Stück **römischer Straße,** 300 m lang und 4,5 m breit, ist heute noch zwischen *San Felice* und *Casaleccio* auszumachen. Als Dorfheiliger wird in Pietralunga *San Crescenziano* verehrt, ein römischer Legionär der zum Christentum übertrat und später den Märtyrertod starb. Er soll die Gegend von einem Mensch und Vieh verspeisenden Drachen befreit haben. Während der Völkerwanderungen des 6. und 7. Jhs. wurde der Ort zertstört, dann im 8. Jh. als Stützpunkt der Langobarden wieder aufgebaut. Im hohen Mittelalter konnte sich sogar das kleine Pietralunga zeitweise den Status einer freien Kommune erobern. Die Feudalherren von Città di Castello machten der Unabhängigkeit im Laufe des 15. Jhs. ein Ende und verleibten sich die Stadt ein.

Im kleinen Zentrum von Pietralunga haben sich nur wenige alte Bauwerke erhalten. **La Fortezza,** der Turm der auf fünfeckigem Fundament im 8. Jh. errichtete Burganlage der Langobarden, ragt immer noch über die Dächer der Altstadt. Vom Ursprungsbau der mehrfach umgebauten romanischen Kirche **Pieve di Santa Maria** sind nur das Portal und die Fensterrose an der Rückseite erhalten. Wie in Gubbio, besitzen auch in Pietralunga einige Wohngebäude neben dem Haupteingang die so genannte *Totentür.*

In den Hügeln 12 km westlich von Pietralunga liegt die winzige **Pieve dei Saddi,** eine frühchristliche Kirchengründung an der Stelle eines heidnischen Tempels. An diesem Platz soll San Crescenziano während der römischen Christenverfolgungen geköpft worden sein. Über der Treppe ein Basrelief, das den Heiligen zeigt, wie er bei Città di Castello den Drachen tötet.

Santa Maria delle Grazie di Castelfranco erreicht man über die Straße Richtung Cagli und den Abzweig nach rechts Richtung Castelguelfo. Etwa 2 km nach dem Abzweig kommt man zu dem schön gelegenen Kirchlein, von wo aus man einen phantastischen Blick hat. Es heißt, dass an besonders klaren Tagen „tutte due i mari" zu sehen sind, auf der einen Seite die Adria und auf der anderen das Tyrrehnische Meer. Die schmale Straße führt weiter über die leerstehende Guelfenburg **Castelguelfo,** die man käuflich erwerben kann, vorausgesetzt, man lässt sich durch die Spukgeschichten nicht abschrecken. Vor der Burg ist links eine Bar, wo man auch eine Kleinigkeit zu Essen bekommt.

Richtung Gubbio erklimmt die Straße hinter Pietralunga nochmals einen bewaldeten Höhenrücken. Nach 4 km zweigt nach links eine Nebenstraße ab, die sich über **San Benedetto** mit schönen Ausblicken steil ins Tal des *Assino* senkt. Danach öffnet sich eine der wenigen Ebenen Umbriens. Durch eine zersiedelte Landschaft mit Kleinfabriken und zwei Zementwerken wird das alte Gubbio erreicht.

Information

• **Pietralunga.** 2000 Ew., 566 m ü. NN, PLZ 06 026.

Unterkunft

• **Hotel Candeletto*****/€-€€. Via delle Querce, Localita Candeletto, Pietralunga, Tel. und Fax 07 59 46 00 83, außerhalb in grüner Berglandschaft gelegen, größeres Neubauhotel bei einem Freizeitzentrum mit Sport- und Spielmöglichkeiten (Tennis, Schwimmbad, Rollschuhbahn, Spielplatz).

Camping

• **Camping Pineta****. Località Candeletto, Pietralunga, Tel. 07 59 46 00 80, im Pinienwald beim Freizeitzentrum Candeletto, geöffnet 1.5.–30. 9.

Bauernhaus im nordumbrischen Hügelland

Gubbio und nördlicher Apennin

Gubbio

Vielleicht mehr als jeder andere Ort Umbriens zeigt Gubbio auch heute noch äußerlich das Idealbild der mittelalterlichen Stadt. Im alten Zentrum stehen die Häuser dicht aneinandergedrängt am Hang des Monte Ingino. Im Mittelpunkt erhebt sich der aus hellem Stein errichtete Palazzo Comunale – ein **archetypisches Bild der libero commune des Mittelalters,** intakt und kompakt, ohne die störenden baulichen Zugaben der Moderne. Allerdings wirkt der alte Ort, je höher man die Gassen hinaufsteigt, zunehmend unbelebt, fast museal. Die etwas mühseligen, steilen Wege der Oberstadt laden nicht unbedingt zum gemütlichen Flanieren ein. Auch die zentrale Piazza della Signoria beim Rathaus ist nicht das erwartete belebte Zentrum. Statt der Einheimischen bevölkern ihn vor allem die Touristen.

Die meisten Bürger Gubbios haben in den letzten Jahrzehnten ihre zu eng gewordene Altstadt verlassen, um sich in Neubauten in der Ebene unterhalb niederzulassen. Zunehmender Wohlstand machte dies möglich. Wirtschaftliches Rückgrat dieses Landstriches ist die Zementindustrie, die seit den 60er Jahren in Italien einen großen Boom erlebt. Statistiken belegen, dass Italien inzwischen den höchsten Pro-Kopf-Zementverbrauch der Welt hat. Mitursächlich dafür ist sicherlich der auch in Gubbio zu beobachtende Prozess der Entvölkerung der zahlreichen engen mittelalterlichen Stadtzentren zugunsten von Neubauvierteln an den Ortsrändern.

Geschichte

In vorrömischer Zeit war Gubbio mit Abstand die größte und einflussreichste Stadt Umbriens, das einzige Gemeinwesen der umbrischen Urbevölkerung, das mit den benachbarten Etruskerstädten konkurrieren konnte. Der Mittelpunkt des **Stadtstaates der Umbrer** lag in der Ebene unterhalb des heutigen Stadtzentrums bei der Ruine des römischen Theaters. Ein einzigartiges Zeugnis der noch weitgehend im Dunklen liegenden Kultur der Umbrer wurde 1444 bei Gubbio gefunden. Die sieben *Eugubinischen Bronzetafeln* geben Aufschluss über die politische und religiöse Ordnung dieses frühen italischen Volksstammes (siehe Kastentext).

Bereits zu Beginn des **3. Jh. v. Chr.** verbündete sich das umbrische **Iguvio** (röm. *Iguvium*) mit der neuen Macht in Rom. 89 v. Chr. wird dem römischen Gubbio wie vielen anderen italischen Städten der Status der **„Municipia Civium Romanorum“** verliehen. Die Bewohner erhielten die römischen Bürgerrechte. Im 1. Jh. n. Chr. erlebte Iguvium seine Blütezeit. Die Stadt dehnte sich in die Ebene aus, und schmückte sich mit aufwändigen Bauten. Auch das gut erhaltene Theater stammt aus dieser Epoche. Im **6. Jh** stritten sich Goten und Byzantiner um diesen Teil

Italiens. 545 wurde Gubbio von den Truppen des Gotenkönigs *Totila* zerstört, bald darauf unter dem Byzantiner *Narses* wiederaufgebaut, um den byzantinischen Korridor zwischen Ravenna und Rom zu sichern. Im **7. Jh.** eroberten die eingewanderten Langobarden die Macht, die sie **nach 800** an den römischen Kirchenstaat verloren. In diesen unsicheren **Kriegszeiten** wurde das Stadtzentrum von der Ebene zum Hang des Monte Iginio hin verlagert.

Nach Jahrhunderten des Niedergangs erlebte Gubbio im **hohen Mittelalter** als **freie Kommune** einen enormen Aufschwung. In der zweiten Hälfte des 11. Jhs. lag die Macht schon fest in den Händen des städtischen Bürgertums. Der neue Stadtstaat Gubbio unterwarf die Adelssitze der Umgebung und erweiterte sein Territorium beträchtlich. Dabei kam das meist kaisertreue Gubbio bald in Konflikt zu dem ebenfalls expandierenden guelfischen Perugia. In vier kriegerischen Auseinandersetzungen konnte sich Gubbio gegen den mächtigen Nachbarn behaupten, nach der Legende vor allem wegen des Eingreifens des Stadtheiligen *San Ubaldo*. Dieser soll auch 1154 Barbarossa davon abgehalten haben, Gubbio zu erobern. Mit einer vertraglichen Abgrenzung der Herrschaftsgebiete endeten die Auseinandersetzungen mit Perugia. Daraufhin setzte Gubbio seine Expansionspolitik nach Osten in die Marken fort.

Mit dem **Machtverlust der Stauferkaiser um 1260** schlug sich Gubbio auf die Seite des Papstes, der die kommunale Selbstverwaltung des neuen Verbündeten nicht antastete. Mit 20 000 Einwohnern hatte sich Gubbio im 13. Jh. zu einer mittelalterlichen Großstadt entwickelt. Handel und Handwerk blühten. Die wohlhabende Stadt schmückte sich mit aufwändigen Bauten. Das heutige Stadtbild stammt weitgehend aus dieser Epoche.

Der Palazzo dei Consoli dominiert Gubbio

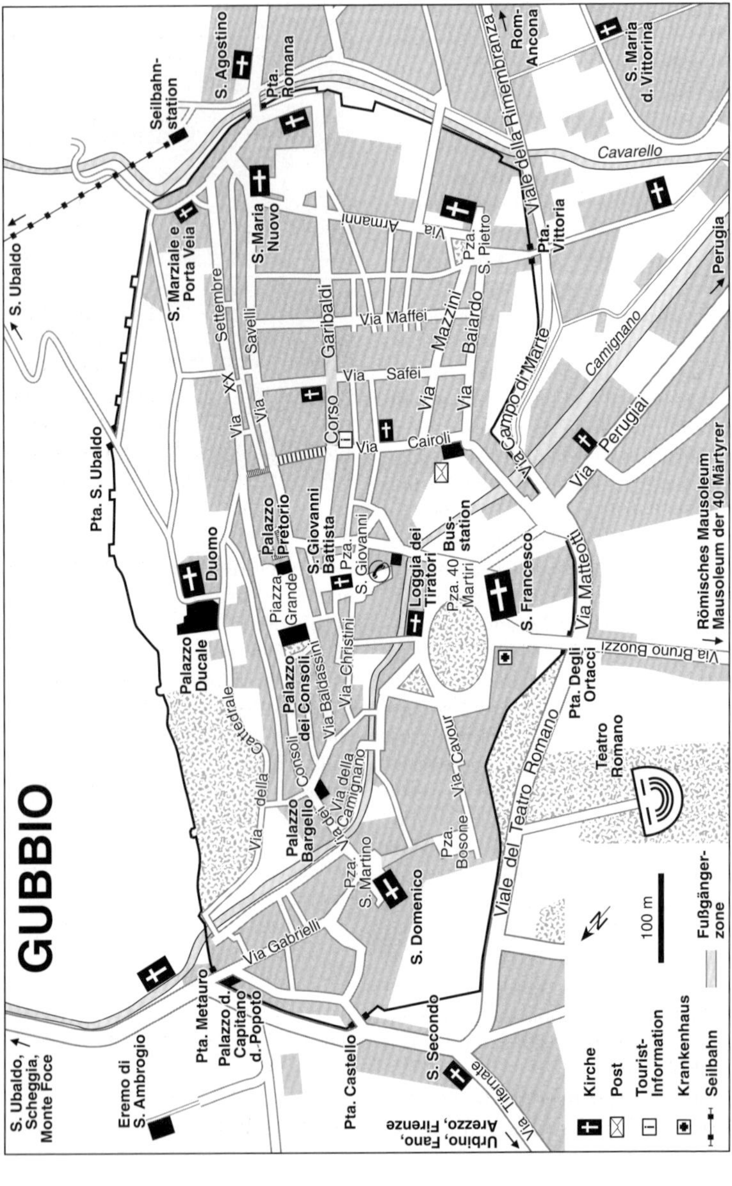
GUBBIO
S. Ubaldo
Seilbahn-station
S. Agostino
Pta. Romana
Rom-Ancona
S. Maria d. Vittorina
Cavarello
Viale della Rimembranza
Via Armanni
Pza. S. Pietro
Pta. Vittoria
Perugia
S. Maria Nuovo
S. Marziale e Porta Veia
Via XX Settembre
Via Savelli
Corso Garibaldi
Via Maffei
Via Safei
Via Mazzini
Via Baiardo
Via Cairoli
Camignano
Via Campo di Marte
Via Perugiai
Pta. S. Ubaldo
Duomo
Palazzo Pretorio
Piazza Grande
S. Giovanni Battista
Pza. S. Giovanni
Loggia dei Tiratori
Bus-station
Pza. 40 Martiri
S. Francesco
Via Matteotti
Römisches Mausoleum
Mausoleum der 40 Märtyrer
Via Bruno Buozzi
Palazzo Ducale
Palazzo dei Consoli
Via Baldassini
Via Christini
Via della Cattedrale
Via Consoli
Via della Camignano
Palazzo Bargello
Via Cavour
Pza. Bosone
Viale del Teatro Romano
Pta. Degli Ortacci
Teatro Romano
Pza. S. Martino
S. Domenico
Via Gabrielli
Pta. Metauro
Palazzo d. Capitano d. Popoto
Pta. Castello
S. Secondo
Via Tifernate
Urbino, Fano, Arezzo, Firenze
Eremo di S. Ambrogio
S. Ubaldo, Scheggia, Monte Foce
Kirche
Post
Tourist-Information
Krankenhaus
Seilbahn
100 m
Fußgängerzone

Im Verlauf des 14. Jhs. verlor Gubbio zunehmend seine kommunale Unabhängigkeit, zunächst 1350 an die machtgierige Signoria der *Gabrielli,* ab 1354 an den päpstlichen Kardinal *Albornoz.* **Ab 1387** unterwarf sich Gubbio der **Herrschaft der Markenherzöge von Montefeltro,** die von Urbino aus ein vergleichsweise maßvolles Feudalregiment ausübten. Unter dem aufgeklärten *Federico da Montefeltro* aus Urbino erlebte Gubbio im 15. Jh. sogar noch einmal eine kurze Blütezeit. Jeweils durch Erbschaft gelangt das Herzogtum Urbino, und damit auch Gubbio **1508** unter die **Herrschaft der della Rovere** und danach 1631 an den Kirchenstaat. Das zunehmend ungeliebte strenge Regime der päpstlichen Statthalter endete erst **1860** mit dem von der Bevölkerung bejubelten **Einmarsch der italienischen Einigungstruppen.**

Im **Zweiten Weltkrieg** war Gubbio Schauplatz eines **von den Deutschen verübten** grausamen **Massakers** an der Zivilbevölkerung. Partisanenverbände aus der Gegend von Gubbio hatten den Vormarsch der Allierten nach Norden unterstützt. Die Deutschen wollten ein abschreckendes Exempel statuieren. Wahllos wurden 40 Stadtbewohner aufgegriffen und hingerichtet, darunter auch Frauen und Kinder.

Besichtigung

☆Von San Francesco zum Palazzo dei Consoli

Der Weg in die bis heute fast vollständig von der mittelalterlichen Stadtmauer umringten Altstadt beginnt üblicherweise bei der **Piazza dei Quaranta Martiri** („Platz der vierzig Märtyrer"). An der stadtauswärtigen Seite der unregelmäßigen Platzanlage erhebt sich der achteckige Campanile von **San Francesco.** Die außen mittelalterlich wirkende Kirche aus der zweiten Hälfte des 13. Jhs. zeigt im dreischiffigen hohen Innenraum überwiegend düstere Barockausstattung. Sehenswert sind die Fresken in der linken Chorapsis mit 17 Szenen aus dem Leben der Jungfrau Maria, das um 1410 entstandene Hauptwerk des aus Gubbio stammenden Künstlers **Ottaviano Nelli.** Die weniger gut erhaltenen Malereien der rechten Chorkapelle *(Capella Sforzolino)* erinnern an Franz von Assisi. Zwei Szenen zeigen den Bischof, der die Blößen des Heiligen nach dem Verzicht auf das väterliche Erbe bedeckt, sowie den Traum von Papst Innonzenz III., in dem Franziskus die sich neigende Lateranskirche stützt. Nach der Überlieferung fand der hl. Franziskus an diesem Platz Zuflucht bei der befreundeten wohlhabenden Wollhändlerfamilie *Spadalonga,* nachdem ihn sein Vater aus dem Haus gejagt hatte. Hier bekam er seinen einfachen, grobgewebten Umhang, der später zur Mönchskutte der Franziskaner wurde. Die Spadalongas schenkten den minderen Brüdern auch den Baugrund für ein Kloster. Durch die Sakristei, die in das Lagerhaus der Spadalongas eingebaut wurde, gelangt man in den franziskanischen Klosterbezirk mit bescheidenem Kreuzgang.

Die Nordoseite der Piazza dei Quaranta Martiri nimmt die langgestreckte **Loggia dei Tiratori dell'Arte della Lana** ein, in deren Arkaden vormittags ein kleiner Obst- und Blumenmarkt stattfindet. Der Name des Baukomplexes verweist auf die Wollweberzunft. Der Unterbau, ein Hospital von 1326, bekam 1603 die Loggia aufgesetzt, wo die Wollweber ihre Stoffbahnen zum Trocknen aufhängen durften.

Rechts an der Loggia der Wollweber vorbei geht es über die *Via della Rebublica* hinauf in die Altstadt. Der erste Abzweig nach links führt zur kleinen *Piazza San Giovanni* mit der Kirche **San Giovanni Battista.** Der romanische Bau des 13. Jhs. bildet mit dem dahinter stolz aufragenden **Palazzo dei Consoli** ein schönes fotografisches Ensemble; der Palazzo ist auch das markanteste Bauwerk im alten Zentrum. Das zwischen 1332 und 1336 aus hellem Kalkstein erbaute mittelalterliche Rathaus wirkt freundlich und harmonisch. Ein zierlicher Turm, Zinnenkranz, Rundbogenfries, Loggia und Arkadengang an der Talseite sowie ein großzügiger repräsentativer Treppenaufgang lockern den kubischen Bau auf und nehmen ihm jegliche Schwere – sicherlich eines der schönsten Rathäuser des Mittelalters in ganz Italien.

Das am Steilhang des Monte Inginio errichtete Rathausareal musste auf mächtigen Substruktionen (Unterbauten) gestützt werden. Aus politischen Gründen sollte der Kommunalpalast genau an der Stelle errichtet werden, wo die konkurrierenden Stadtteile Gubbios zusammenstießen, denn keinem Viertel sollte allein durch die Lage des städtischen Machtzentrums auch nur symbolisch eine Vorrangstellung eingeräumt werden. Die Unterbauten mit ihren großen Bögen und dicken Mauern lassen sich von der unterhalb verlaufenden Via Baldassini gut erkennen. Hier liegt auch die **Casa di Sant'Ubaldo** (Haus Nr. 22), wo angeblich 1084 der Stadtpatron Ubaldus das Licht der Welt erblickte.

Im **Palazzo Pretorio,** an der Piazza della Signoria gegenüber dem Palazzo dei Consoli gelegen, residiert die heutige Stadtverwaltung. Der 1349 begonnene Bau wurde jedoch nie vollendet – ein Beleg dafür, dass mit dem Untergang der freien Kommune im Jahre 1350 auch der bauliche Elan der Stadtbürgerschaft ein abruptes Ende fand. Von der Piazza della Signoria blickt man über die Dächer der Altstadt in grünes Hügelland bis zum Monte Subasio bei Assisi.

Im *Palazzo dei Consoli* sind das **Museo Civico** und die städtische **Pinakothek** untergebracht (geöffnet April bis September täglich 10–13 u. 15–18 Uhr, Oktober bis März täglich 10–13 u. 14–17 Uhr, Eintritt 2,50 €). Das Museum im großen Ratssaal im ersten Obergeschoss zeigt die berühmten *Eugubinischen Tafeln* (siehe Kastentext rechts), sieben Bronzeplatten mit rituellen Texten in umbrischer Sprache, teils in etruskischer teils in lateinischer Schrift. Auf der Rückseite der 5. Tafeln ist der Wechsel vom Etruskischen ins Lateinische gut zu sehen. Die Pinakothek im zweiten Obergeschoss besitzt

Die Eugubinischen Tafeln

Fast alle Erkenntnisse über die politische Organisation und die Religion der umbrischen Urbevölkerung stammen von diesen berühmten Schrifttafeln. Sie wurden um 1444 zufällig in der Nähe des römischen Theaters gefunden. Zwei wurden zum Entziffern nach Venedig geschickt – sie sind seitdem verschwunden. Die restlichen **sieben Bronzetafeln** kann man **im Museum im Palazzo dei Consoli in Gubbio** besichtigen.

Die ersten vier Tafeln sind mit einer vom Etruskischen abgeleiteten umbrischen Schrift geschrieben, die von rechts nach links zu lesen ist, die letzten beiden in rechtsläufiger lateinischen Schrift. Auf der 5. Tafeln sind beide Schriftarten zu sehen. Der Text verwendet durchgängig die umbrische Sprache, die im Gegensatz zum Etruskischen der indoeuropäischen Sprachfamilie angehört. Die Tafeln stammen aus dem 2. Jh. v. Chr., also aus einer Zeit als die Umbrer schon von den Römern unterworfen worden waren. Der Text ist jedoch die Abschrift eines älteren Dokuments aus dem 6. Jh. v. Chr., als das umbrische Iguvium noch freier Stadtstaat war. Die Kopie wurde angefertigt, als Umbrien von der etruskischen Schrift zur römischen überging (nach 300 v. Chr.), ohne jedoch zunächst das Lateinische auch als Sprache zu übernehmen.

Die **Inhalt der Texttafeln** weist darauf hin, dass die Umbrer wie die benachbarten Etrusker in autonomen Stadtstaaten organisiert waren. Einen breiten Raum im Alltag nahmen offensichtlich religiöse Zeremonien, insbesondere Opferrituale zur Beeinflussung der Götter, ein. Das religiöse Oberhaupt wählte die Opfertiere aus, beobachtete und deutete mit dem Weissager den Flug der Vögel, um den Willen der Gottheiten zu erkunden. Vögel galten in der Regel als gute Verkünder göttlicher Botschaften. Günstig wurde z. B. der Flug der Elster Richtung Osten gedeutet. Wenn jedoch ein Kauz oder eine Krähe gegen Westen flogen, war nichts Gutes zu erwarten. Die Auslegung der Omen war ganz dem Weissager überlassen, der eine herausragende Stellung innerhalb des Stadtstaates einnahm. Er entschied letztlich über Krieg und Frieden.

Die Umbrer gaben sich mit ihrem Schicksal jedoch nicht so schnell zufrieden. Fiel eine Vorhersage schlecht aus, so wurden die Götter mit einer doppelten Anzahl von Opfergaben bestochen und das Ritual solange wiederholt, bis die Zeichen günstig waren. In den Bronzetafeln von Gubbio wird der Ablauf der Opferzeremonie peinlich genau beschrieben. Besonders feierlich waren die Opferzeremonien im heiligen Wald vor der Stadt, zu dem man halbjährlich mit einer großen Prozession mit Tanz und Gesang hinauszog.

zahlreiche Gemälde aus verschiedenen Epochen, darunter allerdings keine besonders herausragenden Werke. Von der über die Pinakothek zugängliche Loggia bietet sich nochmals ein weiter Ausblick über die Dächer Gubbios.

☆Westlich der Piazza della Signoria

Von der Piazza della Signoria führt die *Via XX. Septembre* in den südwestlichen Altstadtbezirk. Mit seinen meist geraden, regelmäßig verlaufenden Straßen kommt er von der Anlage her schon den stadtplanerischen Vorstellungen der Renaissance nahe. Am Ende der Via XX. Septembre trifft man auf **San Marziale.** Die romanische Kirche aus dem 11. Jh. ist der älteste Sakralbau der Stadt. Sie wurde auf den Fundamenten eines heidnischen Tempels errichtet, der dem Gott Mars geweiht war. Die zweischiffige Kirche, die erst kürzlich renoviert wurde, ist ein freundlicher und friedlicher Ort, ideal für eine kurze Erholungspause während der Besichtigungstour. Die uralte **Porta Veia** oder **Arco di San Marziale** hinter der Kirche wird auf das 4. oder 3. Jh. v. Chr. datiert. Es ist eines der drei Stadttore des umbrischen Iguvio, die im Text der Eugubinischen Tafeln erwähnt sind.

Vom Stadttor führt die *Via Savelli della Porta* abwärts zur Kirche **Santa Maria Nuova** (Kustode in der Via Dante 66). Die in der 2. Hälfte des 13. Jhs. erbaute Kirche wurde im 17. Jh. im Innern grundlegend umgestaltet. An der rechten Längswand befindet sich das sehenswerte, um 1410 entstandene gotische Fresko „Madonna del Belvedere" von Ottaviano Nelli – die Jungfrau Maria umgeben von musizierenden Engeln. Durch die mittelalterliche **Porta Romana** gelangt man zum Klosterkomplex **Sant'Agostino** außerhalb der Stadtmauern. In der 1294 vollendeten, später barockisierten Klosterkirche, die 1790 eine neue Backsteinfassade bekam, begnet man erneut dem Werk Nellis. Um 1424 schuf er mit seinen Gehilfen den Freskenzyklus zum Leben des hl. Augustinus in der mittleren Chorkapelle; die vier Evangelisten in den Gewölbefeldern sowie das Fresko „Jüngstes Gericht" stammen ebenfalls aus seiner Künstlerwerkstatt.

Wenig oberhalb Sant'Agostino liegt die Station der auf den Monte Ingino führenden **Drahtseilbahn** *(funivia)*. Die gut fünfminütige Fahrt auf den 900 m Hausberg von Gubbio bietet phantastische Ausblicke. Die recht betagt wirkende Konstruktion mit ihren offenen, stetig laufenden Gondeln verlangt beim Einstieg allerdings etwas sportliches Geschick (täglich 10–13.15 und 14.30–18.30 Uhr, ca 5 € hin und zurück).

☆Östlich der Piazza Signoria

Das Stadtviertel nordöstlich der zentralen Piazza della Signoria mit dem Rathaus ist mit seinen unregelmäßigen Straßenverläufen und alten Steinfassaden bestens erhaltenes Mittelalter. Über die *Via dei Consoli* abwärts gelangt man zu einer kleinen Platzanlage mit dem Bargello und der **Fontana dei Matti,** dem „Brunnen der Verrückten" – eine Anspielung darauf, dass die Eu-

gubini allgemein als nicht ganz richtig Kopf gelten. (Wer einmal dem Wettlauf Corsa dei Ceri zugeschaut hat, wird dem tendenziell zustimmen; siehe Exkurs „Das Rennen der Verrückten – die Corsa dei Ceri".)

Der schmale **Palazzo del Bargello** (14. Jh.) diente als Amtssitz des mittelalterlichen Polizeihauptmanns. In der Fassade des Bargello ist eine typische „Totentür" zu sehen, ebenso in dem Haus mit Ristorante links gegenüber. In Gubbio besitzen viele Häuser des Mittelalters neben dem Haupteingang eine zweite, schmalere, ohne Treppe erhöht in der Fassade beginnende Tür. Diese *„Porta del Morto"* wurde angeblich nur dann geöffnet, wenn ein Verstorbener aus dem Haus getragen werden musste. Wahrscheinlicher sind jedoch praktische Erwägungen, denn die untere große Pforte diente nur als Zugang zu den Läden, Werkstätten und Lagerräumen des Erdgeschosses, während die schmale Totentür zum abgetrennten Wohnbereich im Obergeschoss führte. Eine bei Gefahr hochziehbare Holztreppe verband den Eingang mit der Straße. Durch die erhöhte Lage der Tür konnte außerdem der im Rinnstein angeschwemmte Abfall leichter von den Wohnräumen ferngehalten werden.

Weiter abwärts auf der Via dei Consoli gelangt man über den Bach Camignano hinweg zur *Piazza G. Bruno,* auch **Piazza San Martino** genannt. Am Platz, wo zwei Bars zu einer Rast

Fontana dei Matti und Bargello, geschmückt für die Corsa dei Ceri

einladen, erhebt sich die Kirche **San Domenico.** Der um 1300 grundlegend umgestaltete ursprünglich romanische Bau ist seit langen Jahren wegen gründlicher Restaurierungen geschlossen. Das umliegende Viertel von San Martino ist ein vergleichsweise noch belebter Teil der Altstadt. Hier lag auch das ursprüngliche mittelalterliche Stadtzentrum. Nördlich der Piazza gelangt man über die *Via Gabrielli* zum um 1300 errichteten dreigeschossigen **Palazzo del Capitano del Popolo.** Bis zur Auflösung der Stadtautonomie diente er als Amtssitz des kommunalen Volkskapitäns, danach gehörte er der Signoria der Gabrielli, wie auch der fensterlose Geschlechterturm kurz vorher in der Via Gabrielli. Im Spätmittelalter ließen mächtig gewordene Stadtclans (Geschlechter) diese trutzigen Türme als Schutz- und Prestigebauten in großer Zahl auf ihre Häuser setzen. In späteren Jahrhunderten, unter der unangefochtenen Herrschaft von Feudaladel und Kirche, mussten sie fast alle wieder abgerissen werden.

Ein kurzer steiler Fußweg führt westlich der *Porta Metauro* hinauf zur restaurierten mittelalterlichen **Eremitei von S. Ambrogio** am Steilhang über dem Bottaccione-Tal. Von hier oben bietet sich ein schöner Ausblick über die Ziegeldächer Gubbios.

☆Von der Piazza della Signoria zum Monte Ingino

Beim höchsten Punkt der Altstadt, eine Etage über der Piazza della Signoria, stehen sich der Dom Sant'Ubaldo und der Palazzo Ducale eng gegenüber. Die schmale *Via Ducale* führt von der Via XX Septembre im Bogen hinauf zu den beiden Bauten, die für Jahrhunderte die wesentlichen Machtzentren in Gubbio lokalisierten: Herzogs- und Bischofssitz mussten schon aus symbolischen Gründen hoch über der mittelalterlichen Kommune thronen, obwohl der Steilhang des Monte Ingino, der keine großzügigere Platzanlage zuließ, kein idealer Baugrund war.

Der 1471–1474 für Federico da Montefeltro errichtete **Palazzo Ducale** ist ein harmonischer Bau der Frührenaissance. Die sowohl kunst- als auch machtbewussten Herzöge von Urbino wussten sich einzurichten. Der Innenhof mit seinen drei Loggien wirkt intim und doch großzügig. Der Palast muss einst auch innen ein wahres Schmuckstück gewesen sein. Nachdem der letzte Montefeltro ohne Erben verstorben war, ging das Gebäude 1860 in den Besitz der Familie Balducci über, die das gesamte Inventar verscherbelte. Die wunderschön gearbeitete große Bibliothek Federicos befindet sich heute im Nationalmuseum von New York, Türen, Fenster, Kamine, Bodenplatten, Türbalken und das gesamte Bad wurden in alle Welt verstreut. Im den kahlen Innenräumen ist heute ein **Kunstmuseum** untergebracht. (Mo–Sa 9–13.30, 14.30–18.30 Uhr; So 9–13.30 Uhr; Eintritt 4000 L). Zu sehen sind diverse Madonnenbilder des 14.–16. Jhs. sowie verzierte Holztüren mit Intarsienarbeiten und ein bemalter Schrank (14./15. Jh). Wertvollstes Stück ist die aus dem Dom stammende Altartafel „Madonna in der Gloriole zwischen Engeln" (1. Hälfte 14. Jh.), ein noch ganz mittelalterlich wirkendes Bild des einheimischen Künstlers *Mello da Gubbio*.

Der nach dem Stadtpatron **Sant' Ubaldo** benannte **Dom,** Anfang des 13. Jhs. errichtet, wurde um 1400 grundlegend umgestalltet. Die Fassadenskulpturen um das Rundfenster, die vier Evangelistensymbole und das Lamm Gottes stammen noch vom Ursprungsbau. Der einschiffige Kirchenraum wirkt mit seinen engstehenden Bögen dunkel-statisch; freundlicher ist die Deckenbemalung, insbesondere über dem Altar, wo goldene Sterne auf blauem Grund leuchten. Bei einer grundlegenden Restaurierung kamen in Chor und Apsis Fresken aus der Entstehungszeit der Kirche ans Tageslicht. Die Seitenkapellen zieren sehenswerte Renaissancebilder des 16. Jhs., die von weniger bekannten Künstlern in der Nachfolge Peruginos, Raffaels und Pinturicchios stammen.

Wenige Schritte unterhalb des Palazzo Ducale lässt sich auf einer hübschen Gartenterrasse mit Bar nochmals ein schöner Blick auf Rathaus und Altstadtdächer genießen. Über die malerische, von der Via Ducale abzweigende Via Galeotti käme man bequem zum Bargello im östlichen Stadtbezirk. Mühevoller ist der beim Dom beginnende Aufstieg auf den Monte Ingino. Durch die *Porta San Ubaldo* geht es auf kurvigem, zypressengesäumten Weg mit zunehmend weiter Aussicht bergan zur **Basilica di Sant'Ubaldo** hoch über der Stadt. (Alternativ kann man die Drahtseilbahn nehmen oder mit dem Auto über die SS 289 Richtung Scheggia rückseitig auf den Berg fahren.)

In der Kirche sind in einem gläsernen Sarg die Gebeine Sant'Ubaldos aufgebahrt. 1194 wurde sein Leichnam von der alten Kathedrale in ein kleines Kirchlein auf dem Berg gebracht. Der wundertätige Heilige wurde mit der Zeit auch außerhalb Umbriens immer beliebter und so wurde im 16. Jh. die ursprünglich romanische Kirche als Pilgerziel vollständig umgebaut und vergrößert. Durch einen einfachen Kreuzgang kommt man in den Innenraum; im zweiten Seitenschiff rechts befindet sich die berühmten Ceri von Gubbio, unter dem Altar die Urne des Heiligen. Die farbigen Glasfenster schildern die Taten San Ubaldos – ein wahrer „Superman des Mittelalters", denn immer wenn den Bewohnern Gubbios Gefahr drohte, war er zur Stelle, um mit seinen magischen Kräften Rettung zu bringen.

Auf dem **Monte Ingino** wurden in vorchristlicher Zeit die heidnischen Feierlichkeiten vollzogen, die möglicherweise in dem Wettrennen der Ceri weiterleben. Vielleicht versuchte man das heidnische Ritual zur christlichen Zeremonie umzuwandeln, indem man das Grab Sant'Ubaldos an das Ziel und den Abschluss der Feier setzte. Der Berg ist auch beliebtes Ziel für die Stadtjugend mit ihren *motorini.* Liebespaare, Sonnenanbeter und picknickende Familien kommen hier hinauf. Es gibt ein Hotel, einige Restaurants, Bars und Imbissstände.

Gegenüber der Basilika beginnt ein kurzer Fußweg hinauf auf die Bergspitze, und von den Ruinen der **Rocca** ganz oben bietet sich an klaren Tagen ein herrlicher Ausblick zum Hauptkamm des Apennin.

☆ Außerhalb der Stadtmauer in der Ebene

Unterhalb der Altstadt liegt die Ruine des **römischen Theaters** aus dem 1. Jh. Mit 70 m Durchmesser und einem Fassungsvermögen von 6000 Zuschauern gehörte es zu den größten Theaterbauten seiner Zeit.

Von der großen Wiese bei den antiken Bögen bietet sich eine schöne Gesamtansicht der gegen den Hang des Monte Ingino gebauten mittelalterlichen Stadt - eine schöne Hintergrundkulisse auch für die sommerlichen Klassikaufführungen im Theater.

Der Klosterkomplex von **San Secondo,** nördlich vom Theater vor der Stadtmauer gelegen, ist leider nur unregelmäßig geöffnet. Der gut erhaltene, schöne Kreuzgang aus dem 12. Jh. ruht auf Säulen, die noch von Gebäuden der antiken Stadt stammen, die von den Ostgoten unter Totila zerstört wurde. Die Klosterkirche wurde im 14. Jh. und später nochmals in der Renaissance umgebaut. Vom Ursprungsbau existiert noch die romanische Apsis. In der Friedhofskapelle findet man außerdem eine mit Ornamenten geschmückte, frühchristliche Altarplatte (7./8. Jh.) sowie einige Fresken aus

dem 15. Jh. Nicht weit vom Theater steht noch ein weiteres Bauwerk aus römischer Zeit: Über die *Via Bruno Buozzo* gelangt man zum **römischen Mausoleum.** Das Grabmonument, dessen Außenverkleidung zerstört wurde, besitzt noch die gut erhaltene, tonnengewölbte Grabkammer aus regelmäßigen Quadern. Wer hier begraben lag, konnte nicht geklärt werden.

Noch ein Stück weiter stadtauswärts, südlich der Via del Mausoleo, liegt das **Mausoleum der 40 Märtyrer,** die Gedenkstätte für die im 2. Weltkrieg von den Deutschen erschossenen Geiseln. An der Mauer beim Mausoleum sind noch die Einschüsse des Hinrichtungskommandos sichtbar.

Von der mittelalterlichen *Porta della Vittoria* beim Südende der Altstadt Gubbios gelangt man über die *Via della Piaggiola/ Via Frate Lupo* in gut 10 Minuten zur franziskanischen Gedenkstätte **Santa Maria delle Vittorina.** Das im 17 Jh. umgestaltete Kirchlein war im 13. Jh. an der Stelle einer franziskanischen Einsiedelei errichtet worden.

Genau an dieser Stelle soll nach der Legende Franziskus höchstpersönlich Gubbio von einem Mensch und Vieh verschlingenden Wolf befreit haben. In ihrer Not hatten die Bewohner der Stadt Franziskus zu Hilfe gerufen, der ja bekanntermaßen ein gutes Verhältnis zu Tieren hatte und sogar deren Sprache beherrschte. Und in der Tat, ein kurzes Gespräch unter Brüdern hatte Erfolg. Der Wolf ließ von seinem bösen Tun ab, zog nach Gubbio in die Stadt, wo er von den Einwohnern versorgt wurde, bis er an Altersschwäche starb. 1872 begannen einige „Verrückte" an der Stelle zu graben, wo der Wolf seine letzte Ruhe gefunden haben soll – und natürlich wurde ein Wolfsskelett gefunden.

Römisches Theater vor den Toren Gubbios

Information

- **Gubbio.** 32 000 Ew., davon ca. 4000 in der Altstadt, 522 m ü. NN, PLZ 06 024, 41 km nordöstlich von Perugia.
- **Tourist-Info.** *I.A.T.,* Piazza Oderisi 6 (Eingang am Corso Garibaldi), Tel. 07 59 22 06 93, Fax 07 59 27 34 09, E-mail: info@iat.gubbio.pg.it, Mo–Fr 8.15–13.45 und 15–18 Uhr, Sa 9–13 und 15–18 Uhr, So 9.30–12.30 Uhr.

Unterkunft

Hotels

- **Park Hotel Ai Cappuccini******/€€€€€, Via Tifernate, Tel. 0 75 92 34, Fax 07 59 22 03 23, E-mail: info@parkhotelaicappuccini.it, vornehm-gediegenes Hotel in einem ehemaligen Klostergebäude am Westrand der Altstadt.
- **Bosone*****/€€€, Via XX. Septembre 22, Tel. 07 59 22 06 88, Fax 07 59 22 05 52, E-mail: hotel.bosone@libero.it, mitten im alten Zentrum bei der Piazza della Signoria, recht noble Herberge in altem Palazzo mit Stuck und Deckenmalereien.
- **Gattapone****/€€€, Via Ansidei 6, Telefon 07 59 27 24 89, Fax 07 59 27 24 17, E-mail: gattapon@libero.it, in ruhiger Gasse im Altstadtzentrum unterhalb der Piazza della Signoria, restauriertes altes Gebäude mit hübschem Innenhof.
- **Dei Consoli****/€€-€€€, Via dei Consoli 59, Tel. 07 59 27 33 35, in einem Altbau mitten im Zentrum, einfach, ordentlich, preiswert.

Das Rennen der Verrückten – die Corsa dei Ceri

Jedes Jahr **am 15. Mai** feiern die Bewohner Gubbios ihr ganz großes Fest. Die Corsa dei Ceri, der **Wettlauf der drei Riesenkerzen,** versetzt die ganz Stadt schon Tage vor dem eigentlichen Ereignis in fiebrige Spannung. Die Ceri sind etwa 4 Zentner schwere und 6 Meter hohe schmale Holztürme, die auf einem Tragegestell ruhen. An der Spitze schweben die Figuren der drei Stadtheiligen Sant'Ubaldo, San Giorgio und San Antonio. Am Abend des 15. Mai werden die drei Ceri in aberwitzigem Tempo unter enormem Kraftaufwand auf den Schultern der Ceraioli zur 300 m höher gelegenen Kirche Sant'Ubaldo auf dem Monte Ingino hinaufgeschleppt. *I matti,* „die Verrückten", so nennen sich die Bewohner Gubbios selbst und es gehört schon einen Portion Wahnwitz dazu, sich dieser Tortur zu unterziehen.

Der Ursprung des schon seit Jahrhunderten gefeierten Festes ist nicht genau bekannt. Möglicherweise geht es auf uralte heidnische Frühlings- und Fruchtbarkeitsriten zurück. Dafür spricht das Datum, die phallische Form der Ceri, sowie der Brauch diese vor dem Rennen mit Wasser zu weihen. Heute ist das Fest Mittelpunkt des Selbstverständnisses der Bewohner, die mit großer innerlicher Anteilnahme bei der Sache sind. Die Corsa dei Ceri ist kein Touristenspektakel. Noch nie ist das Fest ausgefallen, auch nicht während des Krieges, als Frauen für die Männer an der Front einspringen mussten. Ursprünglich konkurrierten die Zünfte der Bauleute, der Kaufmannschaft sowie die Vertreter der Bauern miteinander. Heute entscheiden sich die Bewohner Gubbios schon im frühen Kindesalter, für welchen der drei Heiligen sie später kämpfen wollen. An die einmal getroffene Wahl sind sie dann gebunden.

Dem eigentlichen Wettlauf geht eine in allen Details genau geregelte **Festchronologie** voraus: Im Morgengrauen wecken Trompeter die drei für jeweils zwei Jahre gewählten Mannschaftsführer. Gegen 8 Uhr findet eine Andacht in der überfüllten kleinen Kirche der Bauleute unterhalb der Piazza Signoria statt. Hier werden die drei Heiligenfiguren der Ceri das Jahr über aufbewahrt. Mit einem farbigen Umzug aus Trommlern, Trompetern und den an ihrer Tracht unterscheidbaren Anhänger der drei Mannschaften werden die Heiligen dann unter dem Beifall der Zuschauer durch die Altstadt zum Rathaus getragen. Einem der Mannschaftsführer wird hier von Konsuln unter den Augen des Bischofs der Stadtschlüssel überreicht. Für diesen Tag ist er Herr der Stadt.

Danach folgt gegen 11.30 Uhr mit der *Alzata* ein erster Höhepunkt. Die zuvor ins Rathaus gebrachten Holzkerzen mit den Heiligenfiguren werden unter dem Jubel der versammelten Menge auf den Platz getragen und aus Keramikkrügen mit geweihtem Wasser begossen.

Die Krüge fliegen in die Menge, und die Mannschaftsführer werfen sich in die Traggestänge, um die Kerzen aufzurichten. In rasendem Tempo werden sie dann dreimal durch die wild gestikulierende, johlende Menge im Kreis getragen. Anschließend versammeln sich die Ceraioli im Rathaus zu einem traditionelle Festmahl, das nur aus Fisch besteht.

Am Nachmittag finden dann Probeläufe mit den Ceri in den verschiedenen Stadtvierteln statt. Manchmal strecken sich Hände aus den Fenstern der oberen Stockwerke, um die Heiligenfiguren an der Spitze zu berühren. Sant'Ubaldo, San Giorgio und San Antonio gelten auch heute noch als Vermittler magischer Kräfte. Kindergruppen trainieren mit Kleinausgaben der Ceri für ihre spätere Aufgabe. Früh übt sich, wer ein anerkannter Ceri-Wettläufer werden will, und in Gubbio will das jeder normal Verrückte.

Das eigentliche Rennen beginnt gegen 17.30 Uhr in der Via Savelli della Porta. Von hier aus entfesselt sich ein stürmischer Wettlauf durch die Altstadt, der immer wieder von Rastphasen zum Kraftschöpfen unterbrochen werden muss. Im fliegenden Wechsel lösen sich die aus zehn Mann bestehenden Trägergruppen ab. Das Kuriose dabei ist, dass der Sieger eigentlich schon vorher feststeht, denn die zuerst startende Partei kann in den schmalen Gassen nicht mehr überholt werden. Beim Wettlauf ist jedoch das wichtigste ein gutes Bild abzugeben – ein Umstürzen der Ceri ist eine große Schande für die Träger. Schafft eine Gruppe einen großen Abstand zur folgenden, so hat sie einen symbolischen Sieg errungen. Zuletzt jagen die drei Gruppen den steilen Weg von der Porta Sant'Ubaldo zur Kirche Sant'Ubaldo hinauf, wo die Ceri bis zum nächsten Jahr abgelegt werden. Die kleinen Figuren der Heiligen hingegen werden von Gesang und Fackelschein begleitet zurück in die Stadt zum Kirchlein der Maurerinnung getragen.

• **Grotta dell'Angelo****/€. Via Gioia 47, Tel. 07 59 27 17 47, Fax 07 59 27 34 38, sympatisches Familienhotel im historischen Zentrum, preiswert und gut geführt.

• **Oderisi****/€-€€. Via Mazzatinti 2, Tel. 07 59 22 06 62, Fax 07 59 22 06 63, gut geführtes freundliches Haus am Altstadtrand bei der Piazza 40 Martiri, zur Straßenseite hin etwas Verkehrslärm.

Agriturismo

• **Azienda Agrituristica Semidimela**€€-€€€. 0 75 92 00 39, E-mail: semidimela@libero.it, etwa 16 km südlich Gubbio Richtung Perugia beim Weiler Petroia. Schön gelegenes, liebevoll restauriertes, steinernes Bauernhaus, Familienbetrieb mit biologischem Landbau (Gemüse, Obst, Getreide, Oliven), wenige mit alten Möbeln eingerichtete Zimmer; abends kocht eine Signora aus der Nachbarschaft für die Gäste. Pferde, Mountainbike, Wandermöglichkeiten.

• **Abbazia di Vallingegno**€€-€€€€. Località Vallingegno, Tel. 0 75 92 01 58, Fax 07 59 22 70 07, E-mail: info@abbaziadivallingegno.it, vier große (70–170 qm), helle Ferienwohnungen in einer ehemaligen Benediktinerabtei inschöner Lage ca. 14 km südlich Gubbio in der Nähe der Straße nach Perugia, einfache Einrichtung, teils mit alten Möbeln, Wohnungen mit Kamin und eigenem Bad, Swimmingpool, See, Spielpark, ideal für große Familien.

Jugendherberge

• **Ostello dell'Aquilone.** Località Ghigiano, Tel. 07 59 29 11 44, Fax 07 59 22 01 97, E-mail: aquilone@aquilone.it, geöffnet 15.3.–15.9., auf dem Land etwa 8 km südlich von Gubbio Richtung Valfabbrica beim Weiler Ghigiano, keine Busverbindung ins Zentrum.

Camping

• **Villa Ortoguidone******. Località Ortoguidone, Tel. 07 59 27 20 37, Fax 07 59 27 66 20, E-mail: info@gubbiocamping.it, 1.4.–30.9. geöffnet, 3 km außerhalb des Zentrums Richtung Perugia, gut ausgestatteter kleiner Platz.

• **Città di Gubbio*****. Località Ortoguidone, Tel. 07 59 27 20 37, Fax 07 59 27 66 20, E-mail: info@gubbiocamping.it, geöffnet 1.4.– 30.9.

Essen und Trinken

• **Alla Fornace di Mastro Giorgio*****-****. Via della Fornace di Mastro Giorgio 2, Tel. 07 59 22 18 36, Di geschlossen, eines der besten Restaurants der Region, hervorragendes, raffiniertes Menu Degustatione in 6 Gängen; das einfachere Menu Turistico ist auch nicht zu verachten.

• **Taverna del Lupo*****. Via Ansidei 21, Tel. 07 59 27 43 68, oft gelobtes Spitzenrestaurant im Zentrum.

• **Ristorante Grotta dell'Angelo****. Im gleichnamigen Hotel (s. o.), solide, bodenständige Küche zu angemessenen Preisen. Di geschlossen.

• **Ristorante Picchio Verde***-**. Via Savelli della Porta 65, Tel. 07 59 27 66 49, preiswerte, ordentliche Familientrattoria, Menu Turistico für etwa 13 €, Di Ruhetag.

Öffentliche Verkehrsmittel

Bahn

• Der nächstgelegene **Bahnhof** ist **Fossato di Vico** 20 km südöstlich an der Strecke *Ancona-Foligno-Rom;* Eurostar-Halt, Busanschluss von Gubbio.

Bus

• **Hauptbushalt** bei *San Francesco* an der Piazza 40 Martiri

• **Auskünfte und Fahrkarten** im Verkaufsbüro wenige Schritte oberhalb der Piazza an der Via della Repubblica.

• **Verbindungen** nach **Perugia** (werktags 10, sonn- und feiertags 4x), **Umbertide** mit Zuganschluss nach **Citta di Castello** (3x werktags), **Urbino** über *Cagli* (2x werktags gegen 13.30 und 19 Uhr) und **Gualdo Tadino** (9x werktags), **Scheggia** (3x werktags)

Taxi

• **Taxistand** an der Piazza 40 Martiri, Tel. 07 59 27 38 00.

Rund ums Auto

• **A.C.I.** Via Matteotti. Tel. 07 59 22 19 96.

• **Autoverleih.** *Sel Noleggi S.a.S.,* Via B. Croce, Tel. 07 59 22 00 10.

Parken

- Bewachter Parkplatz bei der **Basilika San Francesco** an der Piazza 40 Martiri.
- Großer Parkplatz auch **beim römischen Theater.**

Einkaufen

Markt

- Kleiner **Lebensmittelmarkt** werktags in den Arkaden der Loggia dei Tiratori
- Dienstags großer **Wochenmarkt.**
- **Antiquitätenmarkt** jeden zweiten Sonntag im Monat in der Via Baldassini.

Keramik

Beliebt ist die traditionelle, nicht ganz billige Keramik von Gubbio; diverse Verkaufsräume in der Altstadt, z. B.

- **Valentino Biagioli,** an der Piazza della Signoria, Werkstatt in der Via Tifernate 10 oder
- **I Buccheri/La Fornace del Buchero** in der Via Ducale 10.

Feste und Veranstaltungen

Jedes Jahr am 15. Mai die über die Grenzen Umbriens hinaus bekannte **Corsa dei Ceri,** das Rennen der Riesenkerzen (siehe Kastentext).

- Am letzten Sonntag im Mai findet der **Palio della Balestra** statt: farbige Umzüge in mittelalterlichen Kostümen und als Höhepunkt der Wettkampf der Armbrustschützen von Gubbio und Sansepolcro (Toscana).
- Am Karfreitag zieht die feierliche, von Fackeln beleuchtete **Processione Christo Morto** durch die Gassen der Stadt.

Sonstiges

- **Post.** Hauptpost in der Via Cairoli bei der Piazza 40 Martiri.

Wanderung

☆Kleine Tour zum Monte d'Ansciano

Der Weg beginnt beim Dom/Palazzo Ducale. Wir folgen der ansteigenden Hauptgasse durch die **Porta S. Ubaldo,** nehmen 3 Min. später in der Linkskurve den geradeaus abzweigenden Pfad, der nach weiteren 3 Min. Anstieg zurück zum Hauptweg führt. Hier dem Hinweisschild „Coppo" nach rechts folgen, rechts an einer Kapelle vorbei und unter der Seilbahn hindurch in ein von Zypressen gesäumtes Tal hinein (rot-weiß-rote Markierung, Weg Nr. 251). Auf altem Maultierweg wandern wir etwa 20 Min. das einsame Tal hinauf. 100 m unterhalb eines Sträßchens wenden wir uns scharf nach rechts auf einen schmaleren Pfad, der östlich aus dem Tal hinaufsteigt. Nach 5 Min. durch lichten Kiefernwald geht es scharf nach links auf einen Waldpfad, der nach weiteren 5 Min. auf einen grasi-

Keramik ist ein beliebtes Gubbio-Souvenir

gen Rücken führt; 100 m geradeaus liegen Rastplätze und die Bar *Coppo.* Rechts über offene Grashänge ansteigend gelangt man schließlich auf den kahlen **Monte d'Asciano** (893 m, 1 Std. 15 Min.). Vom Ende des flachen Bergrückens erblickt man die Dächer Gubbios, im Osten begrenzt der endlos scheinende Bergrücken des Apennin den Horizont.

Für den Rückweg bietet sich folgende Alternative zum Hinweg an: bei der Bar Coppo das nordwestlich wegführende Sträßchen nehmen. An der folgenden Straßengabelung leiten steile Pfadspuren geradeaus auf den Bergrücken des **Monte Ingino** (908 m) mit den Ruinen der **Rocca,** von wo aus ein deutlicher Weg zur **Basilica di Sant' Ubaldo** (1 Std. 45 Min.) führt. Auf einem breiten, von Zypressen gesäumten, Serpentinenweg gelangt man von hier zügig zurück ins Zentrum (2 Std.).

Von Gubbio zum Monte Cucco

Die Bergregion östlich Gubbio mit dem Hauptkamm des Apennin kann nicht mit besonderen kulturhistorischen Sehenswürdigkeiten aufwarten. Die abwechslungsreiche Landschaft mit ihren felsigen und engen Tälern, weiten Wiesenflächen und den offenen, lichten Höhen der Apenninen ist dennoch anziehend.

Hinter Gubbio zwängt sich die N 298 Richtung Scheggia durch die **Gola del Bottaccione.** Zwischen den steilen Flanken von Monte Ingino und Monte Foce rauscht der Bach *Carmignano* zu Tal. Nach der Überquerung einer Passhöhe weitet sich die Landschaft. Der Blick wird frei auf den Apennin mit den Zwillingsbergen *Monte Acuto* (1668 m) und *Monte Catria* (1701 m), schon in den Marken gelegen.

Östlich des Landstädchens **Scheggia** (1680 Einwohner) rücken die Berge wieder enger zusammen. Die N 360 Richtung Sassoferrato folgt dem Lauf des Sentino-Baches nach Osten, passiert dabei die kurze und tiefe Schlucht **Gola del Corno.**

Hinter dem Dorf *Isola Fossato* zweigt eine schmale Bergstraße nach Norden Richtung Fonte Avellana ab, die nach wenigen Kilometern am einsam gelegene romanische Kirchlein *Santa Maria di Sitria* vorbeiführt. Unbedingt zu empfehlen ist ein Abstecher in die unberührte Berglandschaft am *Monte Catria* mit dem Kloster **Fonte Avellana** in den Marken.

Folgt man hinter Isola Fossato weiter der Hauptstraße im Sentinotal, so gelangt man zur *Abbazia di San Emiliano* an der äußersten Ostgrenze Umbriens. Unfreundliche Hunde verwehren leider den Zutritt zur romanischen Kirche (Privatbesitz!). Hier zweigt von der N 360 nach rechts eine Nebenstraße Richtung *Perticano/Pascelupo* ab.

Von **Pascelupo** aus kann man in einer knappen Stunde zur für Besucher nur zu Fuß erreichbaren **Eremo di San Girolamo** hinaufwandern. Die Eremitei klebt weithin sichtbar westlich über dem Tal an steilen Felsen. Der Weg beginnt unterhalb von Pascelupo vor einer deutlichen Linkskurve, gegenüber der Zufahrt zu einem neueren Gebäude rechts der Straße (markierter Weg Nr. 4). Im Kloster leben noch drei Kamalduensermönche. Wenn man Glück hat wird man zur Besichtigung eingelassen (9–11.30 und 15.30–16.45 Uhr), Frauen haben aber generell keinen Zutritt. Die Eremitei beeindruckt vor allem durch ihre Lage. Die Klosterbauten selbst sind im wesentlichen neuere Rekonstruktionen der ursprünglich romanischen Anlage. Auf halber Wegstrecke zum Kloster weist ein Hinweisschild nach links zur **Forra di Rio Freddo,** einer 4 km langen Felsklamm ohne befestigte Wege. Der sportliche Abstieg durch die Schlucht ist ohne Seilsicherung und kundige Führung ein nicht ungefährliches Unterfangen.

Auf die Spitze des Monte Cucco gelangt man mit dem Auto von Scheggia aus über *Costacciaro* und *Sigillo.* **Costacciaro** (1270 Einwohner) ist ein recht hübscher Ort mit verwinkeltem alten Zentrum. Es war wegen seiner wichtigen Position an der *Via Flaminia,* der Hauptverbindungsroute zwischen Rom und der Adria, der erste Verteidigungspunkt der Herzöge von Urbino. Von der Fernstraße der Antike hat sich 1,5 km vor Sigillo (rechts der N 3) die Ruine der römischer Straßenbrücke *Ponte Spiano* erhalten.

Von **Sigillo** (2300 Einwohner), einem lebhaften Landstädchen ohne Sehenswürdigkeiten, kurvt eine nach *Val di Ranco/ Monte Cucco* ausgeschilderte Nebenstraße nach Osten die Apenninhöhen hinauf. Nach 9 km aussichtsreicher Fahrt verzweigt sich die Straße; nach rechts geht es nach *Val di Ranco,* einer Ferienhaussiedlung im Wald mit zwei einfachen Hotels in gut 1000 m Höhe; geradeaus endet die Straße nach knapp 2 km bei einem Parkplatz am Fuße des *Monte Cucco.*

Monte Cucco

Der Name des 1566 m hohen Berges hat bei passionierten Speläologen (Höhlenforschern) einen besonderen Klang. In seinem Innern verbirgt sich ein riesiges System verzweigter Gänge und großer Karstgrotten, das bis heute noch nicht vollständig erkundet ist. 935 m tief und 26 km weit sind die Forscher bisher in die Eingeweide des Berges vorgedrungen. Vom Parkplatz am Fuße des Monte Cucco gelangt man in etwa 40 Minuten auf einem markierten Wanderweg zum Eingang in die Unterwelt (siehe Anfang der Wegbeschreibung). Der Abstieg in die fast senkrecht abfallende Riesengrotte ist jedoch nur erfahrenen Höhlengängern mit entsprechender Ausrüstung (Seilsicherung) möglich. Eine (in älteren Beschreibungen noch vorhandene) 25 m lange senkrechte Eisenleiter beim Einstieg, die auch weniger geübten Bergsteigern den Abstieg in einige Tropfsteinhöhlen im oberen Teil des Systems ermöglichte, ist auf den ersten 8 Metern entfernt worden. Auch erfahrenen und gut ausgerüsteten Speläologen wird unbedingt empfohlen, vor dem Abstieg in die Grotte eine Nachricht im *Centro di Speleologia Costacciaro* oder in einem der Hotels von Val di Ranco zu hinterlassen (s. u.).

Aber auch ohne gefährliche Höhlenabteuer ist der Monte Cucco ein lohnendes Ziel. Am Berg lassen sich herrliche Wanderungen unternehmen. Von den weiten Bergwiesen, auf denen im Frühjahr zahlreiche Blumenarten blühen, bieten sich weite Ausblicke über den umbrisch-märkischen Apennin, am Fuß des Gebirges strömen Wildbäche durch einsame Eichenwälder.

Die schöne Naturlandschaft ist inzwischen als **Parco Naturale Regionale di Monte Cucco** unter Schutz gestellt. Auch bei Drachenfliegern gewinnt die Bergregion mit ihren offen Höhenrücken zunehmend an Beliebtheit; diverse Startplätze in unterschiedliche Richtungen finden sich am Monte Cucco, u. a. am Ende der von Sigillo zum Südfuß des Berges führenden Stichstraße.

Am Fuße des 1566 m hohen Monte Cucco

Information

- Auskunft für Höhlenkletterer sowie Organisationshilfe bei Exkursionen einschließlich Durchquerung der Forra di Rio Freddo gibt in Costacciaro das **Centro Escursionistico Naturalistico Speleologico (CENS),** Via Galeazzi 5, 06 021 Costacciaro, Tel. u. Fax 07 59 17 04 00, E-mail: cens@infoservice.it, Internet: www.cens.it

Unterkunft

In Scheggia

- **Pineta****/€€. Località Monte Calvario 40, 06 027 Scheggia, Tel. u. Fax 07 59 25 91 42, E-mail: h-r-lapineta@libero.it, am Hang des Monte Calvario östlich oberhalb Scheggia, im Winter geschlossen.

In den Bergen im Val di Ranco

- **Monte Cucco****/€. Località Val di Ranco, 06 028 Sigillo, Tel. u. Fax 07 59 17 71 94, von Ostern bis Ende Oktober geöffnet, man spricht Deutsch, Zimmer z. T. ohne eigenes Bad.
- **Capelloni***/€. Località Val di Ranco, 06 028 Sigillo, Tel. 07 59 17 71 31, geöffnet 1.4.-31.12., Zimmer z. T. ohne eigenes Bad.

Agriturismo

- **Pian d'Isola**€. Località Fossa Secca, 06 021 Costacciaro, an der Via Flaminia 4 km von Costacciaro entfernt, Tel. 07 59 17 05 67, Fax 07 59 17 20 14, E-mail: piandisola@libero.it, größere Landwirtschaft mit Ziegen, Pferdezucht, Getreideanbau; Verkauf der vor Ort erzeugten Produkte (Holzofenbrot, Trüffel, Käse).

Jugendherberge

- **Università Volo Libero.** Frazione Scirca zwischen Costacciaro und Sigillo, Tel. u. Fax 07 59 17 07 61, 3-4 Bettzimmer, Schlafplatz 11-16 € mit Frühstück.

Camping

- In **Val di Ranco** am Monte Cucco werden angeblich beim wilden Zelten beide Augen zugedrückt.

Essen und Trinken

- Ordentlilche umbrische Traditionsküche ohne Schnickschnack gibt es in Val di Ranco in den **Restaurants der Hotels Monte Cucco***-** und **Capelloni*** (s. o.).

Öffentliche Verkehrsmittel

- **Bus und Bahn.** Busverbindung vom Bahnhof *Fossato di Vico* nach *Scheggia* über *Sigillo-Costacciaro.* Fossato di Vico ist Eurostarhalt auf der Linie *Ancona-Rom;* vom Bahnhof verkehren auch öfters Busse nach *Gubbio.*

Taxi

- In **Sigillo,** Tel. 0 75/ 9 17 72 42

Wanderung

☆Am Monte Cucco

Rund um den Monte Cucco verlaufen mehrere markierte Wanderwege. Der hier beschriebene kurze Weg führt mit weiten Ausblicken ganz hinauf auf den kahlen Bergrücken. Er folgt in der ersten Hälfte ein Stück weit einem exponiert hoch am Hang verlaufenden Pfad. Wer unter ausgeprägter Höhenangst leidet, sollte auf die Wanderung verzichten. Wirklich gefährlich ist die Tour jedoch nirgendwo.

- **Dauer/Schwierigkeit:** etwa 2 Stunden, 350 Höhenmeter Anstiege
- **Anfahrt:** Von Sigillo die in die Berge führende Stichstraße Richtung Monte Cucco/Val di Ranco nehmen (schlechte Beschilderung). Bei der Verzweigung nach 9 km ab Sigillo nicht rechts nach Val di Ranco abbiegen, sondern geradeaus weiterfahren. Nach 2 km endet der Asphalt am Südfuß des Monte Cucco (Parkplatz).
- **Wegverlauf:** Vom Parkplatz geht man geradeaus über die Wiese auf den Monte Cucco zu, dann wird schräg nach rechts der gut erkennbare Weg eingeschlagen, der um die Südostflanke des Berges herum mäßig ansteigt (Weg Nr. 2, vereinzelt Markierungen). Der Panoramaweg verengt sich nach 20 Gehminuten zu einem Pfad; nach einem Waldstück folgt ein exponiertes Wegstück hoch am Osthang. Schließlich wird in 1390 m Höhe eine Höhle im Fels erreicht (40 Min.), der Eingang zur Unterwelt im Bauch des Monte Cucco. Aus dem dunklen Schlund der **Grotta di Monte Cucco** steigt ein kalter Lufthauch empor.

Vom durch ein Eisengitter abgesperrten Höhleneingang nach links passiert man ein niedriges Felstor, danach steigt man auf einem gut markiertem Pfad steil den grasigen Hang hinauf. Nach etwa 10 Minuten schweißtreibenden Anstiegs am Steilhang verzweigt sich der Pfad. Wir verlassen Weg 2 und folgen dem markierten Weg 14 nach links südwestlich die Kammlinie hinauf. Über einen flachen Vorgipfel hinweg wird der durch ein Steinmännchen markierte **Gipfel** (1566 m) **des Monte Cucco** erreicht (1 Std. 15 Min.). Vom Gipfel steigen wir durch offenes Gelände weglos südwestlich zu einem großes Eisenkreuz (1435 m) am Rande der Höhe ab (1 Std. 35 Min.); schönser Blick auf die Dächer des kompakte alten Ortes *Costacciaro* in der Ebene der Via Flaminia. Vom Kreuz folgen wir nach links dem gut ausgeprägten Pfad abwärts, ganz um die Südflanke des Monte Cucco herum bis zum Hinweg, der uns in 10 Minuten zurück zum Ausgangspunkt bringt (2 Std.).

Gualdo Tadino

Von *Sigillo* nach Süden verläuft die breite N 3 weiter parallel zum hier etwa 1400 m ansteigenden Haupkamm des Apennin, dessen klare Konturen den Horizont nach Osten begrenzt. Die Auffahrt nach **Fossato di Vico,** das von einer Bergflanke weit in die Ebene nach Westen blickt, lohnt allenfalls wegen des Panoramas. Das Dorf selbst wirkt wie ausgestorben und nur von Ferne noch mittelalterlich intakt. Durch das sich weitende Hochtal mit viel neuer Bebauung wird *Gualdo Tadino* erreicht.

Der alte Ort liegt auf einem Höhenrücken über einer weiten Talaue, wo in den letzten Jahrzehnten der Zement aus den Fabriken von Gubbio großzügig verbaut wurde. Zwischen der weitflächigen modernen Bebauung ist auf den ersten Blick der alte, herzförmig auf einem Bergrücken angelegte Stadtkern nur schwer zu erkennen. Nach Osten grenzt die Stadt unmittelbar an einsames, unberührtes Bergland. Bekannt ist Gualdo Tadino vor allem wegen seiner **Keramikproduktion,** die bis auf das Mittelalter zurückgeht. Heute gibt es über sechzig traditionelle Handwerksbetriebe und Kleinfabriken, in denen von einfachen Fliesen bis zu kunstvoll bemalten Wandtellern alles hergestellt wird.

Geschichte

Das römische **Tadinum** lag in der Ebene unterhalb der heutigen Stadt, wo die *Via Flamina* verlief. Die antike Fernstraße verschaffte dem Ort immer wieder unliebsame Begegnungen mit durchziehenden Heeren. 552 fand in der Nähe die entscheidene Schlacht zwischen Byzantinern und Ostgoten statt, wobei der Gotenkönig Totila ums Leben kam und Tadinum schwer beschädigt wurde. 996 machten die vorbeiziehenden Truppen Kaiser Ottos III. die Stadt dem Erboden gleich. **1180** wurde Tadino um die Benediktinerabtei am Bach Fleo **neu errichtet.** Zeitweise freie Kommune schloss sich Gualdo Tadino an das mächtige Perugia an, um sich gegen die verfeindeten

Nachbarn Nocera und Fossato zu schützen. **1237** wurde die Stadt bei einem **Brand** aufs neue zerstört, angeblich durch die Brandstiftung einer Frau aus dem feindlichen Nocera. Noch im gleichen Jahr begann man mit dem dritten Wiederaufbau der Stadt, diesmal unter dem Schutz des Stauferkaisers Friedrich II., der auch die Festung Flea ausbauen ließ. Nach seinem Tod lösten sich der Stadtstaat Perugia, Kardinal Albornoz und diverse Signori in der Herrschaft ab, ehe ab 1513 der Kirchenstaat endgültig sein jahrhundertelanges Regiment antrat. Um **1700** zerstörte ein **Erdbeben** große Teile der mittelalterlichen Stadtstruktur.

Besichtigung

Den Mittelpunkt des Städtchens bildet die kleine *Piazza Martiri della Libertà* mit dem **Dom San Benedetto.** Infolge von Erdbebenschäden ist vom romanischen Ursprungsbau des Jahres 1256 im wesentlichen die Hauptfassade mit reich verziertem Portal und schöner Fensterrose erhalten geblieben. Der Innenraum wurde Ende des 19. Jhs. grundlegend umgestaltet. Ältere Ausstattungsstücke sind der Hauptaltar (14. Jh.) und das Renaissancetaufbecken.

An der Piazza dem Dom gegenüberliegend erhebt sich **San Francesco,** eine schlichte gotische Kirche des 13. Jhs. Bei Restaurierungen wurden hier zahlreiche Fresken freigelegt.

In östlicher Verlängerung der Piazza Martiri della Libertà beginnt der Treppenweg *Via della Rocca,* der hinauf zur **Rocca Flea** führt. Das trutzige alte Gemäuer vor dem Hintergrund kahler Berge kontrastiert eigenartig mit der modernen Architektur der Reihenhäuser drumherum. Die Wehrburg der deutschen Kaiser wurde 1242 durch Friedrich II. ausgebaut. Nach einer grundlegenden Restaurierung zeigt sie sich heute als ein Musterbeispiel mittelalterlicher Militärarchitektur. Die Burganlage beherbergt seit kurzem auch die städtische Pinakothek, die u. a. diversen Werken des aus Gualdo Tadino stammenden Renaissancemalers **Matteo da Gualdo** (1435–1503) zeigt.

Information

- **Gualdo.** 13 900 Ew., 536 m, PLZ 06 023, 53 km östlich Perugia, 34 km nördlich Foligno.
- **Tourist-Info.** *Pro Loco Protadino,* Via Calai 39, Tel. 0 75 91 21 72.

Im Umland von Gualdo Tadino

Unterkunft

- **Bottaio****/€. Via Casimiri 17, Tel. 0 75 91 32 30, einfach und zentral, Zimmer z. T. ohne eigenes Bad.
- **Verde Soggiorno****/€. Via Don Bosco 50, Tel. 0 75 91 62 63, Fax 0 75 9 14 29 51, E-mail: sdbgualdo@pcn.net, Zimmer z. T. ohne eigenes Bad.

Camping

- **Camping Valsorda*.** Einfacher, schön gelegener Platz in 1000 m Höhe im Hochtal von Valsorda. Tel. 0 75 91 32 61, geöffnet 1.6.–30.9.

Essen und Trinken

- Kulinarisch ist Gualdo Tadino tiefe Provinz. Traditionell-einfache, preiswerte Küche gibt es im Restaurant des Hotels **Bottaio*.**

Verkehrsverbindung

- **Bahn.** Bahnhof etwa 2 km westlich des Stadtzentrums; die Stadtbusse A, B sowie die Busse Richtung Cerqueto fahren hierher; Interregiohalt auf der Linie *Ancona-Foligno-Spoleto-Rom.*
- **Bus.** Busse nach *Perugia* (6x werktags), *Gubbio* (8x werktags, 2x sonn- und feiertags), *Nocera Umbra* (5x werktags, 3x weiter bis Foligno).

Feste und Veranstaltungen

- In der letzten Septemberwoche finden die farbigen **Giochi delle Porte** statt, mit Eselsrennen, Wettstreit im Bogen- und Zwillenschießen, historischen Umzügen in Kostümen des 14. und 15. Jhs. Höhepunkt ist die symbolische Verbrennung der Frau Bastola, der mittelalterlichen Brandstifterin aus Nocera.
- Der **Palio dei Balestieri,** der Wettstreit der Fahnhnschwinger, findet am erster Sonntag im Mai statt.

Sport

- **Wandern.** Eine lohnende Wanderung führt von Gualdo Tadino in Richtung Osten durch das felsige Engtal *Gola della Rochetta* auf den Apennin mit dem *Monte Penna* (1432 m).
- **Freiklettern.** Kletterfelsen in der *Gola della Rochetta* östlich der Stadt.

Ausflüge

☆Apennino Gualdese und Hochebene der Valsorda

Das **Apennino Gualdese** im Rücken der Stadt ist ideal für Ausflüge und Wanderungen in unberührter und wunderschöner Natur. Auf den Hügeln wachsen Sommereichen, Steinbuchen, Weißdornbüsche, Wildkirschen und Kornelkirschen. Etwas höher in den Berggebieten blühen in den Buchen- und Eichenwäldern Wildorchideen, Anemonen, Glockenblumen, Primeln und Pfingstrosen, auf den Bergalmen Narzissen, Hahnenfuß, Lilien und Enziane. Auch Begegnungen mit Füchsen, Wildschweinen, Eichhörnchen und Hasen sind hier keine Seltenheit.

Traumhaft ist auch die **Hochebene der Valsorda** nordöstlich der Stadt, auf die von Gualdo Tadino aus eine asphaltierte Stichstraße hochführt. Eine Schotterstraße verläuft noch ein Stück weiter zum Wallfahrtskirchlein **Chiesa di Serra Santa** am Fuße des *Monte Serra Santa* (1423 m), wohin sich viele Eremiten und Heilige zur Meditation zurückzogen. Die Franziskanerkirche wurde 1629 im barocken Stil umgebaut.

Nocera Umbra

Nocera Umbra liegt abseits der gängigen Touristenrouten, und mit herausragenden Sehenswürdigkeiten oder Kunstschätzen kann es auch nicht aufwarten. Sehr schön ist jedoch das Ortsbild, das vor allem von Westen her betrachtet ausgesprochen pittoresk wirkt: die erdfarbenen alten Steinhäuser stehen dicht gedrängt auf einem langgestreckten Höhenrücken über dem Tal des Flüsschens *Topino*. Ganz oben erheben sich vor dem Hintergrund der kahlen Berge des Apennin die Türme des Doms und der Festung.

Von Ferne betrachtet erscheint das malerische Bild Noceras noch weitgehend intakt. Ein Blick durch das mittelalterliche Haupttor *Porta Vecchia* zeigt jedoch im *centro storico* eine von schweren **Erdbebenschäden** gezeichnete, tote Stadt. Aufwendige Stützkonstruktionen verhindern an einigen Stellen den Einsturz ganzer Häuserzeilen. Die enge verwinkelte Altstadt war schon seit längerem von Abwanderung betroffen, als im September 1997 heftige Erdstöße die verbliebenen Bewohner in Panik aus der Stadt flüchten ließen. Auch 2002 herrschte noch gespenstische Leere im historischen Zentrum, das man bis 18 Uhr verlassen haben musste, da dann die Zugangstore verriegelt wurden. Von einer Besichtigung sollte man ohnehin bis auf weiteres Abstand nehmen, denn auf Katastrophentourismus legen die aus ihren Häusern vertriebenen ehemaligen Bewohner keinen Wert. Viele von ihnen müssen nach wie vor in engen **Containersiedlungen** am Stadtrand wohnen. Ob sie jemals in ihre alten Wohnungen zurückkehren können, steht in den Sternen, denn die Stadtrestaurierung wurde bisher kaum in Angriff genommen. Hinter den Kulissen wird darum gestritten, ob der sehr teure Wiederaufbau des historischen Kerns von Nocera Umbra überhaupt Sinn macht, wo doch schon vor dem Erdbeben viele Häuser leer standen, weil die viele Bewohner lieber in den Neubauten am Stadtrand wohnen wollten. Damit hat die **Katastrophe von 1997** hier ein grundsätzliches urbanes Problem Mittelitaliens mit aller Schärfe deutlich gemacht – das der zukünftigen Bedeutung, Bewahrung und Nutzung der zahllosen historisch gewachsenen, malerischen Orte Mittelitaliens, die durch kontinuierliche Entvölkerung dem langsamen Verfall preisgegeben sind.

Geschichte

Unter den Römern war Nocera Umbra eine wichtige **Handelsstation an der Via Flaminia** beim Abzweig einer Nebenroute zur Adria. Im Mittelalter stand es zunächst unter der Herrschaft des Herzöge von Spoleto, konnte sich dann kurz **als freie Kommune** etablieren. Trotz seiner festungsartigen Stadtanlage musste es sich 1202 dem guelfischen Perugia beugen. In den folgenden Jahrhunderten blieb Nocera ein unbedeutendes Provinzstädtchen.

Ein gewisser Aufschwung kam im 17. Jh. mit der Entdeckung der therapeutischen Wirkung zweier Quellen in der Nähe. Noceras heilende Wasser wurden schnell in ganz Italien bekannt. Im **18. Jh.** entstand der wohlhabende Kurort **Bagni di Nocera.** Der Vertrieb von Mineralwasser ist heute eine wichtige Erwerbsquelle. Auch die Tonerde Noceras, die dem Wasser seine heilenden Eigenschaften verleiht, wird als

Arznei vermarktet. Die Terra medicinale di Nocera lässt angeblich Wunden verheilen, verhindert Narbenbildung, entzieht Eiter, reinigt das Blut und die Organe und gilt als optimales Mittel gegen Magen- und Darmbeschwerden.

Besichtigung

Als Sehenswürdigkeiten von Nocera Umbra sind San Francesco und der Dom zu nennen. Beide liegen im oberen Teil der Altstadt und sind wegen der Erdbebenfolgen bis auf weiteres nicht zu besichtigen.

San Francesco (15. Jh.) an der Piazza Caprera dient heute nicht mehr als Kirche, sondern beherbergt die städtische Gemäldesammlung mit einigen mittelmäßigen Kunstwerken. Als bestes Ausstellungsstück gilt der Flügelaltar von *Nicolo di Liberatore,* genannt *Alunno,* mit der „Geburt Christi" und der „Krönung Mariens" von 1483. Zur ursprünglichen Ausstattung der Kirche gehören die Fresken aus der Schule Matteo da Gualdos, die nach der Entfernung des Wandverputzes, der 1656 nach einer Pestepedemie aufgetragen wurde, ans Tageslicht kamen. Erheblich älter (um 1290) ist im Hauptchor das gemalte Kruzifix mit dem hl. Franziskus.

Der **Dom Santa Maria Assunta** geht auf eine romanische Kirche des 11. Jhs. zurück, von der nur das linke Seitenportal erhalten blieb. Nach der Zerstörung durch die Truppen Friedrichs II. Mitte des 13. Jhs., wurde sie erst 1448 neu errichtet. Die Seitenkapellen und der Innenausbau im Barockstil wurden im 18. Jh. geschaffen. Vom Platz hinter dem Dom bietet sich ein schöner Ausblick über das grüne Tal des Topino.

Information

- **Nocera.** 6160 Ew., davon etwa 1500 im Zentrum (vor dem Erdbeben), 520 m ü. NN, PLZ 06 025, 20 km nördlich Foligno.
- **Tourist-Info.** Infobüro im Rathaus (Municipio), Via San Rinaldo 9, Tel. 07 42 81 20 41, bis auf weiteres geschlossen.

Unterkunft

Hotels

- Die **Hotels Europa***** (Largo Bisleri 9, Tel. 07 42 81 88 74, Fax 07 42 81 21 67), **Flaminio**** (Piazza Medaglie d'Oro 1, Tel. u. Fax 07 42 81 88 83), beide am Altstadtrand gelegen, waren 2002 noch geschlossen.
- Das gleiche gilt für die außerhalb gelegenen Unterkünfte **Casa Soggiorno**** im Termalort *Bagni-Stravignano* (Tel. 07 42 81 32 66, Fax 07 42 81 32 70), ein funktionelles Kurhotel mit 164 Zimmern, Tanzsaal, Pinienpark, Sportanlagen, sowie das freundlich-familiäre **Pennino*** in *Bagnara,* 7 km östlich von Nocera Umbra (Tel. 07 42 81 38 58).

Agriturismo

- **La Costa**€-€€. Località Costa 5, Tel. 07 42 81 00 42, 6 km nördlich Nocera, altes Natursteinhaus im malerisch gelegenen Dörfchen Costa, östlich oberhalb der Via Flaminia (N 3), acht im Landhausstil eingerichtete Doppelzimmer, biologische Landwirtschaft, Verkauf biologischer Produkte, Reitstall, Trüffel- und Pilzsuche möglich, mit gutem Restaurant.

Nocera Umbra vor den Bergen des Apennin

- **La Lupa**€€. Località Colpertana, Tel. 07 42 81 35 39, Fax 07 42 81 36 79, lupadiroma@libero.it, kleiner Familienbetrieb in abgelegenem Landhaus in 700 m Höhe, 7 gepflegte Zimmer, über die Via Flaminia Richtung Gualdo Tadino, Abzweig nach links, zuletzt 10 km gute Erdstraße.
- **Le Francesche**€. Località Poggio Parrano, Tel. 07 42 81 03 27, Fax 07 42 81 00 09, große restaurierte Landvilla, ansprechende, einfach möblierte Zimmer, Schwimmbad, 5 km nördlich Nocera, Anfahrt über die Via Flaminia, 4 km nach einer Kirche rechts abbiegen.

Ferienwohnungen

- **Villa della Cupa**€-€€. Via di Colle di Nocera Umbra 141, 0 60 20 Gaifana, Località Colle di Nocera, Tel. 07 42 81 03 29, Fax 07 42 81 06 66, E-mail: villadellacupa@libero.it, restauriertes Landgut am Westhang der Apenninberge auf halbem Wege zwischen Nocera Umbra und Gualdo Tadino, Zweibettzimmer, z. T. mit Kochnische sowie 2 Ferienwohnungen für 5–6 Personen zu 85 €, Halbpension 40 €, integriert in ein von der Universität Perugia betreutes Landwirtschaftsprojekt mit Anbau von Olivenöl, Gemüse, Kräutern, Medizinpflanzen und Aufzucht von Wildschweinen und Rehwild; angeschlossen sind neben den Ferienwohnungen das Restaurant *Cantina della Villa.*
- **Le Serre di Parrano.** Località Serre di Parrano, Appartements für 2, 3 und 4 Personen, Preise abhängig von Größe, Ausstattung und vor allem Saison, pro Woche 240–700 € (Zweibettappartement), 340–985 € (Mehrbettappartement), geräumige, helle, stilvoll mit altem Mobiliar eingerichtete Ferienwohnungen, eigener Eingang, Kamin, Swimmingpool; frühzeitig buchen bei *Birgit Pilar* in Perugia, Tel. 07 55 05 46 68, Fax 07 55 00 45 37, E-mail: bpilar@boxl.tin.it.

Camping

- **Pian delle Stelle***. Località Monte Alago, Tel. 07 42 81 82 41, 5 km nordöstlich in knapp 1000 m Höhe in den Apenninbergen, (2002 wegen Umbaus geschlossen).
- Kleiner Zeltplatz auch beim Landgut **Villa della Cupa** (s. o. unter Ferienwohnungen).

Essen und Trinken

- Außerhalb, in Bagnara, im **Ristorante Pennino**** des gleichnamigen Albergo (s. o.) ausgezeichnete ländliche Küche, in der Saison relativ preiswerte Trüffelgerichte, Mi Ruhetag. Via Fano, Tel. 07 42 81 23 27.
- Preiswert und gut auch das Ristorante des **Agriturismo La Costa**** (s. o.), traditionelle Küche unter Verwendung der selbst angebauten Bioprodukte oder in der Umgebung gesammelter Pilze und Wildgemüse, rustikale und gemütliche Atmosphäre, ausgezeichnet z. B. *Coniglio in Porchetta* (Kaninchen mit wildem Fenchel) oder *Gnocchi all'Ortica con asparagi selvatica* (Brennesselgnocchi mit Wildspargel), kein Ruhetag.
- **Cantina della Villa**.** Bei der Ferienanlage Villa della Cupa im Weiler Colle di Nocera (s. o.), gute Landküche mit den im zugehörigen Landwirtschaft erzeugten Grundprodukten, Tel. 07 42 81 06 66, Mi Ruhetag.

Öffentliche Verkehrsmittel

- **Bahn.** Bahnhof in *Nocera Scalo* im Tal 2,5 km westlich außerhalb, Busverbindung zum Zentrum; 8x täglich Züge nach *Foligno,* darunter 5 Interregio die über *Spoleto* weiter nach *Rom* fahren, sowie 8x nach *Ancona* über *Fabriano/Jesi.*
- **Bus.** Abfahrt der Busse bei der Piazza Medaglie d'Oro, werktags je 5x nach Foligno und Gualdo Tadino.

Einkaufen

- **Olivenöl.** Zwischen dem 25.11. und 6.1. kann man in der Umgebung zwei Ölmühlen besichtigen und das neue Olivenöl kosten (täglich von 6–24 Uhr): *Frantoi Tradizionale Oleario di Nati Emilio,* Via della Stazione, und *Oleoficio Albrigi Italiani Gabriella* im Dorf Gaifana 6 km nördlich Nocera Umbra (Tel. 07 42 81 02 95).
- **Kosmetika.** In den Apotheken findet man verschiedenen Produkte (Masken, Zahnpasta, Seifen, etc.) der Marke *Sania Angelica,* die aus der Heilerde Noceras hergestellt wird.

Feste und Veranstaltungen

- Am ersten Donnerstag im August und am darauffolgendem Sonntag feiert auch Nocera Umbra einen Wettkampf der Stadtviertel in historischen Kostümen, den **Palio dei Quartieri.**
- **Festa delle Acque** (Wasserfest), 10. bis 20. August, Konzerte und Theateraufführungen im Zentrum Nocera Umbras, um den 15. August großer Flohmarkt.
- **Cavalcata di Satriano.** Zwölf Ritter begleiteten den schon kranken San Francesco von der Einsiedelei Satriano nach Assisi, wo der Heilige zu sterben wünschte. Am ersten Sonntag im September treffen sich in Nocera Reiter in mittelalterlichen Kostümen um mit einem gemeinsamen Ritt nach Assisi an die letzte Reise des Heiligen zu gedenken.

Ausflug

☆Umland von Nocera

Die Landschaft in der Umgebung von Nocera wird dominiert von grünen Hügelwellen und kahlen Bergkuppen. Nach Osten begrenzt den Horizont der Hauptkamm des Apennin, der hier meist nur wenig mehr als 1000 Meter hoch ist. Die vielen kleinen Bauerndörfer in den Tälern wirken abgeschieden und verschlafen. Apfelbäume, Haselnuss- und Kornelkirschsträucher, Ebereschen und Dornbüsche begrenzen die bescheidenen Felder. Das über Jahrhunderte vorherrschende System der *Mezzadria* (Halbpacht) hat das Land in einen Fleckenteppich aus Äckern, Wiesen und Olivengärten verwandelt. Zahlreiche Ruinen mittelalterlichen Burgen verstecken sich im Hinterland.

Noch recht gut erhalten ist die **Rocca di Postignano** westlich Nocera Scalo, ebenso die Festung von **Salmaregia,** 20 km nordöstlich Nocera Umbra an der Grenze zu den Marken gelegen. Letztere ist auch wegen der schönen landschaftlichen Umgebung einen Ausflug wert. Über die dunkle Waldlandschaft am **Passo del Termine** (865 m) gelangt man in ein abseitiges Tal östlich des Apenninhauptkamms. Kleine Dörfer und Bauerngehöfte zwischen Pappelwiesen, Viehweiden und Waldflecken vermitteln ein Bild ländlicher Idylle.

Von Nocera Umbra über Colfiorito nach Foligno

Über die im Topinotal verlaufende gut ausgebaute N 3 gelangt man von Nocera Umbra zügig ins 20 km entfernte Foligno. Landschaftlich schöner ist die längere Route über Bagni di Nocera und die Hochebene von Colfiorito.

Der Kurort **Bagni di Nocera** ist in ganz Umbrien für sein gesundes Mineralwasser bekannt, der Kurbetrieb musste jedoch wegen der schweren Erdbebenschäden von 1997 völlig eingestellt werden. Auch während der Weiterfahrt sind die Folgen des Erdbebens noch überall präsent, und manche Häuser müssen mit aufwändigen Eisengerüsten vor dem Einsturz bewahrt werden. Fast neben jedem Dorf steht noch eine Containersiedlung, und es ist noch lange nicht absehbar, ob und wann die Bewohner in ihre alten Häuser zurückziehen können.

Richtung Osten rückt bald der die Landschaft dominierende *Monte Pennino* (1570 m) ins Blickfeld. Vom Dorf **Colle Croce,** wo sich eine Bar mit Terrasse für eine kurze Rast anbietet, könnte man auf einer steilen Serpentinenstraße bis kurz unterhalb des kahlen Gipfels des Monte Pennino hinauffahren (10 km). Richtung Colfiorito verläuft die Straße bis hinter das etwas verschlafene **Annifo** leicht erhöht über einer sich am Fuße des Monte Pennino ausdehnenden Hochfläche. Die verschiedenfarbigen Rechtecke der Ackerflächen gliedern die Ebene auf. Das Land wird agrarwirtschaftlich intensiv genutzt. Angebaut werden für Italien eher exotische Feldfrüchte wie Platterbsen, Ackerbohnen, Linsen und vor allem eine besondere rötliche Kartoffelsorte, die für die Herstellung der in ganz Italien beliebten Gnocchi bestens geeignet ist. Auch der Schafskäse von Colfiorito genießt einen guten Ruf. Am Wegrand stehen nach der Ernte manchmal Bauern mit kleinen Karren und verkaufen ihre Produkte.

Der **Piano di Colfiorito** ist seit der Eisenzeit besiedelt. Einst befand sich hier das römische Munizipium *Plestia* mit einem der Göttin Cupra geweihten Heiligtum. Auf ihrem Kriegszug gegen Rom zerstörten 217. v. Chr. die Truppen Hannibals auch Plestia. Das Kirchlein **Santa Maria di Plestia,** 3 km östlich Colfiorito unmittelbar an der Grenze zwischen Umbrien und Marken gelegen, wurde um 1000 auf den Fundamenten des römischen Tempels errichtet. Es besitzt noch die bescheidene frühromanische Krypta. **Colfiorito** selber ist eher unattraktiv und durch Erbebenschäden gezeichnet. Der Piano di Colfiorito liegt in einer tektonisch hochaktiven Zone. 1997 lag hier eines der Epizentren der Erdbeben in Umbrien.

Westlich von Colfiorito erstreckt sich links der Nebenstraße Richtung *Forcature* eine Sumpfniederung mit einem ausgedehnten Schilfgürtel. Die **Palude de Colfiorito** ist eine wichtige Naturoase für zahlreiche Vögel, Säugetiere und Fische. Am frühen Abend ist die Luft erfüllt vom Gezwitscher Tausender Singvögel, die im Schilf ihre Nester gebaut haben.

Richtung Foligno schlängelt sich die Straße im Schatten bewaldeter Berge durch eine Talaue. An der Kalksteinpyramide des **Sasso di Pale** (956 m) vorbei gelangt man schließlich an den Rand der *Valle Umbra,* wo man wieder in mediterraner wirkende Gefilde gelangt. An den Hängen wachsen Wein und Olivenbäume. Kurz vor Foligno kann man auf einem kurzen Abstecher nach Osten die Abtei von *Sassovivo* besichtigen.

Unterkunft

- ·**Hotel Plestia in Colfiorito*****/€€, Via Adriatica 256, Foligno-Colfiorito, Tel. 07 42 68 11 41, Fax 07 42 68 11 46, angenehmes neueres Hotel an der Hauptstraße Richtung Camerino, guter Komfort, Zimmer zur Straße hin sind nicht ganz ruhig.

Essen und Trinken

- Das Hotelrestaurant des **Plestina**** bietet gute und preiswerte Traditionsküche, am Wochenende, wenn es auch Holzofenpizza gibt, ist das Restaurant oft übervoll.

Containerdorf für Erdbebenopfer bei Annifo

Valle Umbra und angrenzendes Hügelland

Umbrien ist ein Land der Hügel und der Berge. Die einzige größere Ebene der Region ist die Valle Umbra, das etwa 50 km lange und maximal 10 km breite Tal, das östlich Perugia beginnt und im Bogen bis Spoleto reicht. Im Altertum erstreckten sich hier flache Seen und malariaverseuchtes Sumpfland, heute bildet die Valle Umbra das **ökonomische Herz Umbriens.** Der wirtschaftliche Fortschritt der letzten Jahrzehnte hat die Landschaft grundlegend verändert. Statt weiter Wiesen und Felder prägen Schnellstraßen, Kleinfabriken, Vortortsiedlungen, verstreute Neubauten und die Anlagen der Intensivlandwirtschaft das Landschaftbild. Industrielle Großbauten gibt es zwar nicht, aber dennoch sind die Zivilisationswunden inzwischen so unübersehbar, dass eine Fahrt durch die Ebene ein wenig attraktives Panorama bietet.

Schließt man jedoch die westlich und östlich angrenzenden Hügel- und Bergzonen mit ein, so hat die Valle Umbra dem Reisenden durchaus einiges zu bieten. Sobald man die zersiedelte Talebene verlässt, ändert sich die Landschaft. Eine Etage höher prägt die kleinbäuerliche Landwirtschaft mit ihren Weinbergen und Olivenkulturen immer noch das Bild, auch wenn die meisten Bewohner inzwischen auch hier in den Betrieben und Verwaltungen der Ebene ihr Brot verdienen müssen. Von den ölbaumbestandenen Höhen eröffnen sich immer wieder weite Ausblicke auf malerische Hügelstädte und in der Ferne verschwimmende Bergsilhouetten. Neben den bekannten Orten **Assisi** und **Spoleto** (die in extra Kapiteln behandelt werden) lohnen hier vor allem **Spello, Bevagna, Montefalco** und **Trevi** den Besuch – mittelalterlich geprägte Kleinstädte, in deren Kirchen und Museen sich mancher Kunstschatz verbirgt. Die größte Stadt der Valle Umbra ist das Industrie- und Handelszentrum **Foligno.**

Foligno

Foligno fällt in mancher Hinsicht aus dem Rahmen: Statt einer typischen wehrhaft-kompakten mittelalterlichen Anlage hoch am Hang erscheint die Stadt als eine weit ausgedehnte Flächensiedlung in der Ebene. Ausufernde Neubaugebiete und Fabrikvororte grenzen den eigentlich eher kleinen, engen Stadtkern ein, wo einige historische Gebäude die Bombardierungen des Zweiten Weltkrieges und mehrere Erdbeben überstanden haben. Foligno ist **Eisenbahn- und Straßenverkehrsknotenpunkt,** Standort der **Flugzeugindustrie** und des **Reparaturbetriebes der Staatsbahn.** Die zahlreichen Gewerbeansiedlungen machen Foligno zu einer der wichtigsten Industriestädte Umbriens. Seit geraumer Zeit kämpft man darum, der Bedeutung der Stadt entsprechend neben Perugia und Terni endlich als Hauptstadt einer dritten Provinz Umbriens anerkannt zu werden.

Die meisten Reisenden machen um Foligno einen Bogen - nicht ganz zu Recht, denn das lebhafte Stadtzentrum mit seinen vielen Geschäften ist auf jeden Fall zumindest einen kurzen Besuch wert. Diverse Rennaissance- und Barockpaläste säumen die Straßen der Altstadt. Bei einem Aperitif im Café auf der zentralen Piazza beim romanischen Dom lässt sich gemütlich italienischer Straßenalltag ohne Touristen studieren.

Geschichte

Foligno geht auf ein frühe Gründung der umbrischen Urbevölkerung zurück. Inmitten der damals noch weitgehend versumpften Valle Umbra bot eine leichte Erhöhung festen Grund für die Anlage einer Siedlung. Unter den Römern behielt die Stadt eine gewisse Bedeutung als Verkehrsknotenpunkt. Die alte und neue **Via Flaminia** kamen hier zusammen, abzweigende Nebenrouten führten von Foligno nach Assisi und in die Marken.

Im nicht immer friedlichen **Mittelalter** brauchte die ungeschützt in der Ebene liegende Stadt starke Verbündete. Foligno unterstellte sich bedingungslos den deutschen Kaisern, die Foligno als wichtigen Stützpunkt für ihre Herrschaft südlich der Alpen nutzten. Kaiser *Friedrich I. Barbarossa* hielt mehrfach Hof in Foligno, dem er zur Herrschaft über die Nachbarstädte Bevagna und Montefalco verhalf. Auch *Friedrich II.,* der in Foligno unter der Obhut des ghibellinischen Statthalters Konrad von Urslingen seine frühe Kindheit verbracht hatte, wurde 1240 bei seinem Zug durch Mittelitalien mit offenen Armen empfangen.

Mit dem Machtverlust der deutschen Kaiser wechselte Foligno genauso vorbehaltlos auf die **guelfische Seite. 1310** setzte der Papst die *Signoria der Trinci* als Statthalter ein. Die Trinci, ebenso machtbewusst und grausam wie kunstinteressiert, konnten eine von den weit enfernt residierenden Päpsten unabhängige Herrschaft nach Art eines feudalen Fürstentums etablieren. Sie endete **1439** nach einem blutigen Familienstreit, den der Papst nutzte, um Foligno nun vollständig dem **Kirchenstaat** anzugliedern.

Dank der verkehrsgünstigen Lage in einer fruchtbaren Ebene blieb Foligno vom Mittelalter bis zur Neuzeit eine relativ wohlhabende Stadt. Über die **vorbeiführenden Handelsstraßen** kamen neue Ideen in Landwirtschaft und Technik, die die aktiven und traditionell aufgeschlossenen Bürger Folignos schneller als anderswo aufgriffen. Schon 1254 hatte man den *Topino*-Fluss einfach umgeleitet, um zusätzlichen Platz für neue Handwerksbetriebe (Weber, Gerber, Färber) zu gewinnen. **1472** taten sich die ortsansässigen *Orfini* mit dem Gutenberg-Schüler *Johannes Numeister* zusammen, um das **erste gedruckte Buch Italiens** herauszugeben. Mit einer Auflage von 300 Exemplaren kam Dantes „Göttliche Komödie" auf den Markt.

Im **19. Jh.** holte man die **Eisenbahn** in die Stadt, und die Reparaturwerkstätten der Staatsbahn sind bis heute der wichtigste Arbeitgeber Folignos.

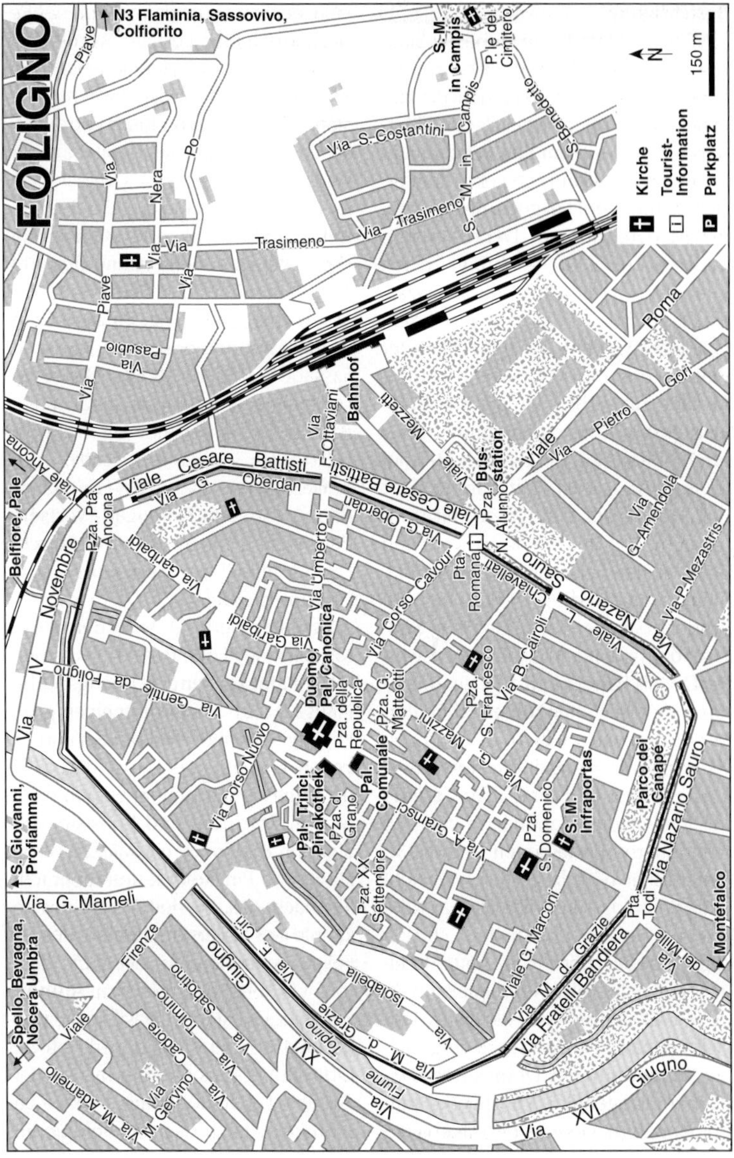
FOLIGNO
N3 Flaminia, Sassovivo, Colfiorito
S. M. in Campis
P. le del Cimitero
Kirche
Tourist-Information
Parkplatz
150 m
Via S. Costantini
Via S. Benedetto
Via S. M. in Campis
Via Trasimeno
Via Piave
Via Nera
Via Po
Via Pasubio
Bahnhof
Via F. Ottaviani
Via Mezzetti
Bus-station
Viale Roma
Via Gori
Via Pietro
Viale Ancona
Belfiore, Pale
Viale Cesare Battisti
Via G. Oberdan
Pza. Pta. Ancona
Via Garibaldi
Via Umberto I
Via Corso Cavour
Pta. Romana
Pza. N. Alunno
Viale Chiavellati
Viale Nazario Sauro
Via G. Amendola
Via P. Mezastris
Via IV Novembre
Via Gentile da Foligno
Duomo, Pal. Canonica
Pza. della Repubblica
Pza. G. Matteotti
Pal. Comunale
Via Mazzini
Pza. S. Francesco
Via B. Cairoli
Via G. Mazzini
Via Corso Nuovo
Pal. Trinci, Pinakothek
Pza. d. Grano
Pza. XX Settembre
Via A. Gramsci
Pza. S. Domenico
S. M. Infraportas
Parco dei Canapè
Via Nazario Sauro
S. Giovanni, Profiamma
Via G. Mameli
Spello, Bevagna, Nocera Umbra
Via Firenze
Via F. Ciri
Via XVI Giugno
Via Isolabella
Viale G. Marconi
Pta. Todi
Via M. d. Grazie
Via Fratelli Bandiera
Via dei Mille
Montefalco
Via Sabotino
Via Tolmino
Via Cadore
Via M. Gervino
Via M. Adamello
Viale
Topino
Via Fiume
Via XVI Giugno

Valle Umbra

Besichtigung

Mittelpunkt und gute Stube der Stadt ist die *Piazza della Reppublica.* Hauptbauwerk der uneinheitlichen Platzarchitektur zwischen Mittelalter und Klassizismus ist der **Dom San Feliciano.** Er ist dem hl. Felicianus geweiht, dem ersten Stadtbischof Folignos, der im 3. Jh. den Märtyrertod starb. Der rosa-weiße Baustein der Kirche bringt einen freundlich-warmen Ton auf die Piazza. Eine Inschrift an der platzabgewandten Ostfassade nennt 1113 als Jahr der Bauvollendung. Die **östliche Hauptfassade** mit großer, von den vier Evangelistensymbolen eingerahmter Rose, erfuhr 1904 eine umfassende Restaurierung. Aus dieser Zeit stammt auch das Mosaik auf Goldgrund mit thronendem Christus, flankiert von den Stadtheiligen Feliciano und Messalina. Interessanter ist die zum Platz hin weisende, weitgehend ursprüngliche **Südfassade** mit einer Vielzahl sehenswerter Details. Über dem fein gearbeiteten, 5-fach gestuften romanischen Portal lockern eine von drachenartigen Wesen flankierte größere Rose, zwei kleine Rosen und eine Zwerggalerie mit Säulen die Wandfläche auf. Auf dem inneren Portalbogen sind die 12 Tierkreiszeichen dargestellt, vielleicht Indiz dafür, dass im Mittelalter astrologisches Denken neben dem christlichen Glauben noch Platz hatte. In einem Relief am linken Portalpfeiler wurde Kaiser Barbarossa verewigt. Der vielfach, zuletzt klassizistisch umgestaltete **Innenraum** des Domes weist keine herausragenden Kunstwerke auf. Zu nennen ist allenfalls der Altarbaldachin, der in bewusster Imitation des Petersdoms in Rom gestaltet wurde. Teile der Krypta, die von einer lebensgroßen Statue San Felicianos bewacht wird, stammen noch von einem vorromanischen Ursprungsbau (Kapitelle) oder sind antike Spolien.

An die Südfassade angebaut ist der mittelalterlich wirkende, stark restaurierte **Palazzo della Canonica** (14. Jh.). Gegenüber der Südfassade des Doms erheben sich der **Palazzo Communale** mit pompöser klassizistischer Fassade aus dem 19. Jh. Daran anschließend säumen der Renaissance-*Palazzo Orfini*, der mittelalterliche *Palazzo del Comune Vecchio* und schließlich der *Palazzo del Podestà* aus dem 13. Jh. den Platz. Die Westseite der Piazza schließt die klassizistische Fassade des *Palazzo del Governatore Apostolico* ab.

Dahinter verbirgt sich der große Komplex des Ende des 14. Jhs. errichteten **Palazzo Trinci** (Durchgang bei Haus Nr. 25). Man tritt in einen großzügigen Innenhof mit Loggien und Arkaden. Er zeugt ebenso wie die prächtig ausgeschmückten Innenräume von Macht, Reichtum und Kunstsinn der Signoria der Trinci. Im Palazzo ist die städtische Pinakothek untergebracht. Sie macht u. a. mit dem Werke des bekanntesten Malers der Region, des aus Foligno stammenden *Nicolo di Liberatore* (1430–1502), genannt **Alunno,** bekannt. Die kleine Palastkapelle wurde 1424 von der Künstlerwerkstatt des *Ottavio Nelli* aus Gubbio mit Szenen aus dem Leben der Jungfrau Maria geschmückt. Auch das Archäologiemu-

seum von Foligno ist in den Räumen des Palazzo Trinci untergebracht, der nach grundlegender Restaurierung seit 2002 Besuchern wieder offen steht (geöffnet 10–19 Uhr, Mo sowie 1.5./25.12. geschlossen, 5 € Eintritt).

Hinter abweisenden Fassaden verbergen sich in der gesamten Innenstadt zahlreiche weitere Renaissance- und Barockpalazzi. An der vom Domplatz wegführenden *Via Gramsci* steht z. B. gleich anfangs der **Palazzo Nuti-Deli,** ein Bau des 16. Jhs. mit integriertem mittelalterlichen Geschlechterturm. Die vielen Palazzi und die regelmäßgien Straßenverläufe belegen den relativen Wohlstand Folignos auch in den Jahrhunderten der Herrschaft des Kirchenstaates. Anders als sonst in

Der Dom San Feliciano

Umbrien war man hier in der Lage, die mittelalterlich verwinkelte Innenstadt nach den neuen Vorstellungen der Renaissance umzugestalten.

Die Via Gramsci führt an den düsteren Fronten der Palazzi entlang weiter zur *Piazza San Domenica* mit der Kirche **Santa Maria Infraportas.** Der aus dem 11./12. Jh. stammende Bau hat sich weitgehend ursprünglich romanisch erhalten. Durch eine von römischen Säulen getragenen Vorhalle gelangt man in den dreischiffigen Innenraum, der mit Fresken des 12.–16. Jhs. ausgeschmückt ist. Die ältesten Malereien sind in der *Capella dell'Assunta* im linken Seitenschiff zu sehen, u. a. „Madonna mit Kind" und „Christus zwischen Petrus und Paulus" aus dem 12. Jh., noch ganz in streng byzantinischer Darstellungsweise.

Die **Abbazia Santa Maria in Campis** (Friedhofskirche) ist zwar im 19. Jh. nach Erdbeben erneuert worden, von der Ursprungkirche sind aber noch einige Fresken des 15. Jhs. erhalten, besonders gut im Gewölbe über dem linken Altar; an der rechten Wand befindet sich eine „Kreuzigung" von *Mezzastris.*

Sehenswertes in der Umgebung

☆Abbazia di Sassovivo

Etwa 7 km östlich von Foligno liegt in der grünen Waldlandschaft der Apenninausläufer die Abbazia di Sassovivo. Das Kloster ist von Foligno über eine Stichstraße zu erreichen, die am Stadtrand von der N 77 Richtung Colfiorito, Macerata, Norcia abzweigt (ein Wanderweg nach Sassovivo ist beschrieben).

Das im 10 Jh. gegründete **Benediktinerkloster** entwickelte sich schnell zu einem der wichtigsten kirchlichen Machtzentren der Region. Um einen kirchlicher Gegenpol zur Bügerherrschaft in Folgino zu schaffen, gewährten die Päpste den Mönchen Schutz und Privilegien. Insbesondere die völlige Abgabenfreiheit auf dem Klosterland zog wohlhabende Bürger und Aristokraten an, die sich in die Ländereien einkauften. Die Aufnahme reicher Steuerflüchtlinge war wohl auch schon im Mittelalter ein gutes Geschäft – die Steueroase Sassovivo besaß im 13. Jh. große Ländereien und 41 Kirchen. Mit der italienischen Einigung 1860 mussten die Mönchen das Kloster verlassen.

Der schönste Bau der Anlage ist sicherlich der um 1230 erbaute **romanische Kreuzgang.** Zierliche, z. T. in sich gedrehte Doppelsäulen tragen 58 Bögen über denen ein Fries mit Cosmatenarbeiten verläuft. Die Klosterkirche, die nach einem schweren Erdbeben eingestürzt war, wurde 1851 geschickt im Ursprungstil rekonstruiert. Auch beim Erdbeben von 1997 wurde die Anlage schwer in Mitleidenschaft gezogen und drohte sogar einzustürzen. Inzwischen kann es wieder besichtigt werden, obwohl noch nicht alle Schäden beseitigt sind.

Kurz oberhalb des Klosters am Ende der Asphaltstraße steht bei einer Quelle die **Cripta del Beato Alano,** einziger Rest eines älteren Klosterbaus des 11. Jhs. Beim Gebäude beginnt nach rechts ein ebener Weg. Er führt durch den schönen Steineichenwald von Sassovivo zu einem **Aussichtspunkt.**

☆San Giovanni Profiamma

Für Liebhaber romanischer Kirchen lohnt auch der Besuch von San Giovanni Profiamma, 4 km nördlich Foligno nahe der N 3 gelegen. Der bescheidene Bau zeigt reines Mittelalter. Die schmale Fassade mit fein gearbeiteter Fensterrose und reliefgeschmücktem Stufenportal, der dunkle dreischiffige Innenraum mit Altarbaldachin *(Ziborium)* und die gedrungene Krypta, die von römischen und frühromanischen Säulen getragen wird, schaffen einen würdevollen wie schlichten Gesamteindruck.

☆Pale und Eremo di Santa Maria Giacobbe

Schöne Natur findet man einige Kilometer nordöstlich von Foligno im Tal des Menotre östlich von Belfiore. Unterhalb der felsigen Kalksteinpyramide des *Sasso die Pale* (956 m) fällt der kleine Fluss über eine 200 m hohe Geländestufe zu Tal und bildet dabei drei hübsche kleine Wasserfälle.

Schon im 14. Jh. nutzten die Bewohner des Dorfes **Pale** die Wasserkraft des Menotre zum Betrieb von Tuchwalkereien und Papiermühlen. Zu dieser Zeit ließen auch die Äbte von Sassovivo zur Sicherung der vorbeiführenden Fernstraße die Festung errichten, deren Mauern bis heute das Dorf umfassen. Die schmalen Gassen im Innern des Mauerrings wirken heute wie ausgestorben, denn das Erdbeben von 1997 richtete hier schwerste Schäden an. Viele Häuser im Ortszentrum mussten von den Bewohnern wegen Einsturzgefahr verlassen werden.

Versteckt in den Felsen hoch über dem Dorf liegt die Einsiedelei **Eremo di Santa Maria Giacobbe.** Nur über einen zuletzt steilen Fußweg sind die mit den Kalkwänden verwachsenen Klostergebäude zu errreichen. Bevor man aufbricht, muss man sich den Schlüssel der Einsiedelei abholen. Am besten spricht man einen der Bewohner an, meist sitzt immer irgendwer an der Bank am Dorfbrunnen. Falls nicht sollte man es bei der Familie *Laureti,* Via Belfiore 14, versuchen. Man nimmt dann die Via dell'Eremo, die zunächst bergab am Wasser entlangführt. Nach ca. 5 Minuten steigt der Weg steil an und endet bald bei der traumhaft gelgenen Einsiedelei (ca. 15 Minuten von Pale entfernt). In der zweiten Hälfte des 13. Jh. wird Santa Maria Giacobbe erstmalig in Dokumenten erwähnt. Die kleine Kirche mit Tonnengewölbe ist komplett mit Fresken des 14. Jhs. und Votivmalereien geschmückt. Die winzigen gegen den Fels gesetzten Nebengebäude wurden im 17. Jh. angebaut.

Zu der Einsiedelei führt auch eine schöne Wanderroute ab Belfiore. Bei Benutzung des Busses ab Foligno lässt sich die Wanderung bis zur Abtei Sassovivo fortsetzen.

Information

- **Foligno.** 53 000 Ew., 234 m ü. NN, PLZ 06 034, 36 km östlich Perugia.
- **Tourist-Info.** *I.A.T. del Folignate-Nocera Umbra,* Corso Cavour 126, bei der Porta Romana gegenüber vom Busbahnhof, Tel. 07 42 35 44 59, Fax 07 42 34 05 45, E-mail: info@iat.foligno.pg.it.

Unterkunft

- **Villa Roncalli*****/€€-€€€, Viale Roma 25, Tel. 07 42 39 10 91, Fax 07 42 39 10 01, angenehmes kleines Hotel in einer Rennaissancevilla, zehn geräumig-lichte Zimmer, reichhaltiges Frühstück.
- **Italia*****/€€€, Piazza Matteotti 12, Tel. 07 42 35 04 12, Fax 07 42 35 22 58, E-mail: hotel.italia@libero.it, Traditionshotel mit gutem Komfort, ruhige, aber zentrale Lage wenige Schritte vom Domplatz.
- **Belvedere****/€€, Via Flavio Ottaviano 19, Tel. 07 42 35 39 90, Fax 07 42 35 62 43, beim Bahnhof, gut geführt, recht ansprechend modern eingerichtete Zimmer.
- **Bolognese***/€€, Via Istituto Denti 12, Tel. 07 42 35 16 14, Fax 07 42 35 23 50, E-mail: htlbolognese@freemail.it, zentral, in einer ruhigen Seitengasse der Via Cavour, etwas altmodisch, für einfachere Ansprüche, Einzelzimmer z. T. ohne Bad.

Essen und Trinken

- **Osteria del Teatro*****, Via Petrucci 10, Tel. 07 42 35 07 45, vornehm-gediegenes Restaurant im alten Zentrum, nicht weit vom Domplatz. Mi geschlossen.

- **Il Bacco Felice***.** Via Garibaldi 73, Tel. 07 42 34 10 19, eigentlich eher eine Osteria als ein Restaurant, wenige exquisite Gerichte (Wild und Suppen), sehr gute Auswahl an Weinen und leckere Kleinigkeiten dazu, Mo Ruhetag.
- **Le Mura**.** Via Mentana 25, Tel. 07 42 35 46 48, Di Ruhetag, gute traditionelle Küche, preiswert.
- **Ristorante/Pizzeria Marechiaro*-**.** Via Piermarini 58, Tel. 07 42 34 05 51, sehr beliebt; im ruhigen Innenhof speist es sich angenehm unter freiem Himmel. Die Küche ist eher durchschnittlich. Di Ruhetag.
- Zwei **Konditoreien** mit guter Auswahl: *Antica Pasticceria Muzzi,* Via Roma 38 und *Bar Pasticceria Muzzi,* Via Garibaldi 61.

Öffentliche Verkehrsmittel

Bahn

- In Foligno zweigt von der Hauptbahn Ancona–Rom die Nebenlinie nach **Assisi–Perugia–Terontola** ab.
- 5x täglich Eurostar in jeweils gut 1½ Std. über Spoleto nach **Rom** sowie über *Fabriano* nach **Ancona,** 5x täglich mit Interregio direkt nach **Florenz.**
- Recht häufig Lokalzüge nach **Spello–Assisi–Perugia, Spoleto–Terni–Narni,** seltener nach **Gualdo Tadino–Fossato di Vico (Gubbio)–Fabriano.**
- **Bahnhof** mit Gepäckaufbewahrung (7–21 Uhr) und Geldwechsel (Banknoten, Reiseschecks).

Bus

- **Zentraler Busbahnhof** bei der **Porta Romana,** aus dem Bahnhof kommend 150 m nach links. Fahrpläne und Fahrkarten in der Bar neben den Bussteigen; alle Busse verkehren nicht sonn- und feiertags.
- Busgesellschaft **SSIT Spoletina,** Auskunft: 07 42 67 07 46, Internet: www.spoletina.com.
- Verbindungen mit SIT nach **Süden** bis *Bevagna* (8x), *Montefalco* (7x), *Gualdo Cattaneo* (2–4x) sowie *Trevi* (6x).
- Nach **Norden** bis *Nocera Umbra* (5x) und *Gualdo Tadino* (3x).
- Nach **Osten** nach *Pale-Colfiorito* (5x) sowie *Sellano* (8x). Zwei Busse fahren über Sellano hinaus weiter bis *Cascia/Norcia.*
- Nach **Westen** bis *Spello* (10x) und *Assisi* Piazza Matteotti (6x). Nach Perugia und Spoleto ist der Zug schneller.
- Mit *Contram* 2x werktags über *Colfiorito* nach **Camerino** und **Visso** in den Marken.
- Weitere Verbindungen **in die Vororte** Folignos, u. a. *Piazza Matteotti-Upello* (werktags 6x) und *Piazza Matteotti-Bahnhof-Belfiore* (werktags 13x, sonn- und feiertags 6x).

Taxi

- **Taxistand** am Bahnhof (Tel. 07 42 34 42 80) und im Zentrum am Largo Carducci (Tel. 07 42 34 07 90).

Rund ums Auto

- **A.C.I.** Via Oberdan 41, Tel. 07 42 35 06 01.
- **Parken.** Im Zentrum gibte es kaum Parkmöglichkeiten, ausgeschilderte Parkplätze befinden sich am Altstadtrand.

Einkaufen

Markt

- Sa und Di vormittags großer **Kleider- und Lebensmittelmarkt** in der Via N. Sauro.

Spezialitäten

- **Feinkostgeschäft.** Schinken, Käse, Stringozzi-Nudeln, Trüffensaucen, *Antica Salumeria di Bonacci,* Via Umberto I 41.
- **Honigprodukte.** Für Honigliebhaber gibt es bei San Paolo 3 km nordöstlich außerhalb des Zentrums einen Imker, der allerlei Spezialitäten herstellt, wie Trockenfrüchte und Nüsse in Honig, Honigschafskäse, Honiglikör, Nusscreme mit Honig und vieles mehr, *Apicoltura Mattoni, Il Miele,* Via Serena 4, San Paolo di Foligno, Tel. 07 42 34 46 29.

Feste und Veranstaltungen

- Ganz Foligno steht einmal im Jahr kopf. Die **Giostra della Quintana** ist ein 1946 wiederbelebtes Ritterspiel des 17. Jhs, das am zweiten und dritten Septembersonntag stattfindet. Höhepunkt ist ein zweimaliger Wettkampf zwischen den 10 Stadtteilen, bei dem die Reiter im schnellen Gallopp mit langen Lanzen einen von einer Holzpuppe, der Quintana, gehaltenen engen Ring durchstoßen müssen. Am Abend vor dem ersten Wettbewerb bietet die Innenstadt ein äußerst lebendiges und farbiges Bild. Über 600 Bürger in historischen Kleidern des 17. Jhs. bewegen sich in einer langen Prozession durch die Straßen. Da die Giostra della Quintana viele Besucher anzieht, sollte man Hotels und Eintrittskarten rechtzeitig bei der Touristeninformation (s. o.) vorbestellen.

Sonstiges

- **Post.** Via Piermarini.

Wanderung

☆Die Wasserfälle des Menotre und das Kloster von Sassovivo

Eine schöne, nicht allzu anstrengende Wanderung lässt sich im Bergland östlich von Foligno unternehmen. Die Route führt zunächst durch das idyllisch grüne Tal des Menotre mit seinen kleinen Wasserfällen zur Felseinsiedelei Santa Maria Giacobbe am Sasso di Pale. Danach geht es mit längerem Anstieg durch einsame Waldlandschaft zum Kloster Sassovivo.

- **Dauer/Schwierigkeit:** Reine Gehzeit etwa 4 Stunden, insgesamt etwa 700 m Anstieg.
- **An-/Rückfahrt:** Ausgangspunkt ist das Dorf Belfiore 10 km nordöstlich von Foligno, das mit dem etwa stündlich verkehrenden Vorortbus leicht zu erreichen ist. Vom Zielort Uppello fahren nachmittags vier Busse zurück nach Foligno, allerdings nicht am Sonntag.
- **Wanderkarte:** Siehe Farbatlas Seite XVI.
- **Wegverlauf:** Die Wanderung beginnt am äußersten östlichen Ortsende von **Belfiore** beim Endhalt der Busse von Foligno (Wendeplatz). Hier darf man nicht die nach Macerata beschilderte Hauptstraße nehmen, sondern muss links in die leicht ansteigende schmalere *Via Altolina* einbiegen (rot-weiß-rote Markierung). Auf dem Sträßchen geht es 15 Min. geradeaus bis zur Flussbrücke rechter Hand, dann nach links steiler bergan. Der Asphalt endet kurz darauf bei einem Platz, von dem zwei Wege wegführen. Wir nehmen den rechten, der zwischen Olivenbäumen ansteigt. Bei einem alten Steinhaus wenden wir uns nach links. Der mauergesäumte alte Weg passiert ein zweiten Haus (35 Min.) in schöner Panoramalage. Gleich darauf zweigt nach links ein Waldpfad von der Hauptroute ab, der nach wenigen Metern zu einem hübschen kleinen Wasserfall führt.

Der markierte Hauptpfad steigt weiter an und führt links an einem Eisentor vorbei; einige Meter nach rechts bietet sich ein schöner Blick in eine Felsklamm (**Vorsicht:** Steilabbrüche!). Einige Minuten darauf läuft in scharfer Rechtskurve ein im Boden versenktes Ziegelrohr über den Weg; von hier geht es auf einem nach links abzweigendem Pfad am Rande des Olivenhains kurz abwärts, dann rechts in den Waldschatten hinein, zu einem idyllisch gelegenen zweiten Wasserfall (lohnender 15minütiger Abstecher). Zurück zum Hauptfad, kommt man auf diesem an einem dritten Wasserfall vorbei, steigt über zwei den Hohlweg

Im Hügelland östlich Foligno

sperrende Lehmhügel hinweg, zum sichtbaren **Pale** hoch (1 Std. 10 Min. einschließlich Abstecher). Angesichts der schweren Erdbebenschäden bekommt man Zeifel, ob der alte Ort jemals wieder seine alte Lebendigkeit zurückgewinnt.

Für den Abstecher zur Eremitei Santa Maria Giacobbe wenden wir uns hinter der Festungsmauer nach links abwärts auf die *Via dell'Eremo, und* nehmen kurz darauf den Weg geradeaus, der rechts an einem geziegelten Trafoturm vorbeiführt. Der Pfad quert den Hang des Felsgipfels *Sasso di Pale* (958 m) und gabelt sich nach 5 Min. ab Pale. Nach rechts geht es über einen ausgebauten Stufenweg (Geländer) mit kräftigem Anstieg zur Einsiedelei hinauf (1 Std. 35 Min.). Die bescheidenen Gebäude von **Santa Maria Giacobbe** ducken sich unter eine überhängende Steilwand. Im 13. Jh. lebte hier oben in der Felseinsamkeit eine kleine Mönchsgemeinschaft, das Klosterkirchlein ließen sie mit Fresken zur biblischen Geschichte ausschmücken, die recht gut erhalten sind. Auf gleichem Weg geht es zurück nach Pale (1 Std. 50 Min).

Richtung Sassovivo verlassen wir Pale nach Osten durch ein Tor in der mittelalterlichen Stadtbefestigung und wenden uns dahinter nach rechts. Links am Gebäude der alten Papierfabrik von Pale vorbei erreicht man südlich des Dorfes die Hauptstraße Foligno–Colfiorito. Wir kreuzen die Straße, folgen dem im Buschwald ansteigenden steinigen Pfad (vereinzelt rot-weiß-rote Wegmarkierungen). Bei einem Querpfad 5 Min. ab der Hauptstraße gehen wir rechts. Es folgt ein gut 20 Min. langer kräftigerer Anstieg, dann ein fast ebenes Wegstück zu einem Sattel, wo ein Forstweg erreicht wird (2 Std. 40 Min.).

Wir folgen dem breiten Weg nach rechts ins Tal. Nach links zweigt Weg Nr. 66 Richtung Casale ab (Hinweisschild), dem wir für 10 Min folgen. Rechts unterhalb wird kurz Sassovivo sichtbar. Danach geht es rechts auf einem breiten Weg steil bergab zu zu einem Asphaltsträßchen. Auf der Straße 200 m nach rechts, vorbei an der Cripta di Beato Alano aus dem 11. Jh.

(Trinkwasserquelle neben dem Gebäude), gelangen wir zur **Abtei Sassovivo** (3 Std. 25 Min.).

Richtung Uppello biegen wir von Pale kommend kurz vor Erreichen des Klosters, 20 m vor der Rechtskurve der Straße, nach rechts auf einen kurz ansteigenden Weg (ohne Markierung). Nach links wird gleich der Blick auf die Klosterbauten frei. Auf ebenem Waldpfad wandern wir hoch über dem Tal nach Westen. Etwa 15 Min. ab Sassovivo wird der Wald verlassen. Über den Macciahang nach rechts kurz ansteigen bis zu einem umzäunten Betongebäude, hinter dem ein Fahrweg beginnt. Diesem folgen wir nach rechts zu Tal, halten uns bei einem Querweg links. Absteigend gelangen wir schließlich zu einer Wegkreuzung bei einer Häusergruppe mit Zypressen; linker Hand ein Marienstandbild (3 Std. 55 Min.). Auf dem nach links abzweigenden Hohlweg erreicht man in gut 10 Min. das bald sichtbare **Uppello.**

Von der kleinen Dorfpiazza fahren werktags um 14.05, 16.20, 18.30 und 19.30 Uhr **Busse nach Foligno;** Fahrkarten im Alimentari mit Bar an der Piazza.

Spello

Spello vertritt den Idealtyp der mittelalterlich geprägten umbrischen Kleinstadt. Ähnlich Assisi erstreckt sich das verwinkelte Städtchen auf einem Höhenrücken über der Valle Umbra, über grünen Wiesen und umgeben von silbrig schimmernden Olivenhainen. Aus dem Tal brandet der Verkehrslärm herauf, von der Höhe fällt der Blick auf Schnellstraße, Bahntrasse und Kleinfabriken in der zersiedelten Eben. Der alte Ort darüber mit seinen stillen Pflastergassen und alten Fassaden scheint dagegen in einer anderen Zeit stehengeblieben zu sein.

Das Ortsbild wechselt je nach Blickwinkel: Von Süden, aus der Ebene her, steht es als kompaktes Steingebirge gegen die Silhouette des oben kahlen *Monte Subasio* (1290 m); aber erst von Osten, von der Straße nach Collepino aus, wird die besondere Lage des Ortes erkennbar, der sich auf einem in die Valle Umbra hineinragenden, langgestreckten Hügelrücken erstreckt. Die braun-rosa Färbung des auch in Spello zum Häuserbau und zur Straßenpflasterung verwendeten Stein des Monte Subasio bringt einen warmen, freundlichen Ton in das Städtchen.

Das ruhige Spello eignet sich gut als Standquartier für die Erkundung der Umgebung – soweit man keinen besonderen Wert auf städtische Abwechslung legt. Es liegt zentral, hat ein breites Hotelangebot und gute öffentliche Verkehrsverbindungen. Wegen der zunehmenden Beliebtheit ist in der Saison die Reservierung der Unterkunft unbedingt anzuraten.

Geschichte

Spello ist wahrscheinlich ein historischer Siedlungsplatz der umbrischen Urbevölkerung. Mit der Verleihung der **römischen Bürgerrechte** im Jahr **89 v. Chr.** begann ein enormer Aufschwung, denn Augustus förderte das kaisertreue **Hispellum** nach Kräften und ver-

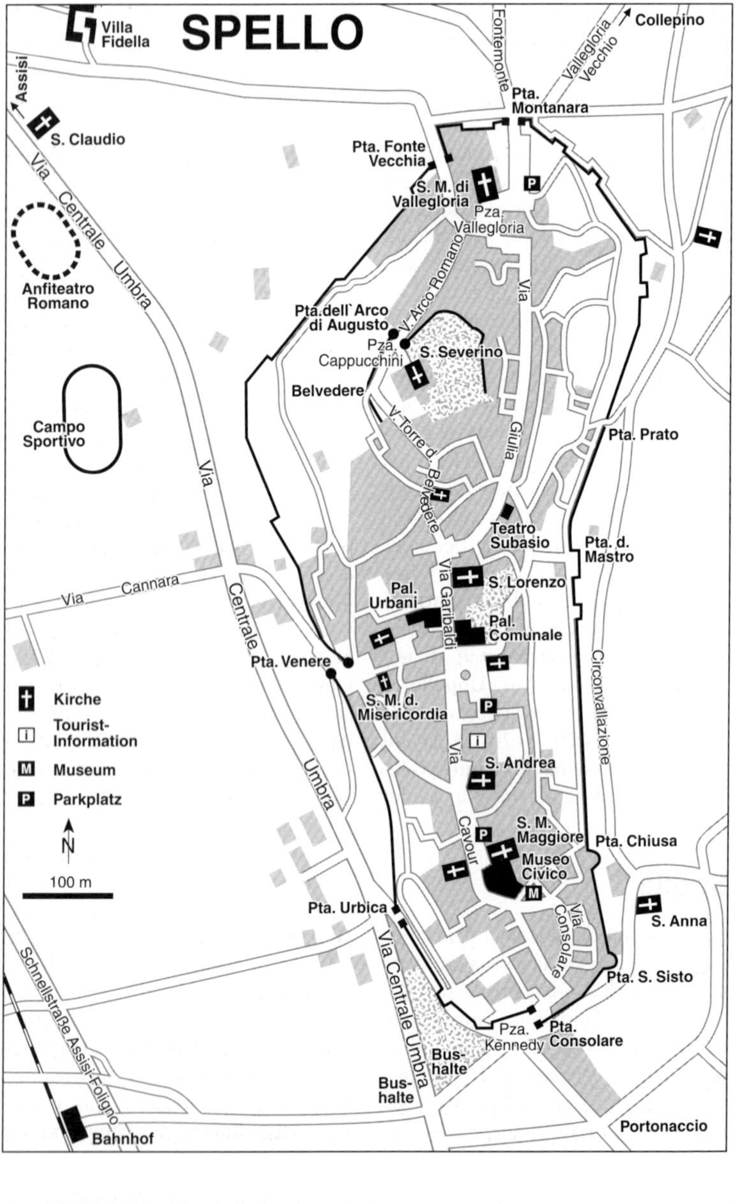
SPELLO
Villa Fidella
Assisi
S. Claudio
Via Centrale Umbra
Anfiteatro Romano
Campo Sportivo
Via Cannara
Fontemonte
Vallegloria Vecchio
Collepino
Pta. Montanara
Pta. Fonte Vecchia
S. M. di Vallegloria
Pza. Vallegloria
V. Arco Romano
Via Giulia
Pta.dell`Arco di Augusto
Pza. Cappucchini
S. Severino
Belvedere
V. Torre d. Belvedere
Pta. Prato
Teatro Subasio
Pta. d. Mastro
Via Garibaldi
S. Lorenzo
Pal. Urbani
Pal. Comunale
Pta. Venere
S. M. d. Misericordia
Circonvallazione
Via Cavour
S. Andrea
S. M. Maggiore
Museo Civico
Pta. Chiusa
Via Consolare
S. Anna
Pta. Urbica
Pta. S. Sisto
Pza. Kennedy
Pta. Consolare
Bus-halte
Portonaccio
Schnellstraße Assisi-Foligno
Bahnhof
Kirche
Tourist-Information
Museum
Parkplatz
N
100 m

lieh ihm den Ehrentitel *Splendissima Colonia Iulia.* Die Stadt schmückte sich mit auwendigen Bauten und durfte in seinen Mauern religiöse Feste und blutige Gladiatorenkämpfe veranstalten. Thermen, Theater und Amphitheater entstanden rund um das von einem mächtigen Mauerring mit großen Toren eingefasste antike Zentrum, das im unteren Teil der heutigen Altstadt lag. Bis in die Spätantike blieb Hispellum unbestrittener Mittelpunkt der Region. Im 4. Jh. bestätigte Kaiser Konstantin die priviligierte Stellung durch einen Erlass, der die Stadt berechtigte, die wichtigsten religiösen Feiern für ganz Umbrien auszurichten.

In den dunklen Jahrhunderten nach dem Untergang Roms wurde Spello von Goten, Ungarn und Langobarden heimgesucht. Die zerstörte und entvölkerte Stadt wurde schließlich an das langobardische Herzogtum Spoleto angegliedert. Als **zeitweise freie ghibellinische Kommune** nahm auch Spello am mittelalterlichen Aufschwung der Städte teil. In einer kurzen zweiten Blüteperiode entwickelte sich die Stadt sogar noch über die römischen Mauern hinaus. Auf der Seite Perugias kämpfte das kleine Heer Spellos gegen Foligno und Assisi. Mit Perugia fiel es im 14. Jh. an den päpstlichen Statthalter Kardinal Albornoz, dann an wechselnde Signorien (Baglioni, Visconti, Braccio di Montone, Antonio di Montefeltro), die ihrer feudalen Herrschaften mit Aufträgen an berühmte Künstler zu äußerlichem Glanz verhelfen wollten. **1583** trat der Kirchenstaat endgültig sein zentralistisches Regime an. Unter **päpstlicher Herrschaft** folgten Jahrhunderte der Stagnation, wodurch sich das Stadtbild bis heute kaum verändert hat.

Besichtigung

Beginnt man den Rundgang beim Parkplatz vor der **Porta Urbica,** so trifft man gleich auf Zeugnisse des antiken Hispellum. Das einbogige römische Tor stammt aus der Zeit des Augustus. Es ist gut erhalten, genauso wie das Teilstück der römischen Mauer, die rechts der Porta Urbica beginnt. Die kleine *Via Roma* folgt ihrem Verlauf. An den glatt gefugten römischen Quadern entlang gelangt man nach 150 Metern auf die *Piazza Kennedy,* früher treffender Piazza del Mercato genannt. Der kleine Platz mit Bars und Geschäften ist einer der Treffpunkte im Alltagsleben Spellos. Die repräsentative **Porta Consolare** an der Piazza bildet seit der Zeit der Römer den unteren Eingang zur Stadt. Das dreibogige Tor aus glatt geschnittenen Quadern wird von drei Statuen über dem mittleren Hauptdurchgang geschmückt. Diese wurden beim Amphitheater gefunden und erst im 16. Jh. angebracht. Das Tor flankiert rechts ein mittelalterlicher Wehrturm, aus dessen Spitze keck ein kleiner Ölbaum hervorsprießt.

Ein einziger Hauptstraßenzug erschließt das alte Zentrum oberhalb der Porta Consolare. Auf der *Via Consolare* ansteigend passiert man die offene **Capella Tega** (14. Jh.) mit einigen Fresken der Frührenaissance (Alunno, Mezzastris um 1461). Gleich darauf tritt man auf die langgestreckte *Piazza Matteotti* mit der Kirche **Santa Maria Maggiore.** Vom 1285 vollendeten romanischen Ursprungsbau sind nur die Portaleinfassung mit stilisierten Tier- und Planzendarstellungen sowie der spitz zulaufende Hauptturm erhalten geblieben. Das mehrfach umgestaltete Kircheninnere zeigt sich heute in üppigem Barockschmuck (geöffnet täglich 8.30–12.30 und 14.30–19 Uhr, im Winter nur bis 18 Uhr). Zur linken Seite des Hauptschiffes öffnet sich die **Capella Baglioni** mit den schönsten Kunstwerken Spellos: Die Kapelle schmücken drei große Wandbilder des *Bernadino di Betto* (1454–1513), neben Perugino der wichtigste Renaissancemaler Umbriens. Der wegen seiner geringen Körpergröße **Pinturicchio** („Malerchen") genannte Künstler zeichnet sich durch einen erzählenden, einfach zugänglichen Malstil aus, der, den Idealen der Renaissance folgend, auch Alltägliches in die christlichen Motive einbringt. Auffallend ist die Freude an Farbigkeit, tiefen perspektivischen Durchsichten und vielfältiger szenischer Ausschmückung im Detail. Dies alles zeigt sich eindrücklich in den drei Bildern der Capella Baglione: „Verkündigung" an der linken Wandfläche, „Christi Geburt" an der Stirnwand und „Streit mit den Schriftgelehrten". Besonders die Geburtsszene bietet eine bis dahin kaum bekannte Fülle an Details: der Pfau auf dem Dach, der Alte mit dem Eierkorb, ein lässig an sein Pferd gelehnter Jüngling, Engel musizierend auf einer Wolke, in der Tiefe des Bildes ein beladenes Kamel vor einer Hügelstadt mit Toren und Türen, am Horizont das Meer etc. Im Verkündigungsfresko, im Wandbild rechts der Madonna, hat sich der Meister mit einem Selbstporträt verewigt.

Im dunklen Innenraum der **Chiesa Sant'Andrea** an der Piazza Matteotti wenige Schritte oberhalb Santa Maria Maggiore ist ein weiteres Tafelbild aus der Werkstatt des Pinturicchio zu sehen. Die „Madonna mit Kind und Heiligen" rechts vom Altar im Querschiff wirkt allerdings statischer und szenisch weniger ausgefeilt als die Fresken der Capella Baglioni. Wahrscheinlich wurde das Bild nur teilweise vom Meister selbst gestaltet, der viel unterwegs sein musste, um Aufträge für seine Werkstatt einzuwerben. Bemerkenswert ist der gemalte Brief auf dem Schemel am unteren Bildrand, eine Art verdeckter Werbebotschaft der Renaissance. Detailgenau wiedergegeben ist ein Brief des einflussreichen Bischofs von Orvieto, der den Künstler bittet, für ihn tätig zu werden (Lichtschalter rechts vom Bild, Spende nicht vergessen). Über dem gotischen Hauptaltar hängt ein gemaltes Kreuz aus der Zeit Giottos (um 1290).

Von Sant'Andrea lohnt ein Abstecher über die *Via Torri di Properzio* zur römischen **Porta Venere,** dem zweiten antiken Monumentaltor Spellos. Der stark restaurierte Bau stammt ebenfalls aus der Zeit des Augustus. Das eigentliche Tor bestand aus zwei Torwänden mit jeweils drei Durchlässen, zwischen denen ein Innenhof eingeschlossen war. Die äußere Torwand mit zwei flankierenden zwölfeckigen Türmen aus rosafarbenem Stein (Türme des Properz) ist im wesentlichen eine Rekonstruktion aus der ersten Hälfte des 20. Jhs. Aber dennoch gibt die Porta Venere einen guten Eindruck von der Größe und Bedeutung Spellos während der Blütezeit Roms.

Oberhalb von Sant'Andrea gelangt man über die Via Cavour zur *Piazza Repubblica* mit dem **Palazzo Comunale** an der oberen Platzseite. Vom 1270 errichteten Ursprungsbau stammen nur noch die Bögen des Untergeschosses. Auch die Piazza selbst zeigt sich nicht mehr im mittelalterlichen Gewand, das Gefühl, sich auf historischem Boden zu bewegen, will nicht recht aufkommen. Dies liegt an zwei recht ungeschickt gestalteten Neubauten, die nicht sehr gut mit dem gewachsenen Ortsbild harmonieren auch ein Beleg dafür, dass in Spello nicht nur die Bedürfnisse der Touristen zählen.

Westlich vom Hauptplatz am Ende der schmalen *Via Misericorda* trifft man auf das Portal des ehemaligen Oratoriums **Santa Maria della Misericordia.** Die kleine säkularisierte Kirche wurde noch vor kurzem als Werkstatt genutzt, und unter dem Bildnis des leidenden Jesus am Kreuze werkelte ein Tischler mit Säge, Hobel und Hammer. Der kleine Bau mit Freskenschmuck des 15. und 16. Jhs. hat dringend eine Restaurierung nötig.

Oberhalb der Piazza Repubblicca führt die Hauptgasse als *Via Garibaldi* weiter bergan nach **San Lorenzo.** Die 1120 an Stelle eines Vorgängerbaus des 6. Jhs. errichtete Kirche wurde im 17. Jh. grundlegend umgestaltet. Für die neue Fassade wurden Architekturfragmente der älteren Bauphasen wiederverwendet, wie das kleine Marmorrelief mit Doppelkreuz (8./9. Jh.).

Hinter der Kirche führt rechts die *Via Giulia* zum alten Komunaltheater von Spello, dem **Teatro Subasio** von 1787. Das altmodische Provinztheater mit intimem kleinen Zuschauerraum und hufeisenförmig angeordneten Logen ist ein wahres Schmuckstück im Bonbonschachtelstil. Nach grundlegender Restaurierung erwachte es 1995 wieder zum Leben.

Westlich vom Theater erstreckt sich ein malerisch-verwinkeltes altes Viertel mit schmalen Treppengassen und engen Durchlässen. Über die kleine *Via Arco di Augusto* und die *Via Torre di Belvedere* gelangt man hinauf zur **Belvedere** unterhalb der nicht zugänglichen Rocca des 14. Jhs. Vom Aussicht-

Signori-Treff auf der Piazza

platz bietet sich ein schönes Panorama über das alte und neue Umbrien: Der Blick fällt über die verbaute, lärmerfüllte Ebene der Valle Umbra zu den fernen mittelalterlichen Hügelsilhouetten von Assisi, Montefalco und Trevi. Am Fuße Spellos, an der alten Landstraße nach Assisi neben dem Sportplatz, ist noch die Rundung des römischen Amphitheaters (1. Jh.) auszumachen. Daneben steht das sehenswerte romanische Kirchlein **San Claudio** aus dem 12. Jh. mit reichem Freskenschmuck. Zur Besichtigung des fast immer verschlossenen Innenraums muss man sich an den Pfarrer von San Lorenzo wenden.

Wenige 100 Meter weiter Richtung Assisi liegt rechter Hand am Hang die vornehme **Villa Fidelia,** die im 16. Jh. auf den Fundamenten eines antiken Tempels errichtet wurde. Die im 18. Jh. großzügig umgebaute Anlage mit klassizistischem Palazzo, offenem Theater, Kapelle und einem Barockpark mit Zypressen und Steineichen ist seit einigen Jahren für Besucher zugänglich. Die Kunstsammlung der Villa besitzt allerdings keine herausragenden Exponate. (geöffnet April–Juni und September Do–So 10.30–13 und 16–18.30 Uhr; Juli und August täglich bis 19 Uhr; übrige Zeit nur Sa und So nachmittags von 15–17.30 Uhr.)

Das mittelalterliche Ensemble von Spello

Information

- **Spello.** 7600 Ew., 280 m ü. NN, PLZ 06 038, 12 km bis Assisi, 6 km bis Foligno.
- **Tourist-Info.** *Pro Spello,* neben der Kirche Sant'Andrea, Piazza Matteotti 3, Tel. 07 42 30 10 09.

Unterkunft

Hotels

- **Palazzo Bocci******/€€€€-€€€€€. Via Cavour 17, Tel. 07 42 30 10 21, Fax 07 42 30 14 64, E-mail: bocci@bcsnet.it, im alten Ortskern bei der Chiesa di Sant'Andrea, in einem Palazzo des 18./19. Jhs., vornehm-gediegene Einrichtung (altes Mobiliar, Freskenschmuck), Zimmer mit Aircondition, Terassengarten.
- **La Bastiglia******/€€€€-€€€€€. Via dei Molini 17, Tel. 07 42 65 12 77, Fax 07 42 30 11 59, E-mail: fancelli@labastiglia.com, oben im alten Ort, stilvoll eingerichtete Zimmer mit altem Mobiliar, einige mit schönem Ausblick, da sie z. T. eher klein sind, ist eine vorherige Besichtigung empfehlenswert, mit angeschlossenem Restaurant und Aussichtsterrasse.
- **Del Teatro*****/€€€-€€€€. Via Giulia 24, Tel. 07 42 30 11 40, Fax 07 42 30 16 12, E-mail: hoteldelteatro@mclink.it, im alten Ortskern, geschmackvoll eingerichtete, geräumige Zimmer.
- **Il Cacciatore****/€€€. Via Giulia 42, Tel. 07 42 65 11 41, Fax 07 42 30 16 03, E-mail: ilcacciatore@mclink.it, im alten Ortskern, geräumige, angenehme Zimmer, z. T. mit schöner Aussicht, Gartenterasse mit Blick ins Land, empfehlenswert.
- **Paolucci***/€-€€. Via Brodolini 4, Tel. 07 42 30 10 18, Fax 07 42 30 45 46, östlich 200 m außerhalb des alten Zentrums, ruhige Lage, einfache Zimmer mit Dusche, mit familiärem Ambiente.

Ferienwohnungen

- **Monterione – miniappartamenti per vacanze,** Via Giulia 74, Tel. 07 42 30 16 90, Fax 07 42 65 20 22, E-mail: monterione@krenet.it, bietet in restaurierten Häusern der Altstadt 9 Zwei-Zimmer-Appartments an; mit Einbauküche und Bad, 3–5 Betten, Wochenpreise je nach Wohnungsgröße und Saison zwischen 360 Euro und 560 €, freundlicher Service, man spricht deutsch, Haustiere erlaubt, Montainbikeverleih.

Camping

- **Campeggio Subasio,** Località Sportella, einfacher Platz in schöner Natur in 800 m Höhe am Hang des Monte Subasio, schattige Stellplätze, Tel. u. Fax 07 42 30 11 44, geöffnet Anfang April bis Ende September.

Essen und Trinken

- **Il Molino*****. Piazza Matteotti 6/7, Tel. 07 42 65 13 05, unterhalb der Chiesa di S. Andrea, oft gelobt, guter Service, reichhaltige Speisekarte, Di Ruhetag.
- **Cacciatore****. Via Giulia 42, Tel. 07 42 65 11 41, ausgezeichnete traditionelle Küche, freundlicher Service, Mo Ruhetag.
- **La Cantina****. Via Cavour 2, Tel. 07 42 65 17 75, im Zentrum oberhalb Sant'Andrea, gutes Essen, angenehmes Ambiente, Mi Ruhetag.
- Empfehlenswert ist auch die **Taverna di San Silvestro***-** in Collepino, ein sympathisches und gutes Dorfrestaurant mit regionaltypischen Trüffel- und Wildspezialitäten, es wird aber auch Holzofenpizza serviert, Tel. 07 42 65 12 03, Mo Ruhetag.

Feste und Veranstaltungen

- **Teatro Subasio.** Aufführungen zwei- bis dreimal im Monat, Tel. 07 42 30 16 89.
- Eine einzigartige Veranstaltung, die man auf keinen Fall versäumen darf, ist das Blumenfest **Infiorate del Corpus Domini.** Jährlich in der Nacht vor Fronleichnam ist fast die ganze Stadt auf den Beinen. Auf den Straßen und Gassen werden Kompositionen aus bunten Blütenblättern und duftenden Kräutern gelegt. Körbe voller farbiger Blüten werden in wenigen Stunden in präziser Millimeterarbeit zu phantastischen Meisterwerken, zu figurativen Bildern und Ornamenten ausgelegt. Diese Kunstausstellung auf den Straßenpflaster Spellos wird am Sonntag von zahlreichen Besuchern bewundert und eine Jury entscheidet über die beste Blütenkompostion des Jahres. Ein gutes Zeichen ist es wenn tags darauf der Regen den bunten Blütenteppich auflöst und die bunten Blätter im Rinnstein wegschwemmt.

Öffentliche Verkehrsmittel

- **Bahn.** 5x täglich durchgehende Verbindung über Arezzo nach Florenz (2½ Std. Fahrzeit).Regionalzüge nach Assisi-Perugia sowie über Foligno nach Spoleto-Terni-Orte. Bahnhof 5 Min. südlich des Zentrums. Fahrkartenverkauf in der Bar Chiaretta, Via Centrale Umbra 61, am Bahnhof nur Automat.
- **Bus.** Werktags häufig nach Foligno; nach Assisi (Piazza Matteotti) mit SSIT Spoleto werktags 7 Busse, letzte Abfahrt gegen 18.45 Uhr. Die Busse halten unterhalb des Stadtkern an der Hauptstraße Via Centrale Umbra, z. T. auch im Zentrum beim Palazzo Comunale.

Ausflug

☆Collepino und Monte Subasio

Von Spello aus lohnt ein kurzer Ausflug ins 7 km entfernte kleine **Collepino** am Südosthang des Monte Subasio. Die mittelalterliche Dorffestung hat ihre historische Struktur bis heute erhalten. Man betritt den von einer Stadtmauer umgebenen Ort durch den alten von zwei Türmen flankierten Eingang. Auf der Piazza des Dorfes lädt eine kleine Bar mit Tischen im Freien zu einer Rast ein. Auch an den heißesten Sommertagen ist es hier angenehm kühl.

Hinter Collepino führt eine kurvige Erdstraße hinauf auf den Monte Subasio. Sie passiert die ehemaligen Abtei von *San Silvestro* (11.Jh.) und das flache Kirchlein **Madonna della Spella** in knapp 1000 m Höhe, ein kleines Oratorium, zu dem die Bevölkerung Spellos an Mariä Himmelfahrt pilgert.

Die Asphaltstraße führt von Collepino um die Nordostflanke des Monte Subasio herum. Auf dem Weg nach Assisi kommt man durch zwei weitere kleine mittelalterliche Dörfer in schöner Lage, **San Giovanni** und **Armenzano.**

Bevagna

Bevagna ist eine ruhige, freundliche Kleinstadt am Fuße der Martanerberge zehn Kilometer südwestlich von Foligno. Es blickt auf eine lange Geschichte zurück, die überall architektonische Spuren im Stadtbild hinterlassen hat. Alte Stadtmauern, Torbögen, Wehrtürme und romanische Kirchen – das Mittelalter ist baulich überall präsent. Mit der **Piazza Silvestri** besitzt Bevagna einen der authentischsten kleineren Stadtplätze Umbriens aus dieser Epoche.

Geschichte

Bevagna gehörte zu den frühen Gründungen der umbrischen Urbevölkerung. Als **Mevania** bekam es 89 v. Chr. den Status des **römischen Municipiums** verliehen, deren Bewohnen die Bürgerrechte besaßen. Während der Friedenszeit, der *pax romana,* florierte die Stadt, auch bedingt durch ihre Lage an der wichtigen Fernstraße *Via Flaminia.*

Im Mittelalter folgte die zweite große Zeit der Stadt. **Mitte des 12. Jhs.** hatte sich auch Bevagna die Rechte einer **freien Komune** erkämpft, die durch gewählte Ko nsuln regiert wurden. Für eine gewisse Zeit konnte die Selbstständigkeit im Machtkonflikt zwischen Papst und deutschen Kaisern bewahrt werden. Die Zerstörungen durch die Truppen Friedrichs II. 1249, die bald wieder abzogen, brachten noch nicht den Niedergang der freien Stadt. Dieser begann erst **1371** mit der Unterwerfung unter das feudale Regiment der **Signoria der Trinci** aus Foligno. Nach deren Auslöschen 1439 bestimmte mit kurzen Unterbrechungen der ferne Kirchenstaat in Rom bis ins 19. Jh. die Geschicke der Stadt.

Besichtigung

Bevagna ist noch fast vollständig von der mittelalterlichen Stadtmauer umgeben, die selbst wiederum auf römischen Fundamenten ruht. Betritt man den Ort von Norden, so gelangt man durch eines der sechs historischen Stadttore, die gut erhaltene **Porta Cannara,** auf die langgestreckte Piazza Garibaldi. Auf der *Via Porta Guelfa* nach rechts erreicht man nach wenigen Schritten die Reste einer **römischen Thermenanlage** des 2. Jhs. Das große Bodenmosaik wurde Anfang des 19. Jhs zufällig unter dem Boden eines Stalles entdeckt. (Falls geschlossen, beim Kustoden im Nachbarhaus Via Guelfa Nr. 2 klingeln.) Dargestellt sind Tiere und mytische Wesen des Meeres wie Delphine, Hummer, Tintenfische und ein Seepferde jagender Triton.

In der Fassade am Ende der *Piazza Garibaldi* kann man ebenfalls römisches Mauerwerk erkennen, letzte Relikte eines antiken Tempels. Biegt man von der Piazza nach links in den *Vicolo San Francesco* so gelangt man zu einer gewölbten Häuserzeile, die den Platz des römischen Amphitheaters einnimmt, das im Mittelalter mit Wohnhäusern überbaut wurde.

Auf der anderen Seite der Häuser verläuft die **Via dell'Anfiteatro.** Bei **Haus Nr. 11** kann man durch ein Tor die noch original römischen Gewölbe des einstigen Theaterwandelganges betreten. Ausgestellt ist hier eine alte Ölpresse (Tor meist geöffnet, Eintritt frei).

Am klassizistischen **Palazzo Comunale** mit Pinakothek und archäologischer Sammlung vorbei gelangt man über den *Corso Matteotti* schließlich auf die von mittelalterlichen Fassaden gesäumte **Piazza Filippo Silvestri.** Der hübsche Brunnen in der Platzmitte ist allerdings nur gut 100 Jahre alt und stilistisch eine Imitation des 14. Jhs. Mittelalter im Original zeigt hingegen der benachbarte **Palazzo dei Consoli,** zu dem eine schöne Außentreppe hinaufführt. Er wurde um 1270

Piazza F. Silvestro mit San Michele

als Amtssitz der freien Komune errichtet. Die Gewölbehalle im Erdgeschoss diente als Marktplatz, in den etwas später aufgesetzten zweiten Stock mit Zwillingsfenstern wurde 1866 das **Teatro Torti** eigebaut, eines der schönsten Komunaltheater Umbriens. Der restaurierte Innenraum mit dreistöckiger Loge, Galerie und mit einer antiken Szene geschmückten Bühnenvorhang ist sehenswert. Seit 1995 finden hier auch wieder Aufführungen statt.

Die romanische Kirche **San Silvestro** wurde über lange Zeit dem Verfall preisgegeben, der Kirchturm und der obere Teil der Fassade gingen verloren. Um 1870 wäre um ein Haar der ganze Bau einer Platzerweiterung zum Opfer gefallen. Die Kirche besitzt eine ungewöhnlich gedrungene, schlicht-archaisch wirkende Fassade. Nach einer Portalinschrift wurde sie 1195 während der Herrschaft des deutschen Kaisers Heinrich VI. von einem

Meister *Binnellus* errichtet. In die steinerne Portalrahmung habe die Steinmetze Weinranken, Drachen- und Löwenfiguren eingefügt. Das 1954 restaurierte, unverfälscht-romanische Kircheninnere besticht durch seine klare, Würde und Festigkeit ausstrahlende Raumwirkung. Vom kurzen Hauptschiff führen Stufen zum erhöhten Altarbereich über der Krypta. Die beim großen Erdbeben 1997 schwer beschädigte Kirche erstrahlt nach grundlegender Restaurierung wieder in altem Glanz.

Die Kirche **San Michele** mit spitzem Turm an der gegenüberliegenden Platzseite wurde ebenfalls gegen Ende des 12. Jhs. errichtet. Im Gegensatz zu San Silvestro konnte sich San Michele jedoch nicht ihre ursprüngliche Baugestalt bewahren. 1741 war ein grundlegender Umbau im Barockstil erfolgt, der mit einer wohl nicht ganz originalgetreuen Rekonstruktion 1954 wieder rückgängig gemacht wurde. Dabei wurde das große, nüchterne Rundfenster in die Fassade eingefügt. Sehr schön ist der romanische Skulpturenschmuck am Hauptportal. An der linken Seite sieht man den hl. Michael als Drachenbezwinger, in der linken Hand ein Buch haltend, rechts mit wehendem Gewand die schwebende Figur eines Engels. Im dreischiffigen Innenraum kommt die mittelalterliche Raumwirkung nach Enfernung der barocken Einbauten wieder zum Tragen. Wie in San Silvestro ruht ein erhöhter Altarraum über einer sehenswerten Krypta. Eine silberne Prozessionsfigur (1638) stellt San Vicenzo dar, den ersten Bischof Bevagnas, der 298 den Märtyrertod starb.

San Domenica, nahe beim Palazzo dei Consoli, eine 1737 umgestaltete Kirche des 14. Jhs., besitzt in der mittleren Chorkapelle einen Freskenzyklus zum Leben des hl. Domenicus, der von einer Künstlerwerkstatt in der Nachfolge Giottos und Lorenzettis stammt. In den Seitenkapellen des Chors sind ein Kruzifix und Holzskulpturen aus der Zeit um 1300 ausgestellt.

Information

- **Bevagna.** 4600 Ew., 210 m ü. NN, Plz 06 031.
- **Tourist-Info.** *Pro Loco,* Piazza Filippo Silvestri, tgl. 9.30–12.30 und 14.30–18.30 Uhr, Tel. 07 42 36 16 67.

Unterkunft

- **Palazzo Brunamonti*****/€€-€€€€, Corso Matteotti 79, Tel. 07 42 36 19 32, Fax 07 42 36 19 48, E-mail: hotel@brunamonti.com, Internet: www.brunamonti.com, stilvolle Unterkunft in historischem Palazzo mit altem Mobiliar und vielen Wandmalerein, mitten im *centro storico.*
- Il Chiostro di Bevagna*/€€, Corso Matteotti 103, Tel. 07 42 36 19 87, Fax 07 42 36 92 31, E-mail: chiostro.bevagna@katamail.com, Internet: www.ilchiostrodibevagna.com, zum Hotel umgestaltetes Kloster (17. Jh.) an der zentralen Piazza Silvestri, guter Komfort, auch preislich auf dem Niveau eines 2-Sternehauses, mönchisch-einfach aber dennoch geschmackvoll eingerichtete helle Zimmer, z.T. mit schönem Ausblick ins Umland, ruhige Lage, gemütliche Frühstückterrasse mit Blick in den Klosterinnenhof.
- **Agriturismo Il Poggio dei Pettirossi**€€, Vocabolo Pilone 301, Tel. 07 42 36 17 44, Fax 07 42 36 03 79, E-mail: albergo@ilpoggiodeipettirossi.com, im Hügelland südwestlich der Stadt; vom Zentrum den gelben Wegweisern zum Santuario Madonna delle Grazie folgen. Alle Zimmer mit kleiner Terrasse und herrli-

chem Ausblick auf Bevagna und die Valle Umbra, junges Team, Schwimmbad, Restaurant für Gäste, gepflegte, stilvolle Unterkunft mit schönem altes Mobiliar.

- Das Kloster **Monastero Santa Maria del Monte**€, Corso Matteotti 15, bietet etwas karg ausgestattete Zimmer mit Bad, Tel. 07 42 36 01 33, Fax 07 42 36 93 15, E-mail: monastero@mclink.it

Camping

- **Camping Pian di Boccio***.** Località Gaglioni, Tel. 07 42 36 01 64, 5 km südwestlich der Stadt 400 m hoch einsam in den Hügeln gelegen, Anfahrt über Madonna delle Grazie, dann 1,5 km Erdstraße; Schwimmbad, Reitstall, geöffnet von Ostern bis Ende September.

Essen und Trinken

- **Ristorante Ottavius**-***.** Via del Gonfalone 4, Tel. 07 42 36 05 55, beim Largo Gramsci hinter dem Palazzo dei Consoli, Küche wie Ambiente rustikal-gehoben, behaglicher Speisesaal mit Kamin, recht preiswertes Menu Turistico ohne Getränke zu 15 €, Karte um die 20 €, Mo Ruhetag.
- **Da Nina*-**.** Piazza Garibaldi 6, Tel. 07 42 36 01 61, einfache, nüchtern eingerichtete Trattoria mit überdurchschnittlicher Hausmacherküche, Di Ruhetag.

Öffentliche Verkehrsmittel

- **Bus.** Werktags 8x von und nach *Foligno* und 3x nach *Montefalco.*

Einkaufen

- **La Dispensa** (Die Speisekammer), Piazza Garibaldi 10, Spezialitäten der Umgebung wie Honig, Sirup, Marmeladen, Öl, Pasten, Eingelegtes, Trüffel, Dinkel, Kekse u. v. m.

- **Farmacia Santi.** Corso Matteotti; in dieser Apotheke braut die Dottoressa aus vielerlei Kräutern und Wurzeln zwei leckere und gesunde Digestivi, den *Liquore delle sette Streghe* (Likör der sieben Hexen) und den *Amaro Mevania.* In der Apotheke wurden beim Umbau vorrömische Mauerreste und ein versteinerter Baum entdeckt, an dem noch das Zeichen eines Blitzeinschlages erkennbar sind – für die frühen Völker ein eindeutiges Zeichen der Götter. So wurde um den heiligen Baum herumgemauert, um ihn zu erhalten. Die Apothekerin zeigt gelegentlichen Besuchern auch gerne ihre alte Apothekeneinrichtung aus dem frühen 19. Jh. und eine Sammlung alter Apothekerwerkzeuge, Seifen, Flaschen etc.
- **Ölmühlen** mit Direktverkauf: *Frantoio Petasecca Donati,* Via Raggiola 4, außerhalb der Stadtmauer, rechts neben der Porta Guelfa, nur im Winter; *Frantoio Proietti Marcello,* Straße Richtung Santuario Madonna delle Grazie.

Feste und Veranstaltungen

Mercato delle Gaite. Eine der schönsten Veranstaltungen ganz Umbriens ist der jedes Jahr Ende Juni stattfindende Mercato delle Gaite. Bevagna verwandelt sich dann für zehn Tage in ein farbig-belebtes mittelalterliches Marktstädtchen. In den Gassen öffenen überall die Botteghe, kleine Werkstätten, in denen Schmiede, Kerzenmacher, Schöpfer, Färber, Spinnerinnen und Seildreher ihre Waren mit alten Produktionstechniken herstellen. In den Tavernen gibt es deftige, nach alten Rezepten zubereitete Speisen und natürlich den lokal produzierten Wein. Auf der Piazza werden Tanz und Musik des Mittelalters dargeboten und Wettkämpfe im Bogenschießen zwischen den Guaite, den vier rivalisierenden Stadtvierteln ausgetragen. Wer sich Ende Juni in Umbrien aufhält sollte dieses einmalige Fest nicht versäumen.

Montefalco

La Ringhiera dell'Umbria, die Aussichtsterrasse Umbriens, nennt sich Montefalco. Das ruhige, alte Städtchen liegt dominant auf einer Hügelkuppe hoch über der Valle Umbra. Allein wegen des prächtigen Panoramas lohnt ein Abstecher hierher. Schöne Ausblicke bietet der Aufstieg auf den Turm des Palazzo Comunale oder ein Spaziergang an der Süd- und Ostseite der Stadtmauer entlang. Daneben besitzt Montefalco mehrere sehenswerte freskengeschmückte Kirchen, unter denen San Francesco, seit gut 100 Jahren städtische Pinakothek, besonders hervorzuheben ist.

Auch Weinkenner kommen in Montefalco auf ihre Kosten. In der Umgebung werden erstklassige **Weine** erzeugt, die weit über die Grenzen Umbriens hinaus bekannt sind. Neben dem trockenen *Rosso di Montefalco* ist vor allem der reinsortige, gehaltvolle *Sagrantino* renommiert, ursprünglich ein natürlicher Süßwein, der seit einiger Zeit auch in einer trockenen Version produziert wird. Der granatrote, nach Brombeeren riechenden Dessertwein *Sagrantino di Montefalco Passito* enthält seine Süße durch eine lange Trocknung der Beeren vor der Kelterung, wodurch sich der Zuckergehalt erhöht.

Geschichte

Montefalco, wahrscheinlich eine römische Gründung, hieß bis ins Hochmittelalter **Coccorone.** 1249 ließ Friedrich II. die nach Unabhängigkeit strebende, gegen den Kaiser rebellierende Komune zerstören. Wegen der strategischen Position wurde sie bald unter dem neuen Namen „Mons falconis" (Berg des Falken) wieder aufgebaut. Nach dem Machtverlust des deutschen Kaisers erlebte auch Montefalco als **freie Kommune** seine mittelalterliche Blütezeit. Sie dauerte bis ins 15. Jh., begünstigt durch die wohlhabenden Orden der Benediktiner, Augustiner und Franziskaner, die in den wehrhaften Mauern der Stadt ihre Konvente hatten.

Besichtigung

Mittelpunkt des Ortes ist die runde *Piazza del Comune* beim höchsten Punkt. Der schöne, von alten Bauten gesäumte Platz muss leider als Parkfläche herhalten. An seiner Westseite erhebt sich der **Palazzo Comunale.** Das Rathaus von 1270, dessen Turm man der Aussicht wegen besteigen kann, bekam im 15. Jh. eine große Renaissanceloggia vorgesetzt. Zwei Enoteken am Platz laden zu einer kostenlosen Probe der Sagrantino-Weine ein.

Die profanisierte **Chiesa di San Francesco** (1336–1340), wenige Schritte unterhalb der Piazza, beherbergt heute die städtische Pinakothek. Der einschiffige, klar gegliederte Kirchenraum bietet den stimmigen Rahmen für eine Vielzahl sehenswerter Werke. Am interessantesten ist unzweifelhaft der Freskenzyklus zum Leben des hl. Franziskus in der Mittelapsis, der zur ursprünglichen Ausstattung der Kirche gehört. Er wurde von 1450–1452 durch den florentiner Frührenaissancekünstler *Benozzo Gozzoli* geschaffen. Sein Malstil zeichnet sich durch manchmal fast naiv wirkende, detailreiche Erzählfreude und unmittelbare Anschaulichkeit aus. Die Motive spielen vor städtischer Architektur und Landschaften,

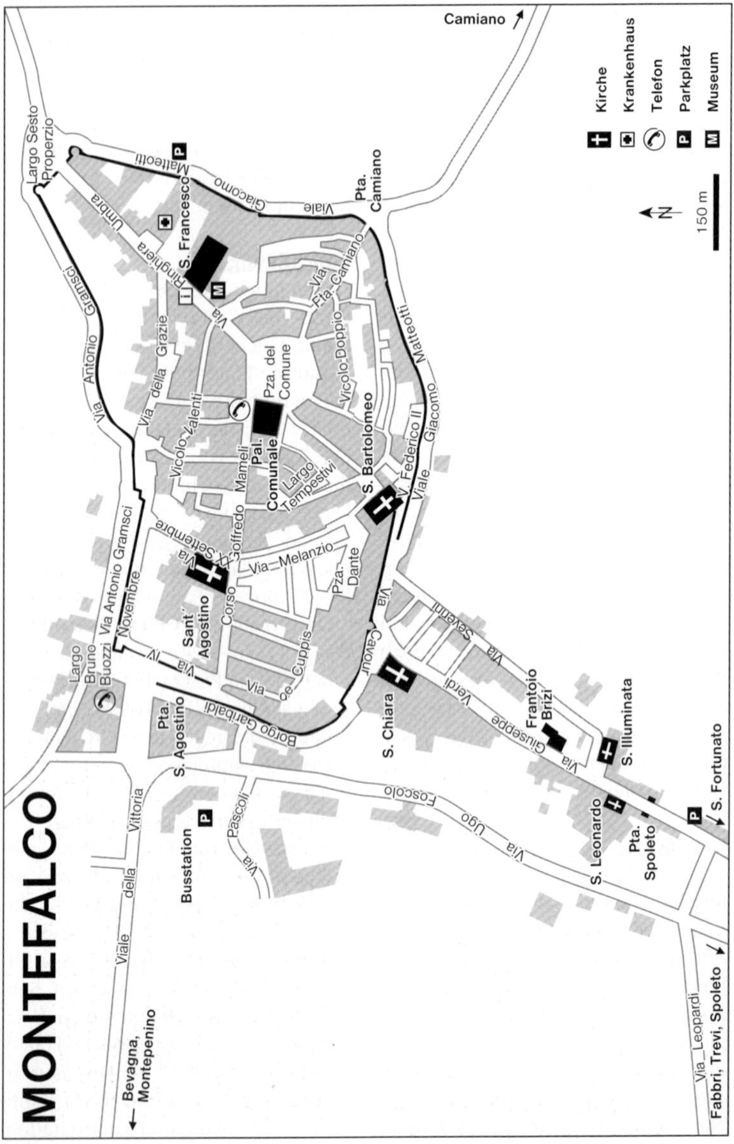
MONTEFALCO
Camiano
Largo Sesto Properzio
Via Matteotti
Viale Giacomo Matteotti
Pta. Camiano
Via Umbra
Via Ringhiera
S. Francesco
Via Antonio Gramsci
Via della Grazie
Pza. del Comune
Pal. Comunale
Via Pta. Camiano
Vicolo Doppio
Vicolo Valenti
Goffredo Mameli
Largo Tempestivi
S. Bartolomeo
V. Federico II
Via XX Settembre
Corso
Via Melanzio
Pza. Dante
Sant' Agostino
Via Cavour
Via Severini
Via IV Novembre
Largo Bruno Buozzi
Via de Cuppis
Borgo Garibaldi
Pta. Agostino
S. Agostino
S. Chiara
Via Giuseppe Verdi
Frantoio Brizi
S. Illuminata
S. Fortunato
Via Ugo Foscolo
Via Pascoli
Viale della Vittoria
Busstation
S. Leonardo
Pta. Spoleto
Bevagna, Montepenino
Via Leopardi
Fabbri, Trevi, Spoleto
Kirche
Krankenhaus
Telefon
Parkplatz
Museum
N
150 m

die Montefalco und seine Umgebung widerspiegeln. Links vom Hauptportal ist eine „Geburt Christi" von Perugino im für ihn typischen, gefällig-anrührenden Stil; selbst Ochs und Esel scheinen verträumt zu lächeln (geöffnet November bis Februar täglich außer Mo 10.30–13.00 u. 14.30–17 Uhr, übrige Zeit des Jahres auch Mo sowie nachmittags bis 18 Uhr bzw. Juni bis August bis 19 Uhr geöffnet, 5 €, deutschsprachige Beschreibung 1,60 €).

Für Kunstliebhaber lohnen vier weitere freskengeschmückte Kirchen Montefalcos den Besuch. **Sant'Agostino,** ein ursprünglich einschiffiger gotischer Bau von 1280 mit 1327 angefügtem rechten Seitenschiff, besitzt je ein Madonnenbild von *Lorenzetti* (14. Jh.) und *Caporali* (1522).

Santa Chiara ist der Stadtheiligen Klara von Montefalco (1268–1308) geweiht. Die Hauptkirche wurde 1615 begonnen, um die ältere *Capella della Croce* zu schützen, die 1303 nach der Stigmatisation der Klara errichtet worden war (Zugang links vom Hauptaltar, nur geführte Besichtigungen um 9.30, 11.30, 15.30, 17, 18 Uhr). Von zwei unbekannten Meistern war die Kapelle 1333 vollständig ausgemalt worden. Dargestellt ist die Legende der Heiligen Klara, Katharina und Blasius. Bemerkenswert ist eine ausdrucksstarke, figurenreiche Kreuzigungsdarstellung. Im rechten Querarm der dreischiffigen barocken Hauptkirche ruhen in einer silbernen Urne die Reliquien der Heiligen. Von Santa Chiara führt die *Via G. Verdi* nach **Santa Illuminata** außerhalb des Mauerrings Die einschiffige

Hermann Hesse in Montefalco

Bei seiner Umbrienreise kam Hermann Hesse im **Frühjahr 1907** auch nach Montefalco. Was er damals notierte, trifft vor allem in der kalten Jahreszeit auch heute manchmal noch die Stimmung des kleinen Ortes:

„...durch das alte Tor führt eine steile Gasse eng und finster bergauf, und was man sieht und woran man vorübergeht, alles ist alt, mittelalterlich, steinern, kühl und hart. Winzige Gäßchen zwischen hohen Steinhäusern ohne Bewurf, alte Türme, Tore, Kastelle, Kirchen und Stadtmauern. Kalter scharfer Wind empfing mich auf der Höhe. Dicht in den Mantel gehüllt, sah ich ein schönes und eindringliches Bild: über altes Gemäuer hinweg ringsum die umbrische Landschaft, licht und grün, von einem gewaltigem Kreis hoher, noch mit Schnee bedeckter Berge eingeschlossen. Jeder Blick streift nah oder fern irgendeine alte berühmte heilige Stätte, da liegen Spoleto, Perugia, Assisi, Foligno, Spello, Terni, dazwischen hundert kleine Orte, Dörfer, Kirchen, Höfe, Klöster, Burgen und Landhäuser, ein Land voller Geschichte."

Renaissancekirche (um 1500) wurde zu Beginn des 16. Jhs. von verschiedenen umbrischen Künstlern freskiert. Von *Francesco Melanzio* stammt die anschaulich gemachte biblische Geschichte in der 2. Kapelle links (Flucht nach Ägypten, Anbetung der Weisen).

Einen guten Kilometer südlich außerhalb der Stadtmauern liegt **San Fortunato** (16. Jh) mit weiteren Fresken. (Klingel rechts vom Eingang). Dem Eingang gegenüber stützen vier römische Säulen einen Portikus. Unter den Bögen links befindet sich die *Capella delle Rose,* die mit einem Freskenzyklus von *Tiberio d'Assisi* geschmückt ist (1512). Die Darstellung der Geschichte des Ablasses von Assisi wiederholte der Maler sechs Jahre später in der Rosenkapelle von Santa Maria degli Angeli. Über dem Kirchenportal und im einschiffigen, uneinheitlich wirkenden Innenraum sind Fresken (Fragmente) von *Benozzo Gozzoli* zu sehen, u. a. auf dem frühchristlichen Sarkophag des linken Seitenaltars.

Information

- **Montefalco.** 5500 Ew., 472 m ü. NN, PLZ 06 036.
- **Tourist-Info.** Pro Loco, Via Ringhiera Umbra, Museo Civico di San Francesco, Tel. 07 42 37 95 98, Internet: www.montefalcodoc.it.

Unterkunft

- **Villa Pambuffetti******/€€€€€. Viale della Vittoria 20, Tel. 07 42 37 94 17, Fax 07 42 37 92 45, E-mail: villabianca@interbusiness.it, geschmackvoll eingerichtetes Luxushotel in einer schönen alten Villa am Stadtrand, Restaurant (s. u.), kleiner Park mit Schwimmbad.
- **Ringhiera Umbra****/€€. Corso Mameli 20, Tel. 07 42 37 91 84, Fax 07 42 37 91 66, E-mail: ilverziere@tiscalinet.it, alteingesessener Familienbetrieb im Zentrum, funktional eingerichtete, recht kleine Zimmer, z. T. ohne eigenes Bad, auch wegen der durchhängender Matrazen leicht überteuert; angeschlossen die Pizzeria-Trattoria *Il Verziere.*
- **Agriturismo Camiano Piccolo**€€€. Località Camiano Piccolo 5, Tel. 07 42 37 94 92, Fax 07 42 37 10 77, Häusergruppe gut einen Kilometer östlich unterhalb der Stadtmauern, gehobener Komfort, Schwimmbad, Doppelzimmer und Ferienwohnungen für 2–6 Personen.

Essen und Trinken

- **Coccorone****. Largo Tempestivi, angenehmes Lokal mit kleiner Gartenterasse im Altstadtzentrum, feine, überdurchschnittliche Küche, ausgezeichnet z. B. das Perlhuhn mit Kapern *(Faraona in Salmì),* das einfachere Menu Turistico ist schon für 14 € zu haben, Menu Degustazione 20 €, Karte um 20 €, Tel. 07 42 37 95 35, Mi Ruhetag.
- Das **Restaurant der Villa Pambuffetti***** hat ebenfalls eine ausgezeichnete Küche.
- Vor allem gute Pizzen, aber auch Nudel- und Fleischgerichte gibt es im gemütlichen **Il Verziere***-** neben dem Hotel Ringhiera Umbra, freundlicher Service, Tel. 07 42 37 91 66, Mo Ruhetag.

Öffentliche Verkehrsmittel

- **Bus.** Werktags 8x nach Foligno, davon 3x über Bevagna sowie 4x nach Spoleto; Hauptbushalt beim großen Parkplatz an der Westseite des historischen Zentrums.

Einkaufen

Markt

- **Montags** beim *Borgo Garibaldi* an der westlichen Stadtmauer.

Wein

- Die renommierten Montefalco-Weine, aber auch andere umbrische sowie toskanische Sorten findet man in der **Enoteca Federico II** an der zentralen Piazza del Comune sowie nahebei in der **Enoteca San Francesca** in der Via Ringhiera Umbra 19.

- Mehrere **Weingüter** *(Cantine)* in der Umgebung bieten Direktverkauf; Adressen beim örtlichen Info-Büro.

Olivenöl

- **Antico Frantoio Eredi Brizi.** Via G. Verdi 50, tgl. 10–12 u. 15–18 Uhr, nahe beim Zentrum zwischen Santa Chiara und Santa Illuminata, verkauft Olivenöl aus eigener Produktion, Probiermöglichkeit, Tel. 07 42 37 91 65.

Webkunst

- Fein gearbeitete traditionelle Leinenstoffe bei **Tessuto Artistico Umbro,** Piazza del Comune und **Tessuti di Montefalco Uno,** Via Ringhiera Umbra 24.

Feste und Veranstaltungen

- **Settimana Enologica.** Um Ostern, während der Weinmesse werden lokale, umbrische aber auch nationale Weine vorgestellt.
- Im August um *Ferragosto* (15. 8.) der viertägige **Agosto Montefalchese** mit Spielen, Musik und Tanz und vor allem die beliebten „Fuga del Bove", einem Ochsenrennen in mittelalterlichen Gewändern.

Spaziergang

☆Über San Fortunato nach Camiano

Die Besichtigung des Klosters San Fortunato lässt sich gut mit einer kurzen Wanderung verbinden (eine gute Stunde reine Wegzeit). Auf der *Via Guiseppe Verdi* geht es an Santa Illuminata vorbei zur mittelalterlichen *Porta Spoleto.* 500 m hinter dem Stadttor biegen wir von der *Viale Marconi* nach links in eine Nebenstraße. Auch bei der Querstraße darauf geht es nach links. Nach ca. 15 Min Fußweg erreicht man dann den Klosterkomplex von **San Fortunato.** Zurück biegt man aus dem Kloster kommend nach rechts auf einen kurz abstei-

Frühlingswiese bei Montefalco

genden Weg, der bald mit weiten Ausblicken einen Rechtsbogen am Hang unterhalb Montefalcos beschreibt. An Wiesen, Feldern und Olivengärten vorbei gelangt man zum Weiler **Camiano,** von hier auf ansteigender Nebenstraße zurück nach Montefalco.

Am Monte Martano

Südwestlich Bevagna und Montefalcone zieht sich grünes Hügelland zum 1094 m hohen Monte Martano hinauf. Die Landschaft ist ruhig, unspektakulär, landwirtschaftlich geprägt und ohne größere Städte und Sehenswürdigkeiten. Olivenkulturen, Weinberge, Gemüse- und Getreidefelder und kleine Waldflecken reihen sich im stetigen Wechsel aneinander. Immer wieder trifft man auf Burgruinen des Mittelalters, als in dieser Region die Machtgrenzen zwischen Papst und Kaiser, später zwischen den freien Städten Perugia, Foligno und Spoleto verliefen.

Gualdo Cattaneo ist eine Gründung des sächsischen Kaisers Otto II., der hier 965 eine Burg errichten ließ. Im italienischen Wort „Gualdo" steckt das deutsche Wort „Wald", Hinweis auf den früheren Waldreichtum dieses Landstrichs. Das Städchen liegt aussichtsreich auf einem Hügel. Das mittelalterlichen Ortsbild um die dreitürmige Burganlage ist noch gut erhalten. In der gotischen Krypta der Pfarrkirche *Santi Antonio e Antonino* (1220) ist der Ortsheilige Sant'Ugolino aufgebahrt, dem rechter Fuß und Nase fehlen. Die Chronik berichtet, dass Reliquienjäger diese im Augenblick des Todes des Heiligen raubten. In der Umgebung Gualdos gibt es nicht weniger als acht Weiler mit z. T. gut erhaltenen Burganlagen, wie *Pomonte, Pozzo, Saragano* oder *Marcellano,* letztere mit der freskengeschmückter romanischer Kirche Sant'Angelo.

Das ebenfalls mittelalterlich geprägte Hügelstädtchen **Giano dell'Umbria** lohnt vor allem wegen der drei Kilometer nördlich des Ortes gelegenen Klosterkirche **Abbazia di San Felice** den Besuch. Der in harmonisches Hügelland eingebettete Bau des frühen 12. Jhs. zeigt in einfachen und klaren Strukturen reine Romanik. Im dreischiffigen Innenraum führen Stufen zu einem erhöhten Altarraum, der durch wiederverwendete antike Säulen unterteilt ist. Die fünfschiffige Krypta darunter stammt wahrscheinlich noch von einem Vorgängerbau des 8. oder 9. Jhs. Die Säulenkapitelle zeigen einfache Reliefs mit Ornamentik und Abbildern von Pflanzen, Tieren und einem Menschen. In einem einfachen Sarkophag ruht der hl. Felix, dem die Kirche geweiht ist. Der erste Bischof von Massa Martana war Anfang des 4. Jhs. von den Römern hingerichtet worden. An die Kirche schließt sich ein schöner Kreuzgang mit Brunnen an. (Falls die Kirche verschlossen ist, beim angrenzenden Kloster klingeln)

Von Giano führt führt eine von der Straße nach Massa Martana abzweigenden Nebenstraße bis knapp unterhalb des **Monte Martano.** Von den teilweise kahlen Höhen bieten sich prächtige Ausblicke.

Eine weitere sehenswerte romanische Kirche ist die **Pieve San Grego-**

rio bei *Castel Ritaldi*. Den auf 1141 datierten Bau schmücken außen seltsame Steinreliefs. Dämonen, Fratzen, Fabelwesen und Tiere bevölkern die Wandflächen. An einer Stelle sieht man Samson mit einem Löwen kämpfen. Um die herausgebrochene Fensterrose sind die Evangelistensymbole und die beiden Propheten Ezechiel und Jeremias dargestellt.

Information

- **Gualdo Cattaneo** 6000 Ew., 450 m ü. NN, PLZ 06 035. **Giano dell'Umbria** 3100 Ew., 540 m ü. NN, PLZ 06 030.

Unterkunft

- Im ruhigen Dorf Pozzo 8 km westlich Gualdo Cattaneo liegt das **Rinalducci*****/€€, ein etwas nüchtern wirkender Neubau, mittlerer Komfort; Tel. 0 74 29 11 80, Fax 0 74 29 16 42.
- In den Hügeln südwestlich Giano befindet sich das **Park Hotel Monte Cerreto****/€€, naturnahe Lage, der neuere Hotelbau wirkt nüchtern-korrekt, mittlerer Komfort, Zimmer z. T. mit schönen Ausblicken in die Berge, einige ohne eigenes Bad, Via Monte Cerreto 23, Tel. 0 74 29 05 51, Fax 07 42 93 00 07.
- **Agriturismo Il Rotolone**€€. Zwischen Bevagna und Montefalco, Gualdo Cattaneo, Località S. Anna 3, landwirtschaftlicher Familienbetrieb, auf guter Erdstraße zu erreichen, nettes einfaches Restaurant, kleine und funktional eingerichtete Zimmer mit Bad, Direktverkauf von Öl und Wein, Reitstall, Tel. 0 74 29 19 92, Fax 07 42 36 13 07.

Camping

- Südwestlich Giano dell'Umbra am Hang der Monti Martani Camping **Pineta di Giano****, Località Monte Cerreto, kleiner, schattiger, etwas enger Platz, viele Campmobile, Schwimmbad, Tel. u. Fax 07 42 93 00 40.
- Campinggelegenheit bietet auch **Agriturismo Il Rotolone** zwischen Bevagna und Montefalco (s. o.).

Essen und Trinken

- Einen guten Ruf besitzt das **Restaurant des Agriturismo Il Rotolone****-*** (s. o.), traditionelle Landküche unter Verwendung der selbst erzeugten Produkte, Spezialitäten sind Wild- und Geflügelgerichte (Wildschwein, Gans, Ente Wildtauben), kein Ruhetag.
- Der Familienbetrieb **Rifugio San Gaspare**** liegt mehr als 1000 m hoch südlich Giano am Gipfel des Monte Martano. Gute ländliche Küche (Pilz- und Trüffelgerichte, Torta al Testo), im Sommer große Außenterrasse, im Winter wärmt der Kamin, Nov.–März Mo geschlossen, Tel. 0 74 29 01 89.

Trevi

Das weithin sichtbar hoch auf einem Hügel östlich über der Valle Umbra thronende Städtchen bietet einen äußerst pitttoresken Anblick. Dicht gedrängt steigen die alte Steinfassaden die Bergflanke hinauf. Ganz oben setzt ein spitzer Kirchturm neben runder Kuppel den passenden Akzent. Enge gepflasterte Gassen winden sich ringförmig durch Tore, Bögen und zwischen engen Häuserzeilen hindurch. Aus der zugebauten Ebene mit Schnellstraße, Eisenbahn und Kleinfabriken gelangt man unvermittelt in eine ländliche Region voller Harmonie. Rund um die mittelalterliche Stadt bedeckt das silbrig schimmernde Grün des Ölbaums weitflächig die Hügel.

Bei Trevi werden auf terrassenförmig angelegten Agrarkulturen beträchtliche Mengen **Olivenöl** produziert, das allgemein von hoher Qualität ist. Schon mindestens seit dem 15. Jh. gründete sich der Wohlstand der Stadt auf der Produktion und Vermarktung des Olivenöls, was mehrere Renaissance- und

Barockpalazzi im Ort belegen. Rund um das Städtchen findet man zahlreiche, z. T. sehr alte Ölmühlen, die ihre Erzeugnisse direkt vermarkten.

Geschichte

Auch Trevi ist eine **römische Gründung.** Ursprünglich lag es an der Via Flaminia in der Ebene. Wie die vielen Wehr- und Schutzsiedlungen der Umgebung belegen (Pissignano, Campello Alto, Poreta), war das Mittelalter in diesem Landstich, durch den wichtige Durchgangswege verliefen, alles andere als eine friedliche Zeit. Nachdem Sarazenen und Ungarn im 10. Jh. mehrere Male die Stadt heimgesucht hatten zog sich die Bevölkerung unter den Schutz eines Kastells auf dem Hügel zurück. Als **freie Komune** des **13. Jhs.** war Trevi oft in die Machtkämpfe zwischen Spoleto und Foligno verwickelt. Nach dem *Condottiere Biordo Michelotto* übte bis 1454 die Feudalsignoria der *Trinci* aus Foligno die Macht über die Stadt aus, ehe auch Trevi dem Kirchenstaat angegliedert wurde.

Besichtigung

Herausragenden Sehenswürdigkeiten besitzt Trevi nicht, Atmosphäre ist hier wichtiger: ein Bummel durch die engen Gassen und über kleine Plätze ist unbedingt zu empfehlen. Verlässt man das Gassengewirr, so gelangt man immer wieder zu herrlichen Aussichtplätzen hoch über dem Talboden. Besonders schöne Blicke auf die Stadt genießt man einen Kilometer nördlich der Stadt vom Kloster San Martino, wenn die letzten Strahlen der Abendsonne die Mauern der Stadt in ein warmes Licht tauchen.

Treffpunkt und Flaniersalon von Jung und Alt ist die intime **Piazza Mazzini** ganz oben im Ort. Das geschlossenen Viereck aus alten Fassaden gäbe sie eine gute Kulisse für einen Film über italienisches Kleinstadtleben in vergangenen Jahrhunderten. Markantestes Bauwerk ist an der Ostseite der **Palazzo Comunale** aus dem 13. Jh., noch heute Sitz der Stadtverwaltung, mit eckigem Wehrturm und im 15. Jh. angefügtem Bogengang. Falls gerade geöffnet, lohnt ein Blick in das wenige Schritte von der Piazza entfernt liegende **Teatro Clitunno,** ein niedliches kleines Logentheater von 1875 mit prächtig bemaltem Bühnenvorhang.

Sant'Emiliano westlich der Piazza, die Hauptkirche der Stadt, wurde im 15., 18. und 19. Jh. jeweils dem Geschmack der Zeit entsprechend erneuert. Von der romanischen Ursprungskirche des 13. Jhs. blieben nur die drei Apsiden erhalten. Die Kirche ist seit langem wegen Restaurierung geschlossen.

Sehenswerter ist **San Francesco** nördlich der Hauptpiazza. Die einschiffige Kirche wurde 1288 im gotischen Stil erbaut und im 15. Jh. mit Fresken ausgemalt. Sie dient heute als Pinakothek, in der diverse Kunstwerke aus verschiedenen Kirchen der Umgebung zusammengetragen wurden. Die ganz großen Namen fehlen. Prunkstück ist das Tafelbild der „Marienkrönung" des Renaissancemalers *Lo Spagna* (1522), das die Jungfrau zwischen Heiligen und musizierenden Engeln zeigt.

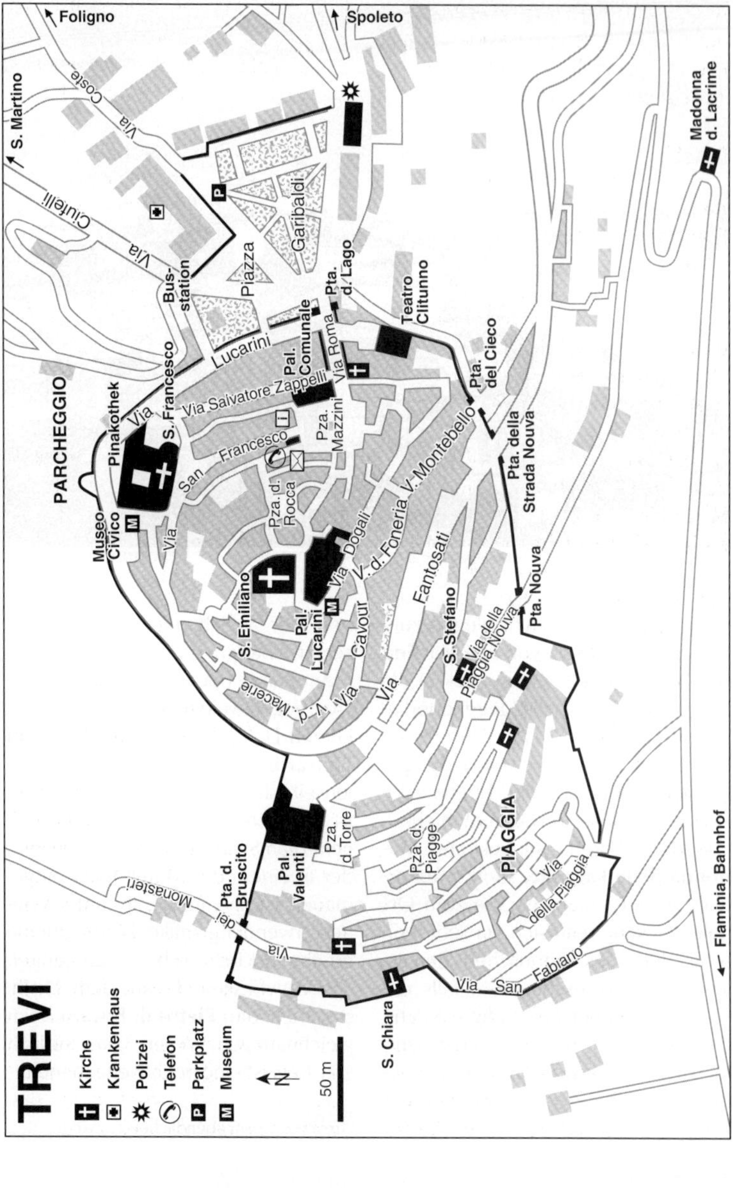
TREVI
Kirche
Krankenhaus
Polizei
Telefon
Parkplatz
Museum
N
50 m
Foligno
Spoleto
S. Martino
Via Coste
Via Ciufelli
Bus-station
Piazza Garibaldi
PARCHEGGIO
Pinakothek
Via S. Francesco
Lucarini
Pal. Comunale
Pta. d. Lago
Teatro Clitunno
Via Roma
Via Salvatore Zappelli
Pza. Mazzini
San Francesco
Pza. d. Rocca
Museo Civico
Via
S. Emiliano
Pal. Lucarini
Via Dogali
V. d. Foneria
V. Montebello
Pta. del Cieco
Pta. della Strada Nouva
Madonna d. Lacrime
Fantosati
S. Stefano
Via della Piaggia Nouva
Pta. Nouva
Via Cavour
Via
V. d. Macerie
Pza. d. Torre
Pal. Valenti
Pta. d. Bruscito
Via dei Monasteri
Pza. d. Piagge
PIAGGIA
Via della Piaggia
Via San Fabiano
S. Chiara
Flaminia, Bahnhof

Valle Umbra

Wer sich der Aussicht wegen zum Franziskanerkonvent von **San Martino** begibt, sollte auch einen Blick in die Klosterkirche und die gegenüberliegende Kapelle nicht versäumen. Zu sehen sind hier Fresken von Lo Spagna (Kapelle), Mezzastris und Tiberio d'Assisi (der hl. Martin teilt den Mantel).

In der Frührenaissancekirche **Madonna delle Lacrime,** südlich außerhalb an der Zufahrtsstraße zum Ort gelegen, kann man sich ein sehr typisches Bild der umbrischen Renaissancemalerei anschauen – falls die schwer erdbebengeschädigte Kirche demnächst nicht völlig in sich zusammenstürzt. *Peruginos* Spätwerk „Anbetung der Könige" zeigt einmal mehr verhalten und sanft wirkende Personen vor weich fließendem Landschaftshintergrund.

Am Rande der Ebene unterhalb von Trevi liegen weitere Kirchen, die einen kurzen Halt lohnen. **Santa Maria di Pietrarossa,** fünf Kilometer nördlich jenseits der Fernstraße nach Foligno, ist nach einem angeblich wundertätigen roten Stein *(pietra rossa)* benannt, der in einem der Mittelpfeiler eingemauert ist. Die im 14. Jh. unter Wiederverwendung antiker Baufragmente errichtete Kirche schmücken zahlreiche Votivfresken, die aus dem 15. Jh. stammen. **San Pietro di Bovaro** beim gleichnamigen Weiler 3 km südlich von Trevi ist eine noch weitgehend ur-

Trevi vor einem abendlichen Gewitter

sprünglich erhaltene romanische Kirche des 12. Jhs.

Information

- **Trevi.** 7100 Ew., 412 m ü. NN, PLZ 06 039, 12 km südlich Foligno.
- **Tourist-Info.** *I.A.T.,* Piazza Mazzini 5, Tel. 07 42 78 11 50, tgl. 9–13 u. 15–19 Uhr.

Unterkunft

- **Trevi Hotel*****/€€€€. Via Fantosati 2, Tel. 07 42 78 09 22, Fax 07 42 78 07 72, E-mail: trevihotel@tiscalinet.it, angenehmes kleines Hotel in einem Palazzo am Rande der Altstadt, gehobener Komfort, ausgesprochen stilvolle Einrichtung, Zimmer z. T. mit schöner Aussicht, Gartenterrasse.
- **Il Terziere****/€€. Via Coste 1, Tel. und Fax 0 74 27 83 59, wenige Schritte oberhalb der Altstadt, gut geführt, etwas nüchternes Ambiente, ruhige Zimmer mit gutem Komfort, z. T. mit Aussicht.
- Zimmervermietung **La Casareccia/Nocchi Settimia*,** ordentlicher Komfort zu niedrigen Preisen, einfach-funktional eingerichtete Zimmer, zentrale Lage beim *centro storico,* Via Lucarini 35, Tel. 07 42 78 09 94 oder 07 42 78 03 43.
- **Agriturismo La Villa Silvana**€€. Via Fonte Pigge 6, Località Parrano, Tel. 0 74 27 88 21, Fax 0 74 25 05 36 42, E-mail: agriturismo@villasilvana.it, Internet: www.silvana.it, Biologischer Landhof, kleine Ferienwohnungen für 2 oder 4 Personen, Pferde, Spielepark.

Essen und Trinken

- Preiswerte und leicht überdurchschnittliche Küche bietet das Hotelrestaurant des **Il Terziere**,** Mi Ruhetag.
- Außerhalb im Ortsteil Pigge liegt die oft gelobte **Taverna del Pescatore***.** Località Pigge, Via Chiesa Tonda 50, Mi Ruhetag, die Lage in unmittelbarer Nähe des hier noch sauberen Flüsschens Clitunno spiegelt sich auf der Speisekarte wieder, zu den Spezialitäten gehören Flusskrebse, Forellen, Aal und Nudeln *al sugo di pesce* (Fischsauce), im Sommer sitz man gemütlich im Freien.

Öffentliche Verkehrsmittel

Bahn

- Der **Bahnhof** liegt 3 km außerhalb des Zentrums in der Ebene, an der Strecke Rom–Foligno. Werktags verkehrt 6x ein Bus zwischen Bahnhof und Zentrum. Zu Fuß ist ein kräftiger Anstieg durch die Gassen der Altstadt zu bewältigen. Fahrkarten im Tabacchi beim Eingang zur Piazza Mazzini, am Bahnfof nur Automat.
- 6x täglich mit Interregio in knapp 2 Std. über Spoleto nach **Rom;** 4x täglich über Foligno nach **Ancona.**
- Lokalzüge nach **Spoleto-Terni** und **Foligno–Spello–Assisi–Perugia.**

Bus

- Bushalt beim Hauptplatz vor dem Eingang zur Altstadt. Werktags 6 Fahrten nach **Foligno.**
- Weiterer Bushalt unterhalb in Borgo Trevi, wo die Straße zum Bahnhof die Flaminia kreuzt. Werktags 8x, So 2x nach **Foligno,** bzw. **Spoleto** über *Pissignano.*

Einkaufen

- Das gute **Olivenöl** von Trevi kann man z. B. in der Ölmühle *Frantoio Francesco Gaudenzi* im Vorort Pigge erstehen, Località Pigge, Vocabolo Camporeale 2, Tel. 07 42 78 11 07.

Campello sul Clitunno

Campello sul Clitunno besteht aus mehreren kleinen Ortsteilen, die teilweise in der Ebene an der Via Flaminia, teilweise in den Ölbaumhügeln darüber liegen. In schöner Aussichtslage an der Bergflanke stehen die mittelalterlichen Castelli **Pissignano, Campello Alto** und **Poreta,** von Wehrmauern eingefasste kompakte Dorffestungen, die einst die wichtigen Verbindungswege der Valle Umbra bewachten. In den teilweise verlassenen Dörfern haben sich Künstler und stadtmüde Zweitwohnungsbesitzer eingenistet. Von Campello Alto führt eine wenig befahrene Passstraße weit hinauf in die einsame Landschaft der Appeninausläufer am *Monte Serano* (1429 m) mit seinen kahlen Hochweiden, die einen starken Kontrast zur Landschaft der sanften Olivenhügel am Rande der Valle Umbra darstellen.

Ungewöhnlich ist der **Tempietto del Clitunno** bei Pissignano unmittelbar an der lärmenden Fernstraße Spoleto - Foligno. Der sich äußerlich in der Idealform eines antiken Tempels präsentierende kleine Bau war immer eine christliche Kirche. Die Entstehungsperiode - frühchristlich, langobardisch oder karolingisch - ist ungeklärt. An den fein gearbeiteten, auf sechs Säulen ruhender Portikus schließt sich der winzige Kirchenraum mit Altar und Tabernakel an. Dass es sich um eine christliche Kirche handelt, zeigen auch die Reliefs der Rückseite mit einem Kreuz zwischen Weintrauben und Blumenranken. (geöffnet 1.4.-31.10. von 9-20 Uhr, 1.11.-31.3. 9-14 Uhr, Mo geschlossen, Eintritt frei). Unterhalb des Tempietto fließt ein klarer Bach durch das Wehr einer alten Mühle, die restauriert und in eine stilvolle Unterkunft umgewandelt wurde.

Einige Kilometer weiter südlich liegen rechts der Fernstraße die **Fonti del Clitunno,** die Quellen des Klitumnus. Aus dem Waldboden entspringt ein frischer, klarer Quell und bildet eine stille Wasserfläche; ein idyllischer unspektakulärer Ort, ideal für eine Rast im Schatten der Bäume. Schon der römische Schriftsteller Plinius ebenso wie später der englische Autor Lord Byron lobten die besondere Magie des Platzes. Allerdings brauste damals noch nicht unablässig der Autoverkehr im Hintergrund. (geöffnet 1.3.-31.10. mindestens 10-12.30 u. 14-17 Uhr, im Sommer länger, ab 9 bis maximal 20 Uhr).

Information

- **Campello.** 2300 Ew., 230 bis über 1000 m ü. NN, PLZ 06 042.

Unterkunft

- Die *Residenza d'Epoca* **Vecchio Molino*****/€€€€ beim Tempietto di Clitunno ist, wie der Name schon sagt, in einer alten Mühle untergebracht, stilvolle gehobene Unterkunft am Flüsschen Clitunno, Via del Tempio 34, Tel. 07 43 52 11 22, Fax 07 43 27 50 97, E-mail: vecchiomolino@perugiaonline.com.
- Angenehme Unterkunft auf dem Land bietet **Le Casaline****/€€ an der Straße von Poreta nach Lenano, ein kleines Hotel in altem Steinhaus mit sieben ansprechend eingerichteten kleinen Zimmern, Tel. 07 43 52 11 13, Fax 07 43 27 50 99.
- **Il Castello di Poreta*****/€€€. Innerhalb des Mauerrings der mittelalterlichen Burg von Poreta liegt dieses kleine Landhotel mit 8 Zimmern, herrliche Panoramalage, Aussichtsterrasse, Restaurant und Bar, beliebt bei englischen und amerikanischen Touristen, deshalb oft ausgebucht, Tel. 07 43 27 58 10, Fax 07 43 27 01 75, E-mail: castellodiporeta@ tin.it.

Essen und Trinken

- Im Hotelrestaurant **Le Casaline**** speist es sich angenehm im Garten zwischen Olivenbäumen; einfache Landküche, gute Primi, u. a. die traditionellen Stringozzi aus Spoleto, Mo Ruhetag.
- Im über 1000 m hoch gelegenen Weiler *Pettino Colle* unterhalb des Monte Serano gilt das **Pettino da Palmario**** als eines der besten Trüffelrestaurants der Region (die teuren Knollen gedeihen hier oben angeblich besonders gut), daneben gibt es auch eine gute Auswahl an Pilz- und Wildgerichten, Di Ruhetag, Tel. 07 43 27 60 21.

Spoleto

„Es ist ein großes, altes, dunkles, häßliches, jämmerliches Loch, das Spoleto; ich möchte lieber Küster Klimm zu Bergen in Norwegen sein als Erzbischof zu Spoleto“ schrieb 1802 der Italienwanderer Johann Gottfried Seume. Ganz anders urteilte ein anderer Deutscher, Ferdinand Gregorovius, der 1861 notierte: *„Freundliche Straßen, moderne Gebäude, ein Anstrich von heiterer Wohlhabenheit machen den angenehmsten Eindruck fröhlichen Lebens“*. Die Gegensätzlichkeit der Eindrücke der beiden Italienreisenden des 19. Jhs. ist auch heute noch in Spoleto spürbar. Ein verwirrendes Geflecht auf- und absteigender dunkler Gassen mit schmalen Durchlässen, lichtlosen Innenhöfen und grauen Häuserfluchten durchzieht das alte Zentrum. Im Winter kann man sich leicht in ein abseitiges Bergdorf des Apennin versetzt fühlen. Freundlich und hell wirkt hingegen der sich theatralisch öffnende Domplatz.

Und im Sommer demonstriert Spoleto während des international renommierten **Festival dei due Mondi** hohe Kultur und Weltläufigkeit. Die beiden Welten sind Europa und Nordamerika. Der Komponist und Dirigent *Gian Carlo Menotti,* Amerikaner mit italienischen Vorfahren, rief das Festival 1958 ins Leben, um den künstlerischen Austausch zwischen den Kontinenten zu beleben. Innerhalb kürzester Zeit wurde es zu einem der wichtigsten Kulturereignisse Italiens. Theater, Tanz, Ballett, von der Klassik bis zur Avantgarde, Literaturlesungen und Filmvorstellungen ziehen jährlich ein internationales Publikum an. Drei Wochen lang treffen sich hier hochkarätige Künstler aus aller Welt. Hotelzimmer sind dann ebenso schwer zu bekommen wie Einrittskarten. Die Plätze, Straßen, Palazzi und Kirchen Spoletos werden zu stimmungsvollen Kulissen der zahlreichen Aufführungen.

Das Verhältnis Spoletos und seiner Bürger zu den Festspielen ist zwiespältig. Einerseits machten sie die Stadt international bekannt und brachten Investoren und Sponsoren. So konnte vieles für das Stadtbild getan werden, Straßen, Gebäude und Plätze wurden renoviert, gehobene Hotel- und Gastronomiebetriebe, Kunstgalerien und Antiquitätengeschäfte brachten zusätzliche Einkommensquellen in die Stadt. Andererseit fühlen sich, wie in vielen Festivalstädten, die *Spoletini* während der Saison manchmal als Minderheit in der eigenen Stadt. Die gerne und zahlreich anreisende römische Kunst- und Kulturschickeria ist auch nicht gerade beliebt, denn sie gilt (nicht nur in Spoleto) als besonders hochnäsig und snobistisch.

Außerhalb der Festpielzeit ist das am äußersten **Südende der Valle Umbra** gelegen Spoleto einfach eine hübsche, ruhige Kleinstadt. Es besitzt eine beträchtliche Anzahl sehenswerter Bauwerke und Kunstschätze. Spoleto gehört auch zu den inzwischen selten gewordenen alten Städten Italiens, wo die gewachsene Verbindung zwischen dem historischen Zentrum und umgebender Natur noch intakt ist. Verlässt man die Stadt zu Fuß nach Osten, so gelangt man sofort in unberührte Natur, ohne dass erst eine quälende Übergangszone moderner Vorortbebauung durchquert werden muss. In der gebirgigen und waldreichen Umgebung der Stadt lassen sich schöne Wanderungen unternehmen.

Geschichte

Spoleto war über lange Jahrhunderte eine der wichtigsten Städte Umbriens. Ihre Bedeutung lag in der besonderen strategischen Position auf einem Hügel über zwei engen Tälern. Von hier konnte die unterhalb verlaufende, wichtige **Via Flaminia** nach Rom leicht kontrolliert werden. Langobarden, Franken und die Gouverneure des Papstes errichteten an diesem strategisch wichtigen Punkt ihre Residenzen. Die Funde des archäologischen Museums belegen, dass der Hügel von Spoleto bereits vor der um 900 v. Chr. in Mittelitalien einsetzenden Eisenzeit besiedelt war. Später lag hier eine befestigte Stadt der Umbrer, was Reste von Polygonalmauern im Stadtgebiet belegen. 241 v. Chr. übernahmen die Römer die Macht. Das **römische Spoletium** leistete **217 v. Chr.** dem gegen Rom ziehenden *Hannibal* erfolgreich Widerstand. Dies brachte der Stadt den Ruf einer treuen Verbündeten ein. Die neuen Herren erweiterten die umbrische Stadtmauer, errichteten öffentliche Gebäude, Theater, Wohnhäuser, bauten neue Straßen und Plätze.

Spoletos Dom Santa Maria Assunta

Parallel zum Niedergang des weströmischen Imperiums verfiel auch auch Spoleto während der Zeit der Völkerwanderungen. 545 zerstörte der Gotenkönig Totila die Stadt, die allerdings nach der Eroberung durch die germanischen **Langobarden 571** schnell wieder an Bedeutung gewann. Faraold I. bestimmte sie zur Hauptstadt eines mittelitalienisches Herzogtums. Das so genannte **Dukat von Spoleto** umfasste neben Umbrien Teile der Marken, Latiums und der Abruzzen. Seltsamerweise haben die zwei Jahrhunderte langobardischer Herrschaft keinerlei architektonische oder künstlerische Zeugnisse in der Stadt hinterlassen.

Während der mittelalterlichen Machtkämpfe zwischen Papst und deutschen Kaisern ließ Barbarossa 1155 das sich widersetzende Spoleto zerstören. Ende des 12. Jhs. war es zwar schon wieder in den römischen Machtbereich einbezogen, allerdings wusste sich auch Spoleto zeitweise als freie Komune zu etablieren. Den städtischen Freiheiten machten die Eroberungstruppen des päpstliche Statthalters Kardinal Albornoz **1354** auf Dauer ein Ende. Zur Absicherung der päpstlichen Macht ließ er auf dem Hügel von Spoleto eine mächtige Zwingburg bauen. Es folgten **mehr als 500 Jahre Herrschaft des Kirchenstaates.**

Als Hauptstadt des napoleonischen Départements Trasimeno gewann Spoleto noch einmal kurz an Bedeutung.

Besichtigung

Von der südlichen Stadtseite mit der *Piazza della Libertà* gelangt man schnell und bequem zu den wichtigsten Sehenswürdigkeiten Dom, Sant'Eufemia, Rocca und Ponte delle Torri, die alle im oberen Teil der Altstadt liegen. Einen vollständigeren Überblick über das alte Spoleto einschließlich des unteren Zentrumsbezirkes bietet der Weg von Norden, von der Piazza della Vittoria her, der allerdings einen langen Anstieg mit sich bringt.

Von der Piazza della Vittoria ausgehend lässt sich die Stadtbesichtigung auch mit einer Kurzwanderung verbinden. Sie führt durch schöne Natur und mit prächtigen Ausblicken östlich um die Stadt herum und macht die besondere Lage Spoletos deutlich (siehe Wegbeschreibung).

Durch die obere Altstadt zum Dom

Westlich der *Piazza della Libertà* liegt hinter einer Mauer die **Ruine des römischen Theaters** aus dem 1. Jh, das ein Fassungsvermögen von etwa 3000 Zuschauern hatte. Im wesentlichen ist nur noch der Zuschauerraum mit den Sitzreihen vorhanden, der heute für Aufführungen des Spoleto-Festivals wieder genutzt wird. Die steinerne hohen Bühnenwand, die jedes römische Theater besaß, wurde spätesten im 11. Jh. abgerissen, als man das romanische Kirchlein *Sant'Agata* in das heidnische Bauwerk hineinbaute. Vom Theater hat man Zugang zum **Archäologischen Museum.** Interessantestes Einzelstück ist die steinerne Gesetzestafel mit der *Lex Spoletina,* die unter Strafandrohung das Holzfällen in den Wäldern des Monteluco verbot.

Richtung Dom nimmt man von der Piazza della Libertà die neben dem Infobüro ansteigende Straße, biegt hinter der *Piazza Fontana* nach links in die schmale Gasse mit dem **Arco di Druso.** Der römische Bogen wurde 23 n. Chr. zu Ehren des Kaisers Drusus errichtet, der im gleichen Jahr vergiftet worden war. Er bildete den repräsentativen Eingang zum Forum, das sich an der Stelle des heutigen Marktplatzes befand. Rechts vom Bogen steht auf den sichtbaren Fundamenten eines römischen Tempels die **Chiesa Sant'Ansano.** Im Inneraum der Kirche des 18. Jhs. sind antike Spolien verbaut. Sehenswert ist vor allem die vom erhöhten Altarraum über römische Tempelstufen zugängliche **Krypta Sant'Isacco** (11. Jh.) mit Fresken und weiteren Spolien (geöffnet täglich 7.30–12 u. 15–17.30 Uhr, März bis September bis 18.30 Uhr).

Die kleine **Piazza del Mercato** bietet in der Woche vormittags ein leben-

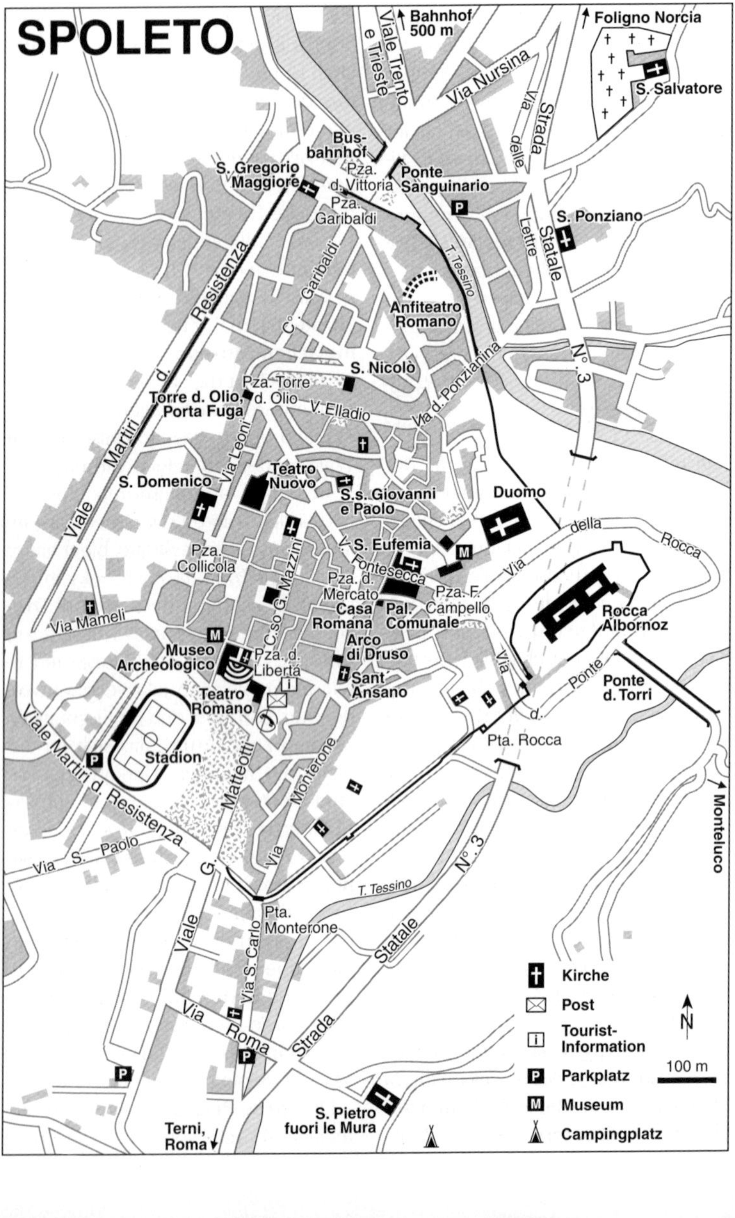
SPOLETO
Bahnhof 500 m
Foligno Norcia
Viale Trento e Trieste
Via Nursina
Via delle Lettere
Strada Statale
S. Salvatore
Bus-bahnhof
S. Gregorio Maggiore
Pza. d. Vittoria
Ponte Sanguinario
Pza. Garibaldi
S. Ponziano
C. Garibaldi
T. Tessino
Viale Martiri d. Resistenza
Anfiteatro Romano
N°. 3
S. Nicolò
Via d. Ponzianina
Pza. Torre d. Olio
Torre d. Olio, Porta Fuga
V. Elladio
Via Leoni
Teatro Nuovo
S. Domenico
S.s. Giovanni e Paolo
Duomo
Via della Rocca
S. Eufemia
Pza. Collicola
V. Fontesecca
C.so G. Mazzini
Pza. d. Mercato
Pza. F. Campello
Casa Romana
Pal. Comunale
Rocca Albornoz
Via Mameli
Museo Archeologico
Pza. d. Libertà
Arco di Druso
Sant' Ansano
Via d. Ponte
Ponte d. Torri
Teatro Romano
Pta. Rocca
Stadion
Via G. Matteotti
Via Monterone
Monteluco
Via S. Paolo
T. Tessino
Pta. Monterone
Viale
Via S. Carlo
Statale
Via Roma
Strada
S. Pietro fuori le Mura
Terni, Roma
Kirche
Post
Tourist-Information
Parkplatz
Museum
Campingplatz
N
100 m

diges Bild, wenn die Bauern der Umgebung ihre Obst- und Gemüsestände hier aufgebaut haben. An der Stirnseite des Marktplatzes erhebt sich die barocke Schmuckwand des *Fonte di Piazza* von 1746. In der links vom Brunnen beginnenden schmalen *Via del Palazzo dei Ducchi* haben sich einige Werkstätten und Läden des Mittelalters erhalten.

Über die rechts vom Brunnen ansteigende Gasse gelangt man nach wenigen Schritten zum **Palazzo Comunale,** dem Rathaus von Spoleto. Vom Ursprungsbau des 13. Jhs. ist nach zahlreichen Umbauten nur noch der Turm übrig geblieben. Die **Pinacoteca Comunale** im ersten Stockwerk besitzt überwiegend Werke eher unbekannter umbrischer Künstler des Mittelalters und der Renaissance, eine Verlegung in die Rocca Albornoz ist geplant. Beim unteren Ende des Palazzo Comunale hat man im Kellergeschoss die **Casa Romana,** ein gut erhaltenes römisches Haus mit Resten roter Wandbemalungen und einem schwarzweißen Mosaik ausgegraben (Casa Romana geöffnet vom 16.10 bis 15.3. außer Di 10–13 u. 15–18 Uhr, übrige Zeit täglich durchgehend 10–19 Uhr).

Die an der Rückseite des Rathauses ansteigende dunkle und schmale *Via A. Saffi* säumen mehrere Antiquitätengeschäfte und Enotheken, man nähert sich dem touristischen Zentrum Spoletos. Oberhalb öffnen sich die Mauern der Via Saffi nach links, Treppen führen auf eine helle Piazza hinab, an deren unteren Ende sich theatralisch der Dom Santa Maria Assunta erhebt.

☆Duomo Santa Maria Assunta

Er wurde Ende des 12. Jhs. nach den Zerstörungen durch Barbarossa an der Stelle einer Vorgängerkirche erbaut. Der Bau zeigt zur Piazza hin eine abwechslungsreiche **Fassade,** ein byzantinisch streng wirkendes Mosaik auf Goldgrund ist hier von insgesamt acht Fensterrosen umgeben. Die mittlere Hauptrose zeigt feine Steinmetzarbeiten, zwei kleine Menschenabbildungen stützen die steinerne Rahmung mit den vier Evangelistensymbolen in den Ecken. Die 1491 angefügte **Renaissance-Vorhalle** mit kleinen Kanzeln passt sich in den älteren Bau gut ein. Der spitze **Campanile** ist aus groben Blöcken zusammengesetzt, bei denen es sich um wiederverwendete Teile älterer Bauten handelt.

Der **Innenraum** wurde 1638 in leicht erdrückend wirkendem Barockstil umgestaltet. Nur der alte Fußboden mit ornamentalen Einlegearbeiten (so genannte *Cosmaten),* einige Seitenkapellen sowie die Chorapsis blieben vom Ursprungsbau erhalten. Letztere ist mit großen Fresken von lebendiger Farbigkeit ausgemalt. Sie stammen von *Filippo Lippi,* einem der wichtigsten Maler der florentinsichen Frührenaissance. Das um 1468 entstandene Bildwerk zeigt von links nach rechts die Verkündigung, den Tod Mariens, die Geburt Jesu, im Bogenfeld darüber die Krönung Mariens. In der ersten Kapelle rechts *(Capella Eroli)* findet man ein schönes Fresko des umbrischen Renaissancemalers *Pinturicchio* von 1497, der seine „Maria auf dem Thron zwischen Heiligen" vor einer weiten südlichen Küstenlandschaft voller Harmonie abbildet; im hinteren Kapellenraum sind Gestalten des Alten Testaments von einem unbekannten Maler des 16. Jhs. zu sehen. Links vom Haupteingang ist hinter Glas ein bemaltes Holzkreuz von 1187 ausgestellt. Es zeigt Jesus noch in der frühen Darstellungsweise als Sieger und nicht als leidenden Mensch zu sehen.

☆Sant'Eufemia

Bei den Treppen zum Domplatz erhebt sich von Palazzi eingerahmt die gerundete Apsis von Sant'Eufemia. Der **romanische Bau** stammt aus der zweiten Hälfte des 12. Jhs. Nach einer Restaurierung in der ersten Hälfte dieses Jahrhunderts, bei der sämtliche barocke Umbauten entfernt wurden, zeigt er sich in den ursprünglichen mittelalterlichen Formen. Der **Innenraum** beeindruckt in seiner Schlichtheit, und trotz eher bescheidenener Maße wirkt er durch seine drei schmale Schiffe hoch und großzügig. Für umbrische Kirchen untypisch sind die zweistöckigen Bogenreihen der Seitenschiffe. Auf den an der Eingangsseite durch einen Gang verbundenen Emporen konnten die Stadtherren aus erhöhter Position am Gottesdienst teilnehmen und sich so demonstrativ von der Masse der Gläubigen abheben. Die Säulen der Seitenschiffe sind teilweise noch original römisch, der Altar (13. Jh.) stand ursprünglich im Dom. Er zeigt schöne Reliefs und Cosmatenarbeiten: Mosaiklinien umkreisen die vier Evangelistensymbole und ein Lamm als Symbol Christi. (Zugang von der Via Saffi über den Hof des Museo Diocesano, tagsüber meist durchgehend geöffnet).

Rocca Albornoz
und Ponte delle Torri

Von den Treppen des Domplatzes steigt die Via Saffi weiter an zur grünen *Piazza Campello* unterhalb der **Rocca Albornoz.** Die einstige Festung der Päpste erhebt sich wuchtig und abweisend in dominanter Position über den Dächern der Stadt. Die ganze Anlage zeigt den Machtwillen des spanischen Kardinals Albornoz, der mit der 1370 vollendeten Zwingburg die Herrschaft des ins ferne Avignon ausgewanderten Papsttums in dieser Region sichern wollte. Bei den Bewohner Spoletos war die Rocca verhasst, symbolisierte sie doch eine über 500 Jahre dauernde, als Fremdherrschaft empfundene Regentschaft. Zuletzt diente die Rocca bis 1984 für gut 150 Jahre als „stilvolles" Gefängnis. Nach grundlegender Restaurierung steht sie seit kurzem wieder Besuchern offen. Der Rundgang durch das Burginnere führt zunächst in den freundlich wirkenden, von einer zweistöckigen Backsteinloggia eingefassten Renaissanceinnenhof mit Zierbrunnen, dann durch die verschiedenen Burgsäle, deren hohe meist kahle Wände einen eheren nüchterne Gesamteindruck vermitteln. Von der ursprünglichen Ausstattung ist leider wenig erhalten geblieben. Sehenswert ist ein fragmentarischer Freskenzyklus im Gewölbe der *Camera Pinta* (15. Jh.). Im Malstil der französischen Gotik schildert ein anonymer Meister lebendig und farbenfroh ritter-

lich-höfische Szenen (täglich geöffnet, Mitte Juni bis Mitte September 10–20 Uhr; Mitte März bis Mitte Juni sowie Mitte September bis Ende Oktober Mo–Fr 10–12 u. 15–19 Uhr sowie Sa/So ohne Mittagspause; übrige Zeit Mo–Fr 14.30–17 Uhr bzw. Sa/So 10–17 Uhr; 4,65 € Eintritt incl. Minibustransfer zum oberen Burgeingang, nur geführte Besichtigungen).

Ein links der Rocca beginnendes Aussichtssträßchen führt einmal ganz um den Burghügel herum. „Fare il giro" nennen die Spoletini ihren beliebtesten Spaziergang. Er führt mit Blick auf Domturm und Olivenhaine zum unbedingt sehenswerten **Ponte delle Torri,** der auf der anderen Seite der Rocca das Engtal des *Torrente Tessino* überspannt. Auf der 230 m langen, monumentalen alten Bogenbrücke kann man immer noch zur anderen Talseite hinüberwandern, wo sich die Ruine einer kleinen Burg erhebt. Von der Brückenmitte bieten sich schöne Blicke auf die Rocca Albornoz, San Pietro, die umgebende, unberührte Waldlandschaft und – nichts für Schwindelanfällige – 80 m tief in das Tal des Tessino. Schon Goethe war begeistert: *„Die zehen Bogen, welche über das Tal reichen, stehen von Backsteinen ihrer Jahrhunderte so ruhig da, und das Wasser quillt immer noch in Spoleto an allen Orten und Enden. Das ist nun das dritte Werk der Alten, das ich sehe, und immer derselbe große Sinn. Eine zweite Natur, die zu bürgerlichen Zwecken handelt, das ist ihre Baukunst, so steht das Amphitheater, der Tempel und der Aquadukt".* Hier irrte der von der Antike beseelte Dichterfürst. Die Brücke ist nicht

Ponte delle Torri und Rocca Albornoz

römisch sondern mittelalterlich. Wahrscheinlich wurde sie erst im 13. Jh. erbaut, um eine aus den Bergen kommende Wasserleitung in die Stadt zu führen.

Die untere Altstadt

Der untere, nördliche Altstadtbereich besitzt keine herausragenden Sehenswürdigkeiten, ist mit seinen engen, steilen Gassen und den kleinen Geschäften dennoch nicht ohne Reiz. Unter der *Piazza della Vittoria* verbergen sich noch die Mauern der Römerbrücke **Ponte Sanguinario,** die hier den Tessino-Bach überspannte. Von der anschließenden *Piazza Garibaldi* blickt man nach rechts auf den Campanile von **San Gregorio Maggiore.** Die um 1100 errichtete Kirche zeigt sich heute, nach der Entfernung der Barockeinbauten, in ihren ursprünglichen klaren romanischen Formen. Wie in vielen umbrischen Kirchen steht ein erhöhter Chorraum über der Krypta. Die Kirchenwände bedecken zahlreiche Freskenreste.

Die *Piazza Garibaldi* und der bergwärts wegführende *Corso Garibaldi* bilden die Bühne für die allabendliche Passigiata. Auch tagsüber wirkt der Corso mit seinen kleinen, alltäglichen Geschäften und Bars lebendig. Er geht in die gewunden ansteigende Fußgängergasse *Via di Porta Fuga* über, die von einem hochaufstrebenden mittelalterllichen Geschlechterturm überragt wird. Von der **Torre Olia** (Ölturm), gossen die Verteidiger siedendes Öl auf die Angreifer. Die ebenfalls mittelalterliche **Porta Fuga** (Fluchttor) am Fuße des Turms errinnert an die Belagerung der Stadt durch die Truppen Hannibals. Vor einem römischen Tor an gleicher Stelle sollen sie 217 v. Chr. in die Flucht geschlagen worden sein.

Von der *Piazza Torre dell'Olio* oberhalb geht es immer geradeaus auf ansteigenden Fußgängergassen (Via Salaria Vecchia, Via di Fontesecca, Via Saffi) bis ganz hinauf zum Domplatz. Ein kurzer Abstecher nach links führt dabei zu einer weiteren sehenswerten romanischen Kirche. **Santi Giovanni e Paolo** ist ein schlichter einschiffiger Bau des 12. Jhs. mit älterer Krypta. Im Innenraum wurden einige Fresken unbekannter Maler freigelegt, die z. T. noch aus der Entstehungszeit der Kirche stammen. Ungewöhnlich ist die Darstellung der Hinrichtung des hl. Thomas Beckett von Canterbury, der 1170 enthauptet wurde. Ein Meister von Eggi genannter Künstler malte um 1300 diverse Heilige und „Das Gastmahl des Herodes".

Am Stadtrand

☆San Ponziano und San Salvatore

Einen Kilometer nordwestlich der Altstadt trifft man oberhalb der Via Flaminia (SS 3) auf zwei weitere historische Kirchen:

San Ponziano wurde um 1200 über der Grabstätte des hl. Pontianus errichtet. Der Stadtpatron von Spoleto wurde während der römischen Christenverfolgungen mit dem Schwert hingerichtet, weswegen die Bewohner von Spoleto am 14. Januar, dem Festtag des Heiligen, angeblich bis heute kein Messer in die Hand nehmen. Sehenswert sind der Außenbau und die fünfschiffige Krypta mit frühchristlichen Sarkophagen und Fresken des 14. und 15. Jhs. Das Hauptschiff wurde Ende des 18. Jhs. grundlegend verändert. (Zur Besichtigung beim Kustoden klingeln oder im Kloster fragen).

San Salvatore ist eine der ältesten Kirchen Umbriens. Die Kunsthistoriker rätseln noch, ob sie aus frühchristlicher (4./5. Jh.) oder aus langobardischer Zeit (8. Jh.) stammt. Der fast schmucklose, monumental wirkende Innenraum weckt Assoziationen an antike Großbauten. Unter der achteckigen Kuppel des Altarraums tragen zehn wuchtige Säulen mit fein gearbeiteten dorischen und korinthischen Kapitellen das mit Friesen geschmückte Gebälk eines ehemaligen Römertempels. Auch die Portaleinfassung außen zeigt filigrane antike Steinmetzarbeiten, die späteren Renaissancebildhauern als Vorlage dienten.

☆San Pietro Fuori le Mura

Einen Kilometer südlich der Stadt, jenseits der Via Flaminia, steht einsam über Wiesen San Pietro Fuori le Mura. Die Ende des 12. Jhs. errichtete Kirche besitzt ungewöhnliche romanische **Fassadenreliefs.** In der rätselhaften Symbolik des Mittelalters wird das die Zeit beherrschende Thema „Gut und Böse", „Heil und Verdammnis" den Gläubigen plastisch vor Augen geführt, besonderes anschaulich in denfünf Rechteckfeldern links vom Hauptportal. Ganz oben links ist der Tod des geläuterten Sünders dargestellt: von Heiligen beschützt stirbt er in Frieden, das am Fußende hockende Teufelchen kann nicht eingreifen. Schlechter ergeht es dem Sünder im Feld darunter: Am Sterbebett wartet schon der Teufel, um ihn in ein großes Gefäß zu stecken; der hl. Michael mit der Seelenwaage kann nicht mehr helfen und macht sich nach rechts davon. In der drei unteren Feldern taucht jeweils ein Löwe auf. Im mittleren ist er als Sinnbild ungezügelter menschlicher Agressivität zu sehen. Durch Arbeit kann sie in die Schranken gewiesen werden; ein Holzfäller besiegt den Löwen, indem er dessen Pranke in einen gefällten Baumstumpf einklemmt. Die zwei Löwen darunter stehen für den gerechten, strafenden Gott. Den demütigen Frommen verschont, den Bösen, symbolisiert durch den Krieger, verschlingt er. In der Reihe rechts vom Hauptportal sind oben zweimal Jesus und die Apostel Petrus

Detail des Fassadenrelifs von San Pietro

und Andreas zu sehen. In der Mitte stellt sich ein Wolf (bösartiges Wesen) tot, um einen Raben (die verführbare menschliche Seele) anzulocken. Darunter flieht ein Widder vor einem Wolf, und ein Löwe (göttliche Kraft) bezwingt einen Drachen. An der Portaleinfassung sind neben Ornamenten allerlei Tiere zu sehen: eine Hirschkuh, die eine Schlange zerbeißt, ein Bauer hinter zwei Ochsen, einen Pfau (Symbol des ewigen Lebens), der an Weintrauben (das christliche Abendmahl) pickt.

Praktische Tipps

Information

- **Spoleto.** 38 000 Ew., 400 m ü. NN, PLZ 06 049.
- **Tourist-Info.** *I.A.T di Spoleto,* Piazza della Libertà 6/7, geöffnet Mo bis Fr 9–13 und 15.30–18.30 Uhr, Sa 10–13 und 15.30–18 Uhr, So 10–13 Uhr, Tel.07 43 22 03 11, Fax 074 34 62 41, E-mail: info@iat.spoleto.pg.it, Internet: www.conspoleto.com.

Unterkunft

Hotels im Zentrum

- **Gattapone******/€€€€€. Via del Ponte 6, Tel. 07 43 22 34 47, Fax 07 43 22 34 48, E-mail: gattapone@mail.caribusiness.it, unterhalb der Rocca beim Ponte delle Torri, eine besonders feine Adresse, große, stilvoll eingerichtete Zimmer, z. T. mit herrlicher Aussicht auf die mittelalterliche Schluchtbrücke, nur 14 Zimmer, oft ausgebucht.
- **Dei Ducchi******/€€-€€€€. Via Matteotti 4, Tel. 0 74 34 45 41, Fax 0 74 34 45 43, E-mail: hotel@hoteldeiduchi.com, im oberen (östlichen) Ortsteil beim Parco Chico Mendes, traditionell-vornehm, geräumige Zimmer, meist mit schöner Aussicht, ruhige Lage, mit oft gelobtem Restaurant.
- **Nuovo Clitunno*****/€€-€€€. Piazza Sordini 6, Tel. 07 43 22 33 40, Fax 07 43 22 26 63, E-mail: hotelclitunno@spoleto1.com, ruhige und zentrale Lage in der Altstadt, nicht weit vom römischen Theater, einfachere Zimmer im oberen Stockwerk mit Blick auf Altstadt und Berge, die renovierten unteren Zimmer sind teurer, neue ansprechende Ausstattung, Blick in die Altstadtgassen.
- **Europa*****/€€-€€€. Viale Trento e Trieste 201, Tel. 0 74 34 69 49, Fax 07 43 22 16 54, E-mail: europahotel@tin.it, gut geführtes, nüchtern-modernes Geschäftshotel unmittelbar beim Bahnhof.
- **Aurora****/€€. Via Apollinare, Tel. 07 43 22 03 15, Fax 07 43 22 18 85, E-mail: info@hotelauroraspoleto.it, neben dem römischen Theater, ruhige Lage, ansprechende, recht geräumige Zimmer mit Bad, z. T. mit Aussicht, empfehlenswert.
- **Il Panciolle****/€-€€. Via Duomo 4, Tel. u. Fax 0 74 34 56 77, zentral in der Nähe des Domes, freundlich-angenehm, recht geräumige Zimmer mit Bad, Restaurant und Aussichtsterrasse mit Blick über die Stadt.

Hotels außerhalb

- Am Monteluco die luxuriöse **Residenza d'Epoca Eremo delle Grazie******/€€€€€, Località Monteluco, Tel. 0 74 34 96 24, Fax 0 74 34 96 50, vornehmes Hotel in den Räumen eines ehemaligen Franziskanerklosters, die 11 stilvoll möblierten Zimmer sind nach den Franziskanermönchen benannt, die einst hier wohnten. (Der hl. Franziskus würde in Ohnmacht fallen, sähe er, welcher Luxus mit dem Namen seiner Brüder verbunden wird), Schwimmbad, Restaurant und kleiner Park, schöne Lage, Vorausbuchung ist unbedingt notwendig.
- Das preiswerteste Hotel am Monteluco ist das **Feretti****/€-€€, Tel. 0 74 34 98 49, Fax 07 43 22 23 44, E-mail: albergoferetti@libero.it, neben dem Franziskanerkloster, einfache Zimmer, ruhige Lage.
- Das **Paradiso*****/€€ neben dem Feretti bietet etwas höhere Qualität, Località Monteluco 19, Tel. 07 43 22 30 82, Fax 07 43 22 34 27, E-mail: info@albergoparadiso.net.

Agriturismo

- **Bartoli**€. Am Monte di Patrico in 1000 m Höhe, 12 km südlich von Spoleto, Località Patrico, Tel. 07 43 22 00 58, E-mail: patrico@

tiscalinet.it, 6 Doppelzimmer und eine Ferienwohnung für 6 Personen, Landwirtschaft mit allem drum und dran, Käse, Esskastanien und Trüffel, mit Restaurant, Ferienwohnung.

- **Fattoria Patrice**€. Località San Martino in Trignano, etwa 10 Kilometer Richtung Massa Martana, Tel. 07 43 26 80 08, Fax 07 43 26 92 07, E-mail: patrice@patrice.it, biologische Landwirtschaft, mit Restaurant, 6 preisgünstige Doppelzimmer.
- **Il Pecoraro**€-€€. Frazione Strettura 76, Tel. 07 43 22 96 97, E-mail: info@ilpecoraro.it, Bauernhof 15 km südlich Spoleto Richtung Terni, Schwimmbad, Gelegenheit zu Reitausflügen, im Restaurant wird gute ländliche Küche serviert, 13 Doppelzimmer.
- **L'Ulivo.** Località Bazzano di Sotto, Tel. 0 74 34 90 31, Fax 07 43 22 25 27, E-mail: agrulivo@tin.it, etwa 8 km nordöstlich von Spoleto am Rande der Berge gelegen, zwei Ferienwohnungen für 2 bis 6 Personen, 50–125 €.

Camping

- **Monteluco**.** Strada per Monteluco, schön gelegener kleinerer Platz am Stadtrand, 1 km außerhalb hinter San Pietro Fuori la Mura, Tel. u. Fax 07 43 22 03 58, geöffnet 1.4.–30.9.

Essen und Trinken

Spoleto rühmt sich innerhalb Umbriens einer besonders guten Küche. Nach meiner persönlichen Erfahrung isst man hier aber eher durchschnittlich. Eine lokale Spezialität sind *Strangozzi,* lange und dicke, entfernt an Spätzle erinnernde Nudeln. Schwarze Trüffeln, *tartufi neri,* wachsen auch in der Umgebung Spoletos und finden bei vielen angebotenen Gerichten Verwendung.

- **Il Tartufo****.** Piazza Garibaldi 24, gilt als das beste Restaurant Spoletos und bietet (nicht nur) Trüffelgerichte in zahlreichen Varianten, ausgezeichnet und teuer, die edlen Knollen haben ihren Preis, das etwas steifvornehme Ambiente ist eher störend, Tel. 0 74 34 02 36, Mi Ruhetag.
- **Il Pentagamma***.** Via Tommaso Martani 4, sehr gute Trattoria im Zentrum bei der Piazza della Libertà, einfache, aber ausgezeichnete Gerichte, Tel. 07 43 22 31 41, Mo Ruhetag.
- Gut und recht preiswert ist die **Trattoria del Festival**,** Via Brignone 8, 50 m oberhalb der Piazza della Libertà, günstige Pasta mit Trüffelsauce, Tel. 07 43 22 09 93, Menu Turistico 15 €.
- Ordentliche Küche ohne Schnickschnack bietet auch das **Ristorante del Mercato**** am Marktplatz, Piazza del Mercato 29, Tel. 0 74 34 53 25, Menu Turistico 15 €.
- **Sabatini**.** Corso Mazzini 54, im Sommer sitzt man angenehm im schönen Innenhof, gute Traditionsküche, einfaches Ambiente, Tel. 07 43 22 18 31, Mo Ruhetag.
- **Enoteca Provinciale**.** Via Staffi 7, große Auswahl umbrischer Weine, Grappa und Olivenöl, hier gibt es auch ein täglich wechselndes Menü für etwa 15 €, Tel. 07 43 22 04 84, Mo Ruhetag.
- Für Preisbewusste bietet die einfache **Trattoria/Pizzeria L'Angolo*** akzeptable Qualität zu niedrigen Preisen, Viale Trento e Trieste 126, beim Bahnhof.
- **Canasta.** Elegantes Café an der Piazza della Libertà, ausgezeichnete Konditorei, Panini, beliebter Treffpunkt.

Öffentliche Verkehrsmittel

Bahn

- **Bahnhof** 2 km nördlich unterhalb der Altstadt, an der Linie Rom–Terni–Foligno–Ancona; häufig verkehrender Stadtbus zwischen Bahnhof und Zentrum.
- Mit Eurostar 7x täglich in knapp 1½ Std. nach **Rom,** nach **Ancona** in etwa 2 Std. 5x. Zusätzlich 5 Interregios täglich nach Rom und Ancona.
- Etwa 10 Lokalzüge täglich nach **Terni** bzw. **Foligno–Spello–Assisi–Perugia.**

Bus

- **Hauptbushalt** an der Piazza della Vittoria.
- **Auskünfte.** *S.S.I.T. Spoletina,* Tel. 07 43 21 22 08, Internet: www.spoletina.com
- Verbindungen mit *S.S.I.T Spoleto* in die umliegenden Dörfer und nach **Foligno** über *Borgo Trevi* (werktags 8x, So 2x).
- Nach **Norcia/Cascia** über *Sant'Anatolia di Narco* in der Valnerina fährt werktags 6x, sonntags 4x ein Bus; Abfahrt vom Bahnhof, Fahrzeit bis Norcia eine knappe Stunde.

Rund ums Auto

- **A.C.I.** Pannenhilfe-Tel. 07 43 22 10 15.
- **Autoverleih.** *Alcidi Armando,* Loc. Madonna di Lugo, Tel. u. Fax 0 74 34 02 21; *Hertz,* Via Cerquiglia 144, Tel. u. Fax 0 74 34 67 03, E-mail: hertzspoleto@tin.it.

Einkaufen

- **Spezialitäten** wie Salami, Brot, Käse, Trüffel und vieles mehr bei *Padrichelli,* Via Arco di Druso 22.
- **Olivenöl** bei *Co.re.ol. (Consorzio regionale Olio Extra Vergine),* Corso Garibaldi 49, Tel. 0 74 34 92 83.
- **Bäckerei** *Forno Santini,* Vicolo del Forno 2, Nussbrot, Brot mit Oliven, Pizza und Kekse.
- Das **Weingut** *Collerisana,* Frazione Collerisana 57, Tel. 07 43 22 39 65, produziert einen ausgezeichneten Trebbiano Spoletino, 2 km westlich des Zentrums.

Museen

- **Museo Diocesano.** Neben Sant'Eufemia, kleine Sammlung religiöser Kunst, 10–12.30 und 15.30–19 Uhr, 3 €.
- **Galleria Comunale d'Arte Moderna.** Corso Mazzini, Vicolo 1, interessante Sammlung zeitgenössischer italienischer Künstler wie *Alberto Burri, Renato Guttoso, Pino Pascoli, Carla Accardi, Capogrossi* und *Mario Ceroli,* geöffnet tgl. von 10–13 und von 15–18 Uhr, 3 €, Eintrittskarte auch für die Pinakothek im Rathaus und die Casa Romana gültig.

Notfall

- **Krankenhaus.** *Ospedale Pronto Soccorso,* Via Madonna di Loreto 3, Tel. 07 43 22 10 71.

Sonstiges

- **Post.** Postamt an der Piazza della Libertà.
- **Taxi.** Taxistände an der Piazza Garibaldi, Stazione F.S. (Hauptbahnhof), Piazza della Libertà.

Ausflug

☆Am Monteluco

Schöne Landschaftseindrücke bietet die Fahrt oder Wanderung auf den **Hausberg Spoletos,** den ca. 830 m hohen Monteluco östlich der Stadt. Seine Hänge bedeckt immergrüner Steineichenwald mit alten Bäumen. Schon in römischer Zeit war der Monteluco ein heiliger Berg, geschützt durch die bereits 241 v. Chr. erlassene **„Lex Spoletina“,** die jegliche Störung der Stätte – insbesondere das Fällen von Bäumen in den geheiligten Hainen - unter Strafe stellte. Auf einer Steintafel aus dem 2. Jh. v. Chr., die in der Nähe von Spoleto gefunden wurde, ist zu lesen: *„Dieser Wald darf von niemandem verletzt werden, noch darf etwas entwurzelt oder etwas weggetragen werden was Teil des Waldes ist. Nichts darf abgeholzt werden, außer am Jahresfesttag. An jenem Tag, wenn es für den Zweck des Opfers bestimmt ist, darf ohne Zweifel gegraben und geschnitten werden. Wer dieses Gebot mißachtet, muß zwei Rinder dem Gott Jupiter opfern..."*

Auch in christlicher Zeit blieb der Monteluco ein heiliger Berg. Ab dem 6. Jh. ließen sich Eremiten in der Abge-

Markt auf der Piazza del Mercato

schiedenheit der Wälder nieder. Im 13. Jh. gründete Franz von Assisi selbst ein erstes bescheidenes Kloster hier oben. Heute ist der Gipfel des Monteluco beliebtes Ausflugs- und Picknickziel mit Bars und Hotels mit vor allem an Wochenenden regem Zulauf.

Die Bergstraße auf den Monteluco passiert auf halber Höhe die **Chiesa San Guiliano.** Der unverfälscht romanische Bau mit Freskenresten und leicht erhöhtem Presbyterium über der Krypta hätte eine Restaurierung dringend nötig. Den Schlüssel zur Kirche erhält man im Ristorante unterhalb.

Das **Kloster San Francesco** am Ende der Bergstraße ist bis in heutige Zeit von Franziskanermönchen bewohnt. Es steht täglich von 9–12.30 Uhr und von 16–18 Uhr Besuchern offen. Sieben einfache Mönchszellen stammen noch vom Ursprungsbau aus dem Jahre 1218. Mit ihrer Enge und kargen Ausstattung demonstrieren sie klarer als jedes große Kunstwerk späterer Jahre die franziskanischen Ideale der Einfachheit und Zurückgezogenheit. Gegenüber dem Klostereingang erstreckt sich hinter einer Mauer ein dunkler Steineichenwald. Vom Ende der Waldung führt ein Weg geradeaus zu einigen Eremitengrotten. Rechts abwärts gelangt man zu zwei herrlichen Aussichtsplätzen; vom unteren blickt man auf die Dächer Spoletos.

Wanderungen

☆Kurzwanderung am Stadtrand

Der kleine Weg führt durch schöne Natur in einer knappen Stunde **östlich um die Stadt** herum zur **Ponte delle Torri** und zur **Rocca Albornoz**.

Von der *Piazza della Vittoria* geht es stadtauswärts über den Tessino-Bach, dahinter gleich nach rechts und wieder nach links in die *Via Micheli.* Geradeaus unter der Fernstraße durch, links am Zufahrtsweg nach San Ponziano vorbei, wird *San Salvatore* erreicht. Oberhalb der Kirche endet das Sträßchen. Wir folgen einem geradeaus ansteigenden Pfad. Dieser trifft bald auf einen sich vor einer Villa gabelnden breiten Weg. Wir folgen dem oberen Abzweig nach rechts, der gleich an den Gebäuden vorbeiführt (privat, zügig passieren, Durchgang bis auf weiteres gestattet), dahinter leicht nach links biegend am Hang verläuft. Die Rocca von Spoleto wird sichtbar.

Bei einem Querweg vor einem Häuschen wenden wir uns nach links. Auf ebenem Weg geht es links an einem weiteren Anwesen vorbei, südöstlich in einen Einschnitt. Auf einer kleinen Brücke kreuzen wir hier den Bachgraben, um uns dahinter nach rechts auf den ebenen Weg zu begeben. Nach einer Linksbiegung folgt ein herrlicher Aussichtsplatz mit Blick auf die Rocca Albornoz und den Ponte delle Torri. Über die mittelalterliche Brücke, dann rechts um den Burghügel herum, so gelangen wir schnell zurück ins alte Zentrum von Spoleto.

☆Wanderungen in den Bergen von Spoleto

Siehe Kastentext folgende Seiten.

Wanderungen in den Bergen von Spoleto

Von Spoleto aus lassen sich herrliche Wanderungen in die waldreiche und gebirgige Umgebung unternehmen. Südlich und östlich der Stadt begrenzen erste **Ausläufer des Apennin** den Horizont. Mit dem **Monteluco** beginnt ein bis auf gut 1000 m ansteigender namenloser Gebirgszug, der auf der Höhe nur sehr dünn besiedelt ist. Die wenigen Dörfer und Weiler dieser Bergregion sind durch die Landflucht weitgehend entvölkert, manche sind inzwischen komplett verfallen. An den Bergflanken wachsen dichte Mischwälder, auf den runden Bergkuppen dominieren hingegen Wiesen und steinige Weiden. Von den baumlosen Höhelagen bieten sich weite Ausblicke über das grüne Tal des Flusses Nera bis zu den kahlen 2000ern der Monti Sibillini im Osten.

Für diese Region werden folgende **drei Routenvarianten** von unterschiedlicher Länge und Schwierigkeit beschrieben: eine kürzere Rundwanderung zum Franziskanerkonvent auf dem Monteluco, eine längere Rundwanderung über den Monteluco zum Aussichtsberg Castelmonte und eine anspruchsvolle Streckenwanderung von Spoleto in die Valnerina zur sehenswerten romanischen Klosteranlage San Pietro in Valle.

Durch den Steineichenwald des Monteluco zum Santuario di San Francesco

Diese nicht allzu lange, wegen der zu überwindenden Höhenmeter dennoch nicht ganz mühelose Wanderung auf den Hausberg von Spoleto, den „heiligen Berg Monteluco", ist eine beliebte Sonntagsunternehmung. Man folgt der gepflasterten Pilgerroute „Corta di Monteluco", die im Schatten uralter mediterraner Steineichen zum Franziskanerkonvent auf dem Berg hinaufführt.

- **Dauer/Schwierigkeit:** reine Wanderzeit etwa 2¼ Std.; etwa 400 Höhenmeter Anstiegsleistung.
- **Markierung:** einfache Orientierung, auf dem Hinweg rot-weiße Markierungen, Weg Nr. 1, Rückweg unmarkiert.
- **Wanderkarte:** Siehe Farbatlas S. XVII.
- **Verpflegung:** Bar, Restaurant auf dem Monteluco.
- **Wegverlauf:** Vom Domplatz in **Spoleto** steigt man die Treppen hinauf, biegt nach links in die ansteigende Gasse, die gleich zur *Piazza Bernadino Campello* am Fuße der Rocca dell'Albornoz führt. Auf dem Panoramasträßchen *Via Gattaponi* links um die Burg herum gelangt man zum **Ponte delle Torri.** Auf der mittelalterlichen Steinbrücke überqueren wir die Schlucht des Tessinobaches. Am gegenüberliegenden Brückenkopf geht es unterhalb des eckigen Turms der *Fortezza dei Mulini* 30 m nach rechts aufwärts zu einem Sträßchen, wo wir scharf nach links auf den ansteigenden markierten Weg Nr. 1/3 einbiegen, den Abzweig des Weges Nr. 3 Richtung Castelmonte nach links nach etwa 50 m Anstieg lassen wir unbeachtet.

Auf gepflastertem Serpentinenweg, beschattet von den dichten Kronen der Steineichen, geht es kontinuierlich bergan, vorbei an verlassenen Eremitenkapellen und Gebetswinkeln. Nach etwa einer Stunde Wegzeit ab Spoleto wird die auf den Monteluco führende Asphaltstraße gekreuzt. Nach weiteren 15 Minuten Anstieg erreichen wir schließlich die Klostermauern des **Santuario di San Francesco** und dann das *Albergo Ferretti,* wo wir uns rechts Richtung Klostereingang halten (1 Std. 15 Min.).

Ein lohnender 20minütiger Abstecher führt vom Kloster aus zu einigen Aussichtspunkten mit herrlichem Panoramablick. Dazu wenden wir uns beim Ausgang des Klosters nach rechts, treten durch ein Tor in den dunklen Steineichenwald des Klosters. Bei der Wegegabelung nach 100 m (drei Wege) geht es ganz links zur Felshöhle **Grotta di San Anto-**

nio, der Legende nach Rückzugs-und Meditationsstätte des hl. Antonius. Der Abzweig ganz rechts führt abwärts zu zwei Aussichtsbalkonen, vom unteren kann man die Türme von Spoleto ausmachen. „Nul iucundus vidi valle mea spoletana" soll nach der Überlieferung der hl. Franziskus beim Anblick der grünen Berglandschaft des Spoletino ausgerufen haben. „Nichts lieblicheres als mein Spoletotal habe ich je gesehen!"

Für den Rückweg nach Spoleto gehen wir zurück zum **Albergo Ferretti** und folgen der vom Hotel wegführenden Nebenstraße. Am *Hotel Paradiso* vorbei treffen wir auf die von Spoleto zum Monteluco führende Hauptstraße. Wir folgen der Straße ein kurzes Stück nach links, dann biegen wir in die nach rechts abzweigende Nebenstraße ein, die sich nach etwa 5 Minuten zu einer großen Wiesenfläche bei der ehemaligen Einsiedelei **San Antimo** senkt. Vor der Wiese nehmen wir einen nach links abzweigenden, deutlich erkennbaren Pfad am Waldrand, der zum unteren Wiesenende führt und dann nach links in den Wald hineinleitet. Auf nicht zu verfehlendem schattigen Weg im Steineichenwald treffen wir nach etwa 45 Minuten ab Monteluco auf den Hinweg, den „corta di Monteluco", auf dem wir in 15 Minuten zur Ponte delle Torri zurückkehren.

Von Spoleto nach Monteluco und auf den Castelmonte

Die mittelschwere Wanderung führt über Monteluco zum 1038 m hohen Castelmonte, von dessen Spitze sich ein herrlicher Rundblick über die einsame Bergwelt des Apennin eröffnet.

- **Dauer/Schwierigkeit:** reine Wegzeit 4½ Std.; Anstiegsleistung etwa 650 m.
- **Markierung:** recht einfache Orientierung, rot-weiße Wegmarkierungen, Weg Nr. 1 bis Monteluco, weiter bis Castelmonte Weg Nr. 4, von Castelmonte bis Spoleto Weg Nr. 3.
- **Wanderkarte:** Siehe Farbatlas S. XVII; *Carta dei Sentieri del Comprensorio Spoletino,* Club Alpino Italiano, 1:50 000, erhältlich in Spoleto z. B. in der Libreria Casa del Libro, Corso Mazzini 63, unterhalb der Piazza della Libertà oder der Libreria Cattolica, Corso Garibaldi 71.
- **Verpflegung:** Einkehrmöglichkeit unterwegs nur in Monteluco (z. B. Restaurant-Bar im Albergo Feretti).
- **Wegverlauf:** Von **Spoleto** wandern wir auf dem Weg der ersten Variante bis **Monteluco** (1 Std. 15 Min.); vom Kloster *San Francesco* folgen wir der Straße, die am *Hotel Michelangelo* vorbei ansteigt und vor einem großen Gebäudekomplex kurz darauf sich nach rechts wendet. In der Rechtskurve, 20 m vor einer Hauseinfahrt, zweigen wir nach links auf einen Waldpfad ab, der links an einer Betonmauerung vorbeiführt. Bei der Gabelung darauf halten wir uns leicht links, folgen bergan einem Zaun. 100 m weiter führt der Weg nach rechts über eine Waldlichtung zurück zur kleinen Straße. Auf Asphalt geht es weiter bergan. Etwa 25 Minuten ab Monteluco beschreibt die Straße einen Rechtsbogen über über die offene Höhe *Forca Le Porelle.* Hier verläuft rechts ein Holzzaun, südöstlich erhebt sich unser nächster Zielpunkt über dem Tal, der Castelmonte. Wir gehen in der Kurve nach links die Böschung abwärts (rot-weiße Markierung am Baum, Weg Nr. 4) und gleich rechts auf einen deutlichen Waldpfad. Dieser senkt sich etwa 5 Minuten zu einer Gabelung, wo wir uns rechts halten. Der Pfad führt nun mit mäßiger Steigung an der südöstlichen Bergflanke entlang und erreicht schließlich die **Forcella di Castelmonte** (2 Std. 15 Min.), einen Wiesensattel mit einem Fahrweg unterhalb des Castelmonte. Auf dem Fahrweg gehen wir 5 Minuten nach links zur Ruine eines Gehöfts, dahinter nach links weglos zu einigen Felsen an der Nordseite des Berges. Von hier leitet eine schmale Pfadspur ganz hinauf auf den Aussichtsgipfel des **Castelmonte** (2 Std. 30 Min.).

Auf gleichem Weg geht es zurück zur *Forcella di Castelmonte* (2 Std. 40 Min.). Hier wenden wir uns nach rechts und folgen dem anfangs schwach ausgeprägten Wiesenpfad nordwestlich in der Talmulde abwärts. Leicht nach rechts abbiegend führt der Pfad in den Wald und senkt sich zu einem breiteren Weg, dem wir nach links folgen. Die Lichtung 5 Minuten später wird schräg nach links durchquert (2 Std. 55 Min.). Weiter geht es im Wald abwärts. Etwa 5 Minuten nach der Lichtung wird der Bach nach links gekreuzt. Danach geht es immer parallel zum Bachgraben **Fosso di Valcieca** abwärts. Der Weg verbreitert sich etwas. Wir halten uns kontinuierlich links vom Bach und lassen eine erste Einmündung von rechts und kurz darauf eine zweite von links unbeachtet. Auf wieder um schmalerem Pfad wandern wir durch Mischwald oberhalb des Baches.

Nach einer guten Wegstunde ab dem Castelmonte ragen links Kalkfelsen auf. Kurz darauf mündet unser Pfad bei einer Brücke rechter Hand in einen etwas breiteren Weg (4 Std). Wir folgen diesem ebenen Weg geradeaus. Er biegt bald nach links um eine Ecke und gibt einen (überraschenden) Blick auf die Rocca von Spoleto und den Ponte delle Torri frei. Auf dem bequemen, über einer alten Wasserleitung verlaufenden Balkonweg geht es in etwa 20 Minuten zurück zum **Ponte delle Torri.**

Von Spoleto nach San Pietro in Valle in der Valnerina

Die lange Wanderung stellt einige Anforderungen an Kondition und Orientierungsvermögen und sollte geübten Wanderern vorbehalten bleiben. Der Weg verläuft in einsamer Berglandschaft und eröffnet immer wieder herrliche Ausblicke – besonders eindruckvoll vom kahlen Hang des Monte Solenne (1286 m). Zielort ist die sehenswerte mittelalterliche Klosteranlage San Pietro in Valle im Tal der Nera.

- **Dauer/Schwierigkeit:** reine Wegzeit gut 7½ Std., gut 1000 m Anstiege, bei der Orientierung ist an einigen Stellen Aufmerksamkeit erforderlich
- **Wanderkarte:** Siehe Farbatlas S. XVII
- **Rückweg:** es empfiehlt sich eine Übernachtung am Ende der Wanderung einzuplanen, entweder im komfortablen Klosterhotel von San Pietro in Valle oder im sehr einfachen *Ninfa del Nera* in Sambucheto. Die Rückfahrt mit dem Bus ist täglich abends ab Colleponte gegen 18.40 nach Terni und weiter mit Zug nach Spoleto, Ankunft dort gegen 20 Uhr, möglich. Am nächsten Tag fährt der Bus ab Colleponte gegen 8.50 Uhr ab (nur werktags), Ankunft Spoleto gegen 10.40 Uhr.
- **Routenerweiterung:** es bestünde auch die Möglichkeit noch einen zweiten Wandertag durch die schöne Landschaft der Valnerina anzuschließen, z. B. bis *Sant'Anatolia di Narco* oder *Piedipaterno,* von wo werktags 6, sonntags 4 Busse in etwa 15–20 Min zurück nach Spoleto fahren (siehe Wegbeschreibung ab Flussbrücke *Colleponte*).
- **Wegverlauf:** Von Spoleto wandern wir in etwa 2¼ Std. auf dem bei den Varianten 1/2 beschriebenen Weg bis zur **Forcella di Castelmonte.** Hier verlassen wir den Fahrweg nach rechts und folgen einem schwach ausgeprägten Wiesenpfad im leichten Rechtsbogen abwärts (ab hier bis Le Cese vereinzelt rot-weiße Markierung, Weg Nr. 3). Der Pfad verläuft für ein kurzes Stück rechts von einem Zaun parallel zu einem flachen Graben. Nach etwa 100 m biegt er scharf nach rechts abwärts durch ein Holzgatter und verläuft dann hoch am Hang über einem felsigen Taleinschnitt linker Hand.

In Serpentinen geht es dann kurz steiler abwärts zu einem restaurierten Haus und einem Fahrweg. Diesem folgen wir 50 m nach rechts zu einem Querweg, der nach links in 5 Minuten zum herrlich gelegenen Ruinenweiler **Sensati** führt (2 Std. 45 Min.). Schon vor etwa 80 Jahren haben die letzten Bewohner dieses abseitig gelegene Dorf verlassen, da es keine ausreichende Existenzgrundlage mehr bieten konnte. Dornengestrüpp überwuchert heute die Ruinen der wenigen Häuser, die nur darauf zu warten scheinen, von restaurierungswilligen Zweitwohnungskäufern in Besitz genommen zu werden.

Für den Weiterweg biegen wir beim Ende des Zufahrtweges zum Dorf unmittelbar vor einer Hausruine scharf nach links auf einen Pfad, der nach 50 m zwischen zwei mit roten Punkten markierten Bäumen durchführt, sich dann unterhalb des Dorfes im Rechtsbogen in ein Bachtal senkt. Wir bleiben rechts vom Bachgraben, folgen dem vereinzelt rot-weiß markierten Hauptpfad durch Wald abwärts. Etwa 10 Minuten unterhalb Sensati geht es leicht nach rechts über eine Lichtung. Der Weg senkt sich dann in Serpentinen durch Wald. Nach einem Wegstück mit prächtiger Aussicht auf eine senkrechte Felswand vor dem Tal der Nera wird eine Klamm erreicht; rechts vom Weg befindet sich ein kleiner Wasserfall. Auf einem nicht zu verfehlendem Pfad erreichen wir schließlich nach weiteren 35 Minuten bei einem Friedhof einen breiten Fahrweg (4 Std.), auf dem wir in 15 Minuten nach rechts zum alten Weiler **Le Cese** ansteigen. An Waschhaus und Dorfkirche vorbei geht es auf dem Hauptfahrweg südlich weiter bergan. Nach links zweigt ein Fahrweg zum sichtbaren Weiler *Costa* ab. Wir bleiben auf dem Weg geradeaus, auf dem sich bei einem Brunnentrog nach links eine Kurve abschneiden lässt. Schließlich wird der 832 m hohen **Sattel zwischen Monte Fionchi** (1337 m) **und Monte Solenne** (1286 m) erreicht (4 Std. 45 Min.).

Wir biegen ganz nach links auf den bald wieder ansteigenden breiten Weg. Um die Nordflanke des Monte Solenne herum wird hinter einem Eisentor ein Steinschuppen mit Viehtränken erreicht (5 Std.). Geradeaus über Steinfläche ansteigend wir eine Schleife des Hauptweges abgeschnitten, dem dann nach rechts (südlich) weiter bergan gefolgt wird. Nach einem langgezogenen Rechtsbogen tritt der Wald zurück. Rechts an einem Häuschen vorbei queren wir einen gemauerten Graben (5 Std. 30 Min.). Gleich dahinter schlagen wir leicht rechts einen Pfad ein, auf dem es durch Wacholderbüsche weiter aufwärts geht. Über offene Wiesen leicht links haltend treffen wir 200 m oberhalb eines Teiches (Viehtränke) auf einen parallel zum Hang des Monte Solenne errichteten Weidezaun, den wir mittels einer Holzstiege überqueren. Dahinter beginnt ein schmaler, aber gut ausgeprägter Pfad, der nach 200 m durch zahlreiche rote Markierungen (Pfeile, Punkte, Striche) gekennzeichnet ist.

Auf einem herrlichen Aussichtspfad queren wir die **Westflanke des Monte Solenne.** Durch einen kleinen Steineichenwald geht es auf einen stumpfen Aussichtsrücken südwestlich unterhalb des Gipfels (6 Std.), wo manchmal halbwilde Pferde weiden. Die Markierungen führen leicht rechts den Hang hinab zu einem Buschsaum, wo wir nach links einen schmalen Pfad einschlagen, der sich Richtung Nera-Tal senkt. Rechts unterhalb am Bergfuß wird unser nächstes Ziel, eine markante **Ruine** in einer Waldlichtung, sichtbar. Wo die rote Markierung weglos steil nach rechts weist bleibt man besser auf dem Pfad geradeaus, der ein Wäldchen durchquert. Dahinter steigen wir 50 m eine Lichtung mit Wacholderbüschen zum Waldrand hinab. Im Schatten der Steineichen trifft man gleich auf einen zwischen Felsblöcken eingesunkenen Pfad, ebenfalls rot markiert, auf dem in 5 Minuten die Ruine in der Waldlichtung erreicht ist (6 Std. 25 Min.).

Wir gehen rechts an der Ruine vorbei zu einem beginnenden breiten Weg, den wir nach wenigen Metern gleich wieder nach links verlassen, um einem durch eine Eisenbarriere abgesperrten Weg zu folgen, der anfangs zwischen Zäunen im Kiefernwald Richtung Valnerina absteigt. Bald wird für einen Augenblick das Kloster San Pietro in Valle links unterhalb sichtbar. Wir bleiben ein langes Stück auf dem steil abfallenden Hauptweg. Auf Höhe der Klosterbauten zweigt nach links ein Weg ab, der an einem Holzgeländer entlang in zwei Minuten nach **San Pietro in Valle** führt (7 Std. 15 Min.).

Bis zum Bushalt von Colleponte sind weitere 20 Wegminuten einzuplanen. Auf dem zypressengesäumten, breiten Zufahrtsweg zum Kloster erreicht man die ersten Häuser von **Colleponte,** wo man vor einem Brunnen nach rechts zwischen die Häuser abbiegt, um zur Bushaltestelle an der im Neratal verlaufenden Hauptstraße zu gelangen.

Todi, Terni und südumbrisches Hügelland

Todi

Das Jahr 1991 hatte für Todi einschneidende Bedeutung. Ein amerikanischer Professor für Stadtentwicklung veröffentlichte das Ergebnis seiner Forschungen: Von allen untersuchten Städten der Welt sei Todi diejenige, die seinen Einwohnern die höchste Lebensqualität biete. Die Geschlossenheit eines gewachsenen historischen Zentrums, die glückliche Position auf einem Hügel über dem fruchtbaren Tibertal, das milde Klima, die ausgewogene Sozialstruktur, die kleinräumige Mischung von Wohnen und Arbeiten, die optimale Versorgung durch traditionelle Bauernbetriebe des Umlandes, die richtige Größe, der harmonische Übergang von Stadt und Land ... all dies hatte den klugen Professor zu seinem Urteil gebracht, Todi als **Stadtmodell der Zukunft** zu sehen. Hier hat eben alles das rechte Maß.

Seitdem gehen nicht nur die Besucherstatistiken, sondern auch die Immobilienpreise steil in die Höhe. Gutbetuchte Amerikaner, Professoren, Künstler, Journalisten, aber auch römische Prominente kaufen sich in die Stadt ein, die längst kein Geheimtipp mehr ist. Die alteingesessenen Bewohner des Zentrums fühlen sich durch die wohlhabenden und einflussreichen Zuzügler manchmal schon ins Abseits gedrängt. Sie sehen ihre Stadt auch nüchterner als der Wissenschaftler aus dem fernen Amerika. Das Parkplatzproblem in der eng gebauten Hügelstadt wird besonders in der Touristensaison als unerträglich empfunden. „In Todi ist nichts los", jammern die Jugendlichen gelangweilt. Wer auf die Piste will, muss eine gute halbe Stunde Autofahrt nach Perugia auf sich nehmen.

Kulturelle Veranstaltungen gibt es eigentlich nur einmal im Jahr während des in ganz Italien berühmten **Todi-Festivals.** An diesem nimmt der Durchschnittsbürger Todis allerdings nur am Rande teil. Das Festival ist mehr Treffpunkt der Kunst- und Kulturschickeria Italiens und darüber hinaus. Jeder, der einen Namen hat oder haben will, ist hier vertreten, um zu sehen und – selbstverständlich – gesehen zu werden.

Todi ist unbestreitbar eine schöner Ort in schöner Landschaft, der allerdings manchmal im Vergleich zu anderern umbrischen Städten etwas überbewertet wird. Assisi und Orvieto sind z. B. spektakulärer gelegen und besitzen mehr große Kunst in ihren Mauern, die Umgebung Spoletos ist landschaftlich abwechslungsreicher.

Das Umland Todis ist von eher zurückhaltendem Reiz. Am Fuße der hoch gelegenen alten Stadt schlängelt sich der **Tiber** durch sanft geschwungenes Berg- und Hügelland. In buntem Wechsel reihen sich Wiesen, Getreidefeldern, Weinberge, Olivenpflanzungen und Waldstücke aneinander,

im Sommer leuchten große Sonnenblumenfelder in kräftigem Gelb. Dazwischen stehen stolze Gehöfte und alte Weiler.

Geschichte

Todi ist eine sehr alte Stadt. Ein Fresko von Polinori im Palazzo del Capitano zeigt die Gründungslegende der Stadt: Ein etruskischer Stamm plante, sich am Ufer des Tibers niederzulassen. Als sie zum Mahle zusammensaßen, kam ein Adler herangeflogen, der das Tischtuch ergriff und zur Spitze eines sich über dem Flusstal erhebenden Hügels trug. Dies war ein eindeutiges Zeichen der Götter, die neue Stadt hier oben zu bauen ...

Todi lag im Altertum im Grenzbereich zwischen dem etruskischen und umbrischer Gebiet. Der Name der Stadt leitet sich vom **etruskischen Tular** (Grenze) ab, das zum **lateinischen Tuder** wurde. Die Zugehörigkeit zur etruskischen Hochkultur belegt die beim Ort gefundene, berühmte Statue des *Mars von Todi.* (Heute leider im Vatikanischen Museen ausgestellt.) Todi arrangierte sich früh mit den neuen Herren in Rom, weshalb es bereits 89. v. Chr. das Bürgerrecht erhielt. Durch das Aufschütten einer Senke zwischen zwei Kuppen schuf man Raum für ein zentrales Forum, an dessen Stelle sich bis heute der Mittelpunkt der Stadt befindet. Schon die Römern mussten die Stadtmauern erweitern, um der rasch anwachsenden Bevölkerung Lebensraum zu schaffen.

Todi – ein Stadtmodell für die Zukunft

Im **12. Jh.** begann die historische Blütezeit Todis. Die Bürger erkämpften sich die Unabhängigkeit von Papst und Kaiser. Die nun von gewählten Konsuln regierte **freie Stadt** nahm einen enormen Aufschwung. Im **13. Jh.** begann ein sich in reger **Bautätigkeit** ausdrückender Wettstreit zwischen den Bischöfen und den selbstbewussten Kaufleuten und Handwerkern, der zur Errichtung des Doms und der Komunalpaläste führte. Um 1244 musste der Mauerring erneut versetzt werden, wobei die drei heute noch aufrecht stehenden Stadttore *Porta Romana, Porta Amerina* und *Porta Perugina* entstanden. Die freie Stadtrepublik beherrschte das Umland bis Terni und Amelia, und sie konnte sich mit einem eigenen Heer den Angriffen der verfeindeten Städte Perugia und Orvieto erwehren.

Wie fast überall in Umbrien ging im **14. Jh.** die städtische Autonomie endgültig verloren. Diverse **feudale Signoren und Condottiere** kämpften um die Herrschaft über die Stadt, ehe im **15. Jh.** nach und nach der Kirchenstaat seine Dominanz ausbreitete. Unter den **päpstlichen Statthaltern** tat sich *Angelo Cesi* als eifriger Förderer der Stadt hervor, der 1606 in Todi eine der eindrucksvollsten Renaissancekirchen Italiens einweihen konnte. Ansonsten blieb Todi unter dem Kirchenstaat ein etwas verschlafenes Landstädtchen.

Heute bildet neben Landwirtschaft und Kleinindustrie (Landmaschinen, Lebensmittel) der Tourismus die ökonomische Basis Todis.

Besichtigung

Auf der **Piazza del Popolo** schlägt das Herz Todis. Der altehrwürdige, von mittelalterlichen Bauten eingegrenzte, zentrale Stadtplatz hat gerade die richtigen Maße, um großzügig und doch „intim" zu wirken. Abends wird die Piazza zum Treffpunkt diskutierender Männergruppen, und die von den Mauern zurückhallenden Stimmen sind immer noch lauter als der Stadtverkehr, da die Autos (zum Glück) weitgehend ausgesperrt bleiben. Im Sommer lassen sich die alten Fassaden rund um die Piazza gemütlich bei einem Cappucino oder Vino von einem der Straßencafés aus studieren.

Am Platz stehen sich weltliche und geistliche Macht des Mittelalters gegenüber. Die Südseite nehmen die drei Komunalpaläste ein, an der Nordseite steht etwas erhöht die Hauptkirche Todis.

Der **Dom Santa Maria** entstand im wesentlichen im 13. Jh. Über einer großzügigen Freitreppe steht die etwas kantig wirkende Fassade mit großer Fensterrose und dem mit Planzenornamenten verzierten Portal. Der dreischiffige großzügige Innenraum ist weitgehend ursprünglich erhalten. Das Mittelschiff ruht auf 2 x 8 Säulen mit filigran gearbeiteten Kapitellen, die neben Pflanzenmotiven auch figürliche Darstellungen zeigen. Vorne rechts ist z. B. der hl. Georg zu erkennen, wie er den Drachen tötet.

Im 14. Jh. wurde an der rechten Seite ein kleines viertes Seitenschiff, die *navatina,* angebaut.

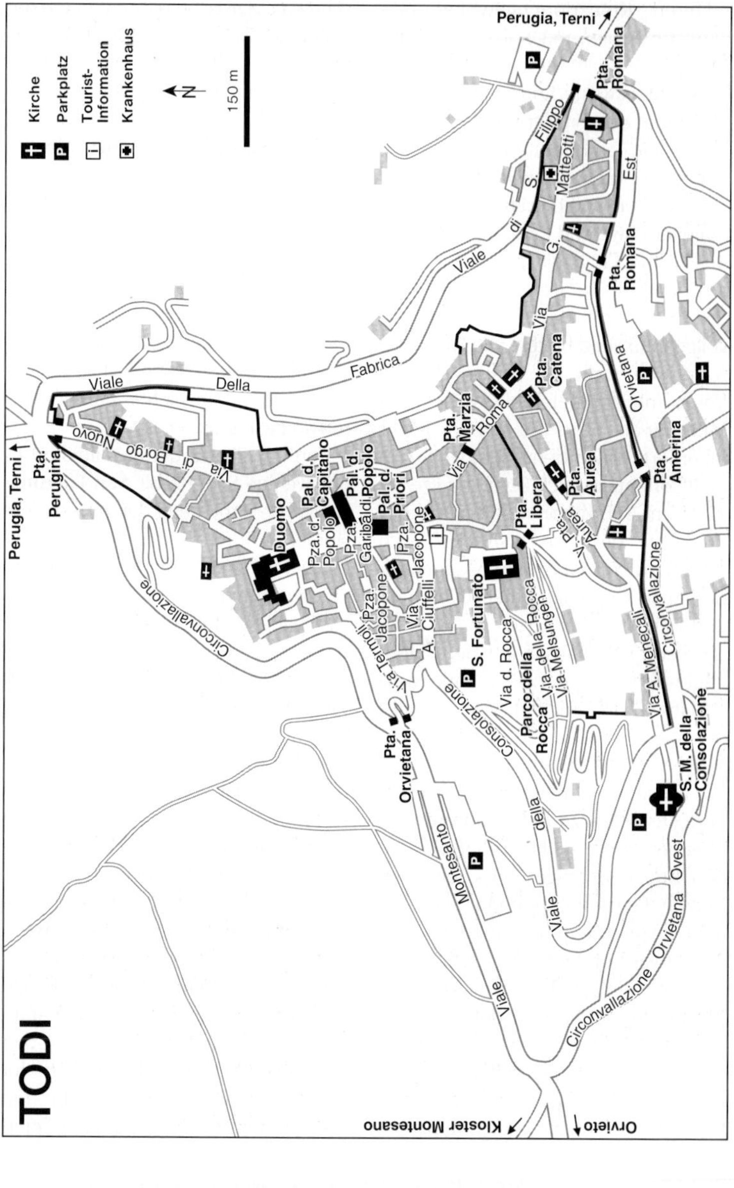
TODI
Kirche
Parkplatz
Tourist-Information
Krankenhaus
N
150 m
Perugia, Terni
Perugia, Terni
Pta. Perugina
Pta. Romana
Pta. Romana
Viale Della Fabrica
Via di Borgo Nuovo
Viale di S. Filippo
Via G. Matteotti
Est
Duomo
Pal. d. Capitano
Pal. d. Popolo
Pal. d. Priori
Pza. d. Popolo
Pza. Garibaldi
Pza. Jacopone
Pza. Jacopone
Via Jacopone
Via Termoli
A. Ciuffelli
Via Roma
Pta. Marzia
Via Pta. Catena
Pta. Libera
Pta. Aurea
Via Aurea
V. Pta. Aurea
Pta. Amerina
Orvietana
Circonvallazione
Via A. Menecali
S. Fortunato
Via d. Rocca
Parco della Rocca
Via della Rocca
Via Melsungen
Rocca
Consolazione
Viale della
Pta. Orvietana
Montesanto
Viale
S. M. della Consolazione
Circonvallazione Orvietana Ovest
Kloster Montesano
Orvieto

Deren Kreuzrippengewölbe und zierliche Säulen mit Spitzbögen und Knospenkapitellen zeigen reine Gotik.

Beachtenswerte Kunstwerke im Kirchenraum sind: in der rechten Seitenkapelle ein Taufbecken des 15. Jhs. mit Reliefs, die einen Löwen und die vier Evangelistensymbole Engel, Stier, geflügelter Löwe und Greif zeigen. Über dem Altar hängt ein gemaltes Kreuz aus dem 13. Jh. Sehenswert ist auch das Chorgestühl von 1530 mit kunstvollen Intarsienarbeiten. Die Eingangswand schmückt ein riesiges Wandfresko mit durcheinanderwirbelnden Menschenleibern. Bei seinem leicht manieriert wirkenden „Jüngsten Gericht" orientierte sich *Ferraó da Faenza* 1596 am Stil Michelangelos. Auf der Rückseite des Doms strecken sich dem Betrachter aus dem Mauerwerk der Apsis doppelköpfigen Dämonen und Tierfratzen entgegen.

Die drei Rathäuser am dem Dom gegenüberliegenden Platzende wurden im 13. Jh. errichtet. Von ihnen ist der mittlere **Palazzo del Popolo,** mit dessen Bau 1213 begonnen wurde, das älteste. Er ist mit dem 1292 fertiggestellten **Palazzo del Capitano** links daneben durch ein Freitreppe verbunden. Bögen im Erdgeschoss, fein gearbeitete Fensterrahmungen und Zinnenkränze lockern die strengen Fassaden etwas auf, besonders schön sind die drei fein gearbeiteten gotischen Zierfenster am Palazzo del Capitano. Noch heute befindet sich hier der Sitz der Stadtverwaltung. Im **Piano Nobili,** dem ersten Stock des Palazzo Popolo, liegt der anheimelnd wirkende historische Ratssaal. Er beherbergt heute das Archäologische Museum sowie die Pinakothek Todis mit einem Spätwerk *Lo Spagnas* („Krönung Mariens", um 1510).

Der **Palazzo dei Priori,** dessen wuchtig-abweisend wirkende Front die Schmalseite des Platzes einnimmt, wurde Ende des 13. Jhs. errichtet. Auch die 1513 eingebauten Renaissancefenster können dem Bau nicht seine Schwere nehmen. Er diente nacheinander dem Podestà, den Prioren und, nach dem Verlust der Stadtfreiheit, den päpstlichen Gouverneuren als Residenz.

Von der Piazza del Popolo sind es nur wenige Schritte bis **San Fortunato.** Mit der Errichtung der groß dimensionierten Kirche wurde 1292 gleichzeitig mit dem Bau des Palazzo dei Priori begonnen. Die Financiers waren wohlhabende Bürger, die in San Fortunato ihre Familiengrabstätten einrichten wollten. Es dauerte weit über 100 Jahre bis zur endgültigen Fertigstellung der Kirche, wobei der obere Teil der Fassade unvollendet blieb. Wie beim Dom ist der Kirche eine große Freitreppe vorgesetzt. In den Steinreliefs des fein verzierten Hauptportals erkennt man bei genauerem Hinsehen neben Ornamenten allerlei Menschenabbildungen, z. T. nackt und in seltsamen Verrenkungen. Im Kircheninneren überrascht der großzügige, lichte Raumeindruck der nur sparsam ausgestatteten Kirche. Bei San Fortunato handelt es sich um eine für Italien untypische Hallenkirche mit drei gleichhohen Schiffen ohne Querhaus – eine Bauform, die sich an die französische Gotik anlehnt. Vom ursprünglich reichhaltigen Freskenschmuck ist nur noch wenig erhalten: In der vierten Kapelle rechts ist eine zarte Madonnendarstellung von *Masolino da Panicale* (1432) zu sehen, in der sechsten Kapelle rechts hat ein Künstler in der Nachfolge Giottos Szenen der Franziskuslegende gemalt. In der Krypta liegt der *hl. Jacopone da Todi* (1230–1306) begraben (mit der unrichtigen Angabe „1296" als Todesjahr). Der frühe Franziskanermönch und mystische Dichter des Mittelalters gehörte zu den allerersten Literaten Italiens, die in ihren Werken das Schriftlatein durch das gesprochene Idiom des Volkes ersetzten. (Öffnungszeiten der Kirche: 1.4.–14.10. täglich außer Mo vormittags 9–12.30 u. 15–19 Uhr, übrige Zeit täglich außer Mo 9.30–12.30 u. 15–17 Uhr.)

Rechts hinter San Fortunato führt ein kurzer Weg in den ruhigen **Parco della Rocca** mit der Ruine der 1503 zerstörten päpstlichen Zwingburg beim höchsten Punkt der Stadt. Vom Park führt ein Serpentinenweg durch Pinien und Zypressen hinunter zur Kirche **Santa Maria della Consolazione.** Beim Abstieg zeigt sich bald das imposante Bild der ebenmäßigen großen Kuppelkirche vor dem fernen Hintergrund grüner Berglandschaften. 1508 begann man mit dem Kirchenbau an einer Stelle, wo ein wundertätiges Madonnenbild einem Blinden die Sehkraft zurückgegeben haben soll. Durch die Spenden der herbeiströmenden Pilger konnte der Bau vorangetrieben werden, der sich über fast 100 Jahre hinzog. Namhafte Architekten wie *Sangallo d. J.* oder *Alessi* waren zeitweise an der Bauplanung beteiligt. Die Idealvorstellung der Renaissancebaumeister sollte verwirklicht werden, wonach der Grundriss ebenmäßig in eine Kreisform zu passen hatte. Der Kreis galt als Symbol vollständiger Harmonie. Die symmetrische Anlage von Santa Maria della Consolazione mit Zentralkuppel über rechteckigem Kubus mit vier Apsiden kommt dieser Idealvorstellung sehr nahe. Der Bau ist monumental und doch in seinen Details gleichzeitig fein. In den Portalen,

Auf der Piazza del Popolo

Kapitellen und Wandgliederungen werden die Formen antiker Bauten aufgegriffen (Di geschlossen).

Der hohe, weite Innenraum wirkt vornehm, großzügig, in seiner nüchtern-hellen Strenge gleichzeitig aber auch unspirituell. Der Eindruck von tiefer Religiosität und verborgener christlicher Mystik, der vielen romanischen Kirchen anhaftet, ist hier kaum noch zu spüren. Santa Maria della Consolazione erscheint so mehr als eine Demonstration der weltlichen Macht der Kirche in Rom.

Die übrigen Kirchen und Palazzi in der Innenstadt Todis dürften nur für Spezialisten von Interesse sein. Attraktiver ist ein Spaziergang durch die schmalen Gassen und stillen Winkel des sich vom Domplatz zur nordwestlichen Stadtmauer hinabziehenden Viertels **Valle.** Vom Rand der Altstadt blickt man ins grüne Umland Todis mit dem Kloster **Montesanto.** Seine Gebäude liegen drei Kilometer westlich außerhalb der Altstadt auf einem Hügel, von dem sich ein schönes Panorama auf die Stadtsilhouette von Todi eröffnet. Montesanto wurde ursprünglich als mittelalterliche Festung gegen das verfeindete Orvieto erbaut. In der Klosterkirche, in der *Capella della Natività* auf der rechten Seite, befindet sich eine schöne „Geburt Jesu" von *Alfani* (1480–1533).

Information

- **Todi.** 17 000 Ew., 410 m ü. NN, PLZ 06 059.
- **Tourist-Info.** *Pro Loco Informazioni* im Erdgeschoss des Palazzo del Popolo an der Piazza del Popolo, geöffnet werktags 9–13 und 15.30–18.30 Uhr, sonntags 9.30–12.30 Uhr; *IAT del Tuderte,* Piazza Umberto I. 6, Tel. 07 58 94 33 95, Fax 07 58 94 24 06, E-mail: info@iat.todi.pg.it.

Unterkunft

Hotels im Zentrum

- **Bramante******/€€€€-€€€€€. Via Orvietana 48, Tel. 07 58 94 83 81, Fax 07 58 94 80 74, E-mail: bramante@hotelbramante.it, komfortables Hotel, am Stadtrand Richtung Orvieto gelegen, schöne Panoramalage, mit Garten, Terrasse, Schwimmbad und Tennisplatz.
- **Fonte Cesia******/€€€€-€€€€€. Via Lorenzo Leoni 3, Tel. 07 58 94 37 37, Fax 07 58 94 46 77, E-mail: fontecesia@fontecesia.it, vor kurzem neueröffnetes Haus im Zentrum, komfortabel bis luxuriös, in einem Palazzo mit altem Mobiliar, nahe bei der Piazza del Popolo, Privatparkplatz.
- **Villa Luisa*****/€€-€€€. Via Angelo Cortesi 147, Tel. 07 58 94 85 71, Fax 07 58 94 84 72, E-mail: villaluisa@villaluisa.it, ruhige Lage in einem Park am Stadtrand, geräumige, gut eingerichtete Zimmer, z. T. mit Terrasse, Frühstückbuffet.
- *Residenza d´Epoca* **San Lorenzo Tre**€€€€ **(**€€ **ohne Bad).** Via San Lorenzo 3, Residenza d'Epoca, Tel. und Fax 07 58 94 45 55, E-mail: lorenzotre@tin.it, freundliche Pension in einem Stadthaus des 19. Jhs., wenige Schritte vom Domplatz entfernt, altmodisch-stilvoll eingerichtet Zimmer ohne Fernseher und Telefon, z. T. ohne Bad.

Hotels außerhalb

Außerhalb Todis auf dem Lande gibt es mehrere gehobene Unterkünfte in historischen Mauern, u. a.:

- **Il Castello*****/€€€-€€€€. Piazza G. Marconi 5, 06 057 Monte Castello di Vibio, Tel. 07 58 78 05 60, Fax 07 58 78 06 76, in einem Palazzo des 16. Jhs., unmittelbar am Dorfplatz von Monte Castello di Vibio 12 km nördlich Todi, mit Restaurant.
- **Abbazzia dei Collemedio*****/€€€€-€€€€€. Via Convento, 06 050 Collazone-Collepepe, Tel. 07 58 78 93 52 Fax 07 58 78 93 24, ca. 20 km nördlich von Todi im Tibertal, in den

Räumen einer ehemaligen Abtei, guter Komfort, Schwimmbad, kleiner Park, eigenes Restaurant.

Agriturismo

- **Agricola Todini**€€€€-€€€€€. Vocabolo S. Isidoro, Frazione Colvalenza, Tel. 0 75 88 71 22, Fax 0 75 88 72 31, große Landwirtschaft ca. 15 km südöstlich von Todi, Reitpferde, Schwimmbad, Tennis, Mountainbike u. v. m., gute Küche, Gemüse, Wein, Öl, Obst und Salami aus eigener Produktion.
- **Fattoria di Vibio**€€€-€€€€. Località Buchella 9, Frazione Doglio, Montecastello di Vibio, Tel. 07 58 74 96 07, Fax 07 58 78 00 14, Internet: www.fattoriadivibio.com, 12 km von Todi, wunderschön gelegenes Natursteinhaus, liebevoll eingerichtete Zimmer, Antiquitäten, Terracottaböden und Holzbalkendecke, Gemeinschaftsküche und Restaurant, Swimmingpool, Terrasse, etc.
- **Casale dei Frontini**€-€€. Frazione Frontignano, Vocabolo Valle Andrea 12, Tel. u. Fax 07 58 85 21 74, E-mail: casale.frontini@libero.it, stilvoll renovierter ehemalliger Konvent des 18. Jh. in Frontignano 10 km nordöstlich Todi, ruhig und schön gelegen, Schwimmbad, Reitgelegenheit, Mountainbikes, auf Wunsch kocht die Besitzerin ausgezeichnete Gerichte aus selbsterzeugten Produkten, Doppelzimmer sowie Ferienwohnung für 4 Personen.

Ferienwohnungen, Zimmervermietung

- **San Rocco**€-€€. Frazione Due Santi, Tel. u. Fax 07 58 98 91 02, in den Hügeln ca. 5 km nordöstlich von Todi, vor kurzem restauriert, drei mit Stimöbeln eingerichtet Wohnungen für 2, 4 oder 8 Personen.
- **Cordigliano**€€-€€€. Vocabolo Palazetta 17, Frazione Cordigliano, Tel. 07 58 94 77 75, Fax 07 58 94 23 94, Internet: www.agriturismotodi.it/cordigliano/, 10 km westlich von Todi im Tibertal, geschmackvoll restaurierte Ferienwohnungen in einem Natursteinhaus, Reitpferde, Schwimmbad, Bogenschießen und Tennis, 3 Wohnungen für 4–8 Personen.
- *Affitacamere* **Poggio d´Asproli******, Vocabolo Poggetto, Fraqziione Asproli, Tel. u. Fax 07 58 85 33 85, E-mail: mariacla@tiscali-net.it, Internet: www.bellaumbria.net/Agriturismo-Poggiodasproli/, romantisch-liebevoll eingerichtete Zimmer in einem ehemaligen Klostergebäude des 16. Jhs, Schwimmbad, Sauna, 700-760 € pro Woche.

Klöster

- **Convento di Montesanto**€. Viale Montesanto, Tel. u. Fax 07 58 94 88 86, E-mail: montesanto@libero.it, 2 km außerhalb des Zentrums Richtung Orvieto gelegen, viele Jugendgruppen, mit Küchenbenutzung.
- **Monastero SS. Annunziata**€. Via S. Biagio 2, Tel. 07 58 94 22 68, E-mail: smrtodi@libero.it, im Zentrum.
- **Convento Sacro Cuore**€€. Via Cesia 2, Tel. 07 58 94 23 58, E-mail: paoamad@tin.it, zentrale Lage, Drei- und Vierbettzimmer.

Essen und Trinken

- **Umbria*****. Via S. Bonaventura 13, Tel. 07 58 94 23 90, leicht überdurchschnittliche umbrische Landküche (Dinkelsuppe, Polenta, Spaghetti mit strioli-Kräutern, Wildtauben, Hirschbraten), Terrasse mit schöner Aussicht ins Tibertal, Di Ruhetag.

Santa Maria della Consolazione

- **Jacopone**.** Rustikales Restaurant mit guter Küche, wo u. a. die Spezialität Todis, *palomba alla ghiotta* (gebratene Wildtauben), serviert werden, Piazza Jacopone 3, Tel. 07 58 94 23 66, Mo Ruhetag.
- **Cavour*-**.** Corso Cavour 23, Tel. 07 58 94 37 30, Tische im Freien, auch Pizzeria, preiswertes Menu Turistico für 13 €, etwas unaufmerksame Bedienung.
- **Le Scalette*.** Via delle Scalette 1, Tel. 07 58 94 44 22, günstige und gute einfache Trattoria, angenehmes Ambiente, Mo Ruhetag.
- Imbiss **Da Italo,** Piazza Bartolomeo d'Alviano 1, Pizza al Taglio, Panini, Torta al Testo.
- **Enoteca San Lorenzo.** Via San Lorenzo, erstklassige Weine und andere typische Produkte, man kann hier auch zu Mittag essen.
- Die **Pasticceria Ciucci** am Corso Mazzini gilt als die beste Konditorei der Stadt.
- Der alteingesessene Familienbetrieb **Feretti** an der Piazza del Popolo 47 ist die beliebteste Bar Todis.

Kneipen und Nachtleben

- **Joy's** und **Freedoms Pub,** beide in der Via Angelo Cortesi, sind zwei Kneipen, die auch noch später geöffnet sind.

Öffentliche Verkehrsmittel

Bahn

- **Bahnhof Ponte Rio,** 3 km nordöstlich außerhalb des Stadtzentrums, Busverbindung zum Zentrum mit Linie C, Fahrkarten gegen Aufpreis auch im Bus.
- Die Privatbahn *Centrale Umbra* fährt werktags 12x und sonntags 4x über **Ponte San Giovanni,** Umsteigebahnhof zur Staatsbahn nach *Assisi-Foligno* und *Terontola* sowie nach *Perugia* Stazione Santa Anna. Nach Süden geht es gleich häufig über *Acquasparta* nach **Terni.**

Bus

- **Bushaltestelle** im Zentrum an der *Piazza Jacopone* 100 m östlich der Piazza del Popolo, Fahrplanaushang, Busfahrkarten beim Gemüsehändler in der Piazza Jacopone oder bei der Pro Loco an der Piazza del Popolo (s. o.).
- Werktags regelmäßige Verbindungen nach **Perugia** und **Orvieto.**

Rund ums Auto

- **Parken.** In der Altstadt gibt es nur wenige gebührenpflichtige Parkplätze, z. B. an der *Piazza Garibaldi.* Es empfiehlt sich, am Stadtrand zu parken und mit dem Bus ins Zentrum zu fahren. Größerer Parkplatz bei der großen Renaissancekirche *Santa Maria della Consolazione,* schöner, wenn auch mit Anstieg verbundener Fußweg zur Altstadt. Weiterer großer, gebührenpflichtiger Parkplatz an der Westseite des Stadthügels beim Ende der *Viale della Consolazione;* von hier fährt man mit dem Lift bequem hinauf ins Zentrum.

Einkaufen

- **Markt.** Samstag vormittags auf dem Parkplatz in der Viale Montesanto ca. 2 km ausserhalb Richtung Orvieto.
- Viele **Antiquitätenhändler** im Zentrum, insbesondere hinter dem Dom und in der Via Ciufelli, **Schmuck- und Glasläden** am Corso Cavour.
- Im *Convento di Montesanto* verkaufen Franziskanerbrüder erstklassigen **Bienenhonig.**
- Das **Weingut** in der ehemaligen Einsiedelei *Columbella,* Antico Eremo della Canonica, Tel. 07 58 94 75 69, verkauft Scacciadiavoli, einen 3 Jahre im Klosterkeller im Eichenfass gereiften Roten, und den weißen Sette Une; in den Hügeln 15 km westlich Todi Richtung Orvieto.

Feste und Veranstaltungen

- Jährlich etwa drei Wochen um Ostern findet in Todi die große Antiquitätenschau **Rassegna Antiquaria d'Italia** statt.
- Seit 1987 wird das große **Todi-Festival** veranstaltet. Für knapp zwei Wochen Ende Juli verwandeln sich Kirchen, Klöster und Plätze der Stadt in stimmungsvolle Bühnen für Lesungen, Ballett, Theater, Musik (auch Jazz), Kino etc.
- Die Handwerksausstellung **Mostra Mercato Nazionale dell'Artigianato** zieht jährlich von Mitte September bis Mitte Oktober Kunsthandwerker aus ganz Italien nach Todi. In den Palazzi der Altstadt werden Keramik, Schmuck, Möbel, Schmiedearbeiten und

handgewebte Stoffe ausgestellt und zum Verkauf angeboten.

Sonstiges

- **Post.** Hauptpost an der Piazza Garibaldi 4.
- **Taxi.** Taxistand an der Piazza Garibaldi (Tel. 07 58 94 23 75) und Piazza Jacopone (Tel. 07 58 94 25 25).

Ausflüge

☆Nördlich von Todi

Nördlich von Todi liegen einige sehenswerte **befestigte mittelalterlicher Dorfanlagen** auf Hügeln über dem Tibertal. *Monte Castello di Vibio, Fratta Todina, Collazone* oder *San Terenziano* zeigen mit ihren alten Mauern, Toren und Türmen noch die Strukturen eines wehrhaften Castrums.

In **Monte Castello di Vibio** ist man stolz auf das *Teatro della Concordia* von 1808, das nur 99 Zuschauern Platz bietet und das mit dem Zusatz „das kleinste Theater der Welt" für seine Aufführungen wirbt.

☆Montecchio

Von Todi führt eine kurvige Nebenstraße über *Izzalini* nach **Monteccchio**. Sie verläuft durch eine entlegene Mittelgebirgslandschaft mit Weinbergen, Kornfeldern und kleinen Wäldern am Nordhang des **Monte Croce di Serra** (994 m) entlang.

Von Todi nach Terni

Schöne Landschaftseindrücke bietet die Fahrt am Westhang der **Monti Martani** entlang Richtung Terni. Am Fuß des bis 1120 m ansteigenden Bergrückens erstreckt sich eine abwechslungsreiche Agrarlandschaft mit Wiesen, Getreidefeldern und Olivengärten. Darüber zieht sich dunkler Steineichenwald die Bergflanken hinauf, der ganz oben von weiten Bergwiesen abgelöst wird. Es liegen zwar keine größeren Orte oder Sehenswürdigkeiten am Weg, aber diverse historische Zeugnisse hier und da lohnen einen Zwischstop.

Um das noch ganz von einer mittelalterlichen Stadtmauer eingefassten kleine **Massa Martana** liegen mehrere romanische Landkirchen, wie *Santa Illuminata* (12. Jh.) nahe beim Ort. Das Kirchlein mit frühromanischen Fresken benötigt dringend eine Restaurierung.

Besser erhalten ist **S.S. Fidenzio e Terenzio** einige Kilometer westlich an der Straße Todi–Bastardo, ein stilreiner Bau des 11. Jhs. Der einschiffige schlichte Innenraum weist als einzigen Schmuck von einer Vorgängerkirche aus dem 9. Jh. stammende ornamentale Reliefsteine an Kanzel und Altarwand auf (Zugang zur Kirche von der Rückseite, Schlüssel beim Bauerhof neben der Kirche).

Santa Maria in Patano (11.–14. Jh.) an der Straße Massa–Acquasparta mit einzel stehendem, kantig-wehrhaftem Glockenturm und gotischer Fassade ruht auf den Mauern eines spätantiken Baus.

Acquasparta, Dunarobba, Portaria

Acquasparta ist eine hübsch-verwinkelte Kleinstadt, die schon seit der Antike von den nahegelegen Heilquellen von **San Faustino** profitiert.

Mittelpunkt des Ortes ist der *Palazzo Cesi* aus dem 16. Jh. mit Außenloggia und Freskensälen im Innern. 1624 weilte hier Galileo Galilei als Gast des Fürsten Federico Cesi, ein aufgeklärter Geist und Förderer der Wissenschaft. Bei Acquasparta verlief die antike *Via Flaminia,* noch sichtbar südöstlich der Stadt zwischen Eisenbahn und Schnellstraße, wo das verfallene romanische Kirchlein *San Giovanni in Butris* auf den Bögen einer römischen Straßenbrücke ruht.

Westlich von Acquasparta, in der Nähe von **Dunarobba** bei Avigliano, hat man einen fossilen Wald mit über eine Million Jahre alten versteinerten Baumstümpfen ausgegraben. Nach einem unerklärlichen Brandanschlag 1988 ist das Gelände leider eingezäunt worden und nicht mehr generell zugänglich. (Besichtigung nur nach Anmeldung bei der Comune di Avigliano: Tel. 07 44/93 35 21).

Das kleine **Portaria** südlich von Acquasparta besitzt noch ein gut erhaltenes Ortsbild aus der Zeit der freien Komunen. Mit zwei Bars und einfachem Restaurant am Dorfplatz bietet es sich für eine Rast an. Über neugierige Blicke der Einheimischen muss man sich nicht wundern, denn Fremde verirren sich selten hierher.

Carsuale

Schon die antiken Schriftsteller Plinius und Tacitus lobten die landschaftlich schöne Lage von Carsulae. Die ausgegrabenen **Ruinen der Römerstadt** liegen einsam auf einer hochgelegenen weiten Wiesenterrasse vor dem Hintergrund der dunklen Martan-

erberge. Sie stammen überwiegen aus der Zeit des Augustus. Vom Ende des Zufahrtsstraße führt die antike *Via Flaminia* mit originaler Pflasterung nach Norden durch das Ausgrabunggelände. Hinter dem romanischen Kirchlein *San Damiano* sind rechts der Römerstraße die Überreste einer Forumsbasilika, des ovalen Amphitheaters und des halbkreisförmigen Theaters auszumachen. Links erkennt man die Fundamente eines Doppeltempels. Ganz im Norden des Ausgrabungsgeländes beim Ende der gepflasterten Via Flaminia trifft man auf drei weiter Ruinen: das Stadttor *Arco San Damiano,* die Grundmauern eines großen runden Grabbaus, sowie die *Tomba a Cuspide,* ein zylinderförmiges kleines Grabmonument.

San Gemini

San Gemini ist überregional vor allem wegen seiner **Mineralwasserquelle** bekannt. Der kleine geschlossene alte Ortskern lohnt einen Rundgang. Man betritt die Innenstadt von Süden durch die *Porta Romana.* Über die Via Roma gelangt man zur recht belebten *Piazza San Francesco* mit neuerem Rathaus und der Kirche **San Francesco** von 1291 mit schönem Portal und einigen Fresken im Inneraum. Oberhalb San Francesco öffnet sich ein zweites Stadttor als Eingang zum ältesten mittelalterlichen Stadtviertel. Durch dunkle unbelebte Gassen (Viale Canona/Via del Tribunale) gelangt man zum wappengeschmückten **Palazzo Vecchio** (12. Jh.) an der gleichnamigen Piazza. Er ist einer der wenigen erhaltenen Stadtpaläste aus der Frühzeit der freien Komunen. Eine Freitreppe führt zu den beiden oberen Ratssälen mit verblichenen profanen Fresken, die den bis ins 18. Jh. hier tagenden Ratsherren vielleicht Hinweise auf das „gute Regieren" geben sollten. Das Oratorium **San Carlo** an der anderen Seite des heute meist verwaisten Rathausplatzes besitzt im Innern einige Fresken, u. a. eine schöne Madonna des 15. Jhs. und einen Altarbaldachin des 13. Jhs.

Der **Tempio San Giovanni Battista** ganz im Norden der Altstadt (12. Jh.) besitzt noch ein romanisches Seitenportal. Im eigentümlich in die Breite gehenden Kirchenraum wurdén später Barockaltäre eingebaut. Vom Platz vor der Kirche bietet sich eine schöne Aussicht nach Osten zum am Hang der Monti Martani klebenden *Cesi.*

Cesi

Im malerisch verwinkelten Ort lohnt ein Blick in die Pfarrkirche **Santa Maria** mit dem Altarbild „Madonna mit Kind und Heiligen" des anonymen Meister von Cesi und einer Holzskulptur des 12. Jhs. Oben im Ort genießt man von der Terrasse der kleinen Bar an der *Piazza Umberto I* ein schönes Panrorama. In der unmittelbaren Umgebung von Cesi lag ein wichtiges Zentrum der umbrischen Urbevölkerung. Oberhalb des Ortes erhebt sich

Ruinen der Römerstadt Carsuale

in herrlicher Panoramalage in 787 m Höhe das romanische **Kirchlein Sant' Erasmo.** Es ruht auf einer von klobigen Polygonalmauern gebildeten künstlichen Geländeterrasse, die wahrscheinlich zu einem geheiligten Bezirk der Umbrer gehörte. Diese nahmen fast immer landschaftlich exponierte Stellen ein. Von Sant`Erasmo blickt man weit über die Ebene von Terni zum 2284 m hohen *Monte Terminillo* im latinischen Apennin.

Auch auf dem Gipfel des 1120 m hohen **Monte Torre Maggiore** über Sant'Erasmo hat man 1987 die Fundamente eines Tempels der umbrischen Urbevölkerung entdeckt. Von Cesi führt eine gelb ausgeschilderte, nur anfangs asphaltierte schmale Straße nach Sant'Erasmo und weiter bis auf gut 900 m Höhe unterhalb des Gipfels. Schöner ist es jedoch, von Cesi aus auf schmalen Wanderwegen den Monte Torre Maggione zu erklimmen. Die Wandertour lässt sich über das römische Carsulae bis Portaria verlängern (s. Wegbeschreibung unten).

Information

- **Acquasparta.** 4600 Ew., 320 m ü. NN, PLZ 05 021.
- **San Gemini.** 3800 Ew., 340 m ü. NN, PLZ 05 029.

Unterkunft

In San Gemini

- **Hotel Duomo****/€€-€€€. Piazza Duomo 4, Tel. 07 44 63 00 15, Fax 07 44 63 03 36, E-mail: info@sangemini_hotels.com, Internet: www.sangeminihotels.com, etwas angestaubtes altmodisches Kleinstadthotel, alter Palazzo in ruhiger Seitengasse neben dem Dom.

In Acquasparta

- **Villa Stella*****/€€. Via G. Marconi 37, Tel. 07 44 93 07 58, Fax 07 44 93 00 63, E-mail: villastella@libero.it.
- **Martini****/€€. Via G. Marconi 26, Tel. 07 44 94 36 96.

Essen und Trinken

- In *San Gemini* die rustikal-gehobene **Taverna del Torchio****-*** am äußersten Ende der Altstadt bei San Giovanni Battista, die mit einer Veronelli-Empfehlung wirbt, den Speiseraum schmückt eine alte Ölpresse, Piazza Garibaldi 1, Tel. 07 44 33 11 36.
- **La Porta*****. Via Roma 56, in *San Gemini* hinter der Porta Romana, gibt sich vornehm, man speist in einem Gewölbe mit Freskenresten. Tel. 07 44 33 40 60, Mo Ruhetag.

Öffentliche Verkehrsmittel

- *Acquasparta* und *San Gemini* liegen an der Bahnlinie **Perugia–Todi–Terni;** werktag 12, sonntags 4 Züge.
- In Acquasparta liegt der **Bahnhof** am Ostrand des Zentrums, in San Gemini 2 km nördlich außerhalb.

Bus

- Werktag ca. 10, sonntags 3 Busse von **San Gemini** nach **Terni.** Werktags 6 Busse von **Acquasparta** nach **Terni,** die auch in *Portaria, Carsulae* und *Cesi* halten.

Feste und Veranstaltungen

- **Il Lied tedesco** in Acquasparta widmet sich seit 1973 jährlich zwei Wochen lang Mitte Juli der Interpretation des deutschen Liedes, Eröffnungs- und Abschlusskonzerte mit renommierten Künstlern.

Wanderung

☆Der heilige Berg der Umbrer – Wanderung von Cesi über den Monte Torre Maggiore nach Carsulae und Portaria

Die Wanderung führt auf den offenen Höhenrücken der südlichen Monti Martani. Von der kahlen Bergflanken bieten sich immer wieder herrliche Ausblicke ins umbrische Bergland. Am Wege liegen zwei bescheidene romanische Kirchen, Reste von umbrischen Heiligtümern und die Ruinen des römischen Carsulae.

- **Dauer/Schwierigkeit:** 5 Stunden, Anstiege insgesamt 800 m, bis auf das anfängliche Wegstück recht einfache Orientierung.
- **Verpflegung:** Unterwegs keine Einkehrmöglichkeit.
- **Rückweg:** Ausgangspunkt ist das Dorf Cesi, 9 km nördlich von Terni, Endpunkt das kleine Potaria; Rückfahrt zum Ausgangspunkt mit dem Bus ab Potaria werktags um 15 Uhr und 18.15 Uhr.
- **Wanderkarte:** Siehe Farbatlas Seite XVIII.
- **Wegverlauf:** Der Weg beginnt an der unterhalb des Ortszentrums von **Cesi** verlaufenden Durchgangsstraße bei der *Farmacia* (Apotheke). Hier nehmen wir die ins Dorf ansteigende Gasse *Via Arnolfo,* die gleich am Palazzo Comunale mit eckigem Turm vorbeiführt. Über die *Piazza 1 Maggio* geht es in die *Via Carsuale,* die bald durch einen Torbogen führt. Dahinter folgt man links der *Via Carlo Stocchi,* die rechts an der *Piazza Umberto I* mit Bar und Ausssichtsterrasse vorbei, in die *Via Stefano Bellini* übergeht.

Gegenüber Haus Nr. 33 nehmen wir rechts die Treppengasse *Via della Rocca,* von der wir bei Haus Nr. 19 nach rechts in den Stufenweg Via San Onofrio einbiegen (gelb-rote Wegmarkierung, Weg Nr. 2). Nach wenigen Metern passieren wir nach rechts ein Tor. Auf altem Weg in Steineichenwald erreicht man die verfallene **Chiesa Sant'Onofrio** (15 Min.).

Etwa 50 m vor der Kirche biegen wir in spitzem Winkel nach links ab. Auf einem schmalen, etwas überwachsenen Pfad (überhängende Zweige) geht es unter einem dichten Blätterdach in Serpentinen kräftig bergan. Ein Abzweig nach links nach 25 Minuten endet nach wenigen Metern oberhalb einer Felsklamm. Der weiterführende Pfad rechts erreicht 3 Minuten später die **Ruine** einer mittelalterlichen Burg (45 Min.). Wir gehen rechts am Burgturm vorbei, 30 m über eine Wiese, wenden uns dann nach links, um eine niedrige Mauer und eine Holzstiege zu passieren. Dahinter geht es leicht links auf einem Pfad 30 m durch den Wald, dann nach rechts zu einem eckigen **Wehrturm** aufwärts. 20 m unterhalb des Turmes führt ein deutlicher Pfad in den Wald. Nach weiteren 10 Wegminuten geht es wieder aus dem Wald hinaus, dann nach rechts kurz aufwärts bis zur kleinen romanischen Kirche **Sant'Erasmo** (1 Std. 10 Min.). Südlich erstreckt sich eine flache, rechteckige Hangterrasse, die von großen polygonalen Blöcken untermauert ist – bauliche Reste einer Kultstätte der umbrischen Urbevölkerung aus dem 5. Jh. v. Chr.

Von Sant'Erasmo folgen wir zunächst für etwa 300 m dem leicht ansteigenden Hauptfahrweg nach Norden bis zu einer leichten Linkskurve, wo mehrerer Wege nach rechts abzweigen. Wir nehmen den oberen, rot-weiß markier-

ten Abzweig, der gleich ein Verbotsschild für Fahrzeuge passiert. Auf steinigem Weg steigen wir 20 Minuten in lichtem Wald zu einer mit Buschwerk bestandenen Wiesenkuppe an, die nach links überquert wird. Weiter geht es auf einem deutlich auszumachenden Weg leicht rechts, über Wiesen auf die kahle Kuppe des *Monte Torre Maggiore* zu. Am Bergfuß stoßen wir auf einen Fahrweg (1 Std. 50 Min.). Wir folgen diesem geradeaus, in nördliche Richtung, um die Westflanke des Monte Torre Maggiore herum bis zu einer Gabelung (2 Std. 05 Min.).

Durch den Steineichenwald bei Carsuale

Auf einem nicht allzu mühseligen Abstecher lässt sich von hier die Spitze des **Monte Torre Maggiore** erklimmen, wozu man nach rechts weglos den grasigen Nordwesthang des Berges hinaufsteigt (eine knappe Stunde hin und zurück). Vom Gipfelplateau eröffnet sich ein umfassender Rundumblick über die umgebende Berglandschaft. In frühgeschichtlicher Zeit stand hier ein wichtiges Heiligtum der umbrischen Urbevölkerung, wovon in den letzten Jahren die Fundamente einer Tempelanlage freileggelegt wurden.

Für den Weiterweg nach *Carsulae* nehmen wir bei der Gabelung (s. o. bei 2 Std. 05 Min.) den links abzweigenden, durch eine Eisenschranke abgesperrten schmaleren Weg (rote Markierung), etwa 5 Minuten später wandern wir links an einem runden Tümpel vorbei. Dem Hauptweg folgen wir über den Kamm der Monte Martani, durch eine Senke unter eine Hochspannungsleitung hindurch, dann mit kurzem Anstieg zu einem Häuschen mit rotem Ziegeldach (2 Std. 30 Min.). Vor der Einzäunung biegen wir hier nach links ab, parallel zum Zaun durch ein dürres Waldstück abwärts. Beim unteren Ende der Einzäunung wenden wir uns nach rechts und folgen einem Waldpfad am Zaun entlang zu einem breiteren Weg bei einem Tor rechter Hand (2 Std. 40 Min.). Auf diesem geht es gut 50 m nach links, dann nach rechts auf einen abzweigenden Buschwaldpfad, der gleich zu einer Lichtung führt (rot-weiße Markierung, Martani Trekking). Hier steigen wir leicht nach links auf einem schattigem Waldpfad zu einem breiteren Weg ab.

Geradeaus blickt man auf die bescheidenen Bauten des romanischen Klosters **L'Eremito** (2 Std. 55 Min.). Vor der Klosterummauerung biegen wir nach links auf einen alten Maultierweg, der an einer Schichtmauer entlang verläuft (rot-weiße Markierung). Nach einem Wegstück zwischen Steinblöcken senkt sich der Pfad im Schatten verwunschener Steineichen. Etwa 15 Minuten nach L'Eremito biegt man scharf nach rechts auf einen abzweigenden Pfad (gelb-rote Markierung, Weg Nr. 55). Im Waldschatten geht es nordwestlich abwärts, zwei Lichtungen bieten schöne Ausblicke. Bei einem Querpfad halten wir uns links. Das Land öffnet sich, zwischen Feldern geht es weiter abwärts zu einem von einer Villa kommenden Fahrweg, auf diesem weiter zur Straße Cesi – Acquasparta (3 Std. 35 Min.). Wir folgen der Straße 300 m nach links und nehmen das rechts abzweigende Nebensträßchen, das in 15 Minuten zu den Ausgrabungen von **Carsulae** führt (3 Std. 55 Min.).

Wir durchqueren das Grabungsgelände nach Norden auf der gepflasterten römischen *Via Flaminia* zur restaurierten **Tomba a Cuspide.** Rechts von dieser beginnt ein Pfad, der sich in 3 Minuten geradeaus zu einem Fahrweg senkt. Diesem wird 5 Minuten nach Norden bis zum ersten deutlichen Abzweig nach rechts gefolgt, der rechts an einem Haus vorbei in 3 Minuten zurück zur Straße Cesi – Acquasparta führt (4 Std. 10 Min.; rechter Hand Bushaltestelle). Richtung Potaria kreuzen wir die Straße, folgen einem Fahrweg und dem Hinweis zur Osteria „Le Tre Oche". Bei der Gabelung 200 m weiter geht es rechts.

Wir passieren **Le Tre Oche** und wenig später ein altes Bauernhaus. Bei der Gabelung gleich darauf biegen wir nach links auf den rot-weiß markierten Weg (Martani Trekking), der in ein altes Gehöft führt (angeketteter Hofhund, freundlicher Bauer). Bei den Gebäuden geht es nach links bis oberhalb eines weiteren Bauernhofes, wo wir in einer Linkskurve nach rechts auf einen Pfad abzweigen. Ein schöner Weg verläuft hier im Linksbogen oberhalb von Viehweiden, der schließlich ansteigend zu einem etwas breiteren Weg führt. Sich rechts haltend gelangt man unterhalb **Portaria** zu einer kleinen Straße und auf diesem in 5 Minuten ins Dorf (5 Std.).

Terni

Die mit gut 100 000 Einwohnern zweitgrößte Stadt Umbriens fällt architektonisch aus dem Rahmen: Statt der gewohnten Idylle historisch gewachsener alter Viertel mit engen Gassen und gemütlichen Plätzen prägen moderne Zweckbauten und Industrieanlagen fast durchgängig das Bild. Nur wenige Zeugnisse der über 2000jährigen Stadtgeschichte haben die Veränderungen der industriellen Revolution und die Zerstörungen des Zweiten Weltkriegs überdauert. Allerdings ist in den letzten Jahren einiges wiederaufgebaut und rekonstruiert worden, wodurch im Zentrum einige hübsche Winkel entstanden sind. Für einen längeren Aufenthalt bietet sich Terni aber dennoch kaum an.

Geschichte

Die Region um Terni ist seit der Bronzezeit besiedelt. Ein in den Eugubinischen Tafeln von Gubbio als Feind der Umbrer erwähntes **Volk Nahartes** lebte hier. Als **römisches Munizipium** erlebte Terni seine Blütezeit, im Mittelalter stand es im Schatten mächtigerer Stadtstaaten wie Orvieto, Todi und Spoleto.

Bald nach der Gründung des Einheitsstaates Italien 1860 wurde Terni zu einem bevorzugten **Industriestandort** bestimmt, vom dem aus die Entwicklung des als rückständig erkannten Agrarlandes Umbrien vorangetrieben werden sollte. Die Lage in der Ebene, die genügend Raum für die Anlage neuer Großbetriebe bot und die mögliche Nutzung der Wasserkraft der Flüsse *Nera* und *Velino* zur Energieerzeugung waren ausschlaggebend für die Wahl. 1884 nahm in Terni das erste Stahlwerk auf italienischem Boden seine Produktion auf. Daneben spielte die Rüstungsindustrie eine wichtige Rolle, mit ein Grund dafür, dass die Stadt 1943/44 unter dem Bombenhagel der Alliierten in Schutt und Asche fiel. Heute macht sich die europaweite Krise in den traditionellen Industriezweigen (Stahl, Maschinenbau) auch in Terni mit steigenden Arbeitslosenzahlen und Abwanderung in wirtschaftlich gesundere Regionen bemerkbar.

Besichtigung

Die lebendige Mitte Ternis bilden die ineinander übergehenden Stadtplätze *Piazza della Repubblica* und *Piazza Europa*. Trotz Wiederaufbau und Restaurierung wirkt das bauliche Ensemble wegen der Kriegsschäden uneinheitlich.

An der Ostseite der Piazza della Repubblica präsentiert sich frisch renoviert und mit futuristischem Turmaufsatz der **Palazzo Comunale.** Er wurde 1878 im Stil der Renaissance erbaut. Im Untergeschoss übt man unter historischen Gewölben das Surfen im Internet. Die kleine Piazza an der Rückseite dient als Spiel- und Treffpunkt der

Frauen und Kinder, vorne, zur Piazza Repubblica hin, diskutieren in Gruppen die Männer das politische und sportliche Geschehen. An der Piazza Europa steht der wuchtig-kantige **Palazzo Spada.** Er gilt als das letzte Werk des berühmten, 1546 in Terni verstorbenen Renaissancebaumeisters *Antonio Sangallo d. J.* Vom dreigeschossigen Säuleninnenhof her gesehen wirkt der Bau feiner und freundlicher. Den Ratssaal schmücken Deckenfresken und Groteskenmalerei.

Biegt man vor dem Palazzo Spada nach links, so erreicht man nach wenigen Schritten die kleine, archaisch erscheinende Kirche **San Salvatore.** Sie wurde im 11. Jh. errichtet, wahrscheinlilch auf den Fundamenten eines römischen Sonnentempels oder eines frühchristlichen Baus. Der von sanftem Licht erhellte Innenraum ist ein Ort meditativer Stille im lauten Zentrum. Augenfällig ist die fast schon orientalisch wirkende Zentralkuppel, sehenswert sind auch die Reste des mittelalterlichen Freskenschmucks in der im 14. Jh. angebauten *Capella Manassei* links vom Eingang und hinter dem Altar (Kreuzigung).

Südwestlich der Piazza Europa erstreckt sich das älteste Viertel Ternis, das mit farbig restaurierten alten Häusern noch etwas vom Vorkriegsaussehen der Stadt bewahrt hat. Über die hinter dem Palazzo Spada beginnende *Via Roma* mit mittelalterlichem Geschlechterturm und die *Via dell'Arringo* erreicht man den ruhigen Domplatz.

Der 1653 grundlegend umgebaute **Dom Santa Maria Assunta** besitzt eine auwendige Barockfassade mit Portikus und einer mit neueren Statuen geschmückten Balustrade. Unter dem nüchtern wirkenden Innenraum liegt eine dreischiffige, stark restaurierte Krypta eines romanischen Vorgängerbaus. Links neben dem Dom erheben sich die grasbewachsenen Ruinenmauern des römischen Amphitheaters, am Platz gegenüber befindet sich der *Palazzo Bianchini Riccardi* mit schönem Renaissanceinnenhof.

Durch die vom Domplatz nach Norden wegführende Via XI Febbraio erreicht man **Sant'Alo** (11. Jh.), eine weitere sehenswerte romanische Kirche

Kinder vor dem Palazzo Comunale

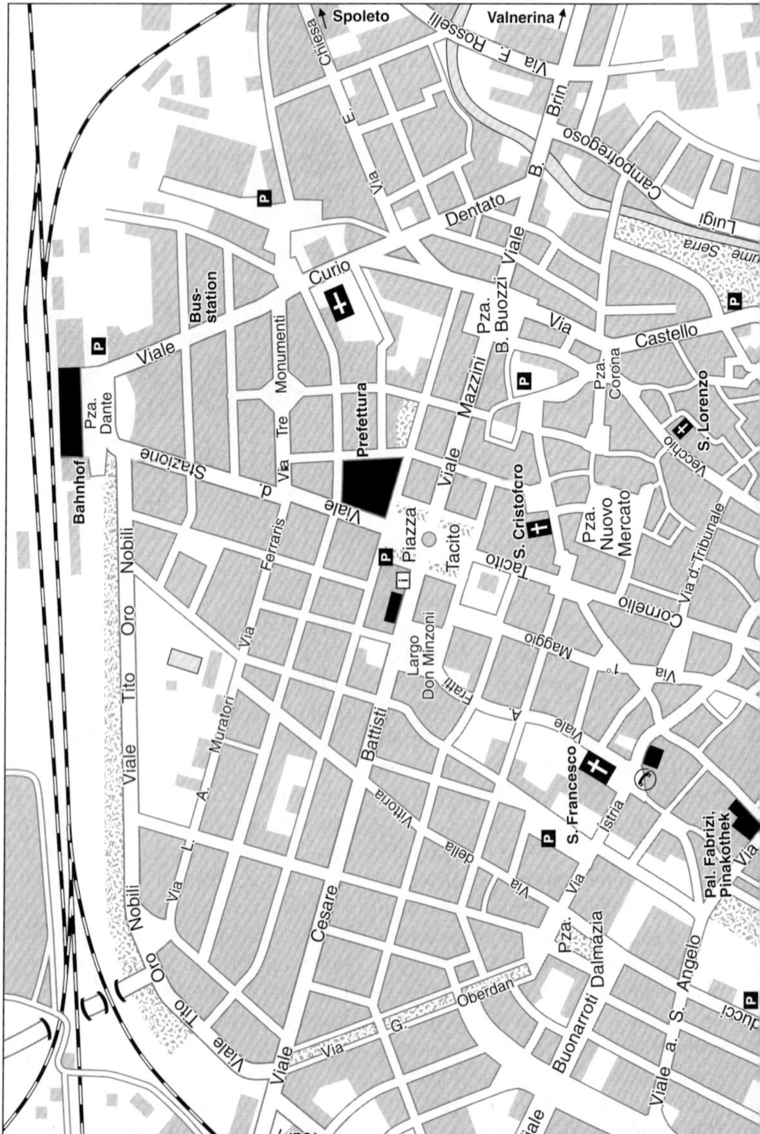
Spoleto
Valnerina
Via F. Rosselli
Via E. Chiesa
B. Brin
Campofregoso
Luigi
Fiume Serra
Dentato
Viale B. Buozzi
Pza. B. Buozzi
Curio
Via Castello
Bus-station
Viale Monumenti
Via Tre
Pza. Dante
Bahnhof
Viale Stazione
Prefettura
Viale Mazzini
Pza. Corona
S. Lorenzo
Vecchio
S. Cristoforo
Pza. Nuovo Mercato
Via d. Tribunale
Via Ferraris
Piazza Tacito
Tacito
Cornelio
Via Maggio
Largo Don Minzoni
Viale Tito Oro Nobili
Via A. Muratori
Battisti
Fratti
Viale 1°
S. Francesco
Vittoria
Via della
Istria
Pal. Fabrizi, Pinakothek
Via L.
Cesare
Pza. Dalmazia
Buonarroti
Viale a. S. Angelo
Oberdan
Via G.
Viale
Todi

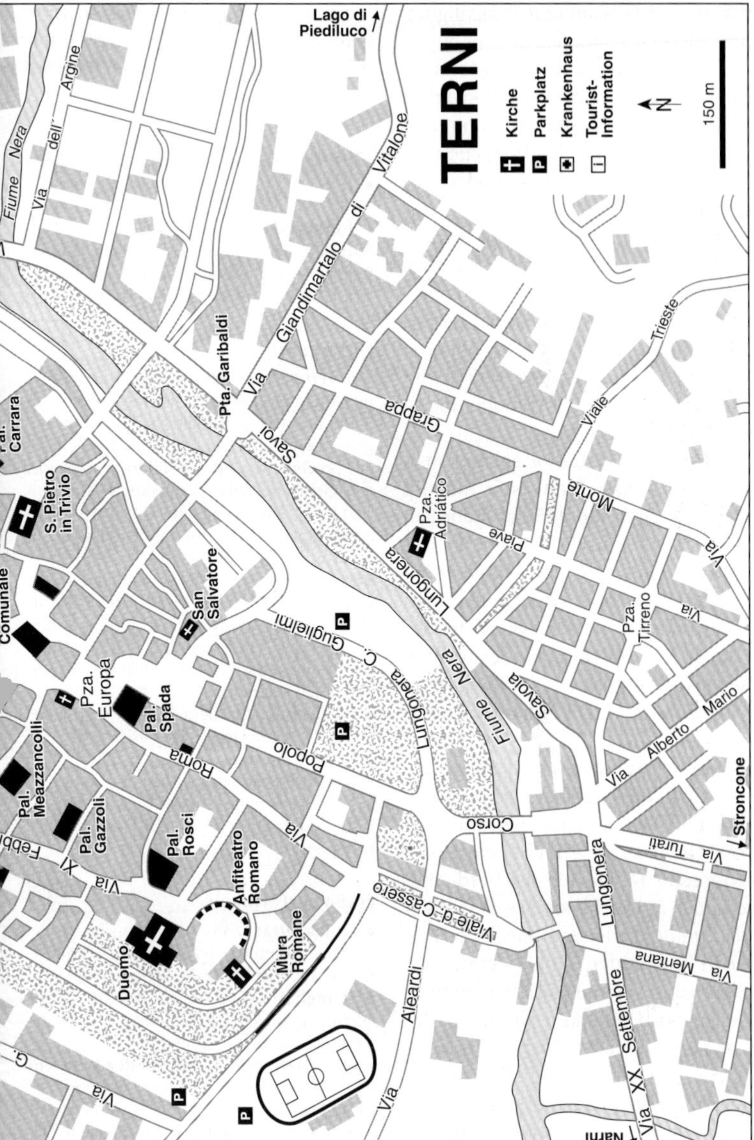
TERNI
Kirche
Parkplatz
Krankenhaus
Tourist-Information
N
150 m
Lago di Piediluco
Fiume Nera
Via dell' Argine
Via Giandimartalo di Vitalone
Pta. Garibaldi
Pal. Carrara
S. Pietro in Trivio
Comunale
San Salvatore
Pza. Europa
Pal. Spada
Pal. Meazzancolli
Pal. Gazzoli
Pal. Rosci
Via XI Febb
Anfiteatro Romano
Duomo
Mura Romane
Via Roma
Popolo
C. Guglielmi
Lungonera
Savoi
Grappa
Pza. Adriatico
Piave
Monte
Viale Trieste
Via
Pza. Tirreno
Savoia
Via Alberto Mario
Stroncone
Corso
Via Turati
Lungonera
Via Mentana
Via XX Settembre
Narni
Viale d. Cassero
Via Aleardi
Via G.

mit einigen Fresken (zur Besichtigung am Tor Klarissinnenkloster nebenan läuten) und den **Palazzo Fabrizi** an der Ecke zur Via Cavour. In dem leicht muffig wirkenden Stadtpalast mit z. T. ursprünglicher Deckenbemalung ist bis auf weiteres die **Pinakothek** untergebracht.

Sie zeigt vor allem Werke früher umbrischer Renaissancemaler wie *Alunno, Melanzio, Lo Spagna,* das bemerkenswerteste Exyponat ist ein großes Goldaltarbild von 1485. Im neueren Teil sind einige kleinere Werke der klassischen Moderne (Braque, Picasso, Miro) ausgestellt.

Durch die *Via Fratini* gelangt man zur **Piazza San Francesco** mit der gleichnamigen Kirche. Der mehrfach umgestaltete Bau des Franziskanerordens aus dem 13. Jh. mit schönem gotischen Glockenturm birgt innen einen sehenswerten Freskenzyklus. In der *Capella Paradisi* am Ende des rechten Seitenschiffes hat um 1450 Bartolomeo di Tomasio „Das jüngste Gericht" in Anlehnung an Dantes „Göttliche Komödie" figurenreich in Szene gesetzt: links das Fegefeuer, an der Stirnseite den Tag des Gerichtes und– besonders plastisch - rechts die Hölle, wo freche Teufelchen die Verdammten quälen. Die Piazza San Francesco mit ihren einladenden Bars ist beliebter Treffpunkt der Ternani. An der Kirchenmauer sammelt sich nachmittags die Jugend mit ihren Motorini, der Laufweg der allabendlichen Passegiata führt von hier zur große **Piazza Cornelio Tacito.** Der verkehrsreichen Platz mit Fontänenbrunnen und Tierkreismosaiken von 1936 in der Mitte bildet das Zentrum des modernen Terni, das sich nach Norden zum Bahnhof hin ausdehnt.

Information

- **Terni.** 112 000 Ew., 130 m ü. NN, PLZ 05 100, Provinzhauptstadt.
- **Tourist-Info.** *I.A.T. del Ternano,* Viale Cesare Battisti 7, nahe der Piazza Tacito zwischen Bahnhof und Zentrum, Tel. 07 44 42 30 47, Fax 0 75 98 15 66, E-mail: info@iat.terni.it..

Unterkunft

In Terni gibt es mehrere nüchtern-moderne Hotels für Geschäftsreisende, die z. T. am Stadtrand weit außerhalb des Zentrums liegen. Es empfiehlt sich daher, im benachbarten *Spoleto* (s. dort) zu übernachten, das zahlreiche angenehme Unterkünfte für Touristen bietet. Daneben bietet sich auch das nahegelegene *Narni* (s. dort) als Standort an. Im Zentrum Ternis liegen u. a.:

- **Valentino******/€€€-€€€€. Via Plinio il Giovane 5, Tel. 07 44 40 25 50, Fax 07 44 40 33 35, E-mail: htlvalen@tin.it, großer Hotelkomplex zwischen Bahnhof und Zentrum, ohne Atmosphäre aber freundlicher Service und mit Restaurant.
- Preiswerter, aber dennoch etwas zu teuer für das Gebotene ist das **De Paris*****/€€-€€€€, Viale della Stazione 52, beim Bahnhof. Etwas in die Jahre gekommener Neubau, korrekter Service, sehr unterschiedliche Zimmerqualität, Tel. u. Fax 0 74 45 80 47, E-mail: info@hoteldeparis.it.

Essen und Trinken

- **La Piazetta****. Via del Leone 34, preisgünstige Trattoria im Zentrum, kreative Küche, Tel. 0 74 45 81 88, So Ruhetag.
- **Shanghai***. Viale Cesare Battisti 20, gegenüber Infobüro, Tel. 07 44 35 77 55, preiswertes, gutes Chinarestaurant.
- Das traditionelle **Caffè Rendez-Vous** am Kirchplatz von San Franceso ist ein beliebter Treffpunkt der Ternani, gute Auswahl an Panini, Crostini, schöne Einrichtung in altem Stil.

Öffentliche Verkehrsmittel

Bahn

- **Bahnhof** am Nordrand des Stadtzentrums.
- 5–7x in knapp einer Stunde mit Eurostar nach **Rom** und **Spoleto/Foligno/ Ancona.**
- Häufig mit Diretto oder Lokalzug der FS nach **Narni/Orte, Spoleto** und **Rieti** (Latium).
- Werktags 12x, sonntags 4x nach **Perugia Santa Anna** über *Todi Ponte Rio* mit der privaten Ferrovia Centrale Umbra.

Bus

- **Hauptbushalt** 50 m schräg nach links vom Bahnhof her (Auskunfts- und Fahrkartenschalter, Fahrpläne).
- **Auskunft.** ATC Terni, Tel. 07 44 49 27 11, Internet: www.atcterni.it
- Mit atc Terni werktags regelmäßige Verbindungen zum **Lago di Piediluco,** nach *Arrone/Ferentillo/Scheggino* in der **Valnerina,** nach **Acquasparta** über *Cesi/Carsulae* nach **Stroncone** und nach **Narni/Amelia.** Sonntags nur sehr eingeschränkter Verkehr.
- Nach **Orvieto** nur werktags 5 Busse.
- Werktags 3x ohne umsteigen in knapp einer Stunde nach **Viterbo** (Latium).

Rund ums Auto

- **Leihwagen.** *Hertz,* Via C. Dentato 42, Tel. 07 44 40 39 02; *Europcar,* Via Lungonera Savoia 12/e, Tel. 07 44 28 26 52.
- **A.C.I.** Viale Cesare Battisti 121, Tel. 07 44 42 57 46.

Feste und Veranstaltungen

- Mit dem großen Frühlingsfest **Il Cantamaggio** wird Ende April/Anfang Mai der Beginn der wärmeren Jahreszeit gefeiert. Höhepunkt ist ein nächtlicher Umzug mit prächtig geschmückten Festwagen unter großer Anteilnahme der Bevölkerung.

Cascate delle Marmore

Die Cascate delle Marmore 7 km östlich von Terni gelten als der schönste Wasserfall Italiens. Donnernd und tosend stürzen die Wassermassen des **Velino** über eine steile Geländestufe in drei Kaskaden zu Tal. In den Wassernebeln bricht sich das Sonnenlicht und bildet immer wieder schöne Regenbögen. Ein eindrucksvolles Schauspiel bietet sich dem Betrachter - wenn der Wasserfall angeschaltet ist. Denn die Cascata delle Marmore funktionieren nur auf Knopfdruck. Seit 1924 wird das aus der Ebene von Rieti 165 m tief ins **Neratal** stürzende Wasser des Velino in Röhren gefasst und zur Stromerzeugung genutzt.

Aber auch der ursprüngliche Wasserfall war Menschenwerk. Zur besseren Entwässerung der Ebene von Rieti hatten die Römer bereits im 3. Jh. n. Chr. den Lauf des Velino über die 165 m hohe Geländestufe zur Nera hinab umgeleitet.

Nur zu festgelegten Zeiten kann man das Naturschauspiel des Wasserfalls bewundern. Vor allem an Wochenenden drängen sich dann die staunenden Massen an den Aussichtspunkten, und an den Besucherparkplätzen öffnen Imbissstände und Verkaufsbuden. Im Sommer werdem die Wassermassen sogar abends mit Flutlicht angestrahlt.

Ein schöner Aussichtspunkt befindet sich oberhalb der Fälle beim Ort **Marmore** an der Straße Terni - Rieti. Von der *Belvedere Superiore,* einem gemauerten Aussichtsbalkon, blickt man auf die zu Tal stürzende Hauptkaskade. Von der im Neratal verlaufenden N 209 Terni - Ferentillo bietet sich von der *Belvedere Inferiore* ein schöner Ausblick auf den Gesamtwasserfall.

Die beiden Aussichtsplätze verbindet ein schöner Wanderpfad (siehe Wegbeschreibung).

Information

- **Betriebszeiten.** Mitte März bis Ende April: Mo–Fr 12–13 u. 16–17 Uhr, Sa/So 11–13 u. 16-21 Uhr. Mai: Mo–Fr 16–17, 21–22 Uhr, Sa 11–13 u. 16–21 Uhr, So 10–13 u.15–22 Uhr. Juni, Juli und August: Mo–Fr 12–13, 17–18 u. 21–22 Uhr, Sa 11–13 u. 15–22 Uhr, So 10–13 u. 15–22 Uhr. September: Mo–Fr 12–13, 16–17 u. 21–22 Uhr, Sa 11–13 u. 16–21 Uhr, So 10–13 u. 15–21 Uhr. Oktober: nur Sa/So 11–13 u. 16–20 Uhr. November bis Mitte März: nur So von 15–16 Uhr.

Die imposanten Cascate delle Marmore

Öffentliche Verkehrsmittel

- Busse (Strecke *Terni-Piediluco* werktags 10x, So 7x) oder Züge (Strecke *Terni-Rieti,* werktags 10x, So 5x) bis **Marmore** oberhalb des Wasserfalls.
- Häufige Verbindungen auch zum Aussichtsplatz **Belvedere Inferiore** an der N 209 unterhalb der Cascata mit der Buslinie *Terni-Ferentillo/Scheggino,* (werktags 20x, So 10x).

Kurzwanderung

✰ Von Belvedere Superiore zur Belvedere Inferiore

Am besten lässt sich der ganze Wasserfall von Terni aus mit öffentlichen Verkehrsmitteln und einer kleinen Wanderung von oben nach unten erkunden. Von **Marmore** folgt man dazu den Hinweisen zur *Belvedere Superiore.* Der Beschilderung *Ingresso Sentiero* nach gelangt man von hier zu einem talwärts führenden Pfad (in der Saison wird eine geringe Wegenutzungsgebühr kassiert). Nach etwa 10 Minuten öffnet sich nach rechts ein 100 m langer, lichtloser Tunnel zu einer steinernen, von der Gischt benässten Steinbrüstung unmittelbar vor der Hauptkaskade. (An Wochenenden schieben sich Massen durch die dunkle Röhre, so dass es öfters zu unfreiwilligem Körperkontakt kommt.) Einige Wegminuten unterhalb des Tunnels zweigen weitere Pfade nach rechts ab – **Erkundungswege** mit Holzstiegen zu hübschen Plätzen an den unteren Fällen mit kleineren Stufen, Strudellöchern und dem in den Felsgrund eingegrabenen Flusslauf. Man gelangt schließlich zur im Neratal verlaufenden **N 209.** Gleich hinter dem Straßentunnel Richtung Ferentillo zweigt nach links ein mit *Belvedere* beschildeter Pfad ab, der zwischen Kiefern und Steineichen 10 Minuten zu einem ersten und weitere 5 Minuten zu einem zweiten **Aussichtsplatz** ansteigt. Von hier eröffnen sich herrliche Ausblicke über das Neratal und auf die Cascata delle Marmore.

Lago di Piediluco

In der ruhigen Wasserfläche des kleinen Sees spiegeln sich die Wälder und Berge der Umgebung. Der Lago di Piediluco liegt eingebettet in einer harmonischen, unzersiedelten Landschaft. Die wenigen Häuser des einzigen Ortes am See ziehen sich den Hang zu einer mittelalterlichen Burgruine hinauf. Das idyllische Landschaftsbild vervollständigen im Hintergrund die Berge des Apennin mit dem gut 2000 m hohen *Monte Terminillo,* an dessen Hängen weithin sichtbar das alte latinische Bergdorf *Labro* klebt.

Die Ufer des etwa 5 km langen und 2 km breiten Sees sind zum Glück unverbaut geblieben. Gerüchte von Bauspekulation und geplanten großdimensionierten Ferienanlagen haben sich bis heute nicht bewahrheitet. Die Freizeitindustrie, die es am See durchaus schon gibt, hat noch bescheidene Ausmaße.

Zum Baden ist der See nicht optimal geeignet, denn die Ufer sind oft verschilft und schwer zugänglich. Das Wasser ist auch im Sommer recht kühl, da der Lago di Piediluco von Gebirgsflüssen gespeist wird. Durch Abwassereinleitungen in der Ebene von Rieti ist es dennoch nicht ganz sauber. Die Hoteliers von Piediluco betonen allerdings, dass man nach wie vor ohne Bedenken ins Wasser steigen kann. Ansonsten kann man sich mit Kanufahrten, Segel- und Wasserskitouren vergnügen.

Das kleine **Piediluco** besitzt eine hübsche, von Platanen beschattete Seepromenade mit Bars, Restaurants und drei Hotels. Im alten Ortskern lohnt ein Blick in die um 1339 errichtete romanische Kirche **San Francesco** mit schlicht-eindrucksvollem Innenraum, in dem seltsamerweise eine römische Frauenstatue ausgestellt ist. Auf der Hügelspitze des 542 m hohen **Monte Luco** nördlich über dem Seeufer erhebt sich die Ruine der päpstlichen Zwingburg **Rocca dell'Albornoz** von 1364. Eine am östlichen Ortsende beginnende steile Stichstraße, die bei den letzten Häusern in einen Erdweg übergeht, führt in etwa 45 Minuten auf den Burgberg.

Den **Monte Caperno** am Piediluco gegenüberliegenden Ufer nennen die Bewohner den *Monte dell'Eco* – wegen des besonders klaren Echos, das hierher zurückgeworfen wird.

Information

- **Piediluco.** 13 km östlich Terni, PLZ 05 100.

Unterkunft

- **Lido****/€€. Piazza Bonanni 2, Tel. 07 44 36 82 92, Fax 07 44 36 83 54, schöne Lage direkt am See, Gartenrestaurant mit Seeblick, geräumige Zimmer.
- **Eco****/€. Via IV Novembre 12, Tel. 07 44 36 81 24, ansprechendes kleines Hotel am Lago, alle Zimmer mit Seeblick, Terrasse am Seeufer.

Piediluco am gleichnamigen Lago

Camping

- **Camping Il Lago****. Ganzjährig geöffneter, großzügiger Platz am See, Tel. und Fax 07 44 36 91 99, E-mail: c.marmore@cuoreverde.com.

Essen und Trinken

- **Ristorante Giosefatta****-***. Via Cioffi 3, Tel. 07 44 36 81 62, gute Küche, Spezialitäten sind *corecone*, ein Süßwasserfisch aus dem See, und *gamberi di fiume*, Flusskrebse, Mi Ruhetag.

Öffentliche Verkehrsmittel

- **Bus.** Werktags 10x, sonntags 7x Busse zwischen *Terni* und Piediluco.

Feste und Veranstaltungen

- Die jährlich Ende Juni/Anfang Juli stattfindende **Festa delle Acque** (Wasserfest) geht auf alte Sonnenwendfeiern zurück. Mit Theater- und Musikdarbietungen; Höhepunkt ist ein nächtlicher Umzug phantasievoll geschmückter Boote.

Von Terni an der Grenze zu Latium entlang nach Narni

Südlich von Terni und Narni erstreckt sich zum Tibertal hin eine sanft-mediterrane **Berg- und Hügellandschaft** mit Olivengärten, Weinbergen und kleinen Wäldern. Große Sehenswürdigkeiten sind hier nicht zu finden, stattdessen einige sowohl stimmungsvolle als auch ruhige Orte und Plätze, die einen kleinen Umweg lohnen.

Die erste Station knapp 10 km südlich von Terni ist **Stroncone,** ein kompaktes altes Bergdorf in schöner Aussichtslage. Weder moderne Bausünden noch Überrestaurierung, wie bei so manchen Touristenorten, haben das Städtchen ästhetisch verändert. Die meist älteren Bewohner geben sich viel Mühe, ihre Häuser in Ordnung zu halten, und freundlicher Blumenschmuck setzt farbige Akzente an den Natursteinfassaden. Ein Gewirr aus schmalen Gassen, Treppenwegen und engen Bogendurchlässen bildet den Ortskern, in den man mit dem Auto nur schwer hineinkommt.

Westlich von Stroncone liegt bei *Sant'Urbano* das Franzikanerkloster **Sacro Speco.** Es zeigt sich ganz im ursprünglichen Geist des Ordensgründers mit bescheidenen Bauten in einsamer Waldlandschaft fernab der Zivilisation. Von der kleinen Klosterkirche führt ein Treppenweg zu einem Felsspalt, in den sich der hl. Franziskus zur Meditation zurückzog.

Calvi dell Umbria an der Grenze zu Latium ist ein nicht sehr aufregendes Städtchen mit verwinkeltem alten Zentrum, das allerdings anders als in Stroncone unter z. T. ungeschickten Restaurierungen gelitten hat. Vom Ortsrand eröffnen sich weite Ausblicke über die Hügel Latiums ins Tibertal. Moderne Wandbilder *(murales)* bringen Farbe in die engen mittelalterlichen Gassen. Beim Hauptplatz am Ortseingang erhebt sich die barocke Doppelkirche **Santa Brigida e Sant' Antonio** mit einer der ältesten Weihnachtskrippen Italiens. Die ungefähr 30 lebensgroßen Terrakottafiguren stammen aus dem Jahre 1546. (Wenn die Kirche geschlossen ist, in der Bar neben der Kirche nach dem Schlüssel fragen.)

Das etwas verschlafen wirkende Hügelstädtchen **Otricoli** 12 km westlich von Calvi ist ein schon latinisch wirkender Ort ohne vornehm-restaurierte Gebäude. In den Gassen sitzen abends, nach Geschlechtern getrennt, die Dorfbewohner, um Neuigkeiten auszutauschen. Der Ort war einst eine wichtige Römerstadt, später erste Poststation auf dem Weg von Rom nach Norden. Im **Grabungsgelände des römischen Otriculum** knapp 2 km südlich des Ortes sind nur noch unscheinbare Reste der Thermen, eines Amphitheaters und Tempelfundamente zu sehen. Die interessantesten Fundstücke, wie der berühmte „Zeus von Otricoli" aus dem 4. Jh. v. Chr., sind in die vatikanischen Museen gewandert. Der Besuch lohnt eher wegen der schönen Stimmung des Platzes. Die antiken Ruinen stehen einsam zwischen Wiesen, Weiden und alten Laubbäumen. (Zufahrt über die Durchgangsstraße Richtung Rom, beim beschilderter Abzweig Parkplatz, ca. 1 km schöner Fußweg bis zur Theaterruine.)

Zwischen Otricoli und Narni lohnt für Kunstinteressierte ein kurzer Abstecher Richtung *Visciano* zum Kirchlein **Santa Pudenziana.** (Hinweisschild beim Abzweig von der Hauptstraße, bei einer Häusergruppe nach ca. 1 km parken und den letzten Kilometer zu Fuß gehen.) Der bescheidene, altertümlich wirkende Bau steht abgeschieden in einem stillen Pinienhain. Er wurde im 11. Jh. unter Wiederverwendung antiker Bauteile errichtet. Neben dem hochaufragenden Campanile steht die winzige Kirche mit einer Vorhalle, die auf vier Säulen eines römischen Tempels ruht. Auch im schlichten dreischiffigen Innenraum mit dem ursprünglichen Altarbaldachin, Bischofsthron und Krypta wurden antike Spolien verbaut.

Information

- **Stroncone** 4000 Ew., **Calvi dell Umbria** 1900 Ew., **Otricoli** 1800 Ew.

Unterkunft

- In *Stroncone* in einem alten Stadthaus mitten im Zentrum die *Residenza di Campagna* **La Porta del Tempo*****/€€-€€€€ mit nur

7 Zimmern, Via del Sacramento 2, Tel. 07 44 60 81 90, Fax 07 44 60 90 34, E-mail: info@portadeltempo.it.

- In *Calvi* das einfache Dorfhotel **Bassotti***/€, Via Narnense 3, Tel. 07 44 71 01 29, mit Restaurant, manche Zimmer ohne Bad.

Camping

- Oberhalb von *Stroncone* der Campingplatz **I Prati**,** Vocabolo i Prati 175, in einsamer Berglandschaft in 950 m Höhe gelegen, Tel. 07 44 33 62 00, E-mail: f.freetime@tin.it, www.cuoreverde.com, 15.6.–15.9. geöffnet.

Essen und Trinken

- In *Stroncone* bietet die **Taverna di Portanova**** einfache Landküche auf gutem Niveau, Via Portanova 1, Tel. 0 74 46 04 96, Mi Ruhetag.

Narni

Eine unbekannte Schöne – zu Unrecht liegt die Kleinstadt abseits der Touristenrouten. Herausragenden Sehenswürdigkeiten birgt Narni in seinen Mauern zwar nicht, aber das mittelalterliche Stadtbild ist unversehrt und die Lage beeindruckend. Die alten Häuser stehen von kantigen Türmen überragt dicht gedrängt auf einem langgestreckten Felsrücken, um den herum die *Nera* mit einer Schleife ein Engtal durchbricht. Ganz oben wacht mit wuchtigen Mauern die Rocca Albornoz über die Stadt.

Auch Narni besteht aus einer historisch gewachsenen **Oberstadt** und einer modernen **Unterstadt.** Das am Fuße der Hügel gelegenen **Narni Scalo** hat sich mit Industrie- und Wohnbauten weit in die Ebene ausgedehnt. Der alte Ort auf dem Berg wirkt trotzdem nicht entvölkert oder unbelebt. Auf der Piazza beim Dom trifft sich immer noch jung und alt, und die Bewohner der eng gebauten Alstadt lassen es sich nicht nehmen, mit ihren Autos die holprigen Treppenwege bis zu ihrer Haustür hinaufzufahren. Der Alltagsrhythmus bestimmt das Stadtleben. Dessen Höhepunkt bildet das im Mai stattfindende historische Stadtfest *Corsa all'Anello,* an dem alle Bürger mit großer Begeisterung teilnehmen.

Geschichte

Narni kann auf eine lange Geschichte zurückblicken. Die strategisch gute Lage auf dem Felsrücken über dem Flusstal, durch das der Hauptweg nach Rom verlief, veranlasste die Römer schon 220 v. Chr. hier an der Stelle des **umbrischen Nequinum** die befestigte **Kolonie Narnia** anzulegen. In der Völkerwanderungszeit und im Mittelalter war Narni wegen seiner exponierten Position immer wieder Objekt kriegerischer Auseinandersetzungen.

1112 sagte es sich von der päpstlichen Herrschaft los und etablierte sich als **freie Komune,** die sich allerdings auch den kaiserlichen Ansprüchen widersetzte. 1174 wurde die Stadt deshalb von den Truppen des Erzbischofes Christian von Mainz geplündert, 1241 von den Soldaten Friedrichs II. erfolglos belagert. 1370 demonstrierte

In der Altstadt von Narni

der päpstliche Statthalter Kardinal Albornoz durch den Bau einer großen Zwingburg, wer fortan das Sagen haben sollte. Die Blütezeit der Stadt endete endgültig **1527,** als vom Sacco di Roma zurückkehrende deutsche **Landsknechte Karls V. die Stadt zerstörten** und ausplünderten, angeblich weil sie den Sold für ihre „gute Arbeit" in Rom nicht bekommen hatten. Bedingt durch die beengte Lage auf dem Felsrücken sank Narni danach zu einer unbedeutenden Kleinstadt im Kirchenstaat herab, wodurch das mittelalterliche Stadtbild erhalten blieb.

Im **19. Jh.** profitierte die Stadt von der forcierten **Industrieansiedlungspolitik** um Terni. In Narni Scalo entstanden Chemiebetriebe, deren Schornsteine auch noch heute vor der historischen Stadtkulisse aufragen.

Besichtigung

Den Mittelpunkt der Altstadt bildet die lebendige **Piazza Garibaldi** mit Cafés und kleinen Läden und einem Brunnen in der Mitte, der über einer frühmittelalterlichen Zisterne steht. Die Nordseite des Platzes begrenzt das Langhaus des Domes **San Giovenale,** der dem Stadtpatron Narnis geweiht ist, der im Jahre 376 den Märtyrertod starb. Durch einen Bogen gelangt man zur *Piazza Cavour,* von der aus man den Dom betritt. Dem 1145 fertiggestellten romanischen Bau wurde im 15. Jh. eine Renaissanceportikus vorgebaut. Das auf zweimal acht Säulen römischen Ursprungs ruhende Hauptschiff wirkt mit seinen heruntergezogenen Halbwänden eigenartig gedrungen. Im 15. Jh. wurde an der rechten Seite ein viertes Seitenschiff

angebaut. Die polygonale Apsis wurde nach einem Erdrutsch im gotischen Stil erneuert. Die beiden Renaissancekanzeln mit vergoldetem Reliefschmuck wurden um 1490 von den so genannten *Maestri Comancini* geschaffen, wandernden Steinmetzen aus der Gegend von Como. Am Anfang des linken Seitenschiffs ist die Statue des ägyptischen Heiligen Antonius Abbas bemerkenswert *(Lorenzo Vecchietta,* 1474).

Kunstgeschichtlich am interessantesten im Innenraum ist die **Capella San Giovenale** im angebauten rechten Seitenschiff. Sie ist erheblich älter als der Dom und beherbergt neben dem Grab von San Giovenale auch die Gebeine des zweiten Stadtpatrons *San Cassio.* Allein durch sein beeindruckend furchtloses Auftreten vor dem feindlichen Germanenführer *Totila* soll er im 6. Jh. Narni vor der Zerstörung gerettet haben. Die eigenartige Marmorfassade mit ihren Kassettenfeldern wurde im 15. Jh. aus älteren Bauteilen zusammengesetzt, die Pilaster mit feinen Kanneluren stammen aus dem 6. Jh, die Mosaikarbeit „Segnender Christus" im Innern der Kapelle aus dem 9. Jh.

Über die *Via Garibaldi* gelangt man von der Piazza Cavour zum Hauptplatz der mittelalterlichen Komune, der *Piazza dei Priori.* Zu Beginn des Platzes zweigt nach links die dunkle *Via del Campanile* zur **Chiesa San Francesco** ab. Sie wurde im 14. Jh. an der Stelle einer vom hl. Franziskus 1213 eigenhändig errichteten Betkapelle erbaut. Der Innenraum ist reich mit Fresken des 14. und 15. Jhs. ausgeschmückt. In der *Capella Eroli* vorne rechts hat Mezzastris aus Foligna Szenen aus dem Leben der Heiligen Franziskus und Bernard von Siena dargestellt.

An der vom Dom her gesehen rechten Seite der Piazza dei Priori erhebt sich mit eckigem Geschlechterturm und einer Loggia mit zwei Rundbögen der **Palazzo dei Priori** aus dem Mitte des 14. Jhs. Rechts von der Loggia befindet sich der Zugang zu den bescheidenen Räumlichkeiten des *Mercato Coperto.* Der gegenüberliegende ältere **Palazzo del Podestà** entstand 1273 aus der Verbindung dreier Turmhäuser. Über dem rechten Portal befindet sich eine Zwerggalerie mit mittelalterlichem Reliefschmuck: Ritter stürmen aufeinander zu, Falkenjagd, Kampf zwischen Löwe und Drache, oben links die biblische Szene der Hinrichtung des Holofernes. Im schönen Innenhof sind römische Baufragmente ausgestellt. Der Palazzo dient auch noch heute als Rathaus. Die repräsentativen Räume im ersten Stock können manchmal auf Anfrage besichtigt werden. Im großen Ratssaal, der *sala del consiglio,* ist neben dem Altarbild „Krönung Mariens" des bekannten Florentiner Renaissancemaler Domenico Ghirlandaio (1486) kurioserweise eine ägyptische Mumie des 4. Jhs. v. Chr. ausgestellt.

Vom Rathausplatz führt die *Via Mazzini* geradeaus zur kleinen **Chiesa Santa Maria in Pensole.** Eine über dem Hauptportal eingravierte Inschrift nennt 1175 als Baujahr. Die auf den Fundamenten eines römischen Tem-

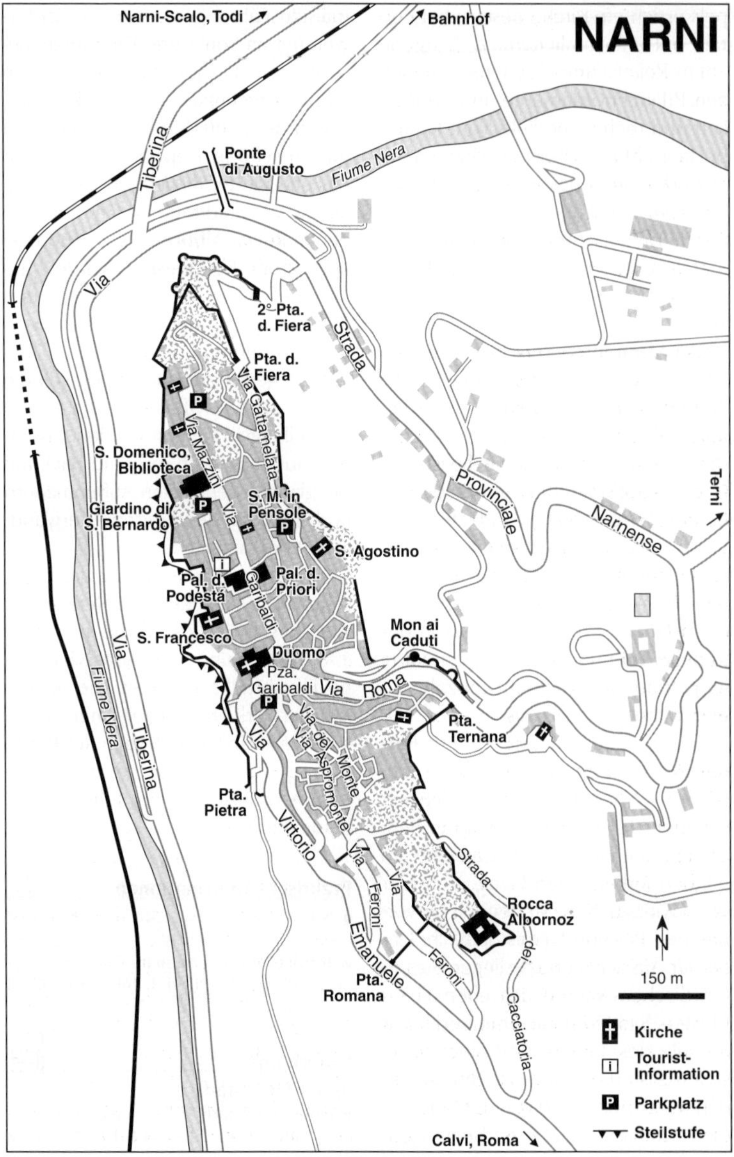
NARNI
Narni-Scalo, Todi
Bahnhof
Ponte di Augusto
Fiume Nera
Via Tiberina
2° Pta. d. Fiera
Pta. d. Fiera
Strada Provinciale
Via Gattamelata
Via Mazzini
S. Domenico, Biblioteca
Giardino di S. Bernardo
S. M. in Pensole
S. Agostino
Narnense
Terni
Pal. d. Podestà
Pal. d. Priori
Via Garibaldi
S. Francesco
Mon ai Caduti
Duomo
Pza. Garibaldi
Via Roma
Pta. Ternana
Via del Monte
Via Aspromonte
Pta. Pietra
Via Vittorio Emanuele
Via Feroni
Strada dei Cacciatoria
Rocca Albornoz
Pta. Romana
Calvi, Roma
150 m
N
Kirche
Tourist-Information
Parkplatz
Steilstufe

pels errichtete Kirche besitzt drei Portale mit altertümlichem, z. T. figürlichem Reliefschmuck: Menschen stützen Pflanzenornamente, in den Ranken und rechts und links vom Hauptportal sieht man Tierdarstellungen mit zwei drachenartige Fabelwesen. Wie im Dom San Giovenale ruht der Innenraum auf römischen Säulen mit mittelalterlichen Kapitellen; am dritten rechts ist Daniel in der Löwengrube zu sehen.

San Domenico (12. Jh.) unterhalb an der Via Mazzini besitzt einen eckigen Kirchturm in der Form eines mittelalterlichen Geschlechterturms. In der ehemaligen Bischofskirche ist heute die Stadtbibliothek untergebracht. In der Portalfassung sind zwischen Weinranken die 12 Apostel aufgereiht. Im Innenraum sind Reste mittelalterlicher Fresken, ein schlecht erhaltener Cosmatenfußboden und, links in der Kapelle beim Eingang, ein bei Narni aufgefundener Mammutstoßzahn zu besichtigen.

Vom kleinen **Giardino di San Bernardo** am Rande des Felsrückens hinter San Domenico eröffnet sich ein schöner Blick in das Neratal mit dem romanischen Kloster *San Cassiano* am gegenüberliegenden Hang. Von hier oben wird auch die strategisch hervorragende Position Narnis deutlich. Unter der Aussichtsterrasse liegen die unterirdischen Räume des ehemaligen Klosters San Domenico mit freskierter Kapelle des 13. Jhs. und einer römischen Zisterne. Zeitweise mussten in den Katakomben die von der Inquisition veruteilten Ketzter darben (regelmäßige Führungen durch die Unterwelt nur an Sonn- und Feiertagen; ansonsten u. U. auf Anfrage beim Infobüro oder unter Tel. 07 44 72 22 92).

Von der zentralen Piazza Garibaldi führen schöne Treppengassen durch das alte Viertel *Terziere di Mezule* hinauf zur am Stadtrand im Grünen gelegenen **Rocca Albornoz.** Der eindruckvolle große Festungsbau wurde 1370 errichtet, um, wie in Spoleto, den Machtanspruch des Kirchenstaates zu demonstrieren und zu festigen. Nach grundlegender Restaurierung soll die Rocca wiedereröffnet und für Kunstausstellungen genutzt werden. Bis dahin muss man sich mit dem Blick auf die glatten, wehrhaften Außenmauern und die umgebende grüne Berglandschaft begnügen.

Unterhalb Narnis führte die römische *Via Flaminia* über die Nera. In der Zeit des Augustus wurde hier eine 130 m lange und 32 m hohe vierbogige Flussbrücke errichtet, die als ein Meisterwerk römischer Ingenieurskunst galt. Ein letzter Bogen des **Ponte di Augusto** steht, von der modernen Straßenbrücke aus zu sehen, noch heute aufrecht.

Praktische Informationen

- **Narni.** 21 000 Ew., 240 m ü. NN, PLZ 05 035.
- **Tourist-Info.** *Pro Narni* im Palazzo del Podesta, Piazza dei Priori 3, Tel. u. Fax 07 44 71 53 62.

Unterkunft

In der Oberstadt

- **Hotel dei Priori*****/€€. Vicolo del Comune 4, Tel. 07 44 72 68 43, Fax 07 44 72

68 44, zentrale ruhige Lage, in einem Palazzo inmitten der Altstadt beim Palazzo dei Priori, mit schattigem Innenhof, freundlich, von den oberen Zimmern Blick über die Dächer von Narni, das moderne Innendesign passt allerdings vielleicht nicht optimal zum historischen Ambiente des Palazzo.

- **Il Minareto*****/€€. Via dei Cappuccini Nuovi 32, Tel. 07 44 72 63 43, Fax 07 44 72 62 84, E-mail: hotelminareto@libero.it, Internet: www.hotelminareto.com, 2 km östlich des Zentrums, baulich mit maurischen Stilanleihen inkl. Minarett, ordentlicher Komfort.

In der Unterstadt

- **Ponte d'Augusto****/€-€€. Via Tuderte 303, Tel. 07 44 75 06 35, Fax 07 44 75 09 74, an der Hauptstraße in der Nähe des Bahnhofs, äußerlich nicht sehr anheimelnder Neubau, jedoch freundlicher Service, ordentlicher Komfort, ruhige Zimmer nach hinten nehmen, mit solidem Restaurant.
- **Fina*****/€€. Via Tuderte 419, Tel. 07 44 73 36 48, Fax 07 44 75 03 26, an der Hauptstraße etwas weiter stadtauswärts, anonymer Kasten, guter Komfort, ruhige Zimmer auf der Rückseite, Restaurant.

Essen und Trinken

- **La Loggia*****. Vicolo del Comune 4, Tel. 07 44 72 27 44, ausgezeichnetes Restaurant im Untergeschoss des Palazzo dei Priori, kreative Küche mit einfachen Grundprodukten, z. T. nach alten Rezepten, Mo Ruhetag.
- **Trattoria del Cavalino****. Via Flaminia Romana 220, Tel. 07 44 76 10 20, am Stadtrand im Ortsteil Testaccio 3 km vom Zentrum, gute Küche auf den Spuren vergessener Kochtraditionen, vor allem die Nudelgerichte überzeugen, Di Ruhetag.

Verkehrsverbindung

Bahn

- Der **Bahnhof** liegt in der Unterstadt **Narni Scalo.** Regelmäßige Stadt- und Fernbusverbindung zum alten Zentrum auf dem Berg.
- Ca. 7x täglich mit Interregio in einer Stunde nach **Rom** bzw. nach **Terni/Spoleto/Foligno/Ancona.**
- Zusätzlich Lokalzüge nach **Orte** und **Terni.**

Die Rocca Albornoz oberhalb von Narni

Bus

- **Hauptbushaltestellen** beim Bahnhof in *Narni Scalo* sowie an der *Piazza Garibaldi* beim Dom, hier auch Büro der Busgesellschaft atc mit Informations- und Fahrkartenschalter.
- Werktags häufig Busse nach **Terni** und **Amelia,** seltener nach **Calvi dell'Umbria** und **Otricoli.**

Feste und Veranstaltungen

- Die **Corsa all'Anello** zu Ehren des Stadtpatrons San Giovenale ist eines der schönsten Stadtfeste Umbriens. Höhepunkt der jedes Jahr Ende April/Anfang Mai stattfindenden Festlichkeiten ist ein Lanzenstechen am ersten Maisonntag, bei dem die Reiter der drei mittelalterlichen Stadtviertel Fraporta, Mezule und Santa Maria darum wetteifern, als erster den *Anello,* einen kleinen aufgehängten Ring, zu durchstechen. Am Vorabend findet ein großer Umzug in historischen Kostümen statt. Aber auch schon während der zwei Wochen vor der Corsa ist das Stadtleben durch die Festereignisse geprägt. Auf den Plätzen der Altstadt werden Tänze und historische Musik dargeboten, in den eigens für das Fest hergerichteten *Hostarie* – Gastwirtschaften in alten Gewölben – wird bis spät in den Abend hinein gemeinsam getafelt und gefeiert.

Durch das Amerino von Narni nach Orvieto

Als Amerino wird das **Hügelland zwischen Tiber und Nera** nördlich von Narni bezeichnet. Es ist ein agrarisch geprägter Landstrich mit Weinbergen, Olivenkulturen und Getreidefeldern. Der historische Einfluss der Feudalkultur des angrenzenden Latiums zeigt sich in Form von Renaissancefestungen und einigen herrschaftlichen Landvillen. Ein landschaftlich schöne Route bietet die von *Narni Scalo* über *Amelia, Lugnano* und *Montecchio* verlaufende **N 205.** Von der am Rande eines knapp 1000 m hohen Gebirgszuges verlaufenden Straße bieten sich immer wieder herrliche Ausblicke über das Tibertal zu den Bergen Latiums.

Amelia

Der gut 11 000 Einwohner zählende **Hauptort des Amerino** zeigt sich aus der Ferne als pittoreske alte Stadt in schöner Panoramalage. Die Häuser ziehen sich dicht gedrängt zur Hügelspitze mit dem Domturm hinauf. Innerhalb der Mauern ist das Ortsbild jedoch weniger harmonisch, denn die historisch gewachsene Stadt hat durch relativ ungeschickte neuere Restaurierungen hier und da leider Schaden genommen. Amelia bezeichnet sich nicht unbescheiden als älteste Stadt Umbriens und beruft sich dabei auf den römischen Schriftsteller Cato. Dieser berichtet von einer Siedlungsgründung durch den Umbrerkönig Amirus 1134 v. Chr. Das **römische Ameria** wurde zu einem nicht unbedeutenden Munizipium an der wichtigen Fernstraße *Via Amerina,* die Rom mit Perusia (Perugia) verband.

Aus der Zeit der umbrischen Urbevölkerung stammt noch der untere Teil der **Stadtmauer.** Die Basis besteht aus mächtigen, ohne Mörtel aneinandergefügten Polygonalblöcken von bis zu acht Metern Höhe, auf die später römisches und mittelalterliches Mauerwerk aufgesetzt wurde.

Durch die 1703 erneuerte, ursprünglich römische *Porta Romana* betritt man die Altstadt, in die die ansteigende Hauptgasse *Via della Repubblica* weiter hineinführt.

Rechter Hand hinter dem Tor befindet sich die Kirche **SS. Filippo e Giacomo** (auch **San Francesco**) von 1287, deren strenge Fassade nur durch eine Fensterrose aufgelockert ist. Der Innenraum wurde Barock umgestaltet. Gleich links vom Eingang sind Fragmente der ursprünglichen Freskenausmalung in der Nachfolge Giottos zu sehen, in der *Capella Sant'Antonio* rechts sechs Grabmäler der Sippe der Geraldini. Dasjenige von Matteo und

Elisabeth stammt vom berühmten Florentiner Renaissancebildhauer Agostino di Duccio (1477).

Die Via della Repubblica mündet weiter oben durch einen römischen Bogen auf das Zentrum der mittelalterlichen Stadt, die **Piazza Guglielmo Marconi.** An der rechten Platzseite erheben sich der *Palazzo Nacci* (15. Jh.) und der vornehmere *Palazzo Petrignani* (16. Jh). Die kleine Platzanlage hat heute die Funktion des urbanen Zentrums verloren, lebendiger wirkt Amelia vor der Stadtmauer an der Hauptstraße.

In den höhergelegenen Stadtbezirken wirkt der Ort zunehmend verwaist. Auf der Hügelspitze erhebt sich an der Stelle der römischen Akropolis der **Dom.** Vom romanischen Ursprungsbau (1050) steht einzig noch der 12eckige Campanile aufrecht. Der übrige Bau wurde nach 1640 vielfach umgebaut, 1887 wurde noch eine klassizistische Fassade vorgesetzt. Im Inneren sind einige Kunstwerke zu besichtigen, u. a. ein Tafelbild des Manieristen Taddeo Zuccari (16. Jh.) in der *Capella del Sacramento* und das Marmorgrabmal von Agostino di Duccio (1476) in der *Capella dell'Assunta.* Fast schöner als der Dom selbst ist der Blick vom Vorplatz, der bei klarer Sicht über grüne Hügellandschaft hinweg weit nach Osten bis zu den 2000ern der *Monti Sibillini* reichen kann.

Am äußersten Ende des alten Zentrums liegt an der Stelle des antiken Forums die *Piazza Matteotti.* Unter ihrem Pflaster erstrecken sich die Gewölbe einer großen **römischen Zisterne,** in die man hinabsteigen kann. Im Innenhof des **Palazzo Comunale** an der Piazza Matteotti ist römische und mittelalterliche Bauplastik ausgestellt. Die nahegelegene Kirche **San Agostino** (14. Jh.) besitzt ein reichverziertes gotisches Portal und einen Kreuzgang von 1492.

Praktische Informationen

- **Amelia.** 11 000 Ew., 370 m ü. NN, PLZ 05 022.
- **Tourist-Info.** *I.A.T. dell'Amerino,* Via Orvieto 1, schräg gegenüber der Porta Romana an der Durchgangsstraße, Tel. 07 44 98 14 53, Fax 07 44 98 15 66, E-mail: info@iat.amelia.tr.it.

Die romanische Kirche Santa Maria Assunta

Südumbrien

Unterkunft

• **Scoglio dell'Aquilone*****/€-€€, Via Orvieto 23, Tel. 07 44 98 24 45, Fax 07 44 98 30 25, E-mail: scogliodell'aquilone@tiscalinet.it, 2 km außerhalb an der Straße nach Lugnano, in schöner Natur mit Blick auf die Stadt, mit Restaurant.

• **Anita*****/€€, Via Roma 31, Tel. 07 44 98 21 46, Fax 07 44 98 30 79, Neubau am Stadtrand Richtung Narni, mit Restaurant.

Essen und Trinken

• Gute traditionelle Landküche mit hausgemachten Nudeln und Süßspeisen im **Restaurant des Hotels Anita****, Mo Ruhetag.

Lugnano in Teverina

Die kleine, hübsch-verwinkelte alte Stadt, 10 km westlich von Amelia gelegen, lohnt wegen der schönen Ausblicke ins Tibertal und vor allem der Kirche **Santa Maria Assunta** einen Zwischenstop. Letztere wurde in der zweiten Hälfte des 12. Jhs. erbaut und gehört trotz einiger späteren Umbauten zu den am besten erhaltenen romanischen Landkirchen Umbriens. Innen wie außen lassen sich kunstvolle Steinmetzarbeiten und interessante Schmuckelemente entdecken. Über dem auf vier Säulen mit feinen Kapitellen ruhenden Dach der Vorhalle verläuft ein Relieffries mit Mosaikresten, Fabelwesen und den vier Evangelistensymbolen (Löwe, Engel, Greif und Stier). Auch die Säulen im dreischiffigen Innenraum besitzen fein verzierte Kapitelle; auffallend ist die dritte Säule links, deren Kapitel einen Männerkopf zeigt, aus dessen Mund eine Schlange hervorkriecht. Bemerkenswert sind auch der Altarbaldachin, die verzierte Chorschranken mit Mosaiken (der hl. Georg bekämpft den Drachen), der ornamentale Cosmaten-Fußboden und die kleine Krypta, der ältester Teil der Kirche. Hinter dem Hochaltar ist ein Marienbild auf Goldgrund von Alunno aus Foligno (1430–1502), rechts vom Altar eine Kreuzigungsdarstellung von einem Nachfolger Giottos zu sehen.

Information

• **Lugnano.** 1600 Ew., 420 m ü. NN, PLZ 05 020.

Unterkunft

• Das **La Rocca****/€ ist ein einfaches, preiswertes, etwas angestaubtes Kleinstadthotel, recht geräumige Zimmer, einige mit schöner Aussicht ins Tibertal, Tel. 07 44 90 00 64.

Essen und Trinken

• Einziges Restaurant im Ort ist die vornehme **Frateria dell'Abate Laniano*****, in einem alten Konvent südlich unterhalb des alten Zentrums, Mi geschlossen, Voranmeldung erwünscht, Tel. 07 44 90 21 80.

Alviano

Etwa 6 km nordwestlich Lugnano steht hinter eine Festung geduckt das kleine, kompakte Alviano am Hang über dem Tibertal. Unterhalb in der Ebene blinkt die Wasserfläche eines kleinen Stausees. Die Errichtung einer ersten Burg und damit die Gründung Alvianos geht auf einen 996 im Gefolge Otto III. aus Deutschland eingewanderte Ritter namens Offredo zurück. Im

11./12. Jh. war die Familie Alviano sehr mächtig. In einem kleinen autonomen Staat herrschten sie zeitweise über Teile des Tibertals, Umbriens und der Marken um Camerino. Die heutige Burg mit ihren Rundbastionen stammt aus dem frühen 16. Jh. 1651 erwarb die Feudalherrin *Olimpia Pamphili* die Anlage, von der bis heute im Dorf seltsame Geschichten kursieren. Junge Männer, mit denen sie sich ausgiebig zu vergnügen pflegte, verschwanden anschließend auf mysteriöse Weise. Noch heute soll die Dame durch die alten Gemäuer spuken und die männliche Jugend wird davor gewarnt, sich nachts in der Nähe der Burg herumzutreiben.

Unterhalb Alvianos wurde der Tiber 1963 zu einem kleinen See aufgestaut. Das Baden ist hier nicht erlaubt, und bei nur einen knappen halben Meter Wassertiefe auch kaum möglich. Ornithologen kommen jedoch auf ihre Kosten, denn der flache See zieht viele Vogelarten an und ist inzwischen zum 900 ha großen Vogelschutzgebiet **L'Oasi di Alviano** erklärt worden. Ein Fußweg führt zu Beobachtungspunkten am See. Die Anfahrt führt über *Alviano Scalo,* wo man, von Alviano kommend, nach rechts Richtung Guardea und wenige Kilometer weiter, beim *Ristorante I Gelsia,* nach links abbiegt. Das Auto lässt man am Ende der Straße, wo der zwei Kilometer lange **Wanderweg** durch das Naturschutzgebiet beginnt – Heimat für etwa 100 Wasservogelarten.

Von Alviano nach Oriveto

Richtung Orvieto senkt sich die N 205 hinter *Guardea* ins Tibertal. Beim mittelalterlich-verwinkelten **Montecchio** (1800 Ew.) zweigt eine kurvige Nebenroute nach Osten ab, die am Nordhang des *Monte Croce di Serra* (994 m) entlang durch ruhige Mittelgebirgslandschaft mit Weinbergen, Kornfeldern und kleinen Wäldern nach Izzalini/Todi führt. Unterhalb des Ortes gelangt man auf einer ausgeschilderte Erdstraße zur in dichtem Steineichenwald versteckten kleinen etruskischen **Nekropole San Lorenzo.**

Weiter nördlich zeigt das malerische Hügeldorf **Baschi** (2700 Ew.) in seiner kompakten und wehrhaften Außenansicht, dass es aus einer mittelalterlichen Burganlage hervorging. Ein kurzer Rundgang im Ort führt durch enge Pflastergassen zur kleinen Kirche **San Nicolo.** Fassade und Turm stammen vom bekannten Renaissancebaumeister *Ippolito Scalza* (um 1580), das Triptychon „Madonna mit Kind" in der Capella del Santissimo Sacramento im Innenraum vom sienesichen Künstler *Giovanni di Paolo* (1400–1482).

Südumbrien

Orvieto

Orvieto hat eine außergewöhnliche Lage. Die Kirchen, Palazzi und Häuser der alten Stadt drängen sich auf einem nach allen Seiten steil abfallenden langgesteckten Felsplateau. Wie eine Insel aus Stein ragt der **Fels von Orvieto** aus dem Paglia-Flusstal hervor. Farblich dominiert das Gelbbraun des **vulkanischen Tuffgesteins,** wodurch der im äußersten südlichen Winkel Umbriens gelegene Ort schon einen latinischen Anstrich bekommt.

Eine Stadt am Abgrund: Etrusker, Römer und die Menschen des Mittelalters haben ein ausgedehntes System unterirdischer Gänge in den porösen Felssockel aus Vukangestein gegraben, um unter der Erde Vorratslager, Weinkeller, Zisternen und Zufluchtsräume anzulegen. Durch die Erschütterungen des modernen Verkehrs geraten die auf löchrigem Grund stehenden Fundamente immer mehr in Bewegung. In den letzten Jahrzehnten mussten zunehmend aufwändige Stützkonstruktionen angelegt werden, um ganze Häuserzeilen vor dem Abrutschen in die Tiefe zu bewahren.

Zwischen den braunfarbenen Bauten auf dem Fels wächst strahlend weiß der **Dom** empor. Er gilt als eine der schönsten Kirchen Italiens und zieht Touristen in Massen an. Aber auch abseits des Doms ist Orvieto eine sehenswerte Stadt. Da der steil abfallende Rand des Plateaus eine natürliche Grenze gegen Zersiedlung und moderne Stadterweiterung bildet, ist das **historisch gewachsene Zentrum** noch intakt. Das neue Orvieto, das sich von Autobahn und zwei Fernbahnlinien durchschnitten westlich des Stadtfelsens ausdehnt, scheint hier oben weit entfernt. Trotz der viele Besucher, die auf dem Weg nach Rom einen Zwischstop einlegen, ist Orvieto keineswegs zu einer reinen Touristenstadt geworden. Abseits des Domplatzes prägt der Alltagsrhythmus der Einheimischen das Stadtleben.

Mit der aufkommenden Industrialisierung im 19. Jh. stellte sich in Orvieto die Frage, wie man die Verkehrsverbindung zwischen der sich ausdehnenden Unterstadt *(Orvieto Scalo)* und dem alten Zentrum auf dem Tuffplateau verbessern könnte. Bis dahin musste man den steilen Weg mühsam auf dem Rücken eines Esels zurücklegen. Als neue technische Errungenschaft entwickelte Orvieto eine **mit Wasser betriebene Standseilbahn,** grub ein Tunnel unter der Burg Albornoz hindurch und verband so den Bahnhof mit der Altstadt. Die zwischenzeitlich stillgelegte Bahn wurde vor einigen Jahren modernisiert und wieder in Betrieb genommen – auch, um die Touristenautos mit ihren schädlichen Auswirkungen auf die Statik des Tuffplateaus besser fernhalten zu können. Busse und Lastwagen dürfen seit kurzem ohnehin nicht mehr ins Zentrum fahren.

Eine der wichtigsten Erwerbsquellen in der Umgebung Orvietos ist der

Der beeindruckende Fels von Orvieto

Weinbau. Der in großen Mengen produzierte, strohgelb-trockene *Orvieto classico* reift in den feuchten Tuffkellern der Stadt. Er ist einer der beliebtesten Konsumweine Italiens, der inzwischen auch die Regale manch deutscher Supermarktkette füllt. Weniger bekannt ist die süße Variante, der Dessertwein *Abboccato*.

Geschichte

Bei Orvieto lag mit **Volsinii** oder **Velsna** eine der wichtigsten Städte der Etrusker. Neben Perugia und Todi war es einer der drei umbrischen Orte im etruskischen Zwölfstädtebund. Deren politische Führer trafen sich jährlich einmal zu kultischen Handlungen und zum Fällen wichtiger Entscheidungen. Das Hauptheiligtum und die Versammlungsstätte der etruskischen Stadtstaaten, das *Fanum Voltumna,* lag auf dem Gebiet Orvietos.

Volsinii muss wohl besonders hartnäckig Widerstand gegen die römischen Eroberer geleisten haben. Antike Quellen berichten davon, dass die Stadt nach einem blutig niedergeschlagenen Aufstand 264 v. Chr. vollständig zerstört wurde. Die Bewohner wurden zwangsweise in eine neue Stadt am Bolsenasee umgesiedelt. Aus dem römischen *Volsinii Novi* wurde das heutige *Bolsena.*

Am Platz der alten Etruskerstadt entstand erst nach dem Untergang des römischen Imperiums eine neue Sied-

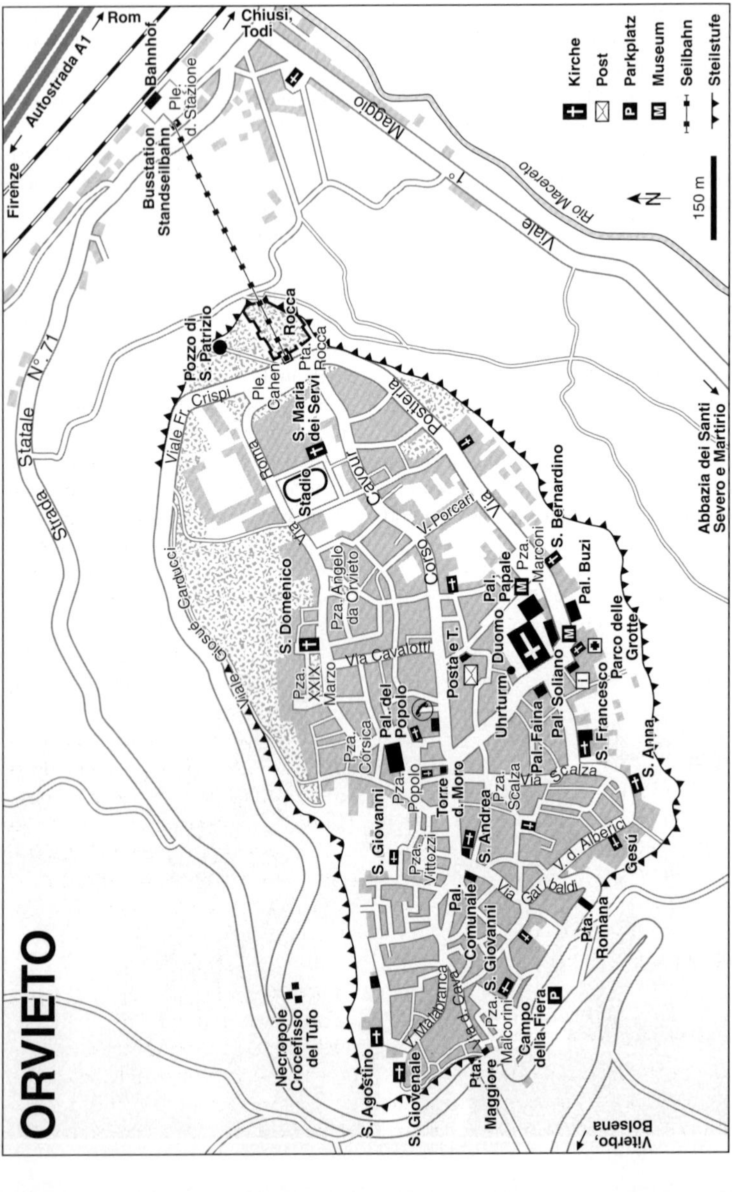
ORVIETO
Firenze
Autostrada A1
Rom
Chiusi, Todi
Bahnhof
Busstation Standseilbahn
Ple. d. Stazione
Viale 1° Maggio
Rio Macereto
Strada Statale N° 71
Pozzo di S. Patrizio
Rocca
Pta. Rocca
Ple. Cahen
Viale Fr. Crispi
S. Maria dei Servi
Via Roma
Stadio
Corso Cavour
Via Postierla
V. Porcari
S. Domenico
Pza. Angelo da Orvieto
Viale Giosuè Carducci
Pza. XXIX Marzo
Via Cavalotti
Pal. del Popolo
Pza. Popolo
Pza. Corsica
Posta e T.
Uhrturm
Duomo
Pal. Papale
Pza. Marconi
S. Bernardino
Pal. Buzi
Pal. Soliano
Pal. Faina
Parco delle Grotte
S. Francesco
S. Anna
Via Scalza
Pza. Scalza
Torre d. Moro
S. Andrea
S. Giovanni
Pza. Vittozzi
Pal. Comunale
S. Giovanni
Via Garibaldi
V. d. Alberici
Gesù
Pta. Romana
Campo della Fiera
Pza. Malcorini
Via d. Cava
V. Malabranca
Pta. Maggiore
S. Giovenale
S. Agostino
Necropole Crocefisso del Tufo
Viterbo, Bolsena
Abbazia dei Santi Severo e Martirio
Kirche
Post
Parkplatz
Museum
Seilbahn
Steilstufe
N
150 m

lung. **Ab dem 6. Jh.** entwickelte sich auf dem Fels ein neuer Ort. Der Name **Urbs Vetus,** „alter Ort", aus dem das heutige Orvieto wurde, erinnerte an die große etruskische Vergangenheit. Durch die besondere Lage auf einer gut zu sichernden Felsbastion gewann Urbs Vetus schnell wieder an Bedeutung.

Im **Mittelalter** gehörte es zu den **unabhängigen Stadtstaaten** und musste sich gegen Siena, Perugia und Viterbo behaupten. Ab dem 13. Jh. residierte der päpstliche Hof mehrfach in Orvieto. Zwischen den papsttreuen Guelfen unter der Sippe der *Monaldeschi* und den kaiserlichen Ghibellinen unter den *Filippeschi* tobte in dieser Zeit ein heftiger Machtkampf. Die siegreichen Monaldeschi befehdeten sich anschließend untereinander und schafften 1347 die freie Komune endgültig ab. Die **Periode blutiger Feudalfehden** ging **1450 zu Ende,** nachdem der Kirchenstaat endgültig die Herrschaft über die Stadt an sich gerissen hatte. 1527 floh der Papst von Rom ins sichere Orvieto, nachdem er beim so genannten *sacco di Roma* den plündernden Truppen des Habsburgerkaisers Karl V. glücklich entkommen war. Die folgenden Jahrhunderten unter dem Kirchenstaat bis zur italienischen Einigung 1860 verliefen ohne besondere geschichtliche Ereignisse.

Besichtigung

Wie in fast allen alten Städten Umbriens macht es wenig Sinn, mit dem Auto ins historische Zentrum zu fahren, denn Parkraum ist knapp und teuer, und die dicht beieinanderliegenden Sehenswürdigkeiten sind fast alle bequem zu Fuß zu erreichen. Die kurze Fahrt mit der Standseilbahn vom Bahnhof gibt zudem einen guten Eindruck von der besonderen Lage der Stadt. Beim Endunkt der Bahn an der *Piazza Cahen* beginnt der lange *Corso Cavour,* der zur zentralen *Piazza della Repubblica* hinaufführenden Hauptweg durch die Altstadt.

Tipp

Lohnend ist der Kauf der **Carta Orvieto Unica.** Sie ist ein Jahr gültig, kostet 12,50 € und umfasst den Eintritt für die *Capella di San Brizio* im Dom, das *Museum Faina,* den *Torre del Moro* sowie eine einstündige, auch deutschsprachige Führung durch das unterirdische Orvieto. Im Preis enthalten ist auch die kostenlose Parkplatzbenutzung für 5 Stunden oder alternativ eine Fahrkarte für die Standseilbahn (funicolare).

Auf der Höhe des *Teatro Mancinelli* beginnt die Fußgängerzone. Hier zweigt auch nach links die *Via Cesare Nebbia* zum Domplatz ab. Der interessantere, höhergelegene Teil der Altstadt erstreckt sich zwischen Dom und *San Giovenale* am Westrand des Tuffplateaus.

Duomo Santa Maria

Der Dom Santa Maria zieht alle Blicke auf sich. Von Ferne betrachtet erhebt er sich als markante Spitze aus dem Häusergewirr des Tuffplateaus. Noch beeindruckender wirkt die Kir-

che, wenn man vor der 50 m hohen, blendend-weiß in das Blau des Himmels strebenden Fassade steht. Die ganze Vorderfront ist über und über mit Säulen, Statuen, Reliefs, Bronzefiguren und Mosaiken ausgeschmückt. Allerdings wirkt der prunkvolle Dom irgendwie fremd in einer Stadt geduckter brauner Tuffhäuser.

Der im Jahre 1288 begonnene Bau einer derartig großen Kirche geht wahrscheinlich nicht auf einen Entschluss der mittelalterlichen Kommune oder des Stadtbischofes zurück, sondern beruhte auf einer bewussten päpstlichen Entscheidung, an dieser Stelle ein unübersehbares Zeichen für den Glauben zu setzen. Finanzieren mussten den Bau allerdings die Bürger der Stadt, die für ihre Spenden vom Papst mit Ablässen bedacht wurden. Über 150 Jahre zog sich der Bau der Kirche hin, der anfänglich maßgeblich von dem Sieneser Architekten und Bildhauer *Lorenzo Maitani* gestaltet wurde.

Ungewöhnlich für umbrische Kirchen ist die dekorative schwarz-weiße Streifung der Seitenwände, die wahrscheinlich auf arabische Vorbilder zurückgeht. Über die im Orienthandel aktive Hafenstadt Pisa fanden diese architektonischen Einlüsse auch in Mittelitalien Verbreitung (Dom von Siena).

Die repräsentative **Fassade** wirkt mit ihren vielen Schmuckelementen, den Dreiecksgiebeln und Spitztürmchen wie ein ins riesenhafte vergrößerter gotischer Goldschrein. An ihrer Gestaltung haben Künstler aus mehreren Jahrhunderten mitgewirkt. Die dekorativen, lebhaft-farbigen Mosaiken, überwiegend aus dem 17.–19. Jh., sind hübsch anzuschauen, gelten aber als künstlerisch weniger wertvoll. Die schöne, filigrane Fensterrose von 1366 wurde 1556 in eine viereckige Renaissanceumrahmung mit den Figuren der 12 Apostel gestellt. Aufwändig sind auch die Portale gestaltet: raffiniert gedrechselte Säulen und farbige, an Arabesken erinnernde Ornamentik. Vier Bronzeplastiken des 14. Jhs. ragen aus der Fassade hervor. Sie symbolisieren die vier Evangelisten Matthäus (Engel), Markus (Löwe), Johannes (Adler) und Lukas (Stier). Die Reliefs der Bronzetür

Front des Duomo Santa Maria

des Hauptportals wurden erst 1964–1970 von einem modernen Künstler geschaffen.

Besonders bemerkenswert sind die Bildhauerarbeiten in der Sockelzone der Domfassade. Die schon zwischen 1320 und 1330 entstandenen Reliefs wirken in ihrer lebhaften Darstellung und Körperhaftigkeit fast schon modern. Dargestellt sind auf den ersten drei Pfeilern Szenen aus der Schöpfungsgeschichte, dem alten Testament und aus dem Leben Jesu. Am vierten Pfeiler ganz rechts wird dem Sünder in expressiver Weise vor Augen geführt, welche Höllenqualen nach dem Weltgericht auf ihn warten.

Im Gegensatz zur Fassade beindruckt der **Innenraum** gerade durch seine weitgehende Schmucklosigkeit. Dadurch kommt der großzügige, weite Raumeindruck unbeeinträchtigt zur Geltung. Auch innen wurde das dekorative schwarz-weiße Streifenmuster fortgesetzt. In der Apsis sind schönes gotisches Chorgestühl mit Intarsien, ein Glasfenster von 1325 und einige Fresken zu sehen. Der Bildzyklus mit Szenen aus dem Marienleben stammt von dem aus Orvieto stammenden *Ugolino di Prete Ilario* (um 1375).

Beim Ende des linken Seitenschiffes öffnet sich die **Capella del Corporale.** In einem wertvollen gotischen Goldre-

Das Blutwunder von Bolsena

Ein Wunder war der Anlass für den Dombau von Orvieto. Einem böhmischen Mönch waren Zweifel am katholischen Dogma der Transsubstantation, der realen Verwandlung von Hostie und Messwein in das Blut Christi, gekommen. Um seinen Glauben zurückzugewinnen, begab er sich 1263 auf den Weg zum Papst nach Rom. Unterwegs zelebrierte er in Bolsena eine Messe und bat um ein göttliches Zeichen. Und schon passierte es: aus der Hostie tropfte plötzlich Blut auf das Messtuch, wo es ein Kreuz abbildete. Der Mönch begab sich sofort ins nahegelegene Orvieto, um dem gerade dort residierenden Papst Urban IV. von dem Wunder zu berichten. Der Papst erkannte sofort die günstige Gelegenheit. Er tat alles, um das die offizielle kirchliche Lehre bestätigende Ereignis zu legitimieren und im Gedächtnis der Gläubigen festzuhalten. Er begründete das bis heute von den Katholiken gefeierte Fronleichnamsfest. Als Einnerung an das Wunder und zur Aufbewahrung des „corporale", des blutbefleckten Messtuches, initiierte er die Errichtung des Doms von Orvieto.

Damit wollte der Papst wahrscheinlich auch der sich von Südwestfrankreich her nach Nord- und Mittelitalien ausbreiteten Ketzerbewegung der Katharer entgegengewirken. In Umbrien war Orvieto neben Assisi und Spoleto eine Hochburg der katharischen Gegenkirche geworden. Diese bekämpfte nicht nur viele katholischen Dogmen und Praktiken, wie z. B. den für die Kirche so lukrativen Ablasshandel. Sie wandte sich auch entschieden gegen den allumfassenden Autoritätsanspruch des Papstes. Im 13. Jh. drohte die Ketzerbewegung eine wirkliche Gefahr für den Fortbestand der katholische Kirche zu werden. Da kam dem Papst das Blutwunder von Bolsena gerade recht, demonstrierte es doch der vielerorts mit den Katharern sympatisierenden Bevölkerung die Richtigkeit der katholischen Tradition.

liquiar wird hier das blutbefleckte Messtuch des Wunders von Bolsena aufbewahrt. Am Fronleichnamsfest wird es in einer feierlich-farbigen Prozession durch die Stadt getragen. Die Kapelle wurde 1357–64 wiederum von Ugolino di Prete Ilario mit Fresken ausgemalt. Der Bilderzyklus der rechten Seite zeigt das Wunder und dessen Legitimierung durch den Papst. Auf der linken Wand sind weitere Hostienwunder dargestellt, darunter die Geschichte eines jüdischen Kindes, das zur katholischen Messe gegangen war. Die Eltern steckten das abtrünnige Kind in den Ofen, wo es jedoch durch die wundersame Kraft der empfangenen Hostie unversehrt blieb. Auch Orvieto hatte wahrscheinlich eine jüdische Gemeinde, die Papst und Kirche für die den Christen durch das Neue Testament verbotene Zinsgeschäfte brauchten - Ursprung des Bildes vom Juden als Wucherer und kapitalistische Geschäftemacher.

Der Capella del Corporale gegenüber liegt die **Capella di San Brizio** mit dem Freskenzyklus **„Das Erscheinen des Antichristen und das jüngste Gericht"**, der als einer der bedeutentsten Bildwerke der Frührenaissance gilt. Er wurde zwischen 1499 und 1504 von der Künstlerwerkstatt des aus der Toscana stammenden **Luca Signorelli** geschaffen. Die anatomisch genaue Darstellung der menschlichen Körper war für die damalige Zeit ungewöhnlich und bedeutete eine endgültige Lösung von der flächig-mittelalterlichen Malweise. Eine derartig genaue Abbildung von komplex verwobenen Menschengestalten hatte es bis dahin noch nie gegeben. Die Fresken von Signorelli dienten späteren Renaissancekünstlern, darunter auch Michelangelo, als wichtige Studienobjekte für ihre eigenen Arbeiten.

Das selten abgebildete Thema der „Predigt des Antichristen" an der linken Wand vorne geht auf das Markusevangelium zurück. Danach wird prophezeit, dass dem Ende der Welt das Erscheinen eines falschen Christus vorausgeht, dessen Schreckensherrschaft mit der Ankunft des wahren Herrn beim jüngsten Gericht vernichtet wird. Signorelli hat sich dem Thema mit viel Liebe zum Detail gewidmet: zu sehen ist der auf einem Podest stehende falsche Prophet, der in Haltung und Aussehen Jesus ähnelt. Sein Begleiter, ein glatzköpfiger Teufel mit roten Hörnern flüstert ihm Anweisungen ins Ohr. Links davon sammelt eine Frau in der Menge Spenden für den Antichristen. Dieser beeindruckt das Volk, indem er einen Toten zum Leben erweckt. Rechts von der Hauptfigur ist eine Menschengruppe in Ratlosigkeit abgebildet, Märtyrer werden von den Schergen des Antichristen enthauptet. Im Hintergrund jagt bedrohlich eine Gruppe dunkler Gestalten durch einen Tempel. Allerdings kündigt sich das Ende des Verführers schon an: ein Engel sendet Feuerstrahlen aus, um ihn und seine Gehilfen zu töten. Ganz links unten hat sich Signorelli mit einem Selbstporträt verewigt; neben ihm steht in der Kutte eines Dominikanermönches sein Lehrer Fra Angelico. Die Bildfolge setzt sich chronologisch

mit dem „Weltuntergang“ an der Eingangswand fort: die Sonne verfinstert sich, Menschen flüchten vor dem Feuerregen, Häuser stürzen bei einem Erdbeben zusammen. An der rechten Wand folgt die „Auferstehung des Fleisches“, wo nackte Körper sich mühsam aus dem Boden hervorwinden und Skelette wieder menschliche Gestalt annehmen. Daneben sind „Die Verdammten“ in einem vewirrenden Knäuel nackter Leiber in komplexen anatomischen Verrenkungen abgebildet. Manche Figuren sind – als Ausdruck ihrer tierischer Triebhaftigkeit – am Unterleib behaart. Geflügelte Teufel stürzen in schwungvollem Flug mit ihrer menschlichen Fracht zur Hölle. Wie so oft erscheint die Darstellung des Bösen künstlerisch besonders eindrucksvoll. An der Stirnwand rechts vom Fenster werden die Verdammten von den Wächtern des Satans zur Hölle geführt. Den Hintergrund bildet ein antikes Motiv mit dem griechischen Totenfluss Acheron und dem Höllenrichter Minos. Links vom Fenster werden die Auserwählten von Engeln in das Paradies geleitet, das an der linken Wand neben der Predigt des Antichristen zu sehen ist. Musizierende Engel begleiten die Seeligen, streuen Blumen und verteilen Kronen – im Vergleich zu den Szenen zuvor eine eher verhaltene Veranstaltung.

Signorellis Jüngstes Gericht

Der Domplatz

Den Domplatz säumen Andenkengeschäfte, Bars und ein Hotel. Wenn die vielen Touristen gegen abend endlich abgezogen sind, kann sich die Jugend hier auch wieder im Rollschuhlaufen üben. Am Platz stehen drei Palazzi mit den Museen Orvietos. Der **Palazzo Faina** mit dem **Museo Archeologico Civico e Faina** gegenüber vom Dom zeigt eine Sammlung bemalter griechischer Vasen, sowie Sarkophage und Skulpturen aus etruskischer Zeit, u. a. einen großen Kriegerkopf (Saal 1) und Tempelfiguren aus Terrakotta (Saal 2).

Der mittelalterliche, stark restaurierte **Palazzo Soliano** rechts vom Dom beherbergt das **Museo dell'Opera del Duomo** mit Gemälden, Marmor- und Holzskulpturen des 14.–16. Jhs., u. a. eine großes Polyptychon des Sienesen Simone Martini (1320).

Der **Palazzo Papale** (13. Jh.) im hintersten Winkel rechts vom Dom diente dem päpstlichen Hofstaat bei seinen oft längeren und nicht immer freiwilligen Aufenthalten in Orvieto als Residenz. Von der Piazza Marconi her lässt sich die noch gut erhaltene mittelalterliche Baustruktur erkennen. Im Palazzo ist das **Museo Archeologico Nazionale** untergebracht, das u. a. die abgenommenen, leider verblassenden Wandmalereien einer etruskischen Grabanlage zeigt.

Vom äußersten Ende des Domplatzes nach rechts gelangt man zum **Parco delle Grotte,** einer Gartenterrasse am Rande des Felsplateaus. Hier beginnt zweimal täglich eine etwa einstündige Führung durch das Labyrinth der Tuffsteingrotten (*Orvieto Underground,* 5,50 €, Beginn um 11, 12.15, 16.00, 17.15 Uhr vom Infobüro am Domplatz).

Vom Domplatz durch die westliche Altstadt

Vom Domplatz führt die Fußgängermeile *Via dell'Duomo* weiter ins Zentrum. Gleich zu Beginn der Gasse steht rechts ein mittelalterlicher **Uhrturm,** auf dessen Turmdach man vom Domportal aus „Maurizio" sieht. So nennen die Bürger Orvietos das bronzene Glockenmännchen, das ihnen seit langer Zeit verlässlich die Stunde schlägt.

An Restaurants, Keramik- und Feinkostgeschäften vorbei trifft man auf den *Corso Cavour* mit dem wappengeschmückten **Torre del Moro.** Auf den 47 m hohen mittelalterlichen Geschlechterturm aus braunem Tuffgestein kann man hinaufsteigen und herrliche Ausblicke über die Dächer Orvietos genießen (tgl. 10–19 Uhr, November bis Februar13–14.30 Uhr geschlossen, 2,60 €) Geradeaus am Turm vorbei gelangt man nach wenigen Schritten auf die *Piazza del Popolo* mit dem alten Rathaus von Orvieto. Der elegante **Palazzo del Popolo** (1157–1280) mit schönen dreibogigen Schmuckfenstern spiegelt den Bürgerstolz der mittelalterlichen *libero comune* wieder. Auf dem Rathausplatz findet morgens der Obst- und Gemüsemarkt Orvietos statt.

Der Corso Cavour, der Laufweg der allabendlichen *passegiata,* führt an weiteren Läden mit Kunsthandwerk und Kulinarischem (Schinken, Käse, Olivenöl, Orvietowein) entlang. Bei Haus Nr. 30 zweigt die schmale *Via Albani* ab, wo der beliebte Holzdesigner *Michelangeli* seine originellen Arbeiten ausstellt. Unterhalb mündet der Corso Cavour in die *Piazza della Repubblica* mit dem großen **Palazzo Communale,** der im 16. Jh. so grundlegend umgestaltet wurde, dass vom Ursprungsbau des 13. und 14. Jhs. heute fast nichts mehr zu erkennen ist. Daneben erhebt sich die Kirche **Sant'Andrea** mit ungewöhnlichem Glockenturm aus Tuffziegeln in Form eines polygonalen mittelalterlichen Wehrturms. Das Innere der Kirche (11.–14. Jh.), die auf noch auszugrabenden etruskischen, frühchristlichen und langobardischen Fundamenten ruht, lässt sich auf Anfrage beim Kustoden an der rückseitigen Via Cipriano Manette 17 besichtigen.

Bei der Piazza della Repubblica beginnt das wenig besuchte westliche Altstadtviertel. Es besitzt keine besonderen Kunstschätze lohnt aber dennoch wegen der malerischen, ruhigen Gassen und der schönen Ausblicke einen Rundgang. Von der Piazza führt schräg nach links die *Via della Loggia dei Mercanti* weg. An einem Geschlechterturm vorbei, aus dem Gesträuch herauswächst, gelangt man geradeaus zum *Palazzo Ranieri* (13.–16. Jh.). Von der Piazza Ranieri halbrechts durch den Bogen eines mittelalterlichen Häuserkomplexes wird die kleine *Piazza San Giovanni* am Rand des Plateaus von Orvieto erreicht. Vom Kirchplatz genießt man weite Ausblicke in die Landschaft und auf das älteste Stadtviertel mit seinen latinisch wirkenden, gedrungenen Häusern, deren einheitlich braunen Tuffsteinmauern mit dem anstehenden Fels verwachsen. Die Kirche **San Giovanni Evangelista** ist profanisiert. Der Klosterinnenhof wird heute für Ausstellungen und Kulturveranstaltungen genutzt. Ein Fußweg folgt von hier aus dem Verlauf der noch auf etruskischen Fundamenten ruhenden Stadtmauer abwärts und über das Stadttor *Porta Maggiore* hinweg wieder bergan zur *Piazza San Giovenale* mit der gleichnamigen Kirche. Vom Rande der Tuffsteinfelsen eröffnet sich ein weiter Auslick nach Norden ins von Erosionshängen *(calanchi)* begleiteten Tal des Paglia-Flusses.

Die bescheidene romanische Kirche **San Giovenale** aus dem 11. Jh. lohnt unbedingt einen Besuch, vermittelt sie doch einen noch sehr ursprünglichen Eindruck von einer mittelalterlichen Kirche. Man betritt den fast vollständig mit Fresken ausgemalten, archaisch wirkenden Innenraum durch einen Seiteneingang. Rechts vom Hauptportal ist eine Kreuzigung zu sehen, links ein mystischer Lebensbaum *(arbor vitae)* mit dem hl. Franziskus, beides Werke anonymer umbrischer Meister des frühen 14. Jhs. Die „Verkündigung" und „Geburt Jesu" vorne rechts werden Ugolino di Prete Ilario zugeschrieben (2. Hälfte 14. Jh.). Bemerkenswert ist auch der Altar mit langobardischer Flechtbandornamentik und das Kanzelpult mit romanischen Skulpturen (Engel zwischen

Löwe und Stier). Manche Fresken bedürfen allerdings dringend einer Restaurierung – Spende nicht vergessen!

Von San Giovenale führen die *Via Volsinia/Via Malabranca* zurück Richtung Piazza della Repubblica; bei der Via Malabranca Nr. 22 mit schönem Säuleninnenhof bietet sich nochmals ein schöner Altstadtblick. In Haus Nr. 28 der unterhalb verlaufenden *Via della Cava* befindet sich der Zugang zum unterirdischen **Pozzo della Cava.** Man kann sechs miteinander verbundene, in den Tuff gegrabene Höhlen begehen, die im 14. Jh. als Keramikbrennöfen genutzt wurden (Scherbenfunde). Ein 36 m tiefer Brunnen *(pozzo)* wurde schon von den Etruskern begonnen, dann unter Papst Clemens VII, der auch den bekannteren Pozzo San Patrizio am anderen Stadtende graben ließ, im 16. Jh. erweitert. Die Besitzer der Bar-Trattoria über der Anlage haben die verschütteten Grotten 1986 zufällig entdeckt und eigenhändig freigelegt (geöffnet 8–20 Uhr außer Mo, 1,70 €).

In der Nekropole Crocefisso del Tufo

Weitere Sehenswürdigkeiten

☆San Domenico

Für besonders Kunstinteressierte lohnt die Besichtigung der Kirche San Domenico mit dem **Grabmal des Kardinals Guillaume de Bray** von *Arnolfo di Cambio* (um 1285), dem Architekten des florentiner Doms. Es gilt als ein Hauptwerk gotischer Bildhauerkunst in Italien, das vielen späteren Grabbauten als Vorbild diente. Der Sarkophag mit der liegenden Figur des Kardinals ruht auf gedrehten Säulen. Ganz oben thront die hl. Maria zwischen weiteren Säulen und gotischen Heiligenfiguren. Die feinen Mosaikornamente verweisen auch hier auf orientalischen Einfluss.

☆ Pozzo San Patrizio

Auf jeden Fall sehenswert ist der **Pozzo San Patrizio** bei der *Piazza Cahen* am Ostende der Altstadt (Seilbahnstation). Papst Clemens VII. ließ den Tiefbrunnen 1527 hier anlegen, nachdem er im Jahr zuvor beim „sacco di Roma" vor den plündernden Truppen des Habsburgerkaisers Karls V. aus dem Vatikan nach Orvieto hatte flüchten müssen. Um auch einer langen feindlichen Belagerung standhalten zu können, musste die Trinkwasserversorgung Orvietos gesichert werden. Der 62 m tiefe und 13 m breite Brunnenschacht durchstößt das Tuffplateau und sammelt das Sickerwasser der darunterliegenden Lehmschicht. Zwei voneinander unabhängig zu begehende Wendeltreppen führen in die Tiefe. Sie wurden so breit angelegt, dass auch beladene Maultiere problemlos aneinander vorbeikommen konnten. (Besichtigung tgl. 10–18 Uhr, April–September bis 19 Uhr, ganz unten im Schacht ist es deutlich kühler als draußen, also Pullover oder Jacke nicht vergessen!)

☆ Crocefisso del Tufo

Die **etruskische Nekropole** liegt am Nordfuß des Tuffplateaus, an der Straße von der Piazza Cahen zum Bahnhof. Die regelmäßig angelegte kleine Gräberstadt aus der Glanzzeit des etruskischen Volsinii wurde im 6. Jh v. Chr. in den Fels gegraben. Kleine Grabhäuschen aus glatt behauenen Tuffsteinen stehen an regelmäßig verlaufenden Straßen. Auf den steinernen Türbalken ist in rechts-links-Schrift der Name des Verstorbenen eingemeißelt. Die heute nicht mehr vorhandenen Sarkophage standen auf steinernen Bänken im Innern.

☆ Abbazia dei Santi Severo e Martirio

Die **romanische Abtei** am Fuße des Tuffplateaus unterhalb des Domes dient heute teilweise als stilvolles Hotel. Von der Klosteranlage des 12. Jhs. hat man einen schönen Blick auf die Stadt. Der auffallende zwölfeckige Campanile ähnelt dem Turm von Sant'Andrea im Zentrum.

Praktische Tipps

Information

- **Orvieto.** 23 000 Ew., PLZ 05 018, 325 m ü. NN.
- **Tourist-Info.** *I.A.T. dell'Orvietano,* Piazza Duomo 24, Tel. 07 63 34 17 72, Fax 07 63 34 44 33, E-mail: info@iat.orvieto.tr.it.

Unterkunft

Hotels im Zentrum

- **Maitani******/€€€€. Via Lorenzo Maitani 5, Tel. 07 63 34 20 12, Fax 07 63 34 20 11, Internet: www.argoweb.it/hotel_maitani, vornehmes, etwas angestaubt altmodisches Traditionshotel wenige Schritte vom Domplatz, ruhig, stilvoll, gut geführt.
- **Aquila Bianca******/€€€-€€€€. Via Garibaldi 13, Tel. 07 63 34 12 46, Fax 07 63 34 22 73, Internet: www.argoweb.it/hotel_aquilabianca, etwas preiswerter aber weniger stilvoll als das Maitani, im historischen Zentrum gelegen.
- **Reale*****/€€€. Piazza del Popolo 27, Tel. u. Fax 07 63 34 12 47, Internet: www.orvietohotels.it, alteingesessenes Haus mit Stil, zentral in einem Barockpalazzo beim alten Rathaus, mit seinen Stuckdecken und alten Möbeln fast schon ein Antiquitätenmuseum.
- **Duomo*****/€€€. Vicolo di Maurizio 7, Tel. 07 63 34 18 87, Fax 07 63 39 49 73, E-mail: hotelduomo@tiscalinet.it, Internet: www.argoweb.it/hotel_duomo, angenehmes, ästhetisch renoviertes Haus mitten im Zentrum wenige Schritte vom Domplatz entfernt
- **Virgilio*****/€€-€€€. Piazza Duomo 5, trotz der Lage im historischen Zentrum ein nüchtern-modernes Haus mit wenig Atmosphäre, ruhige kleine Zimmer, z. T. mit Domblick, moderne Einrichtung Tel. 07 63 34 18 82, Fax 07 63 34 37 97, E-mail: info@hotelvirgilio.com, Internet: www.hotelvirgilio.com.
- **Filippeschi*****/€€-€€€. Via Filippeschi 23, Tel. u. Fax 07 63 34 32 75, Internet: www.argoweb.it/hotel_filippeschi, zentrale Lage, guter Komfort, für ein Drei-Sterne-Hotel sehr preiswert.
- **Posta****/€€. Via Luca Signorelli 18, angenehmes einfaches Haus im Zentrum, schöner Innenhof mit kleinem Garten, Zimmer

z. T. ohne Bad, Tel. u. Fax 07 63 34 19 09, Internet: www.orvietohotels.it.

Hotels außerhalb der Altstadt

- Am Fuße des Stadtfelsens liegt **La Badia******/€€€€€**.** Località la Badia 8, Tel. 07 63 30 19 59, Fax 07 63 30 53 96, E-mail: labadia.hotel@tiscalinet.it, Internet: www.labadiahotel.it, stilvoll-gehobene Anlage in der zum Hotel umgebauten mittelalterlichen Abbazia dei Santi Severo e Martirio, schöner Blick auf den Stadtfelsen, großzügiger Park, Schwimmbad, Tennisplatz.
- Ebenfalls in der Nähe des Bahnhofs liegt das **Umbria****/€€, Via Monte Nibbio 1, Tel. 07 63 30 19 40, Fax 07 63 30 56 46, Internet: www.argoweb.it/hotel_umbria, freundliches Familienhotel, nicht ganz ruhig gelegen.
- Mehrere Hotels in der Unterstadt *Orvieto Scalo,* u. a. das einfache **Picchio****/€, Via G. Salvatori 17, Tel. u. Fax 07 63 30 11 44, E-mail: dan_test@libero.it, Internet: www.argoweb.it/hotel_picchio/, in einer ruhigen Seitenstraße beim Bahnhof.

Zimmervermietung

- **Patrignani Ricci Fiora**€. Via dell'Olmo 1, bei der Piazza dell'Erbe, einfache Zimmer ohne eigenes Bad, DZ 181 €pro Woche, Tel. 07 63 34 10 83.

Camping

Zwei Plätze ca. 15 km östlich der Stadt auf dem Gebiet von Baschi beim *Lago di Corbara.*

- **Il Falcone******,** in den Hügeln über dem Lago di Corbara 15 km östlich Orvieto beim Dorf Civitella del Lago, kleiner ruhiger, von Wald umgebener Platz, saubere sanitäre Anlagen, nebenan Sportgelände mit öffentlichem Schwimmbad, Località Vallonganino 2/4, Tel. u. Fax 07 44 95 02 49, E-mail: ilfalcone@tiscallinet.it, geöffnet 1.4.–30.9.
- Beim Ufer des Lago di Corbara liegt der einfache Platz **Scaccio Matto*,** SS 448, Km 3.800, ganzjährig, Tel. 07 44 95 01 63.

Essen und Trinken

- **I Sette Consoli***.** Piazza Sant'Angelo 1a, Tel. 07 63 34 39 11, liebenswertes Lokal in restauriertem alten Gemäuer, schöner Innenhof, elegantes Restaurant mit feiner Küche zu leicht gehobenen, aber nicht übertriebenen Preisen. Empfehlenswert sind zum Beispiel die Gnocchi mit Zucchini und Minzblättern oder das Schweinefilet mit wildem Fenchel, Mi Ruhetag.
- **La Grotta***.** Via Luca Signorelli 5, Tel. 07 63 34 13 48, beliebtes Restaurant im Zentrum in der Nähe des Doms, einfaches Ambiente, gute Küche, Di Ruhetag.
- **Trattoria dell'Orso****-*****.** Via della Misericorda 18–20, Tel. 07 63 34 16 42, in der einfachen Trattoria herrscht gute Stimmung und das Essen ist vorzüglich; die Wirte stammen zwar aus Süditalien, bieten jedoch klassische umbrische Regionalküche, liebevoll und kompetent zubereitet. Mo abend und Di geschlossen.
- **La Volpe e l'Uva****-*****.** „Der Fuchs und die Weintraube", Via Ripa Corsica 1, Tel. 07 63 34 16 12, Ruhetag Mo. Dieses in vielen Führern gelobte Lokal hat meine Erwartungen etwas enttäuscht. Das Essen ist nicht schlecht, und einige originelle Gerichte weichen vom Normalstandard ab. Aber richtig begeistert war ich nicht, und den New Yorker Feinschmeckern am Nebentisch, die das Restaurant sogar in ihrem amerikanischen Führer gefunden hatten, ging es ähnlich.
- **Il Pozzo della Cava*.** Via della Cava 26, kleines sympatisches Lokal, einfach-solide umbrische Küche, Tel. 0 76 34 23 73, Di Ruhetag.
- **Antica Cantina*.** Piazza Monaldeschi 18, kleine, rusticale Taverne, umbrische Küche, Kinderteller, spezielles Menu mit Vorspeise, Aufschnitt, Brot und Wein für weniger als 10 €.

Öffentliche Verkehrsmittel

Bahn

- **Bahnhof** in **Orvieto Scalo** am Fuße des Stadtfelsens (mit Gepäckaufbewahrung). Etwa alle 15 Min. fährt die *funicolare* (Standseilbahn) von hier ins Zentrum.
- Alle zwei Stunden Interregio nach **Rom** über *Attigliano* (umsteigen nach Viterbo) und *Orte,* sowie nach **Florenz** über *Castiglione* (Trasimenersee), *Terontola* (umsteigen nach Perugia).

- Zusätzliche ICs nach **Rom** (4x), **Neapel** (2x) und **Florenz** (5x).
- Direkte Nachtverbindung täglich von und nach **Wien** *(Euronight Remus).*

Bus

- **Hauptbushaltestelle** am *Bahnhof* und an der *Piazza Cahen.*
- **Regionalverbindungen** nach *Todi, Bolsena* sowie *Narni* über *Lugnano* und *Amelia.*
- **Stadtverkehr.** Von der Piazza Cahen am Endpunkt der funicolare vom Bahnhof erschließen zwei Kleinbuslinien das Zentrum. *Linie A* fährt auf direktem Weg zum Domplatz, *Linie B* fährt mit einem Schlenker an San Domenico vorbei zur Piazza della Repubblica.

Parken

- Zu empfehlen ist, sein Gefährt auf dem großen Stellplatz für Busse, Camper und Autos in **Orvieto Scalo** hinter dem Bahnhof abzustellen und mit der Standseilbahn (funicolare) ins Zentrum zu fahren.
- Ein günstig gelegener Parkplatz befindet sich am **Campo della Fiera** unter der Südwestecke des Tufffelsens von Orvieto. Von hier führen ein Lift und eine Rolltreppe unter der Stadt hindurch bis hinauf ins Zentrum.
- Ansonsten folgt man den Wegweisern „Centro". Die Sraße kurvt nördlich um das Felsplateau herum zur Piazza Cahen beim unteren (östlichen) Ende der Altstadt. Einen Parkplatz findet man bei der **Endstation der funicolare.**

Weingüter

- **Barberani, Azienda Agricola Vallesanta.** Località Cerreto, bei Baschi südöstlich Orvieto, Weinprobe nach Voranmeldung unter Tel. 07 44 95 01 13 oder 07 63 34 18 20 (Büro Orvieto), E-mail: barberani@barberani.it

Feste und Veranstaltungen

- Die **Festa della Palomba,** das große Taubenfest am Pfingssonntag, wird seit dem 15. Jh. gefeiert. Ein an einem Drahtseil befestigter Käfig mit einer lebenden Taube saust von Feuerwerk und Böllerschüssen begleitet vom Turm von San Francesco zur Domtreppe hinunter. Der Vogel soll den Heiligen Geist symbolisieren. Engagierte Tierschützer hoffen, dass dieser bald auch auf die Verantwortlichen niederkommt, um sie zu einem für die Tauben erträglicheren Festablauf zu veranlassen.
- Am Vortag des **Fronleichnamsfestes** Anfang Juni ziehen Fahnenschwenker, Musiker und festlich im Stil des 14. Jhs. gekleidete Bürger durch die Straßen Orvietos. Der Festtag selbst wird mit einer feierlichen Prozession in historischen Gewändern gefeiert, bei der der Reliquienschrein mit dem *corporale* durch die Stadt getragen wird.

Sonstiges

- **Post.** Via Cesare Nebbia, nicht weit vom Dom.
- **Autoverleih.** *Avis.* Viale 1 Maggio 46, in Orvieto Scalo 500 m vom Bhf entfernt, Tel. 07 63 39 30 07, Fax 07 63 39 05 48; *Mangiavacchi,* Via del Carcia 19, Tel. 07 63 34 14 92, Fax 07 63 30 03 56.
- **Fahrradverleih.** *Ciclo e Trekking Natura e Aventura,* Via Montenibbio 35/39, Orvieto Scalo, Tel. u. Fax 07 63 30 16 49, Internet: www.argoweb.it/ciclo-trekking/.

Ausflug

☆Lago di Bolsena

Unbedingt lohnend ist ein Ausflug zum schon in Latium gelegenen Lago di Bolsena, 20 km südwestlich von Orvieto. Der fast kreisrunde große See füllt den Krater eines erloschenen Vulkans. Er liegt eingebettet in einer freundlichen Hügellandschaft mit kleinen Feldern, Wiesen, Buschwerk und Olivenhainen. Die Ufer sind über lange Abschnitte unbesiedelt und ohne größere Straßen-Schneisen. Nur fünf kleinere Orte liegen am See. Bedingt durch seine Tiefe von stellenweise

150 m ist die Wasserqualität recht gut, und im Sommer lässt sich hier ausgezeichnet baden.

In den Orten **Bolsena** und **Capodimonte** entfaltet sich dann etwas touristischer Betrieb, wobei vor allem Bolsena bei Deutschen beliebt ist. Hier gibt es drei einfachere Hotels, Zimmervermietung sowie mehrere Campingplätze am See. Sehenswert im mittelalterlich geprägten, von einer Burgruine überragten Bolsena ist die Kirche *Santa Cristina* am südlichen Ortsende mit einem Altarbaldachin des 9 Jhs. Auf dem Rückweg nach Orvieto lohnt ein Schlenker über das pittoreske **Civita di Bagnoregio.** Der einsturzgefährdete, von den meisten Bewohnern inzwischen verlassene winzige Ort steht auf einem abbröckelnden Tufffelsen. Drumherum erstreckt sich eine bizarr zerfurchte Erosionslandschaft.

Von Orvieto nach Todi

Zwei Routen führen von Orvieto nach Todi. Die schönere Fahrtstrecke ist die durch das Hügelland nördlich des Tibers verlaufende, wenig befahrene und kurvige **Nebenstraße** über *Prodo.* Sie führt durch einsames Land mit einzelnen Gehöften zwischen weiten Feldern, in denen einzelne Laubbäume markante Akzente setzen. Im Juni taucht üppig blühender Ginster die Hügel in gelbe Blütenpracht.

Das kleine **Prodo** mit Burgfeste und der einzigen Bar weit und breit eignet sich für eine kurze Rast. Weiter östlich könnte man einen Abstecher ins winzige **Titignano** machen. Hier bietet sich vom Dorfplatz am Ende der Stichstraße ein herrliches Panorama über den unterhalb gelegnen Stausee **Lago di Corbara.** Dessen glatte Wasserfläche bietet zwar aus der Ferne betrachtet ein schönes Landschaftsbild, der See selbst hat allerdings keinen allzu großen Freizeitwert. Baden ist auch wegen gefährlicher Unterströmungen verboten. Das Wasser des aufgestauten Tiber erscheint auch nicht gerade sauber und einiger Müll an den Ufern lädt nicht unbedingt zur gemütlichen Rast am Wasser ein.

Unmittelbar am Südufer des Sees entlang verläuft die SS 448, die zügigere und stärker befahrene, landschaftlich aber ebenfalls reizvolle Route zwischen Orvieto und Todi. Unterhalb Civitella del Lago passiert die Straße das luxuriöse *Ristorante Vissani,* einen der renommiertesten kulinarischen Tempel Italiens.

Unterkunft

- **Azienda Agricola Titignano**€€€. Landwirtschaftsbetrieb mit Verkauf von eigenem Olivenöl, Schafskäse und Wein, schöne ruhige Lage, mit Swimmingpool, Tel. 07 63 30 80 22, Fax 07 63 30 80 02, Internet: www.titignano.it.

Essen und Trinken

Ristorante Vissani. Die Kochkünste Vissanis reißen die Kritiker Italiens und Frankreichs regelmäßig zu Lobeshymnen hin. Manche stufen es nicht nur als das beste Restaurant Umbriens, sondern ganz Italiens ein. Wer hier speisen will muss sich vorher anmelden und eine gut gefüllte Brieftasche mitbringen, denn für ein Menu sind 100 € und mehr zu veranschlagen. Tel. 07 44 95 02 06, Di abend und Mi geschlossen.

Die Etrusker – ein rätselhaftes Volk

Seit jeher haben sich um die Etrusker viele Spekulationen gerankt. Der Grund dafür liegt darin, dass von diesem Volk kaum Schriftzeugnisse erhalten sind, v. a da die Römer die Erinnerung an ihre Vorgänger systematisch ausgelöscht haben. So ist man weitgehend auf Grabfunde angewiesen, wenn man etwas über diese Kultur erfahren will, die immerhin sieben Jahrhunderte lang **vom 8.–1. Jh. v. Chr.** in Italien blühte.

Vermutlich sind die Etrusker – oder zumindest Teile jener Bevölkerung, die später mit diesem Namen bezeichnet wurde – aus dem östlichen Mittelmeerraum in Italien eingewandert. Anders ließe sich das plötzliche Entstehen einer Hochkultur um 800 v. Chr. im Bereich des heutigen **Latium,** der **Toscana** und **Umbriens** nicht erklären. Binnen weniger Jahrzehnte entstanden hier große Städte, entwickelten sich Handel und Wirtschaft, gab es Zeugnisse einer neuen Kunst und Religiosität, während vorher das Gebiet nur mit einfachen bronzezeitlichen Dörfern besiedelt war.

Viele der **Erfindungen,** die später den Römern zugeschrieben wurden, gehen auf die Etrusker zurück. Die Etrusker schufen große Gewölbebauten, bauten Wasserleitungen, führten Entwässerungsprojekte durch, betrieben Bergbau und verhütteten Erze in Hochöfen. Ihre Götterwelt zeigt deutliche Parallelen zu derjenigen der Römer. Viele **religiöse Rituale** haben die Römer ebenfalls von den Etruskern übernommen, darunter auch die Gladiatorenkämpfe, die ursprünglich keine grausame Volksbelustigung waren, sondern als Opferrituale nach Kriegen durchgeführt wurden.

Die etruskische **Sprache** ist – eben wegen der geringen Zahl schriftlicher Dokumente – immer noch nicht entschlüsselt. Trotzdem kann man einige Vermutungen über den Alltag der Etrusker anstellen. Grabmalereien und Grabfunde liefern Mosaiksteine eines Bildes, das allerdings nicht vollständig ist. So nimmt man an, dass die Frauen in der etruskischen Kultur eine weitaus zentralere Rolle spielten als bei den Griechen und Römern – in der Kunst jedenfalls. Die etruskische Oberschicht scheint bis zur Unterwerfung durch die Römer (im 4./3. Jh.) ein genussreiches, sinnenfrohes Leben geführt zu haben: Tanz, Essen, Spiel und Jagd spielten offenbar eine große Rolle,Wandmalereien und Keramik zeigen nicht selten auch sexuelle Praktiken.

Die Etrusker schufen kein einheitliches Reich, sondern lebten in zwölf autonomen Stadtstaaten, den so genannten **Lukomonien** unter Führung eines Priesterkönigs, des *Lukomonen.* Zu den wichtigsten Staaten gehörten **Tarquinia** und **Cerveteri** in Latium, **Volterra** und **Cortona** in der Toscana, **Perugia** und **Orvieto** in Umbrien. Im Gebiet von Orvieto, das damals *Volsinii* oder *Velsna* hieß, trafen sich die Abgesandten aller etruskischen Städte jährlich zu einer feierlichen Versammlung.

Rom selbst **wurde von Etruskern gegründet,** die Römer vertrieben aber bald ihre etruskischen Könige. Auf die Dauer waren die Etrusker dem römischen Eroberungsdrang nicht gewachsen. Veii, eine nah bei Rom gelegene Etruskerstadt, musste sich bereits 396 v. Chr. ergeben. Im Laufe des nächsten Jahrhunderts bekamen die Römer nach und nach alle etruskischen Gebiete unter ihre Kontrolle. Die etruskische Sprache und Kultur blieben zwar unter römischer Herrschaft noch bestehen; sie verschwanden erst um die Zeitenwende. Ihre Selbstständigkeit aber hatten die Etrusker spätestens seit dem 3. Jh. v. Chr. verloren.

Valnerina, Norcia und Monti Sibillini

Die **Valnerina,** das Tal der Nera zwischen Terni und dem Hochgebirge der Sibillinischen Berge, gehört zu den idyllischsten Regionen Mittelitaliens. Der kleine Fluss mit seinem klaren, grün schimmernden Wasser bahnt sich zwischen steilen, dunkelgrün bewaldeten Berge seinen Weg nach Süden. In der Talaue erstrecken sich grüne Wiesen mit hohem Pappelgehölz, kleine Schaf- und Rinderweiden, Getreidefelder und winzige Gemüsegärten. Darüber erheben sich hier und da verschachtelt gebaute alte Dörfer und Weiler, die zum Teil hoch an den Bergflanken stehen. Größere Sehenswürdigkeiten gibt es nicht, sieht man einmal von der romanischen **Abtei San Pietro in Valle** ab. Wer auch an kleineren Dingen Gefallen findet und sich zudem gerne in schöner Natur aufhält, sollte jedoch auf jeden Fall mehr als einen Tag für die Valnerina einplanen. Auch auf „Schusters Rappen" lässt sich das Tal gut erkunden (siehe unter Wanderungen).

Der Lebensrhythmus der bis in jüngste Zeit abseits der Durchgangsrouten gelegenen Valnerina ist nach wie vor geruhsam und durch bäuerliche Traditionen geprägt. Die Kehrseite der Idylle waren über lange Jahrzehnte Armut und fehlende Arbeitsplätze, die viele Bewohner zur Abwanderung in die Städte zwang. Manche Dörfer und Weiler der Region wurden dadurch weitgehend entvölkert. Seit etwa 20 Jahren kehrt sich die Entwicklung wieder um. Nach schweren Erdbebenschäden 1979 wurde das Gebiet im Rahmen der Wiederaufbauförderung gezielt entwickelt, wodurch einige neuere Siedlungen und Kleinfabriken (Möbel, Forellenzucht, Trüffelverarbeitung) entstanden sind.

Der 1999 eröffnete große Straßentunnel von Spoleto nach Sant'Anatolia di Narco wird wahrscheinlich neue Verkehrsströme und verstärkten Siedlungsbau für ins Grüne ziehende Berufspendler mit sich bringen. Der Tunnel verkürzt die zuvor über eine kurvige Passstraße verlaufende Verbindungsroute zwischen der Valle Umbra und der Valnerina auf ganze 15 Minuten Fahrzeit.

Nördlich Triponzo beginnt das ebenfalls landschaftlich unversehrte Seitental der **Valle Castoriana,** durch das man nach **Norcia** gelangt. Die vor dem Hauptkamm des Apennin in einem fruchtbaren Hochtal gelegene hübsche Kleinstadt ist in ganz Italien wegen seiner kulinarischen Spezialitäten (Salami, Schinken, Trüffeln) bekannt. Der nahegelegene Pilgerort **Cascia** steht ganz im Dienste von *Santa Rita,* der hochverehrten Heiligen der Ehefrauen und Dienstmädchen.

Die dem Lauf der Nera folgende Hauptstraße führt hinter Triponzo über den hübschen Talort Visso in die **Monti Sibillini,** die zum größten Teil schon in den Marken liegen. Hier gerät das vertraute Italienbild der heiteren Olivenhügel, Weinberge und

Kleinstädte endgültig ins Wanken. Das dünn besiedelte, in den Höhenlagen weitgehend baumlose und bis auf knapp 2500 m ansteigende Bergland mit seinen weiten Hochebenen und Almen erinnert fast an außereuropäischen Landschaften. Besonders eindruckvoll ist hier der noch auf umbrischem Gebiet gelegene **Piano Grande di Castelluccio,** ein ausgetrockneter eiszeitlicher See.

Von Terni nach Ferentillo

Wesentlich chöner als die Tunnelanfahrt von Spoleto aus ist die in Terni beginnende Straße, die dem Flussverlauf folgt. Hinter den berühmten Wasserfällen **Cascate delle Marmore** östlich von Terni tritt die Straße in eine sich etwas weitende Flussaue. Hier stehen sich auf zwei niedrigen Hügeln die gut erhaltenen alten Dörfer **Casteldilago** und **Arrone** gegenüber.

Arrone

Vor allem in Arrone lohnt ein kurzer Streifzug durch das verwinkelte historische Zentrum. An der belebteren Hauptstraße zu Füßen der Oberstadt steht die hübsche Kirche **Santa Maria Assunta** (15. Jh.) mit einigen sehenswerten Fresken und drei Terrakottafiguren aus dem 16. Jh. (linke Apsis). Die Malereien der Hauptapsis folgen dem Bildprogramm Filippo Lippis im Dom von Spoleto. Über die *Via del Castello* gelangt man in das verlassen wirkende obere Stadtviertel *La Terra.* Im Kirchlein **San Giovanni** sind einige Wandfresken des 15. Jhs. zu sehen, u. a. der hl. Michael mit der Seelenwaage.

Ferentillo

Bei Ferentillo treten die Bergflanken enger zusammen, um für die folgenden 50 km ein schluchtartiges Engtal zu bilden. Ferentillo besteht aus zwei Ortsteilen, *Materello* am rechten und *Precetto* am linken Neraufer, die sich beide malerisch den Steilhang zu einer Burgruine hinaufziehen. Die strategisch wichtige Position am Ausgang einer Talenge führte im Mittelalter natürlich zur Anlage starker Festungsbauten, die heute zu Ruinen zu verfallen. Auch in Ferentillo sind die höhergelegenen älteren Ortsteile teilweise verlassen, während in der Talebene unterhalb neue Bauten entstehen. In der Umgebung treten an mehreren Stellen steile Kalksteinwände hervor, die Free-Climber aus ganz Italien anziehen.

Im östlich der Nera gelegenen Ortsteil *Precetto* wartet die im 15. Jh. auf den Fundamenten eines Vorgängerbaus des 10. Jhs. errichtete Kirche **Santo Stefano** mit einer skurril-morbiden Besonderheit auf: In der Unterkirche stehen etwa 20 Mumien aufgereiht. Durch die trockene, mineralhaltige Erde, besondere Mikroorganismen und konstante Durchlüftung haben die Körper der unter der Kirche Beerdigten die Jahrhunderte relativ gut überdauert. Die Kustodin, die durch die Grabkammer führt, zeigt mit Sinn fürs Detail Opfer von Gewalttaten und Folterstrafen, Erhängte, an Lepra und Pest Verstorbene und ein ein-

deutig als chinesisch zu identifizierendes Paar. Angeblich war es zu einem Kirchenfest nach Rom gereist und von dort vor der sich ausbreitenden Cholera nach Ferentillo geflohen.

Information

- **Arrone** 2600 Ew., PLZ 05 031; **Ferentillo** 2100 Ew., PLZ 05 034.

Unterkunft

- **Hotel Rossi****/€. Arrone-Casteldilago, Voc. Isola 7, Tel. 07 44 38 83 72, Fax 38 83 05, einfach-ordentliches Kleinstadthotel.
- Monterivoso***/€-€€. Località Monterivoso, Tel. 07 44 78 07 72, Fax 07 44 78 07 25, E-mail: info@monterivoso.it, etwas altmodisches Landhotel in altem Steinhaus, ruhige Lage, nachts ist nur das Rauschen des am Haus vorbeifließenden Baches zu hören.

Essen und Trinken

- Ordentliche ländliche Küche gibt es in der **Trattoria Rossi**** im gleichnamigen Hotel in Casteldilago, freitags Ruhetag, Tel. 07 44 38 83 72.

Öffentliche Verkehrsmittel

- **Bus.** Mit atc Terni von *Terni* nach *Arrone* und *Ferentillo,* werktags etwa 15x, sonn- und feiertags 6x.

Museum

- **Museo delle Mummie.** Unterhalb von Santo Stefano in der Via della Torre 2, geöffnet Dez.-März 10-12.30 u. 14.30-17 Uhr, Nov. 9.30-12.30 u. 14.30-18 Uhr, Sommer 9-12.30 u. 14.30-19.30 Uhr, Eintritt 2,50 €.

Die Benediktinerabtei San Pietro in Valle

San Pietro in Valle

Das kunstgeschichtlich bedeutsamste Bauwerk der Valnerina steht etwa 4 km nördlich Ferentillo hoch am Westhang über dem Flusstal. Die Bauten der aus hellem Naturstein errichteten Abtei liegen zwischen Zypressen und Ölivenbäumen in einsamer Berglandschaft. Den Hintergrund bilden dunkle Waldhänge, aus denen die Kalkfelsen des 1286 m hohen *Monte Solenne* hervorscheinen. Auf der gegenüberliegenden Talseite erblickt man die Ruinen des mittelalterlichen Kastells von *Umbriano*. Die ganze Örtlichkeit strahlt Frieden und Harmonie aus. Hier oben ist der ursprüngliche, tief spirituelle Geist des frühen Christentums auch heute noch spürbar.

Geschichte

Der Bau der ehemals einflussreichen **Benediktinerabtei** geht auf den Langobardenherzog *Faraold II.* zurück. Um 720, nach der Absetzung durch seinen Sohn Trasmondo II., verließ er die Hauptstadt Spoleto, um als Mönch in der Bergeinsamkeit zu leben, wo er das Kloster von San Pietro gründete. An gleicher Stelle lag wahrscheinlich schon ein antikes Heiligtum, später eine römische Siedlung und eine frühchristliche Einsiedelei zweier spanischer Eremitenheiliger. San Pietro diente für 100 Jahre als Grabstätte der Langobardenherzöge von Spoleto. Die heutige Klosteranlage wurde auf Veranlassung *Kaiser Ottos II.* nach Zerstörungen durch die Sarazenen um das Jahr 1000 erbaut.

Nach einer Blütezeit im 11./12. Jh., in der das Kloster von großzügigen Schenkungen und Stiftungen profitierte, begann eine lange Periode des Niedergangs. Eine Restauerierung im Jahre 1930 rettete die Anlage vor dem endgültigen Verfall, nachdem sie zuletzt einem Bauern als Viehstall und Vorratslager hatte dienen müssen.

Besichtigung

Im **Außenbau** fällt der schöne Glockenturm in lombardischen Stil auf, deraus dem 12. Jh. stammt . In die Außenwände wurden langobardische Reliefplatten des Vorgängerbaus und ein romanisches Petrusrelief vermauert. Die Räume um den doppelstöckigen Klosterinnenhof dienen heute als stilvolle Unterkunft. Die Türpfosten des Seiteneingangs, der vom Kreuzgang zur Klosterkirche führt, schmücken zwei archaisch-würdevolle romanische Skulpturen der Apostel Petrus und Paulus.

Der einschiffige Innenraum birgt Kunstwerke aus unterschiedlichen Epochen. Rechts vom Eingang ist eine „Madonna mit Kind" (1513) des Renaissancekünstlers *Lo Spagna* zu sehen, links ein Wandbild „Martyrium des hl. Sebastian" (1526). Interessanter ist aber der große **Freskenzyklus der Langhauswände,** ein Hauptwerk romanischer Wandmalerei in Umbrien. Leider sind die Ende des 12. Jhs. entstandenen Bilder z. T. beschädigt. An der linken Wand sind Motive des Alten Testaments zu sehen, an der rechten Episoden aus dem Neuen Testament.

Der Malstil mit ausdrucksstarken Gesichtern und dynamischen Körperhaltungen löst sich schon teilweise aus der formelhaften Strenge der byzantinischen Darstellungsweise. Die Bilder links zeigen: in der oberen Reihe „Weltenschöpfung“, „Erschaffung Adams“, „Eva“, „Adam gibt den Tieren des Paradieses Namen“, „Der Sündenfall“, „Verweis“ und „Vertreibung aus dem Paradies“, darunter zwei Szenen mit „Kain und Abel“, dreimal „Noah und die Arche“ und drei Bilder „Abraham und das Opfer Issaks“. Auf der rechten Wand sieht man: oben Propheten und Engel, in der Mitte „Verkündigung“, dreimal „die heiligen drei Könige“, „Kindermord von Bethlehem“, „Taufe Jesu“, „Hochzeit zu Kanaa“; untere Reihe: „Einzug nach Jerusalem“, „Abendmahl“, „Fußwaschung“ und „Kreuztragung“.

Unter den romanischen Fresken der linken Wandseite sind antike und langobardische Architekturfragmente aufgereiht, zuletzt zwei **römische Sarkophage.** Der zweite zeigt das Relief einer Meeresszene mit der tanzenden Figur der Psyche, in der griechischen Mythologie Symbol der Seele. Gegenüber an der rechten Langhauswand steht ein weiterer verzierter Sarkophag mit der Darstellung einer Antilopen- und Wildschweinjagd.

Der **Hauptaltar** ruht auf zwei Marmorplatten aus frühchristlicher Zeit, die ursprünglich als Chorschranken dienten. Sie zeigen feine Reliefritzungen in der archaisch wirkenden Ornamentik der Langobarden; zwei kleine stilisierte menschliche Figuren erinnern fast an frühe indianische Kunst. Eine Inschrift „Ursus Magester Fecit“ – „Meister Ursus hat es gemacht“ – wird als Künstlersignatur gedeutet. Ein weitere Inschrift nennt Hildericus, der um das Jahr 740 als Langobardenherzog in Spoleto residierte. Die Hauptapsis schmücken beschädigte Fresken mit benediktinischen Heiligen, die dem anonymen Meister von Eggi (um 1450) zugeschrieben werden. Teile weiterer antiker **Sarkophage** bilden den linken Seitenaltar. Im steinernen Sarg vor dem Pfeiler der Hauptapsis rechts vom Hauptaltar wurde angeblich der Klostergründer Faroald II. bestattet. Der römische Sarkophag des 2. Jhs. zeigt an der Vorderseite schöne Steinmetzarbeiten mit dem Weingott Dyonisos und seinen Begleitern.

Die Abtei ist nach grundlegender Restaurierung wieder zugänglich. Festgelegte Besuchszeiten gab es zuletzt nicht. An Wochenenden und in der Hauptsaison ist die Klosterkirche ganztags geöffnet, ansonsten nur nachmittags von 15–18 Uhr. Im Winter muss man sich zur Besichtigung unter Umständen an die Kustodin *(Custode dell'Abbazia)* wenden. Sie wohnt 2 km entfernt im Dorf Macenano am zur Abtei führenden Sträßchen.

Unterkunft

• Die *Residenza d'Epoca* **Abbazia di San Pietro in Valle**€€€-€€€€ im ehemaligen Klostertrakt der Abtei bietet den Komfort eines 3-Sterne-Hotels; schöne, zurückhaltend-gediegen eingerichtete Zimmer, z. T. im alten Kreuzgang, Gartenterrasse mit Blick auf die Berge der Valnerina, schöner kann man kaum wohnen, Via Case Sparse di Macenano 4, 0 50 34 Ferentillo, Tel. 07 44 78 01 29, Fax 07 44 74 35 52, E-mail: chiacos@tin.it, Internet: www.sanpietroinvalle.com.

• Etwa 3 km von San Pietro entfernt im Dorf Sambucheto an der Talstraße das altmodische, sehr einfache **Albergo-Ristorante Ninfa del Nera***/€, Via del Monastero 3, 05 034 Ferentillo-Sambucheto, Tel.07 44 78 01 72.

Essen und Trinken

• **Ristorante dell'Abbazia****-***. In den Klostergewölben, mit gehobener ländlicher Küche, Steinpilze, Trüffeln, Forellen, Tel. 07 44 38 01 21, Mi Ruhetag.

• **Ristorante-Pizzeria Ai Tre Archi***. In Macenano an der Hauptstraße ist preiswert und serviert ausgezeichnete Holzofenpizza.

• Sehr preiswert ist das einfache **Ristorante des Ninfa del Nera*** in Sambucheto (s. o.), Menu ab etwa 12 €, Antipasto, Nudelgerichte und Pizzen sind ganz O. K., von den Fleischgerichten ist eher abzuraten.

Öffentliche Verkehrsmittel

Bus

• Vom Bushalt im kleinen **Macenano** an der Talstraße braucht man zu Fuß gut 20 Minuten bis zum Kloster.

• Mit *atc Terni* werktags 7x, sonn- und feiertags 5x nach Macenano auf der Linie **Terni–Ferentillo–Scheggino**

• Mit *SSIT* Spoleto nach **Rom** über *Terni* gegen 8.25 Uhr (werktags), 16.25 Uhr (werktags) und 17.25 Uhr sonn- und feiertags; nach **Norcia/Cascia** um 9.35 Uhr (täglich) und 17.30 Uhr (werktags).

Wanderung

☆Von Ferentillo zum Kloster San Pietro in Valle

Die nicht allzu schwierige Wanderung erschließt die abwechslungsreiche Berglandschaft von Ferentillo. Auf den langen anfänglichen Anstieg vorbei am verlassenen Bergdorf Gabbio und dem noch bewohnten Lorino folgt der Abstieg zum schönen Kloster von San Pietro. Der Rückweg verläuft mit einem Schlenker über den Ruinenweiler Umbriano im malerischen Tal der Nera.

• **Dauer/Schwierigkeit:** Reine Wegezeit knapp 5 Stunden; Anstiege etwa 650 Höhenmeter.

• **Verpflegung:** Restaurant im Kloster San Pietro; Bar, Pizzeria in Macenano, Trinkwasser in Lorino.

• **Wanderkarte:** Siehe Farbatlas Seite XVII; *Carta dei Sentieri del Comprensorio Spoletino,* Club Alpino Italiano, 1:50 000, erhältlich in Spoleto (z. B. in der Casa del Libro, Corso Mazzini 63); der Kauf der wenig detailgenauen Karte ist allerdings nur bedingt zu empfehlen.

• **Wegverlauf:** Von der *Piazza Garibaldi* im Zentrum von **Ferentillo-Matterello** (250 m ü. NN) aus biegen wir in den ansteigenden Stufenweg *Via della Rocca* ein. In der ersten Rechtskurve des Asphaltweges geht es geradeaus auf einem etwas überwachsenen Pfad weiter, unmittelbar rechts an einem Blechschuppen vorbei (rot-weiß-rote Markierung). Wir gelangen zu einem breiterem Weg, gehen einige Meter nach links und gleich wieder rechts. Auf breitem Weg steigen wir in nordwestliche Richtung zwischen Olivengärten an. Nach einer scharfen Rechtskurve verläuft der Weg unterhalb des verlassenen Dorfes **Gabbio** (35 Min.) in 430 m Höhe.

Auf einem Pfad nach links biegen wir ins Dorf, dem Schild „Nicciano Sentiero, 0.45 h" und einer rot-weiß-roten Markierung folgend. Auf einem alten Pflasterweg geht es durch den pittoresk verfallenen Weiler aufwärts zur freskengeschmückten Dorfkirche. Wir folgen einem Pfad rechts an der kleinen Kirche vorbei um die Bergflanke herum. Der Pfad verläuft fast eben mit weiten Ausblicken in der Westflanke des Berges *Il Monte* (813 m). Bei der Gabelung gut 15 Minuten nach Gabbio (55 Min.) folgen wir nicht links der Markierung und dem Hinweis nach Niccione, sondern bleiben auf dem Pfad geradeaus. Wir wandern auf dem alten Maultierpfad von Gabbio nach Lorino, der bald in Serpentinen steiler ansteigt und rechts an einer etwas verdeckten Ruine vorbeiführt. Bei der folgenden Gabelung gehen wir links weiter auf einem alten Pfad (Steinstufen) bergan. Nach einem Waldstück verläuft der Pfad rechts oberhalb einer verwilderten Ölbaumfläche einige Meter durch dichtes Ginstergesträuch. Dahinter folgen wir ganz rechts einem Weg an einem Zaun entlang, der bald auf die Piste nach Lorino trifft (1 Std. 25 Min.). Auf dieser marschieren wir knapp 10 Minuten bergan bis 50 m hinter einer scharfen Rechtskurve, dann zweigen wir nach links auf einen Pfad ab, der zum Kirchlein von **Lorino** ansteigt (1 Std. 40 Min.). Das in 700 m Höhe gelegene Dorf ist – anders als Gabbio – noch nicht völlig entvölkert, denn die Viehweiden des *Monte Solenne* (1286 m) weiter nördlich bieten einigen Familien noch eine ausreichende Existenzgrundlage. Der eigenwillige nur 813 m hohe Berg **Il Monte** südlich des Dorfes mit steiler Felsflanke an der Ostseite und einer abschüssigen Hangwiese mit einzelnen Steineichen an der Westflanke bietet schöne Ausblicke in die Valnerina.

Richtung San Pietro in Valle verlassen wir das Dorf auf dem Hauptweg nach Norden auf den markanten Monte Solenne zu. Der breite Weg steigt noch etwas an, verläuft aber dann eben am Rande einer Kiefernschonung. Etwa 30 Minuten ab Lorino wird ein Sattel erreicht, wo nach rechts ein durch eine Eisenbarriere abgesperrter Weg abzweigt (2 Std. 10 Min.). Diesem folgen wir zwischen Zäunen im Kiefernwald Richtung Neratal abwärts. Bald wird links unterhalb kurz das Kloster San Pietro in Valle sichtbar. Wir bleiben ein langes Stück auf dem steil abfallenden Hauptweg. Auf der Höhe der Klosterbauten zweigt nach links ein Weg ab, der an einem Holzgeländer entlang in zwei Minuten nach **San Pietro in Valle** führt (3 Std.).

Auf dem zypressengesäumten Zufahrtsweg verlassen wir den Klosterkomplex. Am gegenüberliegenden Hang auf etwa gleicher Höhe erhebt sich das Castello von Umbriano. Auf Asphalt gelangen wir nach **Macenano** (3 Std. 20 Min.). Beim Dorfbrunnen geht es nach rechts auf der *Via di Macenano* durch das kleine Dorf, das auf einem Treppenweg wieder verlassen wird. In der Rechtskurve unterhalb von Macenano nehmen wir geradeaus den Pfad, dann geht es erneut auf einem Treppenweg zur Talstraße abwärts (linker Hand eine Bar). Wir kreuzen die Hauptstraße, folgen der *Via di Colleponte* abwärts zu einer Nebenstraße, die nach rechts die Nera überquerend nach **Colleponte** führt (3 Std. 30 Min.).

Auf dem Sträßchen hinter der Brücke zweigen wir nach rechts ab und nehmen dann den folgenden Abzweig nach rechts über eine Kanalrinne hinweg. Bald darauf endet der Asphalt. Bei der Gabelung 50 m weiter geht es links Richtung Umbriano. (Der Weg rechts abwärts würde ohne weitere Anstiege zurück nach Ferentillo führen.) In der folgenden Linkskurve gehen wir den schmaleren Weg geradeaus, um bei der Gabelung danach rechts den Hangpfad zu nehmen. Auf einem schattigen Waldpfad, dem alten Zugangsweg, gelangen wir in das schon Anfang dieses Jahrhunderts verlassene **Umbriano** (4 Std.). Nach links gehen wir um die Hügelflanke herum durch das Dorf und dann auf einem alten Pfad im Rechtsbogen abwärts (orangefarbene Markierung). Nach einer Quelle wird der Weg breiter und senkt sich zum Hauptweg im Neratal (4 Std. 20 Min.). Zwischen hochaufragenden Felsbergen geht es im Tal bequem nach **Ferentillo-Precetto.** Leicht links vom Brückenkopf am anderen Neraufer beginnt ein Treppenweg zurück zur *Piazza Garibaldi* in **Matterello** (4 Std. 45 Min.).

Von San Pietro in die Valle Castoriana

Nördlich von San Pietro erheben sich die hübschen Dörfer **Valentano** und **Ceselli** über der Talaue, ganz oben klebt in fast 1000 m Höhe das winzige **Monte San Vito** am Hang.

Angler bei Triponzo in der Valle Castoriana

Scheggino gehört zu den wichtigeren Orten im Tal. Im Mittelalter führte hier eine der wenigen Brücken über die Nera. Von den ehemals den Flussübergang schützenden Befestigungsanlagen stehen noch einige Mauern und Türme aufrecht. In der dreischiffigen, für den kleinen Ort überdimensioniert wirkenden **Chiesa San Nicolo** ist ein Gemälde *Lo Spagnas* (16. Jh.) sehenswert. Im östlichen Seitental der Nera entspringen nahe beim Dorf die **Quellen von Valcasana** aus dem

Waldboden. Der fischreiche, klare und von Eichen und Pinien beschattete Quellteich ist ein hübscher Platz, allerdings nicht an schwülen Sommertagen, wenn Massen von Stechmücken hier nach Nahrung suchen.

Bei **Sant'Anatolia di Narco** verliert sich etwas die Idylle der Tallandschaft durch die neuen Tunnel-Straßenbauten. Auch das Dorf selbst hat durch unangepasste Restaurierungen mit viel Zementverputz ästhetisch gelitten.

Besser sieht es in dieser Hinsicht im benachbarten kleineren **Castel San Felice** aus, wo sich am Flussufer unterhalb des kompakten Hügeldorfes die sehenswerte **Kirche San Felice** erhebt. Sie wurde 1190 an der Stelle errichtet, wo der aus Syrien eingewanderte hl. Felix im 6. Jh. gestorben war. Die schöne Fesnterrose ist von den vier Evangelistensymbolen umgeben. Im Relief darunter sieht man den hl. Felix, der seine Eremitenhöhle verlassen hat, um mit einem Drachen zu kämpfen. Der einschiffige Raum mit erhöhtem Altarraum über der Krypta zeigt sich in den ursprünglichen klaren Formen der Romanik. An der linken Wand und in der Apsis sind Fresken des 15. Jhs. erhalten („Hl. drei Könige", „Segnender Christus").

Das aussichtsreich auf einer Hangterrasse über dem sich weitenden Tal gelegene **Vallo di Nera** ist das wohl schönste Dorf der Valnerina. Mit Torbögen, schmalen Treppengassen, Natursteinfassaden und gedrungenen Dorfkirchen zeigt es gut erhaltenes Mittelalter. Von ungeschickten Restaurierungen ist der Ort verschont geblieben. Falls geöffnet, lohnt ein Blick in die gotisch-romanischen Kirchen *San Giovanni* beim höchsten Punkt des Ortes und *Santa Maria* im unteren Ort. Beide zeigen interessante Fresken (14./15. Jh.), in letzterer ist die Altarwand vollständig ausgemalt. Der kleine Kirchplatz ist Treffpunkt der Dorfbewohner, die manchmal bei der Suche nach dem Kirchenschlüssel helfen können.

Nach dem kleinen Ort **Piedipaterno,** das ein uneinheitliches Bild alter Mauern und neuer Fassaden zeigt, verengt sich das Neratal wieder. Am Ostufer der Nera fuhr bis in die 60er Jahre die elektrische Kleinbahn Spoleto–Norcia, deren Schienentrasse heute als Wanderweg dient.

Die Bewohner von **Cerreto di Spoleto,** die *Cerretani,* waren über Jahrhunderte als wandernde Heilkräutersammler bekannt, die ihre manchmal dubiose Naturmedizin weit über die Grenzen ihrer Heimat hinaus feilboten. Aus der Wortverbindung von Cerretani und *ciarlare* – „schwatzen" – entstand der Begriff des *ciarlatano,* der zum deutschen „Scharlatan" wurde. Das schönste an Cerreto ist seine Lage. Die Häuser erstrecken sich auf einem schmalen Hügelrücken hoch über zwei Tälern. Innen bietet sich ein gebrochenes Bild aus mittelalterlichen Bauten, bescheidenen Renaissancepalazzi und Neubauten. Am äußersten Ende des Hügelrückens steht *San Giacomo,* eine modernisierte und säkularisierte Kirche mit beachtlichen Freskenresten des 14. Jhs. im heute kahlen Inneren.

Weitere kleine Freskenkirchen sind *San Lorenzo* (13. Jh.) im Talort **Borgo Cerreto** und *Santa Maria* mit schöner Fensterrose in der Fassade (um 1200) im Weiler **Ponte** östlich der Nera.

Nördlich von Borgo Cerreto zweigt mit einer großer Talbrücke die mit Tunnelstrecken gut ausgebaute Hauptroute nach Norcia ab. Im durch Erdbebenschäden gezeichneten kleinen **Triponzo** öffnet sich nach Osten eine schöne Schlucht, durch welche ein Stück der älteren, heute nicht mehr durchgängig befahrbaren Landstraße verläuft. Eine landschaftlich abwechslungsreiche Nebenroute nach Norcia führt nördlich über Preci und durch das harmonische Hochtal **Valle Castoriana.** Über Pappelwiesen und Viehweiden stehen hier kleine Dörfer und alte Weiler, den Hintergrund bilden die kahlen Berge des Hauptkamms des Apennin.

Das einschließlich der umliegenden Weiler etwa 1100 Einwohner zählende **Preci** ist schon der Hauptort dieses Landstrichs. Die kompakte Anlage des Ortes zeigt seinen Ursprung als mittelalterliches Kastell. Mit Stolz verweisen die Bewohner darauf, dass das abseitige Preci schon etwa ab dem 14. Jh. eine weit über die Grenzen Italiens hinaus berühmte Chirurgenschule besaß, die auf Augenoperationen spezialisiert war. Die englische Königin und der osmanische Sultan begaben sich auf die lange und beschwerliche Reise hierher, um sich kurieren zu lassen.

Einige Kilometer talaufwärts erhebt sich oberhalb Piedivalle das Kloster **San Eutizio** am Berghang. Im 5. Jh. soll hier der syrische Einsiedler Eutizio gelebt haben. Durch Landschenkungen und Privilegien wurde das Kloster im Mittelalter zu einem der wichtigsten kulturellen und wirtschaftlichen Zentren im mittleren Apennin. Zeitweise gehörten 100 Kirchen samt Ländereien zum Klosterbesitz. Im Kloster wurden die Chirurgen von Preci ausgebildet. Die Klosterkirche wurde zwischen 1190 und 1236 errichtet, im Innenraum beeinträchtigen allerdings spätere Restaurierungen und Glättungen den ursprünglichen romanischen Raumeindruck. Das elegante Renaissancegrabmal wurde 1514 für den Namensheiligen des Klosters geschaffen (geöffnet tgl. 9–11.30 und 15.30–18 Uhr).

Ein pittoreskes altes Dorf ist das sich in schöner Panoramlage an den Osthang des Tales klammernde **Campi Vecchio.** Von der luftigen Loggia der Ortskirche genießt man schöne Ausblicke in die Valle Castoriana. Unterhalb an der Straße nach Norcia steht das altertümliche mittelalterliche Kirchlein **San Salvatore** mit Portikus und zwei Fensterrosen. Den meist verschlossenen Innenraum schmückt eine von einem lokalen Meister des 15. Jhs. geschaffene hölzerne Bildwand.

Über den gut 1000 m hohen Pass *Forca d'Ancarano* gelangt man schließlich in das Hochtal von Norcia.

Information

- **Scheggino** 550 Ew., **Sant'Anatolia di Narco** 610 Ew., **Vallo di Nera** 500 Ew., **Cerreto di Spoleto** 1250 Ew., **Preci** 1100 Ew; PLZ 06 040, außer Preci (PLZ 06 047).

• **Tourist-Info.** Die Haupt-Touristeninformation der Region befindet sich in *Cascia*.

Unterkunft

Hotels

• **Del Ponte****/€-€€. In Scheggino, Via Borgo 15, Tel. 0 74 36 12 53, Fax 0 74 36 11 31, ein gut geführtes, preisgünstiges Familienhotel abseits der Durchgangsstraße im Dorf, manchmal von Wandergruppen ausgebucht, gutes Restaurant.

• **Tre Valli****/€. In Sant'Anatolia di Narco, Strade Valnerina, Tel. 07 43 61 31 18, Fax 0 74 36 11 15, etwas nüchterner Neubau an der Durchgangsstraße unterhalb des Dorfes, wegen der Verkehrsgeräusche möglichst Zimmer nach hinten nehmen.

• **Panorama****/€-€€. In Cerreto di Spoleto, Via Vittime del Terrorismo, Tel. 0 74 39 16 68, Fax 0 74 39 12 46, etwas in die Jahre gekommener Neubau am Dorfrand, der Standard der Zimmer (Einrichtung, Aussicht) variiert, vorher anschauen, mit Restaurant.

• **Agli Scacchi****/€-€€. In Preci, Quartiere Scacchi 12, Tel. 0 74 39 92 21, Fax 07 43 93 72 49, angenehmes Dorfhotel in einem renovierten Gebäude aus dem 16. Jh., ansprechend eingerichtete Zimmer, kleine Terrasse mit Bar, Restaurant, Swimmingpool.

Agriturismo

• **Locanda del Porcellino**€€-€€€. Casa Cordella, Loc. Castelvecchio, Preci, Tel. 07 43 93 90 84, Fax 07 43 93 90 05, E-mail: info@ilcollaccio.it, beim alten Dorf Castelvecchio westlich Preci, geräumige Zimmer, kleines Schwimmbad.

Camping

• **Valnerina****. Bei Scheggino, Loc. Valcasana, Tel. 07 43 61 32 32, Fax 07 43 61 32 33, einfacherer, etwas steiniger Platz, Schwimmbad in der Nähe, 1.6.–30.9. geöffnet.

• **Il Collaccio*****. 3 km westlich von Preci entfernt, beim Dorf Castelvecchio di Preci, Tel. 07 43 93 90 84, Fax 07 43 93 90 94, E-mail: info@ilcollaccio.com, schöne Panorama-Lage in grüner Landschaft, mit Schwimmbad, ganzjährig geöffnet.

Essen und Trinken

• **Ristorante del Ponte****. Im gleichnamigen Hotel in Scheggino, Tel. 0 74 36 12 53, ausgezeichnet Küche, Spezialitäten sind Trüffeln und frische Steinpilze aus den Eichenwäldern der Umgebung, Forellen und Flusskrebse aus der Nera und den Valcasana-Quellen, Mo Ruhetag.

• **Trattoria Da Franchina Ripanti***-**. In Sant'Anatoli, Tel. 07 43 61 31 44, bietet überdurchschnittliche Landküche zu günstigen Preisen, besonders die hausgemachten Nudeln (z. B. Ravioli mit Schafskäse, Strangozzi mit Spargel) sind zu empfehlen, am Wochenende auch Holzofenpizza, Di Ruhetag.

• Ordentliche, wenn auch nicht überdurchschnittliche Landküche bietet das **Hotelrestaurant Panorama***-** in Cerreto di Spoleto (s. o.).

Öffentliche Verkehrsmittel

Regionalbus

• Von **Terni** nach **Scheggino** gibt es Verbindungen mit atc Terni (werktags 7x, sonn- und feiertags 5x).

• Von **Scheggino** über *Sant'Anatolia di Narco, Vallo di Nera* nach **Spoleto** fährt werktags 2x SSIT Spoleto.

• In **Sant'Anatolia** halten auch die SSIT-Busse *Spoleto–Borgo Cerreto–Norcia/Cascia* (werktags 6x, sonn- und feiertags 4x).

• Nach **Preci** fahren werktags 2 Busse von **Borgo Cerreto** aus.

Fernbus

Der Fernbus **Rom–Norcia/Cascia** von SSIT Spoleto stoppt auf Handzeichen an allen Haltestellen an der Talstraße. Richtung Rom passiert er Scheggino zurzeit gegen 8.15 Uhr (werktags) und 16.15 Uhr (werktags) bzw. 17.15 sonn- und feiertags, Richtung Norcia/Cascia um 9.45 Uhr (täglich) und 17.40 Uhr (werktags).

Einkaufen

• **Fleisch- und Wurstwaren.** *Ernesto di Calisto* in Borgo Preci ist eine kleine Metzgerei mit erstklassigen Schinken und Salami.

Wanderung in der Valnerina

Zu Fuß lässt sich die Idylle der Valnerina unzweifelhaft am intensivsten erleben. Bei der zügigen Durchfahrt auf der Talstraße bleibt die malerische Landschaft verborgen, manch kleinere Sehenswürdigkeit unentdeckt. Für den schönsten Abschnitt **von Ferentillo nach Borge Cerreto** braucht man zwei Tage. Zwei längere Anstiege sind an jedem der beiden Wandertage zu bewältigen, meist wandert man jedoch auf dem bequemen Weg in der Flussaue. Einzig die Verkehrsgeräusche der auf der anderen Talseite verlaufenden Straße stören hier und da die Naturharmonie. Die Wanderung lässt sich leicht auf drei Tage erweitern, indem man schon in Spoleto startet und am ersten Tag der auf Seite 312 beschriebenen Route folgt.

Eine **Verlängerungsmöglichkeit** um einen (anstrengenden) Wandertag ergibt sich, wenn man in Spoleto startet und auf beschriebenen Route nach San Pietro in Valle/Colleponte in der Valnerina wandert.

Mit Linienbussen kommt man leicht zurück zum Ausgangspunkt, **Übernachtungsmöglichkeiten** gibt es unterwegs in der *Abbazia San Pietro,* in *Scheggino* und in *Sant'Anatolia di Narco* (s. o).

Eine **Wanderkarte** befindet sich im Farbatlas auf Seite XVII, eine gute offizielle gibt es nicht; die *Carta dei Sentieri del Comprensorio Spoletino* des Club Alpino Italiano, 1:50 000, erhältlich in Spoleto (z. B. in der Casa del Libro, Corso Mazzini 63), ist wenig detailgenau. Die Orientierung unterwegs ist jedoch nicht allzu schwierig.

1. Tag: Von Ferentillo nach Scheggino

- **Dauer/Schwierigkeit:** 4½ Std. (5¾ Std. lange Variante) reine Gehzeit, Anstiege 200 m (600 m lange Variante).

Valnerina

• **Verpflegung:** Restaurant im Kloster San Pietro, Pizzeria in Macenano an der Durchgangsstraße, Bars in Macenano und Ceselli.

• **Wegverlauf:** Für den Weg von **Ferentillo** bis zur **Abtei San Pietro** bieten sich **zwei Alternativen** an: Man kann entweder die beschriebene um gut eine Stunde längere Route durch die Berge über **Gabbio/Lorino** nehmen, oder – wem das zu anstrengend ist – zu Anfang dem Lauf der **Nera** folgen.

Die zweite Route beginnt in **Ferentillo-Precetto** bei der Hauptflussbrücke. Man wandert zunächst den nicht zu verfehlenden, parallel zum östlichen Flussufer verlaufenden breiten Weg flussaufwärts. Nach gut 30 Minuten zweigt nach rechts ein anfangs steil ansteigender deutlicher Weg ab (vereinzelt orangefarbene Markierung). Dieser beschreibt einen langen Linksbogen, verengt sich dabei hinter einer Quelle zu einem Pfad, führt dann, weniger steil, zum auf einem Felsvorsprung über dem Tal gelegenen Ruinendorf **Umbriano** (55 Min.). An der gegenüberliegenden Talseite erblickt man die Klosterbauten von San Pietro. Der Pfad führt zwischen den Ruinen nach rechts um eine Geländenase herum und senkt sich dann zu einem breiteren Weg. Immer geradeaus gehend wird zuletzt auf Asphalt die Flussbrücke von **Colleponte** erreicht (1 Std. 15 Min.).

Für den etwa einstündigen Abstecher nach San Pietro kreuzt man oberhalb der Flussbrücke die Hauptstraße, folgt einem Treppenweg aufwärts durch **Macenano** bis zum Dorfbrunnen und einem Sträßchen. Es führt nach links am Haus der Kustodin vorbei in etwa 20 Minuten zum Kloster **San Pietro.** Auf gleichem Wege geht es zurück zur **Nerabrücke von Colleponte** (2 Std. 15 Min.).

Von hier nehmen wir auf der östlichen Flussseite den ersten Abzweig nach links, wo es auf einem bequemen Talweg nach Norden geht. Hinter einer großen Forellenzuchtstation wird die Straße nach *Terria* gekreuzt (2 Std. 40 Min.). Wir bleiben auf dem im Flusstal verlaufenden Hauptweg, halten uns dabei bei einer Gabelung unter einer Stromleitung links. Wenig später werden die leicht erhöht über der Talaue liegenden alten Dörfer *Valentano* und *Ceselli* auf der anderen Flussseite sichtbar.

Schließlich erreichen wir auf einem Sträßchen die Flussbrücke von **Ceselli** (3 Std. 35 Min.), wo man auf der anderen Seite der Nera in eine Bar an der Hauptstraße einkehren kann. Wir bleiben auf dem Talweg östlich der Nera, indem wir vor der Brücke von Ceselli nach rechts in die *Via Dicontro* einbiegen. Auf bequemem Weg ohne nennenswerte Anstiege wird **Scheggino** erreicht, das wir durch die restaurierte mittelalterliche Stadtbefestigung betreten (4 Std. 30 Min.).

2. Tag: Von Scheggino nach Borgo Cerreto

• **Dauer/Schwierigkeit:** reine Gehzeit 5¼ Std., Anstiege 250 m.

• **Verpflegung:** Restaurant in Sant'Anatolia di Narco, Bars in Sant'Anatolia u. Piedipaterno.

• **Verkehrsverbindungen:** Busse von Borgo Cerreto fahren 4–5x über *Piedipaterno* und *Sant'Anatolia* nach Spoleto, 4–7x nach Norcia; Rückfahrt nach *Scheggino* mit dem Bus Norcia–Rom, werktags sowie So von November bis Februar um 16 Uhr; So von März bis Oktober um 17 Uhr; werktags um 14.30 Uhr Bus nach *Foligno.*

• **Wegverlauf:** Wir bleiben in **Scheggino** östlich des Flusses, von wo es auf einem ebenen Sträßchen nach Norden aus dem Ort hinausgeht, links an der Kapelle *San Rocco* vorbei. 5 Minuten nach Scheggino verlassen wir 50 m nach Haus Nr. 22 in einer Rechtskurve die Straße und nehmen den abzweigenden Feldweg geradeaus, der sich nach weiteren 5 Minuten etwas verengt und im Schatten der Bäume ansteigt. Abzweigungen ignorieren wir und bleiben auf dem Hauptweg geradeaus. Auf wieder breiterem Weg erreichen wir die ersten Häuser von **S. Anatolia di Narco,** eine neue Siedlung außerhalb des alten Ortskerns (35 Min). Wir folgen kurz dem Sträßchen oberhalb der Reihenhäuser, gehen in der ersten Linkskurve geradeaus, über die Straße nach Gavelli hinweg zur kleinen *Piazza Corrado* mit der *Mura Urbiche* (Reste der Stadtbefestigung des 13. Jhs.) und dem Kirchlein *Santa Maria delle Grazie* (14.–16. Jh.) mit Fresken des so genannten Meisters von Eggi (um 1450). Von der *Piazza Corrado* nach links durch den (unangepasst) restaurierten Ortskern gelangt man zur Hauptstraße mit Bar und der empfehlenswerten *Trattoria da Franchina*.

Der Weiterweg zum nördlich im Tal schon sichtbaren Castel San Felice führt rechts an der *Mura Urbiche* vorbei auf einem Sträßchen abwärts, über eine Vorfahrtsstraße hinweg, dann auf einem Weg nach rechts abwärts erneut zur Vorfahrtsstraße, die nochmals gekreuzt wird. Wir folgen dem Hinweis „S. Maria di Narco" und der rot-weiß-roten Markierung des Weges Nr. 13, der gleich links an einem alten Trinkwasserbrunnen vorbeiführt. Auf dem nicht zu verfehlenden Talweg erreichen wir die mittelalterliche Flussbrücke unterhalb der Apsis der Kirche von **Castel San Felice** (1 Std. 5 Min.), ein kurzer Abstecher führt über die Brücke zur schönen romanischen Kirche **San Felice di Narco.**

Richtung Vallo di Nera verlassen wir nun das Flusstal. Unmittelbar vor der **Brücke von Castel San Felice** nehmen wir den nach rechts ansteigenden Weg (ohne Markierung). Bei der Gabelung gut 5 Minuten später gehen wir rechts auf einem steinigen, kräftig ansteigenden Weg weiter. In der ersten deutlichen Rechtskurve zweigen wir nicht auf den grasigen Weg geradeaus ab, sondern steigen noch 100 m weiter auf dem Hauptweg an, um in der folgenden scharfen Rechtskurve auf dem schmaleren Weg geradeaus weiterzuwandern (1 Std. 25 Min.). Der Weg führt weiter ansteigend unter einer Stromleitung durch, verengt sich zu einem Pfad (überhängende Zweige) und biegt etwas in östliche Richtung. Nach einem gut ausgeprägten Wegstück im Wald wird ein Bach bei einer Viehtränke und eine Einzäunung erreicht (1 Std. 55 Min.).

Wir nehmen den von hier nach links wegführenden breiteren Weg, der bald im Rechtsbogen um die Hügelflanke biegt und einen herrlichen Ausblick über die Valnerina und das alte Dorf *Vallo di Nera* eröffnet. Wir folgen dem fast ebenen Weg nach Osten, bis links einige Meter unterhalb ein alter Steinschuppen passiert wird. Gleich dahinter zweigen wir nach links ab. Der anfänglich steil absteigende Weg führt später eben im Linksbogen um ein Tal herum, an einer Quelle (Trog) vorbei, um in einen von links hochkommenden breiteren Weg einzumünden. Diesen verlassen wir einige Meter weiter gleich wieder nach links, um einem alten Maultierweg bergan zu folgen. Am fast vollständig freskierten Kirchlein **Immagine delle Forche** (15. Jh.) vorbei gelangen wir zu den mittelalterlichen Mauern von **Vallo di Nera** (2 Std. 40 Min.).

Richtung Piedipaterno überqueren wir unterhalb des *Palazzo Comunale* den oberen der beiden Asphaltplätze, gehen rechts an einem rundgemaueten Treppendurchlass zwischen den Plätzen vorbei, um einem zwischen Schichtmauern absteigenden Hohlweg zu folgen. Dieser führt links an einem alten Brunnentrog vorbei und senkt sich breiter werdend im Rechtsbogen zu Tal. Nach der deutlichen Linkskurve etwa 10 Minuten nach Vallo di Nera steigen wir leicht rechts auf einem etwas undeutlichen Weg Richtung Flusstal ab und biegen 100 m weiter wiederum leicht rechts in einen etwas überwachsenen schmalen Weg ein. Nach einem kurzen Zwischenanstieg über einer Abbruchkante am Nera-Ufer gelangt man zu einem breiten Talweg, der in wenigen Minuten zur Flussbrücke unterhalb von **Piedipaterno** führt (3 Std. 20 Min.). An der Hauptstraße Norcia–Spoleto auf der anderen Seite der Nera befindet sich eine Bushaltestelle und eine Bar (Fahrkartenverkauf).

Die restliche Wegstrecke bis Borgo Cerreto ist kaum zu verfehlen. Der Weg folgt ohne nennenswerte Anstiege dem östlichen Flussufer zwischen hohen Bergen im Tal. Man wandert auf der ehemaligen Trasse der Kleinbahn Spoleto–Norcia und passiert dabei einige kurze Tunnels. Unterhalb des Weilers **Ponte** (5 Std.) geht es auf einem Brückchen über den **Tissino-Bach.** Auf dem von Ponte kommenden Sträßchen wird in gut 15 Minuten **Borgo Cerreto** erreicht.

Cascia

In Cascia dreht sich alles um **Santa Rita,** die Schutzheilige der Hausfrauen und Dienstmädchen. Ihr zu Ehren hat man noch im 20. Jh. eine große Kirche gebaut, die jährlich tausende fromme Pilger anzieht. Die Heilige wurde 1381 im Nachbardorf *Roccaporena* geboren, und als junges Mädchen gegen ihren Willen mit einem Soldaten verheiratet. Trotz schlechter Behandlung soll sie diesem als gute Hausfrau und Mutter zweier Kinder gedient haben. Nach dem frühen, gewaltsamen Tod des ungeliebten Gatten trat sie mit 33 Jahren ins Kloster ein. Schon zu Lebzeiten wurden von ihr zahlreiche Wundertaten berichtet, und als sie 1457 starb, war sie im einfachen Volk schon hoch verehrt.

Von der offiziellen Kirche wurde sie jedoch lange nicht anerkannt, was den Pilgerströmen zu ihrem Grab keinen Abbruch tat. Die klaglos dienende Hausfrau, Mutter und Dienstmagd, die zur Heiligen wurde – ein Bild in dem sich viele Italienerinnen wohl wiederfinden wollten. Besonders im patriarchalischen Süditalien hatte Santa Rita viele Anhänger, die auch den Papst Leo XIII. im Jahre 1900 schließlich dazu brachten, die lange erwartete Heiligsprechung vorzunehmen.

Die Verehrung der Heiligen ist bis heute ungebrochen, und der Gedenktag für die hl. Rita Ende Mai zählt zu den größten und farbigsten religiösen Festen Mittelitaliens. Viele Hotels, Restaurants, neue Häuser und glatte farbige Fassaden ohne bröckelnden Putz belegen, dass man in Cascia offensichtlich ganz gut vom Pilgertourismus leben kann. Der Ort wurde allerdings mehrfach von Erdbeben schwer in Mitleidenschaft gezogen, weshalb er heute architektonisch nicht mehr besonders attraktiv ist.

Mittelpunkt der Heiligenverehrung ist die **Basilica di Santa Rita** die sich blendend weiß mit zwei kleinen Spitztürmen im Zentrum Cascias erhebt. Die zwischen 1937 und 1947 über einem älteren Vorgängerbau errichtete moderne Wallfahrtskirche bedient sich hemmungslos romanischer und byzantinischer Stilanleihen. Die Kirche der hl. Rita ist ein wahrer Tempel der Volksfrömmigkeit, ästhetisch an der Grenze zwischen Kitsch und Kunst angesiedelt, aber durchaus sehenswert. In der Kuppel schweben Engel und Heilige in dramatisierter Gestik und Körperhaltung am blauen Gewölbehimmel. An Goldbelag wurde nicht gespart. In der linken Seitenkapelle liegt hinter einem Schutzgitter die Heilige aufgebahrt. Die Grabarchitektur mit orientalisch anmutenden vergoldeten Bögen wirkt wie eine Filmkulisse.

Im Ort befinden sich noch vier weitere Kirchen des Mittelalters, die jedoch durch Erdbebenschäden und spätere Umbauten nicht mehr ursprünglich erhalten sind. Eine davon, **San Francesco,** an der Hauptstraße gelegen, wurde 1424 gotisch erneuert. Sie besitzt eine schöne Fensterrose, im mehrfach umgestalteten Innenraum bietet sich ein stilistisches Sammelsurium mit z. T. verblichenen Fresken des 15. und 16. Jhs., weißem Barockstuck und einem golden bemalten Holzaltar. In der dritten Kapelle links blickt die Statue der hl. Rita auf die Gläubigen. Als Dank für die von ihr erhörten Bittgebete haben Pilger Fotos ihrer Angehörigen an die Kirchenwand geheftet.

Information

- **Cascia.** 3300 Ew., PLZ 06 043.
- **Tourist-Info.** *I.A.T. della Valnerina-Cascia,* Piazza Garibaldi 1, Tel. 0 74 37 11 47, Fax 0 74 37 66 30, E-mail: info@iat.cascia.pg.it, an der Durchgangsstraße neben San Francesco.

Unterkunft

- Die beiden größten Hotels, das **Delle Rose**** und das **Monte Miraviglia***** haben nicht weniger als 295 bzw. 258 Schlafplätze für müde Pilger anzubieten. Daneben gibt es sieben kleinere Hotels, allesamt recht preiswert.
- Als touristisches Standquartier ist jedoch das schönere, weniger religiös geprägte benachbarte **Norcia** wohl besser geeignet.

Verkehrsverbindung

- **Bus.** Mit SSIT Spoleto werktags 6x, sonn- und feiertags 4x nach *Spoleto,* werktags 2x; sonn- und feiertags 1x durch die Valnerina nach *Rom;* etwa 10x werktags, 4x sonntags nach *Norcia* (bei manchen Verbindungen muss in *Serravalle di Norcia* umgestiegen werden).

Feste und Veranstaltungen

- Der **22. Mai** ist der große **Gedenktag zu Ehren der hl. Rita.** Am Vorabend wird die Stadt bei Sonnenuntergang von Tausenden Fackeln und Wachskerzen erleuchtet. Am 22. Mai begibt sich dann eine große Prozession von Roccaporena nach Cascia, wo sich ein historischer Umzug anschließt. Unter großem Andrang von Pilgern und Schaulustigen werden Szenen aus dem Leben der Heiligen nachgespielt.

Nachbau der etruskischen Biga

Über Monteleone di Spoleto in die Valnerina

Eine landschaftlich schöne Route führt durch unberührte, bewaldete Berglandschaft von Cascia nach Süden über Monteleone zurück in die Valnerina. Hinter der Passhöhe **Forca Rua la Cama** (938 m) folgt die Straße dem Engtal des Corno-Baches zu einer Talebene, über der der *Monte Terminillo* (2216 m) aufragt.

Auf einer Hügelkuppe liegt 978 m hoch in einem vergessenen Winkel Umbriens das kleine **Monteleone di Spoleto.** In der Umgebung entdeckte ein Bauer 1901 einen ungewöhnlich gut erhaltenen etruskischen Streitwagen *(Biga).* Das Original wanderte leider in das Metropolitan Museum von

New York. Ein perfekter Nachbau der *biga etrusca* aus identischen Materialien ist in Monteleone in der halbverfallenen, profanisierten Kirche **S. Gilberto** (18. Jh.) ausgestellt (Schlüssel im Haus Piazza Margherita 4 bei Ottavio Carmignani). Der Wagen aus Walnussholz ist mit vergoldeten Bronzereliefs verkleidet. Wahrscheinlich handelte es sich um ein Gefährt eines lokalen Herrschers, das eher repräsentativen als kriegerischen Zwecken gedient haben dürfte. An der Vorderseite stehen sich ein Mann und eine Frau in gleicher Größe gegenüber, was als Indiz für die Gleichrangigkeit der Geschlechter bei den Etruskern gedeutet werden kann. An den Seiten sind zwei Kämpfende (rechts) und ein Wagenlenker mit geflügeltem Pferd (links) zu sehen. In den archaischen Reliefs wird die Rätselhaftigkeit und Fremdheit der untergegangenen etruskischen Kultur unmittelbar spürbar.

Im Ort ist noch die Kirche **San Francesco** (14. Jh.) im oberen, mittelalterlich geprägten Bezirk sehenswert. Zwei Löwenfiguren flankieren das verzierte gotische Stufenportal. Am Kirchplatz stehen noch der Uhrturm aus dem 14. Jhs. und der restaurierte *Palazzo dei Priori,* ehemals Ratssitz von Montis Leonis, das sich von 1535 bis 1559 als freie, vom mächtigen Spoleto unabhängige Stadtrepublik etablieren konnte.

Die Weiterfahrt von Monteleone in die Valnerina führt durch dünn besiedelte Bergland, das als **Parco Regionale del Monte Coscerno/Monte Aspra** unter Naturschutz gestellt wurde.

Gavelli ist ein abseitig gelegenes, verlassen wirkendes Bergdorf in 1150 m Höhe. Die Ortskirche *San Michele Arcangelo* besitzt einige schöne Fresken aus dem 16. Jh., u. a. ein Bild Lo Spagnas. Bei Gavelli beginnen Wanderwege, die in etwa 4 Stunden hin und zurück auf den oben offenen Bergrücken des *Monte Coscerno* (1684 m) hinaufführen.

Norcia

Norcia liegt in einem fruchtbaren weiten Hochtal mit Wiesen und Feldern, das von hohen, lange schneebedeckten Bergen eingerahmt wird. Ein **mittelalterlicher Mauerring** fasst bis heute das Zentrum der kleinen Stadt vollständig ein. Kommt man nicht gerade im Hochsommer, so scheint das heiter-freundliche mediterrane Italien hier oben unendlich weit entfernt. Im zeitigen Frühjahr oder im Spätherbst fegt der Wind Schneegriesel durch leere Gassen, es riecht nach Holzfeuer, und hin und wieder fällt auch der Strom aus. Trotz einer neuen Schnellstraße, die Norcia mit Rom und der Adria verbindet, fühlt man sich hier vom übrigen Italien isoliert. Gedrungene niedrige Häuser stehen an unbelebten, gerade verlaufenden Gassen. Erst zur Hauptpiazza hin öffnet sich die Stadt und vermittelt italienisches Flair.

Norcia liegt in einer Region, die immer wieder von schweren Erdbeben heimgesucht wurde, zuletzt 1971 und 1979. Das heutige Aussehen der Stadt geht auf ein Dekret von 1859 zurück, das nach dem verheerenden Beben je-

nes Jahres erlassen wurde. Danach durfte kein Haus mehr höher als 12,50 m gebaut werden. Zur besseren Stabilisierung bekamen viele Gebäude abgeschrägte, unten vorspringende Fassaden. Durch die neuen Baunormen verlor die Altstadt Norcias allerdings auch ihr umbrisch-mittelalterliches Gepräge.

In der ökologisch weitgehend noch intakten Wald- und Weidelandschaft der Umgebung werden hochwertige Lebensmittel produziert. Würste, Schinken, Schafskäse, Forellen, Steinpilze, Dinkel, Linsen und die teuren schwarzen Trüffelpilze aus Norcia sind überregional geschätzt. Besonders die **Verarbeitung von Schweinefleisch** hat eine lange Traditon. In den langen Wintermonaten gingen in den vergangenen Jahrhunderten die männlichen Bewohner Norcias auf Wanderschaft, um ihre Waren überall feilzubieten. **Norcineria** heißen deshalb in ganz Italien Feinkostgeschäfte für Würste und Schinken. Auch heute lebt die Stadt gut von ihrem kulinarischen Ruf. Von Hauswänden herabstarrende ausgestopfte Wildschweinköpfe weisen den Weg zu den Feinkostgeschäften.

Geschichte

Das antike **Nursia** entstand im 6. Jh. v. Chr. als Siedlung des Volkes der **Sabiner.** In römischer Zeit war es ein nicht unbedeutendes **Munizipium,** das auch in den Schriften der Dichter Plutarch und Vergil Erwähnung fand. Im Jahre **480** wurde hier der **heilige**

Die Piazza San Benedetto

Der heilige Benedikt von Nursia und das Klosterleben

Um 480 wurde in Norcia **Benedetto degli Anici** geboren, der **Begründer der Kloster- und Mönchskultur** innerhalb der westlichen Christenheit. Das von ihm verfasste Regelwerk hat bis heute Gültigkeit. Benedikt stammte aus einem römischen Patriziergeschlecht. Seine Kindheit und Jugend verbrachte er in der Abgeschiedenheit der Bergwelt Nursias, bis er mit 18 Jahren nach Rom geschickt wurde um eine Rhetorikschule zu besuchen. Mit 22 Jahren kehrte er Rom den Rücken, um sich in die Berge Latiums bei Subiaco zurückzuziehen.

Zu Zeiten San Benedettos teilten sich die Mönche in zwei Gruppen. Jene, die zurückgezogen als Eremiten in Höhlen lebten, und andere die auf Wanderschaft ihren Glauben predigten. Nachdem Benedikt drei Jahre als Eremit verbracht hatte, wurde er Abt bei San Cosimato, später bei Subiaco in Latium. In diesen Jahren entwickelte er sein neues Konzept des Zusammenlebens in Glaubensgemeinschaften, die **„Regula Monasteriorum"**, die später zur Grundlage aller Klosterregelungen wurde: Ordnung statt Anarchie, Disziplin statt Rebellion, Freude an der Arbeit statt Müßiggang, klassische Kultur statt Unwissenheit, Wohlstand statt Armut, Schutz und Geborgenheit statt Unsicherheit. Das Kloster entwickelte sich zu einem kleinen Stadtstaat, der nach eigenen Gesetzen funktionierte. *„Ora et labora"* – „betet und arbeitet" – lautete der wichtigste Grundsatz, denn die Arbeit war nach Benedikt ebenso wie das Gebet Dienst an Gott. Damit entfernte sich Benedikt von den syrischen Eremiten, die in abgeschiedener Weltferne allein durch Meditation dem Göttlichen näher kommen wollten.

Die ausgepägte **Arbeitsethik** führte dazu, dass die Klöster zu einer wichtigen zivilisatorschen Kraft wurden, die am Aufschwung des Mittelalters nicht unbeträchtlich Anteil hatten. Viele Klostergemeinschaften wurden reich und gewannen damit zunehmend auch weltliche Macht. Das Kloster übernahm die Aufgabe einer Schule, in der man lernen sollte, Gott durch Gebet und Arbeit zu dienen. Im Kapitel 67 seiner Regeln legt Benedikt fest, dass dieser Stadt nichts fehlen darf: „Man muß das Kloster mit allen notwendigen Dingen ausstatten: Wasser, Mühle, Garten, Werkstätten für Handwerker, so daß die Mönche nicht

Benedikt geboren, der Begründer der abendländischen Klosterkultur (s. Kastentext oben). Nicht ohne Einfluss auf dessen Wirken dürfte dabei gewesen sein, dass Anfang des 6. Jhs. dreihundert syrische Mönche in die Gegend von Norcia einwanderten, um hier und in der Valnerina eremitische Glaubensgemeinschaften zu begründen. Im Mittelalter erlebte auch Norcia eine Blütezeit als freie Komune. Mit dem benachbarten Stadtstaat von Spoleto, der seinen Einflussbereich über die Valnerina hinaus nach Osten ausdehnen wollte, gab es immer wieder Konflikte. Mit einem großen Mauerring schützte sich die Stadt gegen feindliche Angriffe. Der Bau der **päpstlichen Festung** im Jahre **1554** markiert den Beginn der unangefochtenen, jahrhundertelangen Herrschaft des Kirchenstaates.

Besichtigung

Trotz der vielen Erdbeben ist Norcia eine durch historische Bauten geprägte Stadt geblieben. Der Wiederaufbau des Zentrums erfolgte nicht mit moderner Zweckarchitektur – diese durf-

gezwungen sind, das Kloster zu verlassen. In dieser Stadt herrscht Gleichheit in Recht und Pflicht. Der Waldarbeiter hat Rechte und Pflichten wie der Bibliothekar, keine Arbeit ist besser oder schlechter, jede Arbeit bedeutet Gott zu dienen. Der heilige Benedikt verurteilt Mönche, die plan- und disziplinlos durch die Welt ziehen und nur den eigenen Bedürfnissen unterstehen. Die Mönche müssen gemeinsam und unter der Leitung des Abts leben (nur die Diszipliniertesten wurden damals in eine Einsiedelei geschickt). Der Mönch lebt ohne persönlichen Besitz, hat keine Kontakte zu seiner Familie. Der Abt teilt jedem zu was er benötigt, je nach Klima, Art der Arbeit, Alter und Gesundheitszustand."

Zwei Kutten, Sandalen, Stiefel oder Schuhe, jeweils einen Sommer- und einen Winterumhang, ein Arbeitskleid, einen Lederbeutel für die Werkzeuge, eine Wachstafel zum Schreiben, einen Griffel, Taschentücher, einen Strohsack, zwei Decken und ein Kissen, das war alles was ein Mönch besitzen sollte. Der Abt durfte größere Entscheidungen nicht ohne die Zustimmung des Ältestenrats treffen, besonders wichtige nicht ohne Zustimmung aller Mönche. Arbeitende Mönche mussten nicht fasten, beim Essen konnte man zwischen einer doppelten Portion Brot oder einem halben Liter Wein wählen.

Während draußen Hungersnöte und Epidemien herrschten, nahm das Leben im Kloster seinen üblichen Lauf. Es gab viele Arbeiten im Kloster, denn Sümpfe wurden trockengelegt, Böden fruchtbar gemacht, es gab Schreiner, Maurer, Schmiede, Gerber, Weber, Schuster – kurz alles, was eine Stadt ausmacht. Im Schreibsaal wurden Bücher kopiert, Miniaturen angefertigt, Gelehrte studierten alle nur erdenklichen Materien; und natürlich darf der Apotheker nicht vergessen werden, der mit seinen Kräutern und Elixieren das ganze Kloster kurierte.

In einer Zeit, in der Krieg, Zerstörung, Hunger und Leid an der Tagesordnung waren, bildet das Kloster einen wichtigen Ruhepunkt. Viele suchten hier Zuflucht, stellen sich unter den Schutz der Mönche, und überließen ihnen auch ihr gesamtes Hab und Gut. Fast ausschließlich in diesen Oasen fern vom Chaos wurde die Kunst dieser Jahre geschaffen.

San Pietro in Valle in der Valnerina, *San Eutizio* bei Norcia, *Sassovivo* bei Foligno oder das *Monastero Fonte Avellana* im märkischen Apennin zwischen Gubbio und Cagli sind schöne Beispiele mittelalterlicher Klostergründungen.

te sich nur außerhalb der Stadtmauern ausbreiten. Lebendiger Mittelpunkt der Stadt ist die runde **Piazza San Benedetto.** Hier treffen sich den ganzen Tag über alt und jung, Schüler, Rentner und Hausfrauen, um einen Schwatz zu halten. Wenn keine Kunden da sind, steht der schnauzbärtige Besitzer der Norcineria am Platz unter Schweinsköpfen und baumelnden Würsten in seiner Tür. Auf einem Schild preist er demonstrativ seine besondere Delikatesse an: *coglioni di mulo* – Maultierhoden. In der Platzmitte breitet seit 1880 der hl. Benedikt auf dem Denkmalssockel segnend seine Arme aus. Drei Gebäudefronten dominieren die schöne Piazza – die der Basilika, des Rathauses und des Kastells.

Die **Basilica di San Benedetto** wurde nach der Legende über dem Geburtsort des heiligen Zwillingspaars San Benedetto und Santa Scholastica errichtet. Sie wurde um 1388 fertiggestellt und besitzt eine schöne gotische Fassade mit einer von den vier Evangelistensymbolen umgebenen Fensterrose.

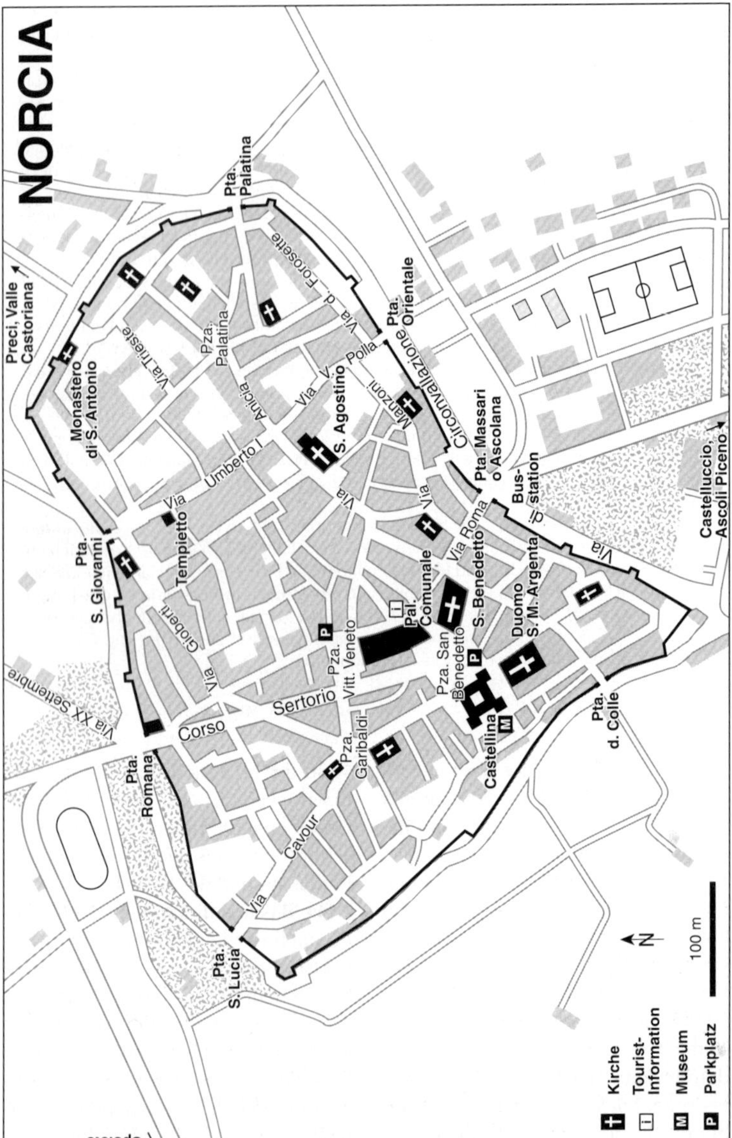
NORCIA
Pta. Palatina
Preci, Valle Castoriana
Monastero di S. Antonio
Via Trieste
Pza. Palatina
Via d. Forosette
Pta. Orientale
Via V. Polla
Anicia
Manzoni
S. Agostino
Circonvallazione
Pta. Massari o Ascolana
Via Umberto I
Via Tempietto
Pta. S. Giovanni
Via
Via
Bus-station
Castelluccio, Ascoli Piceno
Via d.
Via Roma
Pal. Comunale
S. Benedetto
Duomo S. M. Argenta
Via Giobertì
Pza. Vitt. Veneto
Pza. San Benedetto
Castellina
Via XX Settembre
Corso Sertorio
Pza. Garibaldi
Pta. d. Colle
Pta. Romana
Via Cavour
Pta. S. Lucia
N
100 m
Spoleto
Kirche
Tourist-Information
Museum
Parkplatz

Über dem Portal sieht man eine bäuerlich wirkende Madonna mit Kind, in den Nischen daneben die Figuren der Heiligen Benedikt und Scholastica. Der Innenraum wurde barock umgestaltet, wirkt aber dennoch nüchtern. Im Querarm befindet sich ein manieriert wirkendes Gemälde von Filippo Napoletano (1621), das den Gotenkönig Totila knieend vor dem hl. Benedikt zeigt. Auch die Krypta wirkt nüchtern. An der linken Seite sind römisches Mauerwerk und Fundamente von 450 zu sehen, die angeblich vom Geburtshaus der Heiligen stammen. An die rechte Langhauswand wurde außen im 17. Jh. die *Loggia dei Mercanti* angebaut, die Loggia der Händler und Marktleute. An der Steinbank stehen noch die sieben steinernen Maßtröge mit unten angebrachter Schiebeöffnung. So konnte das verkaufte Getreide genau bemessen und in Säcke abgefüllt werden.

Links von der Basilika des hl. Benedikt steht der **Palazzo Comunale,** noch heute Sitz der Stadtverwaltung. Vom Ursprungsbau des 14. Jhs. ist lediglich der Portikus des Untergeschosses erhalten. Der Turm stammt von 1713, die Loggia im Obergeschoss von 1876. Trotz der Anbauten aus verschiedenen Epochen ergibt sich ein harmonisches Gesamtbild.

Die **Castellina** gegenüber wirkt mit ihren vier Eckbastionen wie eine trutzig-niedliche Spielzeugburg. Das Kastell wurde zwischen 1554 und 1563 nach den Plänen des bekannten Renaissancebaumeisters *Vignola* als Sitz der päpstlichen Gouverneure erbaut. Im Innenhof überrascht die elegante Renaissancearchitektur mit doppelstöckiger Loggia. Der Bau spiegelt die päpstliche Herrschaft wieder: nach außen demonstrierte man mit glatten Wehrmauern Macht, innen wusste man sich großzügig einzurichten. Die Räumlichkeiten der Castellina beherbergen heute das **Stadtmuseum** mit den gesammelten Kunstschätzen der Kirchen der Umgebung. Zu sehen sind u. a. byzantinisch-streng wirkende Holzmadonnen des 13. und 14. Jhs., Gemälde des 15. und 16. Jhs., ein bemaltes Holzkreuz (13. Jh.), Terrakottafiguren aus der Werkstatt der florentinischen Künstlerfamilie della Robbia (Verkündigung) und der *Bossolo de Magistrato* (15. Jh.)., ein bemalter Holzkasten zur Aufbewahrung von Stimmzetteln für die Magistratswahl. (10–12.30 und 15.30–17 Uhr, außer Mo, Eintritt 3 €).

Etwas vom Platz zurückgesetzt neben der Castellina steht der **Dom Santa Maria Argenta,** der „Dom der silbernen Maria". Der Name bezieht sich wohl auf das kitschig-ergreifenden Bild der weinenden Madonna mit Silberkrone rechts neben dem Altar, ein beliebtes Votivbild für die älteren Frauen von Norcia. Wegen der nach einem Erdbebenschaden tiefer gehängten Decke wirkt der Innenraum unproportional gedrückt. In der *Capella della Misericorda* in der linken Apsis zeigt ein Tryptichon-Fresko des 16. Jhs eine Madonna mit Kind zwischen der hl. Scholastika und dem hl. Benedikt im Bischofsornat, der ein Modell der Stadt Norcia in den Händen hält.

Im höhergelegenen Stadtviertel **Capolatera** oberhalb der Piazza San Benedetto fühlt man sich manchmal in eine südamerikanische Kleinstadt versetzt. Die Straßen wirken leer, die niedrigen Häuser haben etwas bescheidenes. Hier und da trifft man auf die bröckelnden Mauern einer halbverfallenen Kirche. **Sant'Agostino** (14. Jh.) an der *Piazza Margherita* zeigt an der Fassade ein Madonnenfresko von 1368. Auch der im 17. Jh. barock umgebaute Innenraum besitzt einige sehenswerte Fresken des 14.–16. Jhs. sowie geschnitzte Altäre und eine schönes hölzernes Orgelgehäuse. Ein ungewöhnlicher kleiner Bau ist der **Tempietto** an der Via Umberto. Das Tempelchen in antikisierenden Formen entstand erst 1354. Eine Inschrift besagt, dass mit seinem Bau ein Bürger Norcias ein Gelöbnis einlöste. Fein gearbeitete Steinreliefs an den oberen Bögen zeigen Vögel, Hirsche, Menschenköpfe und diverse Handwerkerutensilien.

Schweine-Feinkost aus der Norcineria

In der **Umgebung** Norcias bietet die einsame Bergwelt der *Monti Sibillini* zahlreiche lohnende Wandermöglichkeiten (siehe unter Tourenvorschläge). Naturfreunde sollten unbedingt den Besuch der ungewöhnlichen Hochebene von Castelluccio einplanen.

Information

- **Norcia.** 4800 Ew., 604 m ü. NN, PLZ 06 046.
- **Tourist-Info.** *Pro Nursia,* Piazza San Benedetto, im Palazzo Comunale, Tel. 07 43 81 67 01.

Unterkunft

Hotels innerhalb des Mauerrings

- **Grotta Azzurra*****/€€-€€€€**-**** **(Dipendenza***/€-€€), Via Alfiera 12, Tel. 07 43 81 65 13, Fax 07 43 81 73 42, E-mail: info-booking@bianconi.com, Internet: www.bianconi.com, wenige Schritte von der Piazza San Benedetto enfernt, ein Familienbetrieb mit langer Tradition in einem Palazzo des 18. Jhdts., angeschlossen das Restaurant *Granaro del Monte* (s. u.), geräumige Zimmer mit gutem Komfort, in der Saison sehr viel Betrieb mit entsprechender Geräuschentwicklung; ruhiger sind die einfacheren und preiswerteren Zimmer in der *Dipendenza* (Nebengebäude).
- **Nuovo Hotel Posta*****/€€, Via Cesare Battisti 12, Tel. und Fax 07 43 81 74 34, zentral gelegenes historisches Stadthaus (alte Poststation) mit stilvoll eingerichteten Zimmer, (zurzeit wegen grundlegender Restaurierung geschlossen, Wiedereröffnung im Sommer 2003, mit Preisanhebung muss gerechnet werden).

- **Da Benito***/€-€€. Via Marconi 5, Tel. 07 43 81 66 70, Fax 07 43 82 42 42, E-mail: ristorante.benito@libero.it, einfach, ordentlich, preiswert und zentral gelegen, Zimmer mit Bad.

Hotels außerhalb des Mauerrings

- Vier weitere moderne Drei-Sterne-Hotels vor den Mauern, u. a. das **Europa*****/€€-€€€, Viale Europa 7, Tel. 07 43 81 63 22, Fax 07 43 81 74 30, großes Hotel mit Schwimmbad, Tennisplatz, Basketball- und Fußballfeld 200 m vom Zentrum entfernt.

Kloster

- Unterkunftsmöglichkeiten gibt es auch bei den gastfreundlichen Benedektinernonnen des **Monastero di San Antonio***/€, Via delle Vergini 13, Tel. 07 43 82 82 08, an der Stadtmauer oberhalb der Porta Valladonna, nüchtern eingerichtete Zimmer mit Bad, großzügiger Aufenthaltsraum mit Blick in den Klosterhof, Teilnahme an den Klostermahlzeiten (Halb- und Vollpension) möglich.

Essen und Trinken

- Gut fand ich das Essen in der **Taverna de Massari**** (Ravioli mit Schafskäse, Linsen von Castelluccio), Via Roma 18, in der Nähe der Porta Massari, Tel. 07 43 81 62 18, Menu etwa 17 €.
- **Dal Francese*****. Via Riguardanti 16, Tel. 07 43 81 62 90, das Restaurant ist für seine Trüffelspezialitäten bekannt, daneben aber auch viele Fleisch- und sonstige Pilzgerichte.
- Oft gelobt ist das **Granaro del Monte****-*** im Hotel *Grotta Azurra,* beliebter Traditionsbetrieb mit vielen umbrischen Spezialitäten, in den Gewölben des mittelalterlichen Getreidespeicher von Norcia, gute, wenn auch nicht überdurchschnittliche Küche, oft sehr voll, worunter der Service leiden kann, Via Alfieri 12, Tel. 07 43 81 65 13, kein Ruhetag.
- **Da Benito*** im gleichnamigen Hotel bietet einfache, solide ländliche Küche ohne Höhepunkte, Menu 12 €.

Öffentliche Verkehrsmittel

Bus

- Der **Hauptbushalt** liegt östlich an der Stadtmauer beim Stadttor *Porta Massari o Ascolana,* Fahrkarten in der Bar Umbria gegenüber.
- Mit SSIT Spoleto werktags 6x, sonntags 4x nach **Spoleto,** werktags 2x, sonntags 1x nach **Rom** über *Terni.*
- Werktags 2x nach **Foligno** über *Sellano,* 1x gegen 13 Uhr in die *Valle Castoriana* nach **Preci.**
- Zurzeit verkehrt nur ein einziger Bus nach **Ascoli Piceno** in den Marken, nämlich werktags gegen 16 Uhr mit Cotravat Ascoli (nicht im Juli/August).

Einkaufen

Mehrere Läden mit allem, was in der Umgebung von Norcia erzeugt wird, gibt es an der Hauptachse der Altstadt, dem zwischen der Porta Romana und der Porta Massari verlaufenden Straßenzug *Corso Setorio–Piazza S. Benedetto–Via Mazzini–Via Roma.* Die Besitzer wissen ihre Produkte zu vermarkten. Auch die Journalisten bekannter deutscher Feinschmeckermagazinen werden hier inzwischen regelmäßig vorstellig. Beim Einkaufen sollte man möglichst die Ware probieren und auf die Herkunftsbezeichnung achten, denn manche der angebotenen Waren stammen nicht aus der örtlichen Produktion, sondern werden von weither angekarrt.

- **Käse.** Die Boutique del Pecoraro, Via San Benedetto 7, bietet eine große Auswahl an Käsesorten.
- **Fleisch- und Wurstwaren.** Schweinernes aus Norcia kann man z. B. gut in der *Salumeria Fratelli Ansuini,* Via Anicia 105 erstehen.

Feste und Veranstaltungen

- Ende Februar wird der **Carnevale Nursino** gefeiert.
- Etwa zur gleichen Zeit findet die **Mostra Mercato del Tartufo Nero,** die Trüffelmesse statt. Neben den schwarzen Knollen werden auch Wurst-, Schinken- und Käsespezialitäten vorgestellt.

Sonstiges

- **Taxi.** Tel. 07 43 81 69 30.
- **Parken.** Entlang der Stadtmauer gibt es ausreichend Parkraum. Das alte Zentrum ist

nicht sehr groß. Der Weg von der westlichen Porta Romana zur östlichen Porta Massari ist mühelos in zehn Minuten zu bewältigen.

Wandern

- In der einsamen Berglandschaft um Norcia lassen sich herrliche Wanderungen unternehmen. Besonders schöne Wege finden sich in den **Monti Sibillini** um die **Hochebene von Castelluccio.**
- **Wanderkarten** sind u. a. im Zeitschriftenladen gegenüber der Porta Massari o Ascolana erhältlich.

Der Piano Grande von Castelluccio

Eine kurvenreiche Bergstraße führt von Norcia nach Osten in die Bergwelt der **Monti Sibillini.** Nach einer Passhöhe blickt man unvermittelt in eine fremdartig wirkende, monumentale Landschaft. Eine weite, menschenleere, von hohen kahlen Bergen eingerahmte **Hochebene** öffnet sich. Das Umbrien der Olivenhaine und Weinberge, der grünen Waldberge und kleinen Städte scheint unendlich weit enfernt. Kaum ein Haus oder Baum steht in der knapp 10 km langen und 2–3 km breiten Ebene. Auf großen Wiesen weiden Schafe und Rinder, auf einigen Feldern werden vor allem Linsen angebaut. Die kleinen *Lenticchie di Castelluccio* gelten als Delikatesse.

Besonders schön zeigt sich die Hochebene im Frühsommer. Dann blühen Millionen Wildblumen auf den Wiesen. Aus dem anfänglichen Gelb wird Ende Juni das Rot des Mohns, das später vom Blau der Linsenblüte abgelöst wird.

Das kleine **Castelluccio** ist die einzige Ortschaft des Piano Grande. Es liegt in 1452 m Höhe auf einem Hügel über der Ebene, einer der höchstgelegenen permanent bewohnten Orte Italiens.

Der **Piano Grande** von Castelluccio ist zusammen mit den angrenzenden *Piano Perduto* im Norden und *Piano Piccolo* im Südosten aus einem großen eiszeitlichen Bergsee hervorgegangen, der erst in den letzten Jahrhunderten vollständig ausgetrocknet ist. Noch im 19. Jh. erstreckten sich am Südende des Piano Grande Sümpfe, deren Durchquerung nicht ungefährlich war. Auch heute noch ziehen öfters unvermittelt dichte Nebel um das Dorf auf. Früher mussten deswegen ständig die Kirchenglocken läuten, damit die Hirten die Orientierung nicht verloren.

Das Leben auf der abgelegenen Hochfläche ist vor allem im Winter, wenn die Pässe eingeschneit sind, sehr hart. Viele Bewohner Castelluccios sind in den letzten Jahrzehnten abgewandert, obwohl neben der traditionellen Landwirtschaft der Tourismus zunehmend Einnahmemöglichkeiten bietet. Im Sommer kommen immer mehr Wanderer, im Winter Skilangläufer. Vor allem aber Gleitschirmflieger haben die einzigartige Landschaft mit ihren guten Aufwinden für ihren Sport entdeckt. Ein Flugschule bietet im Sommer vor Ort ihre Kurse an.

Information

- **Castellucio.** 1452 m ü. NN, PLZ 06 046.

Unterkunft

In Castellucio

- **Hotel Sibilla***/€-€€. Castelluccio di Norcia, Tel. 07 43 82 11 13, einfache Zimmer mit Bad, freundlicher Service, mit Restaurant, wegen der vielen Drachenflieger im Sommer ist eine Reservierung vorab empfehlenswert.
- **Agriturismo Il Guerrin Meschino**€. Castelluccio di Norcia, Tel. u. Fax 07 43 82 11 25, geräumige freundliche Zimmer, preiswert, nur Halbpension, 27–37 € pro Person, nur wenige Zimmer, Vorbestellung ratsam.

In den Bergen

- Ein weiteres Hotel, an der Passhöhe der Straße von Norcia nach Ascoli Piceno gelegen, ist das **Canapine****/€€, Frazione Forca Canapine, 06 046 Norcia, Tel. 07 43 82 30 05, Fax 07 43 82 30 06, mit Restaurant, Voranmeldung ratsam, außerhalb der Saison muss man mit verschlossenen Türen rechnen.
- Zwei weitere einfache Berghotels, 1 km nördlich der Forca Canapine, schon auf dem Gebiet der Region Marken gelegen sind **Arquata***, Tel. 07 36 80 81 12 und **Kapriol***, Tel. 07 36 80 81 19.

Essen und Trinken

- Gute bodenständige Küche bietet das **Hotelrestaurant Sibilla****, zu den Spezialitäten gehören natürlich *Zuppa di Farro* (Dinkelsuppe) und *Lenticchie di Castelluccio* (kleine Linsen mit Würstchen), Tel. 07 43 82 11 13, Di Ruhetag, außer im August.
- **Taverna Castelluccio***. Kleine, einfache Dorftrattoria/-pizzeria mit Lebensmittelgeschäft, Tel. 07 43 87 01 58, Mi Ruhetag.

Öffentliche Verkehrsmittel

Wer ohne eigenes Gefährt unterwegs ist muss das Taxi nehmen, wandern oder **Trampen.** Per Anhalter kommt man nach meiner Erfahrung verhältnismäßig gut von Castelluccio weg. In der abgelegenen Region ist gegenseitige Mitnahme noch üblich. Nur noch am Donnerstag verkehrt morgens und mittags ein **Bus** zwischen **Norcia** und **Castelluccio** und zurück.

Einsamkeit auf dem Piano Grande

Zwei Wanderungen bei Castelluccio

Am Monte Lieto

Die erste Wanderung führt auf die kahlen runden Berge westlich des Piano Grande von Castelluccio, die mit dem knapp 2000 m hohen Monte Lieto kulminieren. Der Weg stellt keinerlei bergsteigerische Anforderungen. Von den offenen weiten Höhen bieten sich herrliche Panoramen in die einsame Bergwelt der Monti Sibillini.

- **Dauer/Schwierigkeit:** Reine Wegezeit 3¾ Std. (5½ Std. mit Abstecher zum Monte Lieto)/insgesamt 550 Höhenmeter Anstieg (920 Höhenmeter bis zum Monte Lieto)
- **Orientierung:** Trotz kaum vorhandener Wegmarkierungen einfache Orientierung in offenem Gelände.
- **Verpflegung:** Unterwegs keine Einkehrmöglichkeit.
- **Wanderkarte:** Siehe Farbatlas Seite XIX; *Kompass-Wanderkarte Nr. 666 Monti Sibillini,* 1:50 000 bzw. *Parco Nazionale dei Sibillini, Carta dei Sentieri* des Club Alpino Italiano, 1:25 000, erhältlich u. a. im Albergo-Ristorante Sibilla in Castelluccio.
- **Wegverlauf:** Wir verlassen **Castelluccio** nach Norden auf der Hauptstraße Richtung Visso. Beim letzten Haus des Dorfes zweigen wir nach links auf einen breiten Weg ab, der anfänglich parallel oberhalb der Straße verläuft, dann sich nach links leicht in das einsame **Valle Canetra** senkt. Gut 20 Minuten ab Castelluccio beschreibt der Weg einen Rechts-, dann einen Linksbogen und passiert ein Viehtränke bei der Trinkwasserquelle **Fonte Valle Canetra.** Etwa 10 Minuten später mündet der Weg in eine Wiese (35 Min.).

Wir halten uns rechts, wandern weiter im Tal zwischen Waldrand links und den kahlen Hängen des Monte Lieto rechts. Der Weg beginnt schließlich etwas nach links biegend im lichten Wald steiler anzusteigen. Bei einer Gabelung im Anstieg (1 Std. 10 Min.) halten wir uns rechts, folgen einem grasig-steinigen Weg nach Norden aus dem Taleinschnitt hinaus. Nach Osten eröffnet sich ein schöner Blick in das Valle Canatra, das zuvor durchwandert wurde. Am Osthang des *Monte delle Rose* (1861 m) geht es durch ein Waldstück zu einer weiten Grasfläche (1 Std. 35 Min.). Geradeaus, am Rande des nach Norden steil abfallenden Bergsattels, befindet sich eine Scharte (1687 m), rechts davon ein niedrige Kuppe (1726 m), dann eine weitere Scharte, der Passo Rapegna (1683 m), und schließlich nordöstlich der Monticello (1890 m), ein Vorgipfel des Monte Lieto (1944 m).

Für den Abstecher zum **Monte Lieto** (etwa 1¾ Std. Wegzeit zusätzlich) wenden wir uns nach rechts auf einen beginnenden Pfad am Südhang der niedrigen Kuppe (1726 m), der anschließend nach links um die Westflanke des *Monticello* herumführt. Es folgt ein wegloser Anstieg über den Grashang zur flachen Senke nördlich des Monticello. Von hier sind es noch weitere 50 Höhenmetern zum perfekten Aussichtsgipfel des Monte Lieto. Tief unter uns liegt verloren in der weiten Landschaft das winzige Castelluccio, östlich überragt vom massiven Wall der Monte Sibillini mit dem Monte Vettore (2476 m). Nördlich sperren die Gipfel des Monte Bove (2189 m) den Horizont. Weit südlich lässt sich an klaren Tagen die Abruzzen mit dem markanten Felsmassiv des Corno Grande (2912 m) ausmachen. Auf dem gleichen Weg geht es zurück zum Passo Rapegna und an der niedrigen Kuppe (1726 m) entlang zur Scharte (1687 m) unterhalb des Monte delle Rose.

Hier nehmen wir den nach Westen wegführenden, in den Hang eingestuften ebenen Waldweg, der unter der steilen Nordflanke des *Monte delle Rose* verläuft. Nach etwa 10 Minuten steigt der Weg im Rechtsbogen zu einem Wiesensattel an (2 Std. ab Castelluccio ohne den Abstecher zum Monte Lieto). Auf der Höhe biegen wir scharf nach links. Nach nochmals 15 Minuten kräftigen Anstiegs auf einem Wiesenstreifen erreichen wir an dessen Ende einen breiteren Weg (Fahrspur).

Auf diesem herrlichen Aussichtsweg geht es an der Ostflanke des **Monte delle Rose** knapp unterhalb des Gipfels nach Südosten. Die Richtung beibehaltend steigen wir leicht abwärts und überqueren einen weiteren Wiesenkamm. Rechter Hand, 1000 Höhenmeter unter uns, schimmern die Türme und Mauern von Norcia schemenhaft durch den Dunst. Die folgende Kuppe (1800 m) wird auf einem deutlichen Hangpfad leicht rechts umgangen. Dahinter gelangen wir zu einem Pass hoch über dem Piano Grande (2 Std. 45 Min.).

Nach links geht es in 5 Minuten zu einem breiten Fahrweg, der, von rechts aus dem Tal hochkommend, beim Wiesensattel südlich unterhalb der Anhöhe **Poggio di Croce** (1833 m) endet. Auf diesem nicht zu verfehlenden Weg geht es mit weiten Ausblicken über die grandiose Hochebene des Piano Grande in einer knappen Stunde hinab nach **Castelluccio** (3 Std. 45 Min.).

Von Castellucio zum Lago di Pilato

Die zweite Wanderung führt in das fast schon hochalpine Gebirge der Monti Sibillini östlich des Piano Grande. Der durch einsame Berglandschaft verlaufende aussichtsreiche Weg stellt keine bergsteigerische Anforderungen, verlangt jedoch eine gewisse Trittsicherheit und Kondition. Ziel ist der kleine Bergsee Lago di Pilato unterhalb des 2476 m hohen Monte Vettore. Wem der hier beschrieben Weg zu lang ist, kann beim Pilatus-See umkehren und auf dem Hinweg zurück zum Ausgangspunkt wandern (gut eine Stunde kürzer). Es ist auch möglich, auf einem Erdweg bis zur Hirtenhütte *Capanne Ghezzi* vorzufahren und erst hier zu starten. Die Wanderung verkürzt sich dann um etwa 2 Stunden.

- **Dauer/Schwierigkeit:** Reine Wegezeit 8 Stunden (7/5 Stunden kurze Varianten), Anstiege 1100 m Höhenmeter (900/600 m)
- **Orientierung:** Trotz kaum vorhandener Wegmarkierungen einfache Orientierung in offenem Gelände
- **Verpflegung:** Unterwegs Einkehrmöglichkeit im *Rifugio Alpini* bei der Forca di Presta (lange Variante, nur im Sommer geöffnet)
- **Kartenmaterial:** Siehe erste Wanderung zum Monte Lieto.
- **Wegverlauf:** Wir verlassen **Castelluccio** auf der Straße Richtung Norcia. In der scharfen Rechtskurve nach 10 Minuten steigen wir unterhalb des Dorfes geradeaus auf grasiger Spur die Böschung zu einem Fahrweg ab. Bei der Gabelung (5 Wege) kurz darauf nehmen wir den Hauptweg leicht links, der nordöstlich leicht ansteigt. Der breite Weg führt ohne Abzweige ein karges Tal hinauf. Nach Norden biegend wird schließlich ein Wiesensattel in 1570 m Höhe mit einigen Bäumen, Viehtränke und der Hirtenhütte **Capanne Ghezzi** erreicht (1 Std. 15 Min.).

Zwischen Viehtränke und Gebäude steigen wir 50 m den grasigen Hang hinauf, biegen dann auf einem Pfad nach rechts ab, der deutlicher werdend im Rechtsbogen den flachen Rücken südöstlich erklimmt. Auf der Höhe erreichen wir die Wiesen von *Pianacce* wo sich der Pfad für etwa 10 Minuten in nördliche Richtung wendet. Bei der folgenden Gabelung führt Weg Nr. 5 geradeaus zum Monte Porche (2273 m), wir wenden uns jedoch nach rechts auf Weg Nr. 2, der als gut ausgeprägter Hangpfad die Südflanke der Berges quert und dabei herrliche Ausblicke auf die Ebene von Castelluccio eröffnet. Schließlich erreichen wir die **Forca Viola** (2 Std. 20 Min.), den 1936 m hohen Wiesenpass zwischen *Monte Argentella* (2200 m) und *Monte Quarto San Lorenzo* (2247 m).

Auf der anderen Passseite fällt der Weg für gut 5 Minuten in Serpentinen steil ab, um dann nach rechts mit leichtem auf und ab den Nordosthang des **Quarto San Lorenzo** zu queren. Nach Südosten blickt man tief in ein Tal, an dessen Ende die wenigen Häusern von Foce auftauchen. Der Pfad führt nach Süden in das hochalpine Tal unterhalb des *Monte Vettore* (2476 m). Nach dem Hangsattel **Forca di Pala** (1852 m) wird ein Geröllfeld passiert, wo noch Anfang Juli Schneereste anzutreffen sind. Im Linksbogen geht es dann ganz in die Talsenke hinab (1763 m), wo man auf den von Foce hochkommden Weg Nr. 3 trifft (3 Std. 5 Min.). Mit kräftigem Anstieg geht es nun wieder bergan. Nordwestlich erheben sich die steilen Grate des **Pizzo del Diavolo.** Am Fuße der markanten Felsflanke blinkt die türkisfarbene Wasserfläche des **Lago di Pilato** (3 Std. 45 Min.), der in trockenen Sommern zu zwei kleinen, durch eine schmale Wasserfläche verbundenen Seen von maximal 7 m Tiefe wird. Die **Uferzone** ist absolut geschützte und **darf nicht betreten werden!** Während der Wandersaison achten Parkwächter auf die Beachtung des Verbots. Und vor allem sollte man keine Steine ins Wasser werfen, da dann der Teufel aktiv wird. Nach dem Volksglauben haust er im See und respektlose Wanderer haben mit allerlei Unheil zu rechnen.

Der Weg verläuft zunächst im Geröllhang eingestuft östlich über dem See weiter (rotweiße Markierung, Weg Nr. 3). Es folgt dann ein kräftiger Anstieg am Westhang über Fels-

stufen in eine grasige Rinne, die zu weiten Bergwiesen hinaufführt. Über den offenen Hang weiter nach Süden ansteigend wird der weite Sattel südwestlich unterhalb des Monte Vettore, die **Sella delle Ciaule** (2240 m) erreicht (4 Std. 40 Min.). Rechter Hand befindet sich die Schutzhütte **Rifugio Tito Zilioli,** ein willkommener Unterschlupf bei den hier häufigen Regenschauern und Sommergewittern. Von der Passhöhe bieten sich weite Ausblicke, an klaren Tagen ist der fast 3000 m hohe *Corno Grande* in den Abruzzen auszumachen.

Vom Rifugio geht es auf viel begangenem Schotterweg südwestlich steil bergab. Auf angenehmerem Weg wird die vorgelagerte Kuppe des Monte Vettoretto (2052 m) rechts umwandert. Der nicht zu verfehlende, aussichtsreiche Weg senkt sich in die **Forca di Presta** (1536 m) hinab, wo die Straße nach Castelluccio erreicht wird (6 Std.). Gegenüber beginnt der Fahrweg zum 500 m südlich der Passhöhe gelegenen *Rifugio degli Alpini.*

Auf der Straße sind es etwa 8 km bis Castelluccio. Statt auf Asphalt zu laufen, kann man auch einem Erdweg durch den Piano Grande folgen. Dazu verlässt man etwa 1 km unterhalb der Forca di Presta die Straße nach links. Westlich über Wiesen absteigend trifft man beim einsam in der Landschaft gelegenen **Casale Amati** (6 Std. 20 Min.) auf einen Fahrweg. Dieser verläuft etwas nordwestlich parallel zur Straße. Etwa 2,5 km vor Castelluccio wird diese gekreuzt (7 Std. 20 Min.). Nach weiteren knapp 3 km, zuletzt wieder auf der Straße, ist **Castelluccio** erreicht (8 Std.).

Marken

Urbino, die pittoreske Renaissance Stadt

Wanderer in den märkischen Monti Sibillini
Strand bei Sirolo am Monte Conero
Cingoli im Hinterland südlich von Ancona

Unterwegs in den Marken

Für eine Tour durch die Marken muss man sich bei der **Anreise von Norden** eigentlich schon bei Rimini entscheiden, welcher Route man folgen will.

Der klassische Reiseweg verläuft **parallel zur Küste über Pesaro und Ancona** nach Süden, wobei sich die wichtigsten Sehenswürdigkeiten des Hinterlandes – **Urbino,** die Grotten von **Frasassi** und **Ascoli Piceno** – leicht auf einem Abstecher einbeziehen lassen. In diesem Bereich ermöglicht ein gut ausgebautes Straßennetz ein zügiges Vorankommen. Der alten, oft verstopften Küstenstraße sollte man dabei allerdings wenn immer möglich ausweichen, vor allem zu Zeiten des Berufs- und Ausflugsverkehrs. Auch per Bahn oder Bus sind alle Orte auf der Küstenroute leicht zu erreichen. Diese um Abstecher erweiterte Tour erfasst die **größeren Kunst- und Kulturstätten** Region, nicht aber die landschaftlichen Höhepunkte. Diese liegen fast alle an den Grenzen zu den Nachbarregionen Toscana, Umbrien, Latium und Abruzzen. Im **Montefeltro,** am Monte Catria, in den Bergen von **Fabriano** und **Camerino,** vor allem aber ganz im Süden in den **Monti Sibillini** und den Monti della Lage findet man einsame **Berglandschaften mit relativ unberührte Natur.** Durch die parallel zum Meer abfließenden Wasserläufe ist das märkische Bergland in eine stetige Folge von langgestreckten, zwischen den Flusstälern verlaufenden, Höhenrücken segmentiert. Sie müssen oft auf kurvigen Nebenstraßen überwunden werden, wodurch man im Hinterland oft nur langsam vorankommt.

Dennoch erscheint es wegen der insgesamt geringeren Entfernungen sinnvoller, für Hin- und Rückweg jeweils die Küsten- oder die Bergroute zu wählen, anstatt immer wieder zwischen den Städten am Meer und dem Gebirge hin und her zu pendeln.

Als **Standquartier** bietet sich im Norden der Marken vor allem das schöne **Urbino** an. Weiter südlich bei Ancona verbinden die beiden kleinen Orte **Sirolo** und **Numana** am Monte Conero Bademöglichkeiten am Meer mit einer günstigen Lage für Ausflüge zu den Orten im Hügelland. Weiter im Landesinnern sind hier **Macerata** und das kleine **San Severino Marche** gut geeignete Ausgangspunkte für Erkundungstouren. Am Rande der Monti Sibillini bietet das hübsche **Sarnano** gute Unterkunftsmöglichkeiten. Den interessantesten Orten der südlichen Marken, Fermo und Ascoli Piceno, mangelt es leider an einem ausreichenden Hotelangebot.

Die Küste und das angrenzende Hügelland – Übersicht

Die **märkische Adriaküste** gehört zu den Landschaften am Mittelmeer, die seit langen Jahren ganz auf den sommerlichen **Badetourismus** ausgerichtet sind. Baulich bestimmt das Bild fast durchgängig die serielle moderne Ferienarchitektur, die meist noch nicht einmal ansatzweise das Bemühen erkennen lässt, ästhetischen Kriterien folgen zu wollen. Hotels, Appartementanlagen, Ferienwohnungen, Campingplätze, Restaurants und Imbissstände reihen sich hier in schier endloser Folge aneinander. Im Sommer, wenn Leben in die Betonmeilen einzieht und die Adria alle Attraktion auf sich zieht, kann man leicht über alles hinwegsehen, und einfach Nichtstun mit Sonne, Sand und Meer genießen. In der übrigen Zeit, wenn unter grauem Himmel unbewohnte Ferienbauten stumm auf die See starren und der Wind durch leblose Häuserzeilen mit heruntergelassenen Rolläden und geschlossenen Fenstern fegt, bietet sich vielerorts ein Bild tiefer Tristesse.

Landschaftlich abwechslungsreiche Küstenabschnitte finden sich nur am Monte Conero südlich von Ancona und, mit Einschränkungen, nördlich von Pesaro. Wer nicht in erster Linie Erholung am Meer sucht, sollte selektiv reisen, sich auf die Besichtigung der historischer Zentren der Küstenstädte beschränken und vielleicht noch einen Ausflug ins **hügelige Hinterland** unternehmen. Hier trifft man auf zahlreiche kleine alte Orte, die in einer sanften, weiten Agrarlandschaft von unspektakulären Reiz eingebettet liegen.

Das Hügelland wird durch zahlreiche parallel vom Apennin nach Osten zur Küste strebenden kleineren **Flüsse** durchzogen. Die wichtigsten sind von Nord nach Süd **Metauro, Misa, Esino, Chienti** und **Tronto.** Die Flusstäler sind in der Nähe der Küste meist dicht bebaut. Zahlreiche Kleinfabriken (Maschinenbau, Möbelherstellung, Nahrungsmittelverarbeitung) haben sich in den letzten Jahrzehnten hier niedergelassen. Mit steigender Entfernung vom Meer nimmt die Siedlungsdichte ab, wirkt die Landschaft harmonischer. Die Hügelzüge, die sich zwischen den Flussläufen erstrecken, werden intensiv landschaftlich genutzt. Der bäuerliche Fleiß der *Marchegiani* ist sprichwörtlich: Kaum ein Stück Land blieb ungenutz, Getreidefelder, Viehweiden, Weinberge, Oliven- und Sonnenblumenkulturen wechseln sich in stetiger Folge ab. Die Wälder, die einst hier wuchsen, sind bis auf kleine Reste verschwunden, einzelne Bäume setzen markante Akzente auf den weitgeschwungenen Feldflächen.

Nördlich von Ancona

Von Gabicce Mare nach Pesaro

Unmittelbar an der Grenze zur Emiglia-Romagna ist **Gabicce Mare** der erste der in gewisser Weise gesichtslosen, ganz auf den sommerlichen Badetourismus ausgerichteten Orte am Meer. Zu sehen gibt es im Küstenort so gut wie nichts.

Ein Kleinod historischer Festungsbaukunst verbirgt sich jedoch nahebei im hügeligen Hinterland. **Gradara,** das sich unter eine mächtige Burganlage mit abweisen Mauern, Zinnenkranz, Toren, Wachtürmen und mit Schießscharten besetzten Wehrgängen duckt, zeigt das Idealbild eines befestigten Castello des Mittelalters. Eine erste, von den mächtigen *Malatesta* errichtete Burg stand schon im 12. Jh. an dieser Stelle, von der aus die wichtige adriatische Küstenstraße kontrolliert werden konnte. Ende des 15. Jhs. wurde die Festung unter den *Sforza* zu einem herrschaftlichen Palazzo erweitert, gut 50 Jahre später unter den *Della Rovere* vom berühmten Baumeister *Girolamo Genga* nochmals im Stil der Zeit umgestaltet. Die **Rocca von Gradara,** die nach außen vor allem wehrhaftes Mittelalter repräsentiert, zeigt sich innen als wohnliche und großzügig ausgeschmückte Feudalresidenz der Renaissance. In den Räumlichkeiten sind diverse Kunstwerke bemerkenswert, darunter ein Altarbild aus glasierter Terrakotta (Ende 15. Jh.) aus der florentiner Künstlerwerkstatt der *Della Robbia* in der Burgkapelle.

Die Burg von Gradara ist hervorragend restauriert, wirkt dadurch aber auch etwas museal. In der sommerlichen Badesaison schieben sich Heerscharen von Besuchern durch die Räumlichkeiten und in den wenigen Gassen des Ortes mit seinen Souvenirständen, Bars und Esslokalen herrscht Betrieb wie auf einem Jahrmarkt. (Öffnungszeiten der Burg im Winter 9–13.30, im Sommer bis 19 Uhr, Eintritt 4 €.)

Die etwa 20 Kilometer Küste **zwischen Gabicce Mare und Pesaro** gehören noch zu den landschaftlich schöneren Abschnitten der Adria. Die märkischen Hügel drängen hier bis unmittelbar ans Meer, wo sie stellenweise mit steilen Flanken zum Ufer hin abfallen. Die Zersiedlung hält sich in Grenzen, für den Bau großer Ferienanlagen wie andernorts blieb nicht genügend Raum. Hauptstraße und Fernbahn verlaufen einige Kilometer entfernt im Hinterland.

Eine kurvige Nebenstraße, die *Strada Panoramica,* windet sich über die winzigen Dörfer **Castel di Mezzo** und **Firenzuola** durch die auf knapp 200 m ansteigenden Hügel über der Küste. Immer wieder eröffnen sich schöne Ausblicke auf das Meer.

Etwa 4 km vor Pesaro wird die herrschaftliche **Villa Imperiale** (15./16. Jh.) passiert. Der vornehme, von Pinien umgebene Landsitz der Renaissance mit prächtigen freskengeschmückten Wohntrakten ist leider nur sehr eingeschränkt zugänglich. Nur im Sommer werden über das Tourismusbüro in Pesaro an festgelegten Tagen geführte Besichtigungen veranstaltet.

Information

- **Gabicce Mare.** 5500 Ew., 11 m ü. NN, PLZ 61 011.
- **Tourist-Info.** *I.A.T. Gabicce,* Viale della Vittoria 41, Tel. 05 41 95 44 24, Fax 05 41 95 35 00, E-mail: gabicce@regione.marche.it; *Pro Loco Gradara,* Via Borgo Mancini, Tel. 05 41 96 41 15.

Unterkunft

- Für *Gabicce Mare* listet der Hotelführer nicht weniger als 120 Unterkünfte auf. Luxus bietet das **Capo Est******/€€€€€ im höhergelegenen Ortsteil Monte, von der Terrasse genießt man den Blick aufs Meer, Via Panoramica 123, Tel. 05 41 95 33 33, Fax 05 41 95 27 35, E-mail: capoest@capoest.com, Internet: www.capoest.com.

Camping

- Zwei gut ausgestattete, schattige Campingplätze in den Hügeln über dem Meer sind **Paradiso***** bei Castel di Mezzo, Via Riva del Faro 2, 1.3.–31.12., Tel. u. Fax 07 21 20 85 79, Internet: www.campingparadiso.it und **Panorama***** bei Fiorenzuola, Via Panoramica S. Bartolo, Tel. u. Fax 07 21 20 81 45, 1.5.–30.9.

Essen und Trinken

- Die **Osteria della Miseria**** in *Gabicce Monte* ist wegen ihrer Antipasti mit ausgewählten Schinken- und Wurstwaren sowie der Primi (gefüllte Nudeln mit Pesto, Strozapretti, dicke Bandnudeln, mit Gemüse) bekannt, kleines wechselndes Angebot, nur abends, Mo Ruhetag, Via Mandorli 2, Tel. 05 41 95 83 08.

Öffentliche Verkehrsmittel

- **Bahn.** Vom Bahnhof *Cattolica-Gabicce* 2 km westlich Gabicce täglich alle 2 Stunden Interregio nach *Bologna* und *Pesaro-Fano-Ancona,* zusätzlich Lokalzüge. Von Mitte Mai bis Ende September 3x pro Woche Nachtverbindung nach *München;* Mitte Juni bis Mitte September 1 x pro Woche Urlaubsexpress von *Dortmund/Hamburg* nach *Rimini.*
- **Bus.** Täglich verkehrt mindestens stündlich ein Bus auf der Linie *Pesaro-Gabicce Mare-Gradara.*

Feste und Veranstaltungen

- Jedes Jahr findet am ersten Sonntag im Juli in *Gradara* der **Torneo dei Balestrieri,** der traditionelle Wettkampf der Armbrustschützen statt.

Pesaro

Die **zweitgrößte Stadt der märkischen Adria** zeigt sich wirtschaftlich und kulturell ausgesprochen modern und dynamisch. Die Einwohnerzahl

Brunnen vor dem Palazzo Ducale in Pesaro

hat sich seit dem Krieg fast verdoppelt. In der Umgebung sind zahlreiche neue Produktionsstätten vor allem der holzverarbeitenden Industrie entstanden, die entsprechende Bevölkerungsströme und Neubausiedlungen mit sich brachten. Am Meer entwickelte sich, wie fast überall an der Adria, ein ganz auf den Sommerbadetourismus ausgerichtetes Stadtviertel. Dies alles hat sicher nicht dazu beigetragen, Pesaro zu verschönern, und selbst das alte Zentrum blieb von beeinträchtigenden Veränderungen nicht verschont. So wurde die Stadtmauer fast vollständig abgerissen, um Platz für Neubauten und Durchgangsstraßen zu schaffen. Allein die zentrale Piazza del Popolo und einige wenige angrenzende Gassen zeigen auch heute noch das Bild einer historisch gewachsenen alten Stadt. Für einen längeren Besuch bietet sich Pesaro nur bei speziellem Interesse für die Exponate der örtlichen Museen an.

Geschichte

Als römische Gründung **Pisaurum** fand Pesaro **184 v. Chr.** in antiken Schriften erstmalig Erwähnung. Wie Fundstücke aus dem nahegelegenen Grabungsgelände von Novilara belegen, siedelten zuvor auch schon Picener und Etrusker in dieser Region. In der Zeit des oströmischen Teilreiches auf italienischem Boden war Pesaro eine der Städte der so genannten **Pentapolis,** des **byzantinischen Fünfstädtebundes.** Bis ins späte Mittelalter blieb die Stadt danach ohne besondere geschichtliche Bedeutung.

Im 13. Jh. wurde Pesaro zu einem kleinen Fürstentum unter der Herrschaft der Malatesta, die im 15. Jh. die Macht an den Clan der Sforza aus Rimini abgaben, die wiederum von den Della Rovero aus Urbino abgelöst wurden. Diese förderten nach Kräften die alte Tradition der Keramikherstellung, für die die reichhaltigen Tonerdevorkommen der Umgebung eine gute Grundlage boten. Im **16. Jh.** entwickelte sich Pesaro neben Urbino zum herausragende **Zentrum der Majolikaproduktion** in Italien. Der berühmteste Sohn der Stadt ist der im Jahre 1792 geborene Komponist komischer Opern **Gioacchino Rossini.**

Besichtigung

Das historische Zentrum der Stadt bildet die hübsche **Piazza del Popolo,** zu jeder Tageszeit beliebter Treffpunkt für alt und jung. Dominiert wird der Platz von der eleganten Front des **Palazzo Ducale** an der Nordwestseite (15./16. Jh.). Ein sechsbogiger Arkadengang mit Rankwerk, plastisch verzierte Fensterrahmen und ein Zinnenkranz lockern die Fassade des Renaissancebaus auf. Die Innenräume mit dem reich freskierten Bad der Lucrezia Borgia sind leider nicht für die Öffentlichkeit zugänglich. An der Langseite des Platzes gegenüber erhebt sich der baulich bescheidenere **Palazzo della Paggeria** mit dem beliebten *Caffè Ducale* im Untergeschoss. An der meerseitigen Schmalseite stört der 1954 mit Stilanleihen an die Architektur des Faschismus errichtete *Palazzo del Comune* die Platzharmonie, das neoklassizis-

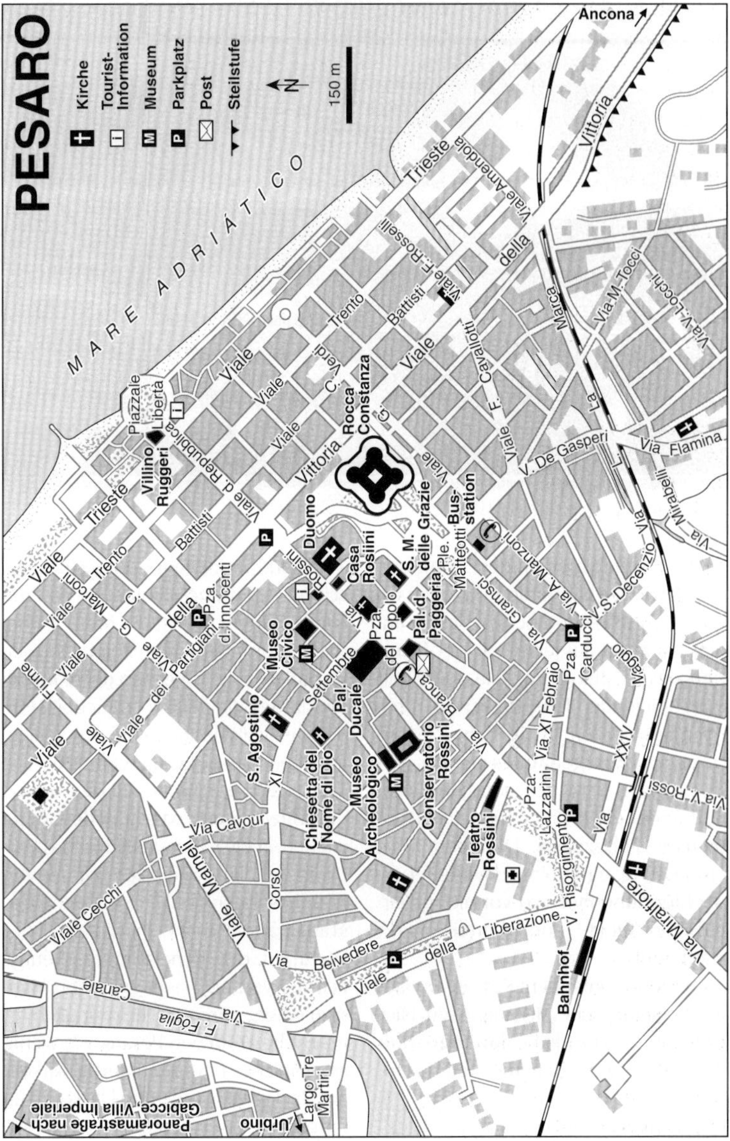

Nördlich von Ancona

tische Postgebäude an der Schmalseite gegenüber harmoniert dagegen architektonisch schon besser. Schön anzuschauen ist auf jeden Fall der **Brunnen** des 17. Jhs in der Platzmitte mit Flöte spielenden Jünglingen und fröhlichen Seepferden. In die rechte Seitenfront des **Postgebäudes** an der Via Branca ist das schöne gotische Portal (1395) der ehemaligen Kirche *San Domenico* einbezogen. Daneben führt ein Durchgang in einen kleinen überdachten Innenhof, wo vormittags ein farbiger Obst- und Gemüsemarkt stattfindet.

Im Viertel hinter dem Rathaus verlaufen einige hübsche Altstadtgassen. Hier trifft man auf die Kirche **Sant'Agostino** mit romanisch-gotischem Portal (1398–1413) und verziertem Chorgestühl, das schöne bildliche Holzintarsien mit Landschaften, Stadtansichten, Ornamenten und Grotesken zeigt. Die kleine profanisierte **Chiesetta del Nome di Dio** in der Via Petrucci nahebei ist innen fast vollständig im Stil des veneziansichen Barocks ausgeschmückt.

Östlich der zentralen Piazza besitzt die **Chiesa Santa Maria delle Grazie** wiederum ein verziertes gotisches Portal. In der Nähe zeigt sich mit der von Rundbastionen flankierten **Rocca Costanza** aus dem 15. Jh. ein typischer Wehrbau der Renaissance. Wenige Schritte von hier steht zwischen Häusern eingezwängt der ursprünglich romanische **Dom** von Pesaro, ein wenig ansehnlicher Bau mit unfertig wirkender Backsteinfassade und klassizistisch umgestaltetem Innenraum.

Architektur-Kontraste auf der Piazzale Libertà

Die vom Zentrum zum Meer führende *Via Rossini* führt gleich hinter der Piazza del Popolo an der **Casa Rossini** vorbei. Das bescheiden Geburtshaus des verehrten Opernkomponisten beherbergt heute ein kleines Museum mit Alltagsgegenständen und Musikutensilien (Via Rossini 34, Mo geschlossen, Eintritt 2,60 €, 4,15 € zusammen mit den Musei Civici). Die **Musei Civici** im *Palazzo Toschi-Mosca* in der nicht weit entfernten Via Mazzolari dokumentieren mit vielen Exponaten die Entwicklung der Majolikakunst in Italien. Die angeschlossenene Gemäldesammlung besitzt mit der berühmten *Pala di Pesaro* (1475) ein Hauptwerk des venezianischen Renaissancemalers Bellini.

Das historische Zentrum von Pesaro ist vom Meeresufer durch einen Streifen mit moderner Bebauung getrennt. Die **Piazzale Libertà** nahe beim Strand bietet Einblicke in die Baukunst des 20. Jhs. Im metallenen Glanz einer angefressen wirkenden modernen Kugelskulptur spiegelt sich die nüchterne, schlichte neue Strandarchitektur, in der ein angegrautes Kastenhotel im „Ostblock-Stil" der 60er Jahre einen Akzent setzt. Einen Kontrapunkt dazu bildet daneben die blassgrüne **Jugendstilvilla Ruggeri,** deren üppige Fassadenornamente etwas an Sahnetorten-Verzierungen erinnert.

Information

- **Pesaro.** 88 000 Ew., 12 m ü. NN, PLZ 61 000, 60 km von Ancona entfernt.
- **Tourist-Info.** *I.A.T.,* Via Mazzolari 4, Ecke Via Rossini, Tel. 0 72 16 93 41, Fax 0 72 13 04 62, E-mail: iat.pesaro@regione.marche.it, geöffnet tgl. 9–13 und 16–19 Uhr.

Unterkunft

Etwa 70 Hotels gibt es in der Umgebung Pesaros. Die meisten liegen in der Nähe der Uferpromenade und sind nur in der warmen Jahreszeit auf Gäste eingestellt.

- Eine besonders stilvolle Unterkunft ist die **Villa Serena*****/€€€-€€€€€ in der Via San Nicola 6/3, eine zum Hotel umgebaute Villa des 17. Jhs. mit altem Mobiliar, Zimmer von unterschiedlicher Qualität/Ausstattung, Tel. 0 72 15 52 11, Fax 0 72 15 59 27, E-mail: www.villa-serena.it.
- Das **Hotel des Bains*****/€€-€€€€ ist ein ganzjährig geöffnetes, gut geführtes Traditionshotel im Gründerzeitstil wenige Schritte vom Strand entfernt, 5 Min Fußweg ins Stadtzentrum, guter Komfort, mit eigenem Restaurant, Viale Trieste 221, Tel. 0 72 13 49 57, Fax 0 72 13 50 62, E-mail: hoteldesbains@abanet.it, saisonbedingt große Preisunterschiede.

Essen und Trinken

- Erstes Haus am Platz und entsprechend vornehm und teuer ist nahe bei der Piazza del Popolo das **Ristorante Lo Scudiero******** in der Via Baldassini 2, Tel. 0 72 16 40 17, So Ruhetag, im Juli geschlossen.
- Mitten im Zentrum liegt auch das **Il Cantuccio di Leo***,** eigentlich eine Enothek, die aber neben Weinen ein größeres Angebot an Speisen offeriert, man sitzt in gemütlichem Ambiente, gute Auswahl an Vorspeisen (Crostini) und interessante Kreationen bei Primi und Secondi, nur abends geöffnet, bis nach Mitternacht kann man zu einem Imbiss bei einem Glas Wein einkehren, Via Perfetti 18, Tel. 0 72 16 80 88, Mi Ruhetag.
- Etwas preiswerter ist nahe beim Zentrum die **Enoteca Pane e Vino**** an der Piazza Matteotti 3. Außer Weinen kann man hier abends auch an wenigen Tischen Speisen, interessantes Angebot vor allem bei Primi und Dolci. Tel. 0 72 16 75 10, Mo Ruhetag.
- Nur wenige Schritte von der Piazza del Popolo, in der **Antica Osteria La Guercia**,** speist man in den Räumen eines Palastes des 16. Jhs., eher traditionell-bodenständige Küche mit guter Auswahl an Antipasti, Primi und Dolci, aber nur wenigen Hauptgerichten. Via Baviera 33, Tel. 0 72 13 34 63, So Ruhetag.

• Das **C'era una volta***-** im Zentrum ist ein beliebtes, einfach-rustikales Lokal, in dem es lebhaft und manchmal auch etwas laut zugeht, gute Pizzen und Primi, vergleichsweise preisgünstig im kulinarisch eher teuren Pesaro, Via S. Cattaneo 26, Tel. 0 72 13 90 11.

Öffentliche Verkehrsmitel

Bahn

• Pesaro liegt an der Fernbahnlinie **Bologna–Ancona–Pescara–Bari:** tagsüber etwa stündlich mit IC oder Interregio über *Rimini* nach *Bologna,* einige Züge fahren über *Bologna* hinaus nach *Milano;* häufige Züge nach *Ancona,* je nach Zugart 30–50 Minuten Fahrzeit; 4x mit IC über San Benedetto del Tronto–Pescara nach *Bari.*

• Von Mitte Mai bis Ende September 3x pro Woche Nachtverbindung nach *München;* Mitte Juni bis Mitte September 1 x pro Woche Urlaubsexpress von *Dortmund/Hamburg* nach *Rimini.*

• **Bahnhof** mit Gepäckaufbewahrung (6–23 Uhr) und Taxistand.

Bus

• **Hauptbushalt** am *Corso Matteotti* (Gepäckaufbewahrung), die meisten Busse, u. a. die nach Urbino, halten auch am Bahnhof.

• Nach **Fano** und **Gabbicce Mare** etwa halbstündlich.

• Nach **Gradara** Linie 13 etwa stündlich.

• Werktags 12x, So 4x mit Sapum in einer knappen Stunde nach **Urbino.**

• Mit Bucci werktags 8x, So 4x über *Fano/Fossombrone* in 1 1/2 Std. nach **Urbino,** werktags 9x nach **Cagli.**

Fano

Mit seinen niedrigen, bescheiden wirkenden Häusern und den ruhigen engen Gassen wirkt Fano freundlich und kleinstädtisch. Im historischen Zentrum sind die menschlichen Stimmen noch nicht von den Verkehrsgeräuschen verdrängt. Die für Motorfahrzeuge gesperrte Innenstadt lädt zu einem gemütlichen Stadtbummel ein. Die Stadtanlage mit den sich rechtwinklig kreuzenden Gassen geht noch auf die Römer zurück. Große touristische Attraktionen besitzt Fano zwar nicht, dennoch lässt sich in der Altstadt einiges an Sehenswertem entdecken. Die Bewohner Fanos haben den Ruf, besonders musikbegeistert zu sein und gerne ausgiebig zu feiern. Dafür sprechen sicherlich das jährliche Jazzfestival, ein weiteres Theater- und Musikfest sowie der regelmäßig zweimal groß gefeierte **Karneval.** Neben dem *Carnevale Adriatico* im kühlen Februar wird auch noch ein für die Teilnehmer äußerst schweißtreibender *Carnevale d'Estate* in Szene gesetzt.

Wie bei fast allen adriatischen Küstenstädten ist das alte Zentrum deutlich von der Küste abgesetzt. Denn vom Meer her drohte für lange Jahrhunderte Gefahr durch fremde Eindringlinge wie z. B. die Sarazenen und plündernde Piraten, gegen die man sich mit wehrhaften Mauern und Festungen absichern musste.

Der kleine **Hafen** von Fano, den man vom Zentrum her durch eine Zone moderner Bebauung erreicht, entstand erst im 17. und 18. Jh. mit dem sich entwickelnden Fischfang für die Märkte des Hinterlandes. Auch heute sticht von hier aus eine kleine Fangflotte in See. Im Hafen werkeln tagsüber die Fischer an ihren Booten und Netzen, es riecht nach Seeluft, Fisch, Öl und Farbe. Mittags trifft man sich in einer urigen Trattoria zu einem ausgiebigen Fischessen. Nur einige Neubauten drumherum stören die bescheidene maritime Idylle.

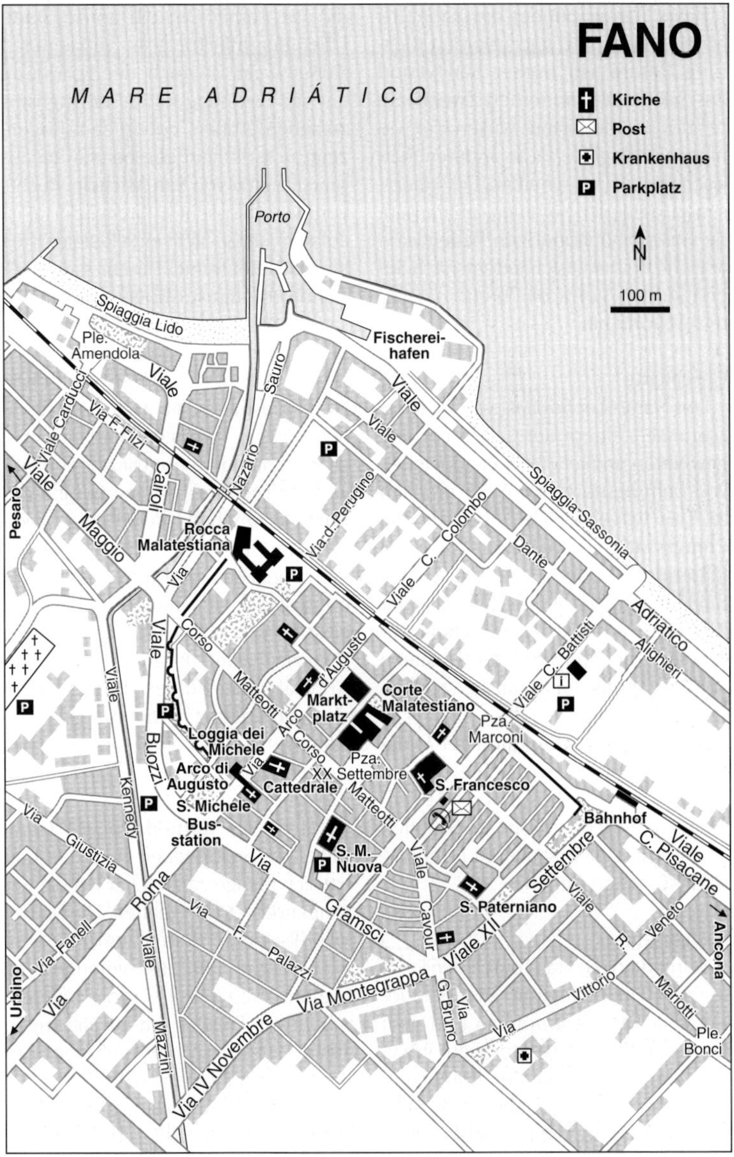
FANO
Kirche
Post
Krankenhaus
Parkplatz
N
100 m
MARE ADRIÁTICO
Porto
Fischerei-
hafen
Spiaggia Lido
Ple.
Amendola
Viale
Sauro
Nazario
Viale
Viale
Via F. Filzi
Viale Carducci
Viale
Maggio
Pesaro
Cairoli
Rocca
Malatestiana
Via
Via d. Perugino
Viale C. Colombo
Spiaggia Sassonia
Dante
Adriatico
Alighieri
Viale C. Battisti
Corso
Matteotti
d'Augusto
Arco
Markt-
platz
Corte
Malatestiano
Pza.
Marconi
Viale
Viale
Buozzi
Kennedy
Loggia dei
Michele
Arco di
Augusto
Via
Cattedrale
Corso
Pza.
XX Settembre
S. Francesco
Matteotti
S. Michele
Bus-
station
Via
Giustizia
S. M.
Nuova
Via
Gramsci
Bahnhof
Settembre
Viale
C. Pisacane
Viale
Cavour
S. Paterniano
Viale
R.
Veneto
Ancona
Roma
Via
F.
Palazzi
Viale XII
Via Fanell
Urbino
Via
Viale
Via Montegrappa
G. Bruno
Via
Vittorio
Mariotti
Via
Ple.
Bonci
Via IV Novembre
Mazzini

Beim Hafen mündet ein Kanal ins Meer, an den sich nach Norden Richtung Pesaro ein breiter Sandstrand anschließt. Die modernen Zweckbauten des Badetourismus wirken hier weniger aufdringlich, als an anderen märkischen Küstenabschnitten. Der Hauptstrand, der jeden Sommer Zehntausende von sonnenhungrigen Badegästen anzieht, erstreckt sich jedoch nach Süden zu den Vororten *Torette di Fano* und *Marotta* hin.

Geschichte

Der Name der Stadt ist vom „Fanum Fortunae", einem der Göttin Fortuna geweihten antiken Tempel abgeleitet, von dem heute nichts mehr erhalten ist. Fano war eine nicht unbedeutende **Römerstadt,** die von Rom zur Adria führende wichtige Handelstraße *Via Flaminia* traf hier auf die Küste. In der Zeit des oströmischen Exarchats war Fano eine der fünf verbündeten Städte der **Pentapolis,** im Mittelalter zeitweise freie Komune.

Als Residenz der **Signoria der Malatesta** gewann es zwischen 1357 und 1463 nochmals besondere Bedeutung. Heute scheint Fano im Schatten der wirtschaftlich aktiveren Nachbarstadt Pesaro zu stehen.

Besichtigung

Betritt man die Stadt durch den landseitigen Haupteingang an der Südwestseite des Zentrums, so trifft man sofort auf das einzige noch gut erhaltene bauliche Relikt der Römerzeit. Durch den fast 2000 Jahre alten **Arco d'Augusto** (Augustusbogen) führte die *Via Flaminia* in die antike Stadt. Über der mit Travertin verkleideten Außenwand ist noch der Schriftzug mit der Widmung für Kaiser Augustus zu sehen. Außen, neben dem Bogen, zeigt sich die fein gearbeitete Renaissancefassade von **San Michele.** Rechts vom verschlossenen Kirchenportal ist auf dem hellen Stein eine Reliefdarstellung des heute nicht mehr ganz vollständigen Augustusbogens zu sehen.

Vom Arco d'Augusto führt die *Via Rimembranze* entlang dem Ziegelmauerwerk der einstigen römischen Stadtbefestigung nach 100 m zu einem kleinen Torbogen. Stadteinwärts, gleich hinter dem Augustusbogen, öffnet sich rechts die kleine **Loggia dei Michele.** Der hübsche 5-bogige Arkadengang ist Teil eines kleinen aber feinen Renaissancebaus mit schönem doppelstöckigen Innenhof. Es diente einst als Waisenhaus für Findelkinder. Finanziert wurde er aus den Spenden wohlhabender Bürger, die sich durch die Beauftragung renommierter Architekten auch selbst ein Denkmal setzen wollten. Wenige Schritte weiter auf der Via Arco d'Augusto erhebt sich rechter Hand die **Kathedrale** von Fano. Vom 1113 begonnenen Ursprungsbau hat sich infolge zahlreicher Umbauten kaum noch etwas erhalten. Die Kanzel im dreischiffigen Innenraum ist aus antiken Fragmenten zusammengesetzt. Die um 1620 in der *Capella Nolfi* geschaffenen Fresken mit Darstellungen aus dem Marienleben stammen vom Barockmaler Domenichino.

Auf dem Weg von der Kathedrale zum Hauptplatz von Fano lohnt für

Kunstinteressierte ein kurzer Schlenker durch schmale Gassen nach rechts zur Kirche **Santa Maria Nuova.** Die „Madonna mit Kind“ am dritten Seitenaltar rechts ist ein Werk aus der Werkstatt des *Perugino* (1497). An der Ausfertigung der fünf kleinen Szenen der Predella war sein später berühmter Schüler, der junge *Raffael,* beteiligt. Die „Heimsuchung“ (1490) am ersten Seitenaltar links stammt von *Santi,* dem Vater Raffaels, der eine ernst wirkende Figurengruppe in eine dunkle Renaissancelandschaft platziert. Am zweiten Seitenaltar links hat wiederum Perugino ein freundlichere „Verkündigung“ (1488) auf blauem Hintergrund gemalt. Die Figuren wirken hier noch nicht so schematisch aufgereiht wie in den Spätwerken des umbrischen Renaissancekünstlers.

Der urbane Mittelpunkt Fanos, die **Piazza XX Settembre,** ist ein angenehmer freundlicher Stadtplatz, dessen Fassadenfronten allerdings architektonisch kein einheitliches Bild mehr abgeben. Schön anzuschauen ist der von steinernen Löwen bewachte **Fortuna-Brunnen** vor der Barockfassade des Kirchleins *Madonna di Piazza.*

Dominiert wird die Piazza vom **Palazzo della Ragione** von 1299, dem ehemaligen Rathaus der mittelalterlichen freien Komune. Kriegstreffer brachte den alten Campanile zum Einsturz, der neue Turm mit seiner glatten Fassade passt nicht optimal zum mittelalterlichen Palazzo. Das Untergeschoss beherbergt das **Teatro della Fortuna,** eines der vielen märkischen

Die Loggia di San Michele von Fano

Komunaltheater im altmodischen Pralinenschachtelstil.

Von der Nordseite des Platzes leitet ein Durchgang in den Innenhof des **Corte Malatestiano.** Vom Ursprungsbau des frühen 15. Jhs. stammt noch der linke Palastteil mit Zinnen, gotischen Fenstern und Portikus. Unter dessen Bögen ist ein grau-weißes römisches Bodenmosaik zu sehen, das in der Mitte einen muskulösen Mann auf einem Raubtier zeigt. In den Räumen der ehemaligen Feudalresidenz der Malatesta ist heute das **Museo Civico** mit der städtische Pinakothek untergebracht (geöffnet 8.30–12.30 Uhr, im Sommer auch 17–19 Uhr, Mo geschlossen, 3 € Eintritt). Der Treppenaufgang zur Loggia im ersten Stock führt zum Eingang des Museums. Es besitzt eine Sammlung von Gemälden mittlerer Qualität des 15.–19. Jhs. Gleich zu Beginn steht ein Flügelaltar mit einer Rosenmadonna des Venezianers *Giambono* (1462), die sich stilistisch schon von der Starrheit mittelalterlich-byzantinischen Darstellung löst; in der Antikenaustellung ist ein weiteres römisches schwarz-weiß-Mosaik, das Neptun mit vier Seepferden darstellt, zu sehen.

Wenige Schritte südöstlich der Piazza, in der *Via San Francesco d'Assisi,* steht die Ziegelsteinloggia der 1930 bei einem Erdbeben eingestürzten **Chiesa di San Francesco.** In der erhaltenen Wandfläche des Portals sind zwei Grabmäler für den Malatestaherrscher Pandolfo III. und seine Ehefrau Paola Bianca eingefügt. Das Grab des Pandolfo wird dem berühmten Renaissance-Künstler *Battista Alberti* zugeschrieben.

Verlässt man die Piazza XX Settembre beim Corte Malatestiana durch die engstehenden Mauern der *Via Galeotto Malatesta,* so gelangt man bald zur *Piazza Andrea Costa.* Auf dem schmalen Platz hat morgens der farbenfrohe und lebendige **Markt** von Fano seinen Platz. Neben Obst, Gemüse und Blumen wird in der Loggia in der Platzmitte auch der Fang der Fischer von Fano feilgeboten.

Die **Rocca Malatestiana** am äußersten nördlichen Altstadtrand, eine um 1400 errichtete düstere Ziegelbastion mit Wassergraben, diente den Malatesta als Gefängnis Der etwas verwahrlost wirkende grasüberwachsene Innenraum ist in der Regel nur zugänglich, wenn im kleinen Wohntrakt der Burg Kunst- oder Verkaufsausstellungen stattfinden.

Information

- **Fano.** 55 000 Ew., 15 m ü. NN, PLZ 61 032, 41 km bis Ancona.
- **Tourist-Info.** *I.A.T.,* Via C. Battisti 10, zwischen Bahnhof und Strand, Tel. 07 21 80 35 34, Fax 07 21 82 42 92, Mo–Fr 8–14 Uhr, Di u. Do auch 16–19 Uhr; kommunales Infobüro *Informazioni Comune di Fano* am Hauptplatz Piazza XX Settembre, Mo–Sa 8.30–13.30 Uhr, Tel. 07 21 88 75 23, Fax 07 21 88 75 22, E-mail: info@turismofano.com, Internet: www.turismofano.com.

Unterkunft

Zahlreiche Hotels am Strandabschnitt, der sich nach Süden gut 10 km bis zum Vorort Marotta hinzieht. Das Hotelverzeichnis listet hier über 60 Hotels auf, die außerhalb der Badesaison meist geschlossen sind.

- **Orfeo*****/€€. Corso Matteotti 5, Tel. 07 21 80 35 22, Fax 07 21 80 44 88, preisgünstiges, eher einfaches Familienhotel am Westrand der Altstadt, ordentlicher Komfort, mit eigenem Ristorante-Pizzeria.

• **Casa Oliva*****/€€. 61 030 Serrungaria, Località Bargni, Via Castello 19, Tel. u. Fax 07 21 89 15 00, Internet: www.casaoliva.it, in schöner Lage auf dem Lande zwischen Cartoceto und Serrungarina, angenehm.

Essen und Trinken

• **Ristorante Casa Nolfi****.** Via Gasparoli 59 (Ecke Via Nolfi), Tel. 07 21 82 70 66, vornehm-gediegenes Restaurant mit überdurchschnittlicher Küche, aber auch entsprechenden Preisen, Di Ruhetag.

• **Trattoria la Quinta**.** Viale Adriatico 42, beliebtes wie einfaches Fischrestaurant beim Hafen, wo sich mittags Bootsleute und Schiffsmechaniker treffen, fixes Fischmenu, So Ruhetag.

• **Al Pesce Azurro*.** Viale Adratico 48, beliebtes Selbstbedienungsrestaurant beim Strand mit breitem Angebot an Fischgerichten, nur von Mai bis September geöffnet, Mo Ruhetag.

• **Symposium****.** Via Cartoceto 38, Tel. 07 21 89 83 20, bei Cartoceto (s. u.), etwa 4 km vom Ort entfernt, das vielleicht beste Restaurant der Marken, Mo Ruhetag.

Öffentliche Verkehrsmittel

Bahn

• Der **Bahnhof** liegt in der Ostecke der Altstadt.

• In Fano halten alle Interregios und vier ICs je Richtung auf der Strecke **Ancona–Bologna.**

• Recht häufige Lokalzüge nach **Senigallia–Ancona** und **Pesaro–Rimini.**

• Von Mitte Mai bis Ende September 3x pro Woche Nachtverbindung nach **München.**

Bus

• Der **Busbahnhof** liegt außerhalb der Stadtmauer einige Schritte westlich des Arco d'Augusto.

• **Bigletteria** an der Stadtmauer in der Via F. Corridoni 2.

• Nach **Pesaro** werktags etwa alle 30 Minuten ein Bus, häufige Fahrten auch Richtung **Senigallia.** So verkehren die Busse seltener.

• Mit *Bucci* nach **Urbino** (werktags 8x, So 4x), **Cagli** (werktags 9x), **Città di Castello** in Umbrien (werktags 3x)

• Mit *Vitali* nach **Pergola** (werktags 8x) und **Fabriano** (werktags 6x).

Feste und Veranstaltungen

• Fano feiert zweimal Karneval, im Februar (wie fast überall) den **Carnevale Adriatico** sowie noch einmal in der Hitze des Augusts den **Carnevale d'Estate.**

• Das große Jazzfestival **Jazz by the Sea** findet im Juli stat.

• Im Sommer gibt es Theateraufführungen und Konzerte im Innenhof des **Corte Malatestiano.**

Sonstiges

• **Taxi.** Taxistand am Bahnhof, Tel. 07 21 80 39 10.

• **Parken.** Wie so oft kaum Parkraum im Zentrum, Parkmöglichkeit gibt es bei der *Rocca Malatestiana* in der Nordwestecke der Altstadt.

Ausflug

☆Eremo di Monte Giove und Cartoceto

Einige Kilometer westlich von Fano steht auf einer Kuppe oberhalb *Rosciano* das bescheidene Camaldulenserkloster **Eremo di Monte Giove.** Architektonisch ist die Anlage zwar nicht weiter bemerkenswert, schön sind jedoch die Aussicht und friedliche Stimmung des Platzes. Richtung *Urbino* gelangt man von hier aus dem zersiedelten Tal des Metauro schnell in anmutiges Hügelland mit Weinbergen und Olivenhainen.

In diesem Landstrich liegt auch das hübsche kleine **Cartoceto,** dessen wenige Häuser dicht gedrängt an einer Hügelflanke über dem Tal stehen. Sehenswürdigkeiten gibt es hier nicht, allerdings versteckt sich in der Nähe des Ortes das **Symposium** (s. o.), sicherlich eines der besten Edelrestaurants nicht nur der Marken. Wer auf der Suche nach kulinarischen Entdeckungen ist, sollte einen Besuch des Symposium auf keinen Fall versäumen. Das im Gegensatz zu seiner Preiskategorie eher ländlich zurückhaltend wirkende Haus bietet kreative Küche auf höchstem Niveau. Angenehm ist auch der unaufdringliche Service, der ohne die snobistische Eitelkeit und übervornehme Steifheit auskommt, die einem (neben den Preisen) manchmal den Besuch der kulinarischen Tempel arg verleiden können.

Senigallia

Auch Senigallia zeigt das typische Bild der märkischen Küstenstädte: Der kleine historische Kern liegt meerabgewand, getrennt durch Eisenbahn und Durchgangsstraße von einem in den letzten Jahrzehnten dynamisch gewachsenen modernen Ortsteil an der Küste, wo sich an langen Sandstränden das übliche architektonische Einerlei der Appartmentsbauten und Ferienhotels erstreckt. Das alte Zentrum wirkt weniger geschlossen als im noch mehr mittelalterlich geprägten benachbarten Fano.

Über Jahrhunderte war Senigallia eine prosperierende **Handels- und Messestadt,** die sich eine Stadterneuerung im Stil von Barock, Renaissance und Klassizismus leisten konnte. Selbst heute noch scheint sich die Stadt vornehmer zu geben, als das benachbarte Fano.

Besichtigung

Auch Senigallia musste sich im späten Mittelalter gegen die vom Meer her drohende Gefahr durch Piraten- und Sarazenenüberfälle schützen. Aus dieser Zeit stammt die **Rocca Roveresca** gegenüber dem Bahnhof, die sich, flankiert von vier mächtigen Rundbastionen, als wehrhafte und dennoch nicht unelegante Festung zeigt Sie wurde im wesentlichen zwischen 1474 und 1501 im Auftrag des städtischen Feudalherrn Giovanni della Rovere errichtet. An der Gestaltung wirkten berühmte Architekten ihrer Zeit mit, zu Beginn *Luciano Laurana,* der Schöpfer des Herzogspalastes von Urbino, nach dessen Tod 1479 *Baccio Pontelli.* Die Rocca dient heute als Ausstellungsstätte und Museum. Innen zeigen sich überwiegend verliesartige und wenig anheimelnde Gewölbefluchten. Vom einst vornehmen Wohntrakt der delle Rovere ist nur wenig erhalten geblieben, am großzügigsten wirken noch die Offiziersräume im ersten Stock der Festung. Rätselhaft ist eine lange Wendeltreppe, die offensichtlich nie benutzt wurde (Besichtigung tgl. 9–19 Uhr, im Sommer 9–13 u. 17.30–23 Uhr, 2.50 € Eintritt).

Wenige Schritte nördlich der Festung trifft man auf ein eigenwilliges Bauwerk. Das klassizistische **Foro Annonnario** ist der ganze Stolz der Bürger von Senigallia. Der kreisförmig angeordnete symmetrische Ziegelbau mit dreißig dorischen Säulen entstand im 19. Jh. als Messe- und Handelsplatz. Auch heute noch findet hier morgens der Markt von Senigallia statt.

Den Zentrum des Ortes bildet die kleine **Piazza Roma** mit dem sich vornehm gebenden *Caffè la Meridiana.*

Optisch beherrschender Bau am Platz ist der **Palazzo Municipale** (Rathaus) mit hohem Turm und Loggia. Die **Chiesa della Croce** (16.–18. Jh.) wenige Schritte vom Rathaus entfernt ist eine kleine, innen reich mit Gold, Ornamenten und einer schönen Kassettendecke geschmückt Barockkirche.

Der **Dom** von Senigallia an der westlichen *Piazza Garibaldi* entstand erst im 18. Jh. Am Bau hatte der aus Senigallia stammende Papst Pius IX. wesentlichen Anteil, der sich wohl auch selbst ein Denkmal setzen wollte. Architektonisch ist der barocke bis klassizistische Bau eher uninteressant. Nördlich von hier umfließt der Misa von einigen Palazzi gesäumt in einem Bogen die Innenstadt. Jenseits des Flusses hat sich ein anderer Papst baulich verewigt. Die **Porta Lambertina,** ein zur Stadtseite hin makellos weißes Repräsentationstor, ließ Papst Benedikt XIV. im Jahre 1751 errichten.

Information

- **Senigallia.** 41 500 Ew., 10 m ü. NN, PLZ 60 019, 27 km bis Ancona.
- **Tourist-Info.** *I.A.T.,* Piazzale Morandi 2, Tel. 07 17 92 27 25, Fax 07 17 92 49 30, E-mail: iat.senigallia@regione.marche.it.

Unterkunft

Etwa 90 Hotels reihen sich an Senigallias Strandpromenade aneinander (dazu listet das offizielle Verzeichnis 19 Campingplätze auf).

Essen und Trinken

- **Osteria del Tempo Perso***.** Gemütliche, gehobene Osteria nicht weit von der zentralen Piazza Roma, kreative Küche mit einer großen Auswahl an Primi, Do Ruhetag, das Menu del Osteria kommt um die 23 €.

Auf der Piazza Roma in Senigallia

- **Del Teatro**.** kleine Osteria, ungezwungene Atmosphäre, nicht sehr umfangreiche Speisekarte, gute hausgemachte Nudeln, nur abends geöffnet, Tel. 07 16 05 17, Mi Ruhetag, im Juni geschlossen.

Öffentliche Verkehrsmittel

Bahn

- **Bahnhof** zentrumsnah bei der Rocca Roveresca.
- Es halten alle Interregios und 3 ICs je Richtung auf der Strecke **Ancona–Bologna.**
- Recht häufig verkehren Lokalzüge nach **Ancona** und **Fano–Pesaro–Rimini**
- Von Mitte Mai bis Ende September 3x pro Woche Nachtverbindung nach **München.**

Bus

- **Hauptbushalt** beim Bahnhof.
- Werktags etwa stündlich ein Bus nach **Ancona** und **Fano/Pesaro.**

Daneben Verbindungen ins Hinterland, u. a. nach **Arcevia** (8x), **Corinaldo** (10x), **Sassoferrato** (5x).

Im Hügelland von Senigallia

Im **Küstenhinterland** von Senigallia erstreckt sich eine sanft bewegte Landschaft grüner Hügelwellen. Abseits der zersiedelten Talzonen entlang der Flüsse Misa und Cesano wirkt das Land ruhig und harmonisch. Getreide- und Sonnenblumenfelder dominieren das Landschaftsbild, immer wieder eröffnen sich weite Horizonte zum fernen Kamm des Apennin. Die Kleinstädte und Dörfer der Region wirken bescheiden und sind ohne große Sehenswürdigkeiten.

Corinaldo

Corinaldo ist alles in allem ein hübsches Städtchen, dem es jedoch etwas an urbanem Leben fehlt. Außen wie innen zeigt es eine geschlossene Stadtsilhouette im Rostbraun des Ziegelsteins. Es wird immer noch vollständig vom **mittelalterlichen Mauerring** eingegrenzt, der in wesentlichen Teilen schon 1366 fertiggestellt war. Den Hinweisschildern *Giro delle Mura* folgend gelangt man auf einen Weg, der über etwa 900 m auf der komplett mit Toren, Zinnen und Wehrgängen erhaltenen Stadtbefestigung verläuft. Dabei wird erkennbar, wie Türme, Häuser und Kirchen in die Wehrmauern einbezogen sind. Auffallendstes Befestigungsbauwerk ist der spitzwinklige Turm **Sperone.** Innerhalb des Mauerrings besitzt Corinaldo einige hübsche Plätze und Gassen mit alten Bürgerhäusern und Palazzi. **La Piaggia** unterhalb des Rathauses ist eine malerische, liebevoll mit Blumen geschmückte Treppenflucht, die zu einem Stadttor hinabführt. Die Stimmung im verkehrsarmen historischen Zentrum ist ausgesprochen ruhig und verhalten.

Nicht weit von Corinaldo, an der heutigen Straße nach Castelleone, lag die nicht unbedeutende römische Stadt **Suasa Senonum.** Die Ausgrabungen der letzten Jahre haben ein **antikes Ruinenfeld** zu Tage gebracht. Im eingezäunten Grabungsgelände ist neben Grundmauern das farbige Fußbodenmosaik eines Patrizierhauses von der Straße aus einsehbar. Das Oval des Amphitheaters *(Anfiteatro)* hat sich nur noch als Bodenmulde im Gelände erhalten.

Mondavio

In Mondavio nehmen Kinderträume von stolzen Ritterburgen Gestalt an. Der kleine und kompakte Ortes wartet mit einer perfekt erhaltenen Festung auf. Die **Rocca Roveresca** wurde Ende des 15. Jhs. von einem der berühmtesten Baumeister seiner Zeit, *Francesco di Giorgio Martini,* entworfen. Auftraggeber waren – wie in Senigallia – die Feudalherren der della Rovere aus Urbino, die alljährlich zur Jagd am *Mons Avium* (Vogelberg) zogen. Die Burg mit ihren beiden nach oben sich verbreiternden Bastionen wirkt wehrhaft und dennoch nicht ohne Eleganz. Das Festungsinnere ist heute Museum. Lichtlose Gänge führen in finstere Gewölbe, wo stumme Stoffpuppen in erstarrten Gesten „dunkles Mittelalter" darstellen. Neben dem Waffenzimmer und einem Essensgelage findet sich hier natürlich auch die

Folterkammer. Wohl zur Besänftigung des Bösen haben Besucher den Folterknechten Münzen vor die Füße geworfen (Geöffnet 9–12 und 15–19 Uhr, 3,64 € Eintritt).

San Lorenzo in Campo

San Lorenzo in Campo besitzt noch ein winziges altes Zentrum. Es liegt leicht erhöht hinter dem **Palazzo delle Rovere** mit seinem eigenwillig geformten Glockenaufsatz liegt. Im Palastkomplex sind das altmodische kleine Komunaltheater und das *Museo Archeologica Suasa* untergebracht. Am Ende der Via Demetrio steht die **Kirche San Lorenzo.** Der uneinheitlicher Außenbau mit romanischen Absiden und barocker Turmspitze verweist auf die lange Bautätigkeit, die vom 9. bis ins 20. Jh. dauerte. Touristen erwartet man in San Lorenzo offensichtlich nicht. Museum und Kirche waren an einem Werktag vormittags verschlossen.

Belvedere Ostrense, Ostra, Ostra Vetere

Südwestlich von Senigallia weist die mehrfach vorkommende Ortsbezeichnung *Ostra* auf römische Ursprünge hin. Von den antiken Siedlungen hat sich jedoch so gut wie nichts erhalten. Das etwa verschlafen wirkende **Belvedere Ostrense** liegt, wie der Beiname schon sagt, in schöner Aussichtsposition auf einer Hügelkuppe.

Etwas belebter wirkt das benachbarte **Ostra**. Die hübsche zentrale Piazza ist ganz umgeben von alten Ziegelbauten wie der *Chiesa San Francesco* mit gotischer Loggia, der wehrhaften *Torre Civica* aus dem 14. Jh. sowie dem *Palazzo Comunale* des 18. Jhs.

Ostra Vetere liegt einmal mehr in Panoramaposition auf einem Höhenrücken. Die markante Ortssilhouette wird beherrscht von Spitzturm und Kuppel der *Chiesa Santa Maria in Piazza,* die sich jedoch bei näherer Betrachtung als kunsthistorisch wenig interessanter neogotischer Bau des 20. Jhs. entpuppt. An der Piazza della Libertà öffnet sich zum Platz hin der Kreuzgang des *Chiostro San Francesco* (14. Jh.) mit einem neueren Freskenzyklus zur Vita des hl. Franz von Assisi.

Information

- **Corinaldo** 5200 Ew., 203 m ü. NN; **Mondavio** 3800 Ew., 280 m ü. NN, **San Lorenzo in Campo** 3360 Ew., 210 m ü. NN; **Belvedere Ostrense** 2180 Ew., 260 m ü. NN; **Ostra** 5900 Ew., 190 m ü. NN, **Ostra Vetere** 3500 Ew., 250 m ü. NN.

Unterkunft

- **La Cantinella*****/€€. Albergo-Ristorante in *Ostra,* Via Amendola 5, Tel. 07 16 80 81, Fax 07 16 82 90, ein freundliches Familienhotel, ruhige Lage am Rande des alten Zentrums, ordentlicher Komfort, Zimmer mit Balkon und Landschaftsblick, kleiner Garten mit Bar.
- **La Palomba****/€. In *Mondavio,* Via Gramsci 13, Tel. 0 72 19 71 05, Fax 07 21 97 70 48, an der Hauptstraße gegenüber der Festung gelegen, einfach-ordentlich, etwa nüchtern eingerichtete Zimmer, mit Restaurant.
- **Albergo-Ristorante Il Tigli****/€€. Mitten im alten Zentrum von *Corinaldo,* Via del Teatro 31, Tel. 07 17 97 58 49, Fax 07 17 97 58 56, ruhige Unterkunft in einem alten Stadthaus.

Essen und Trinken

- Gute Küche und aufmerksamen Service bietet in *Belvedere Ostrense* die **Taverna degli Archi**,** Via del Comune Vecchio 26, fixes

Menu a la voce, gut die Vorspeisenplatte mit verschiedenen Gemüsen, Schinken und Bandnudeln mit Trüffeln, zum Nachisch gibt's einen lokalen süßen Kirschwein, Tel. 0 73 16 29 86, Mi Ruhetag.

• Das **Al Giardino***-** in *Mondavia,* Restaurant, Pizzeria und Bar, bietet einfache durchschnittliche Landküche, wenige Schritte von der Burg entfernt, gemütliche und schattige Terrasse.

Jesi

Leicht erhöht auf einem Hügel über dem zersiedelten Tal des *Esino* erhebt sich die alte Stadt Jesi. In der Umgebung, in der Ebene unterhalb des *centro storico,* hat sich einige Industrie angesiedelt (Landmaschinen, Möbel). Daneben basiert der Wohlstand der Stadt auf der Vermarktung des renomierten Weißweins **Verdicchio di Jesi.**

Das in sich geschlossene historische Zentrum umgibt ein gut erhaltener mittelalterlicher Befestigungsring mit Bastionen und Wehrgängen aus rostbraunem Ziegelmauerwerk. Durch die Innenstadt, in der ebenfalls Braun- und gedämpfte Rottöne dominieren, verläuft ein einziger Hauptstraßenzug mit einer Folge sich öffnender, von Renaissance- und Barockpalazzi gesäumter Plätze.

Geschichte

Jesi ist eine der ältesten Siedlungen der Region. Der umbrischen Urbevölkerung folgten die **Römer,** die die Stadt **Aesis** bauten, von der allerdings so gut wie nichts erhalten ist. Im **Mittelalter** war Jesi eine einflussreiche selbstverwaltete **freie Stadtrepublik,** die sich mit einem eigenen Heer von bis zu 5000 Mann Stärke in den Kämpfen zwischen Guelfen und Ghibellinen behauptete. Gegen den Hauptfeind *Fabriano* schützte sich die Stadt mit der heute noch aufrecht stehenden großen Stadtmauer. Im Jahre **1194** trat Jesi als **Geburtsort** des großen Stauferkaisers **Friedrich II.** für einen kurzen Augenblick auf die Bühne der europäischen Geschichte. *Heinrich VI.* lagerte mit seinem Gefolge auf dem Zug nach Rom am zweiten Weihnachtstag bei Jesi, als bei seiner schon 40-jährigen Ehefrau die Wehen einsetzten. Sofort ließ er mitten in der Stadt ein großes Zelt errichten damit alle verheirateten Frauen der Stadt der Geburt beiwohnen konnten, denn der Kaiser brauchte Zeugen. In einem derart hohen Alter ein gesundes Kind zur Welt zu bringen, käme einem Wunder gleich. Die Legitimität des dynastischen Nachfolgers wäre ohne handfeste Beweise immer bezweifelt worden. Und das Wunder geschah: *Constanze von Hauteville* gebar ein gesundes Kind, das sich auch nicht – wie prophezeit – in einen Löwen verwandelte, sondern zu einer der strahlendsten Gestalten der Geschichte des Mittelalters wurde.

Ein berühmter Sohn von Jesi ist außerdem der 1710 geborenen Komponisten **Giovanni Battista Pergolesi,** der nur 26 Jahre alt wurde und von manchem Musikhistoriker als ein wichtiger Vorläufer Mozarts gesehen wird.

Besichtigung

Die **Piazza Federico II.,** wo der Kaiser das Licht der Welt erblickte, bildet von der Antike bis heute den Mittel-

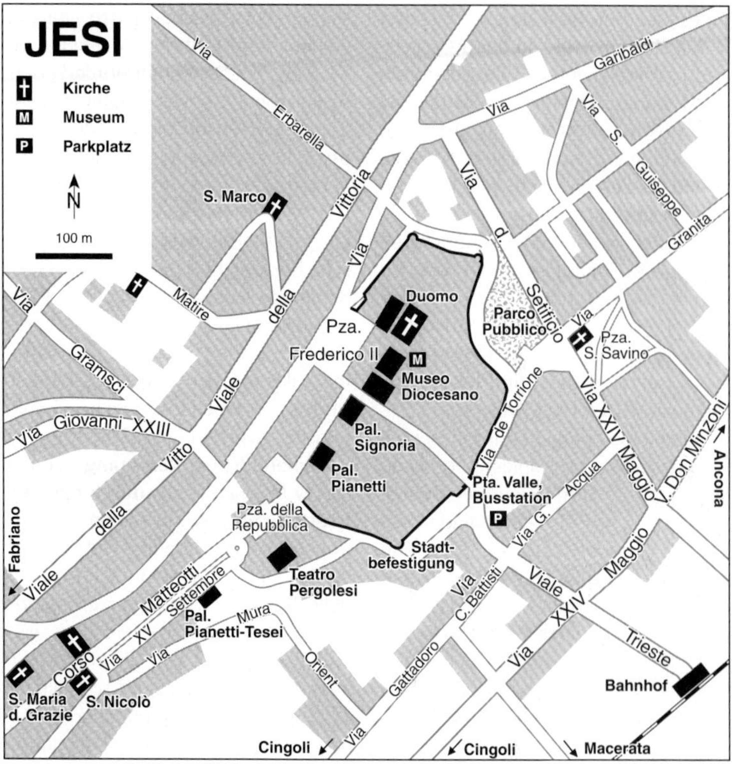

punkt der Stadt. Hier lag das Forum des römischen Aesis. Ein von Löwen bewachter Brunnen mit Obelisken in der Mitte (19. Jh.) schmückt die schmale Platzanlage. In der Nordostecke erhebt sich an der Stelle des römischen Haupttempels der **Dom** von Jesi. Die vielfach grundlegend veränderte Kirche, die noch 1889 eine neue Fassade erhielt, ist architektonisch nicht besonders interessant. Ältere Kunstwerke im barocken Innenraum sind in der ersten Kapelle links eine im Wortsinn gut betuchte Madonna mit Kind von Giovanni da Bellinzona (1438) und in der ersten Kapelle rechts der auf Löwenfüßen stehende Taufbrunnen des 15. Jhs.

Südlich der Piazza führt der Hauptcorso *Via Pergolesi* an der kleinen Piazza Ghislieri vorbei zur sich nach links öffnenden *Piazza Colocci,* an der sich dominant der **Palazzo della Signoria** erhebt. Die Feudalresidenz wurde zwischen 1486 und 1498 nach dem Entwurf des *Francesco di Giorgio Martini,* eines der berühmtesten Architekten seiner Zeit, errichtet. In der dreistöckigen Fassadenfront sind die verzierten Fensterrahmungen und die Portale bemerkenswert. Löwenreliefs über dem Haupteingang symbolisieren Friedrich II., an dessen machtvolle Tradition die Stadtherrscher des 15. Jhs. wohl anknüpfen wollten. Der schöne dreistöckige Säulenhof im Innern wirkt leider etwas verwahrlost. Die Palasträume beherbergen heute das **Museo Civico** mit Fundstücken aus dem antiken Aesis, sakraler Kunst und Keramikarbeiten aus Urbino und Pesaro.

Durch eine querlaufende Häuserzeile ist das ältere und ruhigere nördliche Stadtzentrum vom belebteren Südteil abgetrennt. Auf der geräumigen *Piazza della Republica,* in die der breite von Läden und Bars gesäumte Corso Matteotti einmündet, schlägt das Herz der Stadt. Das **Teatro Pergolesi** an der Ostseite ist der ganze Stolz der Bürger von Jesi. Das schöne vierstöckige Logentheater des 18. Jhs. ist nach dem in Jesi geborenen Komponisten *Giovanni Battista Pergolesi* benannt.

In der Nähe beherbergt der **Palazzo Pianetti-Tesei** die wertvolle städtische Pinakothek. Hinter dem vornehmen Palast des 18. Jhs. erstreckt sich ein kleiner ummauerter Barockgarten, verwunschen und verwildert, stumm bewacht von Putten und bemoosten Figuren. Das Obergeschoss schmückt farbiger Rokkoko-Stuck, die Innenräume sind mit Fresken ausgemalt. Der Besuch der Gemäldesammlung ist für Kunstfreunde ein Muss. Die ausgestellten Werke des venezianischen Renaissancemalers **Lorenzo Lotto** gehören zu den interessantesten Malereien der Marken. Sie bestechen durch Lebendigkeit, phantasievolle Detailkompositionen und insbesondere durch die psychologisch genaue Darstellung der Personen. Hauptwerk der Sammlung von Jesi ist das 1532 fertiggestellte große Altarbildwerk mit der „Geschichte der hl. Lucia", deren Glaubensstärke auch der Kraft eines Ochsengespanns standhielt, das sie nach der Verurteilung zum Richtplatz schleifen sollte. Neben den Lotto-Werken sind auch Arbeiten zeitgenössischer Künstler zu sehen.

Lohnend ist ein **Rundgang** von der *Piazza Federico II.* aus **durch das mittelalterliche Jesi** mit seinen Türmen, Bögen, Wehrmauern und verborgenen Winkeln. Links vom Dom führt die Via delle Terme zum *Palazzo Marcelli-Flori* (18. Jh.), hinter dem die *Porta Bersaglieri* die Grenze des alten Zentrums markiert. Nach rechts leitet die schmale *Via degli Spaldi* auf den Wehrgang mit seinen Eckbastionen und Pechnasen. Durch zwei Tordurchgänge gelangt man zu einem Gartenplatz mit einigen Palmen vor alten Ziegelfassaden. Rechts leicht aufwärts führt die Pflastergasse *Via Rincrocca* weiter duch das mittelalterliches Jesi mit dem am Fuße des Stadtberges gelegenen Haupttor *Porta Valle.* Hinter dem Tor, bei der *Piazza Baccio Pontelli,* beginnt ein vor kurzem restauriertes Stück Stadtmauer mit kleinem Bogengang obendrauf. Weiter dem Verlauf der Stadtmauer fol-

Blick auf das centro storico von Jesi

gend gelangt man bald zur *Porta Mazzini* und auf die Via XX. Settembre mit dem Palazzo Pianetti Tesei.

Information

- **Jesi.** 39 500 Ew., 97 m ü. NN, PLZ 60 035, 28 km westlich Ancona.
- **Tourist-Info.** *Pro Jesi,* Piazza della Repubblica 11a, werktags 9–13 und 16–19.30 Uhr, Tel. 0 73 15 97 88.

Unterkunft

- **Federico II******/€€€€€. Via Ancona 100, Tel. 07 31 21 10 79, Fax 07 31 56 06 19, großer Neubau am Stadtrand mit jeglichem Komfort, nüchtern, professionell, auf die Bedürfnisse von Geschäftsleuten ausgerichtet.
- **Italia*****/€€€-€€€€. Viale Trieste 28, Tel. u. Fax 07 31 48 44 u. 0 73 15 90 04, kleines Hotel mit gehobenen Komfort, trotz der Bahnhofsnähe einigermaßen ruhig, mit recht teurem Restaurant***.
- **Mariani*****/€€€. Via Orfanotrofio 10, Tel. 07 31 20 72 86, Fax 07 31 20 00 11, ein größeres Haus in der Nähe des Zentrums, bietet ordentlichen Komfort.

Essen und Trinken

- **Hostelleria Santa Lucia*****. Via Marche 2b, Tel. 0 73 16 44 09, elegantes Restaurant mit klassischer märkischer Küche auf gehobenem Niveau, Fischspezialitäten, Mo Ruhetag.
- **Ristorante Tana Libera Tutti****-***. Gemütliches kleines Restaurant bei der Piazza Baccio Pontelli, kreative gute Küche, So Ruhetag, Tel. 0 73 15 92 37.
- **Forno Ercoli***. Piazza Nova 8, Enothek im Zentrum zwischen Porta Valle und Piazza Frederico II., hier kann man den renommierten weißen Verdicchio di Jesi probieren, daneben gibt es auch Kleinigkeiten zu Essen, wie Panini mit Wurst, Schinken, Käse, Crostini, eingelegte Gemüse, Kuchen aus eigener Produktion, nur abends geöffnet, Mo Ruhetag.

Einkaufen

- **Markt.** Mittwochs und samstags großer Markt in der Innenstadt (Kleider, Haushaltswaren).
- **Wein.** Der *Verdicchio di Jesi* kommt eigentlilch nicht aus Jesi selbst, sondern wird um die Castelli di Jesi, die Hügeldörfer östlich der Stadt, produziert. Einkaufen und probieren kann man ihn in Jesi z. B. außer im *Forno Ercoli Ercoli* (s. o.) in der **Enoteca Regionale,** Via Federico Conti (außer Di 17–21 Uhr) sowie in der **Enoteca Brunori,** Viale Vittorio 103.
- **Casa del Parmigiano.** Empfehlenswertes Feinkostgeschäft mit vielen regionalen Spezialitäten, Piazza dell'Independenza 5.

Umgebung von Jesi

Im unansehnlichen Straßendorf **Moie** im Esinotal 10 km östlich von Jesi steht zwischen Häusern eingezwängt die kleine Abteikirche *Santa Maria* aus dem 12. Jh. Wie so oft bei romanischer Sakralarchitektur beeindruckt sie durch ihre schlichten, harmonischen Formen, die ohne nennenswerten dekorativen Schmuck ihre Wirkung entfalten.

Auf den Hügeln über dem Flusstal wird überall Wein angebaut. In den **Winzerdörfern** *Cupramontana, Staffolo, Maiolati Spontini* oder *Montecarotto* wird der **Verdicchio di Jesi** gekeltert, der manchen Weinkritikern als einer der besten Weißweine nicht nur der Marken, sondern ganz Italiens gilt. Richtung Fabriano beginnt dann bald das märkische Gebirge mit seinen Kalkschluchten und Bergeinsamkeiten.

Richtung Küste durchfließt der *Esino* ein sich weitendes Flusstal mit zunehmend dichter Bebauung. Die Rebflächen des Verdicchio weichen Viehweiden und Tabakfeldern. Bevor man bei Falconara das Meer erreicht, kann man bei **Chiaravalle** eines der drei Klöster des Zisterzienserordens in Italien besichtigen. Die Abtei *Santa Maria in Castagnola* wurde 1126 im gotischen Stil errichtet und zeigt die für den französichen Reformorden typische schmucklose Architektur.

Markantestes Bauwerk von **Falconara Marittima** ist eine große Erdölraffinerie. Bahnreisende müssen hier, wo die Fernbahnlinie nach Rom von der Küstenbahn abzweigt, manchmal umsteigen. Die Wartezeit lässt sich gut am langen Sandstrand von Falconara verbringen, der wenige Schritte hinter dem Bahnhof beginnt.

Essen und Trinken

- Eine gute Adresse ist die **Trattoria Anita****-*** in *Cupramontana,* traditionelle Küche auf gutem Niveau, Via Fabio Filzi 7, Tel. 07 31 78 03 11, Di Ruhetag.

Einkaufen

- **Wein.** Den *Verdicchio di Jesi* bekommt man z. B. in der *Cooperativa Monteschiavo La Vite,* im Weiler Monteschiavi bei Maiolati Spontini, Via Vivaio, Tel. 07 31 70 03 85, oder beim Weingut *Mancinelli* in *Morro d'Alba,* Via Roma 62, Tel. 0 73 16 30 21.

Feste und Veranstaltungen

- In *Cupramontana* findet jedes Jahr am ersten Sonntag im Oktober ein großes **Weinfest** statt.

Ancona

Ancona lebt mit und um seinen Hafen. Mit seinen Becken, Kais, Kränen, Zoll- und Handelsagenturen reicht er bis unmittelbar an das Zentrum der Stadt heran. Die strategisch wichtige Funktion Anconas als **Handels- und Marinehafen** führte in den beiden Weltkriegen zu heftigen Bombenangriffen, unter denen die alten levantinischen Viertel am Meer in Schutt und Asche fielen. Weitere Schäden brachte 1972 ein schweres Erdbeben.

Der Wiederaufbau erfolgte im nüchtern-funktionalen Stil der Moderne, wodurch Ancona nicht gerade an Schönheit gewonnen hat. Die geschlossene, mittelalterlich geprägte Stadtsilhouette und die intakten historisch gewachsenen Viertel anderer Städte Mittelitaliens sucht man hier vergeblich.

Kaum ein Reisender auf dem Weg entlang der Adria macht sich deshalb die Mühe und quält sich durch den dichten Vorstadtverkehr ins Herz der Stadt. Dennoch besitzt Ancona durchaus einige Sehenswürdigkeiten, die einen Besuch lohnen. Anziehend ist aber vor allem die lebendige Alltagsatmosphäre der Stadt, die in ihrer ganzen Geschichte immer um das Meer und den Handel kreiste. Mit ihrem von Läden gesäumten Fußgängercorso und den kleinen Marktplätzen eignet sich Ancona auch gut für einen gemütlichen Einkaufsbummel.

Ancona wirkt schmutziger, lauter, ordinärer aber damit auch weniger provinziell als die anderen Städte der Marken. Der Eindruck von Leere und Verlassenheit, der außerhalb der sommerlichen Badesaison fast überall an der Adria bestimmend ist, entsteht hier zu keiner Zeit.

Geschichte

Die meist schnurgerade verlaufende Küste der Adria formt bei Ancona eine ihrer wenigen größeren Buchten, sodass die Anlage eines Hafens an dieser Stelle fast zwangsläufig war. Den ersten bauten griechische **Siedler aus Syrakus** im **4. Jh. v. Chr.** Die auf dem Monte Guasco, dem heutigen Domhügel entstehende Siedlung nannten sie nach der Form der Bucht darunter einfach **Ancon** – Bogen. **278 v. Chr.** übernahmen die **Römer** die Herrschaft, die den Hafen erweiterten und zu einem militärischen Stützpunkt ausbauten.

Wegen seiner **besonderen Lage** am einzigen **Naturhafen** weit und breit musste sich Ancona über lange Jahrhunderte immer wieder **feindlicher Angriffe** erwehren. 839 bedrohten die Sarazenen, 1167 Kaiser Barbarossa die Stadt. Danach kamen die Schiffe der verfeindeten Venezianer, die Truppen des Papstvertreters Kardinal Albornoz und schließlich die Flotte der Türken, um die Stadt einzunehmen. Dennoch konnte sich das unbeugsame, nie ganz bezwungene Ancona für **fast 500 Jahre** als **freie mittelalterliche Stadtrepublik** behaupten. Erst **1532** erfolgte die endgültige **Eingliederung in den Kirchenstaat.**

Hafen
Golle Guasco
Arco Clementino
Arco di Traiano
S. Ciriaco
Museo diocesano
Via Giovanni XXIII
Anfiteatro romano
Pal. del Senato
Museo archeologico nazionale d. Marche
Ss. Pelegrino e Teresa
Pal. Ferretti
Pal. d. Anziano
S. Francesco alla Scale
Stazione Maritima
S. Maria d. Piazza
Pal. Bosdari
Pza. Dante
Biblioteca Benincasa
Loggia d. Mercanti
Pza. Plebiscito
P. ta S. Pietr
S. Domenic
Pza. Republica
Fontana del Calamo
Mercato Pubblico
SS. Sacramento
Corso
S. Agostino
Corso Stamira
Corso G. Garibald
Via XXIX Settembre
Via E. Cialdini
Via Einaudi
Via Vanoni
Pta. Pia
Lazzaretto
Via Torrio
Via Montebe
Via S. Stefano
Via Vittori
Via
Rocca
Parco Comunale
Mercato Ittico
Marconi
Sanzio
Via di Circonvallazione
Pergolesi
Raffaello
Guglielmo
Giamb.
Via
Bahnhof
Via
Pza. Medaglie d'oro
Mercato
Via De Gaspari
Pza. Europa
V. Martiri della resistenza
Pza. Rosselli

ANCONA
Adria
Via Friuli
Strade
Rismondo
Panoramica
Via Monte Grappa
Via Cadore
Matteotti
Lgo. Capelli
Corso
Pza. Don Minzoni
Giovanni
Francesco
Stadio Comunale
Via Enrico Toti
Via F. Corridoni
Amendola
Pza. IV Novembre
Viale della Vittoria
Pza. Diaz
Via Giannelli
S. Maria d. Misericordia
Monumento ai Caduti
Via Trieste
PASSETTO
Via Isonzo
Podgora
Véneto
Via Rodi
Via
Parco Comunale
Via S. Margherita
Mole von Passetto
M. Pulito
141
XXV
Aprile
Portanova, Monte Canero
N
150 m
Kirche
Krankenhaus
Tourist-Information
Post
Museum
Bibliothek

Der mehr als 2000 Jahre alte **Handelshafen** ist auch heute noch der **wichtigste Wirtschaftsfaktor** der Region. Hier legen Fähr- und Frachtschiffe nach Griechenland, zum Balkan und in den vorderen Orient an und ab. Daneben fördert auch die Stellung Anconas als **Hauptstadt und Verwaltungszentrum der Marken** die wirtschaftliche Dynamik.

Besichtigung

Das Hafenrevier zieht sich in einem weit geschwungenen Bogen zur Landspitze mit dem Dom San San Ciriaco hin. Das Viertel darunter, der historisch älteste Bezirk der Stadt, wirkt heute relativ leer und verlassen. Hier haben die Bombenangriffe des Zweiten Weltkriegs besonders große Lücken gerissen, nur einige Palazzi und Barockbauten sind verschont geblieben oder wiederaufgebaut worden. Von der früheren mediterranen Lebendigkeit und Farbigkeit des Viertels der Fischer, Seeleute und Hafenarbeiter ist wenig geblieben.

Über dem geschäftigen Treiben des Hafens erhebt sich seit fast 1000 Jahren der romanische Dom von Ancona auf der Hügelspitze des Monte Guasco. Im nach wie vor für jedermann frei zugänglichen Hafenareal darunter steht etwas verloren zwischen Ladekränen und Containern der **Arco di Traiano.** Der marmorne Triumphbogen wurde 115 n. Chr. zu Ehren Kaiser Trajans errichtet, der den Hafen erweitert und durch ein Mole gesichert hatte. Ein zweiter Ehrenbogen, der nicht weit entfernte **Arco Clementino,** entstand erst 1738 zum Gedenken an Papst Clemens XII.

Im hafennahen Stadtviertel, welches sich von der Piazza della Repubblica beim Zollhafen zum Dom San Ciriaco hinaufzieht, trifft man auf diverse Palazzi und historische Bauten. Ganz unten, in der dunklen Via della Loggia, zeigt die **Loggia dei Mercanti** des *Palazzo Benincasa* (15. Jh.) venezianische Gotik mit fein verzierten Fensterbögen, einem schönen ornamentalen Holzportal mit geschnitzten Köpfen sowie vier beschädigten Statuen, die die Tugenden der Kaufmannschaft symbolisieren sollen.

Eine ebenfalls interessante Fassade aus einer anderen Stilepoche besitzt einige Schritte weiter die Kirche **Santa Maria della Piazza.** Die gesamte Frontseite des im 13. Jh. entstandenen romanischen Baus ist durch kleine Säulen und Bögen in Felder unterteilt. Der plastische Schmuck der Portaleinfassung zeigt mittelalterliche Fabelwelt. Rätselhaft wirkende Vögel, Drachen, Bestien und allerlei seltsame menschliche Gestalten verstecken sich in den steinernen Rankenornamenten. Leider werden die Figuren durch die Autoabgase immer unansehnlicher. Auch innen beeindruckt die Kirche durch den klar gegliederten, schmucklos hohen dreischiffigen Raum, der großzügig und würdevoll wirkt.

Der mehrfach umgebaute **Palazzo degli Anziani** (1270) weiter nördlich zeigt sich zum Hafen hin noch mit einer mittelalterlichen Mauerfront. Ein Treppenweg führt hinauf zur *Via Fer-*

retti, von wo sich der Palazzo vornehmer im Stil des 16./17. Jhs. darbietet. Der im 16. Jh. wahrscheinlich vom renommierten Baumeister Pellegrino Tibaldi errichtete großzügige **Palazzo Ferretti** beherbergt heute das *Märkische Nationalmuseum* mit einer reichhaltigen archäologischen Sammlung. In den noblen Palasträumen sind vor allem Exponate aus der picenischen Frühkultur sowie römische Fundstücke ausgestellt.

Der **Palazzo del Senato** (um 1200) an der unbelebten *Piazza del Senato* oberhalb ist der älteste erhaltene mittelalterliche Bau Anconas. Er diente einst als Ratssitz der freien Stadtrepublik. Die Kuppelkirche **SS. Pellegrino e Teresa** gegenüber ist ein etwa kalt wirkender Zentralbau. Innen ist ein Holzkreuz des 13. Jh. sehenswert, das noch in frühmittelalterlicher Darstellungsweise Christus am Kreuz nicht als leidenden Menschen, sondern als Überlegenen zeigt.

Von der Piazza del Senato leitet ein Treppenweg hinauf zur Kathedrale **San Ciriaco** auf der Hügelspitze des *Monte Guasco* (tgl. 8-12 und 15-18 Uhr, im Sommer bis 19 Uhr geöffnet). Sie gilt als eine der am besten erhaltenen mittelalterlichen Kirchen Italiens. Von verunstaltenden baulichen Eingriffen späterer Epochen blieb sie weitgehend verschont. Auf dem exponierten Domhügel wurde schon in frühchristlicher Zeit an der Stelle eines antiken Venustempels einer erster Kirche gebaut. In der heutigen Form entstand

Am Hafen, mit San Ciriaco im Hintergrund

San Ciriaco im wesentlichen im 12./13. Jh. Der romanische Bau hat die Grundrissform eines griechischen Kreuzes mit gleichlangen Armen. Ebenso wie in der im 14. Jh. angefügten zentralen Kuppel zeigt sich hierin deutlich der byzantinische Einfluss. Durch den florierenden Orienthandel bestand lange ein enge Austauschbeziehung zu den Kulturen des östlichen Mittelmeerraums. Trotz dieser fremden Stilanleihen wirkt der Innenraum harmonisch. Schön ist auch die Eingangsseite mit einem von Löwen bewachten gestuften Portal.

Nördlich an den Dom schließt sich der Bischofspalast mit dem **Museo Diocesano** an. Zu sehen sind u. a. ein gotischer Reliquienschrein und ein frühchristlicher Sarkophag mit Steinreliefs. Der freistehende **Campanile** neben San Ciriaco stammt von der Zwingburg des verhassten Kardinals Albornoz, der die Freiheit der Stadt einschränken wollte. 1383 wurde sie von den Anconetani gestürmt und bis auf den Turm niedergerissen. Vom Domplatz bietet sich ein herrlicher Ausblick über die Hafenbucht von Ancona. Auch von der Terrasse einer Bar hinter dem Campanile lässt sich das Panorama genießen.

Von der Piazza del Senato unterhalb des Domes gelangt man auf der *Via Pizzecolli* zur **Chiesa San Francesco** alle Scale (14. Jh) mit einem prunkvollen Portal im Stil venezianischer Gotik. Der **Palazzo Bosdari** wenige Schritte weiter beherbergt heute die **Pinacoteca Civica** (Di–Sa 9–19 Uhr, So 15–19 Uhr, Mo 9–13 Uhr geöffnet). Kunstfreunde werden an den ausgestellten Bildern Gefallen finden. Zu sehen sind u. a. Werke von Tizian, Lorenzo Lotto, Carlo Crivelli sowie aus der märkischen Malschule von Camerino.

Die Via Pizzecolli mündet schließlich in die große **Piazza del Plebiscito** mit dem **Palazzo del Governo,** dessen älteste Teile aus dem 15. Jh. stammen. Das obere Platzende ziert ein Brunnen und die große Statue Papst Clemens XII. Streng und mürrisch symbolisiert er die machtbetonte Herrschaft des Kirchenstaates, der die städtische Freiheit Anconas beendete. Hohe Fassaden umgeben den zuletzt etwas verwaist wirkenden Platz, der offensichtlich wieder zum Leben erweckt werden soll. In den letzten Jahren ist fleißig restauriert worden, die Fassaden bekamen frische Farbe, erste Straßencafés und Trattorien hatten geöffnet.

Von der Piazza gelangt man durch schmale Gassen zum den Fußgängern vorbehaltenen *Corso Mazzini* mit Geschäften und dem traditionellen *Caffè Lombardo* neben der **Fontana del Calamo.** Der Renaissancebrunnen mit 13 wasserspeienden Masken stammt von Pellegrino Tibaldi. Nach rechts öffnet sich hier die große *Piazza Roma,* auf der fast immer irgendein Straßenmarkt stattfindet (Kleidung, Haushaltwaren, Bücher). Etwas oberhalb links liegt die kleine *Piazza delle Erbe* mit dem **Mercato Pubblico.** Die öffentliche Markthalle von Ancona ist eine Glas-Eisenkonstruktion im Stil der Gründerzeit. Der Corso Mazzini führt schließlich auf die große begrünte **Piazza Cavour.** Unter dem zuversichtlich von seinem Denkmalssockel herabblickenden Staatsmann *Benso Cavour* findet der Blumenmarkt statt.

Hinter der Piazza Cavour verliert Ancona sehr bald sein großstädtisches Gepräge. Die beim Platz beginnende breite *Viale Vittoria* endet bei einer Gedenkstätte für die Opfer des Krieges, einem modernen **Tempietto,** der makellos weiß über der Küste steht. Hinter dem architektonisch nicht gerade attraktiven *Hotel Passetto* hört die Stadt dann unvermittelt auf. Es beginnt die Steilküste des Monte Conero. Vom dem beim Passetto beginnenden Weg über der Küste zweigt nach einem Rollschuhplatz ein Pfad nach links ab, der bald in einen zum Meer absteigenden Treppenweg übergeht. Am Fuße der erodierten Steilküste trifft man auf die kleine Hafenmole von **Passetto.** In den Steilhang sind einfache Bootshäuser hineingebaut. Fischer werkeln an ihren Booten. Es riecht nach Seeluft und die Brandung rauscht. Die Großstadt Ancona erscheint unendlich weit entfernt.

Praktische Tipps

Information

- **Ancona.** 101 000 Ew., 16 m ü. NN, PLZ 60 100, Hauptstadt der Marken.
- **Tourist-Info.** *I.A.T. Regionale,* Via Thaon de Revel 4, Tel. 0 71 35 89 91 oder 0 71 3 32 49, Fax 07 13 58 99 29, E-mail: iat.ancona@regione.marche.it

Unterkunft

Die schöner gelegenen – wenn auch nicht gerade preisgünstigen – Hotels findet man außerhalb der Stadt am Monte Conero.

Hotels im Zentrum

- **Grand Hotel Passetto******/€€€€€. Moderner Bau über der Küste beim südlichen Ende des Stadtkerns, Via Thaon de Revel 1, Tel. 07 13 13 07, Fax 07 13 28 56.
- **Roma e Pace*****/€€€€. Zentral zwischen Piazza Roma und Hafen gelegen, altmodisches Traditionshotel in einem Stadtpalazzo, Via G. Leopardi 1, Tel. 071 20 20 07, Fax 07 12 07 47 36.
- **City*****/€€€. Angenehmes Mittelklassehotel im Zentrum, Frühstücksterrasse mit Blick über die Altstadt, Via Matteotti 112, Tel. 07 12 07 09 49, Fax 07 12 07 03 72.
- Mehrere Hotels beim Bahnhof, u. a. das recht komfortable, große **Fortuna*****/€€€, Piazza Rosselli 15, Tel. 07 14 26 63, Fax 07 14 26 62 und das einfache **Gino****/€-€€, Via Flaminia 4, Tel. 0 7 14 21 79, Fax 07 14 25 62; wegen der Verkehrsgeräusche Zimmer nach hinten nehmen.
- **Viale****/€€. Viale della Vittoria 23, kleines Hotel an der Hauptstraße zwischen Piazza Cavour und Passetto, ruhigere Zimmer zur Rückseite nehmen, Tel. u. Fax 0 71 20 18 61.

Außerhalb am Monte Conero

- **Il Fortino Napoleonico******/€€€€€. Komfortables und teures Hotel, ungewöhnlich untergebracht in den Räumen der ehemaligen napoleonischen Festung, wenige Schritte zum Strand vom Portonovo, Tel. 0 71 80 14 50, Fax 0 71 80 14 54, E-mail: fortino@fasnet.it.
- Am Rande der Steilküste oberhalb der Bucht von Portonovo liegt das moderne und komfortable **Emilia******/€€€€€, dessen Besitzer einen Faible für zeitgenössische Kunst haben, die überall die Wände schmückt, Via Collina di Portonovo 149, Tel. 0 71 80 11 45, Fax 0 71 80 13 30, E-mail: info@hotelemilia.com, Internet: www.hotelemilia.com.
- Bei Sirolo liegt einsam in den bewaldeten Hügeln das Hotel **Monte Conero*****/€€-€€€, das im historischen Gemäuer eines ehemaligen Klosters untergebracht ist, ruhige schöne Lage in der Nähe der Steilküste, mittlerer Komfort, Monte Conero 26, 60 020 Sirolo, Tel. 07 19 33 05 92, Fax 07 19 33 03 65, E-mail: monteconero.hotel@fastnet.it, Internet: www.fastnet.it/monteconerohotel.

Camping

Zwei Plätze 12 km südlich außerhalb beim Strand von **Portonovo.**

- **Camping Comunale La Torre****. Schön gelegener etwas „wilder" einfacher Platz, Bäume spenden Schatten, wenige Schritte zum Strand, 1.6–15.9. geöffnet, Tel. 0 71 80 12 57.
- **Campeggio Adriatico***, einfacher und etwas steriler Platz, Wiesenstellplätze mit wenig Schatten, viele Dauercamper aus Ancona, Tel. 0 71 80 11 70.

Essen und Trinken

In der Stadt

- Eine gehobene Traditionsadresse ist das **Ristorante Passetto*****-**** neben dem gleichnamigen Hotel, Piazza IV Novembre, ausgezeichnete Küche mit Betonung auf Meeresfrüchten, Blick aufs Meer, Tel. 07 13 32 14, So abend u. Mo geschlossen.

Im Mercato Pubblicco

- **Osteria Teatro Strabacco****. Beliebte urige Osteria beim Theater, gut-durchschnittliche Küche, Menu Turistico etwa 15 €, Fisch ist auch hier relativ teuer, abends treffen sich die Theaterleute auf ein Glas Wein, Via Oberdan 2, Tel. 07 15 67 48, Mo Ruhetag.
- **La Cantineta****. Familiär-einfache und sehr beliebte Trattoria im Zentrum Anconas, regionale Küche ohne allzu große kreative Experimente, typisch für die Küche Anconas sind z. B. *Stocaffisso con Patata,* Stockfisch mit Kartoffeln, oder *Vincigrassi,* ein Art Lasagne, Via Gramsci 1/c, Tel. 0 71 20 11 07, So Ruhetag.
- Das **Gino**** am Bahnhofsplatz bietet vor allem gute Fischgerichte, preiswertes Menu Turistico, Piazza Rosselli 26. Tel. 07 14 33 10, So Ruhetag.

Außerhalb

- Am Strand von Portonovo gibt es mehrere Fischlokale unterschiedlicher Preiskategorien, die in der kühlen Jahreszeit geschlossen bleiben. Gut und noch relativ preiswert ist direkt am Strand **Da Anna****-***, fangfrischer Fisch, ausgezeichnete Fischsuppe, Tel. 0 71 80 13 43.
- Eine gute Adresse für Fischspezialitäten, aber auch anderes, ist oberhalb der Bucht von Portonovo die fast ganzjährig geöffnete **Osteria del Poggio****-***, Ancona-Poggio Nr. 57, Tel. 07 12 13 90 18, Januar Betriebsferien, Mi Ruhetag.

Bahnverbindungen

- Der **Bahnhof** liegt gut 2 km südlich der Altstadt. Häufig verkehrender Stadtbus zwischen Zentrum und Bahnhof.
- Ancona liegt an der Küstenbahn **Bologna–Bari.** Auf dieser Strecke verkehrt 7x der Eurostar und 8x der Intercity nach *Bolgna–Mailand* bzw. *Pescara–Bari.*
- In *Falconara* 7 km nördlich der Stadt zweigt die Inlandverbindung nach **Foligno– Rom** ab.
- Nach **Fabriano–Foligno–Spoleto–Rom** täglich etwa 5x mit Eurostar und 4x mit dem preisgünstigen, langsameren Interregio.
- Häufige Lokalzüge über *Jesi* und *Genga* (Grotten von Frasassi) nach **Fabriano.**
- Recht häufige Verbindungen mit Interregio oder Lokalzug nach **Senigallia– Fano–Pes-**

aro–Rimini und nach **Loreto–Civitanova Marche** (Anschluss *Macerata*)–**Porto San Giorgio** (Anschluss-Bus nach *Fermo*)–**San Benedetto del Tronto** (Anschluss *Ascoli Piceno*).

• Von Mitte Mai bis Ende September 3x wöchentlich direkte Nachtverbindung nach **München.**

Busverbindungen

Die **Hauptbushaltestellen** sind an der *Piazza Cavour* und vor dem *Hauptbahnhof.*

Wichtigste Regionalverbindungen

• Nach **Sirolo/Numana** am Monte Conero werktags etwa stündlich bis 19.45 Uhr, So nur 4 bzw. Mai–September 7 Busse.

• Werktags ebenfalls etwa stündlich nach **Senigallia, Jesi, Osimo, Loreto, Recanati,** So nur eingeschränkter Verkehr

• Nach **Macerata** über *Montecassiano* nur werktags 9x.

Stadtbus

• **ATMA** betreibt das dichte städtische Busnetz mit 37 Linien; **Linie 1** fährt bis etwa Mitternacht alle 5–15 Min vom Bahnhof am Hafen entlang ins Zentrum.

• **Fahrkarten** sind eine Stunde gültig und in zahlreichen Tabacchi und Zeitschriftenläden erhältlich.

Flugverbindungen

• Der **Flughafen Raffaello Sanzio Ancona-Falconara** liegt etwa 15 km außerhalb der Stadt zwischen Falconara und Chiaravalle.

• **Anfahrt.** Die etwa stündlich verkehrenden Lokalzüge *Ancona–Fabriano* halten unmittelbar beim Flughafen am Haltepunkt *Castelferetti* (gut 10 Min. Fahrzeit); häufige Busverbindung *Ancona–Castelferetti–Chiaravalle* (30 Min. Fahrzeit).

• Regionalflüge gehen nach **Rom** und **Mailand.**

• Mit *Air Dolomiti/Lufthansa* zurzeit zweimal täglich nach **München.**

Taxi

• **Taxistände** u. a. am Bahnhof, Tel. 07 14 33 21 u. an der Piazza Roma, Tel. 0 71 20 28 95.

Rund ums Auto

• **Parken.** Wie so oft, sind Parkmöglichkeiten im Zentrum rar; Parkplätze beim Hafen, u. a. *Piazza Dante Aligheri,* zentrumsnahe Abstellmöglichkeit auch auf der *Piazza Stamira.*

• **Leihwagen.** *Europcar,* Piazza Rosseli 16, Tel. 0 71 20 31 00, Fax 07 14 30 97, gegenüber vom Bahnhof.

• **Pannenhilfe.** *A.C.I.* Corso Stamira 78, Tel. 07 15 53 36.

Einkaufen

Märkte

• In keiner Stadt der Marken gibt es derartig viele Märkte wie in Ancona. Einer der größten findet findet Di–Sa am **Corso Mazzini** zwischen *Piazza Roma* und *Corso Cavour* statt (Kleidung, Haushaltswaren).

• Schuh- und Lederwaren gibt es Di–Fr auf der **Piazza d'Armi.**

• Gemüse, Obst und Fleisch gibt es im **Mercato Coperto** an der *Piazza delle Erbe.*

• Weiterer Markt beim Bahnhof auf der **Piazetta Medaglie d'Oro.**

Feinkostgeschäfte

• **Bonta'delle Marche.** Corso Mazzini 96, gut sortiertes Feinkostgeschäft im Zentrum mit großer Auswahl an Wurst, Schinken, Käse, Nudeln, Saucen, Weine und Spirituosen.

• **Casa del Formaggio.** Piazza Kennedy 10, bietet Feinkost, insbesondere eine große Auswahl an Käsesorten.

• **La Bottega del Caffè.** Corso Garibaldi 122, große Auswahl an märkischen Spezialitäten – Süßwaren, Olivenöl und feinen Essig, Weine.

Sonstiges

• **Post.** Großes Postamt oberhalb der Piazza Cavour am Largo 24 Maggio.

Am Monte Conero

Bei Ancona beginnt der landschaftlich schönste Abschnitt der märkischen Küste. Das bis auf 572 m ansteigende **Gebirge des Monte Conero** unterbricht für etwa 20 km die Monotonie der schnurgeraden, flachen Adriaufer. Die steil zum Meer abfallenden Bergflanken bilden eine natürliche Grenze gegen Landschaftszersiedelung, großdimensionierte Hotelanlagen und den Massenandrang des Badebetriebs. Manche der kleineren Buchten und Strände sind nur mühselig auf schmalen Saumpfaden zu erreichen. Die Hügel darüber bedeckt dichter mediterraner Buschwald mit der in den Marken ansonsten nur selten vorkommenden trockenen Vegetation der Macchia. Neben Steineichen, Schwarzkiefern, Wacholder und Ginster wächst hier auch der **Erdbeerbaum,** dessen Früchte im Herbst gelb und rot aus dem Dunkelgrün des Hartlaubwaldes hervorleuchten. Aus der griechischen Bezeichnung *komaros* für diese Pflanze, eher ein Strauch als ein Baum, leitet sich der Name des kleinen Gebirges ab.

Westlich geht der Monte Conero in sanft gewelltes Hügelland über. Zwischen Olivenkulturen, Obstbäumen und Weinbergen stehen vereinzelt Landvillen und Bauernhäuser. Der hier erzeugte gehaltvolle **Rosso Conero** gilt als einer der besten Rotweine der Marken.

Portonovo

Folgt man von Ancona der Küstenstraße nach Süden, so erreicht man nach etwa 9 km den Abzweig nach Portonovo. Eine enge steile Stichstraße führt zur **etwa drei Kilometer langen Bucht** hinunter. Sie entstand im Jahre 558 durch einen Erdrutsch, als ein großer Teil der darüberliegenden Ebene des Piano Grande ins Tal stürzte. Eine romanische Kirche, ein alter Wachturm, eine zu einem Hotel umgebaute napoleonische Festung, gemütliche Fischlokale, Sand- und Kiesstrände, eine kleine Lagune und ein glasklares Meer – die Bucht von Portonovo bietet noch weitgehend intakte mediterrane Idylle.

Im nördlichen Teil der Bucht befinden sich Strandrestaurants, ein Campingplatz, einige kleine Fischerhäuschen sowie das **Fortino Napoleonico** und der **Torre di Portonovo.** Ersteres ließ 1808 der Vizekönig unter Napoleon *Eugène Beauharnais* errichten, um englische Kriegsschiffe daran zu hindern, sich hier mit Wasser zu versorgen. Heute logieren in den Räumen Hotelgäste. Der kantige Turm von Portonovo entstand 1716 als Wach- und Wehrturm gegen die türkische Flotte. Beide Festungsbauten mussten ihre Funktionstüchtgkeit nie konkret unter Beweis stellen. Wer nasse Füße nicht scheut, kann vom Fortino Napoleonico aus nach Norden dem Meerufer bis zum weiten **Strand von Mezzavalle** folgen. Dieser ist ansonsten auch von der Küstenstraße über einen kürzeren Fußweg zu erreichen ist. Der Strandabschnitt südlich des Torre di Portonovo ist vor allem bei Surfern beliebt.

Ganz am Südende der Bucht steht einsam über der Küste ein Juwel romanischer Baukunst. Die Kirche **Santa Maria di Portonovo** entstand zwischen 1034 und 1048 als Teil eines Bendiktinerklosters. Vielleicht wegen der ständigen Gefahr von Erdrutschen und Piratenüberfällen gaben die Mönche schon

1320 endgültig ihr Kloster auf. Die Kirche überdauerte die Jahrhunderte ohne wesentliche bauliche Veränderungen. Der aus dem hellen Kalkstein des Monte Conero errichte Bau zeigt in seiner ausgewogenen Gliederung das hohe Verständnis der romanischen Baumeister für einfache aber wirkungsvolle Raumarchitektur. Der sich an das griechische Kreuz anlehnende Grundriss verweist wie bei San Ciriaco in Ancona auf byzantinischen Einfluss.

Eine weitere mittelalterliche Abteikirche, **San Pietro,** steht knapp unterhalb des Gipfels des Monte Conero. Sie stammt aus dem 13. Jh., ist jedoch infolge diverser Umbauten weniger gut erhalten. In den angrenzenden Klosterbauten ist heute ein stilvolles und garnicht einmal übermäßig teures Hotel untergebracht. Neben der Klosterkirche beginnt ein schattiger Waldpfad, der in fünf Minuten zu einem schönen Aussichtsplatz mit Blick auf die Steilküste führt.

Praktische Tipps

Hotels, Campingplätze und **Restaurants** in Portonovo sind bei den *praktischen Tipps* im vorangegangenen **Kapitel Ancona** unter dem jeweiligen Stichwort aufgeführt.

Sirolo

Das kleine Sirolo am Südhang des Monte Conero unterscheidet sich wohltuend von anderen Badeorten an der Adriaküste. Die nüchtern-moderne Ferienarchitektur hält sich hier in bescheidenen Dimensionen. Von der erhöht über dem Ufer liegenden Hauptpiazza blickt man weit über das blaue Meer und auf unzersiedeltes Bergland. Sirolo ist kein adriatypischer Küstenbadeort, sondern im Kern ein ans Meer versetztes Bergdorf mit einigen engen Gassen und alte Fassaden. Der Tourismus prägt zwar auch hier den Kleinstadtalltag, ist aber noch nicht völlig dominant.

Zu den beiden ineinandergreifenden Strandbuchten unterhalb muss man etwas mühselig zu Fuß hinuntersteigen. Die kleine **Urbani-Bucht** mit drei Pizzerien, einigen Bars und feinem Kiesstrand ist in der Saison meist überfüllt. Die sich nördlich hinter einem Bergvorsprung anschließende grobkiesige Bucht von **San Michele** ist großzügiger und weniger erschlossen. Der gut 10-minütige Fußweg vom Ortszentrum zur Urbani-Bucht beginnt beim *Camping Internazionale*. Hinunter zur Michele-Bucht führen

Kalksteinformationen am Monte Conero

Ancona

zwei schöne Wanderpfade von etwa 20 Minuten Dauer. Der erste beginnt nördlich des Zentrum im *Parco Comunale.* Noch weiter nördlich zweigt der zweite oberhalb des *Hotel Beatrice* von der Via Vallone ab.

Von Sirolo aus lässt sich auch eine schöne Wanderung am Monte Conero unternehmen. Auf einem nicht ganz einfach zu gehenden Abstecher kann man dabei auch zur herrliche Bucht bei den **Due Sorelle** herabsteigen, wo helle Kalkklippen aus dem Blau des Meeres aufragen (Wegbeschreibung s. u.).

Information

- **Sirolo.** 3100 Ew., 125 m ü. NN, PLZ 60 020, 21 km südlich Ancona.

Unterkunft

- **Stella*****/€€-€€€, Via Giuletti 9, Tel. u. Fax 07 19 33 07 04, E-mail: conerohotels@iol.it, zentrumsnah, nüchtern-moderne Einrichtung, schöner Blick ins Hügelland, mit angeschlossenem Restaurant**.
- **Il Parco****/€€-€€€, Via Giuletti 60, Tel. u. Fax 07 19 33 07 33, E-mail: conerohotels@iol.it, gut geführtes, nettes kleines Hotel beim Park, freundlich-helle, allerdings rechts kleine Zimmer, mit durchschnittlichem Gartenrestaurant**.
- **Zimmer-Camere**€-€€, Via Giuletti 46, Tel. 0 71 36 05 93, Fax 0 71 33 19 33, E-mail: zimmer.sirolo@libero.it, ordentliche Zimmer, z. T. mit Terrasse, kleiner Garten, im Nebengebäude geräumige, preiswerte Zimmer für vier Personen, zur Straße hin nicht ganz ruhig, DZ mit Bad je nach Saison.
- Weitere Unterkünfte am Monte Conero sind bei den Praktischen Tipps im vorangegangenen Kapitel **Ancona** aufgeführt.

Camping

- **Camping Internazionale.** Gut ausgestatteter Platz unmittelbar beim Ort, 10 Min. zu Fuß zum Strand, behindertengerecht, 10.5.–20.9. geöffnet, Tel. 07 19 33 08 84.

Essen und Trinken

- Ein beliebtes Fischrestaurant ist die **Trattoria Sara***** im Zentrum, Via Italia 9, Tel. 07 19 33 07 16. Die kleine Speisekarte bietet fast nur Fischgerichte, ausgezeichnet sind die *Tagliatelle al'Vongole* (Nudeln mit Muschelsauce) und die gemischte Fischplatte, die Preise sind höher, als es das einfach-traditionelle Ambiente des Speiseraums erwarten lässt, Fisch hat inzwischen eben überall seinen Preis, Mi Ruhetag.
- Gute Fischgerichte sowie Nudeln mit Meeresfrüchten gibt es auch im sympatischen **La Taverna****-***, Piazza Via Veneto 10, Tel. 07 19 33 13 82, Mi Ruhetag.
- Preiswerte Kleinigkeiten zu essen gibt es in der Bar-Pizzeria-Rosticceria **Tesori** in der Via Giuletti 43, Pizza vom Blech, eingelegte Gemüse, Fleischgerichte.

Öffentliche Verkehrsmittel

- **Bus.** Etwa stündlich in einer knappen Stunde nach *Ancona,* sonntags weniger häufig; werktags 7x nach *Loreto* und 6x zum Bahnhof *Porto Recanati.*

Einkaufen

- **Markt.** Fr auf der Piazza Giacomo Brodolino nördlich des Zentrums, Obst, Gemüse, Kleidung.

Wanderung

☆Am Monte Conero

Als *Riserva Naturale* sind Wälder und Macchia des Monte Conero inzwischen unter Naturschutz gestellt. Von Sirolo ausgehend lässt sich eine schöne Wanderung in dem kleinen Gebirge unternehmen. Sie führt auf meist schmalen Wegen durch die typisch mediterrane Vergation des immergrünen Buschwaldes und der im Frühsommer üppig gelb blühenden Ginsterheide. An mehreren Stellen eröffnen sich herrliche Ausblicke aufs Meer. Der letzte Teil des beschriebenen Abstechers zu der Bucht der Due Sorelle ist allerdings trittsicheren und geübten Wanderern vorbehalten.

- **Dauer/Schwierigkeit:** Reine Gehzeit 4 Std., für den Abstecher auf Weg 2 zum Aussichtspunkt sind etwa 45 Min. hinzuzurechen, für den Abstieg zur Bucht der Due Sorelle nochmals 1Std.; etwa 400 m Anstiege, gut 600 mit Abstecher zur Bucht
- **Orientierung:** Einfach, die Wege sind beschildert.
- **Verpflegung:** Einkehr unterwegs bei San Pietro (Bar, Imbiss) und beim Ende der Wanderung (Bar, einfache Trattoria).
- **Wanderkarte:** Siehe Farbatlas Seite XX; *Carta Escursionistica Parco del Conero,* erhältich z. B. in Sirolo im Zeitschriftenladen beim nördlichen Ortsausgang gegenüber der Post.
- **Wegbeschreibung:** Wir verlassen **Sirolo** auf der Hauptstraße nach Norden Richtung Ancona. Auf der *Via Cave* geht es an der Post (PT) vorbei zum *Hotel Beatrice,* vor dem nach rechts in die *Via Vallone* eingebogen wird (rot markierter Weg Nr. 2). Beim **Friedhof von Sirolo** endet der Asphalt (15 Min.). Die Richtung beibehaltend steigen wir auf einem Erdweg links der Friedhofsmauer an. An einer Villenzufahrt vorbei geht es stetig bergauf. Zurückblickend wird bald Sirolo vor dem Hintergrund der Küste von Numana sichtbar. Bei einer Wegkreuzung wenden wir uns nach rechts, folgen dem Hinweis „Due Sorelle, Weg 1/2“. Bei der Gabelung 100 m weiter (40 Min.) zweigt der eigentliche Weiterweg Nr. 1 nach links ab.

Unbedingt lohnend ist jedoch ein **Abstecher** nach rechts auf dem Weg Nr. 2, der in etwa 20 Minuten zu einem herrlichen Aussichtspunkt über der Steilküste führt. Dazu steigen wir etwa 5 Minuten nach der Verzweigung der Wege 1 und 2 bei einem Haus rechts des Weges kurz links zu einigen knorrigen alten Ölbaumen an. Am Ende des Olivenhains beginnt ein schöner, ebener Waldpfad. Nach gut 10 Minuten führt dieser aus dem Wald hinaus auf einen offenen Aussichtsrücken. Hier sollten Normalwanderer umkehren, denn der Pfad führt danach unter fast senkrecht abfallenden Hängen steil zum Meer hinab. Zwar helfen Seilsicherungen über die kritischen Stellen hinweg, schwindelanfällige und nicht völlig trittsichere Wanderer werden hier aber trotzdem ihre Schwierigkeiten haben. Auf Steinschlag durch losgetretenen Schotter ist unbedingt zu achten! Ganz unten gelangt man auf den Sandstrand der von Kalkspitzen begrenzten, einsamen Bucht der **Due Sorelle.**

Zurück bei der Verzweigung der Routen 1 und 2 folgen wir dem ansteigenden Weg Nr. 1. Er zieht sich links an einer letzten Villa vorbei den Hang hinauf und verengt sich zu einem schönen Macchiapfad. Nach einem Anstieg in einem Pflanzentunnel wird eine Lichtung mit weitem Ausblick über die Küste von Sirolo erreicht (1 Std. 5 Min. ohne Abstecher). Wir marschieren weiter bergan auf dem Hauptpfad, der mit einigen Kurven dem Verlauf der Steilküste folgt. Nach rechts kann man kurze Abstecher zu Aussichtspunkten über einigen senkrecht abfallenden Abbruchkanten machen (Vorsicht!). Bei einer deutlichen Gabelung halten wir uns rechts, steigen nochmals 5 Minuten zu einer kleinen Lichtung im Buschwald mit niedriger Ziegelmauerung an (1 Std. 20 Min.). Von hier gehen wir nach rechts 50 m an einem Geländer entlang und zweigen nach links auf einen ebenen Waldpfad ab. Auf schattigem Waldweg erreichen wir bald das Kloster-Hotel **San Pietro** (1 Std. 30 Min.).

Vom Kloster wandern wir 200 m das Zufahrtssträßchen hinab und zweigen nach rechts auf einen Asphaltweg ab, dem Hinweis „1 Poggio" folgend. 200 m weiter biegen wir nach links in einen Erdweg, der im Wald an der Einzäunung einer Militäranlage entlangführt. Danach tritt der Wald zurück und macht der im Frühsommer üppig blühenden Ginsterheide des **Pian di Raggetti** platz. Leicht rechts ansteigend erreichen wir hier eine Wegkreuzung unterhalb einer Ruine (2 Std.), von wo man weite Ausblicke nach Westen über das märkische Hügelland hat. Wir bleiben auf dem geradeaus in den Wald hineinführenden Weg. Mit einem Rechtsbogen wird auf ebenem Weg der obere Rand der Steilküste über der **Bucht von Portonovo** erreicht (2 Std. 20 Min.), von wo sich ein herrlicher Blick aufs Meer eröffnet.

Auf gleichem Weg geht es zurück zur Wegkreuzung beim *Pian di Raggetti* (2 Std. 40 Min.). Die Richtung beibehaltend folgen wir einer Wegspur und dem Hinweis nach „Fonte d'Olio" (Weg Nr. 5). Durch eine Wiese geht es südöstlich in den Wald hinein. Den folgenden Abzweig nach

rechts ignorieren wir und biegen 5 Minuten später scharf nach links ab. Der Weg senkt sich östlich in einen ehemaligen Steinbruch, wo er sich gabelt (3 Std. 10 Min.). Auf dem rechts absteigenden Weg wird 10 Minuten später ein weiterer **Steinbruch** (Rastbänke) passiert. An dessen Ende zweigen wir scharf nach rechts auf einen Pfad ab, der gleich nach Süden biegend in einem buschigen Graben absteigt. Links an einem Haus vorbei erreichen wir ein Sträßchen und auf diesem geradeaus, an einem alten Brennofen mit Schornstein vorbei, die **Straße Sirolo – Ancona** (3 Std. 40 Min.) bei der Bar-Trattoria *Conerello** (Mittagessen von 12.30–14.30 Uhr).

Wir folgen der Hauptstraße kurz bergab, biegen dann nach links in die ansteigende Nebenstraße Richtung „Monte Conero". Hinter dem *Ristorante Cave* geht es geradeaus zur **Chiesa di San Giuseppe.** Auf dem links am Kirchlein vorbeiführenden Fahrweg gelangen wir wieder zum Friedhof von Sirolo und auf dem Hinweg zurück zum Ausgangsspunkt (4 Std.).

Numana

Nach Süden hin geht Sirolo unmittelbar in das etwas größere Numana über, wo die letzten Ausläufer des Monte Conero enden. Der Ort liegt direkt am Meer. Über einem kleinen **Freizeithafen** ziehen sich die Häuser die Hügelflanke hinauf. Numana ist baulich moderner als das benachbarte Sirolo, aber dennoch architektonisch einigermaßen passabel, denn die ganz schlimmen Bausünden fehlen. Die Stadt besitzt eine gut entwickelte touristische Infrastruktur.

Mehr als in Sirolo hat man das Gefühl von Weite und Urlaub am Meer. Nach Süden erstreckt sich ein endloser Sandstrand. Etwa 1 km nach dem Hafen beginnt dann allerdings schon wieder die einförmige, scheinbar endlose adriatische Strandarchitektur. Über **Marcelli** bis **Porto Recanati** reihen sich übergangslos Hotels, Ferienwohnungen, Zweitwohnungsappartements, Restaurants, Bars, Discos, Dusch- und Umkleidekabinen aneinander.

Blick vom Monte Conero auf Due Sorelle

Information

- **Numana.** 3100 Ew., 56 m ü. NN, PLZ 60 026, 23 km südlich Ancona.
- **Tourist-Info.** *I.A.T.,* Piazza del Santuario, Tel. u. Fax 07 19 33 06 12, E-mail: iat.numana@regione.marche.it.

Unterkunft

25 Hotels am Strandabschnitt von Numana, relativ nahe beim Ort liegen u. a.

- **Scogliera*****/€€€•€€€€. Via del Golfo 21, Tel. 07 19 33 06 22, Fax 07 19 33 14 03, E-mail: conerohotels@iol.it, Neubau beim kleinen Hafen, geräumige, ansprechend-modern eingerichtete Zimmer, z. T. mit Balkon und Hafenblilck, guter Komfort (Kühlschrank, Klimaanlage), Meerwasserpool, eigener Strandabschnitt, Restaurant**.
- **Villa Sirena*****/€€•€€€. Via del Golfo 24, Tel. u. Fax 07 19 33 08 50, E-mail: conerohotels@iol.it, neue Anlage direkt am Meer, freundlicher Service, schöne Zimmer, meist mit Balkon oder Terrasse und Meerblick, mit Restaurant**, hoteleigener Strandabschnitt.
- **Teresa a Mare****/€€. Via del Golfo 26, Tel. u. Fax 07 19 33 06 23, E-mail: flocrem@tin.it, hübsche Anlage am Strand, freundlicher Service, Terrasse zu Meerseite, mit Restaurant**.

Ancona

Südlich von Ancona

Osimo

Osimo zeigt die typische Silhouette märkischer Stadtanlagen. Auf einem Höhenrücken erhebt sich die alte Stadt mit Türmen, Mauern und Fassaden aus rostrotem Ziegelstein, drumherum wachsen moderne Neubauviertel und Kleinfabriken immer weiter ins Land hinaus.

Geschichte

Osimo kann auf eine lange Geschichte zurückblicken. Schon im **9. Jh. v. Chr.** lag auf dem Stadthügel eine **Siedlung der picenischen Urbevölkerung.** Zur Zeit der Römer war es ein wichtiges **Munizipium,** wovon heute allerdings nur noch bescheidene Reste der antiken Stadtmauer, eines Tores und eines Brunnens Zeugnis geben. Im **Mittelalter** war Osimo **freie Komune,** die zeitweise mit Ancona rivalisierte.

Um **1500** begann die **Herrschaft des Kirchenstaates.** Unter den Päpsten hatte Osimo eine bevorzugte Stellung, was sich auch in der Stadtarchitektur niederschlug. Im 17. und 18. Jh. entstanden repräsentative Stadthäuser mit hohen Fassaden und großzügigen Straßendurchbrüchen. Dies wirkt manchmal baulich etwas überdimensioniert für die eher kleine Stadt. Es fehlen die verborgenen Winkel, Bögen und Durchgänge des Mittelalters, die anderernorts zu Entdeckungstouren im Gassengewirr verleiten.

Besichtigung

Mittelpunkt der Stadt ist die *Piazza del Comune* mit dem **Palazzo Municipale,** dem Rathaus des 17. Jhs. Im Eingangsflur stehen römische Statuen aufgereiht, denen christliche Eiferer später die Köpfe abgeschlagen haben. Im vornehmen Ratssaal ist eine große vergoldete Altartafel mit einer Marienkrönung ausgestellt, ein Hauptwerk der Frührenaissancemaler *Antonio* und *Bartolomeo Vivarini* (1464).

Vom Rathaus führt die *Via Antica Rocca* zur Hauptsehenswürdigkeit Osimos, dem **Dom San Leopardo** beim höchsten Punkt der Stadt. Er liegt an der Stelle, wo einst ein römischer Tempel zu Ehren des Äskulap stand. Die ursprünglich frühchristliche, mehrfach veränderte Kirche geht in ihrer heutigen Form im wesentlichen auf großzügige Erweiterungen des 11. bis 13. Jhs. zurück. An der **Seitenfassade** mit dreibogigem Portikus und zwei Portalen lassen sich einige interessante romanische Details entdecken. Rechts ist ein Relief der Madonna mit Kind und zwei Heiligen zu sehen, darunter 10 weitere Heiligenfiguren. Daneben gibt es auch allerlei Heidnisches. Fratzen und Masken umrahmen die zwei Portale. Das rechte ist von Schlangenleibern mit Äpfeln in den Mäulern eingefasst, vielleicht eine Erinnerung an den antiken Äskulapkult, der die Schlange als Symbol hatte. Die Rose der Fassadenwand links vom Portikus ist umgeben von aus der Wand hervorspringenden Tierköpfen und skurilen Wesen.

Der im Hauptschiff nur sparsam ausgeschmückte dunkle Innenraum vermittelt einen baulich geschlossenen Eindruck. Der interessanteste Teil im Kircheninnern ist die **Krypta,** ein durch 16 unterschiedliche römische Säulen gegliederter harmonisch-stimmungsvoller Raum. Er beherbergt drei frühchristliche Sarkophage. Der mittlere zeigt reichen Reliefschmuck. Im Sockel ist eine Jagdszenen mit Reitern zu sehen, in der rechts ein Hirsch in ein Netz getrieben, links ein Wildschwein von Hunden angegriffen wird. Im späteren oberen Teil bringen die Weisen aus dem Morgenland ihre Gaben dar, und Jonas entkommt dem Walfisch. Auf der Rückseite trinken zwei Pfauen - Symbole des ewigen Lebens - aus einem Becher.

Rechts vom Dom gelangt man durch ein Tor zum **Baptisterium** des 12. Jhs., das im 17. Jh. weitgehend umgestaltet wurde. Mit Malereien, Holzdekorationen an Wänden und Decke und einem auf Stierfiguren ruhende bombastische Bronzetaufbrunnen wurde aus der schlichten romanischen Taufkirche ein prunkvoller Barockbau.

Vom Domplatz sind es auf der *Via Gomero* nur wenige Meter bis zur **Piazza Gramsci** am westlichen Ende des Altstadtkerns. An klaren Tagen bietet sich von der angrenzenden Gartenanlage weite Ausblicke zu den benachbarten Hügelstädten und den fernen Bergen des Apennin.

Wie auch das benachbarte bekanntere Loreto hat auch Osimo seine ma-

Der fliegende Mönch von Osimo

Der **hl. Joseph von Copertino** (1603-1663), ein einfacher Franziskanermönch aus Apulien, war zu seinen Lebzeiten den Kirchenoberen nicht ganz geheuer. Konnte er doch etwas, was sie trotz all ihrer Gelehrsamkeit nie zustande bringen würden: die Gesetze der Schwerkraft überwinden. Wie Zeitgenossen berichteten, verfiel er während seiner langen Gebete in eine Art ekstatischer Trance und erhob sich dabei immer wieder in die Lüfte. Auch auf seinen Wanderungen soll er vor den Augen der Gläubigen in die Höhe geschwebt sein, um von oben das Evangelium zu predigen. Der Papst verbot ihm dieses Tun und verbannte ihn ins Klosters von Osimo - man konnte ja nie wissen, ob nicht vielleicht auch der Teufel seine Hand im Spiel hatte. Der fliegende Mönch durfte fortan seine enge Zelle nicht mehr verlassen. Der gehorsame Joseph konnte es dennoch nicht verhindern, dass er auch hier unfreiwillig vom Boden abhob, ein letztes Mal kurz vor seinem Tod.

Nachdem ihn seine Mönchsbrüder im Kloster von Osimo begraben hatten, geschahen weitere wundersame Dinge an seiner letzten Ruhestätte, die bald zu einem Pilgerziel wurde.

Da es ja auch glaubhafte Zeugen für das Fluggeschehen gab, kam der Papst nicht umhin, 1767 schließlich die Heiligsprechung vorzunehmen. Dass der *Santo dei Voli*, der „Heilige der Flüge", zu einem **Schutzpatron der Piloten** wurde, verwundert nicht. Aus irgendwelchen Gründen steht der hl. Joseph von Copertino außerdem in dem Ruf, Studenten in Examensängsten beizustehen.

gische Heiligengeschichte vom Fliegen (s. Exkurs). Ihr begegnet man in der Kirche **San Franceso,** in Osimo nur *San Guiseppe da Copertina* genannt. Die sterblichen Überreste des Namensgebers, der seine letzten Lebensjahre im Kloster von Osimo verbrachte, ruhen in einem gläsernen Sarg in der Krypta unter dem Altar. Die um 1300 errichtete Klosterkirche wurde im 18. Jh. zu Ehren des heiliggesprochenen Joseph von Copertino grundlegend umgestaltet. Die Krypta entstand in ihrer heutigen Form erst 1963.

Information

- **Osimo.** 28 600 Ew., 265 m ü. NN, PLZ 60 027, 20 km südlich Ancona.
- **Tourist-Info.** *Ufficio Informazioni Turistiche,* Piazza Boccolino, Tel. 07 17 24 92 47.

Öffentliche Verkehrsmittel

Bus

- **Bushalt** im Zentrum bei der Piazza del Comune, manche Busse halten allerdings nur an der südlich und östlich vorbeiführenden Hauptstraße (Via C. Colombo, Via C. Battisti).
- Mit *Contram* werktags etwa halbstündlich nach **Ancona,** So etwa seltener; werktags fahren 9 Busse über **Offagna** nach Ancona; nur werktags einmal pro Stunde nach **Castelfidardo** mit Anschluss nach *Loreto/Recanati.*
- Mit *farabollini* werktags 9x nach **Macerata** über *Montecassiano.*

Feste und Veranstaltungen

- Am Abend des **Karfreitags** findet eine große **Prozession** durch Osimo statt.

Ausflüge

☆Castelfidardo

Auch der kleine alte Ortskern des Osimo benachbarten Hügelstädtchen Castelfidardo ist von ausufernden Neubauten umgeben. Der ganze Wohlstand der Stadt gründet sich seit gut 100 Jahren auf dem **Bau von Musikinstrumenten.** Angeblich hatte ein Loretopilger aus Österreich in Castelfidardo genächtigt und dabei den erstaunten Wirtsleuten auf einem seltsam klingenden Instrument, einer Ziehharmonika, vorgespielt. Des Nachts untersuchte der Wirt heimlich das eigenartige Ding und studierte dessen Einzelheiten. Es gelang ihm bald der Nachbau, ein erneuter Beweis für die sprichwörtliche Findigkeit und den Geschäftssinn der Marchegiani. Damit begann die Tradition des Instrumentenbaus von Castelfidardo. Heute werden hier auch Schlagzeuge und elektronische Orgeln produziert.

Das **Museo Internazionale della Fisarmonica** neben dem Palazzo Priorale (Municipio) dokumentiert die ganze Erfolgsgeschichte mit alten Instrumenten, Jugendstil-Werbeplakaten, historischen Fotos und Tonaufnahmen (täglich 10.30–12 und 15.30–18 Uhr).

☆Offagna

Die Häuser des kleinen Offagna knapp 10 km nordwestlich von Osimo scharen sich um den kantigen Turm einer wehrhaften **spätmittelalterlichen Burg.** Sie wurde 1454 von der freien Stadtrepublik Ancona errichtet, um den expansionistischen Bestrebungen des nahen Osimo zu begegnen. Offensichtlich wurde die Burg nie ernsthaft auf die Probe gestellt, denn sie präsentiert sich heute noch in bestem Zustand mit intakten Mauern, Zinnen und Bastionen.

In den Burgräumen ist eine Sammlung alter Schusswaffen ausgestellt. Offagna war eine der ersten Festungen überhaupt, die auf die Verteidigung gegen diese damals neue Waffe ausgelegt wurden (Besichtigung von Juli bis September täglich von 9.30–12.30 und 16–19.30 Uhr, Ende April bis Ende Juni nur Sa/So, übrige Zeit geschlossen).

Loreto

Weithin sichtbar erhebt sich das Hügelstädtchen über fruchtbaren Äckern, Weiden und Olivenhainen. Kuppel und Spitzturm einer scheinbar viel zu groß geratenen, festungsähnlichen Kirche überragen die wenigen Häuser.

Loreto zieht **jährlich über eine Million Pilger** in seine Mauern. Ziel der Gläubigen ist die große Basilika mit der **Santa Casa,** dem heiligen Haus von Nazareth, in dem Maria geboren und Jesus bis zum Alter von 20 Jahren gelebt haben soll. Nach einer Legende ist es auf wundersame Weise von Palästina in mehreren Etappen hierher geflogen. Die sichere Landung des Gebäudes bei Loreto wird wohl Papst Benedikt XV. 1920 dazu bewogen haben, die Madonna von Loreto zur Schutzheiligen der Flugzeugpiloten zu bestimmen.

Viermal soll sich die Santa Casa in die Lüfte erhoben haben. Zuerst im Jahre 1244, nachdem Jerusalem unter die Herrschaft des Islam gefallen war. Engel trugen das Haus an die dalmatinische Küste bei Rijeka. Warum es sich 1294 von dort in die Marken nach Recanati wegbewegte ist nicht überliefert. Der Landeplatz in einem Lorbeerhain war allerdings nicht sehr gut gewählt, da sich hier zu viele kriminelle Elemente herumtrieben. Der nächste Flug führte nicht allzu weit ins benachbarte Loreto in den Garten zweier Brüder. Die waren allerdings derartig streitsüchtig, dass die Santa Casa auch hier nicht bleiben wollte. Ein letzter Kurzflug in Engelshänden führte zum heutigen Standplatz. Das heilige Haus wurde bald von einer großen Basilika umgeben, die sich zu einem der größten katholischen Wallfahrtsstätten überhaupt entwickelte.

Die in Loreto „gelandete" Santa Casa

Besichtigung

Die Besichtigung Loretos hinterlässt wie so oft bei großen Pilgerorten etwas zwiespältige Gefühle, wenn man nicht besonders religiös geprägt ist. Schon immer haben sich Reiseschriftsteller abfällig über das ausufernde Pilgergewerbe mit seinem Andenkenkitsch geäußert. Aber die sakrale Geschäftstätigkeit hält sich in Loreto in erträglichen Grenzen. Verklärte Madonnenbilder und leidende Christusse sind nicht mehr „in". Wegen seiner Kunstwerke und der monumentalen Basilika lohnt der Besuch Loretos auch ohne besonderes religiöses Interesse.

Der kleine langgestreckte Ortskern wird an den zwei Schmalseiten von mächtigen **Rundbastionen** flankiert. Sie wurden im 16. Jh. zum Schutz gegen Piratenüberfällen von dem berühmten Festungsbaumeister *Sangallo il Giovane* konzipiert. Die kleine **Porta Romana** bildet den Hauptzugang zum in sich geschlossenen alten Zentrum, das ein einziger Straßenzug durchzieht. Der **Corso Boccallini** ist von Hotels, Bars Restaurants und den an einem so heiligen Ort unvermeidlichen religiösen Andenkenläden gesäumt. Nach etwa 200 m öffnet sich der Corso theatralisch zur monumentalen **Piazza della Madonna.**

Die großzügige Platzanlage wird von der barocken Fassade der *Basilica di Santa Casa* an der Stirnseite dominiert. Links davon und zur Eingangsseite begrenzen die zwei Arkadenstockwerke des großen, von einem Spitzturm bekrönten *Palazzo Apostolico* die Piazza. Die vierte Seite bildet der bescheidenere *Palazzo Illirico.* Ein prunkvoller **Monumentalbrunnen** schmückt seit 1614 die Mitte der Piazza.

☆Basilica di Santa Casa

Der 1468 begonnene Bau der **Basilica di Santa Casa** wurde erst Mitte des 18. Jhs. vollendet. Von den gotischen Ursprüngen hat sich kaum etwas erhalten, denn schon bald entschied man sich, den Vorstellungen der Renaissance zu folgen. Berühmte Architekten dieser Stilepoche, wie *Francesco di Giorgio Martini, Bramante, Antonio da Sangallo* und *Andrea Sansovino,* hatten wesentlichen Anteil an der Gestaltung. Durch zwei mit Reliefs aus dem alten und neuen Testament (16./17. Jh.) verzierte Bronzetüren betritt man die Kirche (geöffnet täglich 6–19 Uhr, im Sommer bis 20 Uhr, über Mittag 12.30–14.30 Uhr geschlossen). Der große dreischiffige **Innenraum** wirkt mit seinen vielen Schmuckelementen und Malereien überladen und monumental. Unter der hohen Kuppel verbirgt sich in einer üppigen Marmorumhüllung das eigentliche Heiligtum der Kirche. Die bescheidene **Santa Casa** ist in einem großen marmornen Renaissanceschrein verborgen, der reich mit architektonischen Details und Skulpuren geschmückt ist. (Auch verhindert er das erneute Abheben des heiligen Hauses in die Lüfte.) Die Außenwände zeigen biblische Szenen und die Legende vom Flug. Die Gläubigen, die auf Knien das Marmorhaus umrunden, haben tiefe Furchen in den Stein gegraben. Innen zeigt sich ein beschei-

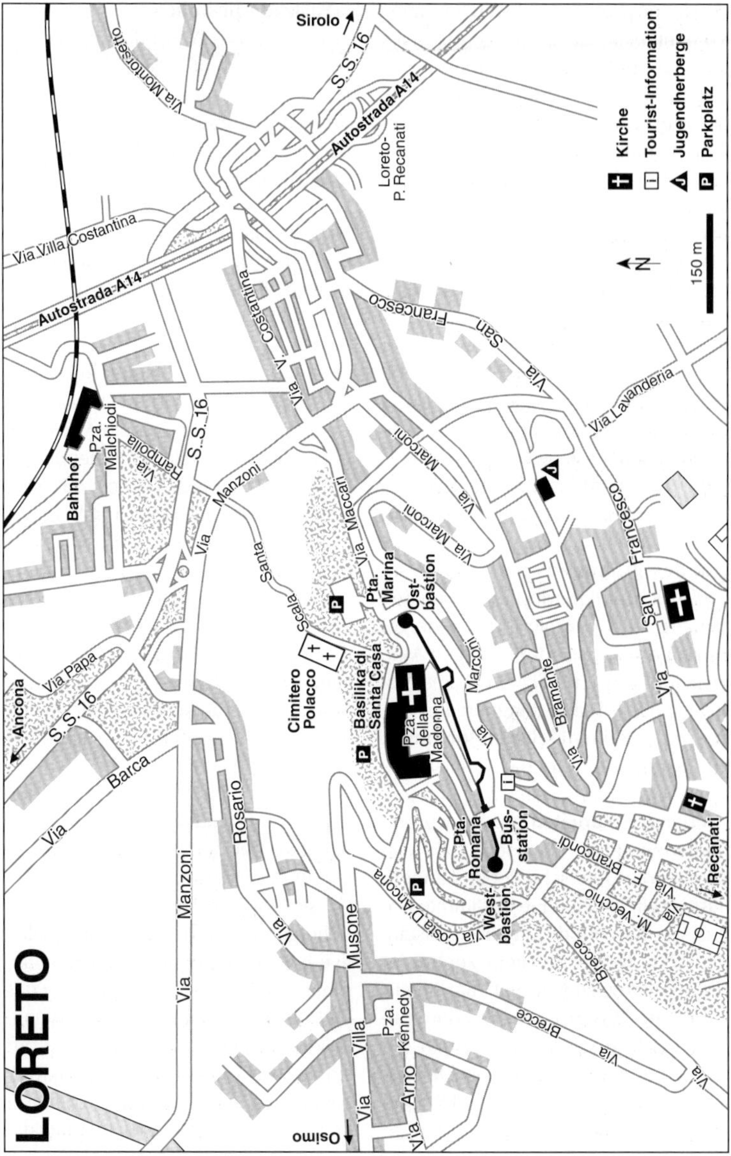

Südlich von Ancona

dener vom Rauch geschwärzter Raum. Vom mittelalterlichen Freskenschmuck sind nur noch Fragmente erhalten.

Am Altar steht die hochverehrte Skulptur der schwarzen Madonna im Goldmantel, eine Kopie der 1921 bei einem Brand zerstörten ursprünglichen Plastik des 13. Jhs. Der Raum ist gefüllt vom Beten und Murmeln der vielen hineindrängenden Gläubigen. Die wenigsten haben offensichtlich Zweifel am Wahrheitsgehalt der frommen Legende, zumal die Analyse einer von der Wand entnommenen Gesteinsprobe ergeben hat, dass es sich bei der Santa Casa unzweifelhaft um ein aus Palästina stammendes Bauwerk handelt.

In den beiden kleinen Räumen rechts der Santa Casa sind zwei schöne Bildwerke zu sehen. In der **Sakristei des hl. Markus** hat *Melozzo da Forlì* in lichten freundlichen Farben den „Einzug nach Jerusalem" in Szene gesetzt. Von der wanderfreudigen Malwerkstatt des *Luca Signorelli* aus Cortona in der Toscana stammen die Fresken in der **Sakristei des hl. Johannes.** Das Langhaus und die Querschiffe schließen mit insgesamt **23** hoch aufstrebenden **Kapellen** ab. Sie wurden überwiegend im 19. und 20. Jh. von Künstlern aus verschiedenen Ländern ausgemalt. Jeweils eine bestimmte Nation war für eine der Kapellen zuständig. Die „Deutsche" liegt zentral im Chorumgang. *Ludwig Seitz* hat sie um 1900 im historisierenden neogotischen Stil ausgeschmückt. Auch die übrigen Malereien zeigen viel Dekoratives mit reichlich Gold in Anlehnung an alte Vorbilder.

☆Palazzo Apostolico

Der Palazzo Apostolico neben der Basilika besteht aus einer Folge großzügiger heller Räume. Fensteröffnungen erlauben immer wieder Ausblicke aufs Meer, den Monte Conero und die zersiedelte Ebene, aus der klar konturiert die Silhouetten der alten Hügelstädte aufragen. In den Räumlichkeiten des Palastes ist heute das **Museo della Santa Casa** untergebracht (täglich außer Mo, April–Oktober 9–13 u. 16–19 Uhr, übrige Zeit 10–13 u. 15–18 Uhr, Eintritt frei, kleine Spende wird erwartet). Für Kunstfreunde ist der Besuch ein Muss: neben großen Brüsseler Wandteppichen (1620–24), farbiger Keramik mit biblischen Szenen aus der Sammlung des Herzogs von Urbino, Krippenfiguren des 18. und 19. Jhs. und einer byzantinisch wirkende Madonna mit Kind und 8 Propheten (Saal XVI) ist vor allem das ausgestellte **Spätwerk des Lorenzo Lotto** (1480–1552) im oberen Stockwerk bemerkenswert. Die letzten 4 Jahre seines Lebens verbrachte der Maler als einfacher Mönch im Kloster von Loreto. Hier schuf er seine letzten Werke, die wiederum seine Meisterhaftigkeit belegen. Sie zeigt sich vor allem in der präzisen und differenzierte Darstellung der Personen und dem lebendigen Bildaufbau, der ohne plakative Effekte auskommt. Besonders anschaulich demonstrieren dies z. B. das Bild des hl. Michael, der in schwungvollem Flug Luzifer jagt, der vor Kraft strotzende „Christoferus mit dem Kind zwischen San Rocco und San Sebastian" und vor allem „Christus und die

Ehebrecherin", eine psychologische Studie des Spießertums: Jesus in der Mitte steht unberührt zwischen den heuchlerischen Gesichtern der heimlich nach der Ehebrecherin grabschenden Männer, die ihre Gier kaum zurückhalten können.

☆Scala Santa

Gleich hinter der Basilika endet schon mit der östlichen Rundbastion der alte Ortskern von Loreto. Von der kleinen Rastwiese auf den Wehrmauern blickt man auf die symmetrisch gerundete Ostapsis der Basilika, die selbst wie eine Festungsbau erscheint. Die **Porta Marina** nebenan bildete die meerseitige Zugangpforte zur befestigten Stadt. Der hier beginnende Fußweg zum Bahnhof, die **Scala Santa,** führt am Friedhof für im Zweiten Weltkrieg gefallene polnische Soldaten vorbei. Neben der Basilika zieht auch dieser viele polnische Besucher nach Loreto, so dass man sich als hellhäutiger Nordländer über ein freundliches „Dzien Dobre" als Begrüßung nicht wundern sollte.

Information

- **Loreto.** 11 100 Ew., 127 m ü. NN, PLZ 60 025, 28 km südlich Ancona.
- **Torist-Info.** *I.A.T.,* Via G. Solari 3, gegenüber der Porta Romana, Mo–Fr 9–13 Uhr, Di u. Do auch 16.25–18.25 Uhr, Tel. 0 71 97 02 76, Fax 0 71 97 00 20, E-mail: loreto@regione.marche.it; *Pro Loco,* Corso Boccalini 67, Tel. 0 71 97 77 48.

Unterkunft

Für die Pilgertouristen gibt es mehrere Hotels im Zentrum von Loreto, die meist mittlere Qualität zu mittleren Preisen bieten, u. a.

- Zentral am Platz der Basilika liegt das angenehme, familiäre Mittelklassehotel **Pellegrino e Pace*****/€€•€€€, Piazza della Madonna 51, Tel. 0 71 97 71 06, Fax 0 71 07 82 52.
- **Bellevue e Marchigiano****/€€•€€€, Piazzale D. Squarcia 14, Tel. 0 71 97 01 65, Fax 0 71 97 87 13, wenige Schritte außerhalb des Zentrums bei der Westbastion, Zimmer teils mit schöner Aussicht.
- **Giardinetto****/€€, Großes, recht preiswertes Hotel mit 75 Zimmern am zentralen Corso Boccalini 10, Tel. 0 71 97 71 35, Fax 0 71 97 00 67.
- Ebenfalls am Corso Boccalini (Nr. 60) liegt das ebenfalls preisgünstige **Loreto****/€€, Tel. 07 17 50 01 06.
- **Jugendherberge.** Via Aldo Moro 46, Tel. u. Fax 07 17 50 10 26.

Essen und Trinken

Die Hotelrestaurants im Zentrum von Loreto sind auf massenhaften Pilgertourismus ausgerichtet und bieten meist Durchschnittsküche zu moderaten Preisen.

- Preisgünstige solide Hausmannskost bieten z. B. die Restaurants des **Pellegrino e Pace**** und des **Giardinetto***-**, letzteres mit einem Menu Turistico zu 14 €.
- Noch etwas preiswerter ist das Restaurant des **Loreto***, das auch ein Menu ohne Hauptgang für etwa 8,50 € und für etwa 7 € ein Nudelgericht mit Salat anbietet.
- Nicht nur auf die Bedürfnisse der Touristen ausgerichtet ist 2 km östlich außerhalb des Zentrums von Loreto das **Orlando Baraba-**

Lottos „Christus und die Ehebrecherin"

ni** mit bodenständiger Küche, selbstgemachten Nudeln (fatti a mano), gut sind z. B. die *Gnocchi, Ravioloni di ricotta e verdura,* als Hauptgang *Piccione a la spiedo* (Tauben am Spieß), gehaltvolle Portionen, Via Villa Costantina 93, Mittwoch Ruhetag.

Öffentliche Verkehrsmittel

Bahn

- **Bahnhof.** 2 km nordöstlich außerhalb am Fuße des Stadthügels, Fußweg über die Via Rampolla/Scala Santa zur Porta Marina.
- Recht häufige Verbindung mit Interregio und Lokalzug nach **Ancona** sowie *Cibvitanova Marche* (Anschluss *Macerata), **San Benedetto del Tronto*** (Anschluss *Ascoli Piceno).*

Bus

- **Stadtbusverbindung** vom *Bahnhof* zur *Porta Romana* beim Zentrum.
- Werktags etwa 20x nach **Ancona,** So nur 6 Abfahrten; werktags 7x über **Numana–Sirolo** nach *Ancona* (Autolinea Reni).

Feste und Veranstaltungen

- Am 9. und 10. Dezember wird in der Umgebung Loretos beim **Fest des Heiligen Hauses** mit großen Holzfeuern an die Ankunft der Santa Casa gedacht.
- Große **Pilgerwallfahrten** finden vor allem an den **Feiertagen der hl. Maria** statt: Verkündung (25. März), Himmelfahrt (15. August), Geburt (8. September), Unbefleckte Empfängnis (8. Dezember).

Sonstiges

- **Taxi.** Taxistand am Bahnhof.
- **Post.** Kleines Postamt neben der Porta Romana.

Recanati

Auch Recanati liegt mit alten Mauern und Fassaden auf einem langgestreckten Hügelrücken in schöner Aussichtsposition über dem Land. Geschichtlich spielte Recanati nur im Mittelalter eine gewisse Rolle, als es ein wichtiger befestigter Stützpunkt der Guelfen im Kampf gegen die Ghibellinen war.

Heute ist es neben Loreto und Osimo ein weiteres Pilgerziel der Region, allerdings diesmal mit weltlichem Bezug: Recanati ist der **Geburtsort von Giacomo Leopardi,** einer der am meisten verehrten Dichter ganz Italiens. Die Stadt unternimmt alles, um das Gedenken an ihren größten Sohn zu bewahren, obwohl dieser sich zu seinen Lebzeiten nur abfällig über die Unlebendigkeit und Provinzialität seiner Heimatstadt geäußert hat.

Besichtigung

Hieran scheint sich bis heute nicht allzuviel geändert zu haben – die wenigen Straßen und Plätze des historischen Zentrums wirken die meiste Zeit des Tages leer und unbelebt.

Dies gilt auch für die zentrale **Piazza Leopardi,** die für das bescheidene Städtchen irgendwie zu groß geraten erscheint. Zur Ostseite begrenzt den Platz die wuchtigen Fassade des **Palazzo Comunale** von 1898. In der Mitte blickt Leopardi melancholisch von seinem Denkmalssockel auf die wenigen Menschen hinab, die sich in dem weiten Viereck verlieren. Am südlichen Platzende steht ein Turm des 13. Jhs. – letzter Rest des Rathauses aus dem Mittelalter – sowie die Kirche **San Domenico** mit fein gearbeitetem Portal von 1481. Im barock umgestalteten Innenraum in der zweiten Kapelle links ist ein weiteres Werk des *Lorenzo Lotto,* das „Bildnis des San Vincenzo Ferreri" von 1515, zu sehen. Dem venezianischen Meister begegnet man auch in der städtischen Pinakothek, dem **Museo Civico.** Seit einigen Jahren ist es nicht mehr im Rathaus, sondern in der **Villa Coloredo Mels** neben dem Dom Flaviano am äußersten nördlichen Ortsrand untergebracht. Die stilvollen Palasträume mit ihren manieristischen Deckenmalereien bilden das passende Ambiente für die Kunstschätze von Recanati. Bestes Stück ist Lottos „Verkündigung" von 1535, ein leuchtendes Bild mit einem schwungvoll in den Raum fliegenden blauen Engel mit wehendem Blondhaar und einer Madonna, die wie eine sich zierende Dorfschöne scheint; eine verschreckte Katze flüchtet aus der Szene. Konventioneller und verhaltener wirkt das „Polittico di Recanati" von Lotto, ein großer 6-teiliger Bildaltar mit der Madonna mit Kind im Zentrum. Hierbei handelt es sich um ein Frühwerk Lottos (1506–1508), das ursprünglich in San Domenico stand. Neben den Gemälden sind frühgeschichtliche Fundstücke (Werkzeuge, Tongefäße) aus der Umgebung ausgestellt (Di–So 9–12 u. 15–19 Uhr geöffnet, 4,60 € Eintritt).

Ganz am anderen Ende der Stadt steht die **Casa Leopardi,** das Geburts- und Wohnhaus Leopardis, erstrangiges Pilgerziel für italienische Bildungsreisende. An Werktagen schieben sich Schulklassen durch die Räume des Palazzos aus dem 18. Jh. Auch ohne besonderes literarisches Interesse sehenswert ist die große gräfliche Bibliothek, in deren Werke sich der Schriftsteller zu Lebzeiten tagelang vergrub (täglich geöffnet, Mai bis September 9–19 Uhr, übrige Zeit 9.30–12.30 u. 14.30–17.30 Uhr, Eintritt 4 €).

Ein kurzer Spaziergang führt von der Casa Leopardi zu einem Aussichtspunkt beim **Colle dell'Infinito,** wo Leopardi sich immer wieder hinbegab, um die Natur zu genießen und sich inspirieren zu lassen. Hier entstand auch sein bekanntestes Gedicht „L'Infinito". Die Ausssicht ist trotz der Neubauten unterhalb immer noch sehr schön: der Blick fällt tief auf eine von Bergen eingefasste kleine Ebene, in der Ferne verschwimmen die Monti Sibillini im Dunst.

Information

- **Recanati.** 19 500 Ew., 290 m ü. NN, PLZ 62 019, 34 km südlich von Ancona.
- **Tourist-Info.** *I.A.T. Ufficio Informazioni,* Piazza Leopardi 31, neben San Domenico, Tel. 0 71 98 14 71, Mo–Sa 9–13 Uhr, So geschlossen.

Unterkunft

- **Das Albergo-Ristorante Emilio****/€€, Via Belvedere 6, Tel. 0 71 98 12 91, ein einfaches Stadthotel, wenige Schritte vom Hauptplatz in einer ruhigen Seitengasse gelegen.

Essen und Trinken

- Gut Küche zu mittleren Preisen bietet auf dem Weg zur Villa Colorode Mels das **Ristorante del Borgo Antico****, mit Pizzeria, Vicolo dell'Achilla 2, Tel. 0 71 98 11 60, geöffnet 18–24 Uhr, Di Ruhetag.

Öffentliche Verkehrsmittel

- **Bus.** Werktags mit cotran etwa stündlich über *Loreto-Castelfidardo* nach *Ancona;* etwas seltener nach *Macerata.*

Sonstiges

- **Post.** Corso Persiani 56.

Poet des Leidens – Giacomo Leopardi

Außerhalb Italiens ist Giacomo Leopardi kaum bekannt, doch für die Italiener gilt er **neben Dante** als der **größte Dichter des Landes.** Dass er nie internationalen Ruhm erlangte, hängt paradoxerweise mit den größten Qualitäten seiner Gedichte zusammen: mit Klang und Rhythmus seiner Sprache. Sie sind kaum übersetzbar - jede Übertragung nimmt einen großen Teil ihres Reizes.

Leopardi wurde 1798 in Recanati geboren. Der Vater war ein gebildeter Graf, der eine riesige Bibliothek besaß. Giacomo war von früher Jugend an ein kränklicher Einzelgänger. Er lebte fast ausschließlich in der Welt der Bücher. Seine extreme Intelligenz führte ihn schon als Kind zu hohen Leistungen hin.

Als er zwölf Jahre alt war entließ der Vater die Hauslehrer, die Giacomo bis dahin unterrichtet hatten - er wusste schon mehr als sie. Aus eigenem Antrieb lernte er sechs Sprachen, als Fünfzehnjähriger schrieb er ein Buch über die Geschichte der Astronomie, drei Jahre später wurden seine wissenschaftlichen Veröffentlichungen über Probleme der Altphilologie an vielen Universitäten gelesen. Mit zwanzig schrieb er seine ersten Gedichte, einige von ihnen waren bereits Meisterwerke.

1822 wurde dem jungen Dichter eine Professur in Berlin angeboten, doch Leopardi lehnte ab und führte weiterhin ein zurückgezogenes Leben, meistens im Elternhaus in Recanati, später auch in Mailand, Bologna, Florenz und Pisa. Seine letzten Lebensjahre verbrachte er in Neapel, wo er 1837 - kurz vor seinem 39. Geburtstag - starb.

Neben Gedichten und wissenschaftlichen Arbeiten hat Leopardi auch philosophische Werke geschrieben. Seine Lebensauffassung ist radikal pessimistisch - vergleichbar seinem deutschen Zeitgenossen Schopenhauer, der Leopardi als geistigen Verwandten schätzte. Glück ist für Leopardi eine Illusion, an den Trost der Religion glaubt er nicht. Seine Weltauffassung wird deutlich in der Gedichtzeile, der Mensch sei *„... glücklich erst, wenn er von allem Schmerz im Tod genesen“.* Doch Leopardi hat das Leiden in so großartigen Versen beschrieben, dass man daran schon wieder Freude gewinnen kann: *„... Und so ertrinkt im Unermeßlichen mein Geist / Süß ist es mir, in diesem Meer zu scheitern.“*

Macerata

Die **Provinzhauptstadt** Macerata liegt dominant auf dem Höhenrücken, der die Flusstäler von *Potenza* und *Chienti* trennt. Bei der Anfahrt zeigt sich von allen Seiten die ebenmäßige Silhouette der zur Hügelspitze aufstrebenden alten Stadt. Unten herum umgibt den Stadtberg ein immer weiter ins Umland ausfransender Kranz von Neubauten.

Macerata hat sich in den letzten Jahrzehnten zu einem wichtigen **Handels- und Dienstleistungszentrum** entwickelt, es ist zu einem der größten Umschlagsplätze Mittelitaliens für Getreide und Vieh geworden. Im alten Zentrum der Stadt bekommt man davon allerdings kaum etwas mit. Die wirtschaftlichen Aktivitäten haben sich in die Vorstädte verlagert.

Geschichte

In der Geschichte ist Macerata nicht besonders hervorgetreten. In der Nähe, im Tal des Chienti, lag die **römische Stadt Helvia Recina,** die im 5. Jh. von den Westgoten völlig zerstört wurde. Erst im **Mittelalter** wird von einem **Castello di Macerata** berichtet, das in den Kämpfen zwischen Guelfen und Ghibellinen mehrfach die Seite wechselte. Es stand jedoch zu dieser Zeit im Schatten heute relativ unbedeutenderer Nachbarstädte wie Osimo oder Recanati. Erst die **Mitte des 15. Jhs.** beginnende Herrschaft des Kirchenstaates brachte einen kontinuierlichen Zuwachs an Bedeutung. Macerata genoss als **Bischofssitz** und **Universitätsstadt** besondere päpstliche Anerkennung und Förderung. Dies schlägt sich bis heute in der Architektur des historischen Zentrums nieder, wo nicht Mittelalterliches, sondern Renaissance- und Barockbauten des 15.–19. Jhs. das Bild prägen.

Besichtigung

Die Stadt besitzt keine größeren Sehenswürdigkeiten. Trotzdem lohnt ein Rundgang im historischen Zentrum mit seinen zahlreichen Kirchen, gemütlichen Plätzen und Palazzi aus Renaissance, Barock und Klassizismus. Macerata hatte zwar insgesamt schwer unter den Bombenangriffen des Zweiten Weltkriegs zu leiden, der historische Kern blieb jedoch weitgehend unversehrt. Auch wegen der Studenten der mitten im Zentrum gelegenen Universität bietet Macerata lebendigen italienischen Stadtalltag abseits des Tourismus.

Mittelpunkt der Stadt ist die **Piazza della Libertà** mit dem *Palazzo Comunale*. Ein Café unter den Rathausbögen bietet den richtigen Ort um bei einem Apéritiv oder Cappucino das Treiben auf dem abschüssigen, von hübschen Fassaden begrenzten Geviert zu beobachten. Die einzelnen Bauten sind architektonisch weniger interessant. Das älteste ist ganz oben in der Ecke die doppelstöckige **Loggia dei Mercanti** (16. Jh.) mit dreibogigem Portikus. Das untere Platzende bildet die unfertig wirkende Front von *San Paolo* (17. Jh.). Links davon schließt der *Palazzo della Preffetura* (16. Jh.) mit dem Infobüro die Piazza. Gegenüber stehen das **Tea-**

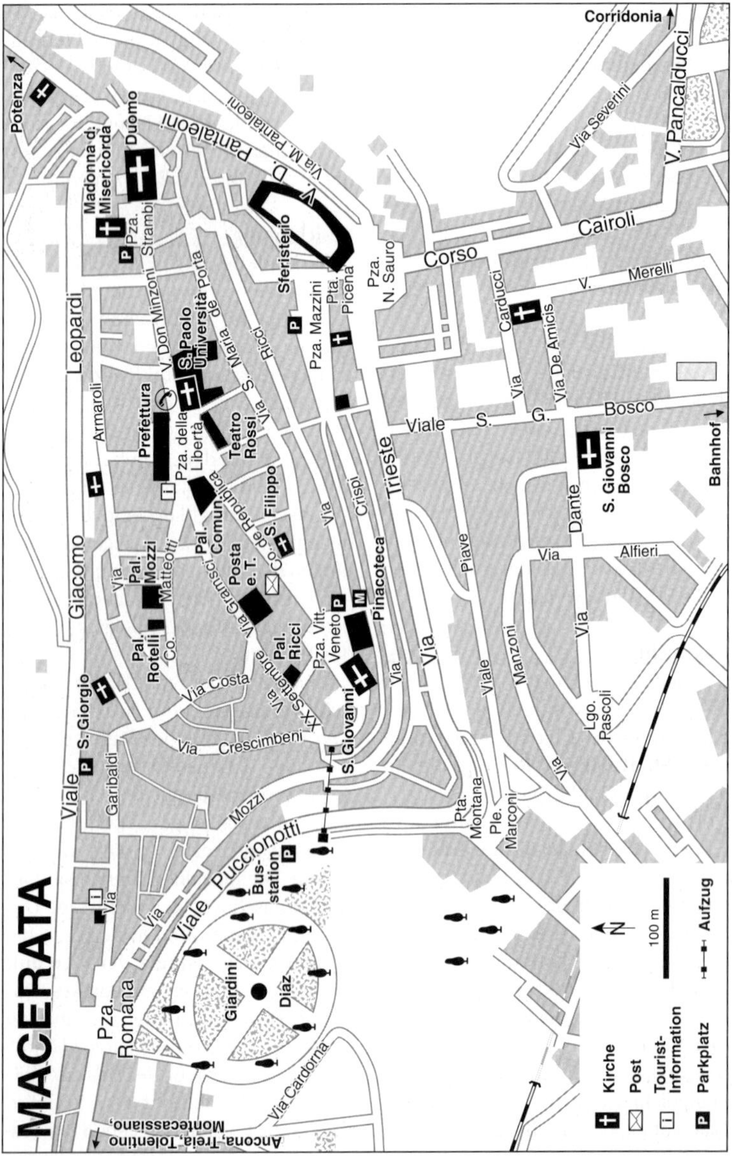
MACERATA
Corridonia
Potenza
Bahnhof
Ancona, Treia, Tolentino, Montecassiano,
Duomo
Madonna d. Misericordia
Pza. Strambi
V. Don Minzoni
S. Paolo
Università
Prefettura
Pza. della Libertà
Teatro Rossi
Pal. Comunale
S. Filippo
Posta e. T.
Pal. Mozzi
Pal. Rotelli
Pal. Ricci
Pinacoteca
S. Giovanni
S. Giorgio
Sferisterio
Pza. Mazzini
Pta. Picena
Pza. N. Sauro
Corso Cairoli
V. Merelli
Via Carducci
Via De Amicis
Viale S. G. Bosco
S. Giovanni Bosco
Via Dante
Via Alfieri
Via Manzoni
Lgo. Pascoli
Viale Piave
Via Trieste
Pta. Montana
Ple. Marconi
Via Crispi
Via Ricci
Via S. Maria de Porta
Co. de Republica
Via Gramsci
Via XX Settembre
Pza. Vitt. Veneto
Via Costa
Via Crescimbeni
Via Mozzi
Co. Matteotti
Via Armaroli
Viale Giacomo Leopardi
Via Garibaldi
Viale Puccinotti
Bus-station
Pza. Romana
Giardini Diaz
Via Cardorna
Via D. Pantaleoni
Via M. Pantaleoni
Via Severini
V. Pancalducci
Kirche
Post
Tourist-Information
Parkplatz
100 m
N
Aufzug

tro Lauro Rossi von 1767, innen ein schönes Logentheater im Rokokostil, sowie der 1485 begonnen Uhrturm **Torre Civica.** Von dessen Spitze genießt man eine herrliche Aussicht über die Dächer und Türme der Stadt hinweg bis zur Adria und den lange schneebedeckten Bergen der Monti Sibillini.

Durch einen Bogen zwischen dem Theater und San Paolo gelangt man zur **Universität** mit reich dekorierter *Aula Magna* von 1893. Schon 1290 gab es eine Rechtsschule in Macerata, 1540 erfolgte die Gründung der eigentlichen Universität, an der heute neben der Jurisprudenz auch andere Geisteswissenschaften gelehrt werden.

Von der Piazza della Libertà senkt sich die *Via Don Minzoni* zur tiefergelegenen *Piazza Strambi* mit dem im 18. Jh. vollständig umgestalteten **Dom.** Das in ein schwach-gelbliches Licht getauchte Innere wirkt trotz seiner Dimensionen etwas schwer und lastend, wozu auch der üppige Barockschmuck der Seitenkapellen beiträgt.

Am Domplatz steht auch die ungewöhnliche **Chiesa Madonna della Misericorda,** ein wahres Schatzkästlein des Rokoko mit viel Marmorverzierung und schönen farbigen Glasfenstern. Am Altar befindet sich ein von den Gläubigen hoch verehrtes Madonnenbild auf Goldgrund, das um 1500 von einem anonymen Meister gemalt wurde. Deutlich ist noch zu erkennen, dass die Kapelle des 18. Jhs. einfach in eine schon vorhandene ältere Kirche hineingebaut wurde (geöffnet 7–12 und 15.30–20 Uhr).

Nicht allzu weit von hier am Rand des Stadtkerns trifft man auf ein anderes ungewöhnliches Bauwerk. Der **Sferisterio,** ein Mittelding zwischen Sportarena und Theater, ist der ganze Stolz der Bürger von Macerata. Der große neoklassizistische Bau wurde im 19. Jh. von den Spenden der Bewohner errichtet. Die einem römischen Amphitheater ähnliche Anlage mit etwa 100 Logen für 7000 Zuschauer und einer 90 m breiten Arena wurde für das damals beliebtes, heute in Vergessenheit geratene Ballspiel „gioco del pallone al bracciale" konstruiert. Wegen der guten Akkustik finden heute hier vor allem Theateraufführungen, Opern und Konzerte statt.

Schöne Ausblicke bietet ein kurzer Spaziergang auf der Stadtmauer von Macerata, die vor allem an der Südseite der Stadt, in der Umgebung der **Porta Montana,** noch gut erhalten ist. An klaren Tagen kann man die ganze Kette der bis in den Mai hinein von Schnee bedeckten Sibillinischen Berge überblicken.

Marchegiani mit Muße

Information

- **Macerata.** 43 000 Ew., 215 m ü. NN, PLZ 62 100.
- **Tourist-Info.** *I.A.T.,* Piazza della Libertà 12, Tel. 07 33 23 48 07, Fax 07 33 23 44 87, E-mail: macerata@regione.marche.it, Mo–Fr 9.30–13 Uhr, Di u. Do auch 15–18 Uhr geöffnet.

Unterkunft

Die Hotels in Macerata sind manchmal wegen Tagungen und Verkaufsmessen von Geschäftsreisenden ausgebucht. Reservierung oder ein Anruf am Vorabend ist deshalb auch außerhalb der Touristensaison ratsam. Weitere gute Unterkunftsmöglichkeiten gibt es in der Umgebung bei *Treia*. Im Zentrum von Macerata liegen u. a.

Die Piazza della Libertà in Macerata

- **Claudiani******/€€€€. Via Ulissi 8, Tel. 07 33 26 14 00, Fax 07 33 26 13 80, wenige Schritte vom Hauptplatz entfernt, erster Haus in Macerata, entsprechend vornehm-steif sind Einrichtung und Empfang, gehobener Komfort, eigene Garage in der Via Armaroli 98.
- **Residence Arcadia*****/€€€. Via P. Matteo Ricci 134, Tel. 07 33 23 59 61, Fax 07 33 23 59 62, äußerlich nicht sehr einladender Neubau im Zentrum, stilvoll-nüchtern eingerichtete, geräumige Zimmer, großzügige Bäder, auch Appartements mit Kochecke.
- **Da Rosa*****/€€. Via Amaroli 94, Tel. u. Fax 07 33 23 26 70, atmosphärisch angenehmes Altstadthotel, schöne Lage in ruhiger Gasse, modern eingerichtete Zimmer, mit ausgezeichnetem Restaurant.
- **Lauri****/€€. Via T. Lauri 6, Tel. 07 33 23 23 76, Fax 07 33 23 17 67, zentral in einem Altstadtpalazzo, einfaches Hotel das auf einen gewissen Stil wert legt, große Zimmer mit altmodische Einrichtung, neue Bäder, reservierter Empfang.

• **Arena****/€-€€. Vicolo Sferisterio 16, Tel. 07 33 23 09 31, Fax 23 60 59, am Rande der Innenstadt in ruhiger Gasse hinter dem Sferisterio, gut geführt, ordentliche Zimmer.
• **Jugendherberge Ostello Asilo Ricci.** Via dell'Asilo 36, Tel. u. Fax 07 33 23 25 15, Übernachtungspreis 13 €, neben Schlafsälen gibt es auch einige Doppelzimmer.

Essen und Trinken

• **Da Secondo*****. Im Zentrum, Via Pescheria Vecchia 28, Tel. 07 33 26 09 12, bietet leicht überdurchschnittliche Küche, gut z. B. *Vincisgrassi,* Kaninchen mit wildem Fenchel, oder Steinpilz- und Trüffelgerichte, schöne Terrasse, Mo geschlossen.
• **Da Rosa****-***. Via Armaroli 17, Tel. 07 33 26 01 24, gemütliche Trattoria, leicht gehobenes Niveau mit ausgezeichneter, kreativer Küche, köstlich z. B. die *Capellacci,* hausgemachten, gefüllten Nudeln in grüner Kräutersauce, So Ruhetag.
• **Osteria dei Fiori****. Via Lauro Rossi 61, Tel. 07 33 26 01 42, ruhiges, kleines Restaurant im Zentrum zwischen Piazza della Libertà und Sferisterio, abwechslungsreiche Küche (Gemüsegerichte), Orangenreis, Bandnudeln mit Entensauce etc., allerdings eher kleine Portionen, So Ruhetag.
• **Ristorante-Pizzeria da Silvano***-**. Piagga della Torre 15, Tel. 07 33 26 02 16, wenige Schritte unterhalb der Piazza della Libertà, beliebter Treffpunkt von Familien und Studenten, gute Pizzen, oft so voll, dass die Bedienung nicht mehr mitkommt, nur abends geöffnet, Mo Ruhetag.

Öffentliche Verkehrsmittel

Bahn

• **Bahnhof.** 1 km südlich des Zentrums.
• Macerata liegt an der Nebenstrecke **Civitanova Marche–Fabriano.** Nach *Civitanova Marche* mit Anschluss nach *Ancona* werktags 16x, So 8x; nach *Fabriano* über *Tolentino, San Severino Marche, Matelica* werktags 10x, So 5x.

Bus

• **Busstation** am Westrand des Zentrums bei den Giardini Diaz.
• Werktags etwa stündlich nach **Civitanova Marche,** So weniger häufig.
• Alle anderen Ziele werden nur werktags angefahren: **Ancona** (9x), **Tolentino** (11x), **Cingoli** (8x), **Treia** (6x), **San Ginesio** (5x), **Sarnano** (8x), **Camerino** (9x), **Visso** (6x, umsteigen in *Camerino* oder *Maddalena),* **Foligno** (3x, umsteigen in *Camerino).*

Parken

• Im engen **Zentrum** nur wenige, meist kostenpflichtige Parkmöglichkeiten.
• Parkplätze entlang der **Ringstraße** um den Stadtkern, u. a. bei den *Giardini Diaz.* Von hier führt ein Tunnelgang zu einem öffentlichen Aufzug, der einen bequem ins Zentrum bringt.

Einkaufen

• **Markt.** Jeden Mittwoch Markt im Zentrum; ebenfalls am Mittwoch großer Markt 5 km außerhalb auf dem Messegelände in *Villa Potenza* (Kleidung, Handwerk, Haushaltswaren, auch Bauern- und Viehmarkt).

Sonstiges

• **Taxi.** Taxistand an der zentralen *Piazza della Libertà,* Tel. 07 33 23 35 70 und am *Bahnhof,* Tel. 07 33 24 03 53.
• **Mietwagen.** *Ala di Alessandrini,* Via Roma 189, Tel. 26 07 44; *Stura,* Via Vellini 148, Tel. 07 33 23 38 75.
• **Post.** Piazza Oberdan.

Veranstaltungen

• Im Sommer **Opernaufführungen** im *Sferisterio;* Informationen unter Tel. 07 33 23 07 35 oder im Internet: www.macerataopera.org.

Nördlich des Potenza-Tales

Das **Tal des Potenza** im Norden des Bergrückens von Macerata zeigt das typische Bild: In der Ebene, verstärkt zur Küste hin, machen sich moderne Bebauung und hohe Verkehrsdichte negativ bemerkbar; im sanften Hügelland darüber erheben sich ruhige, auf angenehme Weise provinzielle Kleinstäde inmitten fruchtbaren Agrarlandes. Beim lauten Straßendorf *Villa Potenza* 5 km außerhalb Macerata lag die während der Völkerwanderungen zerstörte antike Stadt **Helvia Recina.** Das meiste ist noch nicht ausgegraben, recht gut erhalten ist die Ruine des Theaters (2. Jh. v. Chr.) neben der Hauptkreuzung im Ort.

Verlässt man das Tal nach Norden, so wird die Landschaft bald freundlicher. Die neue Bebauung tritt zurück, der Anteil an landwirtschaftlichen Nutzflächen nimmt zu. Schmale Feldstreifen ziehen sich nur durch Buschsäume getrennt in die Täler hinunter. Größere zusammenhängende Waldungen gibt es hier nicht, denn jeder Quadratmeter wird für die Agrarproduktion genutzt.

Montecassiano

Montecassiano zeigt sich mit der geschlossenen Ortssilhouette eines alten Hügelstädtchens. Innen wirkt es bescheiden und ruhig. Abends sitzen die Alten vor ihren Häusern, um miteinander zu schwatzen. Ein geschlossener Ziegelwall grenzt den kleinen Ortkern ein. Zentrum ist die *Piazza Leopardi* mit dem **Palazzo dei Priori** (15. Jh.) der sich mit fünfbogigem Portikus, drei Doppelfenstern und Zinnenkranz noch in seiner ursprünglichen Baugestalt präsentiert. Dahinter ragt der spitze Turm von **Santa Maria** auf (15. Jh.). Im Kircheninnern ist eine Terracottaarbeit aus der florentinischen Künstlerwerkstatt der della Robbia (1527) sehenswert.

Treia

Auch Treia wirkt mit Ziegelbastion, alten Fassaden, Türmen und Toren von außen betrachtet mittelalterlich kompakt. Innerhalb der Mauern wird es aber auch von seinen vornehm-klassizistischen Bauten geprägt.

Die zentrale *Piazza Repubblica* ist von den Arkaden diverser Palazzi gesäumt. Markantester Bau ist der **Palazzo Comunale** mit anmutigem Laubengang. Die Platzmitte ziert ein hübscher Löwenbrunnen vor der großen Büste Papst Pius VI.

Die nahegelegene **Abbazia Santa Maria di Rambona** 4 km südöstlich von *Passo di Treia* besitzt eine teilweise auf römischen Architekturfragmenten ruhende Säulenkrypta (11. Jh.) mit schöner Pflanzenornamentik in den Kapitellen.

Cingoli

„Noch ist nicht abend in Cingoli", ist ein in der Region gern benutzter Ausspruch, was so viel wie unser „noch ist nicht aller Tage Abend" bedeutet. Der mit den umliegenden Gemeinden gut 10 000 Einwohner zählende Ort nordwestlich von Treia liegt 630 m hoch auf der ersten nennenswerte Bergkuppe zwischen Adria und Apennin. Wenn in der Umgebung schon die Täler ins Dunkel des Abends getaucht sind, leuchtet Cingoli noch in den letzten Strahlen der untergehenden Sonne. Wegen ihres schönen **Rundumpanoramas** nennt sich die Stadt auch

„Balkon der Marken". Allerdings gibt es in der Region noch eine ganze Reihe anderere Bergorte in vergleichbarer Lage, die ebenfalls Anspruch auf diesen Titel hätten.

Im alten Kern besitzt der ruhige Ort noch einige hübsche Winkel mit engen Gassen, alten Palazzi und Kirchen. Besonders charakteristisch ist die **Via della Podestà** mit einer Reihe schöner alter, z. T. noch mittelalterlicher Fassaden. Hauptweg durch den alten Stadtkern ist der **Corso Garibaldi,** den Palazzi des 16.–18. Jhs säumen. Als Geburtsort von *Papst Pius VIII.* genoss Cingoli besondere Förderung unter dem Kirchenstaat. Die Innenräume des äußerst reich ausgestatteten päpstlichen **Palazzo Castiglioni** (Nr. 85) können über das örtliche Infobüro besichtigt werden. Der Corso Garibaldi führt schließlich hinauf zum historischen Mittelpunkt Cingolis, der **Piazza Vittorio Emanuele II.,** wo sich der Dom und das alte Rathaus der Stadt gegenüberstehen. Leider will der schöne Platz wegen der vielen geparkten Autos nicht so recht zur Geltung kommen.

Der *Dom* von Cingoli ist ein wenig interessanter Bau des 17. Jhs, der innen mehrfach im Stil der Zeit umgestaltet wurde, zuletzt noch 1938. Schöner ist auf der anderen Platzseite der **Palazzo Municipale.** Der einstige Ratssitz der freien mittelalterlichen Komune wurde schon im 12. Jh. errichtet, 1531 jedoch im Renaissancestil umgestaltet. Unverändert blieb nur der romanische Turm neben dem Rathaus. In den Räumen des Palazzo Municipale ist heute ein kleines archäologisches Museum mit Funden aus der Umgebung untergebracht.

Der Straßenzug des Corso Garibaldi endet schließlich bei einem **Aussichtsplatz,** von wo man das schöne Panorama von Cingoli genießen kann. Wendet man sich vor dem Rathaus nach links, so gelangt man nach wenigen Schritten zum großen Gebäude der **Biblioteca Comunale** mit der **Pinakothek.** Sie besitzt mit der „Madonna del Rosario" von 1539 ein weiteres Meisterwerk des *Lorenzo Lotto.*

Information

- **Montecassiano** 6150 Ew., 215 m ü. NN; **Treia** 9320 Ew., 340 m ü. NN; **Cingoli** 10 000 Ew. 630 m ü. NN.
- **Tourist-Info.** Infobüro in *Cingoli* bei der Porta Piana, Via Ferri 17, tgl. 9–13 Uhr, Di, Do, Sa auch 16–19 Uhr, Tel. 07 33 60 24 44.

Unterkunft

Hotels

- **Vecchio Granaio*****/€€-€€€. Stilvolle Unterkunft östlich von *Passo di Treia* auf einem Hügel oberhalb der Durchgangstraße, Via Chiaravalle 47/B, 62 010 Passo di Treia, Tel. 07 33 84 34 00, Fax 07 33 54 13 12, großer Komplex mit vornehmer alter Grafenvilla und zugehörigen Wirtschaftsgebäuden, geräumige Zimmer mit stilvollem Mobiliar des 19. Jhs., lauschiger kleiner Park mit Schwimmbad (Benutzung kostet allerdings 5 € extra), einzig das ferne Verkehrsrauschen der Fernstraße stört etwas die Idylle, mit empfohlenem Restaurant**-*** (Tel. 07 33 84 34 88).
- **Hotel-Ristorante Grimaldi*****/€€. Im Zentrum von *Treia,* Corso Italia 9, Tel. 07 33 21 57 25, neueröffnetes Haus in einem vornehmen Altbau wenige Schritte von der Piazza Repubblica entfernt, mit Restaurant.
- **Diana*****/€€. Im alten Ortskern von *Cingoli,* Via Cavour 21, Tel. 07 33 60 23 13, Fax 07 33 60 34 79, traditionelles Kleinstadthotel mit gutem Ristorante**.

Agrgarlandschaft im Chienti-Tal

Agriturismo

- Beim Landhotel **Veccio Granaio** (s. o.) auch Vermietung von Ferienwohnungen mit Kochgelegenheit in alten Gehöften auf dem Lande in der Umgebung *Treias,* Tel. 07 33 84 34 88.

Essen und Trinken

- Siehe Hotels **Vecchio Granaio, Grimaldi** und **Diana** oben.

Öffentliche Verkehrsmittel

- **Bus.** Von *Cingoli* verkehren werktags Busse nach *Macerata* (8x) und *Jesi* (9x); zwischen *Macerata* und *Treia* werktags etwa 6 Fahrten; *Montecassiano* liegt an der Route *Macerata-Ancona* mit werktags 9 Verbindungen.

Feste und Veranstaltungen

- Bei der **Disfida del Bracciale** von *Treia* am 1. Sonntag im August wird ein sehr altes Ballspiel wiederbelebt, wobei das Spielgerät mit am Arm befestigten Hölzern geschlagen werden muss.

Im Tal des Chienti

Das Chienti-Tal ist zwischen Civitanova Marche und Tolentino mit zwei Fernstraßen und einer Bahnlinie verkehrsmäßig gut erschlossen. Auch in der Antike und im Mittelalter war dieser Landstrich mit seinen fruchtbaren Äckern und Weiden schon relativ dicht besiedelt, was **römische Ruinen** und einige **romanische Kirchen** belegen.

Abbadia Chiaravalle di Fiastra und Urbs Salvia

Die 1142 gegründete **Abbadia Chiaravalle di Fiastra** 10 km südlich Macerata ist ein typischer Bau des französischen Reformordens der Zisterzienser, die durch ihre strenge Arbeitsethik sowie fortschrittliche Agrartechnik überall im mittelalterlichen Europa an Einfluss gewannen. Ihre Architektur sollte mit klaren und einfachen Formen auch baulich die religiösen Ideale der Ordensgründer zum Ausdruck bringen. So besitzt die Klosterkirche **Santa Maria Annunziata** keinen markanten Turm. Das Innere besticht durch seinen prägnanten Raumeindruck Nur die sich deutlich von den glatt gemauerten Ziegelsäulen hell abhebenden Kapitelle weisen feine plastische Steinmetzarbeiten auf. Daneben sind als Kirchenschmuck nur noch einige Fresken zu sehen: am letzten Pfeiler links vom Chor eine „Madonna mit Kind" von *Salimbeni* (Ende 14 Jh.) und in der Kapelle ganz rechts vom Altar eine naive Darstellung der Mönche Antonio und Paolo von einem lokalen Maler des 15. Jhs. Von den übrigen

Klosterbauten sind nur noch der Speisesaal, der Kapitelsaal, in dem gemeinsam Bibeltexte gelesen wurden, sowie der schmucklose aber dennoch stimmungsvolle Kreuzgang übriggeblieben. 1422 war die Abtei vom umbrischen *Condottiere Braccio di Montone* verwüstet worden, wovon sich die bis dahin einflussreiche und wohlhabende Zisterziensergemeinschaft nie wieder erholte. Vor wenigen Jahren wurde die Bauten grundlegend restauriert, wobei man des Guten etwas zu viel tat. Insgesamt wirkt die Klosteranlage zu geglättet und mit ihren großen Park- und Rastplätzen auch übererschlossen (geöffnet außer Mo 9.30–12.30 und 15.30–18.30 Uhr).

Einige Baufragmente des Kloster (Säulen im Hauptschiff und Speisesaal) stammen von der nahegelegen römischen Siedlung **Urbs Salvia.** Das Grabunggelände liegt östlich unterhalb *Urbisaglia* unmittelbar an der Landstraße (geöffnet 10–12 nd 14.30–16.30 Uhr bzw. 16–19 Uhr von Mai bis Mitte September). Zu sehen ist u. a. das recht gut erhaltene kleine Amphitheater aus dem Jahre 76 n. Chr., in dessen heute friedlichem Oval das Gras sprießt. Weiter südlich an der Straße liegt linker Hand die Ruine des *Criptoportico,* eines tempelartigen Gebäudes, dessen Gänge einigen Mosaikreste aufweisen (Tierkämpfe, Reiher, Mondmasken). Oberhalb am Hang in schöner Aussichtslage unterhalb der Häuser von Urbisaglia trifft man auf die Reste des noch recht anschaulich erhaltene Theaters. Das etwas verschlafen wirkende **Urbisaglia** selbst besitzt noch eine kleine Renaissancefestung des 16. Jhs. mit vier markanten Rundbastionen.

San Claudio al Chienti und Santa Maria a Piè di Chienti

Zwei weitere interessante alte Kirchen stehen im Chientital zwischen Macerata und Civitanova Marche, beides archaische romanische Bauten.

San Claudio al Chienti (12. Jh.) präsentiert sich nach außen mit zwei ungewöhnlichen zylindrischen Türmen. Ihre Maueröffnungen lassen auf eine zeitweise Verwendung zu Wehrzwecken schließen. Auch das Innere folgt nicht dem klassischen Schema romanischer Landkirchen. Es besteht aus zwei übereinanderliegenden, fast quadratischen Räumen, die durch ihre konzentrative Schlichtheit beeindrucken.

Von ähnlicher Baustruktur ist **Santa Maria a Piè di Chienti** unterhalb von *Montecorsaro.* Auch hier besteht die Kirche aus zwei übereinanderliegenden Stockwerken. In der heutigen Form wurde sie wahrscheinlich um 1125 von der einflussreichen Benediktinerabtei Farfa in Latium aus nach dem Vorbild der Architektur Clunys (Burgund) errichtet. Nur schwaches gelbliches Licht dringt in das Kirchenschiff. Der ebenerdige Raum war für den Gottesdienst für das Volk vorgesehen, der Umgang im ersten Stock war den Mönchen vorbehalten. Er führt zur oberen Apsis mit einigen schönen Fresken. Im Gewölbe thront Christus in der Mandorla, darunter ist ein leider etwas verblichener Zyklus eines anonymer Meisters des 14. Jhs zu sehen. In ernstem Ausdruck, aber keineswegs unlebendig, hat er das Leben Jesu mit einigen anschaulichen Alltagsdetails in Szene gesetzt.

Montecorsaro

Montecorsaro ist ein weiteres hübsches Hügelstädtchen, das sich im Rotbraun des Ziegelsteins präsentiert. An der zentralen *Piazza Trieste* erhebt sich der restaurierte Palazzo Comunale, heute als Bar genutzt. Daneben steht die **Chiesa San Lorenzo** mit einem Holzkreuz des 12. Jhs, das Christus noch nicht als leidenden Menschen, sondern als Triumphator darstellt. Hinter der große Kirche *Sant'Agostino* an der gegenüberliegenden Platzseite liegt der Zugang zum oft gelobten Ristorante *La Luma* (s. u.).

Corridonia und Monte San Giusto

Für Kunstfreunde lohnt sich auf dem Weg zur Küste unbedingt der kleine Umweg über Corridonia und Monte San Giusto südlich des Chienti-Tals.

Corridonia bewahrt in seiner *Pinakothek* ein interessante kleine Bildersammlung des 14.–16. Jhs. Zu sehen sind u. a. Werke von Andrea da Bologna, den Gebrüder Vivarini sowie des märkischen Frührenaissancemalers Carlo Crivelli.

In **Monte San Giusto** besitzt die Kirche *Santa Maria della Telusiano* mit der sehenswerten Kreuzigungsdarstellung von 1531 am Altar ein **Hauptwerk Lorenzo Lottos.**

Essen und Trinken

- In *Montecorsaro* bietet das **Ristorante La Luma***** verfeinerte märkische Küche auf gutem Niveau, schöne Räume unter der Kirche Sant'Agostino, Menu ab etwa 20 €, Via Bruscantini 1, Tel. 07 33 22 94 66 57, Di ganztags sowie Mi mittags geschlossen.

Öffentliche Verkehrsmittel

- **Bus.** Die Busse Macerata–San Ginesio/Sarnano halten unmittelbar neben der Abtei von *Fiastra* und bei *Urbisaglia; San Claudio al Chienti* und *Santa Maria a Piè di Chienti* sind mit dem häufig verkehrenden Bus Macerata–Civitanova erreichbar; öfters auch Busse von *Macerata* nach *Corridonia,* seltener nach *Monte San Giusto.*

Civitanova Marche

Civitanova Marche besteht – wie viele adriatische Küstenstädte – aus zwei völlig gegensätzlichen Ortsteilen. Am Meer ist in den letzten Jahrzehnten eine prosperierende Industrie- und Hafenstadt entstanden. Nach Norden und Süden schließen sich lange Badestrände mit der zugehörigen modernen Architektur an.

Civitanova Alta, die ursprüngliche, ältere Siedlung, liegt halb vergessen in einiger Enfernung vom Meer. Seine Häuser stehen in schöner Aussichtsposition über Sonnenblumenfeldern auf einem Hügel. Das Städtchens besitzt noch einige hübsche alte Fassaden, Mauern Tore und Türme. Mittelpunkt ist die abschüssige **Piazza Libertà,** die von diversen Palazzi und Kirchen umrahmt ist, die für sich allesamt nicht besonders bemerkenswert sind. Ein schönes Renaissanceportal besitzt das Eckhaus zur Piazza am *Corso An-*

nibal Caro. Unter den Arkaden des Palazzo Comunale des 15. Jhs trifft man sich im traditionellen *Caffè del Teatro Gerolini* zum Plausch bei Cappucino oder Campari.

Information

- 37 900 Ew., 10 m ü. NN, Plz 62 012.
- **Tourist-Info.** *I.A.T.,* Corso Umberto I 193, Tel. 07 33 81 39 67, Fax 07 33 81 50 27, E-mail: iat.civitanova@regione.marche.it; *Ufficio Informazioni,* Via IV Novembre 20, Tel. 07 33 81 39 67.

Unterkunft

- Etwa 20 Hotels und zwei Campingplätze **am Strand von Civitanova.**

Öffentliche Verkehrsmittel

- **Bahn.** In Civitanova Marche zweigt von der Küstenbahn die Nebenstrecke nach *Macerata-Tolention-San Severino Marche-Matelica-Fabriano* ab (werktags 10–13 Züge, So 5 Züge); auf der Hauptstrecke verkehren 8x täglich Intercity nach *Bologna/Milano* und *Pescara/Bari.*
- **Bus.** Etwa stündlich Verbindung nach *Civitanova Alta* sowie nach *Macerata.*

Sant'Elpidio al Mare

Die gleiche Gegensätzlichkeit zwischen neuem Küstenort und historischer Hügelstadt zeigt sich weiter südlich auch in Sant'Elpidio. Das etwa 20 000 Einwohner zählende **Porto Sant'Elpidio** am Meer wirbt mit dem Slogan „Willkommen im Land der Schuhfabriken". Die **Produktion von Damenschuhen** bringt heute den Wohlstand, der sich früher in erster Linie auf dem Fischereihafen des Ortes gründete. Sehenswürdigkeiten gibt es in Porto Sant'Elpidio allerdings so gut wie keine. Das 9 km entfernte kleinere **Sant'Elpidio al Mare** ist sicherlich schöner, obwohl die Stadtsilhouette auch hier durch einige ziemlich fehlplatzierte Neubauten beeinträchtigt wird. Im Innern besitzt der alte Backsteinort jedoch einige hübsche, ruhige Winkel und kleinere Sehenswürdigkeiten.

Durch die *Porta Marina* aus dem 14. Jh. betritt man das **Centro Storico.** Dahinter führt der *Corso Baccio* an alten Fassaden vorbei zur hübschen *Piazza Matteotti.* Das Herz der Altstadt muss heute leider als Parkplatz herhalten. Immerhin lassen sich die Fassaden drumherum bequem vom freundlichen Straßencafé Centrale betrachten.

Die drei Arkaden gegenüber gehören zum **Palazzo Comunale** des 17. Jhs. der auch heute noch als Rathaus dient. Innen im ersten Stock sind zwei historische Ratssäle mit Deckenbemalung des 19. Jhs erhalten geblieben. Im einen sind zwei sehenswerte Werke der märkischen Malschule ausgestellt, die nach ihren beiden Hauptvertretern Carlo und Vittore *Crivelli* als **Crivelleschi** bezeichnet wird. Von Vittore stammen ein Kreuzigungs-Tryptichon mit viel Gold und melancholischen Gesichtszügen sowie ein großer Flügelaltar (Ende des 15. Jhs.). In dessen Predellafeldern schildert der Maler in lebendiger Szenerie die Kindheit Jesu.

Die **Collegiata** neben dem Rathaus, die große im 17. Jh. umgebaute Kirche, wirkt innen geradezu bedrängend muffig. Die Rückseite des Altars bildet ein gut erhaltener römischer Sarkophag mit der plastischen Darstellung einer Lö-

wenjagd (3. Jh.). Die **Torre dei Cavlieri Gerosolimitana,** der Turm der Jerusalemritter, entstand im 14. Jh. auf Veranlassung maltesischer Fürsten. Deren Porträts und das Kreuzemblem des Ordens sind in die Fassade eingemauert.

Ein wahres Schatzkästlein des Barock ist nebenan die kleine, innen vollständig ausgemalte **Basilica della Misericorda** (um 1600). Zu ihren Schmuckwerken gehören auch zwei verzierte Orgeln aus der venezianischen Werkstatt des *Gaetano Callido* (1765/1785). Auch die **Chiesa di San Filippo Neri** (18. Jh.) am Corso Baccio besitzt eine Callido-Orgel und ist bis in den letzten Winkel im Barockstil ausgeschmückt.

Information

- **Sant'Elpidio al Mare.** 15 000 Ew., 250 m ü. NN, PLZ 63 019.

Essen und Trinken

- **Il Melograno**.** Am Corso Baccio gegenüber Sant'Agostino Nuovo, gemütliche Osteria in einem Hinterhof, Di Ruhetag.
- **Osteria dei Ponti Oscuri**.** Via dei Ponti Oscuri 1, Tel. 07 43 81 00 14, deftig-gute traditionelle Hausmannskost, September geschlossen, Mo Ruhetag.

Öffentliche Verkehrsmittel

- **Bahn.** In Porto Sant'Elpidio halten die Regionalzüge der Linie *Ancona–San Benedetto.*
- **Bus.** Werktags 12 Busse zwischen dem *Bahnhof Porto Sant'Elpidio* und *Elpidio a Mare.*

Feste und Feiertage

- Am zweiten Sonntag im August findet die **Contesa del Secchio** statt – Umzüge in historischen Kostümen und ein traditionelles Ballspiel zwischen den Stadtvierteln.

Steinplastik am römischen Sarkophag, Collegiata

Fermo

Unter den märkischen Städten an der Adriaküste gehört Fermo unbestreitbar zu den schönsten Orten. Die alte Stadt mit ihren Häusern aus braunrosa Ziegelstein erstreckt sich an den Hängen des Girfalco-Hügels, auf dem weithin sichtbar der Domturm aufragt. Drumherum wuchern zwar auch hier die architektonisch eher einfallslose Neubausiedlungen ins Umland, innen ist Fermo jedoch von seiner Anlage her eine **Stadt des Mittelalters** geblieben. Es gehört zu den vielen Kleinstädten Mittelitaliens mit historisch gewachsenen alten Vierteln, die mit ihren Pflastergassen, alten Fassaden, versteckten Winkeln, Kirchen und Plätzen zu ziellosen Streifzügen einladen. Immer wieder eröffnen sich dabei neue malerische Perspektiven. Im nicht sehr großen Altstadtkern geht es eher geruhsam zu. Viele der Bewohner sind in die Vorstädte und an die Küste gezogen.

Geschichte

Fermo ist sehr alten Ursprungs. Schon um 900 v. Chr. lag hier eine Siedlung der eisenzeitlichen **Villanova-Kultur.** Unter römischer Herrschaft war **Firmum Picenum** ein wichtige Kolonie, die das Recht hatte, eigene Münzen zu prägen. Im Mittelalter konnte Fermo, **Hauptort der kaiserlichen Grenzmark Marca Fermana,** die Herrschaft Friedrich Barbarossas abschütteln und sich als selbstverwaltete Komune etablieren. Das mächtige Feudalgeschlecht des *Alessandro Sforza* beendete Mitte des 15. Jhs. endgültig die städtische Freiheit. Unter dem nachfolgenden Kirchenstaat genoss Fermo im **16. Jh.** als **Bischofssitz,** den der spätere *Papst Sixtus V.* sechs Jahre innehatte, besondere Förderung, z. B. wurde die zentrale Piazza del Popolo in dieser Periode mit großzügigen Bauten versehen. Damals war die Stadt auch Sitz einer bedeutenden Universität, die allerdings 1826 endgültig ihre Pforten schließen musste. Mit der italienischen Einigung 1860 verlor Fermo auch den Status als Provinzhauptstadt.

Heute scheint die ruhig wirkende Stadt wirtschaftlich etwas im Schatten dynamischerer Nachbarorte wie Macerata oder San Benedetto del Tronto zu stehen.

Besichtigung

Der Mittelpunkt von Fermo ist die langgestreckte, von Bogengängen gesäumte **Piazza del Popolo.** Sie gehört zu den schönsten märkischen Stadtplätzen. Hier trifft man sich auf einen Aperitif unter den Arkaden, zum Nachbarschaftsplausch nach dem Einkauf oder um die neuesten Nachrichten aus Sport und Politik zu erörtern. Der Alltagsrhythmus vermittelt hier einen Eindruck der Ruhe und Gelassenheit. Nur ab und zu rumpelt ein Auto über die an sich verkehrsberuhigte Piazza, und ein Polizist wirft ein Auge darauf, dass sich die Missachtung der Fußgängerzone in erträglichen Grenzen hält. Erst zur allabendlichen *passeggiata* füllt sich die Piazza mit dem Stimmengewirr der flanierenden *Fermani.*

Am unteren Ende der Piazza führen zwei Treppenaufgänge zur Portallog-

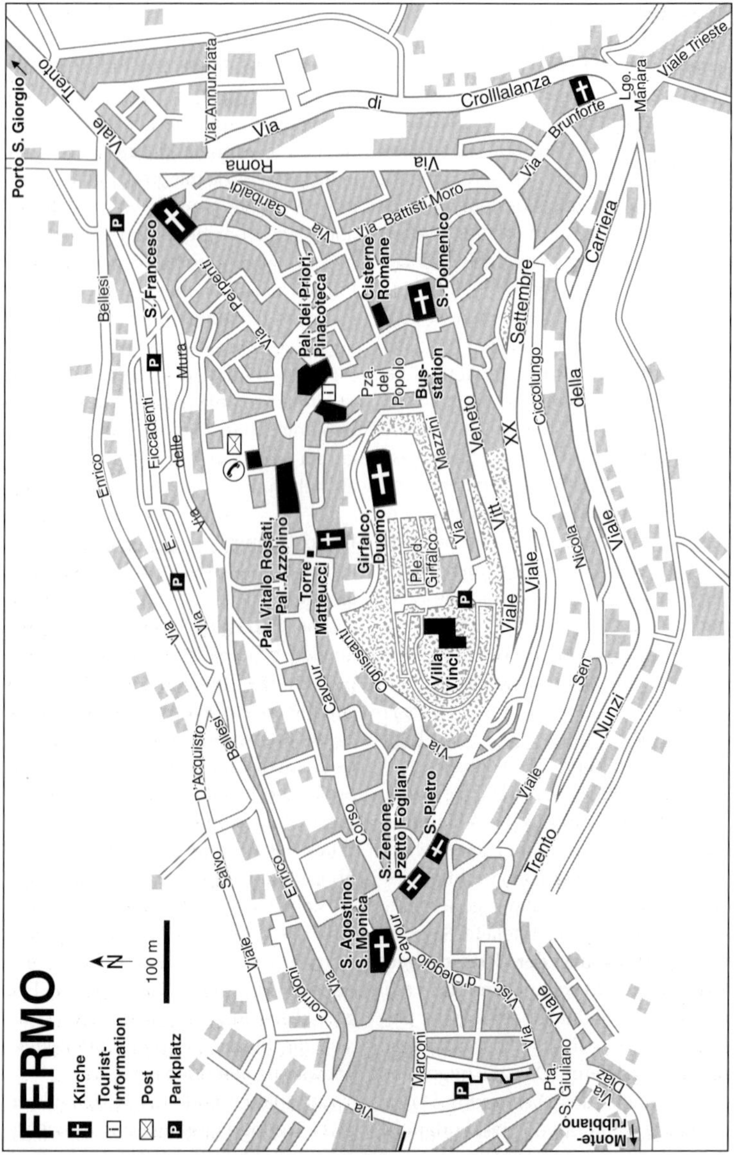
FERMO
Kirche
Tourist-Information
Post
Parkplatz
N
100 m
Porto S. Giorgio
Monte-rubbiano
Viale Trento
Via Annunziata
Via di Crolllalanza
Viale Trieste
Lgo. Manara
Via Brunforte
Via Roma
Via Garibaldi
Via Battisti Moro
S. Francesco
Via Perpenti
Pal. dei Priori, Pinacoteca
Cisterne Romane
S. Domenico
Pza. del Popolo
Bus-station
Via Mazzini
Viale Veneto
Viale XX Settembre
Viale Ciccolungo
Viale della Carriera
Via Bellesi
Via Ficcadenti
Via delle Mura
Via Enrico
Via E.
Pal. Vitalo Rosati, Pal. Azzolino
Torre Matteucci
Girfalco, Duomo
Ple. d. Girfalco
Via Vitt.
Villa Vinci
Via Ognissanti
Corso Cavour
Via Nicola Sen
Viale Nunzi
Via D'Acquisto
Viale Salvo
Via Enrico Bellesi
S. Zenone, Pzetto Fogliani
S. Pietro
Viale Trento
S. Agostino, S. Monica
Via Visc. d'Oleggio
Via Corridoni
Via Marconi
Pta. S. Giuliano
Via Diaz

gia des **Palazzo dei Priori** (14./15. Jh.), dem mittelalterlichen Ratssitz der freien Kommune. Von der Fassade blickt, in Bronze gegossen, Papst Sixtus V. etwas mürrisch auf den Platz hinunter. In den Palasträumen ist heute auch die **Pinacoteca** untergebracht (Di–So 9.30–12.30 und 16.30–19.30 Uhr). Bemerkenswert unter den ausgestellten Werken sind u. a. ein auf Goldgrund gemalter Zyklus zum Martyrium der hl. Lucia des Venezianers *Jacobello del Fiore* (1370–1439), ein ebenfalls vergoldeter mittelalterlicher Flügelaltar des *Andrea da Bologna* sowie eine „Geburt Christi" von *Peter Paul Rubens.* Daneben sind flämische Bildteppiche, Statuen und Keramiken zu sehen.

Durch einen Bogengang im Obergeschoss ist der Palazzo dei Priori mit dem benachbarten **Palazzo degli Studi** verbunden. Die ehemalige Universität beherbergt heute die große städtische **Bibliothek,** die nicht weniger als 400 000 Bände umfasst, darunter viele wertvolle alte Stücke. Unter der Kassettendecke der *Sala de Mappamondo* ist ein großer Globus von 1722 ausgestellt (Öffnungszeiten wie Pinakothek).

Aus der Zeit des römischen Firmum Picenum ist allein die **Zisterne** aus dem 1. Jh. n. Chr. in gutem Zustand erhalten. Die eindrucksvolle unterirdische Gewölbeflucht mit insgesamt 30 Brunnenräumen, die **größte antike Anlage ihrer Art in Italien,** zeigt den hohen Stand der Ingenieurskunst der römischen Wasserbautechniker. Der durch Thermen und Bäder bedingte hohe Wasserverbrauch der Römer – er lag kaum niedriger als in modernen westlichen Städten – bedingte sehr aufwändige Konstruktionen. Die Zisterne versorgte Fermo und seinen Hafen *Porto San Giorgio,* zu dem eine Leitung führte, mit dem sich sammelnden Wasser aus dem Domhügel. Im Mittelalter dienten die Gewölbe als düsterer Kerker, später als Weinkeller eines darübergelegenen Dominkanerklosters, schließlich als Luftschutzbunker im Zweiten Weltkrieg (geöffnet tgl. außer Mo 10–13 u. 15.30–19 Uhr).

Von der Piazza del Popolo gelangt man links am Palazzo degli Studi vorbei über die *Via dell'Università* und den ansteigenden Pflasterweg *Via Buonconte* zum Domplatz beim höchsten Punkt der Stadt. Von hier blickt man weit ins Land, zum Meer und zu den lange schneebedeckten Bergen des Apennin.

Der **Duomo Santa Maria Assunta** wurde 1227 an der Stelle einer frühchristlichen Vorgängerkirche errichtet, innen 1781 grundlegend umgestaltet. Ursprünglich mittelalterlich sind noch der untere Teil des Campanile und die **Fassade** mit interessanten Steinmetzarbeiten. Am Hauptportal lassen sich neben Pflanzenornamentik auch figürliche Motive entdecken (ein Hummer, Vögel, Vater und Sohn), im Türsturz sind Christus und die 12 Apostel aufgereiht. Feine Steinmetzarbeiten zeigen auch das Giebeldreieck, die Fensterrose und das kleinere Seitenportal, das ebenfalls mit einigen schönen romanischen Figurendetails aufwartet. Die Luftverschmutzung verschlechtert leider zunehmend die Qualität der Steinplastik. Das **Kircheninnere** bewahrt einige interessante Kunstwerke.

Zwischen den zum Hauptchor führenden Stufen ist ein frühchristliches Bodenmosaik zu sehen (5. Jh.), in der Krypta ein Sarkophag aus der gleichen Epoche mit Reliefs aus dem Leben des hl. Petrus, in der Sakristei das goldbestickte im arabisierenden Stil feinverzierte Messgewand des hl. Thomas von Canterbury.

Verlässt man die Piazza del Popolo durch den Bogen beim unteren Platzende, so gelangt man auf den *Corso Cefalonia* der in den *Corso Cavour* übergeht. Der lange Straßenzug wird von alten Fassaden aus unterschiedlichen Epochen gesäumt. Der **Palazzo Vitalo Rosati** geht auf einen Entwurf des berühmten Renaissancebaumeisters *Sangallo der Jüngere* zurück, ebenso wie der benachbarte **Palazzo Azzolino.** Dessen schöne Innenhofloggia eröffnet einen weiten Blick ins Umlang. Die **Torre Matteucci** (13. Jh.), wenige Meter entfernt, hat als einziger der vielen Geschlechtertürme des Mittelalters die Zerstörungen der Zeit überdauert.

Dahinter senkt sich der Corso zum Platz mit der Kirche **San Zenone.** Aus dem Jahre 1186 stammen die naiv-archaisch wirkenden romanischen Figuren (Tiere, Gottvater) auf dem Türsturz. Gegenüber zeigt der **Palazetto Fogliani** fein verzierte venezianisch-gotische Fensterformen. Auch **San Pietro** etwas oberhalb des Platzes von

San Zenone ist eine alte Kirche (13. Jh.). In der Lünette über dem Portal sind unter den Augen des hl. Petrus 10 Heiligenfiguren würdevoll aufgereiht.

Zwei weitere Kirchen stehen 50 m unterhalb des Platzes, das **Oratorio di Santa Monica** (15. Jh.) mit Freskenschmuck aus der Entstehungszeit, sowie **Sant'Agostino,** außen mit schöner Ornamentik des 13. Jh.über Seitenportalen und Fenstern sowie innen einigen Wandmalereien des 13.–16. Jhs.

Information

- **Fermo.** 35 300 Ew., 320 m ü. NN, PLZ 63 023.
- **Tourist-Info.** *I.A.T.,* Piazza del Popolo, im Palazzo Comunale, Di–Sa 9.30–12.30 und 16–19 Uhr, Mo nur 9.30–12.30 Uhr, So geschlossen, Tel. 07 34 22 87 38, Fax 07 34 22 83 25, E-mail: iat.fermo@regione.marche.it.

Unterkunft

- **Casina delle Rose*****/€€. Piazza le Girfalco 16, Tel. 07 34 22 46 36, Fax 07 34 22 89 32, etwas angegrauter Neubau beim ruhigen Domplatz, ordentlicher Komfort.
- **Astoria*****/€€-€€€. Tel. 07 34 22 86 01, Fax 07 34 22 86 02, ein nüchterner Neubaukasten einige Schritte außerhalb des *centro storico,* bietet korrekten Service und guten Komfort, vor allem Geschäftsleute übernachten hier.

Essen und Trinken

Neben den beiden Hotelrestaurants gibt es nur wenige Speiselokale im historischen Zentrum.

Die prächtige Piazza del Popolo von Fermo

- Durchschnittliche Küche bietet die eher einfache **Locanda del Palio**** am Piazzale Azzolino unterhalb der Via Cefalonia, So Ruhetag.
- Direkt daneben findet sich ein einfaches **Ristorante***-** mit Tavola Calda (Imbiss).
- Am oberen Ende der Piazza del Popolo, neben dem Theater, bietet die gemütliche **Enoteca Bar a Vino** ein wechselndes fixes Mittags- *(pranzo)* und Abendmenu an *(cena),* Mo Ruhetag.
- Das seit 1884 bestehende **Gran Caffè Belli** mit neuerer Einrichtung am Corso Cavour 61/63 ist im Sommer beliebter Treffpunkt sonnenbebrillter Vorstadtgigolos, normale Preise, ideal für einen Campari, zu dem Oliven und Knabberzeug gereicht werden.

Einkaufen

- Verkauf regionaltypischer Lebensmittel (Öl, Wein, Pasta, Marmeladen) in der **Enoteca Bar a Vino,** Piazza del Popolo 39.

Verkehrsverbindung

Bahn

- Der nächste **Bahnhof** liegt 8 km entfernt im Küstenort *Porto San Giorgio.*
- Hier halten neben Lokalzügen und Interregios nach **Ancona** und **San Benedetto del Tronto/Ascoli Piceno** auch 4x täglich ICs auf der Linie **Bari–Pescara–Bologna.**

Bus

- Häufige Busverbindung mit STEAT zwischen **Fermo Zentrum** und Bahnhof **Porto San Giorgio,** werktags etwa halbstündlich, So 11x; Bushalt in Porto San Giorgo aus dem Bahnhof tretend 100 m nach rechts bei kleinem Platz mit einzelner Palme.
- Werktags vier Busse von *Porto San Giorgio* über *Fermo* nach **Amandola** am Rande der Monti Sibillini.

Feste und Veranstaltungen

- Zu Ferragosto am 15. August füllt sich die Piazza del Popolo zum großen mittelalterlichen Reiterwettkampf **Palio dell'Assunta.**
- Ebenfalls auf der Piazza jeden Donnerstag im Juli/August großer **Trödel- und Antiquitätenmarkt.**

Die Küste von Fermo bis San Benedetto del Tronto

Die zu den nachfolgend beschriebenen Orten führende Küstenstraße ist bisweilen hoffnungslos verstopft. Für längere Fahrtstrecken von Fermo entlang der Küsten nach Süden (ebenso nach Norden) sollte man daher die Autostrada E 55 nehmen.

Porto San Giorgio

Porto San Giorgio ist ein Ort am Meer ohne größere Attraktionen. Einzig die Türme und Mauern der **Rocca Tiepolo** erinnern an die historische Bedeutung als Küstenbastion zum Schutz des benachbarten Fermo. *Lorenzo Tiepolo,* der Statthalter von Fermo und spätere Doge von Venedig, ließ die Burg 1267 errichten, um sich der Piraten- und Sarazenenüberfälle zu erwehren. Im Mittelalter lag der Wasserspiegel der Adria höher als heute, denn das Hafenbecken reichte damals fast bis an die Burgmauern heran. Heute rühmt sich Porto San Giorgio vor allem seines beliebten vier Kilometer langen feinsandigen **Strandes** sowie des **Freizeithafens,** der größten Anlage ihrer Art an der Adriaküste.

Torre di Palme

Die Gefahr, die über lange Jahrhunderte vom Meer her drohte, macht sich noch heute in der Siedlungsstruktur bemerkbar. Unmittelbar am Ufer der Adria findet man fast nur neue Städte. Die historisch älteren Orte liegen hingegen meist auf Hügelkuppen über der Küste oder im Hinterland, wo man sich besser vor fremden Eindringlingen schützen konnte. Ein solches **befestigtes Wehrdorf** ist das hübsche Torre di Palme einige Kilometer südlich Porto San Giorgio. Es thront mit alten Mauern und Türmen am Rande eines Höhenrückens gut 100 m hoch über dem Meer. Von der **Belvedere Lattanzi** bieten sich herrliche Fern- und Tiefblicke auf das Blau der Adria und die zersiedelte Küstenebene, durch die schnurgerade die Schneisen von Autostrada und Fernbahnlinie verlaufen. Im Ort lohnt sich ein Blick in die **Chiesa Sant'Agostino,** die eine schöne Altartafel des 15. Jhs. von *Vittorio Crivelli* bewahrt.

Cupra Alta/Marittima

Ein fast gleiches Bild bietet **Cupra Alta.** In der fast verlassen wirkenden hochgelegene Oberstadt stehen bröckelnde Mauern neben frisch Restauriertem. Die mächtige Signoria der Sforza ließ den Ort im 15. Jh. mit den starken Mauern befestigen, die den Ort auch noch heute eingrenzen. Auch der **Palazzo Sforza** von 1444 steht noch unverändert aufrecht.

Das unterhalb gelegene ungleich lebhafter **Cupra Marittima** bietet trotz seiner lange Geschichte, die mit der Gründung eines antikes Heiligtum für die Göttin Cupra beginnt, keine besonderen Sehenswürdigkeiten. Nördlich der Stadt beginnt ein etwas netterer Strandabschnitt mit neu gepflanztem Palmengürtel, wo sandig erodierte Hügel ans Meer drängen.

Küstenlandschaft bei Cupra Marittima

Grottamare

Grottamare nennt sich stolz *„Perle der Adria"*. Es gehört sicherlich zu den angenehmeren märkischen Küstenorten südlich des Monte Conero. Am Strandabschnitt mischen sich einige hochherrschaftliche Villen aus der Anfangszeit des märkischen Badetourismus unter das architektonische Einerlei der ewig gleichen neueren Hotel- und Appartementbauten.

Auch in Grottamare gibt es eine hochgelegene kleine **mittelalterliche Oberstadt.** Sie ist lebendiger und besser erhalten als im benachbarten Cupra Alta. Auf der kleinen **Piazza Peretti** im Zentrum spielt sich noch ein wenig traditionelles Dorfleben ab. Neben schwatzenden Alten darf sich die fußballspielende Jugend immer noch im engen Geviert des Platzes austoben und das Kirchenportal als Torwand nutzen. Erst wenn nebenan die Gäste einer renommiert-vornehmen Trattoria sich an den im Freien aufgestellten Tischen zum Tafeln niederlassen, wird dem sportlichen Treiben Einhalt geboten.

Information

- **Porto San Giorgio** 16 000 Ew.; **Cupra Marittima** 4750 Ew., **Grottamare** 13 450 Ew.

Unterkunft

- Etwa **jeweils 20 Hotels** an den Strandabschnitten von *Porto San Giorgio, Cupra Marittima* und *Grottamare.*

Essen und Trinken

Bei Torre di Palme

- Zwei Kilometer westlich außerhalb *Torre di Palme,* an der Zufahrtsstraße zum Ort, liegt **La Fonte di Mosè***-**, ein beliebtes Familienrestaurant mit geräumigem Speisesaal, preiswert-traditionelle Küche ohne Schnickschnack, gute Holzofenpizza, Via Fonte di Mosè 18, Tel. 07 34/5 33 52, Di Ruhetag.

In Grottamare

Zwei gute gehobene Adressen im oberen alten Ortsteil von Grottamare:

- Die renommierte **Osteria dell'Arancio***** an der Piazza Peretti offeriert ein Menu Degustazione für etwa 35 € mit Wein aus gutsortiertem Keller, im Sommer speist man „in piazza" unter freiem Himmel, ausgezeichnetes Weinangebot, Tel. 07 35 63 10 59, Mi Ruhetag, nur abends geöffnet.
- Das **Ristorante Borgo Antico***** wenige Schritte von der Piazza entfernt bietet sein *Menu del Piceno* für etwa 30 € ohne Wein an, nach Karte muss man mit 25–30 € rechnen, einige Tische im Freien bieten Blick aufs Meer, Via Santa Lucia 1, Tel. 07 35 63 43 57, Di Ruhetag, nur abends geöffnet.

Öffentliche Verkehrsmittel

Bahn

- Auf den Bahnhöfen von **Grottamare** und **Cupra Marittima** halten nur die Lokalzüge, große Lücken im Fahrplan.
- In **Porto San Giorgio** halten halten auch Interregio-Züge und einige ICs.

Bus

- Häufig verkehrende Busse auf der Küstenstraße **San Benedetto–Porto San Giorgio.**
- Werktags etwa 5x von **Grottamare** nach **Ripatransone.**
- 3x täglich Fernbus von **Porto San Giorgio** über *Cupra Marittima, Grottamare, Ascoli Piceno* nach **Rom.**

San Benedetto del Tronto

Fast nahtlos geht Grottamare nach Süden in San Benedetto del Tronto über. Das wichtigste städtische Zentrum dieses Küstenabschnitt ist ein dynamisch wachsender, lebhafter Ort mit vielen Märkten und Geschäften.

Daneben zieht ein langer Sandstrand jedes Jahr im Sommer Tausende von Badegästen an. Der **Tourismus** ist aber nicht ausschließlicher Wirtschaftsfaktor der Stadt, deren Wohlstand sich auch auf einen **Handelshafen** und vor allem der **Fischverarbeitung** gründet. Wie stark sich San Benedetto del Tronto in den letzten Jahrzehnten ins Umland ausgedehnt hat, wird vor allem sichtbar wird, wenn man sich von Westen dem Ort nähert. Von den Hügeln über der Küste fällt der Blick auf ein wild wucherndes Häusermeer aus modernen Betonbauten, Verkehrs- und Industrieanlagen.

Die geschichtliche Bedeutung San Benedettos ist seit der Antike in seiner Lage begründet. Beim Ort traf die durch das Trontotal verlaufende **Via Salaria** (Salzstraße), eine der wichtigsten römischen Handelsstraßen, auf die Küste. Das mittelalterliche Zentrum lag etwas abseits der heutigen Stadtmitte, leicht erhöht jenseits der Durchgangsstraße.

Nur noch wenige historische Bauten bezeugen den ursprünglichen Reichtum der Stadt. Erhalten hat sich u. a. der klobige Turm einer Festung des 14. Jhs. Im lebhaften Stadtbezirk zwischen der Hauptküstenstraße und der Fernbahnlinie sind die traditionellen niedrigen Fischerhäuser weitgehend durch großzügigere Neubauten verdrängt worden. Jenseits der Bahngleise beginnt der fast **10 km lange feinsandige Strand** von San Benedetto. Besonders stolz ist man auf die Uferpromenade mit ihren etwa 7000 Palmen, die hier in mildem Klima bestens gedeihen.

Acquaviva Picena

Abstand vom sommerlichen Baderummel am Meer und dem architektonischen Einerlei der Küstenstadt bietet Acquaviva Picena. Der hübsche Backsteinort erhebt sich auf einem Hügel etwa sechs Kilometer westlich von San Benedetto. Klein, ruhig und überschaulich bietet es nette Winkel, alte Fassaden, kleine Kirchen und herrliche Fernblicke vom Meer bis zum Gran Sasso in den Abruzzen. Die schönsten Aussichtsplätze bieten die Rundbastionen der **Rocca** des 15. Jhs. am westlichen Ortsende.

Bei einem Spaziergang durch die Gassen sieht man manchmal noch älteren Frauen vor ihren Häusern sitzen, die die in mühsamer Handarbeit Strohkörbe flechten.

Die Rocca von Acquaviva Picena

Information

- **San Benedetto.** 45 000 Ew., PLZ 63 039.
- **Tourist-Info.** *I.A.T.,* Via delle Tamerici 5, Tel. 07 35 59 22 37, Fax 07 35 58 28 93, E-mail: iat.sanbenedetto@regione.marche.it

Unterkunft

Das Hotelverzeichnis von San Benedetto del Tronto listet insgesamt **etwa 110 Unterkunftsmöglichkeiten** in allen Preis- und Komfortklassen auf. Fast alle liegen an der Uferpromenade und sind im Winter geschlossen.

- Ein angenehmes ganzjährig geöffnetes Haus ist in *Acquaviva Picena* das **O'Viv*****/ €€-€€€, Via Marziale 43, Tel. 07 35 76 46 49, Fax 07 35 76 50 54, altes Stadthaus mitten im *centro storico,* guter Service, man spricht Deutsch, geschmackvoll eingerichtete Zimmer, in der Nebensaison Preisnachlässe.

Essen und Trinken

- Dem **O'Viv** in *Acquaviva Picena* angeschlossen ist ein gemütlich-verwinkeltes **Hotelrestaurant****, Menu ab etwa 16 €.
- Gute Küche bietet im Zentrum von *San Benedetto* die familiäre **Trattoria Lelii**-*****, Spaghetti al Vongole oder mit Scampi, dicke Bandnudeln *(strozzapreti)* mit Meeresfrüchten, Wolfsbarsch, Seeteufel, frittierte gemischte Fischplatte – fast alles wird mit maritimen Zutaten zubereitet, Via Roma 81, Tel. 07 35 58 73 20, So Ruhtag, November geschlossen.

Öffentliche Verkehrsmittel

Bahn

- **Bahnhof** nahe des Stadtzentrums.
- 7x täglich hält der Intercity nach **Mailand/Turin** über *Bologna* bzw. nach **Bari** über *Pescara.*
- Recht häufig bestehen Verbindungen mit Interregio- und Lokalzügen auf der Küstenstrecke nach **Porto San Giorgio, Civitanova Marche, Loreto, Ancona** und **Pesaro.**
- Nur werktags verkehren die Schienenbusse auf der Stichstrecke nach **Ascoli Piceno,** 12 Zugpaare.

Bus

Wenn immer möglich sollte man den Zug nehmen, da die Busse im dichten Verkehr manchmal nur mühsam vorankommen.

- Werktags häufig Busse auf der Küstenstraße nach **Grottamare, Cupra Marittima** sowie durch das Trontotal nach **Ascoli Piceno.**
- Täglich 3x Fernbusverbindung nach **Rom** über *Ascoli Piceno, Rieti.*

Autovermietung

- **AVIS.** Via Roma 102–106, Tel. 07 35 59 50 82.

Im Hügelland zwischen Fermo und San Benedetto

Im Umland Fermos machen sich Wohlstand und Fleiß der Marchegiani ästhetisch nicht immer angenehm bemerkbar. Überall kriechen Neubauten die Täler hinauf, besetzen die fast waldlosen Höhenrücken, über die sich schmale Feldstreifen hinwegziehen. Die offene Landschaft wirkt verletzlich,jeder bauliche Eingriff ist weithin sichtbar. Schön wirkt die Umgebung nur dort, wo nicht grelle Betonbauten, sondern alte Mauern auf den sanft-grünen Hügeln optisch die Akzente setzen. Je weiter man sich vom Meer entfernt, um so intakter wirken Landschaft, Städte und Dörfer. Fast von jeder Kuppe grüßt ein alter Ort mit Mauern aus rostbraunem Ziegelstein. Drumherum erstrecken sich weite Felder mit Getreide und Sonnenblumen. Wie die vielen eng beieinanderliegenden alten Dorfgründungen bezeugen, boten die fruchtbaren Böden dieses Landstriches schon immer eine gute Existenzgrundlage. Heute bezeugen die vielen Neubauten, die neben den verfallenden älteren Bauernhäusern errichtet wurden, dass die Bewohner des Landstriches ihr gutes Auskommen haben. Größere Sehenswürdigkeiten findet man im Küstenhinterland südlich Fermo nicht, Kleineres lässt sich aber fast in jedem Ort entdecken.

Zwischen *Ponzano di Fermo* und *Monte Giberto* erhebt sich auf freiem Feld die aus dem 11. Jh. stammende Kirche **San Marco.** Innen wie außen zeigt sie schlichte unverfälschte Romanik. Der klobige Turm wurde wohl erst im 14. Jh. als Wehrbau in unsicheren Zeiten aufgesetzt. Nahebei bietet das winzige **Moresco** ein malerisches Bild.

Klein und kompakt, von einer Stadtmauer eingefasst und von zwei Wehrtürmen überragt, zeigt es die typische Ansicht eines befestigten Castello.

Es sicherte u. a. das benachbarte **Monterubbiano,** das im Mittelalter zeitweise eine nicht unbedeutende freie Kommune war. Zur Abwehr von Einfällen der Sarazenen Mitte des 15. Jhs. ließ Francesco Sforza auch diese Stadt befestigen. Im Ort findet man noch einige Bauwerke aus dieser Periode, wie den *Palazzo Comunale* mit dem zinnengekrönten Uhrturm.

Auch **Montefiore del Aso** südlich des Flusstales des Aso besitzt wie viele der Orte dieses Landstriches noch Reste von Befestigungsmauern, die den vom Meer her drohenden Gefahren trotzen sollten. In der Kirche Santa Lucia ist eines der Hauptwerke des Venezianers Carlo Crivelli zu besichtigen, der Mitte des 15. Jhs. in die Marken kam. Er gründete hier eine Malschule, die „Crivelleschi", die einen eigenen, unverwechselbaren Stil entwickelte. Er zeichnet sich durch eine etwas rückwärts zur Gotik gewandte Malweise aus, die mit feinen Verzierungen und filigranen Details nach dekorativer Schönheit und Ordnung strebte. Oft stehen die Figuren statisch aufgereiht in vornehm-aristokratischer Haltung dem Betrachter gegenüber. Durch die hizukommende großzügige Verwendung von Gold wirken die Bilder etwas metallen und wie eingefroren.

Das sich über dem Tal des Tesino erhebende **Ripatransone** westlich von Grottamare schmückt sich mit dem Zusatz *„Balcone del Piceno"*. Und in der Tat bieten sich von dem hoch auf einem nach Norden vorspringenden Hügelrücken gelegenen Ort ein weites Panorama vom Meer bis zu den Monti Sibillini. Eine einzige Hauptachse durchzieht den alten Ortskern. Hier trifft man noch auf einige Bauwerke aus der mittelalterlichen Glanzzeit. Stolz verweist man darauf, dass 1205 in Ripatransone **eine der ersten freien Kommunen** ganz Italiens entstand. Der *Corso Emanuele* führt auf die langgestreckte *Piazza Condivi* mit der nicht weiter bemerkenswerten Kathedrale und der schmalen *Casa Condivi* (16. Jh.), dem einstigen Wohnsitz des Michelangelo-Schülers *Condivi.* Das historische Zentrum der Stadt lag allerdings auf der höhergelegenen *Piazza XX Septembre.* Aus der großen Zeit der freien Komune stammt noch der am Platz stehende großzügige *Palazzo Podestà* mit schattigem Arkadengang im Erdgeschoss. Er wurde im 14. Jh. im romanisch-gotischen Übergangsstil errichtet. Die heutige Stadtverwaltung residiert gegenüber im Rathauspalast des 17. Jhs. Ein Schild weist von hier zur angeblich schmalsten Gasse Italiens, die ganze 43 cm breit ist.

Für die **Weiterfahrt nach Ascoli Piceno** sollte man das unschön zersiedelte, verkehrsreiche Trontotal meiden. Landschaftlich schöner ist die Fahrtstrecke über *Offida* und *Castignano.*

Information

Moresco 600 Ew., 405 m ü. NN; **Monterubbiano** 2400 Ew., 460 m ü. NN; **Montefiore del Aso** 2200 Ew., 410 m ü. NN; **Ripatransone** 4320 Ew., 490 m ü. NN.

Offida

Der interessanteste Ort am Wege von *Fermo* oder *San Benedetto* nach *Ascoli Piceno* ist sicherlich Offida. Das in seinem historischen Kern weitgehend original erhaltene alte Städtchen präsentiert sich einheitlich in den warmen Farben des Ziegelsteins. Die zentrale Piazza ist einer der zahlreichen gemütlichen Stadtplätze, die einen wesentlichen Teil des urbanen Reichtums Mittelitaliens ausmachen.

Die als unbeugsam geltenden Bewohner von Offida nahmen im Mittelalter äußerst aktiv an den in der Region tobenden Machtstreitigkeiten teil. Sie unterstützten Fermo im Kampf gegen den Stadtstaat von Ascoli, den Papst gegen die kaiserlichen Ansprüche, die Guelfen gegen die Ghibellininen. Als sich die Mitglieder der ghibellinischen Signoria der *Boldrini* 1533 zum vorgeblich endgültigen Friedensschluss ins Rathaus von Offida begab, wurde sie kurzer Hand mit dem Schwert niedergemacht. Im 19. Jh. wurden die Soldaten einer napoleonischen Garnison ohne viel Federlesens in einen Abgrund gestoßen, weil sie die Frauen von Offida belästigt hatten.

Besichtigung

Fast alle Gassen des Ortskerns leiten zur zentralen **Piazza Vittorio Emanuele II.** beim Rathaus. Unter dessen Arkaden treffen sich wie eh und je die Männer um zu diskutieren, Karten zu spielen oder einfach bei einem aperitivo der kommenden Dinge zu harren. Der den Platz dominierende **Palazzo Comunale** ist ein ausgesprochen anmutiger, perfekt proportionierter Backsteinbau des 14./15. Jhs. Seine Fassade wird auf zwei Stockwerken von eleganten Rundbögen aufgelockert. Ein Zinnenkranz und ein wehrhafter eckiger Turm darüber vervollständigen das Bild. In den Innenhof des Rathauses wurde 1820 das hübsche **Teatro Serpente Aureo** eingebaut. Gegenüber des Rathauses erhebt sich die **Chiesa Collegiata** aus dem 18. Jh. Der wuchtig-klassizistischer Bau wirkt innen durch die Einheitlichkeit der grau-weiß gestrichenen Säulen und Decken geschlossen und harmonisch.

Ganz am westlichen Ende des Ortes steht auf einer kleinen Anhöhe über erodierten Hängen die interessanteste Kirche der Stadt. Die von den Benediktinern aus Farfa (Latium) errichtete **Santa Maria della Rocca** entstand in der heutigen Form um 1330 im romanisch-gotischen Übergangsstil. Nach einer grundlegenden Restaurierung präsentiert sie sich dem Besucher heute wieder weitgehend in ihrer ursprüngliche Gestalt. Der Außenbau zeigt strenge, weitgehend schmucklose architektonische Formen, ebenso der einschiffige Innenraum. An den Wänden des Langhauses und in der Apsis findet man noch einige beschädigte Fresken des 14. und 15. Jhs, die wohl von lokalen Künstlern stammen. Der interessanteste Teil der Kirche ist jedoch die große stimmungsvolle **Krypta,** die durch zahlreiche zierliche Ziegelsteinsäulen in mehrere Schiffe unterteilt ist. Auch hier finden sich Fresken im Stile der Oberkirche. Bemerkenswert sind die frischer und kreativer wirkenden Bilder der Apsis, die der Werkstatt des *Giovanni da Bologna* zugeschrieben werden.

Im Hügelland von Offida wachsen die Reben, aus dem einer der vorzüglichsten Rotweine der Marken gekeltert wird. Probieren und kaufen kann man den **Rosso Piceno** u. a. in der großen regionalen Enothek im Stadtzentrum, die in den Räumen des ehemaligen Klosters *San Francesco* untergebracht ist. Daneben hat das Klöppeln feiner **Spitzen** in Offida eine lange Traditon, die bis ins 15. Jh. zurückreicht. Bei schönem Wetter kann man auch heute noch Frauen allein oder in kleinen Gruppen bei konzentrierter handwerklicher Feinarbeit unter freiem Himmel beobachten.

Information

- Offida. 5300 Ew., 293 m ü. NN, PLZ 63 035, 23 km nordöstlich Ascoli Piceno, 22 km westlich San Benedetto del Tronto.
- **Tourist-Info.** *Ufficio Turistico,* Corso Serpente Aureo 79, Tel. 07 36 88 93 81.

Unterkunft

Nichts besonderes bieten die drei einfachen, preiswerten Kleinstadthotels von Offida:

- **La Botte****/€. Borgo Miriam 51, Tel. 07 36 88 92 99, Fax 07 36 88 08 43.
- **Caroline****/€. Viale Mazzini 7, Tel. u. Fax 07 36 88 08 11.
- **La Fonte***/€. Via Tesino 72a, Tel. 07 36 88 07 06, Fax 07 36 88 90 02.

Essen und Trinken

- **Rosa dei Venti**.** Via Tesino 261a, Tel. 07 36 88 92 01, Landgasthof im Familienbetrieb, außerhalb in den Hügeln über dem Tesino-Tal, bodenständige Küche *all'Ascolana* mit frittierten Gemüse-, Fleisch- und Olivengerichten, z. T. aus eigener Landwirtschaft, Di Ruhetag, Mitte September bis Mitte Oktober Betriebsferien.

Öffentliche Verkehrsmittel

- **Bus und Bahn.** Werktags Busse zum 11 km entfernten *Castel di Lama* im Trontotal; von dort Anschluss mit Zug oder Bus nach *Ascoli Piceno* und *San Benedetto del Tronto.*

Einkaufen

- **Wein.** Eine große Auswahl an Weinen des Anbaugebietes *Rosso Piceno* hat die **Enoteca Regionale Vinea,** Via Garibaldi 75, Tel. 07 36 88 00 05. Daneben gibt es mehrere **Weingüter** in der Umgebung die Weinproben und Direktverkauf bieten.

Feste und Veranstaltungen

- Der **Karneval von Offida,** der auf eine uralte heidnische Tradition zurückgeht, wird sechs Tage lang ausgiebig gefeiert. Erster Höhepunkte ist „Lu Bov Fint" am Nachmittag des Karnevalfreitags, bei dem symbolisch ein Stier durch die Stadt gejagt wird. Bis 1819 war dies ein lebendiges Tier, das nach dem Ende der Hatz in einem Ritual geschlachtet wurde. „Li Vlurd" am Karnelvalsfreitag beendet das Fest mit einem großen Freudenfeuer.

Der dominierende Palazzo Comunale

Urbino und das Montefeltro

Nähert man sich den Marken von Norden her durch die Emilia Romagna, so erblickt man bald südwestlich über der zersiedelten Küstenebene einsames Bergland. Das **Montefeltro** gehört zu den **am dünnsten besiedelten Gebieten Mittelitaliens.** Es liegt abseits der Hauptdurchgangsstraßen und besitzt keinen größeren Ort. Zwischen Ackerflächen, kargen Wiesen und Buschwerk stehen einsame Gehöfte und gottverlassen wirkende Dörfer. Langgestreckte Höhenrücken reihen sich in bewegter Folge aneinander, unterbrochen von ausgewaschenen Talfurchen, wo überall der karge Grund zu Tage tritt. Darüber erheben sich hier und da eigentümliche isolierte Kegelberge. Etwa 50 km von der Adria entfernt gelangt man in ein Bauernland von eher herbem Charakter, wo man sich weit entfernt vom heiter-mediterranen Italien der Küsten mit seinen sanften Olivenhügel und historischen Städten mit ihren hübschen Plätzen und Palazzi fühlt.

Vom Meer her zieht sich das Land zum gut 1400 m hohen Bergstock des **Monte Carpegna** hinauf, der höchsten Erhebung dieses Landstrichs. In der ansteigenden Höhenlinie lassen sich zwei isolierte Bergsporne ausmachen: Auf dem ersten liegt der autonome Zwergstaat San Marino, auf dem zweiten der schon zu den Marken gehörende Festungsort *San Leo.*

San Leo

Eine mächtige Burg auf der Spitze eines senkrecht abfallenden Kalkfelsens – die Rocca von San Leo bietet das makellose Idealbild spätmittelalterlicher Wehrarchitektur. „Das schönste und größte Kriegswerkzeug Italiens" schrieb schon der Renaissancehistoriker und Humanist *Pietro Bembo.* Darunter duckt sich mit wenigen Häusern, stillen Gassen und zwei romanischen Kirchen ein pittoreskes Bergdorf, das sich seit Jahrhunderten baulich kaum verändert zu haben scheint. In der Ferienzeit und an manchen Wochenenden drängeln sich hier die Besucher, die übrige Zeit ist man aber meist allein und fühlt sich in dem dann stillen Dorf weit weg von der modernen Zivilisation.

Geschichte

Der Berg von San Leo zog in allen Geschichtsepochen die Völker an – Umbrer, Etrusker, Gallier und Römer siedelten hier. Auf ihm lag das antike Jupiterheiligtum **Mons Feretrius,** von dem sich der Namen Montefeltro ableitet. Im Frühmittelalter kämpften Goten, Byzantiner, Langobarden und fränkische Kaiser um den strategisch so wichtigen Platz auf dem Fels. Schon im **8. Jh.** entstand hier ein **Bischofssitz** an dem Ort, wo im 4. Jh. der hl. Leo als Einsiedler gelebt hatte, um das Christentum zu predigen.

Im Jahre **962** wurde San Leo vom Langobardenherrscher *Berengar II.* sogar zur **Hauptstadt Italiens** erhoben – zum Leidwesen seiner Bewohner.

Denn der trutzige Ort wurde daraufhin von den Truppen *Ottos I.* lange belagert und schließlich 964 eingenommen.

Um **1160** nahm die **Signoria der Montefeltro** den Platz in Beschlag um hier später eine Verteidigungsbastion gegen die verfeindeten Malatesta aus Rimini aufzubauen. Die Montefeltro herrschten zunächst im Namen des deutschen Kaisers, von dem sie die Grenzmark als Lehen erhalten hatten. Mit dem **Bau der** in ganz Italien bewunderten **herzöglichen Festung im 15. Jh.** rückte San Leo nochmals ins allgemeine Blickfeld. Unter der 1631 beginnenden Herrschaft des Kirchenstaates diente das abseits gelegene San Leo dann vor allem als Verbannungs- und Gefängnisort.

Besichtigung

Die **Rocca** von San Leo steht scheinbar uneinnehmbar hoch über dem Land am äußersten Rand eines mit steilen Flanken abfallenden Felsplateaus. In ihrer heutigen Form geht sie auf einen Entwurf des berühmten Renaissancebaumeisters *Francesco di Giorgio Martini* zurück, der die Anlage 1479 im Auftrag Herzogs Federicos II. von Urbino entwarf. Die einzig zugängliche Hangseite war durch einen Mauerring mit mächtigen Bastionen abgeriegelt, der heute infolge eines Erdrutsches nicht mehr vorhandenen

Mohnblüte im Montefeltro bei San Leo

ist. Im Innern löst sich der Eindruck des Wehrhaften teilweise auf, der Wohntrakt der Herzöge von Urbino wirkt licht und hell. Von hier oben bieten sich herrliche Ausblicke in die charakteristische Landschaft des Montefeltro mit seinen isolierten Kegelbergen. Beim Rundgang durch die Festung findet man aber auch die dunklen Zellen der Gefangenen. Der bekannteste unter ihnen war der vom Papst als Okultist, Ketzer, Freimaurer und Hochstapler zum Tode verurteilte *Guiseppe Balsamo* aus Palermo, besser bekannt als **Graf Cagliostro.** Zu lebenslanger Festungshaft begnadigt verbrachte er bis zu seinem Tod 1795 vier Jahre im Kerker von San Leo. Die geheimnisvoll-zwielichte Persönlichkeit haben sowohl Goethe („Der Großkophta") als auch Schiller („Der Geisterseher") literarisch verewigt. Ein weiterer Häftling, dem man noch heute gedenkt, war der patriotische Attentäter *Felice Orsini,* der vergeblich versucht hatte, den Besatzer Napoleon aus dem Weg zu räumen. Heute ist in den Burgräumen auch ein kleines **Museum mit Pinakothek** untergebracht (Burgbesichtigung tgl. 9–12 u. 14–17 Uhr, im Sommer bis 18 Uhr).

Im Ort San Leo sind die zwei mittelalterlichen Kirchen unbedingt sehenswert. Die über 1000 Jahre alte **Pieve Santa Maria** ist ein ursprünglich erhaltener stilreiner romanischer Bau. Er wurde um 880 errichtet und im 11. Jh. erweitert. Der Innenraum vermittelt in seiner Einfachheit und klaren Struktur den Eindruck von Würde. Kein aufwändiger Baudekor sollte hier die Gläubigen in ihrer meditativen Zurückgezogenheit ablenken. Die drei Schiffe ruhen auf römischen Säulen mit schönen frühromanischen Kapitellen. Im erhöhten Presbyterium erhebt sich ein ungewöhnlicher Altarbaldachin. Die Steinfläche in der **Krypta** darunter soll einst der Schlafplatz des Eremiten San Leo gewesen sein.

Der Pieve gegenüber erhebt sich der **Dom** von San Leo. Er wurde um 1170 auf heidnischem Grund am Platz eines antiken Jupitertempels errichtet. Ähnlich der Pieve, nur in größeren Dimensionen, zeigt der Bau innen wie außen den religiösen Geist des Mittelalters. Auch der Dom von San Leo blieb von Verschönerungen späterer Stilepochen verschont, und die klare architektonisch Gliederung, die schon Ansätze der Gotik zeigt, kann so ihre Wirkung entfalten. Die Silberurne am Altar bewahrt ein Stück aus der Schädeldecke des hl. Leo. Vom einstigen Grab des Heiligen, der in der stimmungsvollen Domkrypta bestattet lag, ist nur noch der Sarkophagdeckel erhalten. Die prestigeträchtigen Gebeine wurden angeblich von Heinrich II. geraubt, gingen dann aber bei der Reise in den Norden verloren. Im Mittelalter war dies ein enormer spiritueller und ökonomischer Verlust, galten doch Reliquien als Vermittler heiliger Kraft, die zahlreicher Pilger anzog.

Am Domplatz erhebt sich ein **Wehrturm** des 12. Jhs. Von hier bietet sich ein schönes Panorama über die Berge des Montefeltro, und in der Abendsonne erstrahlt der Sandstein des Doms in warmen Farben.

Zwei Kilometer nördlich des Burgfelsen von San Leo steht das franziskanische Kloster von **Sant'Igne.** Der hl. Franziskus persönlich hatte es im Mai 1213 hier gründen können, nachdem er eine Gruppe versammelter Adeliger durch seine Predigt beeindruckt hatte. Der Klosterkomplex mit Kirche des 14. Jhs. und einem stimmungsvollen Kreuzgang des 13. Jhs. ist leider bis auf weiteres nicht zugänglich.

Information

- **San Leo.** 2600 Ew., 590 m ü. NN, PLZ 61 030.
- **Tourist-Info.** *Ufficio Turistico Pro San Leo,* Piazza Dante 10, täglich 9–19 Uhr, Tel. u. Fax 05 41 91 63 06.

Unterkunft

- **Castello****/€€. Piazza Dante 11–12, Tel. 05 41 91 62 14, Fax 05 41 92 69 26, angenehmes Haus am Hauptplatz, ansprechend modern eingerichtete Zimmer mit Blick auf die Piazza, zwei Zimmer mit Einrichtung des 19. Jhs. und Panoramablick in die Landschaft des Montefeltro.
- **La Rocca****/€-€€. Via G. Leopardi 16, Tel. 05 41 91 62 41, Fax 05 41 91 61 88, Familienbetrieb am oberen Rand der Altstadt, einfach, modern-funktionale Einrichtung, ruhige Lage, Zimmer z. T. mit schöner Aussicht, Bar mit Aussichtsterrasse, man spricht etwas Deutsch.

Essen und Trinken

- Das **Ristorante La Rocca****-*** beim gleichnamigen Hotel bietet recht gute Traditionsküche mit kreativen Verfeinerungen, im Sommer speist man im Freien auf der gemütlichen Terrasse, Via Leopardi 16, Tel. 05 41 91 62 41, Mo Ruhetag außer Juli/August, Nov–Jan geschlossen.
- Ansprechende bodenständige Küche auch im **Bar-Ristorante des Hotels Castello****, Menu um 15 €, Tel. 05 41 91 62 14, Di Ruhetag.

Öffentliche Verkehrsmittel

- **Bus.** Werktags je nach Saison 3–6 Busse von und nach *Rimini* Autostazione, z. T. mit umsteigen in *Pietracuta.* Keine Busverbindung nach Urbino oder Pesaro.

Von San Leo nach Urbino

Für eine Fahrt durch das Montefeltro sollte man ausreichend Zeit einplanen. Die meist schmalen Straßen bestehen überwiegend aus Kurven, und man kommt nur langsam voran.

Westlich von San Leo gelangt man an im Frühjahr von Mohnblumen rot gefärbten Feldern vorbei hinunter ins Tal des *Fiume Marecchia.* Das Flusstal ist die am dichtesten besiedelten Zone des Montefeltro. Mit dem von Neubauten umgebenen knapp 7000 Einwohner zählenden **Novafeltria** liegt hier auch der größte Ort dieses Landstrichs. Um die zentrale *Piazza Emanuele* findet man noch einige ältere Bauten, u. a. den kleinen *Palazzo Segni* oder *Municipale* des 16. Jhs. und das *Oratorio di Santa Maria* von 1191.

Eine schöne Fahrtstrecke führt von hier am kleinen, von Felsen überragenten **Perticara** (650 m) vorbei Richtung Sant'Agata. Perticare lebte über Jahrhunderte vom Schwefelabbau, ein kleines Bergwerksmuseum erinnert an diese Zeit. Die folgende Kammstraße bietet herrliche Ausblicke – das Panorama reicht vom Burgfels von San Leo über den Monte Carpegna bis zu den im Dunst verschwimmenden Höhenlinien des Tosco-Emilianischen Apennin.

Auch **Sant'Agata** besitzt seine hübsche kleine Piazza, wo man sich abends vor der Fassade eines roten Barockpalazzo zur *passegiata* trifft. Einzige Sehenswürdigkeit des im Kern mittelalterlichen Ortes ist beim höchsten Punkt die **Rocca Fregosa.** Der eigenwilliger Festungsbau steht turmartig auf schmalem Felssporn über den Dächern des Städtchen und wirkt so eher zerbrechlich als wehrhaft. In der heutigen Form entstand auch diese Festung auf Veranlassung des Herzogs *Federico II.* von Urbino durch den Baumeister *Francesco di Giorgio Martini.* Im Inneren der Burg ist heute ein kleines Museum der Filmgeschichte eingerichtet, das alte Fimvorführgeräte, Kameras, Fotos, Filmplakate zeigt; im Keller ist eine Weihnachtskrippe aufgestellt.

Die Rocca Fregosa von Sant'Agata

Eine schmale Nebenstraße führt von Sant'Agata zurück ins Tal des Marecchia. Auf der südlichen Talseite steht zwischen zwei Felskuppen am Hang des Monte Carpegna **Pennabili,** einst eine wichtige Festung der Malatesta, von der aber nur noch Ruinen erhalten sind. Der **Monte Carpegna** (1415 m) ist beliebte Sommerfrische, was in Italien meist auch unschöne Neubauaktivitäten mit sich bringt. Einige Hotel- und Appartementbauten passen nicht in die abseitige Landschaft.

Schönere Landschaftseindrücke bietet die Fahrt von Pennabilli nach Süden durch einen Zipfel der Toscana. Beim kleinen *Miratoio* spielen zwei eigenwillig geformte kleine Berge mit steilen Felsabbrüchen Hochgebirge. **Sasso Simone** (1204 m) und **Simoncello** (1221 m) markieren die Grenzen zwischen den Marken und der Toskana. In der Umgebung erstreckt sich eine unversehrte Landschaft mit weiten Blumenwiesen und kleineren Dörfern, wo sich Fuchs und Hase gute Nacht sagen.

Hinter *Sestino* gelangt man bei *Belforte all'Isauro* zurück auf märkisches Gebiet. 7 km nördlich stehen einsam in der Landschaft die bescheidenen Bauten des Franziskanerkonvents **Montefiorentino.** In der Klosterkirche sind in der ersten Kapelle rechts, der *Capella dei Conti Oliva,* zwei Renaissancegrabmäler und eine „Thronende

Madonna mit Kind" sehenswert (1489). Das figurenreiche Bildwerk stammt von Giovanni Santi, dem Vater Raffaels.

Weiter westlich zeigt **Macerata Feltria** die typische Struktur alter Kleinstädte Mittelitaliens. Über der Unterstadt, dem *Borgo,* erhebt sich das ältere hochgelegene **Castello.** Klein und verlassen steht es auf einem Hügel über dem belebten neueren Ortsteil im Tal. Der *Torre Civica* und der kleine *Palazzo del Podestà* erinnern an die Zeit, als hier im Schutze der Festungsmauern der Mittelpunkt einer freien Kommune lag. Im ehemaligen Rathaus ist heute ein bescheidenes archäologisches Museum mit Grabungsfunden aus dem nahegelegenen antiken **Pitinum** untergebracht. Gleich nebenan lohnt, falls geöffnet, ein Blick in die *Chiesa di San Guiseppe* (14. Jh.) mit einer vergoldeten Altartafel (Paliotto). Der Maler schildert auf 15 kleinen Bildfeldern in anmutigen Szenen das Leben Jesu.

Richtung Urbino erheben sich östlich über dem kleinen Stausee von Mercatale die Häuser von **Sassocorvaro.** Auch an diesem Ort mussten im 15. Jh. die Malatesta endgültig dem überlegenen Frederico di Montefeltro weichen, der seinen Besitz mit einem weiteren von Giorgio Martini konzipierten Festungsbau sicherte. Die **Rocca Ulbadinesca** stellt sich mit mächtigen Rundbastionen schützend vor die Häuser auf dem schmalen Höhenrücken dahinter. Eine Ziegelsteinloggia neben der Burg lockert das wehrhaftstrenge Bild auf. Vom Ort aus bieten sich schöne Ausblicke auf die stille Wasserfläche des Stausees mit dem auf einer Halbinsel gelegenen **Mercatale.**

Information

Novafeltria 6600 Ew., 275 m ü. NN; **Sant' Agata** 2360 Ew. 600 m ü. NN; **Pennabili** 3100 Ew, 630 m ü. NN; **Macerata Feltria** 2000 Ew., 320 m ü. NN; **Sassocorvaro** 3500 Ew., 330 m ü. NN.

Unterkunft

• **Hotels.** 5 in *Novafeltria,* 4 in *Sant'Agata,* 5 in *Pennabilli,* 9 in *Carpegna,* 1 in *Macerata Feltria* und 1 unterhalb des Konvents Montefiorentino in *Frontino.*

Camping

• Ein ganzjährig geöffneter Campingplatz ist in Carpegna **Camping Paradiso*****, Via Paradiso 36. In Pennabilli ist **Camping Marecchia****, Via Molino Schieti, geöffnet 15.5-15.9.

Essen und Trinken

• Eine Traditionsadresse ist das **Antenna dal Morino***** in der Nähe von Sant'Agata Feltria beim Weiler *Monte Benedetto,* verfeinerte Landküche mit lokalen Produkten, hausgemachte Pasta, in der Saison Steinpilze, Trüffel und Wild, Tel. 05 41/92 96 26, Via Monte Benedetto 32, Mo Ruhetag außer Juli/August.

• In Sassocorvare bietet die **Osteria Le Logge*** neben der Festung preiswerte, einfache Küche, das Menu del Giorno bekommt man schon für etwa 12 €, große Auswahl an Nudelsaucen.

Öffentliche Verkehrsmittel

• **Bus.** Recht häufige Verbindungen von *Rimini* nach *Novafeltria;* wenige Verbindungen von Novafeltria nach *Sant'Agata* und *Pennabilli;* werktags vier, sonntags 2 Busse von *Pesaro* über *Sassocorvaro, Macerata Feltria* nach *Carpegna.*

Urbino

In der Gestalt des Federico di Montefeltro vereinigen sich all die Charakterzüge, die der Idealfigur des aufgeklärten Fürsten der Renaissance zugeschrieben werden. Obwohl machtbewusst und ein erfolgreicher Feldherr, der sich in vielen kriegerischen Auseinandersetzungen hervortat, war er gleichzeitig an allem Neuen interessiert, an Wissenschaft, Kunst und Architektur, am Fortschritt in allen Lebensbereichen. Seine Stadt war Urbino, das er nach seinen Vorstellungen umgestaltete.

Bis heute hat sich die im 15. Jh. geschaffene Stadtansicht kaum verändert. Vor allem von Westen her betrachtet bietet sie ein pittoreskes Bild. Aus der Landschaft wächst rostbraun ein kompaktes Steingebirge hervor, in dem die Türme und gerundeten Wölbungen des fürstlichen Palastes und des Doms markante Akzente setzen. Kein störender Neubau beeinträchtigt die historische Silhouette, und auch die umgebende Landschaft wirkt intakt. Im weitgehend unzersiedelten Hügelland rund um die Stadt reihen sich Getreidefelder und Wiesen, von kleinen Gehölzen unterbrochen, im lebhaften Wechsel aneinander. Den Hintergrund bildet der langgestreckte aus der Ferne betrachtet dunkle Rücken des Apennin mit dem gut 1700 m hohen *Monte Catria.*

Auch im Innern der Stadt setzt sich das harmonische, in sich geschlossene Bild fort. Die Hauptstraßenzüge erweitern sich mehrfach zu kleinen, lebendigen Stadtplätzen, an die sich mittelalterlich verwinkelte Viertel anschließen. Angenehm ist auch, dass das historische Zentrum weitgehend vom Autoverkehr freigehalten wird. Akkustisch dominieren statt der üblichen Motorengeräusche menschliche Stimmen.

Positiv bemerkbar macht sich auch, dass Urbino, anders als vergleichbare historische Städte Umbriens oder der Toscana, nicht in erster Linie durch den Tourismus geprägt wird. Der Andrang fremder Besucher ist zwar nicht unbedeutend, im Stadtalltag dominieren jedoch die Einheimischen, unter die sich noch die Studenten der traditionsreichen **Universität** mischen. Bis auf die Mittagszeit findet man den ganzen Tag über auf der zentralen Piazza Gruppen von Männern, Hausfrauen und Studenten beim Erzählen, Disputieren, Kartenspielen, Sehen und Gesehenwerden.

Geschichte

Zwar lagen auf dem Hügel von Urbino schon frühgeschichtliche Siedlungen der umbrischen-picenischen Urbevölkerung sowie später die römische Stadt **Urvinum Metaurense.** Von diesen Epochen hat sich jedoch so gut wie nichts im Stadtbild erhalten.

Urbino verdankt seinen Ruhm und seine Schönheit allein der **im 13. Jh. beginnenden Regentschaft der Montefeltro,** die sich in vielen kriegerischen Auseinandersetzungen gegen den feindseligen und mächtigen Clan der Malatesta aus Rimini behaupten konnten. Von **1444 bis 1482** regierte der 1422 unehelich geborene **Federi-**

co di Montefeltro über die Besitzungen Urbinos. Kaum zwanzig Jahre alt hatte er sich schon als Heerführer bewähren müssen. Als Condottiere kämpfte er mit großem militärischen und ökonomischen Erfolg für fremde Herren wie die Stadtstaaten Florenz und Mailand oder den päpstlichen Kirchenstaat. Zu dieser Zeit war das Kriegshandwerk zu einem nüchtern kalkulierten Geschäft umherziehender Mietheere geworden. Der Erfolg des Federico gründete sich vor allem auf seine geschickte wohlwollende Menschenführung. Bei seinen Soldaten soll er äußerst beliebt gewesen sein. Nachdem er Herzog von Urbino geworden war, investierte Federico den gewonnenen Reichtum in den Bau seines großen Palastes. In seinem gesamten Herrschaftsbereich ließ er zahlreiche weitere Festungen und Residenzen errichten.

Die **berühmtesten Baumeister** ihrer Zeit, *Giorgio Martini, Genga, Sansovino,* wurden mit den Arbeiten beauftragt. Daneben entwickelte sich der Hof von Urbino zu einem **Zentrum von Wissenschaft, Kunst und Kultur,** das Gelehrte aus allen Landesteilen

Urbino, ein historisches Enseble des 15. Jhs.

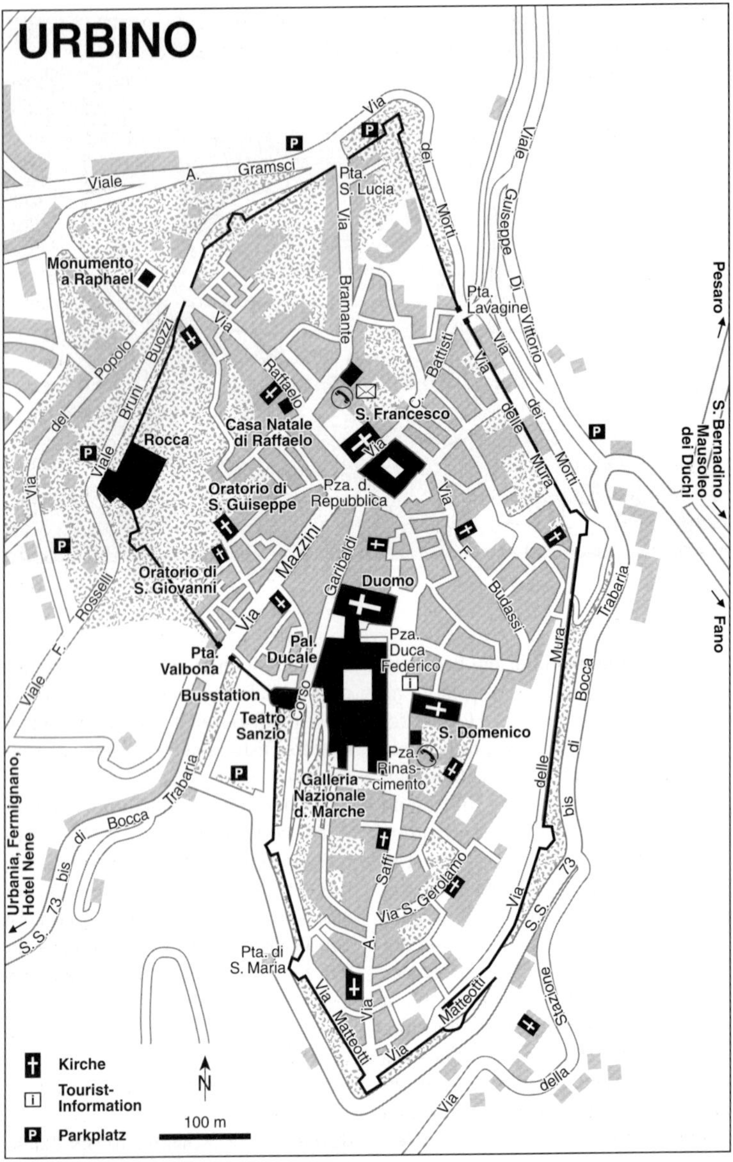
URBINO
Monumento a Raphael
Rocca
Casa Natale di Raffaelo
S. Francesco
Oratorio di S. Guiseppe
Pza. d. Repubblica
Oratorio di S. Giovanni
Duomo
Pal. Ducale
Pza. Duca Federico
Pta. Valbona
Busstation
Teatro Sanzio
S. Domenico
Pza. Rinascimento
Galleria Nazionale d. Marche
Pta. S. Lucia
Pta. Lavagine
Pta. di S. Maria
Viale A. Gramsci
Via Bramante
Via dei Morti
Viale Giuseppe Di Vittorio
Via Raffaelo
Via C. Battisti
Via delle Mura
Via dei Morti
Viale Buozzi
Viale Bruni
Via del Popolo
Via Mazzini
Via Garibaldi
Via F. Budassi
Viale F. Rosselli
Corso
Via A. Saffi
Via S. Gerolamo
Via Matteotti
Via Trabaria
Bocca Trabaria
S.S. 73 bis di Bocca Trabaria
Via delle Mura
S.S. 73
Via della Stazione
Pesaro
S. Bernadino Mausoleo dei Duchi
Fano
Urbania, Fermignano, Hotel Nene
Kirche
Tourist-Information
Parkplatz
N
100 m

anzog. Zur herzöglichen Residenz gehörten eine große Bibliothek, ein Orchester und ein Theater. Aber auch im einfachen Volk war Federico, glaubt man zeitgenössischen Berichten, sehr beliebt. Immer wieder sei er durch die Straßen Urbinos gegangen, um sich mit Kaufleuten, Handwerkern und Bürgern über alles mögliche zu unterhalten – ein in der Periode machtbewusster Feudalaristokratien ganz und gar ungewöhnliches Verhalten.

Mit dem Tod Federicos begann der Stern Urbinos sinken. Seine Nachfolger verfügten nicht über seine Qualitäten. Eine gewisse Blütezeit erlebte das Herzogtum nochmals **ab 1508** unter den **delle Rovere,** die den letzten kinderlos gestorbenen Montefeltro beerbten. Diese verlegten den Schwerpunkt der Herrschaft zur Küste hin nach Pesaro. Auch der letzte Herrscher der delle Rovere hinterließ keine Erben. **1631** fiel das Herzogtum von Urbino **an den Kirchenstaat** und wurde zu einem unbedeutenden Provinzort – der Hauptgrund dafür, dass sich die Stadt bis heute geschlossen im Bild des 15. Jhs. präsentiert.

Besichtigung

Die Haupteingangspforte zur Stadt bildet die 1621 errichtete repräsentative **Porta di Valbona** bei der *Piazza Mercatale.* Der einst als Viehmarkt genutzte Platz dient heute als Busstation und Parkplatz. In die Stadtmauern bei der Piazza hineingebaut war die *data,* die großen Stallungen der herzöglichen Reiterschaft. Von der Porta di Valbona steigt die *Via Mazzini* an alten Fassaden vorbei zur kleinen **Piazza della Repubblica** hinauf. Die gute Stube der Stadt wirkt mit ihren Ziegelbauten historisch gewachsen, obwohl die Fassaden der umstehenden Gebäude z. T. erst im 19. Jh. entstanden. Einige Bars laden zur Rast mit *cappucino* und *aperitivo,* bei der man das Kommen und Gehen auf der Piazza studieren kann.

Auf der *Via Veneto* geht es weiter aufwärts Richtung Herzogspalast. Der zwischen den beiden Polen Piazza della Republicca und Palazzo Ducale verlaufende Flanierweg der Studenten ist oft von lauten Stimmen gefüllt. (In der Öffentlichkeit seine Stimmkraft zu erproben ist offenbar ein beliebtes Spiel der männlichen Jugend; im „Land der Tenöre" käme allerdings niemand auf die Idee, sich darüber aufzuregen.) Oberhalb weichen die Mauern der Via Veneto zurück und man tritt auf einen langgestreckter Platz, der rechter Hand von den Fassaden des Doms und des Palazzo Ducale, der Hauptsehenswürdigkeit Urbinos, begrenzt wird.

☆Palazzo Ducale

„La casa" nannte Federico seine Residenz, und von außen wirkt der klar und einfach strukturierte Bau auch nur wie ein großes Haus. Bescheidene, unaufdringliche Schmuckelemente verzieren die **Außenfassaden.** Der helle Stein, der Fenster und Portale einrahmt, hebt sich markant ab vom dominierenden Rostbraun des Ziegelsteins, aus dem der Palast gebaut ist. Bei genauem Hinssehen lassen sich in den Rahmen filigran Reliefverzierungen mit Pflanzenornameten, Greifen und Harpyen entdecken.

Der Eindruck eines zwar großen aber einfachen Wohngebäudes ändert sich sofort, wenn man in den **Cortile d'Onore** tritt. Den viereckigen Innenhof, der durch seine harmonischen Proportionen beeindruckt, umgibt ein repräsentativer Bogenumgang.

Die vornehm-feudale Ausstrahlung verstärkt sich noch im **Palastinnern,** wo sich hohe und weite Raumfluchten über mehrere Stockwerke und in diverse Seitentrakte erstrecken. Durch ihre lichte Leere entsteht der Eindruck von architektonischer Klarheit und Großzügigkeit. Die Wandflächen sind meist kahl. Plastischer Schmuck ist nur an den Kaminen, Türeinfassungen, Holzintarsien, Erkern und Loggien zu finden, wo sich in den Verzierungen auch schöne Details entdecken lassen. Von den Fenstern des Palastes bieten sich immer wieder weite Ausblicke in die sanft-grüne Hügellandschaft von Urbino. (Besichtigung nur im Rahmen geführter Rundgänge, geöffnet Di–So 8.30–19.15 Uhr, Einlass bis 17.45 Uhr, Mo 8.30–14 Uhr, Einlass bis 12.30 Uhr, 4 € Eintritt).

Der Palazzo beherbergt heute die reichhaltigste Gemäldesammlung der Marken. Die **Galleria Nazionale delle Marche** besitzt zahlreiche Werke berühmter Künstler. Von *Piero della Francesca* stammen die „Madonna di Senigallia" und die „Geißelung Christi", die in der *Sala delle Udienze* (Audienzsaal) ausgestellt sind. Sie vermitteln den charakteristischen fremdartigrätselhaften Eindruck der Bildwerke Pieros. Der Betrachter fühlt sich als Eindringling in einen Geschehensablauf, dessen Sinn ihm verborgen gehalten wird. Besonders deutlich wird dies in der berühmten Geißelungsszene, über deren Bedeutung die Kunsthistoriker sich bis heute nicht einigen können.

Von der Sala delle Udienze führt ein Durchgang zum kleinen *Studiolo.* Hierher zog sich der Herzog zurück um sich in seine Studien zu vertiefen. Das kleine Studierzimmer mit schöner geschnitzter Kassettendecke ist an den Wänden vollständig mit Bildintarsien ausgeschmückt, die Wissenschaften und Künste symbolisieren. Hinter dem Studiolo führt eine Wendeltreppe hinab zur versteckten kleinen Renaissancekapelle *Capellina del Perdono,* die auf einen Entwurf des jungen Bramante zurückgehen soll.

In dem auf das Studierzimmer folgenden Raum, dem ehemaligen Schlafgemach, ist das Gemälde des Spaniers *Berruguete* bemerkenswert (1476). Die Auftragsarbeit zeigt in Seitenansicht Frederico II. mit seinem Sohn Guidobaldo in realistischer Darstellung. Der Herzog ist in eine Rüstung gesteckt und liest ein Buch. Damit sollen dessen herausragende Fähigkeiten sowohl auf dem Gebiet des Kriegshandwerks als auch der humanistische Wissenschaften herausgestrichen werden.

Auch in der „Kommunion der Apostel" des Flamen *Justus van Gent* findet sich in der Person mit roter Kopfbedeckung rechts vom Tisch ein kleines

Herzogsporträt. Es ist wiederum in Seitenansicht gemalt. Der Herzog, der sein rechtes Auge im Kampf verloren hatte, durfte nie von vorne gesehen dargestellt werden. Das Gemälde steht im „Saal der Engel", der nach seinem herrlich verzierten Kamin benannt ist. Auf dessen Balken verläuft ein Fries mit heiteren, tanzenden und musizierenden Putten und Engeln. Sehr schön sind auch die in Blau und Gold gehaltenen verzierten Türstürze und Gesimse sowie die intarsierte Eingangstür zum Ehrensalon. An den Wänden hängen noch eine oft wiedergegebene anonyme Architekturphantasie der idealen Stadt der Renaissance sowie die niedliche erzählerische Bildfolge von der „Entweihung der Hostie", einer Perspektivstudie des *Paolo Ucello* (1465–1468).

Vom berühmtesten Künstlersohn Urbinos, *Raffael Sanzio,* sind einige Räume weiter im „Saal der Herzogin" zwei Gemälde zu sehen, das kleine Tafelbild der hl. Katharina und ein „Die Stumme" genanntes nach 1505 entstandenes Frauenporträt. Neben den hier kurz erwähnten Werken beherbergt der Palazzo Ducale noch zahlreiche weitere sehenswerte Kunstschätze. Für eine eingehende Besichtigung aller Exponate reicht der obligatorische geführte Rundgang kaum aus.

Vom Cortile d'Onore führt eine dunkle Treppe abwärts ins **Untergeschoss**

„Geißelung Christi" von Piero della Francesca

mit den heute leeren ehemaligen Keller- und Vorratsräumen. Auch einen Pferdestall, eine Waschküche, eine Färberei sowie drei Zisternen für Regenwasser, das mit Kohle- und Kiesfiltern für die Küche nutzbar gemacht wurde, gab es in den versteckten Gewölben unter dem Palast. Daneben ist auch das herzögliche Bad zu sehen, das aus zwei Räumen bestand. Neben dem eigentlichen Baderaum mit kleinem Stufenbassin gab es einen angrenzenden Ruheraum, dessen Böden und Wände über Hohlräume, durch die heißes Wasser geleitet wurde, beheizt werden konnten. Auch von hier aus musste man sich nur wenige Schritte zu einem Fenster begeben, um dann den Blick über das anmutige Hügelland von Urbino schweifen zu lassen.

☆Duomo

Der Dom von Urbino wurde etwa zur gleichen Zeit wie der Herzogspalast begonnen und ist mit diesem durch einen Gang verbunden. Zwischen 1789 und 1802 wurde er außen wie innen grundlegend umgestaltet, nachdem bei einem Erdbeben wesentliche Teile eingestürzt waren. Die Renaissancearchitektur wurde dabei durch klassizistische Stilformen ersetzt. Mit seiner pompösen Außenfassade und den hellen, von kräftigen Säulen getragenen Innenraum vermittelt er kühle Pracht. Über den Seitenaltären sind zwei üppige Bildwerke des Barockmaler *Frederico Barocci* zu sehen, das „Martyrium des hl. Sebastian" und das „Abendmahl".

Das **Dommuseum Albani** zeigt neben weiteren Gemälden, liturgische Gerätschaften sowie einige Buchminiaturen vom Ende des 15. Jhs.

Auch die ursprünglich gotische Kirche **San Domenico** gegenüber dem Herzogspalast wurde im 18. Jh. grundlegend umgestaltet. Älter ist hier nur das Renaissanceportal mit einer Terrakottagruppe aus der florentinsichen Künstlerwerkstatt der *della Robbia* (1450) in der Lünette.

☆Zwischen Piazza della Repubblica und Rocca

Ein kleiner Stadtpaziergang führt von der *Piazza della Republicca* zum klassischen Aussichtsplatz mit dem Postkartenblick auf Urbino. Durch den Bogengang am Corso Garibaldi gelangt man zum *Teatro Sanzio,* einem weiteren der zahlreichen hübschen Theaterbauten des 19. Jhs. in den Marken. Eine spiralförmige Treppe, die *Scalette del Teatro,* leitet von hier hinunter zu einem über die Porta di Valbona hinwegführenden Wehrgang. Beim Anstieg auf der gegenüberliegenden Talseite bietet sich ein herrlicher Ausblick zum hoch aufstrebenden Palazzo Ducale.

Am Ende der *Via Barocci* lohnt ein Blick in die kleine Betkirche **Oratorio di San Giovanni,** die Ende des 14. Jhs entstand. Sie besitzt einen herrlichen Freskenzyklus, der 1416 von den Brüdern Jacopo und Lorenzo Salimbeni geschaffen wurde. Die Malereien folgen stilistisch den Idealen der internationalen Gotik, die sich durch eine besondere Freude an lebhaftiger Farbigkeit, szenischer Ausschmückung und vielen dekorativ-verspielten Details auszeichnet. Neben einer Kreuzigungsdarstellung ist an der rechten Seite in einer Bildfolge die Geschichte des hl. Johannes des Täufers wiedergegeben. Überall werden kleine Nebenschauplätze inszeniert, die oft in keinem direkten Bezug zum Hauptthema stehen: eine Mutter hält ihr unartiges Kind fest, ein weiteres Kind tritt einem Spielkameraden ins Gesicht, eine Frau gestikuliert, ein bärtiger Mann blickt versonnen aus dem Bildgeschehen hinaus, Engel weinen, Männer vergnügen sich bei einem Weingelage usw. (tgl. 10–12.30 und Mo–Sa 15–17.30 Uhr, Eintritt 2 €).

Gleich nebenan an der Via Barocci steht das **Oratorio di San Giuseppe,** eine weitere kleine Betkirche mit überladener Barockausstattung und einer Gipsfigurenkrippe von 1550.

Über die *Via Santa Margherita* weiter ansteigend erreicht man die **Rocca** von Urbino auf dem Hügel *Il Monte.* Die abweisende glatte Ziegelbastion ist ein nüchtern-schmuckloser Wehrbau des 14. Jhs (tgl. 10–16 Uhr geöffnet). Vom Rastplatz auf der Wiese davor kann man das klassische Stadtpanorama von Urbino genießen. Der Palazzo Ducale mit seiner von fast maurisch wirkenden Rundtürmen flankierten Loggia ist in Italien architektonisch ohne Parallele.

In der Nähe der Rocca, auf der *Piazza Roma,* gedenkt Urbino seiner berühmtesten Künstlerpersönlichkeit. Mit reichlich kurz geratenem Rock steht Raffael mit Pinsel und Palette auf seinem Denkmalssockel über sechs Putten und einem halbnackten Paar. Drumherum blicken die Büsten berühmter Personen der Geschichte stumm auf die Figur des genialen Renaissancemalers.

Von der Piazza Roma führt die *Via Raffaelo* abwärts zur **Casa Natale di Raffaelo.** Im Geburtshaus Raffaels, in dem der Maler 1483 das Licht der Welt erblickte, gibt es eigentlich nichts besonderes zu sehen. Dennoch drängen sich fast immer Schulklassen und Besuchergruppen beim Eingang. Die Geburtsstätte Raffaels wurde im 19. Jh. zu einer Art Pilgerstätte des europäischen (vor allem deutschen) Bildungsbürgertums, das den Künstler fast wie ein Heiliger verehrte. Immerhin kann man sich in den Innenräumen ein Bild von den Wohnverhältnissen in einem Stadtpalazzo des 15. Jhs. verschaffen. Ein ausgestelltes Gemälde mit dem Titel „Madonna mit Kind" stammt wohl vom Vater Raffaels, *Giovanni Sanzi,* obwohl man es nur allzu gerne dem berühmteren Sohn zuschreiben möchte. Dieser hatte allerdings schon in jungen Jahren Urbino endgültig verlassen. Schon um 1500 ist er in Perugia bezeugt, wo er in der Werkstatt des Perugino seine Malerkarriere begann. Eine ausgestellte „Verkündigung" stammt mit Sicherheit von dem Vater Raffaels, der ebenfalls ein anerkannter Künstler war (geöffnet werktags 9–13 u. 15–19 Uhr, So 10–13 Uhr, 3 € Eintritt).

Gegenüber der Casa erhebt sich an der kleinen *Piazza delle Erbe* die **Chiesa San Francesco.** Vom gotisch-romanischen Ursprungsbau des 14. Jhs ist im wesentlichen nur der schöne Glockenturm erhalten. Auf der Piazza vor der Kirche findet vormittags der Blumen- und Gemüsemarkt von Urbino statt.

☆San Bernadino degli Zoccolanti

Auf einem Hügelrücken südlich der Stadt steht einsam über Wiesen und Feldern die Kirche. Der schöne Ziegelbau mit Zylinderkuppel und Campanile wurde Ende des 15. Jhs. von einem der wichtigsten Baumeister der Montefeltro, *Francesco di Giorgio Martini* aus Siena, erbaut. Die kleine Renaissancekirche wurde als Mausoleum der Herzöge errichtet. Hinter dem Eingang zum hellen und etwa kahl wirkenden Kirchenschiff stehen in zwei Wandnischen die Marmorsarkophage für Federico di Montefeltro und seinen Sohn Guidobaldo (täglich 8–18 Uhr geöffnet).

Information

- **Urbino.** 43 600 Ew., 315 m ü. NN, PLZ 61 029, 35 km südwestlich Pesaro.
- **Tourist-Info.** *I.A.T.*, Piazza Duca Federico 35, gegenüber vom Palazzo Ducale, Tel. 07 22 26 13, Fax 07 22 24 41, E-mail: iat.urbino@regione.marche.it.

Unterkunft

- **Bonconte******/€€€€. Via delle Mura 28, Tel. 07 22 24 63, Fax 07 22 47 82, E-mail: info@viphotels.it, Internet: www.viphotels.it, nahe beim Zentrum an der Stadtmauer, noble Villa mit altem Mobiliar, eher kleine Zimmer, z. T. mit schöner Aussicht, kleiner Garten, Terrasse.
- **Raffaello*****/€€-€€€. Via S. Margherita 38/40, Tel. 07 22 47 84, Fax 07 22 32 85 40, mitten im Zentrum in einer ruhigen Seitengasse, empfehlenswertes Haus mit 14 geräumigen, geschmackvoll eingerichteten Zimmern, z. T. mit schönem Blick über die Dächer der Altstadt, empfehlenswert.
- **Italia*****/€€-€€€. Corso Garibaldi 32, Tel. 07 22 27 01, Fax 07 22 32 26 64, Internet: www.albergo-italia-urbino.it, das älteste Hotel Urbinos erstrahlt nach grundlegender Renovierung in neuem Glanz, zentrale Lage, guter Komfort, die teureren Zimmer mit Ausblick über die Dächer Urbinos, reichhaltiges Frühstücksbuffet.
- **San Giovanni****/€€. Via Barocci 13, zentrale, ruhige Lage, einfach eingerichtete Zimmer, Tel. 07 22 28 27.
- **Fosca***/€. Via Raffaello 67, Tel. 07 22 25 42, preiswerte, sehr einfache Pension in einem Altbau im Zentrum, ordentliche Zimmer, allerdings alle ohne Bad.
- **Mamiani******/€€€€-€€€€€. Via Bernini 6, Tel. 07 22 32 23 09, Fax 07 22 32 77 42, E-mail: mamiani@info-net.it, modern-komfortables Großhotel, in Panoramalage einige Kilometer außerhalb der Altstadt.
- **Nenè*****/€-€€€. Via Crocicchia 30, Tel. 07 22 29 96, Fax 07 22 35 01 61, E-mail: nenè@nenèurbino.com, Internet: www.nenurbino.com, 3 km südwestlich der Altstadt auf dem Lande, zu erreichen über eine schmale, von der Straße Richtung Urbania abzweigende Nebenstraße, empfehlenswert, ruhige Lage im Grünen zwischen Wiesen und Feldern, altmodisch eingerichtete, recht geräumige Zimmer, moderne Bäder, gutes Restaurant.

Camping

- **Campeggio Pineta**.** San Donato Ca' Mignone, Tel. 07 22 47 10, Fax 07 22 47 34, 2 km südlich außerhalb beim Mausoleo dei Duchi, geöffnet 1.4.–15.9.

Essen und Trinken

- **Ristorante Vecchio Urbino***.** Via dei Vasari 3/5, Menu Degustatione 28 € und Menu Tipice für 34 €, Karte ab 20 €, elegantes, renommiertes Restaurant in einer alten Kornkammer, Tel. 07 22 44 47, Di Ruhetag.
- Die Osteria **L'Angolo Divino****-*** in der Via Sant'Andrea 14 bietet interessante Kreationen, mittags gibt es ein preiswerteres Menu, Tel. 07 22 32 75 59, So abends u. Mo mittags geschlossen.

• **Trattoria-Pizzeria Le Tre Piante***-**. Einfach-traditionelle Küche auf gutem Niveau, kleiner Speiseraum, bei Studenten beliebt, weswegen man nicht allzu spät am Abend kommen sollte, Foro Posterula 1, Tel. 07 22 48 63, Mo Ruhetag.

• **La Balestra***-**. Via Valerio 16, angenehmes kleines Lokal mitten im alten Ort, einfache bodenständige Küche mit Pizzeria, ungezwungene Atmosphäre, mit schöner Terrasse, Tel. 07 22 29 42, Di Ruhetag.

• Drei Kilometer außerhalb auf dem Land bietet auch das beliebte **Restaurant des Hotels Nenè**** gut durchschnittliche Küche zu vergleichsweise niedrigen Preisen (s. o.); Sonntag mittags verursacht der Gästeandrang zeitweise Verkehrsstaus auf dem engen Zufahrtsweg.

• Eine hübsche kleine Bar mit altem Mobiliar ist das **Caffè Rafaello** in der Via Raffaello 41.

Öffentliche Verkehrsmittel

Bus

• **Endhaltestelle** vor der *Porta di Valbona.*

• Werktags etwa stündlich in gut 50 Min mit *Sapum* nach **Pesaro;** So nur 4 Fahrten.

• Werktags 8x, So 4x mit *Bucci* in etwa 1½ Stunden über *Fossombrone* nach **Fano** und **Pesaro;** werktags 5x nach **Cagli;** die Busse um 6 Uhr und 12.30 Uhr fuhren zuletzt weiter bis **Gubbio** in Umbrien.

Bahn

• Die in manchen Plänen noch eingezeichnete **Nebenbahnlinie Fano–Urbino** ist seit einigen Jahren **stillgelegt.** Mit einer Wiedereröffnung ist nicht zu rechnen.

Taxi

• **Taxistand** an der *Busstation* (Tel. 07 22 32 79 49) und an der *Piazza della Repubblica* (Tel. 07 22 25 50).

Parken

• Im Zentrum nur wenige Parkplätze; gebührenpflichtige **Tiefgarage** vor der *Porta di Valbona.*

• Mehrere **gebührenfreie Parkplätze** an den am Stadtkern entlangführenden Straßen.

Einkaufen

• Die **Enoteca Magia Ciarla** in der Via Raffaello 54 verkauft neben Wein auch guten Käse.

• Gleich daneben befindet sich eine traditionelle Pasticceria mit vielen Leckereien.

Sonstiges

• **Post.** Via Bramante 18.

• **Telefon.** *Telecom* in der Via Garibaldi gegenüber dem Hotel Italia und an der Piazza Rinascimento gegenüber Palazzo Ducale.

Dünnbesiedeltes Montefeltro bei Urbino

Der märkische Apennin

Zwischen Metauro und Esino – Übersicht

Von den zahlreichen vom Apennin zum Meer hin abfließenden Gewässern haben der **Metauro** mit dem Seitenarm **Candigliano** und weiter südlich der **Esino** die markantesten Schneisen gegraben. Beide Flussläufe auf ihrem Weg zur Küste mit einer Schluchtpassage das Kalkgebirge überwinden. In den so entstandenen Tälern verliefen früher und heute wichtige Verkehrswege zwischen der Adria und Rom, im Metauro- und Candiglianotal die antike **Via Flaminia,** im Esinotal die moderne Fernstraße und Eisenbahn. Im Bergland zwischen den Tälern findet man ruhige Kleinstädte und Dörfer mit verwinkelten alten Ortskernen. Vor allem entlang des Hauptkamms des Apennin mit dem gut 1700 m hohen **Monte Catria** wird das Land sehr einsam. Abgesehen von den **Grotte di Frasassi** sowie vielleicht noch dem **Kloster Fonte Avellana** gibt es in diesem Gebiet keine größeren Sehenswürdigkeiten, dafür aber viel unberührte Natur. Die grandiosen Tropfsteinhöhlen von Frasassi bilden eine der eindrucksvollsten Natursszenerien ganz Italiens.

Fossombrone und die Furlo-Schlucht

Zwischen Fano und Urbino markiert **Fossombrone** am Metauro den Übergang vom sanft-hügeligen Agrarland zu den ersten Gebirgsausläufern des Apennin. Der alte Ortskern zieht sich von der Höhe des Flusses weit einen steilen Südhang hinauf. Die unterste Etage durchzieht eine einzige Hauptgasse, der von Arkadengängen und diversen Palazzi des 15.–18. Jhs. geäumte **Corso Garibaldi.** Die einladende Hauptpiazza sucht man leider vergeblich, nur beim **Palazzo Comunale** öffnet sich der dunkle Corso etwas. Das alte Rathaus ist ein schöner Bau des 16. Jhs mit vier Giebelfenstern über vierbogigem Portikus.

Gegenüber führt ein Treppenweg hinauf zum **Corte Rossa** oder *Palazzo Ducale,* einer weiteren Residenz der Herzöge von Urbino. Der mit seiner abweisenden Fassade noch mittelalterlich wirkende Palazzo entstand um 1470. Von der Gartenterrasse genießt man einen schönen Blick ins Tal des Metauro. Die Innenräume sind nur am Wochenende nachmittags zugänglich, wenn das hier untergebrachte kleine Archäologiemuseum geöffnet ist (Sa/So 15.30–18.30 Uhr).

Hinter dem Palazzo setzt sich die ansteigende Treppenrampe fort. Sie führt zu einem kleinen Dorf über der Stadt mit bescheidenen Häuser zwischen kleinen Terrassengärten. Ganz oben erreicht man schließlich die zerbrochenen Mauern der **Rocca Malatesta** (12. Jh.). Neben der wuchtigen Ruine bietet ein Wiesenrastplatz schöne Sicht auf den westlich sich öffnenden Felsspalt der Furlo-Schlucht.

Durch die Gola di Furlo

Auf dem Weg zur Gola di Furlo lohnt drei Kilometer hinter Fossombrone ein kurzer Abstecher nach links zur Metaurobrücke bei den **Marmitte dei Giganti** (braunes Hinweisschild, Abzweig kurz vor dem Hotel *Al Lago).* Der Blick fällt in eine idyllische kleine Kalkschlucht, durch die sich grünfarben der Metauro zwängt. Mit den „Kochtöpfen der Giganten" sind die tiefen Strudellöcher gemeint, die das Flusswasser in die Felsen gegraben hat.

Die ungleich größere **Gola di Furlo** wurde vom *Candigliano,* dem wichtigsten Nebenfluss des Metauro, aus dem Fels gewaschen. Die neue Schnellstraße Richtung Cagli führt nördlich an der Schlucht vorbei. Die alte, weiterhin befahrbare *Via Flaminia* verläuft unter steilen Kalkfelsen am Flussufer mitten durch die Schlucht. An der engsten Stelle nutzt die Straße noch heute ein Meisterwerk römischer Ingenieurskunst, die **Galleria di Furlo,** einen 40 m langen, 6 m hohen Tunnel durch das Kalkgebirge. Eine alte Inschrift über dem Eingang verweist auf das Jahr 76 als Entstehungszeit.

Beim Schluchtausgang zweigt beim *Ristorante Furlo* nach rechts eine Nebenstraße ab, die weit den Berg hinaufführt und dabei schöne Tiefblicke in die Felslandschaft der Umgebung eröffnet. An der sonnenexponierten Bergflanke wachsen hier in der mediterranen Macchia noch zahlreiche schlanke Säulenzypressen. Der markante Baum Mittelitaliens kommt in den Marken aufgrund einer Baumkrankheit nur noch relativ selten vor.

Gleich am Flussufer beim Schluchtausgang steht auf freiem Feld die kleine Kirche **San Vincenzo al Furlo.** Der weitgehend schmucklose, klar gegliederter Bau zeigt außen wie innen die Schlichtheit der Romanik. Ein verzierter Portalstein mit Schriftzug verweist auf das Jahr 1042 als Entstehungszeit des Baus. Die Wände des Innenraums sind noch mit spärlichen Freskenresten bedeckt. Eine Treppe führt in die schöne dreischiffige Krypta unter dem Hochaltar.

Die folgende eher uninteressante Kleinstadt **Acqualagna** nennt sich mit einigem Recht „Hauptstadt des Trüffels". Etwa zwei Drittel der Gesamternte Italiens wird hier vermarktet. Zur großen Trüffelmesse im Herbst, wenn die Liebhaber der teuren Knollen aus ganz Italien anreisen, erwacht der ansonsten touristisch nicht weiter bemerkenswerte Ort zum Leben.

In der Gola di Furlo

Information

• **Fossombrone.** 9500 Ew., 150 m ü. NN, PLZ 61 034.

Unterkunft

In und um Fossombrone

• Im Zentrum von Fossombrone befindet sich das familiäre **Mancinelli*****/€-€€, Preise und Komfort entsprechend eher einem Zwei-Sterne-Hotel, freundlicher Service aber nicht ganz ruhig (Verkehrsgeräusche) sowie kleine Zimmer, Piazza Petrucci 5, Tel. 07 21 71 65 50.

• Das **Al Lago*****/€€ 3 km westlich an der Hauptstraße nach Urbino ist ein großes, modern-nüchternes, professionell geführtes Haus, Via Cattedrale 79, Tel. u. Fax 07 21 72 61 29.

Am Westausgang der Furloschlucht

• **La Ginestra*****/€€. Via Furlo 17, 61 041 Acqualagna-Furlo, Tel. 07 21 79 70 33, ruhige Zimmer zur Flussseite, gut eingerichtete, allerdings eher kleine Räume, mit Restaurant**.

• **Birra al Pozzo****/€. Via Pianacce 12, 61 041 Acqualagna-Furlo, Tel. 07 21 70 00 42, bei San Vincenzo an der Straße nach Acqualanga, einfaches Landhotel, gutes Preis-Leistungsverhältnis, geräumige Zimmer und Bäder, mit Restaurant*-**.

Camping

• **Camping Le Querce****. Bei San Vincenzo, ganzjährig, Standplätze für Campingmobile, schattiger kleiner Platz, ordentliche Sanitäranlagen.

Essen und Trinken

• **Antico Ristorante del Furlo*****. Beim westlichen Schluchtausgang, verfeinerte Landküche auf gehobenem Niveau (Trüffel- und Pilzgerichte), Menu etwa 23 €, Karte ab etwa 25 €, Di Ruhetag.

• Das Ristorante des **Birra al Pozzo***-** versucht sich in kreativ verfeinerter Landküche,

San Vincenzo al Furlo

nach meiner Erfahrung, mit nicht durchgängig überzeugenden Ergebnissen.

- Eine gute Adresse für mit Trüffel verfeinerte Gerichte ist in Acqualagna das **Lampino****-***, nicht sehr gemütliches Ambiente, aber gute Küche; am besten entfaltet sich der Trüffelgeschmack zu Nudeln, Crostini oder Omelette, Via Risorgimento 30, Tel. 07 21 79 86 74, Di Ruhetag.

Öffentliche Verkehrsmittel

- **Bus.** Werktags von Fossombrone etwa 10x nach *Fano* und jeweils 8x nach *Urbino* sowie durch die Furlo-Schlucht nach *Cagli;* sonntags nur 4x und nur nach Urbino und Fano.

Einkaufen

- **Trüffel.** In *Acqualangna* bieten sechs Fachgeschäfte eingelegte und verarbeitete Trüffel in allen Variationen zum Kauf.

Feste und Veranstaltungen

- Die **Fiera Nazionale del Tartufo,** die große Trüffelmesse von Acqualagna findet jährlich am letzten Oktobersonntag und den drei folgenden Sonntagen im November statt. Zu dieser Zeit wird der besonders wertvolle *Tartufo Bianco* geerntet, der umgerechnet bis zu 1500 € das Kilo kosten kann.

Von Fossombrone nach Urbania

Nördlich der Furlo-Schlucht gelangt man bei **Fermignano** wieder ins Tal des Metauro und nach *Urbania.* Im Zentrum von Fermignano säumen bescheidene niedrige Häuserzeilen sich rechtwinklig kreuzende Gassen. Sie führen zu einem klobigen Turm bei einer Staustufe. Er sicherte einst einen wichtigen Flussübergang. Die mittelalterliche Flussbrücke mit einer winzigen Kapelle hat sich bis heute erhalten.

Urbania

Urbania weiter flussaufwärts, der größte Ort im oberen Metaurotal, ist eine vergleichsweise lebhaft wirkende Kleinstadt. Auf der *Piazza San Cristofero* diskutieren die Männer des Ortes unter der Säule des Namensheiligen und vor der Backsteinfassade des *Teatro Bramante* die neuesten Nachrichten aus Sport, Nachbarschaft sowie großer und kleiner Politik.

Geschichte

Als **Castel Durante** wurde die Stadt 1284 auf Geheiß des Papstes wieder aufgebaut, nachdem sie sieben Jahre vorher im Kampf zwischen Guelfen und Ghibellinen von den kaiserlichen Truppen völlig zerstört worden war. Über Jahrhunderte lebte der Ort von der Herstellung feinster Keramiken. Die **Majolika-Kunst** war über die Herzöge von Urbino in die Stadt gelangt. Die Montefeltro und delle Rovere residierten öfters in Castel Durante, wo sie einen weiteren Palast errichteten. Von Urbino her bauten sie eigens eine Straße durch die Hügel, die mit einer Tragesänfte in drei Stunden zu bewältigen war. Unter dem Kirchenstaat benannte sich Castel Durante als Dank für die **Verleihung der Stadtrechte durch Papst Urban** zu Urbania um. Mit dem Machtverlust der Herzöge von Urbino kam auch die Majolikaproduktion zum Erliegen.

Heute hat Urbania, wie es die örtliche Touristenbroschüre ausdrückt, die „alte Handwerksproduktion durch eine zukunftsträchtige industrielle Entwicklung ersetzt", die Produktion von Markenjeans.

Besichtigung

Der **Palazzo Ducale,** der Palast der Herzöge von Urbino (15./16. Jh.), steht langgestreckt über einer Schleife des Metauro. Über dem wuchtigen hohen Unterbau erstreckt sich mit schönen Rundfenstern das flache Obergeschoss mit der eigentlichen herzöglichen Residenz. Die Innenräume wirken großzügig und wohnlich, können sich jedoch nicht mit dem ungleich eleganteren und prächtigeren Palast von Urbino messen.

Im Palazzo Ducale ist heute das **Museo Civico** untergebracht.(geöffnet 10–12 und 15–18 Uhr, Mo geschlossen, Eintritt 3,50 €). Neben Handschriften, alten Landkarten, Barockbildern und etwas moderner Kunst sind vor allem der *Globo Terreste* und der *Globo Celeste* von Interesse, je ein Erd- und Himmelsglobus aus der Mitte des 16. Jhs.

Im Viertel am Fluss hat sich noch baulich etwas von der Stadt des Mittelalters und der Renaissance erhalten, wie z. B. um die von Ziegelsteinarkaden gesäumten *Via Bramante.* Die Kirchen des Ortes sind allesamt in den letzten Jahrhunderten grundlegend umgestaltet worden. Schön ist das **Oratorio del Carmine** an der Via Roma, eine winzige Betkapelle des 15. Jhs. mit barockem Freskenschmuck und einem älteren, würdevoll-ernstem Madonnenbild über dem Altar.

Eine Skurrilität erwartet den Besucher in der **Chiesa dei Morti.** In der hinteren Kapelle starren einem Totenfratzen entgegen. Die aufgestellten Leichen stammen von einem Friedhof des 17. Jhs., dessen Bodenchemie zu einer Mumifizierung der Bestatteten führte. Das ganze ist passend dekoriert von einer lange Reihe Totenschädel auf dem Bord darüber (geöffnet 10–12 u. 15–18 Uhr, Mo geschlossen).

Zwei Kilometer westlich von Urbania erhebt sich auf freiem Feld das herzögliche Jagdschloss **Barco Ducale,** ein großer Wohnkomplex des 16. Jhs. in den später eine Kirche eingebaut wurde.

Information

- **Urbania.** 6400 Ew., 270 m ü. NN, PLZ 61 049.
- **Tourist-Info.** *Pro Loco Casteldurante,* Corso V. Emanuele II 27, Tel. 07 22 31 72 11.

Unterkunft

- An der Hauptstraße nach Sant'Angelo in Vado das einfache **Bramante****/€, Via Roma 92, Tel. 07 22 31 70 87, Fax 07 22 31 95 62.

Essen und Trinken

- Gute, kreative und dazu noch recht preiswerte Küche bietet die gemütliche **Osteria del Cucco****, gute Auswahl an Gerichten mit Gemüse und Ricotta, so dass auch Vegetarier auf ihre Kosten kommen können, Via Betto de'Medici 9, Tel. 07 22 31 74 12, Mo Ruhetag.
- **Enoteca Big Ben****. Corso Vittorio Emanuele II 61, nur abends geöffnete, sympatische Enothek mit Ristorante und Pizzeria, oft gelobt und preiswert, Tel. 07 22 31 97 95.

Einkaufen

- An der Piazza San Cristofero bietet ein Keramikgeschäft traditionelle **Majolikaarbeiten** aus Urbania an.

Sprachkurse

- **Italienischkurse** im *Centro Studi Italiani,* Via Boscarini 1, Tel. 07 22 31 89 50, Internet: www.centrostuditaliani.org sowie in der *Scuola Italia,* Via Garibaldi 11, Tel. 07 22 31 79 82, Internet: www.scuola-italia.com; beide Institute vermitteln auch Unterkünfte.

Das obere Metaurotal

Weiter flussaufwärts wird das Land zunehmend bergiger, grüner, wasser- und waldreicher. **Sant'Angelo in Vado,** (3800 Ew., 360 m ü. NN) profitierte über Jahrhunderte ökonomisch vom Holzreichtum dieses Landstrichs. Am Fluss steht noch das kleine, kompakte Altstadtviertel. Ursprünglicher Mittelpunkt war die heute verwaist daliegende *Piazza Pio XII.* Am engen Platz steht die *Basilica* des 17. Jhs und der hübschen *Palazzo della Ragione* aus dem 13. Jh. mit klobigem Turm und Arkaden. Lebendiger ist die *Piazza Garibaldi* mit dem hellen *Palazzo Santinelli* (16. Jh.), wo einige Bars und Straßencafés zu einer Rast laden.

Auch das benachbarte **Mercatello sul Metauro** besitzt noch seinen mittelalterlichen Kern. Sehenswert ist hier neben dem *Palazzo Gasparino* aus dem 17. Jh. vor allem die *Chiesa San Francesco.* Sie wurde im 13. Jh. im romanisch-gotischen Übergangsstil errichtet und beherbergt heute eine Gemäldesammlung mit Werken des 14.-17. Jhs.

Hinter Mercatello rücken die grünen Waldhänge über dem Tal enger zusammen. Die Landschaft erinnert hier entfernt an deutsche Mittelgebirge.

Die kleinen Weiler dieses Landstrichs sind teilweise durch die Landflucht entvölkert, wie z. B. kurz vor *Borgo Pace* das hoch am Hang gelegene **Castello della Pieve,** zu dem eine schmale Schotterstraße hinaufführt. Über den 1049 m hohen Pass *Bocca Trabaria* gelangt man schließlich auf kurviger Route nach Nordumbrien bei **San Giustino.**

Zwischen Urbania und Cagli lohnt **Piobicco** im Tal des Candigliano einen

Das Castello von Piobicco

kurzen Zwischenstop. Auf einem Hügel über dem Fluss steht hier noch völlig in sich abgeschlossen das verlassen wirkende alte *Castello*. Beim höchsten Punkt erheben sich die Mauern der **Rocca Brancaleoni** vor dem Hintergrund des oben kahlen 1525 m hohen *Monte Nerone*. Im Mittelalter konnte sich das abgelegene Piobicco unter der Herrschaft des Clans der kämpferischen Brancaleoni (Löwenpranke) zeitweise als selbstständiger Kleinstaat gegenüber dem Kirchenstaat behaupten. Der Sitz der Brancaleoni, teils vornehmer Palazzo teils trutzige Wehrburg, ist ein großer Komplex, errichtet aus dem rosafarbenen Stein der Umgebung. Das Kastell des 13. Jhs. wurde im 16. Jh. im Renaissancestil umgebaut und erweitert. Es entstand ein mit Fresken und Stuckarbeiten geschmückter vornehmer Wohntrakt, der teilweise noch in seiner ursprünglichen Gestalt erhalten ist. Die Burg wurde nach langen Zeiten des Verfalls vor einigen Jahren grundlegend restauriert. Die Räumlichkeiten beherbergen heute ein kleines **Museum der Geopaläontologie** mit Ammonitenfunde der Umgebung sowie Exponaten zu Botanik und Ornithologie (werktags 9–12, 15.30–18.30 Uhr zugänglich, So erst ab 10.30 Uhr, zur Besichtigung den Kustoden unter der Tel. 07 22 98 54 44 anrufen).

Am Fuße des **Monte Nerone** zwischen Piobicco und Cagli wird die Landschaft karger. Der Fels tritt überall durch das magere Grün. Das Land verliert seinen idyllischen Charakter. Die Bewohner der bescheidenen Dörfer betreiben eine kärgliche Landwirtschaft auf wenig fruchtbarem Boden.

In den Wäldern zwischen dem Monte Nerone und dem Candigliano-Fluss kommt eine schwarze **Natternart** häufig vor, die über 1,50 m lang werden kann. An einem einzigen Tage hier liefen mir hier fünf dieser harmlosen Tiere über den Weg, die sich manchmal auch im Geäst der Bäume verstecken.

Cagli

Die Kleinstadt am Rande des Apennin besitzt zwar keine großen Kunstdenkmäler und sonstigen touristischen Attraktionen, dennoch hält man sich hier gerne auf. Das ruhige, hübsche Städtchen ist von angenehmer Provinzialtität. Wie fast alle märkischen Orte besitzt es noch ein kompaktes historisches Zentrum mit zentraler Piazza, diversen Palazzi und alten Kirchen, wo sich kleinere Sehenswürdigkeiten entdecken lassen. Auch von außen betrachtet bietet Cagli ein angenehmes Bild. Seine Häuser stehen von Türmen überragt, dicht gedrängt auf einem Hügel über dem Tal des Flusses *Burano*.

In der über weite Strecken unberührten Landschaft der Umgebung mit dem 1701 m hohen **Monte Catria** lassen sich abwechslungsreiche Wanderungen unternehmen (Wandervorschlag).

Geschichte

Cagli ist ein sehr alter Siedlungsplatz. In der Nähe hat man Bronzesta-

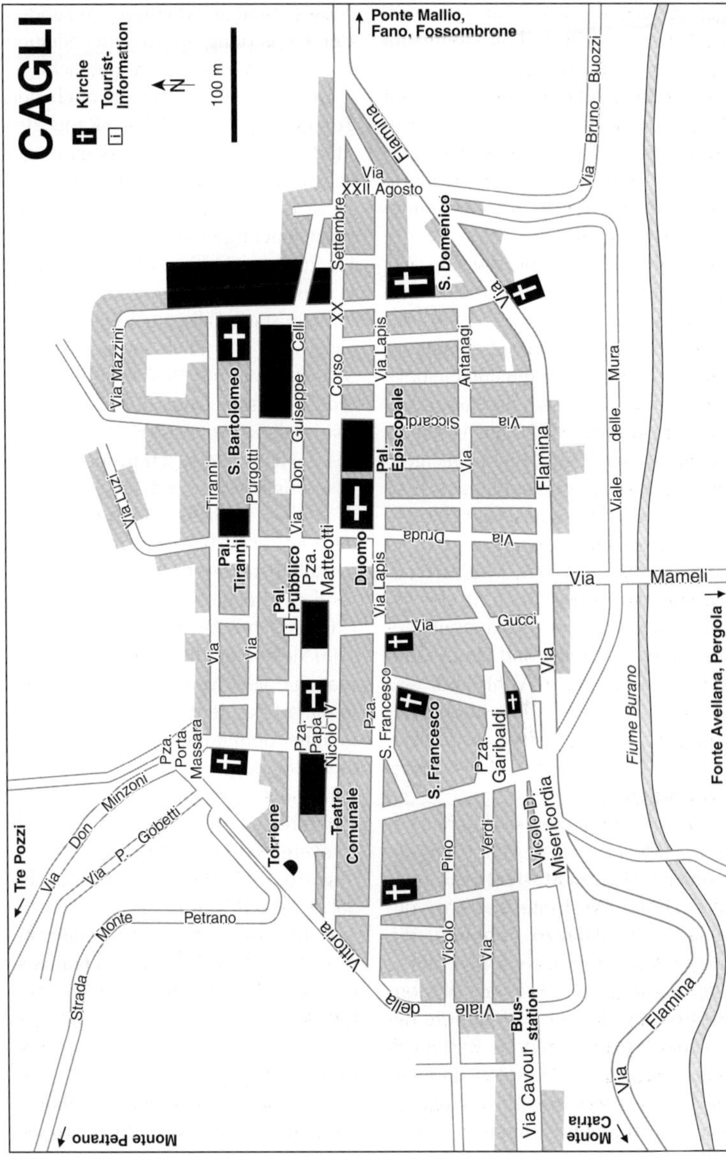
CAGLI
Kirche
Tourist-Information
N
100 m
Ponte Mallio, Fano, Fossombrone
Via Bruno Buozzi
Via Flamina
Via XXII Agosto
Corso XX Settembre
S. Domenico
Via Lapis
Via Antanagi
Via Mazzini
S. Bartolomeo
Via Guiseppe Celli
Via Siccardi
Pal. Episcopale
Via Flamina
Viale delle Mura
Via Tiranni
Via Purgotti
Via Don
Via Luzi
Duomo
Via Druda
Pal. Tiranni
Pal. Pubblico
Pza. Matteotti
Via Lapis
Via Mameli
Via Gucci
Fonte Avellana, Pergola
Fiume Burano
Pza. S. Francesco
S. Francesco
Pza. Garibaldi
Pza. Papa Nicolo IV
Pza. Porta Massara
Via Don Minzoni
Tre Pozzi
Via P. Gobetti
Torrione
Teatro Comunale
Vicolo D. Misericordia
Via Pino
Via Verdi
Strada Monte Petrano
Viale della Vittoria
Vicolo
Via
Bus-station
Via Cavour
Via Flamina
Monte Catria
Monte Petrano

tuen ausgegraben, die wahrscheinlich von einem **vorrömischen Heiligtum** stammen. Das beste Stück, der berühmte **Bronzekopf von Cagli** vom Anfang des 4. Jhs., ist leider in das Museum der Villa Giulia in Rom abgewandert. Als römisches **Cales** profitierte die Stadt von der am Ort vorbeiführenden *Via Flaminia.*

Im Mittelalter wurde die hier nur kurz andauernde Zeit der freien Stadtkomune durch die Herrschaft der Brancaleoni aus Piobicco beendet. Im Kampf zwischen Guelfen und Ghibellinen wurde Cagli durch die Kaisertreuen völlig zerstört, 1289 auf Veranlassung des Papstes mit rechtwinkligem Straßenmuster wiederaufgebaut. 1312 hatte sie schon wieder 7000 Einwohner, fast so viele wie heute. 1376 fiel Cagli an die Herzöge von Urbino, 1631 an den Kirchenstaat. In der gesamten Zeit führten Wollmanufakturen, Ledergerbereien und Druckwerkstätten zu relativem Wohlstand, was sich im Bau diverser Palazzi und Kirchen auch architektonisch ausdrückte.

Besichtigung

Den Mittelpunkt des städtischen Lebens bildet seit dem Mittelalter die gemütliche **Piazza Matteotti** mit ihren Bars. Deren Westseite begrenzt die Fassade des **Palazzo Pubblico,** die noch vom Ursprungsbau des Jahres 1289 stammt. Unter Federico di Montefeltro von Urbino erfolgte innen 1476 eine grundlegender Restaurierung durch den berühmten Baumeister *Francesco di Giorgio Martini.* In den Palasträumen ist heute u. a. ein Museum mit archäologischen Funden der Umgebung sowie einer kleinen Gemäldesammlung untergebracht.

Giorgio Martini entwarf auch den **Torrione** am westlichen Rand des Stadtkerns, einen fast elegant geschwungenen Wehrturm in Rundform. Er ist der einzig erhaltene Teil einer einst mächtigen Festungsanlage der Herzöge von Urbino. Zeitweise finden im Turm heute moderne Kunstausstellungen statt. Falls zugänglich, lohnt sich auch ein Blick in das wenige Schritte entfernte 1878 eröffnete **Teatro Comunale.** Unter den zahlreichen märkischen Provinztheatern des 19. Jhs. zählt es zu den schönsten und am ursprünglichsten erhaltenen. Der prächtige bemalte Bühnenvorhang zeigt Kaiser Barbarossa vor einem Zelt zwischen seinen Gefolgsleuten während der Belagerung des guelfischen Cagli im Jahre 1162.

Im kleinen Stadtkern von Cagli trifft man auf nicht weniger als 11 Kirchen. In einer Ecke der Piazza Matteotti gegenüber dem Rathaus steht der **Dom.** Der 1289 begonnene Bau zog sich bis zur endgültigen Fertigstellung über mehrere Jahrhunderte hin. Nach schweren Erdbebenschäden 1781 erfolgte ein grundlegender Umbau im Stil des Klassizismus.

Mehr von ihrem ursprünglichen Aussehen hat die **Chiesa San Francesco** behalten, die um 1240 im gotischen Stil entstand. Den einschiffigen Innenraum schmücken diverse Fresken und Bildtafeln des 15.–18. Jhs., u. a. ein Werk des Raffael-Schülers *Raffaelino del Colle* (1540). In der ebenfalls im 13. Jh. begonnene Kirche **San Domenico,** auch *San Giovanni Battista* genannt, sind drei Gemälde vom Vater Raffaels, *Giovanni Santi,* zu sehen.

Unter den Barockbauten ist vielleicht die kleine Kirche **San Bartolomeo** noch sehenswert, ein hübsches Schmuckkästlein in Gold-Blau, mit Figurenschmuck überladen wie ein Hindutempel. Unter der schönen hölzernen Kassettendecke stehen geschnitzte Heilige in Wandnischen. Leicht beängstigend wirkt an der linken Seite der hl. Thomas, der mit starrem Gesichtsausdruck und Hackebeil in der Rechten von der Wand herabblickt, ein Werk eines deutschen Holzbildhauers von 1690.

Unterhalb San Bartolomeo führt der *Corso XX Settembre* durch die *Porta Lombarda* aus dem alten Zentrum hinaus. Am Fuße des historischen Zentrums führt die Straße am **Ponte Mallio** vorbei. Die aus 21 Steinquadern zusammangefügte kleine Flussbrücke ist das einzige noch erhaltenen Bauwerk Caglis aus römischer Zeit.

Als **Tre Pozzi** (drei Brunnen) wird ein Platz zwei Kilometer westlich der Stadt bezeichnet. Der Wildbach Bosso zwängt sich hier durch die Felsen und bildet dabei einige Gumpen. Wer sich vom kalten Wasser nicht abhalten lässt, findet hier auch Gelegenheit zum Baden. Eine beliebte Mutprobe der Jugendlichen Caglis ist es, vom Rand der Felsen einige Meter tief in eines der Steinbecken zu springen. In luftige Höhen begibt man sich hingegen auf dem **Monte Petrano** (1108 m) südwestlich von Cagli, eine im Frühjahr blumenübersäte Hochebene zwischen den Bergen des Apennins, beliebter Startplatz der Drachenflieger.

Information

- **Cagli.** 9400 Ew., 280 m ü. NN, PLZ 61 043.
- **Tourist-Info.** *Pro Loco,* Via Leopardi 3, tgl. 10–12 und 16–18 Uhr.

Unterkunft

- **Pineta*****/€€. Viale della Vittoria 15, Neubau am Rande des alten Zentrums, geräumige, ansprechend-modern eingerichtete Zimmer, nach hinten heraus ruhig, angenehmer Familienbetrieb, Tel. 07 21 78 73 87, Fax 07 21 78 76 39.
- **International*****/€€. Neues Hotel im Alpenstil zwei Kilometer westlich außerhalb an der Straße nach Piobicco, ruhige Lage im Grünen, ordentlicher Komfort, Ristorante-Pizzeria*-** mit großer Terrasse, Via Civita 5, Tel. 07 21 79 03 10, Fax 07 21 79 01 21.

Essen und Trinken

- Das **Restaurant des Hotels Pineta**** bietet abwechslungsreiche leicht überdurchschnittliche Küche, gut z. B. die *Mezzalune alla Noce,* Spinat-Käse-Ravioli mit Nusssauce.
- Nur mittags geöffnet ist die die urige namenlose **Osteria**** **bei San Domenico/San Giovanni Battista,** Eingang von der Piazza Montefeltro, gute Qualität, Via Mochi 10, Tel. 07 21 78 72 31, Fr Ruhetag, Juli geschlossen.
- Für Preisbewusste gibt es eine namenlose, sehr einfache **Trattoria*** in der **Via Porta Vittoria 27,** guten Pizzen, die auch außer Haus verkauft werden.

Öffentliche Verkehrsmittel

- **Bus.** Busstation an der Viale della Vittoria unterhalb des Torrione; Verbindungen nach *Urbino* (5x), *Pergola* (4x), *Piobicco* (4x), *Citta di Castello* in Umbrien (4x), *Gubbio* (2x), *Fossato di Vico* an der Bahnlinie Ancona–Rom (2x), *Rom* (2x); Sonn- und feiertags keine Verbindungen!

Der Monte Catria und das Kloster Fonte Avellana

Südlich Cagli wird die Landschaft immer einsamer und verliert dabei ihren Mittelgebirgscharakter. Die höchste Erhebung, der **Monte Catria,** ist zwar nur gut 1700 m hoch, zusammen mit dem Nachbargipfel *Monte Acuto* (1668 m) ragt er jedoch dominant mehr als 1000 Höhenmeter aus dem umgebenden Hügelland hervor. Eine holprige Schotterstraße führt von *Chiaserna* oder *Fonte Avellana* aus bis knapp unterhalb des kahlen Gipfels. Bei klarer Sicht bieten sich grandiose Fernblicke über die hintereinander gestaffelten Bergketten des mittleren Apennin.

Am Fuße der Ostflanke steht einsam das Kloster **Fonte Avellana** – ein Platz des Friedens und der Harmonie inmitten unberührter Natur. Die von einem kantigen Kirchturm überragten hellen Klosterbauten erheben sich zwischen grünen Wiesen und Wäldern. Den Hintergrund bildet ein Kranz oben kahler Bergkuppen. Zwei kaum befahrene schmale Nebenstraßen führen zu dem auf 610 m Höhe gelegenen Kloster hinauf. Besonders schön ist die Anfahrt von *Serra Sant'Abbondio* her. Die Straße folgt dem Lauf des **Wildbaches Cesano,** der sich seinen Weg durch ein idyllisches von Felsen gesäumter Tal bahnt.

Seit über tausend Jahren leben im Kloster Mönche des Camaldulenserordens. Der Ordensgründer selbst, der **hl. Romuald,** soll hier schon 980 eine

erste Einsiedelei errichtet haben. Um 1035 wurde sie dann von einem weiteren Ordensheiligen, *Sankt Petrus Damiani,* zu einem Kloster erweitert. Auch bedingt durch die abseitige, versteckte Lage blieb es durch die Jahrhunderte gut erhalten.

Das Kloster wurde nie beraubt, zerstört oder Objekt barocker Modernisierungen. Die Klosterkirche entstand 1171 und wurde im 13. Jh. erweitert. Noch älter ist die Krypta, die aus der Entstehungszeit des Klosters stammt. Ein Mönch führt die Besucher durch die eigentlichen Klosterbauten, den Kreuzgang (1053), den Kapitelsaal (12. Jh.), Refektorium, Bibliothek (11. Jh.) sowie den eindrucksvollsten Raum, das **romanische Scriptorium.** Im lichten Schreibsaal des 12. Jhs. waren die Mönche mit der Anfertigung wichtiger Handschriften beschäftigt. Der langgestreckte, durch Dachfenster zusätzlich erhellte Raum war so konstruiert, dass zu jeder Tageszeit das Licht am besten genutzt werden konnte. (geführte Klosterbesichtigungen etwa stündlich werktags zwischen 9-11.30 und 15-17.30 Uhr, So 15-16 und 15-17.30 Uhr bzw. 17.30-18.00 Uhr im Winter).

Kloster Fonte Avellana am Monte Catria

Wanderung

☆Zum Kloster Fonte Avellana

Bis vor wenigen Jahrzehnten war Fonte Avellana nur zu Fuß zu erreichen. Auch heute scheint dies noch die angemessenste Annäherung an das Kloster, wo die Camaldulenser nach wie vor zurückgezogen von der modernen Zivilisation leben. Der beschriebene Weg hierher führt mit herrlichen Ausblicken durch Wälder und über offene, von Blumenwiesen bedeckte Hänge. Ausgangspunkt ist der Weiler Petrara an der Straße Frontone–Serra Sant'Abbondio.

- **Dauer/Schwierigkeit:** Reine Gehzeit 4½ Std., Anstiegsleistung etwa 650 m.
- **Orientierung:** Im Mittelteil ist wegen undeutlicher Markierungen bei der Orientierung etwa Aufmerksamkeit erforderlich.
- **Verpflegung:** Imbiss ist beim Kloster erhältlich.
- **Wanderkarte:** *Kompass Nr. 664 Gubbio-Fabriano* oder *Nr. 675 Sentiero Europeo E 1 Tratto Umbro.*
- **Wegverlauf:** In **Petrara** nehmen wir die in der Kurve der Hauptstraße Frontone - Serra S. Abbondio abzweigende Nebenstraße, folgen dem Hinweis „Madonna del Grottone“. Das Sträßchen führt südlich durch ein Tal zu den letzten Häusern des Dorfes, wo der Asphalt endet und der Weg sich gabelt (15 Min). Rechts geht es zum Kirchlein Madonna del Grottone; wir aber gehen links, die Richtung beibehaltend in einem Tal leicht bergan. Der Weg wird nach und nach steiler. Wir bleiben immer auf dem Hauptweg, der sich hinter einem aufgelassenen

Steinbruch scharf nach Nordosten wendet.

Vor der Aussichtkuppe *Poggio Pantanello* geht es mit einer Rechtsbiegung wieder in die südliche Richtung, mit weiten Ausblicken weiter bergan. Auf der **Passhöhe** (1 Std. 15 Min.) trifft man auf einen Querweg. Über Blumenwiesen blickt man von hier aus auf die markante Berggestalt des *Monte Catria* (1701 m) – ein herrlicher Rastplatz.

Wir folgen dem rot-weiß markierten, fast ebenen Weg Nr. 73 nach rechts (westlich), der gleich bei einem Betonschuppen erneut nach rechts abbiegt. 5 Minuten später beschreibt der Weg kurz nacheinander eine Links-, dann Rechtskurve bei einer Viehtränke linker Hand. In der Rechtskurve wandern wir geradeaus mit einem Ziegenpfad den grasigen Osthang des **Monte Val Canale** (978 m) ganz hinauf. Auf der Höhe folgen wir einem ebenen Pfad, der parallel zu einem Viehzaun auf der Kammlinie verläuft. Bei Erreichen eines dichteren Waldstückes wird der Zaun nach rechts passiert. Bei der Gabelung 50 m weiter halten wir uns links. Der Pfad verläuft gut 5 Minuten lang im Wald, etwas unterhalb des langgestreckten, flachen Bergrückens des Monte Val Canale, der einen Linksbogen nach Süden beschreibt. Wir halten uns links am Rande des nach Osten steil abfallenden Berges. Über eine herrliche Almwiese geht es kurz weglos bergab in ein Wäldchen, wo eine gelb-rote Markierung beginnt.

Die Richtung beibehaltend geht es auf einem schmalen Pfad zu einer weiteren Hangwiese hinab; unterhalb werden bald die Klostergebäude von Fonte Avellana sichtbar. Ohne allzu steil abzusteigen durchqueren wir den Wiesenhang leicht nach rechts zum unteren Rand, bis man auf eine ausgeprägte Pfadspur trifft. Dieser folgen wir ganz nach rechts zum Waldrand. Auf einem deutlichen, mäßig absteigenden Waldweg geht es im Linksbogen durch ein kleines Tal. Links an einem alten Steingebäude vorbei wird das **Kloster Fonte Avellana** erreicht (2 Std. 30 Min.).

Von hier folgen wir dem Hinweg 5 Gehminuten zurück bis zum alten Steingebäude oberhalb des Klosters. Eine grasiger Spur führt nach links am Haus vorbei zur Straße Frontone – Fonte Avellana, von der sich ein schöner Blick auf das Kloster und die Berge ergibt.

Auf der Straße steigen wir 5 Minuten bis zu einer Passhöhe an, wo nach rechts auf einen Fahrweg abgezweigt wird (2 Std. 45 Min.; beim Abzweig ein Hinweisschild „Trekking dei Fuochi"). Auf einem nicht zu verfehlenden Weg geht es jetzt ein langes Stück nach Norden über den Höhenrücken des **Monte Roma** (848 m). Mehrfach eröffnen sich weite Ausblicke. Nach dem Passieren einer Schutzhütte rechter Hand beschreibt der Weg eine deutliche Linkskurve. Einige Zeit danach zweigt der markierte Weg „Trekking dei Fuochi" mit einer grasigen Spur nach rechts ab (4 Std.).

Der Hauptweg geradeaus senkt sich steil zur Straße Frontone – Serra S. Abbondio, der 500 m nach rechts zurück nach **Petrara** gefolgt wird (4 Std. 30 Min.)

Pergola und Arcevia

In weiten Hügelwellen senkt sich das Land vom beherrschenden Monte Catria nach Nordosten. Das Land bekommt bald wieder lieblicheren Charakter. Kleine Weiler und einzelne Gehöfte stehen zwischen weiten Wiesen und Getriedefeldern.

Bei **Pergola,** verkehrsgünstig am Zusammenfluss von Cesano und Cinisco gelegen, beginnt wieder die moderne Bebauung mit Kleinfabriken und Neubauten. Von der südlich um den Ort herumführenden Durchgangsstraße bietet sich ein schöner Blick auf die kleine Altstadt, die sich auf einem Hügel über dem Flüsschen Cinisco erhebt. Innen bietet sie einige nette Winkel, kunstgeschichtlich jedoch nur weniger Interessantes. Die alten Kirchen und Palazzi der wohlhabenden Handelsstadt wurden allesamt im Stil des Barock und Klassizismus umgebaut.

Touristisch etwas interessanter ist das hochgelegene **Arcevia** weiter südöstlich, das man auf kurvigen Nebenstraßen erreicht. Es kündigt sich zwar mit unschönen Neubauten an. Das historische Zentrum ganz oben auf dem Stadthügel ist aber baulich noch weitgehend intakt, wirkt jedoch etwas leblos. Die zentrale *Piazza Garibaldi* mit dem gotischen *Palazzo Comunale* könnte ganz hübsch sein, ist jedoch meist völlig zugeparkt. Wegen ihrer besonderen strategischen Lage war die Stadt im Mittelalter und in der Folgezeit als befestigter Ort von einiger Bedeutung. Dies wird in der Ausstattung der Hauptkirche *San Medardo* sichtbar. Sie besitzt neben zwei um 1508 gemalten Werken des berühmten Renaissancemeisters Signorelli auch einen reich geschmückten farbigen Terrakottaaltar aus der bekannten florentiner Künstlerwerkstatt der della Robbia (1513). In der Nähe des Palazzo Comunale bietet der *Giardino Leopardi* weite Ausblicke vom Monte Catria bis zur adriatischen Küste.

Information

• **Pergola** 7100 Ew, 270 m ü. NN, **Arcevia** 5700 Ew., 540 m ü. NN.

Essen und Trinken

• Im Zentrum von *Arcevia* bietet nahe bei San Medardio die **Osteria Pinocchio**** in einem gemütlichen Gewölbe bodenständige Küche auf gutem Niveau, das Menu Turistico kostet etwa 15 €, Via Ramazzani 135, Tel. 07 31 9 72 88, Mi Ruhetag.

Öffentliche Verkehrsmittel

Bus

• Werktags von **Arcevia** 8 Busse nach **Senigallia,** 3 Busse nach **Fabriano.**

• Von **Pergola** werktags 9x nach **Fano,** 10x nach **Fabriano** und 3x nach **Urbino.**

Zug

Auf der Nebenstrecke **Pergola – Sassoferrato – Fabriano** verkehren nur noch drei Züge an Werktagen.

Sassoferrato

Die am Fluss Sentino vor dem Hintergrund des dunklen Apenninhauptkamms gelegene Stadt präsentiert sich einmal mehr in zwei Etagen. Die Un-

In der Oberstadt von Sassoferrato

terstadt ist der lebendig gebliebene modernere Teil, der sich von Kleinindustrie umgeben entlang des **Torrente Sentino** ausdehnt. Weithin sichtbar erheben sich darüber auf einem Hügel die alten Mauern und Türme des Castello. Die mittelalterlichen Oberstadt hat heute die Stellung des lebendigen Stadtzentrums verloren.

Der Name des Ortes ist mit einem wichtigen historischen Ereignis verbunden. In der **Schlacht am Sentinum** schlugen **295 v. Chr** die Römer die verbündeten italischen Stämme vernichtend und begründeten damit ihre über lange Jahrhunderte unangefochtene Herrschaft über Italien.

Besichtigung

Das **Castello** ist ganz aus einem braunrosa Stein errichtet. Er bringt vor allem in der Abendsonne einen freundlichen Ton in die meist still und verlassen daliegenden **Oberstadt.** Beim Durchstreifen der Gassen findet man einige ruhige hübsche Winkel. Etwas mehr Leben herrscht noch auf der zentralen *Piazza Matteotti* an dessen Nordseite sich zwei Komunalpaläste erheben. Der *Palazzo dei Priori* (14. Jh.) erinnert an die Zeit, als auch Sassoferrato als *libero comune* von gewählten Ratsherren regiert wurde. Die **Rocca** des Kardinal Albornoz, der auch in Sassoferrato die kommunale Freiheit später begrenzte, besteht heute nur noch aus einem einzeln stehenden klobiger Wehrturm.

Die Palazzi des Castello beherbergen nicht weniger als vier Museen. Im **Palazzo dei Priori** befindet sich das *Museo Arceologico* mit Funden aus den Grabungen von Sentino, im benachbarten **Palazzo Oliva** (15. Jh.) die kleine *Pinacoteca,* u. a. mit der *Perrottiana,* einem wertvollen Reliquiar des 14. Jhs. Im **Palazzo Montanari** im Südzipfel des Stadtberges sind das Volkskundemuseum *Museo delle Arti e delle Tradizioni Popolari* sowie die *Galleria Regionale d'Arte Moderne e Contemporanea,* eine Sammlung zeitgenössischer Kunst mit mehr als 1000 Werken untergebracht.

Borgo, die Unterstadt von Sassoferrato, bietet keine nennenswerte Sehenswürdigkeiten. Etwa drei Kilometer außerhalb jenseits des Sentino steht einsam auf einem Hügel die Kirche

Santa Croce, ein romanischer Bau vom Anfang des 11. Jhs. Durch übermäßige Restaurierung ist vieles von der ursprünglichen Baugestalt verlorengegangen. Die Säulen und Kapitelle im Innern sind mit schöner Reliefornamentik geschmückt, teilweise wurde Material aus dem nahegelegenen antiken Sentinum wiederverwendet. Vom Hügel bei der Kirche genießt man einen schönen Ausblick auf das Castello von Sassoferrato.

Information

- **Sassoferrato.** 7000 Ew., 390 m ü. NN, Tel.-Vorwahl 07 32, PLZ 60 047.
- **Tourist-Info.** *Ufficio Turistico,* Piazza Matteotti 4.

Unterkunft

- **Apennino****/€. Piazza Gramsci 31, Tel. 07 32 92 32, im unteren Ortsteil, für preisbewusste, die keinen besonderen Wert auf Ästhetik und gepflegtes Hotelambiente legen, nicht gerade ansprechender, etwas angegrauter Neubau, die einfach eingerichteten, geräumigen Zimmer sind aber durchaus O. K. und sauber, ruhige Lage, mit *Restaurant**.

Essen und Trinken

- Gut speist man in Castello in der **Hostaria della Rocca****-***, einem ansprechend-gemütliches Restaurant neben der Rocca Albornoz, Mittagsmenu etwa 18 €, abends ist es etwas teurer, Tel. 0 73 29 54 44, Di Ruhetag.

Öffentliche Verkehrsmittel

- **Bus.** Häufig Busse nach *Fabriano,* So allerdings nur 4x; mit Vitali täglich 3x in gut zwei Stunden über *Pergola-San Lorenzo Campo* nach *Fano/Pesaro.*
- **Zug.** Auf der Neben-Bahnstrecke nach **Fabriano/Pergola** verkehren nur noch drei Züge an Werktagen.

Ausflug

- Schöne Natur bietet der Ausflug nach Westen Richtung *Scheggia* zum schon in Umbrien gelegengen Naturschutzgebiet am Fuße des **Monte Cucco.**

Grotte di Frasassi

Die dem Lauf des Sentino nach Osten folgende Straße führt bald aus dem sanften Mittelgebirgsland um Sassoferrato hinaus. Hinter *Genga* rücken die Bergflanken enger zusammen, um mit hochaufragenden Steilwänden die Schlucht der **Gola di Frasassi** zu bilden.

Im Gestein der Kalkberge verbirgt sich das riesige Höhlensystem der **Grotte di Frasassi** mit der monumentalen **Grotta del Vento.** Die „Windgrotte" wurde erst 1971 von Amateurspeleologen entdeckt, die einen rätselhaften kühlen Luftzug vom Boden her bemerkt hatten. Nachdem eine dünne Deckschicht durchbrochen war, öffnete sich eine riesige Höhle, in die der Mailänder Dom bequem hineinpassen würde. Im Bauch des Berges haben die kalkhaltigen Wassertropfen im Laufe der Jahrtausende ein bizarres Zauberreich der Formen geschaffen. Riesige Eisnadeln, überzuckerte Orgelpfeifen, weißgefasste Tümpel und die phantastische Formen der bis zu 10 m hohen Stalagmiten schaffen ein faszinierende Wunderwelt. In der Haupthöhle gerät das Gefühl für Dimensionen aus den Fugen. Eine filigrane Kalknadel, aus der Ferne ein zum in die Hand zu nehmendes Spielzeug, entpuppt sich als fast drei Meter hoher

Koloss. Die Formen regen die Phantasie an. Die markantesten Gebilde haben Namen bekommen: Eisbär, Wasserfall, Teufel, Spaghetti-Stalagtiten, Kirchenorgel etc.

Schon wenige Jahre nach ihrer Entdeckung wurde das Höhlensystem für Touristen zugänglich gemacht. Es entwickelte sich schnell zur Hauptattraktion der Region. Fast eine halbe Million Menschen begeben sich jedes Jahr in das unterirdische Höhlenreich. Beim Eingang zu den Grotten ist eine kleine Budenstadt mit Imbissständen und Souvenirläden entstanden.

Die geführten **Besichtigungstouren** dauern etwa eine Stunde. Vom hohen Eintrittspreis sollte man sich nicht abschrecken lassen, denn die Höhlen sind unbedingt sehenswert. Allerdings sollte man sich warm anziehen, denn innen herrscht bei 96 % Luftfeuchtigkeit eine konstante Temperatur von 14° C.

San Vittorio Terme

Das nahe bei den Grotten gelegene kleine San Vittore Terme mit seinen schwefelhaltigen Quellen hatte schon in der Zeit der Römer einen Namen als **Heilbad.** Neben dem modernen Thermalkomplex steht eine interessante romanische Kirche: **San Vittore alle Chiuse** zeigt durch die Zentralkuppel noch byzantinischen Einfluss. Mit ihren weitgehend fensterlosen Außenwänden fügt sie sich wie eine wehrhafte Burg in die umgebende schroffe Berglandschaft ein. Auch im einfachen auf nur vier Säulen ruhenden Innenraum setzt sich der Eindruck der Festigkeit fort. Die Kirche entstand Anfang des 11. Jhs. als Teil eines heute verschwundenen Konvents.

Information

- **Grotte di Frasassi.** Geführte Besichtigungen November–Februar 11, 15 und 16 Uhr, sonntags häufiger; die übrige Zeit täglich 9.30, 11, 12.30, 15, 16.30, 18 Uhr, Eintritt 8,50 €.

Öffentliche Verkehrsmittel

- **Bahn.** Von der Bahnstation *Genga San Vittorio Terme* werktags 12x, So 5x nach *Jesi/Ancona* sowie *Fabriano,* darunter 3xtäglich der Interregio nach *Rom;* der Bahnhof liegt etwa 2 km von den Grotten entfernt.

Gola della Rossa und Serra San Quirico

Nach dem Zusammenfluss von Sentino und Esino beginnt nach Osten eine weitere Schluchtpassage. Für die Fahrt flussabwärts am Esino entlang ist der Superstrada die alte Staatstraße vorziehen, die zwischen den Steilwänden der **Gola della Rossa** verläuft. Leider ist das Landschaftsbild an einigen Stellen durch riesige Kalksteinbrüche versehrt. (Wegen Sprengarbeiten ist die Straße werktags von 11.30–12.30 und von 16.30–17.30 gesperrt.)

Beim Schluchtausgang erhebt sich nördlich über dem Tal das kleine **Serra San Quirico** (2900 Ew., 310 m ü. NN). Im alten Kern zeigt es baulich im Kleinformat eine mittelalterliche freie Stadt, was im 13. Jh. zeitweise Realität war. Bei der hübschen intimen Hauptpiazza erhebt sich der ehemalige Komunalpalast mit dem *Torre Civica.* Von einem repräsentativer Bogengang bieten sich schöne Ausblicke ins Umland. Darum verläuft ein Geflecht von engen Gassen und überdachten Wehrgängen.

Auf der Piazza von Serra San Quirico

Zwischen Esino und Monti Sibillini – Übersicht

Im Norden der Marken verläuft der **Apennin** mit einem einzigen langen Hauptkamm, der fast übergangslos in sanftes bäuerliches Hügelland übergeht. Zur Quelle des Esino hin löst sich diese klarer landschaftliche Gliederung auf. Das Gebirge beginnt, sich mit einzelnen **vorgelagerten Bergzügen** weiter **nach Osten** auszudehnen, wie z. B. mit dem **Monte Puro** (1155 m) bei *Fabriano,* dem **Monte San Vicino** (1479 m) und den **Tre Pizzi** (1254 m) bei *Matélica* oder dem **Monte Igno** (1435 m) bei *Camerino.* Dadurch entsteht ein bewegteres Landschaftsrelief mit einem stetigen Wechsel von Gebirgs- und Talzonen.

Ein Streifzug durch diese außerhalb der Täler dünn besiedelte und touristisch wenig erschlossene Region bietet zwar schöne Landschafts-Impressionen, die meisten Naturfreunde zieht es aber mehr in die monumentaleren, sich südlich anschließenden Monti Sibillini. Auch die Orte der Region besitzen keine herausragenden Sehenswürdigkeiten. Wer aber an noch relativ intakter Naturlandschaft, ruhigem italienischen Provinzalltag und auch an kleineren Sehenswürdigkeiten Gefallen findet, wird sich dennoch gerne hier aufhalten.

Fabriano

Der größte Ort am märkischen Apennin liegt in einem weiten, von Bergen eingerahmten Talbecken. Auf den ersten Blick wirkt Fabriano nicht gerade einladend, denn von Osten kommend muss man erst eine lange und breite Straßenschneise durch ausufernde Industrie- und Neubauviertel hinter sich bringen, ehe man zum alten Stadtkern vordringt. Im **historischen Zentrum** findet man dann aber auch in Fabriano schöne Winkel, kleine Plätze und gewundene Gassen mit alten Fassaden, die einen Rundgang lohnen. Atmosphärisch wirken die Stadt und ihre Bewohner fast unitalienisch ruhig.

Die zurückhaltende Art der *Fabriani* hat vielleicht auch etwas mit dem großen **Erdbeben** vom **September 1997** zu tun, von dem innerhalb der Marken Fabriano mit Abstand am stärksten betroffen war. Es habe ausgesehen „wie nach den Bombenangriffen im Krieg", drückte sich ein älterer Bewohner aus. Nach heftigen Erdstößen sei die halbe Bevölkerung aus der Innenstadt geflohen. Noch 2002 waren nicht alle Schäden des schweren Bebens beseitigt und immer noch verwehrte an einigen Kirchenportalen ein Schild „chiuso per restauro" den Zutritt.

„Città della Carta", Stadt des Papiers, nennt sich Fabriano. Schon im 13. Jh. wurden hier am kleinen Fluss *Giano* Papiermühlen betrieben. Erstmalig in Europa konstruierte man eine durch die Wasserkraft betriebene Hammermühle. Durch einen Zufall wurde in Fabriano um **1293** das **Verfahren zur Herstellung des Wasserzeichens** entdeckt. Damit begann ein schneller Aufstieg der Papierindustrie von Fabriano, denn mit dem neuen Wasserzeichen-Papier konnten z. B. Banknoten fälschungssicherer gemacht werden – in der sich beschleunigenden Geldwirtschaft der folgenden Jahrhunderte ein wichtiger Aspekt.

Bis heute werden in den vier **Papierfabriken** neben anderen Spezialpapieren auch Banknoten und Wertpapiere produziert. Im *Museo della Carta* kann man sich die alten Werkzeuge und Produktionsverfahren der Papierherstellung anschauen.

Besichtigung

Das Herz der Stadt ist die **Piazza del Comune** mit einer Reihe schöner alter Bauten. Am unteren Ende erhebt sich glatt und in strenger Linienführung der alte Rastssitz der Stadt, der **Palazzo del Podestà** von 1255. Ebenfalls aus der Zeit der freien Komune stammt vor der Fassade der Repräsentationsbrunnen *Fontana Rotonda* (1285), der der Fontana Maggiore in Perugia nachempfunden wurde. Oberhalb begrenzen den Platz der *Palazzo Vescovile* mit kantigem Uhrturm (1711) und die hübsche langgestreckte **Loggia di San Francesco** (18. Jh.). Von deren oberen Arkadengang gewinnt man einen schönen Überblick über das architektonische Ensemble am Hauptplatz Fabrianos, der leider als Parkfläche zweckentfremdet wird.

Ruhiger wird es einige Schritte oberhalb auf der kleinen *Piazza della Cattedrale* beim **Dom San Venanzo.** Die Haupkirche Fabrianos wurde Anfang des 17. Jhs. grundlegend im Barockstil umgebaut und ist innen dementsprechend mit den üppigen Bildwerken dieser Stilepoche ausgestattet.

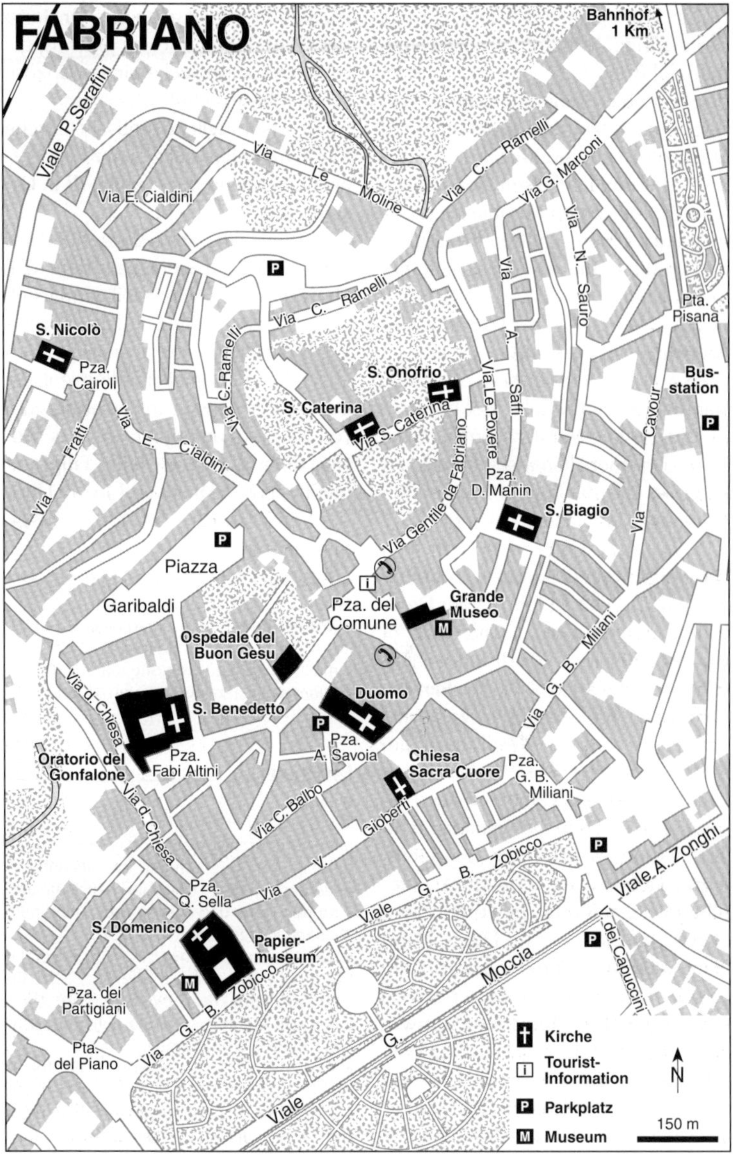

Märkischer Apennin

Dem Dom gegenüber erstreckt sich der niedrige gotische Palazzo **Ospedale del Buon Gesu** von 1456. Unter der hübschen Ziegelsteinloggia liegt der Zugang zur mit Goldaltar und Deckenfresken geschmückten Betkapelle **Madonna del Buon Gesu.** Im Innern des gesamten Komplexes findet man auch einen schönen Kreuzgang und die **Piancoteca** von Fabriano. Im Ort wirkten zwei wichtige Malschulen des Mittelalters. Aus der Werkstatt des *Allegretto Nuzi* (14. Jh.) sind mehrere Werke in der Pinakothek zu sehen, während dessen Schüler, der berühmte spätgotische Meister *Gentile da Fabriano* in seiner Heimatstadt nicht vertreten ist (Via del Poio 18, wegen Renovierungsarbeiten geschlossen).

Im Zentrum von Fabriano trifft man auf einige weitere Kirchen, in die einen Blick zu werfen lohnt. Vom Domplatz ist es nicht weit zur **Chiesa Sacra Cuore** an der *Via Gioberti,* einem hübschen Rokokobau des 18. Jhs. **San Benedetto** an der Piazza Altini zeigt sich innen als weitgehend stilistisch geschlossener Bau von 1590. Älter ist allerdings das Chorgestühl. Es stand ursprünglich im Dom San Venanzo. Von dort wurde es allerdings 1435 entfernt, nachdem es Schauplatz einer scheußlichen Bluttat geworden war. Deren Opfer war die aus Deutschland eingewanderte Sippe der *Chiavari,* die zu dieser Zeit über Fabriano herrschte. Während der Messe im Dom war ein vom verfeindeten Clan der *Sforza* gedungene Mörderbande in die Kirche gestürmt und hatte alle Männer der Chiavari niedergemetzelt. An der Piazza Altini steht auch das **Oratorio del Gonfalone** mit einer prächtig geschnitzten Holzdecke eines französischen Meisters (1643).

Die ursprüngliche gotische Kirche **San Domenico,** auch *Santa Lucia* genannt, besitzt in der **Capella di S. Orsola** einen schöne Freskenzyklus aus der Werkstatt des *Allegretto Nuzi* (14. Jh.). Er zeigt Szenen aus dem neuen Testament sowie Heiligendarstellungen. Im Kreuzgang und den Klostergebäuden des sich anschließenden ehemaligen Dominikanerkonvents ist heute das sehenswerte Papiermuseum von Fabriano untergebracht, das **Museo della Carta e della Filigrana** (geöffnet Di–Sa 9–13 und 15–19 Uhr).

Information

- **Fabriano.** 29 000 Ew., 325 m ü. NN, PLZ 60 044.
- **Tourist-Info.** *I. A. T.,* Corso della Repubblica 70, Tel. 07 32 62 50 67, Fax 07 32 62 97 91, E-mail: iat.fabriano@regione.marche.it; *Ufficio Turistico,* Piazza del Comune 41, Tel. 07 32 53 87.

Unterkunft

- **Janus******/€€€€-€€€€€. Piazza Matteotti 45, Tel. 07 32 41 91, Fax 07 32 57 14, E-mail: janushotel@ricevimento.it, das etwas nüchterne große Neubauhotel am Altstadtrand beherbergt in erster Linie Geschäftsleute und Gruppen, guter und ausgesprochen freundlicher Service, gehobener Komfort.
- **Gentile da Fabriano******/€€€€. Via G. Di Vittorio 13, Tel. u. Fax 07 32 62 71 90, im nicht sehr attraktiven Neubauviertel 2 km außerhalb Richtung Ancona gelegen, recht komfortables großes Hotel.
- **Aristos*****/€€€. Via Cavour 103, Tel. 0 73 22 23 08, Fax 0 73 22 14 59, E-mail: hotel.aristos@libero.it, zentral gelegenes, freundliches kleines Altstadthotel mit gutem Komfort.

Essen und Trinken

- Das **Ristorante Il Cantoncino*****, im Zentrum nicht weit vom Papiermuseum an der Piazza Partigiani, ist in Fabriano eine Traditionsadresse für gute Küche, Menu ab etwa 20 €, Piazza dei Partigiani 10, Tel. 0 73 22 44 55, von Ende August bis Ende September geschlossen, Mo Ruhetag.
- Etwas preiswerter ist einige Kilometer östlich außerhalb der Stadt beim Weiler *Rocchetta* das **Marchese del Grillo****, Enothek mit Restaurant im Keller einer alten Villa, ausgezeichnete märkische Landküche, Località Rocchetta Bassa 73, Tel. 07 32 62 56 90, So abends und Mo geschlossen.

Öffentliche Verkehrsmittel

Bahn

- Der **Bahnhof** liegt etwa 15 Fußminuten nördlich der Altstadt.
- Eurostar und Interregio auf der Strecke **Ancona–Rom.**
- Verbindungen nach **Genga** (Grotten von Frasassi) **Jesi, Ancona** sowie **Fossato di Vico** (Gubbio), **Foligno, Spoleto** und **Terni.**
- Recht häufig Lokalzüge auf der abzweigenden Nebenlinie, die über *Matelica-Castelraimondo* (Busanschluss Camerino)-*San Severino-Tolentino-Macerata* nach **Civitanova Marche** an der Küste führt.
- Nur dreimal werktags verkehren Züge über *Sassoferrato* nach **Pergola.**

Bus

- **Haupt-Bushaltestelle** beim Zentrum an der *Piazzale Matteotti* sowie am *Bahnhof.*
- Werktags recht häufige Verbindungen nach **Sassoferrato** sowie nach **Camerino** über *Matélica,* So auf beiden Routen nur wenige Fahrten.

Wanderung

☆Am Monte Puro

Etwa acht Kilometer südwestlich Fabriano erhebt sich als Vorberg des Apenninkammes der 1155 m hohe Monte Puro. Eine schöne Wanderroute führt durch schattige Wälder ganz hinauf auf den völlig baumlosen Bergrücken. Von den luftigen Gipfelwiesen bieten sich prächtige Fernblicke vom Monte Catria (1701 m) im Norden bis zum Monte Vettore (2476 m) im Süden. Am schönsten ist der Weg zur Blütezeit im Frühsommer. Im dichten Wald am Fuße des Berges verbirgt sich das kleine Eremitenkloster Val di Sasso. Im Jahre 1210 weilte der hl. Franz von Assisi an diesem Ort und noch heute lebt hier zurückgezogen eine kleine franziskanische Gemeinschaft.

Am Monte Puro bei Fabriano

• **Dauer/Schwierigkeit:** Reine Gehzeit etwa 5 Stunden, Anstiegsleistung insgesamt etwa 750 m, an drei Stellen nicht ganz einfache Orientierung, keine Markierungen.

• **Wanderkarte:** Siehe Farbatlas S. XXI; *Kompass Nr. 664 Gubbio-Fabriano* oder *Nr. 675 Sentiero Europeo E 1 Tratto Umbro.*

• **Wegverlauf:** Ausgangspunkt ist das Dorf **Valleremita** (Anfahrt über die Hauptstraße Fabriano–Gualdo Tadino, nach etwa 7 km ab Fabriano die Ausfahrt Cancelli nehmen und den Wegweisern „Valleremita" folgen; Parkmöglichkeiten bei der Dorfkirche). Wir folgen dem Sträßchen links an der Kirche vorbei (gelbes Hinweisschild zur Eremo) und verlassen auf mäßig ansteigendem Fahrweg das Dorf. In der ersten Linkskurve (10 Min.) nehmen wir bei einer botanische Erläuterungstafel den schmaleren Weg geradeaus. An kleinen Gemüsegärten entlang geht es weiter bergan. Nach einem Rastplatz (Tisch, Bänke) führt der Weg geradeaus in den Wald hinein. Im Schatten uralter Bäume gewinnen wir stetig an Höhe und erreichen schließlich das kleine, 658 m hoch gelegene Kloster **Valdisasso** (45 Min).

Auf dem Hauptweg gehen wir rechts an den Gebäuden vorbei, dann durch das Haupttor der Einsiedelei 200 m zu einigen Rastbänken bei einem gemauerten Brunnen vor. Unmittelbar dahinter verlassen wir den Fahrweg nach rechts, steigen 30 m durch den Wald auf einem schmalen Weg an, und zweigen dann nach links auf den ebenen, die anfänglichen 50 m etwas undeutlichen Pfad ab. Auf dem anschließend gut ausgeprägten Pfad geht es dann im Wald in östliche Richtung mäßig bergan. Wir gelangen schließlich auf einen offenen **Höhenrücken** mit weiten Ausblicken nach Norden (1 Std. 15 Min.). Mit einem Rechtsbogen wandern wir hier auf grasiger Spur weiter bergan. Am Ende der offenen Hangfläche wenden wir uns leicht links zum Waldrand, wo ein schmaler, aber deutlicher Pfad beginnt. Dieser verläuft mit mäßiger Steigung im Schatten der Bäume um die **Nordostflanke des Monte Puro** herum. Nach einem kurzen Wegstück am offenen Hang (Ausblicke) folgt eine weiteres Waldstück an dessen Ende eine Hangwiese auftaucht (2 Std.). Wir folgen einer schmalen Spur 200 m zwischen Wacholderbüschen über die Wiese, und steigen anschließend weglos nach rechts den offenen Hang hinauf, bis wir auf eine deutlichen Weg (steinige Fahrspur) treffen. Wir wenden uns auf diesen nach rechts (nordwestlich), durchqueren ein Wäldchen, und erreichen die baumlosen Wiesen des **Monte Puro** (2 Std. 25 Min.). Nach links weglos weiter ansteigend gelangt man nach etwa 15 weiteren Wegminuten zum höchsten Punkt des Bergückens in 1155 m Höhe (2 Std. 40 Min.).

Vom Gipfel folgen wir dem Verlauf des Höhenrückens weglos nach Norden, ohne allzuviel an Höhe zu verlieren. Rechts von der **Höhe 1125 m,** einem querlaufenden langgestreckten Buckel, beginnt bald eine Pfadspur. Sie führt im Linksbogen, deutlicher werdend, um die Nordflanke der Höhe 1125 m herum. Nordöstlich blickt man auf den kahlen flachen Rücken des *Monte Rogedano* (917 m). Der Pfad senkt sich an Büschen entlang westlich zu einem Wiesensattel (3 Std. 10 Min.).

Wir biegen nach rechts (nordwestlich), gehen erneut weglos am Rand der Wiesen hinunter zu einem weithin sichtbaren beginnenden Fahrweg. Diesem folgen wir jedoch nicht, sondern nehmen leicht rechts eine breite Spur, die nach Norden durch eine Art Grassteppe über einen ersten niedrigen Rücken hinweg auf den flachen **Monte Rogedano** führt (3 Std. 50 Min.).

Wir wenden uns ganz nach rechts (südöstlich), und folgen am Rand der Höhe in etwa dem Verlauf des Waldsaumes linker Hand. 200 m nach einem betonierten Teich links unterhalb erblicken wir ein Holzgestell (Rest einer Erläuterunstafel) unmittelbar am Waldrand. Auf dem dahinter beginnenden deutlichen Waldweg geht es zügig zurück zum breiten Zufahrtsweg des Klosters **Valdisasso** (4 Std. 25 Min.). Dem Hinweg folgend wandern wir in einer guten halben Stunde zurück zum Ausgangspunkt in **Valleremita** (5 Std.).

Matélica

Südlich Fabriano durchfließt der Esino ein weites fruchtbares Tal, das nach Osten und Westen von dunklen Bergrücken begleitet wird. In den tiefergelegenen Zonen sind hier die Hänge dicht mit Weinreben bestockt. Aus den Trauben wird der **Verdicchio di Matélica** gekeltert. Er ist weniger bekannt als der renommierte Verdicchiowein von Jesi, aber ebenfalls ein guter Tropfen, der aus den gleichen Traubensorten - Verdicchio und bis zu 15 % Malvasià und Trebbiano - erzeugt wird. Im Anbaugebiet von Matélica ist der Ertrag pro Hektar geringer und der Wein etwas kräftiger als im Anbaugebiet von Jesi.

Besichtigung

Matélica selbst ist eine Provinzkleinstadt, die in ihrem Innern einige hübsche Winkel besitzt. Farblich dominiert das Rostrot des Ziegelsteins, aus dem die meisten älteren Bauten des Ortes errichtet wurden. Mittelpunkt des Stadtlebens ist die belebte, von alten Fassaden eingefasste **Piazza Enrico Mattei.** Das auffälligste Bauwerk am Platz ist an der Westseite der **Palazzo Pretorio** *(Palazzo Comunale)* mit dem markanter **Torre Civica** (1270), der sich über der 1511 an den Komunalpalast angebauten schönen siebenbogigen **Loggia degli Ottoni** erhebt.

Wenige Schritte von hier steht etwas zurückgesetzt vom Corso Emanuele die Kathedrale **Santa Maria Assunta** mit eigenwilligen, vorstehenden Fassadenwölbungen. Der Campanile (1474) stammt noch vom Ursprungsbau, der Innenraum wirkt nach Umbauten des 19. und 20. Jhs nüchtern und kahl.

Auch Matélica besitzt, wie fast jede etwa größere märkische Stadt, sein kleines altmodisches Teatro und die obligate Gemäldesammlung. Beide befinden sich wenige Schritte vom Hauptplatz entfernt in der *Via Umberto I.*

Das **Museo Piersanti** lohnt eventuell auch ohne besonderes Kunstinteresse den Besuch. Es ist in einem schönen Palazzo untergebracht, der noch ganz im Stil des 17. und 18. Jhs. eingerichtet ist. Besucher gibt es nicht allzu viele, und so kann man sich in Muße die Bilder anschauen Die ausgestellten Werke von *Jacopo* und *Giovanni Bellini, Francesco di Gentile, Lorenzo d'Alessandrio* und insbesondere *Antonio Fabriano* zeigen den hohen künstlerischen Stand der lokalen Malschulen von Fabriano im Übergang von der Gotik zur Renaissance (geöffnet 10–12 und 17–19 Uhr, Mo Ruhetag, im Winter nur Sa/So 16–18 Uhr).

Palazzo Pretorio und Loggia degli Ottoni

Praktische Informationen

- **Matélica.** 10 000 Ew., 360 mü. NN, PLZ 62 024.
- **Tourist-Info.** *Pro Matélica,* an der Piazza Enrico Mattei, Tel. 0 73 78 56 71.

Unterkunft

- Das **Della Loggia*****/€-€€ in einer Seitengasse der zentralen Piazza Mattei ist ein etwas altmodisches Kleinstadthotel, Kreditkarten sind hier unbekannt, guter Service und ordentlicher Komfort, ruhige Zimmer nach hinten nehmen, Via S. Maria 3/A, Tel. 0 73 78 58 30, Fax 07 37 78 72 39.
- Eine gute Adresse in *Castelraimondo* 8 km südlich Matelica ist das **Bellavista*****/€€, Via S. Anna 11, Tel. 07 37 64 07 17, Fax 07 37 64 21 10, E-mail: hotelbellavista@wnt.it, etwas nüchterner Neubau in schöner Panoramalage, guter Komfort, große Terrasse, mit Restaurant.

Essen und Trinken

- Die **Enoteca al Teatro****, Via Umberto I 7, Ristorante, Cafeteria, Enothek im Zentrum neben dem Theater bietet kreative Küche in nettem Ambiente, allerdings sind die Portionen recht klein, abends kann man auch nur auf ein Glas Wein zu Salami, Schinken und Käse einkehren, Tel. 0 73 78 31 88, Mi Ruhetag.
- Durchschnittliche Qualität im beliebten Ristorante mit Pizzeria **Della Torre***-** beim Palazzo Comunale, im Sommer speist man im Freien unter historischen Rathausarkaden mit Blick auf die Piazza, die Küche ist preiswert und ordentlich, gute Pizza, Via Leopardi 3, Tel. 0 73 78 47 88, Mo Ruhetag.
- Ausgezeichnete Eisauswahl in der **Gelateria** bei der Piazza Mattei an der Ecke Via Umberto I/Corso Emanuele.

Öffentliche Verkehrsmittel

- **Bahn.** Bahnhof 5 Min. östlich des Zentrum; werktags 10x, So 5x mit Schienenbus nach *Fabriano* und über *San Severino, Tolentino, Macerata* nach *Civitanova Marche* an der Küstenbahn.
- **Bus.** Werktags gibt es recht häufige Verbindungen nach *Fabriano;* einige Busse verkehren werktags auch nach *Camerino;* letzteres ist auch mit Bahn und Bus über die Umsteigestation *Castelraimondo* zu erreichen, auch an So.

Einkaufen

- Den **Verdicchio di Matelica** u. a. Weine kann man in der *Cantina Sociale Belisario* erstehen, Via A. Merloni, Tel. 07 37 78 72 47.

Von Matélica nach San Severino Marche

Statt der im Tal verlaufenden Hauptroute kann man zwischen Matélica und San Severino Marche auch einer schmalen **Bergstraße** folgen. Sie führt durch die abwechslungsreiche, schwach besiedelte Gebirgslandschaft am **Monte San Vicino** (1479 m), einem isolierten Vorberg des Apennin-Hauptkammes. Das Sträßchen zweigt in Matélica beim nördlichen Ende des alten Ortskerns von der Hauptstraße nach Fabriano ab, führt unter der Eisenbahn durch zunächst zum Dorf *Braccano.* Danach beginnt die schmale Straße stärker anzusteigen, und bald bieten sich herrliche Ausblicke ins Tal von Matélica. Auf der Höhe, etwa 6 km ab Braccano zweigt nach rechts eine Erdstraße ab, die an den Südausläufern des Monte San Vicino entlang zu einer Passhöhe bei einem kleinen Steindenkmal führt.

Auf den beiden von hier nach rechts in den Wald leitenden Wegen gelangt man nach etwa 15 Fußminuten auf den flachen Höhenrücken des **Monte Canfaito** (1111 m). Mit seinen saftigen Wiesen und großen Laubbäumen erinnert er eher an südenglische Parklandschaften als an mittelitalienische Gebirge.

Von der Passhöhe senkt sich das nun wieder asphaltierte Sträßchen am nur noch von fünf Menschen bewohnten Bergnest **Elcito** (790 m ü. NN) vorbei zur Straße Apiro–San Severino. Nach Süden öffnet sich danach das Land bald zu einem weiten, zum Fluss *Potenza* hin abfallenden Tal. Den fernen Horizont begrenzen die lange schneebedeckten Sibillinischen Berge. Zwischen den Äckern und Weiden haben sich einige alte Bauerngehöfte erhalten, die Landschaft wirkt hier wieder sanfter und mediterraner.

Im Bergland östlich der Straße setzen überall die noch aufrecht stehenden eckigen Türme der ansonsten verfallenen mittelalterlichen Kastelle markante Akzente, wie beispielsweise bei den Weilern *Isola, Aliforni* oder *Serralta.* Zwischen dem 11. und 13. Jh. verlief in diesem Landstrich eine umkämpfte Grenzlinie zwischen den papsttreuen Guelfen und den kaisertreuen Ghibellinen.

Sehr schön gelegen sind die Ruinen des **Castello di Pitino** 10 km nordöstlich von San Severino. Sie sind von *Cesolo* aus über einen zuletzt holprigen und steilen Fahrweg zu erreichen. Ein einsamer Platz mit grenzenlosen Ausblicken hoch über dem Land. Auf dem

isolierten Hügel stehen die zerbrochenen Mauern einer mittelalterlichen Festung und einer Kirche. (Vorsicht beim Herumkraxeln in den Ruinen, denn alles ist hier unterhöhlt oder einsturzgefährdet!)

Wanderung

☆Von Elcito zum Monte San Vicino

Die schöne Landschaft am Fuße des Monte San Vicinio mit ihren Wiesen und Laubwäldern lässt sich auch auf einer nicht allzu anstrengenden Wanderung erkunden. Der beschriebene Weg, der beim halbverlassenen, winzigen Elcito beginnt, führt auf aussichtsreichen Pfaden ganz hinauf auf den exponierten Bergkegel des Monte San Vicino.

- **Dauer/Schwierigkeit:** reine Wegezeit 5 Std, etwa 650 m Anstiege, im Mittelteil nicht ganz einfache Orientierung.
- **Verpflegung:** unterwegs keine Einkehrmöglichkeit, Albergo mit Ristorante/Bar in Castel San Pietro.
- **Wegverlauf:** Ausgangspunkt ist der alte Weiler **Elcito** 6 km westlich des Dorfes **Castel San Pietro.** Von Castel San Pietro, das etwa 14 km nördlich von *San Severino Marche* an der Straße nach Apiro lieg, führt eine ausgeschilderte Nebenstraße nach Elcito.

Beim **Kirchplatz von Elcito** wendet man sich nach Norden und folgt jenseits der Stichstraße zum Ort einem zwischen Steinblöcken beginnenden, schwach ausgeprägten Pfad. Mit schönem Blick zurück auf Elcito und die fernen *Monti Sibillini* steigen wir in nordwestliche Richtung stetig den offenen Wiesenhang hinauf. Auf der Höhe wenden wir uns in mehr westliche Richtung. Eine fast ebene Wegspur folgt dem Verlauf des baumlosen Höhenrückens *Monte la Pereta* (964 m) in Richtung des *Monte San Vicino.* Sie trifft schließlich auf ein von Elcito kommendes Sträßchen (1 Std.). Auf diesem gehen wir einige Meter geradeaus, um in den nach rechts abzweigenden breiten ebenen **Fahrweg** einzubiegen.

Dieser beschreibt nach etwa 10 Min. eine deutliche Rechtskurve, wo ein die ersten Meter etwas überwachsener Pfad nach links in den Wald hineinführt. Wir folgen diesem unter einem dichtem Blätterdach gut 5 Min. bergan zu einem Querfpad und biegen nach rechts. Nach weiteren gut 5 Min. führt der jetzt eben verlaufende Pfad in eine schmale Lichtung; wir biegen hier scharf nach links auf einen abzweigenden Pfad, der bald in westliche Richtung anzusteigen beginnt. Bei einer Gabelung halten wir uns links, gelangen 3 Min. später mit einer Linksbiegung an den unteren Rand einer abschüssigen Wiese (1 Std. 35 Min); weiter Blick nach Osten, u. a. zum Stausee bei Cingoli. Die Wiese weglos 200 m nach rechts hinaufsteigen, parallel zu einem Graben, bis zu einer **Viehtränke** (Steintröge) rechter Hand. Von hier weiter auf einem kurz steilen Pfad rechts vom Graben, immer in etwa Richtung beibehaltend, erst ein Waldstück, dann eine langgestreckte Wiesenlichtung durchqueren. Auf einem Pfad parallel zu einem Zaun wird schließlich die **Nebenstraße** westlich des *Monte San Vicino* erreicht (2 Std.).

Auf dieser geht es etwa 300 m nach rechts bis 50 m hinter eine Linkskurve. Rechter Hand erblickt man im Fels die **Grotta di San Francesco.** In der Höhle lebte im 13. Jh. eine frühe franziskanische Mönchsgemeinschaft. In etwa 10 Min. kann man weglos zum Eingang der 45 m tief in den Berg hineinführenden Grotte hinaufsteigen. Zur Spitze des *Monte San Vicino* folgen wir jedoch halbrechts der Wiesenspur zum Waldrand, wo ein deutlicher Weg beginnt. Diesem nicht zu verfehlenden Weg folgen wir zunächst durch den Wald, dann in offenem Gelände die Südwestflanke des Berges hinauf (vereinzelt rote Markierungen). Etwa 30 Min. geht es mit einigen Kurven stetig bergan bis schließlich ein Eisenkreuz und der höchsten Punkt des **Monte San Vicino** (1479 m) erreicht ist (2 Std.45 Min). Vom Rande der Höhe bietet sich ein weites Panorama, das an klaren Tagen bis zum *Corno Grande* (2912 m) in den Abruzzen reicht.

Dem Hinweg folgend gelangen wir in etwa 2 Std. zurück zum Ausgangspunkt Elcito.

Der Monte San Viciono

San Severino Marche

Die recht lebhafte Provinzkleinstadt unterteilt sich einmal mehr in **Borgo** und **Castello.** Im Borgo, der historisch jüngeren und belebteren Unterstadt, bildet die langgestreckte Piazza del Popolo den Mittelpunkt des städtischen Lebens. Abends schiebt sich unablässig in behäbigem Tempo eine Blechschlange um das hübsche Platzoval herum. Zur täglichen *passegiata* setzt man sich in San Severino gerne ins eigene Auto. Auf dem Hügel über der Unterstadt stehen bewacht von einem schiefen Wehrturm still und verlassen wirkend die wenigen Bauten des mittelalterlichen Castello von San Severino.

Beim kleinen **Serrapetrona** in den Bergen südlich von San Severino wird der DOC-Wein *Vernaccia di Serrapetrona* produziert, ein in den ganzen Marken bekannter eigenwilliger roter Spumante.

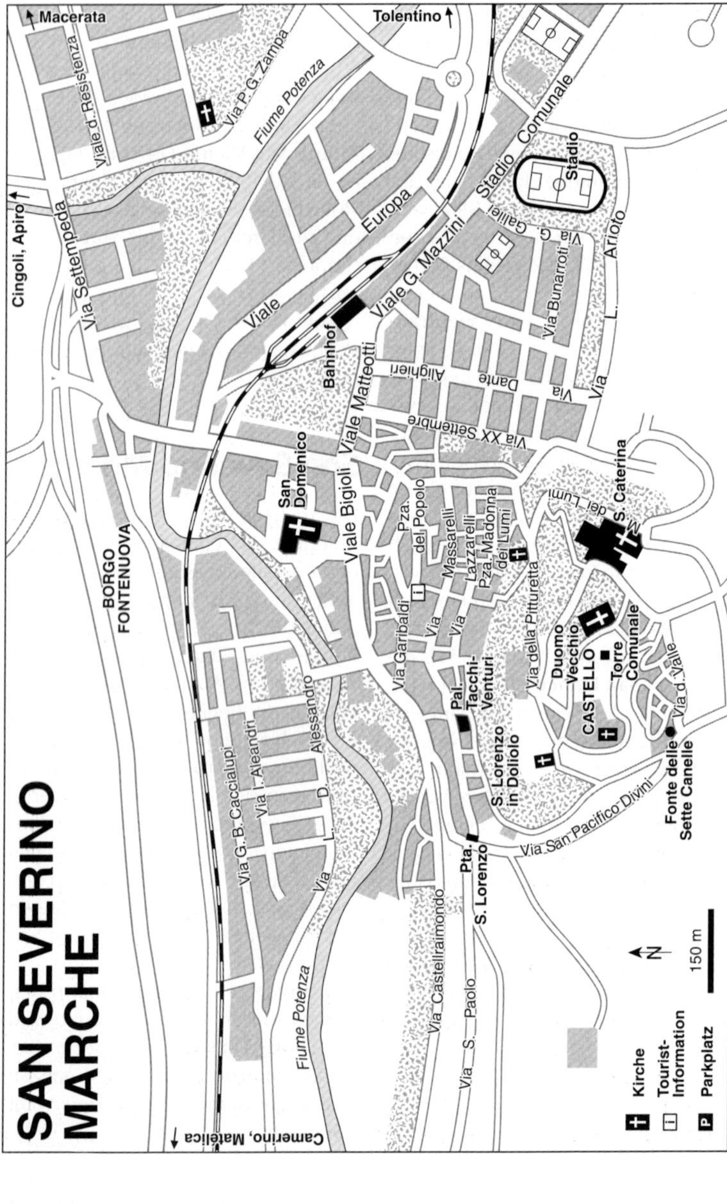
SAN SEVERINO MARCHE
Macerata
Tolentino
Cingoli, Apiro
Camerino, Matelica
Viale d. Resistenza
Via P. G. Zampa
Fiume Potenza
Via Settempeda
Viale Europa
Stadio Comunale
Stadio
Via G. Galilei
Viale G. Mazzini
Via Bunarroti
Via L. Arioto
Bahnhof
Viale Matteotti
Via Dante Alighieri
Via XX Settembre
BORGO FONTENUOVA
San Domenico
Viale Bigioli
Pza. del Popolo
Via Massarelli
Via Lazzarelli
Pza. Madonna dei Lumi
M. dei Lumi
S. Caterina
Via Garibaldi
Pal. Tacchi-Venturi
Via della Pitturetta
Duomo Vecchio
Torre Comunale
CASTELLO
Via d. Valle
S. Lorenzo in Doliolo
Fonte delle Sette Canelle
Via San Pacifico Divini
Pta. S. Lorenzo
Via G. B. Caccialupi
Via I. Aleandri
Via L. D. Alessandro
Via Castellraimondo
Via S. Paolo
N
150 m
Kirche
Tourist-Information
Parkplatz

Geschichte

Die Stadt kann auf eine lange Geschichte zurückblicken. In der Umgebung lagen mehrere kleine Siedlungsstätten der **picenischen Frühkultur.** In römischer Zeit entstand am Ufer des Potenza das **Munizipium Septempeda,** das 545 von den Goten unter *Totila* zerstört wurde. Die vertriebenen Bewohner gründeten auf dem Hügel des Castello einen neuen Ort, den sie nach dem letzten Bischof von Septempeda **San Severino** nannten.

Im Mittelalter war die **freie Kommune** auf dem Berg ein wichtiger Stützpunkt der Kaisertreuen, der sich mit einem Kranz von Kastellen in der Umgebung gegen die guelfischen Feinde aus Tolentino oder Ancona zu schützen wusste.

Im 13. Jh. zog eine Gruppe von Bewohnern aus praktischen Gründen vom Berg hinunter an den Fluss, wo sich das Handwerk der Leinenweberei besser ausüben ließ. Die Unterstadt entwickelte sich nach und nach zum neuen Zentrum von San Severino, das mit der päpstlichen Anerkennung als Stadt und **Bischofssitz Ende des 16. Jhs.** besonders aufblühte. Im **Zweiten Weltkrieg** war San Severino eine **Hochburg der Partisanen.**

Besichtigung

Die zentrale **Piazza del Popolo** wirkt mit ihren Arkadengängen und Barockfassaden großzügig und weitläufig. Die ursprüngliche mittelalterliche Platzbebauung verschwand ab dem 16. Jh. nach und nach. Die ältesten Bauten sind der *Palazzo Gentili di Rovellone* von 1524 und der *Palazzo Franchi* von 1539. Der *Palazzo Comunale,* das städtische Rathaus von 1764, muss in Mittelitalien fast schon als Neubau gelten.

Beim östlichen Ende der Piazza erhebt sich mit dem **Teatro Feronia** der ganze Stolz der Bürger der Stadt. Das altmodisch-schöne Provinztheater mit seinen drei Logenreihen, dekorativen Deckenverzierungen und dem mit einer großen Bildszene geschmückten Bühnenvorgang entstand 1827, im gleichen Jahr wie nebenan der *Torre dell'Orologio.* Die beim Uhrturm beginnende *Via Battisti* säumen weitere große Palazzi des 16./17. Jh.

Der **Dom Sant'Agostino** (15. Jh.) am Ende der *Via Garibaldi* westlich der Hauptpiazza wurde bis auf das gotische Portal im 18./19. Jh. grundlegend im Stil der Zeit umgestaltet. Über die *Via Salimbeni* gelangt man von hier zum interessanteren **Palazzo Tacchi-Venturi,** einem hübschen Bau des 15. Jhs. mit kleinem Hofgarten mit Ziehbrunnen. In den Palasträumen ist heute die **Pinacoteca Civica** untergebracht, eines der angenehmsten Provinzmuseen der Marken (von Juli bis September tgl. 9.30–13 u. 16.30–19.30 Uhr geöffnet; übrige Zeit 9–13 Uhr, abwechselnd Mo/So geschlossen).

Unbehelligt von misstrauischen Museumswärtern kann man sich hier noch mit viel Muße der Bildbetrachtung hingeben. Die Pinakothek besitzt eine Reihe schöner Werke im Übergang vom Mittelalter zur Renaissance. Zu sehen sind u. a. Malereien aus der Werkstatt des *Allegretto Nuzi* aus Fabriano (14. Jhs.) oder von den aus San Severino stammenden Gebrüdern *Salimbeni* (Anfang 15. Jh.), letztere schon mit diesseitigen szenischen Ausschmückungen und in der typischen grün-roten Farbgebung. Von *Vittore Crivelli* (1440–1502) stammt das große detailreiches Polyptychon auf Goldgrund „Madonna mit Kind". Wie dieses zeigen auch die Werke des *Lorenzo d'Allessandro* aus der Salimbeni-Malschule - eine Madonna, eine Geburt Jesu und eine expressive Pietà - Anklänge an den Stil der internationalen Gotik. Der umbrische Meister *Pinturicchio* (1454–1513) hat seine dekorative „Madonna delle Pace" in eine weite Renaissancelandschaft gesetzt.

Die *Porta di San Lorenzo* (1823) bildet den westlichen Abschluss des alten Stadtkerns. Die **Basilica di San Lorenzo in Doliolo** nebenan zeigt im kantigen Turm, dem erhöhten Presbyterium und der Krypta Elemente mittelalterlicher Architektur. In der Unterkirche haben sich einige interessante Fresken der Gebrüder Salimbeni erhalten.

Von der Piazza del Popolo führt der beim Touristenbüro beginnende Treppenweg *Via Indivini* hinauf zum Ortsteil **Castello.** Der historische Mittelpunkt der Stadt wirkt heute ausgesprochen ruhig - manchmal fast etwas gespenstig, wenn die Klarissinnen aus dem örtlichen Kloster die Lautsprecher einschalten und die leeren Gassen mit liturgischen Gesängen beschallen.

Die leicht schiefe, 40 m hohe **Torre Comunale** (13. Jh.), diente als Wach- und Signalturm, von dem aus Feuer- und Rauchsignale an die Castelli der Umgebung ausgesandt werden konnten. Gegenüber steht mit kantigem gotischen Turm der **Duomo Vecchio,** der 1061 begonnen und im 14. Jh. fertiggestellt wurde. Im Innern ist das schön gearbeitete Chorgestühl mit Bildintarsien bemerkenswert, das zwischen 1483 und 1503 von dem aus dem Ort stammenden Künstler *Domenico Indivino* geschaffen wurde. In der ersten Kapelle links haben wiederum die Gebrüder Salimbeni einige Fresken geschaffen, die Szenen aus dem Leben des hl. Johannes des Täufers zeigen. Daneben sind in Castello noch der an den ehemaligen Dom angebaute doppelstöckige **Kreuzgang** (um 1500) und die großzügige Brunnenanlage **Fonte delle Sette Canelle** (13.–16. Jh.) beachtenswert.

Information

- **San Severino Marche.** 13 000 Ew., 235 m ü. NN, PLZ 6 20 27.
- **Tourist-Info.** *Pro Loco,* Piazza del Popolo 43, Tel. u. Fax 07 33 63 84 14, Internet: www.sanseverinoturismo.it.

Unterkunft

- **Due Torri*****/€€. Familiäres Haus im hochgelegenen Ortsteil *Castello,* ruhige Lage, guter Komfort, mit eigenem Restaurant und Bar, Via S. Francesco 21, Tel. 07 33 64 54 19, Fax 07 33 64 51 39, Internet: www.duetorri.it.
- **Feronia*****/€. Piazza del Popolo 96, restaurierter Palazzo an der Hauptpiazza, geräumige Zimmer mit altem Mobiliar, man bettet sich unter historischen Deckenmalereien, Doppelfenster dämpfen die Piazzageräusche, ruhiger sind die rückseitigen Zimmer, Tel. 07 33 64 57 62, Fax 07 33 63 87 56.

- Auf dem Lande 14 km nördlich beim Dorf *Castel San Pietro* das 2002 neu eröffnete **Sette Rose****/€, ordentlicher Komfort, ruhige und naturnahe Lage, mit Restaurant, Tel. u. Fax 07 33 63 52 02, E-mail: info@setterose.com, Internet: www.setterose.com.

Essen und Trinken

- Gute, kräftig-bodenständige Küche bietet das Hotelrestaurant **Due Torri***** in Castello, Tel. 07 33 64 54 19, Mo Ruhetag.
- **Ristorante Da Piero**.** Via Bigioli 74, etwas steif-vornehm wirkende Einrichtung aber freundlicher Service, gute Küche, kleine Speisekarte mit täglich wechselndem Angebot, Tel. 07 33 63 84 95.
- Eher mäßige Qualität bietet das zum **Feronia** gehörige **Ristorante***-** im Kellergewölbe (s. o.).

Duomo und Torre überragen San Severino

- Außerhalb in *Serrapetrona* im Ortsteil Borgiano findet man die familiäre **Osteria dei Borgia****, eine kleine Osteria mit guter traditionelle Landküche zu günstigen Preisen, kleine Speisekarte, aber große Auswahl an Käse, Salami und Schinken, Tel. 07 33 90 51 31, nur abends, Mo Ruhetag.

Öffentliche Verkehrsmitel

- **Bahn.** Bahnhof östlich des Zentrums an der Nebenbahnlinie *Civitanonva Marche-Macerata-Tolentino-Matélica-Fabriano;* werktags 10, sonntags 5 Verbindungen.
- **Bus.** Werktags Verbindungen mit contram nach *Camerino* (5x) und *Cingoli* (2x), sowie mit SASA über *Apiro* nach *Jesi* (2–3x).

Einkaufen

- Den **Vernaccia di Serrapetrona** kann man z. B. bei der *Azienda Agricola Quazquarini Alberto* kaufen, Serrapetrona, Località Colli, Tel. 07 33 90 81 80; den Vernaccia-Wein gibt es in den Versionen *amabile* (halbsüß) und *dolce* (süß).

Sontiges

- **Taxi.** Tel. 07 33 63 95 36 bzw. 0 33 84 69 15 76.
- **Fest.** *Palio dei Castelli,* in der ersten Junihälfte, mittelalterliches Stadtfest mit Bogenschießen, Seilziehen und als Höhepunkt dem Wettlauf der Türme, eine Art Kleinausgabe der Corsa dei Ceri von Gubbio.

Wanderung

☆Kurzwanderung zur Grotte di Sant'Eustachio

In einem verborgenen Felstal westlich San Severino siedelten schon die Menschen der Frühzeit. Im 11. Jh. lebten hier in der Abgeschiedenheit der Wälder streng gläubige Eremiten. Eine Gemeinschaft von Benediktinermönchen errichtet schließlich im 14. Jh. die *Chiesa Sant'Eustachio* unter dem Fels. Mit einer leichten Wanderung gelangt man von San Severino aus in etwa 1¼ Stunden zur schön gelegenen, bis heute nur zu Fuß zu erreichenden Benediktinerkirche.

- **Wegverlauf:** Von der zentralen **Piazza del Popolo in San Severino** gehen wir über die *Via Garibaldi/Via Salimbeni* an der Pinakothek im Palazzo Tacchi-Venturi vorbei zum westlichen Stadttor **Porta San Lorenzo,** folgen hinter dem Stadttor geradeaus der *Via San Paolo.* Auf dem ersten Abzweig nach rechts und gleich wieder nach links biegend wird der **Ponte Sant'Antonio** am Stadtrand erreicht, wo der *Potenza* über eine niedrige Staustufe fällt. Vor der Flussbrücke steigen wir nach links 30 m zwischen den Häusern an und schlagen dahinter rechts den Fahrweg ein. Gut 5 Minuten später, wo der Hauptweg stärker anzusteigen beginnt, zweigen wir nach rechts abwärts Richtung Flusstal ab (20 Min.). Auf dem Talweg parallel zum Flussufer geht es auf angenehmem Weg nach Westen. Nach einem großen Erosionshang links oberhalb wird schließlich ein Querweg erreicht (50 Min.).

Wir biegen nach links, nehmen bei der Gabelung 20 m weiter den rechten Weg (Markierung roter Balken, Weg Nr. 205). Durch eine Absperrung geht es nach Süden in ein von steilen Waldhängen eingegrenztes Tal. Der Weg steigt zunächst etwas an, senkt sich dann zu einem Bach und verläuft durch dichte Vergetation kurz zwischen steilen Felsen. Danach wird linker Hand die unter eine Felswand gebaute **Chiesa di Sant'Eustachio** sichtbar (1 Std. 15 Min.). Neben der einsturzgefährdeten Kirche öffnet sich ein große Höhle, die den mittelalterlichen Eremiten als Wohnstätte diente.

Von Sant'Eustachio aus lohnt ein kurzer Abstecher: Vom kleinen Rastplatz unterhalb der Kirche folgen wir dem Pfad weiter nach Süden in das Engtal hinein. Nachdem der steinige Bachgraben gekreuzt wird, gabelt sich der Weg. Wir nehmen den rechten Abzweig und steigen im Rechtsbogen 3 Min. an. Bei der folgenden Pfadgabelung nach etwa 10 Min. ab *S. Eustachio* geht es wieder nach rechts. 50 m weiter stehen wir vor dem flachen Eingang einer weiteren großen Höhle, die tief in den Fels hinführt und die möglicherweise als **prähistorische Begräbnisstätte** diente.

Auf dem Hinweg geht es zurück nach San Severino (knapp 3 Stunden Gesamtwegezeit).

Tolentino

In der im Tal des Chienti gelegenen Kleinstadt dreht sich alles um den **heiligen Nikolaus** - den **von Tolentino,** und nicht den auch bei uns verehrten, bekannteren Namensvetter aus Bari. Der Ortsheilige (1245–1305), der in Tolentino seine 30 letzten Lebensjahre verbrachte, zog schon zu Lebzeiten die Gläubigen in Massen an. Er stand in dem Ruf eines Wunderheilers. Insbesondere galt er als fähig, kinderlosen Ehepaaren zu dem ersehnten Nachwuchs zu verhelfen. Noch heute ist die Kirche, in dem der Leichnam des Heiligen ruht, eine vielbesuchte Wallfahrtsstätte.

Besichtigung

Am Komplex der **Basilica di San Nicola** wurde vom 13. bis ins 20. Jh. gebaut. In der Travertinfassade des 18. Jhs. ist das ältere, reich verzierte spätgotische Portal von 1435 bemerkenswert. Im Bogenfeld sieht man den hl. Georg, der den Drachen bezwingt. Die Sonne im oberen Fassadenteil symbolisiert den hl. Nikolaus von Tolentino. Das Hauptschiff beeindruckt durch seine großzügige Barockausstattung - ein eleganter Schmuckkasten mit viel Gold und Glimmer. Besonders prächtig ausgefallen ist die mit Holzstatuen geschmückte Kassettendecke von 1628. In der neoromanischen Krypta liegt in einem Glasschein in schwarzes Tuch gehüllt der Leichnam des Heiligen. Er ist von Geldscheinen umgeben, Opfergaben der Pilger. Einige lassen es sich nicht nehmen, die Banknoten durchs Gitter direkt auf den Heiligen zu werfen, obwohl man extra Almosenschlitze angebracht hat.

Hauptsehenswürdigkeit ist jedoch der **Capellone di San Nicola.** Ein unbekannter Meister von Tolentino hat die gotische Kapelle um 1340 mit einem schönen Freskenzyklus ausgeschmückt. Der Malstil erinnert an die Fresken Giottos in Assisi oder an die Schule von Rimini. Dargestellt sind in der oberen Reihe Szenen aus dem Leben Jesu. Darunter werden Ereignisse aus der Vita des Nikolaus von Tolentino geschildert. Der Heilige in schwarzem Gewand wurde vom Maler absichtlich im Verhältnis zu den anderen Figuren überdimensioniert wiedergegeben, um dessen herausragende Persönlichkeit zu unterstreichen. Der Bilderzyklus, eine Art Lesebuch für die Analphabeten des Mittelalters, löst sich in seiner szenischen Ausschmückung schon von der strengen Schematik älterer Heiligendarstellungen ab, was sich in einer verhaltenen Dynamik und einigen lebendigen Details zeigt: Menschen klettern auf einen Baum, um den nach Jerusalem einziehenden Christus zu sehen, vor dem tot darniederliegenden Nikolaus spielt eine blonde Frau anmutig Geige usw. An den Capellone schließt sich ein stimmungsvoller romanischer **Kreuzgang** an.

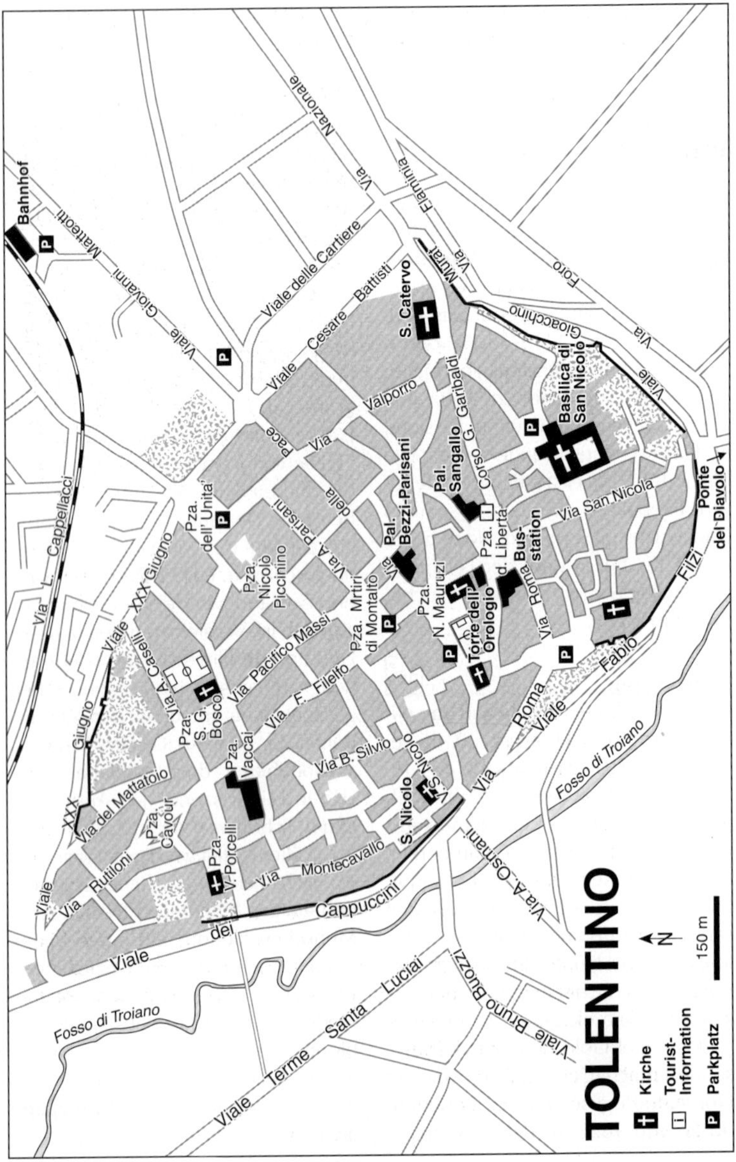
TOLENTINO
Kirche
Tourist-Information
Parkplatz
N
150 m
Bahnhof
Viale Giovanni Matteotti
Via L. Cappellacci
Viale XXX Giugno
Via Nazionale
Via Flaminia
Viale delle Cartiere
Viale Cesare Battisti
S. Catervo
Via Murat
Foro
Viale Gioacchino
Via
Viale
Basilica di San Nicolò
Via Valporro
Corso G. Garibaldi
Via della Pace
Pal. Sangallo
Pal. Bezzi-Parisani
Pza. dell' Unità
Via A. Parisani
Pza. Nicolò Piccinino
Pza. della Libertà
Bus-station
Via San Nicola
Ponte del Diavolo
Via Filzi
Pza. N. Mauruzi
Torre dell' Orologio
Pza. Mrtiri di Montalto
Via Pacifico Massi
Via F. Filelfo
Via Roma
Viale Fabio
Via A. Caselli
Pza. S. G. Bosco
Pza. Vaccai
Via B. Silvio
V. S. Nicolò
S. Nicolò
Via del Mattatoio
Pza. Cavour
Pza. V. Porcelli
Via Rutiloni
Via Montecavallo
Viale dei Cappuccini
Viale Roma
Via A. Osmani
Fosso di Troiano
Viale Terme Santa Lucia
Viale Bruno Buozzi

Zentrum der Altstadt ist die *Piazza Libertà* mit dem **Torre dell'Orologio** (16. Jh.). Beim Blick auf die Anzeigen des Uhrturms gerät man leicht in Verwirrung. Neben der Normalzeit werden die am Klosterrhythmus orientierte alte italienische Zeit, das Datum mit Wochentag und die Mondphase angezeigt. Ganz unten diente eine kleine Sonnenuhr als Eichmaß.

Im zweiten Stock des **Palazzo Sangallo** ist das **Internationale Karikaturmuseum** untergebracht, das 1970 durch das Engagement eines Tolentiner Malers entstand. Es zeigt Skizzen, Zeichnungen, Figuren usw. zum Thema Humor und Karikatur. Die Sammlung wächst kontinuierlich. Die alle zwei Jahre stattfindende *Biennale Internazionale dell'Umorismo nell'Arte* bringt neue Ausstellungsstücke in die Sammlung (geöffnet täglich außer Mo 16–19 Uhr, Sa/So sowie nach Voranmeldung beim Info-Büro auch vormittags, Eintritt 3 €). An der sich nördlich an die Piazza Libertà anschließenden *Piazza Mauruzi* steht der vornehme **Palazzo Bezzi-Parisani.** In dessen *Sala della Pace* zwang im Februar 1797 Napoleon dem Papst Pius VI. den Friedensvertrag auf, mit dem der Kirchenstaat auf viele seiner Besitzungen, wie z. B. das Gebiet um Avignon, endgültig verzichtete (Besichtigung auf Anfrage beim Info-Büro). Südlich der Piazza Libertà gelangt man auf der *Via San Nicolo* abwärts durch die Porta del Ponte auf den **Ponte del Diavolo** (Teufelsbrücke) von 1268, die große mittelalterliche Flussbrücke von Tolentino.

Etwa acht Kilometer östlich der Stadt steht auf freiem Feld das **Castello della Rancia.** Die ursprüngliche große Fattoria (Landwirtschaftsgut) der Zisterziensermönche von Fiastra wurde 1357 zur Festung ausgebaut, die als Stützpunkt der verschiedenen Feudalherren der Region diente. Im Mai 1815 fand vor den Burgmauern eine blutige Schlacht zwischen den Truppen Napoleons und den Österreichern statt, wobei die Franzosen eine unerwartete Niederlage erlitten. Der guterhaltene Wehrbau mit kantigem Turm und Zinnenkranz steht nach einer Restaurierung seit kurzem Besuchern offen (Di–So 10– 13 und 16–19 Uhr).

Familienfoto vor San Nicola

Information

- **Tolentino.** 18 400 Ew., 230 m ü. NN, PLZ 6 20 29.
- **Tourist-Info.** *Pro Loco,* an der Piazza Liberta neben dem Palazzo Sangallo, Tel. 07 33 97 29 37, Mo–Sa 16–19 Uhr.

Unterkunft

Eine besondere Empfehlung kann für Tolentino nicht gegeben werden; Übernachtungsmöglichkeiten bieten:

- Das etwas außerhalb des alten Zentrums gelegene **Hotel 77******/€€€€, Viale B. Buozzi 90, ist neu, nüchtern, modern, komfortabel und entsprechend teuer, Tel. 07 33 96 74 00, Fax 07 33 56 12 19.
- Das **Milano****/€€, Via Roma 13/15 ist ein familiär geführtes Hotel mit freundlichem Service, die Einrichtung im DDR-Stil der 60er Jahre mit Plaste und Elaste ist allerdings nicht auf der Höhe der Zeit, ruhige Zimmer nach hinten nehmen, Tel. 07 33 97 30 14, Fax 07 33 97 30 77.
- Im gleichen Stil, aber etwas einfacher das **Campana***/€, nebenan in der Via Roma 17, für eine Nacht o. K., Tel. 07 33 97 30 22.

Essen und Trinken

- **Osteria-Pizzeria San Nicola***-**. Via Oberdan im Zentrum, gemütlich und beliebt wegen seiner großen Auswahl an Holzofenpizzas, übrige Küche preislich und qualitativ durchschnittlich, Tel. 07 33 96 74 48.

Öffentliche Verkehrsmittel

- **Bahn.** Bahnhof 1,5 km nordöstlich des alten Zentrums an der Nebenbahnlinie *Civitanonva Marche – Macerata – Tolentino – Matélica – Fabriano;* werktags 10, sonntags 5 Zugpaare.
- **Bus.** Bushalt an der zentralen Piazza Libertà; werktags verkehren contram-Busse nach *Camerino* über *Caldarola* (9x), *San Ginesio/Sarnano* (5x), *Fiastra* (2x) und *Foligno* in Umbrien (2x).

Feste und Veranstaltungen

- Jedes Jahr spielen die Tolentini für 10 Tage Krieg, Ende April/Anfang Mai wird die **Schlacht von 1815 beim Castello della Rancia** in historischen Kostümen nachgestellt.

Camerino

Die kleine Stadt liegt exponiert auf einem langgestreckten Hügelrücken hoch über dem Land. Vom Rande der Altstadt bieten sich immer wieder weite Ausblicke über das grüne Bergland der Umgebung. Im Innern des kompakten Stadtkerns findet man ruhige Gassen und kleine Plätze. Das Gesamtbild der alten Stadt ist noch einigermaßen intakt, obwohl hier und da einige neuere Bausünden schmerzlich ins Auge fallen. Camerino wirkt vergleichsweise lebendig, denn die Stadt besitzt trotz ihrer bescheidenen Größe schon seit dem 14. Jh. eine **Universität.** Vor allem Studiengänge der Jurisprudenz und naturwissenschaftlicher Fachrichtungen werden angeboten. Mit heute etwa 8000 Studierenden hat Camerino zeitweise mehr Studenten als „normale" Einwohner in seinen Mauern.

Besichtigung

Sehenswürdigkeiten gibt es in Camerino nur wenige. Mittelpunkt des schmalen, sich in Nord-Süd-Richtung über den Hügelrücken erstreckenden alten Stadtkerns ist die **Piazza Cavour** mit dem Dom und dem herzöglichen Palast. Der **Duomo** mit seiner vorgesetzter klassizistischer Fassade wurde zwischen 1802 und 1832 gänzlich neu errichtet, nachdem eine erste Kirche bei einem Erdbeben völlig zusammengestürzt war. Vom Vorgängerbau hat sich in der Krypta der gotische Sarkophag des Stadtbischofs *S. Ansovino* aus dem 9. Jh. erhalten. Der **Palazzo Arcivescovile** neben dem Dom, der erzbischöfliche Palast von 1580, beherbergt heute das kleine **Museo Diocesano** mit Sakralkunst und Gemälden, u. a. einer Madonna von Tiepolo (1740) und einem Triptychon von Girolamo di Giovanni (15. Jh.).

Die Ostseite der Piazza Cavour begrenzt die Fassade des **Palazzo Ducale,** den im 15. Jh. die Camerino damals beherrschende Feudalsignoria der Varano errichten ließ. Heute sind in den Palasträumen Teile der Universität von Camerino sowie die *Biblioteca Valentiniana* mit über 70 000 z. T. aus dem 16. Jh. stammenden Bänden untergebracht. Vom hübschen mit den Familienwappen der Varano geschmückten Renaissanceinnenhof, der von der Piazza Cavour aus zugänglich ist, bietet sich ein weiter Ausblick über die Bergzüge der Marken. Östlich an den Palazzo schließt sich der 1828 angelegte kleine botanische Garten der Universität an.

Die Mitglieder der *Signoria der Varano* waren eifrige Förderer der Kunst. Im 15. Jh. konnte so in Camerino eine **eigene märkische Malschule** der Frührenaissance entstehen. Zu deren wichtigsten Vertretern zählen *Girolamo di Giovanni, Giovanni Boccati* und *Arcangelo di Cola.* Einige ihrer Bilder sind in der **Pinacoteca** zu sehen, die heute im ehemaligen **Convento San Domenico** beim Nordende des Stadtkerns untergebracht ist. Hauptwerk des angenehmen kleinen Provinzmuseums ist die detailreiche, schon individualisierte und in einen perspektivischen Architekturrahmen gestellte „Verkündigung" von Girolamo di Giovanni (um 1460). Im Untergeschoss ist ein römisches Bodenmosaik mit blassgrün-roter Pflanzenornamentik zu sehen. Wie alte Fotos zeigen, diente der Klosterhof auch schon einmal als Straßenbahndepot (10–13 und 15–18 Uhr, Mo geschlossen, freier Eintritt).

Das äußerste südlichen Ende der Altstadt erreicht man bei der *Porta Malatesta.* Nicht weit vom mittelalterlichen Stadttor stehen die Ruinen der 1503 errichteten **Rocca Borgesca.** Von hier hat man den schönsten Ausblick zu den bis weit ins Frühjahr hinein schneebedeckten, bis auf 2500 m ansteigenden Sibillinischen Berge.

Information

- **Camerino.** 7360 Ew., 660 m ü. NN, PLZ 6 20 32.
- **Tourist-Info.** *Pro Camerino,* Piazza Cavour neben Palazzo Ducale, geöffnet 8.30–13.30 und 16.30–19.30 Uhr.

Unterkunft

- **I Duchi*****/€€. Via V. Favorino 72, atmosphärisch angenehmes Haus am Rande der Altstadt, mittlerer Komfort, einige Zimmer mit Panoramablick auf die Berge, mit preiswertem *Ristorante***, Tel. und Fax 07 37 63 04 40.
- **Roma****/€. Piazza Garibaldi 6, freundliches Familienhotel, Neubau im Zentrum, einfach-ordentlich, Zimmer z. T. mit Balkon zur Piazza, Tel. 07 37 25 92, Fax 07 37 63 01 25.

Essen und Trinken

- **Osteria del'Arte****. Via dell'Arco della Luna 7, wenige Schritte von der Piazza Cavour, angenehm lockere Atmosphäre, preiswerte, gut durchschnittliche Küche, Tel. 07 37 63 35 58, Fr Ruhetag.

Öffentliche Verkehrsmittel

Bahn

- Nächster **Bahnhof** 10 km nördlich der Stadt in **Castelraimondo** an der Nebenbahn *Civitanonva Marche - Macerata - Tolentino - Matélica - Fabriano;* werktags 10, sonntags 5 Zugpaare.

Bus

- Regelmäßige Busverbindung zwischen **Camerino** und **Castelraimondo,** auch an So.
- Die Busse der Gesellschaft *contram* halten an der östlich um den Stadtkern herumführenden Hauptstraße.
- Werktags Verbindungen nach **Visso** (ca. 10x), **Fabriano** über **Matélica** (7x), **Foligno** in Umbrien (2x)
- Zwei Busse fahren werktags von **Visso** durch die *Valnerina/Terni* in Umbrien weiter nach **Rom.**

Einkaufen

- **Markt.** Samstag vormittags im Zentrum.

Rund um Camerino

In der Umgebung Camerinos erstreckt sich als Vorposten der Monti Sibillini dünn besiedeltes bis auf knapp 1500 m ansteigendes Bergland, das viel unberührte Natur bietet.

Nordwestlich Camerino zwängt sich bei **Pioraco** der Fluss *Potenza* durch eine enge Felsklamm. Eine kaum befahrene Nebenstraße führt von hier über die abgelegenen kleinen Bergdörfer *Sefro* und *Sorti* auf den **Piano di Monte Lago,** eine abflusslose Hochebene nördlich des Monte Igno (1435 m). Ihre weiten, von Gräben mit quakenden Fröschen durchzogenen Wiesen sind von einem Kranz teils kahler, teils bewaldeter Kuppen umgeben. Bei *Serravalle* im Tal des Chienti wird die Durchgangsstraße Camerino–Foligno erreicht. Westlich führt sie zum **Piano di Colfiorito** an der Grenze zu Umbrien, einer weiteren eigenwilligen Hochebene zwischen den Bergen des Apennin, nach Osten nach **Muccia,** wo sich das angenehme Albergo-Ristorante *Cacciatore* für einen kulinarischen Zwischenstopp anbietet.

Durch die weite Berglandschaft um den Stausee *Lago di Poverina* gelangt man östlich Muccia mit einem Abstecher von der Hauptstraße nach Süden nach **San Giusto.** Der abgelegene Weiler besitzt eine sehenswerte romanischer Kirche des 12./13. Jhs. (in der Regel um 17 Uhr geöffnet, ansonsten nach dem Schlüssel fragen). Der Kirchenraum auf kreisförmigem Grundriss und die vier runden Apsiden schaffen einen ungewöhnlichen, harmonischen Raumeindruck. In der Umgebung erstreckt sich kleinflächig gegliedertes Bauernland. Die EU-Subventionsmechanismen greifen hier offensichtlich nicht, und immer noch sieht man Alte, die mit der Handsense ihre Wiesen mähen. Oberhalb San Giusto erreicht das Sträßchen eine Passhöhe mit einer verfallenen Kirche, von wo sich ein schöner Ausblick zu den Bergen der Monti Sibillini bietet.

Etwa vier Kilometer nördlich San Giusto, oberhalb der Straße nach Camerino, thront die **Rocca di Varano** auf einem Felssporn über dem Tal. Die imposante Wehrarchitektur des 14. Jhs.

ist leider nur eine unzugängliche Ruine. Die Auffahrt lohnt vor allem wegen der schönen Ausblicke und Picknickplätze. (Abzweig von der Straße Sfercia–Camerino, die letzten 300 m muss man zu Fuß zurücklegen.)

Auch über dem Städtchen **Caldarola** (1610 Ew., 315 m) weiter östlich erheben sich markant die Mauern einer Burg. Das **Castello Pallotta** ist vom Mittelalter bis heute im Besitz der Familie der Pallotta geblieben, die aufgrund einer päpstlichen Landschenkung ab dem 13. Jh. zu Einfluss gelangte. Die Innenräume sind seit kurzem im Rahmen eines geführten Rundgangs zugänglich. Der außen mit seinen Türmen und Zinnen mittelalterlich und wehrhaft erscheinende Bau wirkt innen feudal und vornehm. Besichtigt werden die Wohn- und Schlafräume, die Küche, sowie die Kutschen- und Waffensammlung der Pallotta (geöffnet 10–12 und 15–17.30/18.30 Uhr, Di und Fr vormittags geschlossen, Eintritt 4 €).

Die **Chiesa Collegiata** am Hauptplatz von Caldarola besitzt mit der „Madonna del Monte di Pietà" von 1491 ein sehenswertes Gemälde von Lorenzo d'Alessandro, die **Stanza del Paradiso** des *Palazzo Comunale* Malereien des aus Caldarola stammenden Simone de Magistris (1534– 1612).

Weiler im Bergland bei Camerino

Unterkunft und Verpflegung

In Sefro

- **Da Faustina*****/€-€€, Via Roma 3, 62 030 Sefro, freundliches, eher einfaches Hotel im Alpenstil, ruhige Lage, nachts ist außer dem Rauschen des vorbeifließenden Wildbaches nichts zu hören, einfache Einrichtung, angeschlossen eine preisgünstige **Pizzeria-Trattoria***, Tel. 0 73 74 51 24, Fax 07 3 74 53 20.

In Muccia

- Albergo-Ristorante **Del Cacciatore****/€€, Via Spinabello 13, 62 034 Muccia, mit berechtigtem Besitzerstolz geführter, alteingesessener Familienbetrieb, Tel. 07 37 64 61 21, im zugehörigen **Ristorante**** gute bodenständige Küche ohne Schnickschnack (hausgemachte Nudeln in Steinpilzsauce, Bruschetta mit Trüffeln, Wild, Lamm, Forelle).

San Ginesio

Die freundliche Kleinstadt liegt fast 700 m hoch auf einer Hügelspitze und nennt sich selbst „Balkon der Sibillinischen Berge". Und in der Tat bietet sich vom Südrand des alten Ortskerns ein faszinierendes Panorama mit der bis in den Mai hinein schneebedeckte Bergkette. An klaren Tagen sind auch der Monte Conero und die Adriaküste auszumachen.

Das Zentrum ist von mittelalterlicher Architektur geprägt. Unter den historischen Bauwerken fällt das **Ospedale dei Pellegrini** neben dem alten Stadttor *Porta Picena* besonders auf. Die Anlage präsentiert sich mit einer schönen doppelstöckige Säulenloggia. Der untere Teil entstand im 13., der oberer Teil im 14. Jh. Der Bau diente als Hospiz für die vielen Pilger auf dem Weg nach Rom oder Loreto, die sich vor oder von der anstrengenden Etappe über die Sibillinischen Berge stärken und erholen mussten.

Die kleine zentrale *Piazza Alberico Gentili* wird von der Kirchenfront der **Collegiata Santa Annunziata** dominiert. Die 1421 vollendete Fassade mit ihren Ornamentverzierungen im französischen Flamboyantstil erinnert an nordische Backsteingotik – was nicht verwundert, wurde sie doch von dem in die Marken eingewanderten deutschen Künstler *Enrico Alemanno* (Heinrich Deutschmann) geschaffen. Der dreischiffige Innenraum ist nach einer Restaurierung weitgehend wieder in den ursprünglichen romanisch-gotischen Zustand zurückversetzt worden. Er besitzt einige schöne Bildwerke, u. a. von Frederico Zuccari, Simone de Magistris sowie Pietro Alemanno, einem weiteren deutschstämmigen Künstler des 15. Jhs. Die Krypta schmücken Fresken von Lorenzo Salimbeni (1406).

Auch San Ginesio besitzt sein kleines Museum mit einigen sehenswerten Malereien. Das **Museo Civico Scipione Gentili** ist in der mit der Collegiata baulich verbundenen ehemaligen Kirche San Sebastiano untergebracht. Die interessantesten Werke sind „Die mystische Ehe der hl. Katharina" (15. Jh.), die Domenico Ghirlandaio zugeschrieben wird, sowie die „Quadro di Sant'Andrea" von 1463, die vermutlich von Nicola da Siena stammt und sich thematisch auf die kriegerische Auseinandersetzung zwischen den Stadtrepubliken San Ginesio und Fermo bezieht (im Sommer täglich 10.30–12.30 und 15–19 Uhr, im Winter nur Sa/So).

Information

- **San Ginesio.** 3900 Ew., 680 m ü. NN, PLZ 62 026.
- **Tourist-Info.** *Ufficio Turistico,* an der zentralen Piazza Alberico Gentili 46, Tel. 07 33 65 60 14.

Unterkunft und Verpflegung

- Am Hauptplatz bietet das familiäre, eher einfache **Albergo Centrale*****/€-€€ preiswerte Unterkunft, Piazza Gentili 10/12, Tel. 07 33 65 68 32, Fax 07 33 65 21 19. Einfache Landküche zu günstigen Preisen im angeschlossenen **Ristorante***, das Menü Turistico ist schon für etwa 12 € zu bekommen.

Öffentliche Verkehrsmittel

- **Bus.** Werktags jeweils fünf Verbindungen mit contram nach *Macerata, Sarnano* und *Tolentino;* Bushalt an der Hauptpiazza im Zentrum.

Feste und Veranstaltungen

- Jedes Jahr wird Mitte August der **Palio di San Ginesio,** ein mittelalterlicher Reiterwettkampf mit Lanzenstechen veranstaltet.

Monti Sibillini und Ascoli Piceno

Im Süden der Marken, an der Grenze zu Umbrien, bekommt der langgestreckte Gebirgszug des **Apennin alpinen Charakter.** Die bis auf knapp 2500 m ansteigenden kahlen Berge erheben sich mit steilen Flanken über dem grünen Hügelland mit von Obstbäumen durchsetzten Wiesen, Getreidefeldern und Weinbergen. Die **Sibillinischen Berge** mit ihren Schluchten, markanten Felsgipfeln, den weiten Bergalmen und Hochebenen bilden sicherlich den **landschaftlichen Höhepunkt der Marken.** In der weitgehend intakten, unberührten Natur, die inzwischen als **Parco Nazionale dei Monti Sibillini** unter Schutz gestellt ist, lassen sich herrliche Wanderungen unternehmen. Im Winter kann man Teile des Gebirges, das fast die Hälfte des Jahres schneebedeckt ist, auch gut auf Langlaufskiern erkunden.

Seit jeher sind die Monti Sibillini ein Gebirge der Legenden, Mythen und Dämonen. Schon in der Antike glaubte man, dass sich hier das unterirdische Reich der machtvollen Zauberin *Sybille* befinde. In einer Felsgrotte am Fuße des **Monte Sibilla** (2175 m) soll die Magierin gelebt haben und viele mystische Sucher angezogen haben. Wer sich nach einem Jahr Aufenthalt in der Höhle nicht wieder vom Zauber der Sybille lösen konnte, musste bis zum Tag des jüngsten Gerichts dort oben bleiben. Noch im Mittelalter zogen Schwarzmagier, Ritter und Bauern auf der Suche nach dem Beistand der weisen Frau hinauf ins Gebirge. Viele von ihnen, so hieß es, seien nie wieder zurückgekommen.

Auch am knapp 2000 m hoch gelegenen kleinen Gletschersee **Lago di Pilato** am Fuße des **Pizzo di Diavolo** (2410 m) geht nicht alles mit rechten Dingen zu. In dem kleinen Bergsee soll der Teufel hausen. Steine in den See zu werfen gilt als gefährlich, denn die Täter müssen als Strafe mindestens mit einem plötzlich aufziehenden Unwetter rechnen. Einer Legende nach fand auch der römische Statthalter von Jerusalem *Pontius Pilatus* im See seine letzte Ruhestätte. Sein Leichnam soll mitsamt einem Ochsengespann in den See gestürzt sein. Chroniken berichten auch, dass die Bewohner des mittelalterlichen Norcia jedes Jahr einen verurteilten Schwerverbrecher zur Besänftigung des Bösen im Pilatussee ertränkten. Immer wieder versuchten Teufelsanbeter und Schwarzmagier in Kontakt mit den bösen Wassergeistern zu treten, bis im 14. Jh. dem zuständigen Bischof das heidnische Treiben zu bunt wurde. Er ließ die Wege zum Pilatussee sperren, die Sibillengrotte zumauern und stellte zur Abschreckung am Ufer des Lago di Pilato einen Galgen auf. Es half alles nichts, im 15. Jh. zogen Pilatussee und Sibyllengrotte bald wieder esoterische Reisende aus ganz Europa magisch an.

Sarnano

Sarnano am Ostrand der Berge ist ein guter Ausgangspunkt für eine Rundfahrt durchs Gebirge. Die kleine Stadt ist so etwas wie der **touristische Hauptort der Monti Sibillini** geworden. Eindrucksvoll ist die Ortsanlage des im Kern unversehrten alten Städtchens. Vor der Kulisse der steil nach Osten abfallenden Gebirgskette klettern dicht aneinandergedrängt warmfarbene Ziegelsteinbauten die Hügelflanken hinauf.

Der kleine kompakte Ortskern hat noch ganz die mittelalterlich-wehrhafte Form eines Castello, wirkt allerdings heute etwas unbelebt. Seine Gassen sind zu mühselig steil für gemütliches Flanieren oder Einkaufsfahrten mit dem Auto. Die kommerziellen Aktivitäten haben sich deshalb zwangsläufig in das unterhalb an der Hauptstraße gelegene neuere Stadtviertel verlagert.

Am Rande der Stadt ist in den letzten Jahren ein noch recht unaufdringliches Neubauviertel mit Hotels, Sport- und Schwimmhalle entstanden. Das **Skigebiet** von Sarnano mit Abfahrtspisten und einem wenig in die Landschaft eingepassten Hotelkasten liegt 10 km westlich am **Monte Sasso Tetto** (1624 m).

Besichtigung

Im alten Kern von Sarnano verlaufen enge Gassen kreisförmig um den Stadtberg herum. Der schon im 13. Jh. angelegte Treppenweg *Via della Costa* führt quer dazu hinauf auf die kleine **Piazza Alta** beim höchsten Punkt. Den historischen Ortsmittelpunkt säumen die Fassaden des *Palazzo del Popolo,* der 1831 zum *Teatro del Monaco* umgebaut wurde, des sich anschliessenden *Palazzo del Podestà* und, diesem gegenüberstehend, des *Palazzo dei Priori.* Auch im kleinen Sarnano zeigt sich in den drei Kommunalbauten die Komplexität der politischen Verfassung der *libero comune* des Mittelalters.

Interessantester Bau am Platz ist jedoch die um 1280 vollendeten **Chiesa Santa Maria Assunta.** Ihre Eingangswand zeigt ein mit einem Relief und Löwenköpfen geschmücktes romanisches Portal. Der Campanile wurde erst 100 Jahre später an das Kirchenschiff angebaut, passt sich dennoch gut in den Gesamtbau ein. Innen tritt man in einen einfach strukturierten Raum mit Ziegelwänden und Holzdecke. Er besitzt eine ganze Reihe sehenswerter Kunstwerke. Das schönste ist wohl vorne rechts die „Krönung der Jungfrau" von *Lorenzo d'Alessandro* (1483). Sie zeigt Maria umgeben von anmutig musizierenden Engeln und vier Heiligen in fein-zarter detailreicher Darstellung. Rechts vom Altar sind Maria und Josef als Holzfiguren zu sehen (1. Hälfte 15. Jh.), wahrscheinlich aus einer Tiroler Krippe stammend, in der Apsis zwei mal zwei Heilige von *Alunno (Nicolo di Liberatore)* aus Foligno (15. Jh). Eine Prozessionsstandarte mit einer Kreuzigungsszene stammt aus der Werkstatt des Girolamo di Giovanni aus Camerino (15. Jh.). Die Schutzmantelmadonna

von 1494 hat der aus Österreich eingewanderte Künstler *Pietro Alemanno* um 1494 geschaffen. Von ihm stammen auch die Freskenreste in der stimmungsvollen vierschiffigen **Krypta.**

Im tiefergelegenen Teil des alten Kerns liegt der **Palazzo Comunale** mit der Pinakothek (16–19 Uhr geöffnet). Sie besitzt u. a. mit der „Madonna mit Kind und Engeln" eines der schönsten Werke des *Vittore Crivelli* (1440–1502).

Information

- **Sarnano.** 3400 Ew., 540 m ü. NN, PLZ 62 028.
- **Tourist-Info.** *I.A.T. Sarnano,* Largo Ricciardi 1, Tel. 07 33 65 71 44, Fax 07 33 65 73 43, E-mail. iat.sarnano@regione.marche.it, Mo–Fr 9–13, Mo, Mi, Fr 15–17.30, Di, Do 16–18 Uhr.

Sarnano mit verschneiten Monti Sibillini

Unterkunft

- **Terme*****/€€. Piazza Libertà 82, wenige Schritte vom Eingang zum Centro Storico, alteingesessener, sympathischer Familienbetrieb, ordentlicher Komfort, ruhige Zimmer zur Rückseite, Tel. 07 33 65 71 66.
- **Eden*****/€€. Via De Gasperi 26, im neuen Stadtviertel westlich oberhalb des Zentrums, innen wie außen nüchtern-modern gestaltet, ebenso die Zimmereinrichtung, guter Komfort und ruhige Panoramalage, Tel. 07 33 65 71 97.
- **Ai Pini****/€. Via F. Corridoni 101, zentrumsnahe freundliche Familienpension, ruhige Lage, geräumige, einfach eingerichtete Zimmer, Tel. 07 33 65 71 83, Halbpension zu Halbpension zu 36 € ist nicht obligatorisch.

Essen und Trinken

- **Ristorante Terme****. Im gleichnamigen Hotel, bietet gute Hausmacherküche, gut z. B. die pikanten dünnen Bandnudeln mit Schafskäse *(Tagliolini di Farro con Pecorino),* Kräuterperlhuhn *(Faraone alle Erbe),* Tel. 07 33 65 74 27.

Öffentliche Verkehrsmittel

• **Bus.** Hauptbushalt beim Info-Büro, hier auch Fahrplantafel; werktags Verbindungen nach *Macerata* (9x), *San Ginesio* (4x), *Tolentino* (5x) und *Amandola/Comunanza* (5x).

Rundfahrt Monti Sibillini – über die Hochebene von Castelluccio nach Visso

Für eine **Autotour durch die Sibillinischen Berge** sollte man mindestens zwei Tage einplanen. Falls man zwischendurch längere Wanderungen unternehmen will, ist entsprechen mehr Zeit zu veranschlagen. Lohnende Wanderziele bieten beispielsweise die Schluchten von *Tenna* und *Fiastrone,* der 2476 m hohen *Monte Vettore,* die höchste Erhebung im märkisch-umbrischen Apennin, oder der geheimnisumwobene *Lago di Pilato.* Ist man im Frühjahr oder Spätherbst unterweg, so muss an der *Forca di Presta* (1540 m) sowie der *Forca di Gualdo* (1496 m) noch oder schon wieder mit Schnee auf den Passstraßen gerechnet werden!

Schon die Fahrt auf gut ausgebauter Straße von *Sarnano* nach *Amandola* bietet schöne Landschaftseindrücke. Nach Westen begleitet die Straße die Kulisse des Apennin mit seinen hier steilen, felsig-alpinen Flanken. Davor ziehen sich Buschreihen und Waldsäume durch bewegtes Hügelland. Alte Bauernhäuser grüßen von den Kuppen, die Modernisierung hat diesen Winkel der Marken noch kaum erfasst. Die Landschaft hat etwas weites, großzügiges und erinnert darin an die Hintergrundszenerien der berühmten Renaissancemaler.

Erst kurz vor **Amandola** treten dann wieder Neubauten ins Blickfeld. Die Kleinstadt besitzt noch ein kleines altes Viertel aus ziegelfarbenen Häusern, die den Hang hinaufklettern. Ganz oben steht mit kantigem Turm das 1813 eröffnete *Teatro La Fenice.* Vom Platz daneben, der *Belvedere,* bieten sich herrliche Ausblicke über die Ziegeldächer Amandolas zum Monte Vettore. Etwas unterhalb des Aussichtsplatzes liegt das Kloster *San Francesco* mit gotischem Portal und etwas verwahrlostem, von einem lokalen Künstlers mit Fresken zur Vita des heiligen Franziskus ausgemalten Kreuzgang.

Von Amandola führt eine kurvige Nebenstraße weiter nach Süden über *Montefortino* und *Montemonaco* um das Gebirge herum. Nach Westen fällt der Blick auf die Hauptkette der Monti Sibillini nach Osten auf niedrigere, kaum besiedelte namenlose Waldberge. **Montefortino** besitzt einen kompakten alten Ortskern, der sich pittoresk zur Kirche auf der Hügelspitze hinaufzieht. Der Ort trägt den Beinamen „das kleine Lourdes der Sibillinischen Berge“. Im Tal des Wildbaches *Ambro* westlich des Städtchens entstand schon im 11. Jh. eine Wallfahrtsstätte beim Ort einer wundertätigen Marienerscheinung. Die heute hier stehende Wallfahrtskirche stammt aus dem 17. Jh. Talaufwärts führen Wanderwege in das idyllische Felstal des Ambro. Das kleine **Montemonaco** liegt von einer Burgruine überragt knapp 1000 m hoch in schöner Aussichtsposition auf einem Grat. Nur während einer kurzen Sommersaison entfaltet sich in dem verschlafen wirkenden Bergdorf etwas Leben. Sowohl von Montefortino als auch Montemonaco aus lässt sich die Wanderung zur Schlucht *Gola dell'Infernaccio* starten (siehe Wegbeschreibung).

Südlich von Montemonaco führt eine Stichstraße durch das obere Aso-Tal westlich zu dem 945 m hoch gelegenen **Foce,** einem vergessenen Weiler am Ende eines dunklen Tals. Hier beginnt der viel begangene, kaum zu verfehlende *Wanderweg Nr. 3* hinauf zum Pilatus-See (1940 m) unterhalb des Pizzo del Diavolo (2410 m). Zunächst folgt man für etwa 45 Min einem Fahrweg in das Tal hinein, ehe der eigentliche, rot markierte Wanderpfad beginnt. Für die Gesamtstrecke sind etwa 5½ Stunden Wegezeit einzuplanen.

Die nach Osten abzweigende Straße nach *Communanza* führt nach wenigen Kilometern am **Lago di Gerosa** entlang. Leider ist in dem von Waldbergen eingerahmten kleine Stausee Baden nicht erlaubt. Auf einer Wiese über dem Nordufer steht das bescheidene romanische Kirchlein **San Giorgio all'Isola.** Im Innern ist ein Fresko des hl. Georg (um 1500) sowie, verborgen hinter dem Altar in der Apsis, eine ältere Heiligendarstellung in griechisch-byzantinischem Stil (um 1000) zu sehen (geöffnet werktags meist gegen 17 Uhr, So gegen 9.30 Uhr).

Danach beginnt die Straße Richtung *Forca di Presta* um die steile Südostflanke des Monte Vettore herum stärker anzusteigen. Die Wälder treten bald völlig zurück. Über kahle Bergflanken blickt man weit nach Süden in die menschenleere Berglandschaft der Monti della Laga an der Grenze zu Latium und den Abruzzen. Auf der Passhöhe **Forca di Presta** (1540 m) an der Grenze zwischen Marken und Umbrien beginnt der nicht zu verfehlende, nicht allzu schwierige Wanderweg auf den *Monte Vettore.* Auch der *Lago di Pilato* lässt sich von hier aus zu Fuß erreichen (siehe auch Wanderwegbeschreibung im Kapitel Umbrien).

Hinter der Forca di Presta senkt sich die Straße in die eigenwillige, fast nicht mehr europäisch wirkende **Hochebene von Castelluccio,** die ganz auf umbrischem Gebiet liegt. Beim **Passo di Gualdo** (1486 m) gelangt man zurück in die Marken. Die Straße senkt sich durch wieder vertrauter wirkende Berglandschaft ins obere Neratal. Zunehmend bedecken Wälder die Bergflanken.

Vorbei am kleinen *Gualdo,* dessen Name sich vom deutschen Wort für Wald ableitet, wird das kaum größere **Castelsantangelo sul Nera** erreicht. Das Bergdorf an der Grenze zwischen Verfall und restaurierter Zweitwohnungsbesiedelung besitzt noch einige alte Bausubstanz. Ganz oben steht die romanische Kirche mit Resten figürlichen Schmucks am Seitenportal (Huhn und Heiliger). Dahinter verläuft, von Turmruinen überragt, die mittelalterliche Befestigungsmauer mit der alten *Porta Sant'Angelo.* Dem Lauf der bei Castelsantangelo entspringenden

Nera folgend gelangt man bald nach *Visso*.

Information

• **Amandola** 4050 Ew., 450 m ü. NN; **Montefortino** 1310 Ew., 610 m ü. NN; **Montemonaco** 750 Ew., 988 m ü. NN; **Castelsantangelo sul Nera** 370 Ew., 730 m ü. NN.

Unterkunft

Unterkünfte in **Castelluccio** sind im entsprechenden Kapitel im Umbrienteil aufgeführt.

In Amandola

• In Amandola bietet das **Hotel Paradiso*****/€€, Piazza Umberto I 7, guten Komfort und Service, schöne Lage beim höchsten Punkt der Stadt, zentrumsnah und doch ruhig, mit kleinem Park, Tennisplatz, Terrasse Restaurant und Bar, Tel. 07 36 84 74 68.

In und um Montemonaco

• Im Ort zwei altmodisch-einfache Häuser an der Hauptstraße: das **Carlini****/€€, Via Roma 18, Tel. u. Fax 07 36 85 61 27 und das **Sibilla****/€, Via Roma 52, Tel. 07 36 85 61 44.

• Ein stilvolle Unterkunft in der Umgebung von Montemonacos bietet der **Agriturismo La Cittadella**€€, eine alte Häusergruppe 3 km südöstlich des Ortskerns, einsame Lage inmitten der grünen Waldlandschaft über dem Aso-Tal, sehr schöne und liebevoll gepflegter Anlage (der Hauptwohntrakt mit seinem alten Mobiliar würde jedem Bauernmuseum Ehre machen), schatttige Gartenterrasse, Zimmer mit Bad im alten und einem angebauten neueren Trakt, Tel. 07 36 85 63 61, Fax 07 36 84 42 62, E-mail: silvio.antognozzi@tiscalinet.it

• Ebenfalls bei Montemonaco liegt der **Agriturismo Le Castellare**€, 63 048 Montemonaco, Località Colleregnone, einfach-sympathisches kleineres Haus in einsamer Berglandschaft 1,5 km nördlich Isola San Bagio am Sträßchen Richtung Rubbiano, Zimmer ohne Bad mit jeweils 4 Betten, großzügige Duschräume, Küche zum Selberkochen, Preis pro Zimmer Tel. 07 36 85 62 70.

• In der Nähe im Weiler Isola San Bagio auch Ferienwohnungen beim **Ristorante-Residence Il Tiglio****, mit kleinem Schwimmbad, Tel. 07 36 85 61 68.

• Im Weiler Rocca am Anfang des Tales von Foce das angenehme **Il Guerrin Meschino****/€-€€, Località Rocca, 63 048 Montemonaco, Tel. 07 36 85 62 18, sympathisches neues Dorfhotel im Alpenstil, wer Ruhe in gebirgiger Umgebung sucht, ist hier gut aufgehoben, mit Restaurant.

In und um Castelangelo sul Nera

• **La Fiorita*****/€€. Spina di Gualdo, 62 030 Castelsantangelo sul Nera, Tel. 0 73 69 81 48, einsam in der Landschaft gelegener Neubau beim Passo di Gualdo, mit Restaurant**.

• **Dal Navigante****/€. Frazione Noceleto, 62 030 Castelsantangelo sul Nera, Tel. 0 73 69 81 06, einfaches Familienhotel im Weiler Noceleto 1,5 km südlich Castelsantangelo, ruhige Lage, ordentliche Zimmer, mit preisgünstigem *Ristorante**.

Camping

• **Camping Montespino*****. An der Straße Montefortino–Montemonaco, Località Cerretana, 63 047 Montefortino, kleinerer Platz in schöner Berglandschaft, schattige Stellplätze, vom 1.6.-30.9. geöffnet, Tel. 07 36 85 92 38.

• **Monte Prata****. Località Schianceto, 62 030 Castelsantangelo sul Nera, netter Platz in der Bergeinsamkeit in 1200 m Höhe zwischen Passo di Gualdo und Gualdo, Bar, Lebensmittelmarkt, Sportgelände, geöffnet nur 15.6.–15.9., Tel. 07 36 97 00 62.

Essen und Trinken

• Gute Regionalküche bietet das **Ristorante des Hotels Paradiso**** in Amandola (s. o.), Tel. 07 36 84 74 68, Di Ruhetag.

• Im urigen Bauerngehöft **Agriturismo La Cittadelle**** bei Montemonaco (s. o.) gibt es abwechslungsreiche Landküche auf hohem Niveau, selbstgemachte Lasagne und andere Nudeln, Pilze, Gemüse, Lammfleisch aus der Umgebung, reichhaltige Portionen, Tel. 07 36

85 63 61, kein Ruhetag, aber von November bis April ganz geschlossen.

- Im **Ristorante-Pizzeria des Albergo Guerrin Meschino*** im Weiler Rocca bei Foce (s. o.) gibt es preisgünstige einfache Landküche, Menu mit Wein und caffè schon ab etwa 14 €, Tel. 07 36 85 62 18.

Öffentliche Verkehrsmittel

- **Bus.** Von **Amandola** werktags Busse nach *Sarnano* (5x), *Fermo* (4x), *Ascoli Piceno* (3x); einige wenige Busse an Werktagen von **Montemonaco** nach *Ascoli Piceno.*

Wanderung

☆Zur Gola dell'Infernaccio

Westlich von Montefortino hat sich der Tenna-Bach tief in den Kalkstein der Monti Sibillini eingegraben. Eine abwechslungsreiche Wanderroute verläuft ein Stück zwischen den Felsen der „Höllenschlucht", dann hinauf zu einem schönen Rastplatz bei der Kapelle San Leonardo. Ein hier oben lebender Einsiedlermönch hat das Kirchlein in langjähriger mühevoller Arbeit eigenhändig wiederaufgebaut.

- **Dauer/Schwierigkeit:** Bis zum *Fosso le Vene* reine Gehzeit etwa 3 Std., Gesamtanstieg etwa 400 m; bis zur *Tenna-Quelle* 4½ Std., 600 m. Recht einfache Orientierung.
- **Verpflegung:** Unterwegs keine Einkehrmöglichkeit.
- **Wanderkarte:** Siehe Seite XXIV; Club Alpino Italiano, *Parco Nazionale dei Sibillini, Carta dei Sentieri,* 1:25 000.
- **Anfahrt:** Von *Montefortino* aus kurz der Straße nach Madonna del Ambro folgen. In der Rechtskurve unterhalb des Ortes geradeaus weiterfahren, an Rubbiano (5 km) vorbei auf einem Fahrweg nach Westen in das Tal des Wildbaches Tenna hinein. Nach etwa 2 km ab Rubbiano wird ein kleiner Parkplatz (Betonpfosten) erreicht. Von *Montemonaco* aus erreicht man den Ausgangspunkt über die Nebenstraße, die über Isola San Biago zum Abzweig nach Rubbiano führt.
- **Wegverlauf:** Auf dem Hauptweg geradeaus geht es mit schönen Ausblicken in die Bergwelt der Monti Sibillini zum Bach **Tenna** hinab. Auf einem **Holzsteg** kreuzen wir den Bach (10 Min.) und steigen dann links von einem Stolleneingang das Bachtal hinauf (rot-weiße Markierung, Weg Nr. 10). Gleich zu Beginn passieren

San Leonardo in der Gola dell'Infernaccio

wir den schönsten Abschnitt, wo der Tenna durch eine enge Felsklamm zu Tal stürzt. Der Weg folgt dann dem Wildbach durch schattigen Buchenwald. Ein nach rechts abzweigender Pfad (45 Min.) würde in einer halben Stunde zur Einsiedelei *S. Leonardo* hinaufführen (markierter Weg Nr. 11); schöner ist es aber, auf dem meist angenehm zu gehenden Talweg weiterzuwandern. Über uns türmen sich die Felsabbrüche des *Monte Priora* (2332 m) und *Monte Sibilla* (2173 m) auf. Schließlich öffnet sich nach Süden die dunkle, noch im Mai mit Schnee gefüllte Seitenklamm **Fosso le Vene** (1 Std. 30 Min.), wo die eigentliche Schlucht endet. Aber auch das obere, weniger felsig-enge Tennatal bietet schöne Landschaftseindrücke. Vor allem im Frühsommer lohnt es sich noch eine knappe Stunde bis zur **Sorgente del Tenna** weiterzuwandern. Die Berghänge um die Tenna-Quelle und im Valle Lunga oberhalb sind dann über und über mit prächtig blühenden Pfingstrosen bedeckt.

Vom **Fosso le Vene** folgen wir dem Hinweg einen knappen Kilometer zurück und nehmen dann, nachdem wir viermal den Bach gekreuzt haben, den ersten nach links abzweigenden Pfad (ohne Markierung). Dieser steigt nach Nordosten im Wald aus dem Tal hinaus. Der schmale, stellenweise etwas überwachsene Pfad trifft nach etwa 15 Minuten auf einen breiteren Waldweg, der von rechts aus der Schlucht hochkommt (Weg Nr. 11). Nach links ansteigend erreichen wir gut 5 Minuten später das restaurierte Kirchlein **San Leonardo** (2 Std. 5 Min., ohne Abstecher zur *Sorgente del Tenna).* In der Eremitei daneben wohnt noch ein einziger Mönch, der die kleinen Gärten am Rande der Schlucht bewirtschaftet. Wiesen und eine Trinkwasserquelle laden zu einer Rast ein.

Wir verlassen San Leonardo auf dem Hinweg, bleiben dann nach 5 Minuten links auf dem Hauptweg (2 Std. 20 Min.). Der Weg senkt sich mit einigen Kurven im Buchenwald und trifft wieder auf den Schluchtweg (Weg Nr. 10). Auf dem Hinweg geht es zurück zum Ausgangspunkt (3 Std.)

Visso

Die nur noch gut 600 m hoch gelegene Kleinstadt hat atmosphärisch kaum noch etwas von einer Stadt im Gebirge. Zwar umgeben den in einem Talkessel gelegenen Ort hohe, dunkle Waldberge. Die intime Hauptpiazza vermittelt jedoch zumindest im Sommer durchaus mediterranes Flair. Farbige Häuserzeilen säumen den gemütlichen Platz, Straßencafés und zwei Gelaterien mit guter Eisauswahl laden zu einer Rast ein.

Visso profitierte immer von seiner Lage an der wichtigen im Neratal verlaufenden **Handelsstraße zwischen Foligno** in Umbrien **und Camerino** in den Marken. Auch heute lebt man hier vor allem vom Handel und der Vermarktung der in der Umgebung erzeugten und gesammelten landwirtschaftlichen Produkte, wie Salami, Schinken, Pecorino, Forellen, Steinpilze und die begehrten Trüffelknollen

Besichtigung

Vom relativen Wohlstand der Handelsstadt zeugen an der zentralen **Piazza dei Martiri Vissani** einige vornehme Häuser des 14. und 15. Jhs. sowie die Hauptkirche **Collegiata Santa Maria.** Sie entstand im 12. Jh., wurde aber in den folgenden Jahrhunderten mehrfach umgebaut. Neben dem schönen Glockenturm fällt im Außenbau das von steinernen Löwen bewachte Säulenportal des 14. Jhs. ins Auge. In der Lünette hat ein als *Paolo di Visso* genannter örtliches Meister ein Verkündigungsfresko hinterlassen (1441). Das Kircheninnere bietet einen uneinheitlicher Raumeindruck aber einige interessante Kunstwerke: an der Eingangswand ist ein um 1400 gemalter überdimensionierter Christopherus in naiver Darstellung zu sehen. Das etwa 12 m hohe Bildwerk wurde erst 1988 unter dem Verputz entdeckt. Kunstgeschichtlich wertvoller ist das mit Masken geschmückte romanische Taufbecken beim Eingang (12. Jh.), eine um 1200 geschaffene farbige Madonnenfigur, sowie der Freskenzyklus der Apsis. Ein der Giotto-Schule nahestehender anonymer Meister hat um 1400 in etwas überbetonter Gestik und Mimik anrührend das Marienleben, die Kindheit Jesu und diverse Heilige in Szene gesetzt. In einer Seitenkapelle sind unter einer überladenen Barockdecke zwei reliefgeschmückte Grabmäler (liegende Heilige) des 13. Jhs. zu bewundern.

Neben der Collegiata Santa Maria wendet sich die **Chiesa Sant'Agostino** mit einer glatten, nur durch eine Fensterrose aufgelockerte Fassade dem Platz zu. Die Kirche des 14. Jhs. beherbergt heute die städtische Pinakothek mit Werken religiöser Kunst aus den Kirchen der Umgebung.

Die Piazza dei Martiri Vissani geht nahtlos in die *Piazza Capuzi* über, an dessen Ende sich der **Palazzo dei Priori** (1482) erhebt, bis heute Sitz der Stadtverwaltung von Visso. Von hier aus lohnt ein kurzer Bummel durch die angrenzenden Gassen mit ihren histo-

Romanisches Taufbecken aus dem 12. Jh. in der Collegiata Santa Maria

rischen Fassaden, engen Durchlässen, kleinen Kirchen und alten Stadttoren.

Auf einer Bergkuppe etwa 100 m über dem heutigen Stadtzentrum erheben sich die Türme der **Rocca** von Visso. In den unsicheren Zeiten des frühen Mittelalters, etwa vom 5. bis zum 12. Jh., lag hier oben das Zentrum der Stadt.

Information

- **Visso.** 1300 Ew., 610 m ü. NN, PLZ 62 039.
- **Tourist-Info.** *Pro Loco,* Piazza Capuzi 56, nur im Sommer, Tel. 07 37 92 39.

Unterkunft

- **Elena*****/€€. Via G. Rosi 20, Tel. 0 73 79 53 21, Fax 0 73 79 53 22, gut geführtes, angenehmes Haus, wenige Schritte vom alten Zentrum, mittlerer Komfort.
- **Tre Monti*****/€-€€. Villa San Antonio, Tel. und Fax 0 73 79 54 27 und 0 73 79 54 28, neues Hotel 2 km nördlich der Stadt Richtung Camerino, etwas nüchterne Einrichtung, ordentlicher Komfort, freundlicher Service, Zimmer z. T. mit großer Terrasse.

Essen und Trinken

- Die **Trattoria Da Ricchetta**** im Zentrum an der Piazza Garibaldi 7 ist ein beliebtes Familienlokal, rustikales lockeres Ambiente, gute ländliche Traditionsküche, Tel. 07 37 93 39, Mo Ruhetag, von Mitte Oktober bis Mitte November geschlossen.
- **La Filandia***-**. Via Pontelato 4, einfache, ordentliche Landküche, reichhaltige Portionen, Holzofenpizza, Tel. 07 37 97 20 27, Mi Ruhetag.

Öffentliche Verkehrsmittel

- **Bus.** Werktags recht häufige Verbindungen nach *Camerino* (ca. 10x), zwei Busse fahren werktags durch die Valnerina (Umbrien) nach *Terni* und weiter nach *Rom.*

Feste und Veranstaltungen

- **Torneo delle Guaite** am 1. Sonntag im August ist ein mittelalterlicher Wettstreit der Bogenschützen, der jedes Jahr zwischen Visso und vier Nachbargemeinden ausgetragen wird.

Von Visso nach Sarnano

Von Visso gelangt man nach Osten schnell zurück ins Gebirge. Das aus mehreren Teilsiedlungen bestehende **Ussita** (460 Ew., 745 m ü. NN) am Fuße der steilen Felspyramide des **Monte Bove** (2169 m) ist mit Seilbahnen, Skiliften, Eisbahn, Schwimmhalle und mehreren Hotels vor allem auf den Wintertourismus ausgerichtet. Über die zu Beginn von Ussita im Ortsteil *Sasso* von der Talstraße nach Norden abzweigende schmale Nebenstraße gelangt man bald wieder in unberührte Natur. Einsam inmitten von Schafweiden und Bergwiesen liegt in 1000 m Höhe das **Santuario della Madonna di Macereto.** Den Hintergrund bilden die schroffen Nordgrate des Monte Bove. Die städtisch-vornehme Renaissancearchitektur mit ihrem glatten Mauerwerk und den reich verzierten Säulenportalen wirkt irgendwie fremd in einer bäuerlichen Landschaft karger Hochalmen. Der symmetrische Zentralbau auf dem Grundriss eines griechischen Kreuzes entstand zwischen 1528 und 1538 unter Einbeziehung eines älteren Oratoriums des 14. Jhs. Die Wallfahrtskirche wurde an der viel begangenen Pilgerroute von Neapel nach Loreto errichtet. Innerhalb der Mauern, die das Heiligtum umgeben, konnte eine große

Zahl Gläubiger für die Nacht Schutz vor Wölfen und Wegelagerern finden.

Von der Wallfahrtskirche führt ein Panoramasträßchen nach Norden über die Weiler *Cupi* und *Trebbio* ins **Tal des Fiastrone.** In *San Lorenzo al Lago* empfiehlt es sich, die am *Lago di Fiastra* entlangführende Straße Richtung San Ginesio zu wählen, und nicht die Bergroute über *Bolognola,* einem weiteren, nicht sehr attraktiven Wintersportort. Der kleine von einsamer Berglandschaft umrahmte **Lago di Fiastra** bietet bei sommerlicher Hitze gute Badegelegenheiten an Wiesen- und Kiesstränden, seine touristische Erschließung hält sich aber mit einem Campingplatz und einem Hotel in bescheidenen Ausmaßen. Die Straße Richtung San Ginesio verläuft ein Stück am Seeufer, danach über dem sich schluchtartig verengendem Tal des Fiastrone.

Unterhalb des Weilers *Monastero* hat der Wildbach die **Gola del Fiastrone** in den Fels gegraben. Die verborgene Klamm mit ihren stellenweise engstehenden Wänden über denen Eremitengrotten im Fels kleben, lässt sich auf einer nicht allzu anstrengenden Wanderroute näher erkunden (siehe Wegbeschreibung). Unterhalb von San Ginesio gelangt man in wieder ruhigeres Hügelland. An der steilen Ostflanke der Monti Sibillini entlang geht es dann zügig zurück nach Sarnano.

Unterkunft

- Der Agriturismo/Camping **Le Casette**€-€€ bei Sant'Ilario, 7 km westlich des Fiastrasees, liegt einsam in 900 m Höhe in weitem Bergland, traditionelles Steinhaus mit ansprechend eingerichteten Zimmern, alle mit eigenem Bad, auch nur für eine Nacht, mit *Restaurant**-**, Di Ruhetag, auf einer Wiese beim Haus ist auch *Camping* möglich, Località Campobonomo, 62 033 Fiastra, Tel. 07 37 5 22 08.

Camping

- Siehe auch **Le Casette** oben.
- **Camping Al Lago**** in Fiastra, Ortsteil San Lorenzo al Lago, eher einfache Anlage aber schön gelegen beim Ufer des türkisblauen Sees vor dem Hintergrund der Berge, Bademöglichkeit, Caravanplätze, 15.6.–15.9. täglich geöffnet, übrige Zeit nur an Wochenenden und Festtagen, Tel. 07 37 5 22 95.

Essen und Trinken

- Siehe auch **Le Casette** oben.
- Einfach-ordentliche italienische Küche zu niedrigen Preisen gibt es in der freundlichen Bar-Trattoria **La Carriola*** im Weiler Monastero oberhalb der Fiastrone-Schlucht, Tel. 07 37 69 43 87.

In der Grotta dei Frati

Wanderung

☆Zur Gola del Fiastrone und Grotta dei Frati

Der beschriebene Weg führt ein Stück weit in die weitgehend unbekannte, aber dennoch eindrucksvolle Schlucht des Fiastrone-Baches mit ihren engstehenden Steilwänden. Danach wird eine hoch im Steilhang gelegene Eremitenhöhle erreicht – ein ganz und gar franziskanischer Ort inmitten „starker" Natur fernab der Zivilisation.

- **Dauer/Schwierigkeit:** Reine Gehzeit 3½ Std., Anstiege insgesamt ca. 350 m, einfache Orientierung.
- **Verpflegung:** Einkehrmöglichkeit nur in Monastero (Bar).
- **Wanderkarte:** Atlas S. XXIV; Club Alpino Italiano, *Parco Nazionale dei Sibillini, Carta dei Sentieri,* 1:25 000; in der Bar-Trattoria *La Carriola* in Monastero gibt es eine kostenlose Wegskizze.
- **Wegverlauf:** Vom Lago di Fiastra kommend biegt man kurz nach dem Abzweig nach Monastero nach links auf einen absteigenden Fahrweg (braune Hinweisschilder „Grotta dei Frati/Valle del Fiastrone") ab, der links an einer kleinen alten Abtei vorbei zu einem **Friedhof** nach 500 m führt (Parkmöglichkeit). Vor der Friedhofsmauer biegen wir nach links in einen breiten Weg, der sich nach etwa 5 Minuten westlich in ein Tal senkt. Mit scharfer Rechtsbiegung wird ein Bachgraben in einem Seitental des Fiastrone gekreuzt (20 Min. ab Friedhof; Markierung rote Pfeile). Der Weg verengt sich zu einem Waldpfad. Nach einer Wiesenlichtung (30 Min.) steigt unser Pfad in Serpentinen im Wald steiler ab. Bei der Gabelung fast im Talgrund (45 Min.) gehen wir links. Der Pfad folgt dem Lauf des Fiastrone westlich in das sich verengende Tal. 15 Minuten später verschwindet der Wildbach in einer Klamm mit hoch aufragenden rötlich gefärbten Steilwänden, und passiert danach ein Felstor (1 Std. 10 Min.). Wir sind jetzt in der **Gola del Fiastrone.** Im Juni musste wegen zu hoher Wasserführung bei der Felsklamm umkehrt werden, im Spätsommer lässt sich die dann meist trockene Schlucht noch ein gutes Stück weiter erkunden. Von der Felsklamm geht es 10 Minuten am rechten Ufer auf dem Hinweg zurück, bis linker Hand eine rote Markierung auf einem Baumstumpf, sowie ein kleines Hinweisschild „Grotta Frati" sichtbar wird. Wir kreuzen hier den Fiastrone nach links und steigen einige Meter steil die Böschung zu einem Querpfad hoch. Auf einem Pfad geht es nach rechts durch Wald bergan. Bei der folgenden Gabelung folgen wir nicht links der Markierung (unangenehm steil), sondern wandern besser auf dem rechten Abzweig weiter. Mäßig ansteigend wird ein weiterer Querpfad erreicht, dem scharf nach links gefolgt wird (1 Std. 40 Min., kleines Schild „Grotta").

An der Nordseite der Fiastrone-Schlucht geht es weiter bergan. Bei der nächsten Gabelung folgen wir nicht rechts dem Hinweis „Monte Fiegni 3,700", sondern nehmen den

Der Fiastrone hat eine tiefe Klamm erodiert

linken Abzweig. In gut 5 Minuten erreichen wir die hoch über der Schlucht unter steilen Felsen gelegene **Grotta dei Frati** (2 Std.). In der Eremitenhöhle haben Einsiedler neben einer Zisterne eine winzige Felskapelle gebaut und eine anrührende Weihnachtskrippe aufgestellt. Dem an den Felsen entlang zu weiteren Grotten führenden Pfad sollte man nicht weiter folgen, will man nicht den Sturz in den Abgrund riskieren – der Weg ist an einer Stelle abgebrochen!

Auf dem Hinweg wird in etwa 1 Std. 30 Min. der Ausgangspunkt erreicht.

Landschaft bei Santa Vittoria in Mattenano

Zwischen Sarnano und Ascoli Piceno

Östlich des dominanten Bergstockes der Monti Sibillini verliert das Land schnell an Höhe. Man gelangt in ein landwirtschaftlich intensiv genutztes **Mittelgebirge** mit zahlreichen Dörfern und Kleinstädten. Fast alle liegen exponiert auf den Hügelkuppen. Vom *Punto Panoramico* oder der *Belvedere* blickt man weit über das Land zu den in der Abendsonne ziegelrot aus dem Umland aufleuchtenden Nachbarorten.

Die untouristisch-bescheiden wirkenden Gemeinden dieses Landstrichs besitzen keine größeren touristischen

Attraktionen, kleinere Sehenswürdigkeiten lassen sich aber fast überall entdecken: hier eine schlichte romanische Abtei, dort ein Freskenzyklus in der Dorfkirche, fast überall hübsche alte Gassen, Backsteinfassaden, Türme und Tore im *centro storico*. In den Tälern unterhalb der alten Zentren machen sich Neubauten und Kleingewerbe breit. Angenehm ist die unaufdringliche Gastfreundschaft der Menschen dieses Landstrichs.

Eine typische Ortsanlage besitzt z. B. **Penna San Giovanni** östlich Sarnano. Die etwas verschlafen wirkende Kleinstadt zieht zu einer exponierten Felskuppe hinauf. Am Hauptplatz stehen der *Palazzo del Municipio* von 1793 und die *Pieve di San Giovanni Battista* von 1256, die 1736 grundlegend im Barockstil ausgeschmückt wurde, u. a. mit dem blutig-realistischen Tafelbild „Köpfung eines Märtyrers". Beim höchsten Punkt gelangt man zu einem kleinen Aussichtspark mit Blick vom Meer bis zu den Abruzzen.

Servigliano im Tal des Tenna liegt ausnahmsweise in der Ebene. Es wurde erst 1773 als *Castel Clementino* gegründet, nachdem ein hochgelegener älterer Ort wegen diverser Erdrutsche unbewohnbar zu werden drohte. Der Stadtneubau zog sich bis in das beginnende 20. Jh. hin. Den Idealen der Zeit entsprechend entstand eine völlig regelmäßige architektonische Anlage aus einheitlichen Ziegelbauten auf fast quadratischem Grundriss. Die Häuser stehen geschlossen aneinandergereiht an der nur von den drei Stadttoren unterbrochenen Ringmauer.

Im Tal des Tenna, flussaufwärts von Servigliano, liegt auch die **Abbazia di Santi Ruffino e Vitale.** Die Benediktinerkirche entstand im 13. Jh. an der Stelle eines frühchristlichen Vorgängerbaus. Der romanische Abtei mit Resten eines alten Kreuzgangs, kleiner Säulenkrypta und Freskenschmuck des 14./15. Jhs im Hauptschiff wirkt gedrungen und archaisch.

Monte San Martino und *Santa Vittoria in Mattenano* nördlich und südlich des Tenna-Tals sind wieder typische Hügelstädte in schöner Panoramalage. In **Monte San Martino** lohnt für Kunstinteressierte ein Blick in die Ortskirchen. Die *Chiesa di San Martino* besitzt zwei Altartafeln aus der Werkstatt der aus Venedig in die Marken eingewanderten Crivelli (15. Jh.). Weitere Bildwerke des 15. und 16. Jhs. sind in *Santa Maria del Pozzo* und in der außerhalb gelegenen *Chiesa di Santa Maria delle Grazie* zu besichtigen.

In **Santa Vittoria in Mattenano** gründeten Ende des 11. Jhs die von den Sarazenen aus ihrem Stammsitz in Farfa in Latium vertriebenen Benediktinermönche ihre neue Klostergemeinschaft. Auch im Gebiet des Piceno nahmen sie bald eine vorherrschende Stellung ein. Von den Farfensermönchen gingen wichtige Impulse für die Entwicklung der Landwirtschaft aus. Von ihrem 1771 zerstörten Klosterzentrum in Santa Vittoria hat sich einzig der *Capellone* erhalten. Der kleine kubische Ziegelbau beim höchsten Punkt des Ortes zeigt im Inneren helle Stuckarbeiten des 17. Jhs. und einen schöne Freskenzyklus des *Fra Marino*

Angeli aus dem 15. Jh. Der Ort selbst ist ein freundliches Städtchen mit einigen hübschen Winkeln und alten Bauten. Den Eingang zum alten Ortskern bewacht der schlanke Ziegelturm *Torre del'Abate Oderisio* (13. Jh.).

Das benachbarte, hochgelegene **Montefalcone Apennino** ist an sich touritisch nicht besonders interessant, liegt aber ausgesprochen malerisch am Rand einer unvermittelt steil aus der Landschaft aufsteigenden hohen Sandsteinklippe.

Weiter östlich, in **Montalto Marche** südlich des Aso-Tales, steht weithin sichtbar die *Chiesa Santa Maria* festungsartig über dem Land. Der wuchtige Kirchenbau erscheint viel zu groß für den kleinen Ort. Innen zeigt sich kalte Barockpracht. In Montalto verbrachte der spätere Papst *Sixtus V.* seine Jugend. Der machtvolle und diktatorische Papst, dessen Regentschaft in Rom nachhaltige Spuren hinterließ, wertete seinen Heimatort zum Bischofssitz auf und initiierte 1596 den Dombau. Als päpstliches Geschenk erhielt Montalto noch ein wertvolles flämisches Reliquiar des 15. Jhs., das heute im *Museo Dioscesano di Arte Sacra* von Montalto ausgestellt ist.

Weitere hübsche Hügeldörfer sind das freundliche **Force** mit dem eigenwilligen Palazzo des *Bey Verrucci* (19. Jh.), der Villa eines aus dem Ort stammenden Architekten im Dienste des ägyptischen Königs, sowie das von der Anlage her noch sehr mittelalterliche **Castignano.** Hier besitzt die Pfarrkirche *SS. Pietro e Paolo* (14. Jh) einige sehenswerte Bildwerke, u. a. von Vittorio Crivelli in der stimmungsvollen Krypta.

Südlich von hier, in Richtung Ascoli Piceno, erhebt sich der **Monte Ascensione** (1103 m) als isolierter Vorposten des Apennin. An seinen Flanken bricht überall unvermittelt der fruchtbare Boden mit steilen, fast vegetationslosen Erdfurchen ab. Diese sich in ganz Italien vor allem als Folge der Waldabholzung ausbreitenden Erosionserscheinungen werden als *calanchi* oder *balze* bezeichnet.

Information

- **Penna San Giovanni** 1370 Ew., 700 m ü. NN; **Servigliano** 2300 Ew., 215 m ü. NN; Monte San Martino 820 Ew., 610 m ü. NN; **Santa Vittoria in Mattenano** 1450 Ew., 630 m ü. NN; **Montefalcone Apennino** 600 Ew., 760 m ü. NN; **Force** 1700 Ew., 690 m ü. NN; **Castignano** 3000 Ew., 475 m ü. NN.

Unterkunft

- Recht günstige Unterkunft bietet in *Santa Vittoria in Mattenano* das **Farfense****/€-€€, Corso Matteotti 41, preiswert-freundliches Dorfhotel, einfach eingerichtete Zimmer, nach hinten heraus teilweise mit geräumiger Aussichtsterrasse für schöne Sonnenuntergänge und gemütliche Rotweinabende, Tel. u. Fax 07 34 78 01 71.

Essen und Trinken

- Das Ristorante mit Pizzeria des **Farfense***-** (s. o.) in *Santa Vittoria in Mattenano* bietet gut durchschnittliche, kreative Küche.
- Eine gute Adresse für für qualitätsvolle, verfeinerte Traditionsküche ist in *Montefalcone Appeninno* die Trattoria **Da Quintilia Mercuri****-***, Via Corradini 9, Tel. 07 34 7 91 58, kein Ruhetag.

Die Piazza del Popolo in Ascoli Piceno

Ascoli Piceno

Folgt man dem zersiedelten Tal des Tronto von San Benedetto aus flussaufwärts, so deutet nichts darauf hin, dass sich zwischen den in der Talebene ausufernden Verkehrsinfrastruktur-Projekten, Neubauten und Kleinfabriken eines der schönsten alten Stadtzentren Mittelitaliens verbirgt. Der **baulich unversehrte historische Stadtkern** von Ascoli Piceno liegt von Flussschleifen eingefasst quasi wie eine Insel im Häusermeer der modernen Architektur. Die tief eingegrabenen Betten des *Fiume Tronto* und seines am östlichen Stadtrand einmündenden Nebenflusses *Torrente Castellano* stellten schon immer einen natürlichen Schutzschild gegen eine zügellose Stadtexpansion dar.

Ascoli Piceno liegt zu unrecht abseits der gängigen Touristenrouten. Die zentrale *Piazza del Popolo* ist einer der stimmungsvollsten Stadtplätze Mittelitaliens, und bei einem Rundgang durch die Altstadtgassen trifft man auf zahlreiche hübsche Winkel, gemütliche Plätze, geschichtsträchtige Bauten und interessante Kunst- und Kulturdenkmäler. Der helle Travertin-Stein, aus dem die seit zwei Jahrtausenden die meisten Bauten der Innenstadt errichtet wurden, verbindet die Architektur der verschiedenen Epochen zu einem einheitlichen Ganzen. In keiner Stadt der Marken gibt es so viele **romanische Kirchen** wie in Ascoli Piceno.

Daneben zeigt die Stadt ein lebendiges unprovinzielles Alltagsleben, das sich in keiner Weise an den Bedürfnis-

sen des Tourismus ausrichtet. Dies haben die über alle Geschichtsepochen selbstbewusst gebliebenen Bürger Ascolis offensichtlich nicht nötig. Der ökonomische Beitrag des Fremdenverkehrs zum Wohlstand der Stadt ist ohnehin eher gering. Bis Mitte des 20. Jhs. lebte man hier vor allem von der Vermarktung der in der Umgebung erzeugten landwirtschaftlichen Produkte.

Im fruchtbaren Umland werden hochwertige Schinken, Käse, Wein, Oliven, Gemüse und Getreide produziert. Gefüllte **Olive all'Ascolana** sind eine in ganz Italien seit langem geschätzte kulinarische Spezialität und auch der in der Umgebung erzeugte Wein **Rosso Piceno** ist überregional bekannt.

Heute sind fast die Hälfte der Bewohner Ascolis in den im unteren Trontotal in den letzten Jahrzehnten neu entstanden Industriebetrieben beschäftigt. Produziert werden Papiere, Textilien, Keramik, Stromkabel und auch die Nahrungsmittelverarbeitung spielt eine wichtige Rolle. Die ausgewogene, differenzierte Wirschaftsstruktur ist sicherlich mit Ursache dafür, dass Ascoli Piceno zu den am schnellsten expandierenden Städte der Marken gehört.

Geschichte

Stolz verweist die örtliche Touristenbroschüre darauf, dass Ascoli Piceno wahrscheinlich älter als Rom ist. Im **6. Jh. v. Chr.** lag hier ein wichtiger Handelsplatz der **picenischen Frühkultur,** die in einer engen Austauschbeziehung zu den Völkern des Nordens und vor allem des vorderen Orients stand. (Das Wort Ascoli stammt vermutlich von einer altorientalischen Wortfamilie und bedeutet soviel wie „Land im Schatten".) Vor allem Seefahrer und Händler von den dalmatinischen, kleinasiatischen und arabischen Küsten kamen hierher und siedelten sich auch auf Dauer an. In Ascoli entstand so ein für diese Zeit ungewöhnliches Völkergemisch.

286 v. Chr. musste sich auch Ascoli den **römischen Eroberern** beugen, deren Herrschaft wohl nur widerwillig anerkannt wurde. 91 v. Chr. zettelten die Bewohner einen Aufstand gegen die Besatzungsmacht an, der mit der Enthauptung zweier römischer Beamter im Theater seinen Anfang nahm. Die Strafexpedition der Römer brauchte zwei Jahre, um das rebellische und unbeugsame Ascoli niederzuringen. (Auf den aus diesem Krieg wiederaufgefundenen Schleudergeschossen aus Blei entdeckte man eingravierte Beschwörungsformeln wie „verletze die Picener" oder „treffe den Pompeius", vielleicht Vorbild für amerikanischer Bomberpiloten, die ihre todbringenden Waffen gerne in ähnlicher Weise signieren.)

Trotz des geleisteten Widerstands entwickelt sich das römische **Asculum** schnell zu einem wichtigen **Municipium,** das sich mit aufwändigen Bauten schmücken konnte. Die Stadt profitierte von der Lage an der im Trontotal verlaufenden wichtigen antiken Handelsstraße **Via Salaria,** die Rom mit der Adriaküste verband.

Im **4. Jh.** entwickelte sich die Region um Ascoli zu einem frühen **Zentrum des Christentums.** Maßgeblich dafür war vor allem das Wirken des aus Trier eingewanderten Missionars und Märtyrers *Emidius*. Im Jahre **578** unterwarf sich Ascoli dem **langobardischen Dukat von Spoleto.** Die germanischen Langobardenherzöge herrschten für etwa 200 Jahre über die Stadt. Eine in der Nähe entdeckte, reich mit Grabbeigaben ausgestattete Nekropole des 6./7. Jhs. belegt die relative Bedeutung Ascolis in dieser Geschichtsepoche. 774 traten die Franken, die die Langobarden aus der Macht verdrängt hatten, Ascoli an den Papst in Rom ab.

Im Jahre **1185** erkämpften sich auch die wohlhabenden Bürger und Kaufleute Ascolis gegen die päpstlichen Rechte den **Status einer freien Stadtrepublik.** Nur kurzfristig um 1242 konnte der Stauferkaiser *Friedrich II.* die Macht der *libero comune* beschränken. In dieser Periode erlebte Ascoli seine wirtschaftliche und kulturelle Blütezeit, die sich bis heute in den vielen mittelalterlichen Bauten im Stadtbild niederschlägt.

Einschneidender für die städtische Freiheit war auch in Ascoli die Durchsetzung der autoritären Herrschaften der verschiedenen **Feudalsignorien,** wie der *Malatesta* (1350–56), *Tibaldeschi* (um 1362) sowie *Francesco Sforzas* (1433–47). Gegen die geschwächte Stadtrepublik konnte so im **15. Jh.** der Kirchenstaat seine formal immer noch fortbestehenden Rechte erneut durchsetzen. Eine Auflehnung gegen den Papst in der ersten Hälfte des **16. Jhs.** wurde niedergeschlagen. Danach ergab sich Ascoli endgültig seinem Schicksal als **Teil des** vom fernen Rom aus verwalteten **Kirchenstaates.**

Das 17. und 18. Jh. waren eine lange Zeit des ökonomischen Niedergangs, bei der die Einwohnerzahl Ascolis ständig abnahm. Mit der italienischen Einigung von **1860,** nach der Ascoli Piceno zur **Provinzhauptstadt** bestimmt wurde, begann ein ebenso stetiger Aufschwung, der sich bis heute fortsetzt.

Besichtigung

☆An der Piazza del Popolo

An der zentralen **Piazza del Popolo** pulsiert das Herz des städtischen Lebens. Die urbane Mitte Ascolis bildet einer der schönsten Stadtplätze Mittelitaliens, ein mit Marmorplatten ausgelegter, von historischen Fassaden gesäumter Flaniersalon unter freiem Himmel. Jung und alt treffen sich hier zum Sehen und Gesehenwerden, um die letzten Ereignisse aus Nachbarschaft, Sport und Politik zu diskutieren oder einfach mit Freunden in einem der Cafés unter den Arkaden einen *aperitivo* oder *digestivo* zu sich zu nehmen. Von früh bis spät ist der Platz vom an- und abschwellendem Summen und Gemurmele der Stimmen erfüllt. Zu manchen Tageszeiten verlieren sich nur wenige Personen in dem Geviert, zu anderen herrscht dichtes, lebhaftes Gedränge. Vor allem zum allabendlichen *corso* strömen die Menschen wie verabredet in Scharen zur Piazza, die ein selbstverständlicher Teil ihres Alltagslebens ist. Die halbe Ein-

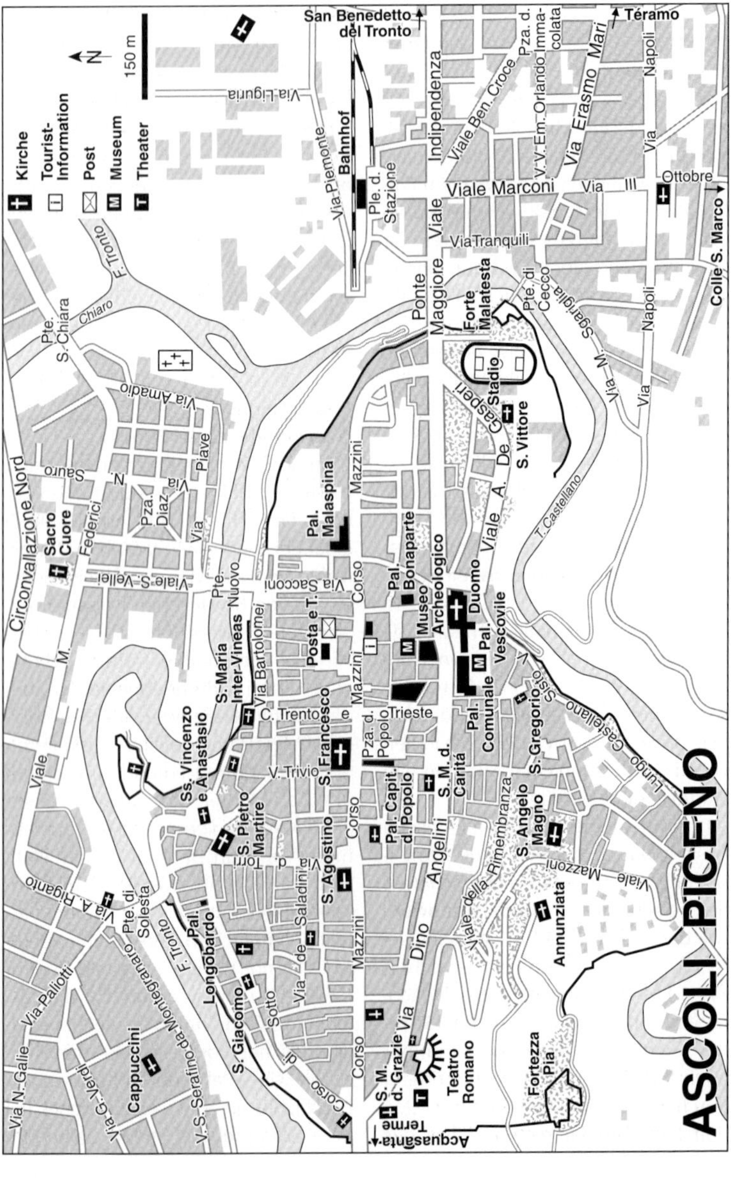
ASCOLI PICENO
Kirche
Tourist-Information
Post
Museum
Theater
N
150 m
San Benedetto del Tronto
Téramo
Acquasanta
Colle S. Marco
Bahnhof
Ple. d. Stazione
Via Piemonte
Via Liguria
Viale Indipendenza
Viale Marconi
Viale Ben. Croce
V. V. Em. Orlando
Pza. d. Immacolata
Via Erasmo Mari
Via Napoli
Via III Ottobre
Via Tranquili
Ponte Maggiore
Forte Malatesta
Pte. di Cecco
Via M. Sgarglia
Stadio
S. Vittore
Viale A. De Gasperi
T. Castellano
Lungo Castellano Sisto V
F. Tronto
Chiaro
Pte. S. Chiara
Circonvallazione Nord
Via Amadio
Via Piave
Via N. Sauro
Pza. Diaz
Viale Federici
Sacro Cuore
Viale S. Vellei
Pte. Nuovo
Via Sacconi
Pal. Malaspina
Mazzini
Corso
Pal. Bonaparte
Museo Archeologico
Duomo
Pal. Vescovile
Pal. Comunale
Posta e T.
Via Bartolomei
S. Maria Inter-Vineas
Ss. Vincenzo e Anastasio
C. Trento e Trieste
Pza. d. Popolo
S. Francesco
V. Trivio
S. Gregorio
S. M. d. Carità
Pal. Capit. d. Popolo
S. Pietro Martire
Via d. Torri
S. Agostino
Corso Mazzini
Via Dino Angelini
Viale della Rimembranza
S. Angelo Magno
Viale Mazzoni
Annunziata
Viale M.
Via A. Riganto
Pte. di Solesta
Pal. Longobardo
Via de Saladini
Sotto
S. Giacomo
Corso di Sotto
Via Paliotti
Via N. Galie
Via G. Verdi
Cappuccini
V. S. Serafino da Montegranaro
S. M. d. Grazie
Teatro Romano
Terme
Fortezza Pia

wohnerschaft Ascolis scheint sich dann hier auf einer Art öffentlicher Bühne zu versammeln.

Ihr heutiges Aussehen erhielt die Piazza im Jahre 1509, als man die den Platz umstehenden einfachen Wohnhäuser, Buden und Werkstätten abreißen ließ. Stattdessen errichtete man repräsentative Arkadenfronten in einheitlichem Stil, die von zwei markanten Gebäudefronten unterbrochen werden.

An der nördlichen Schmalseite steht die Kirche San Francesco und an der Westseite der **Palazzo dei Capitani del Popolo.** Der Sitz des Volkskapitäns der *libero comune* wurde im 13. Jh. errichtet. Um 1520 gestaltete ihn der berühmte Baumeister *Cola dell'Amatrice* in wesentlichen Teilen im Stil der Renaissance um. Die bewegte Frontseite zeigt einige schöne Details, auch wenn die Fassade keine gestalterische Einheitlichkeit erkennen lässt – zu viele haben an ihr über die Jahrhunderte mitgewirkt. Zuletzt wurde noch ein Porträt des Volksrevolutionärs Garibaldi angebracht, was dem daneben wohlgefällig auf den Platz hinabschauenden Papst Paul III. sicherlich nicht gefallen hätte, war doch sein Nachbar einer der Totengräber kirchlicher Macht. Den Innenhof des heute noch als Kommunalsitzgenutzten Palazzo bildet eine dreistöckige Loggia. Einzig der kantige *Campanile* ist im Originalzustand des 13. Jhs erhalten geblieben.

Sicherlich auch eine Sehenswürdigkeit ist neben dem Palazzo das traditionsreiche **Caffè Meletti,** ein perfekt erhaltenes Kaffee der Jahrhunderwende mit Jugendstildecken, Holzfußboden und antikem Mobiliar. Durch das Einschreiten der Denkmalschützer konnte das lange Zeit geschlossene Haus vor dem geplanten entstellenden Umbau zu einer Bankfiliale bewahrt werden. Nach einer grundlegender Restaurierung ist es seit 1999 wieder geöffnet.

Die Kirche **San Francesco** zeigt dem Palazzo dei Capitani del Popolo die kalte Schulter. Das Hauptportal liegt abseits des Platzes, symbolischer Ausdruck für die Konfliktstellung zwischen weltlicher und geistlicher Macht im Mittelalter. Der Plan zum Bau einer Franziskanerkirche entstand um 1215, nachdem der hl. Franziskus in diesem Jahr auch bei den Bürgern Ascolis mit seinen Predigten einen nachhaltigen Eindruck hinterlassen hatte. Die Fertigstellung der Kirche zog sich bis ins 17. Jh. hin. Ohne Vorbild ist die eigenwillige architektonische Struktur der Seitenfront zur Piazza mit ihren rund hervorspringenden Apsispfeilern. Darüber erheben sich zwei nicht ganz symmetrische Türme. Der Eingang an der Westseite zeigt ein repräsentatives Portal mit gedrehten Säulen und Figuren (Löwen, Franziskanermönche). Die glatte, perfekt gradlinige Ausarbeitung ohne „heidnische" Zutaten wie Dämonen, Fratzen und Fabeltiere weist darauf hin, dass es entgegen dem ersten Anschein nicht im Mittelalter, sondern erst im 17. Jh. geschaffen wurde. Das dreischiffige Kircheninnere vermittelt mit seiner Betonung der Vertikalen einen verhalten gotischen

Raumeindruck. Die farbigen Glasfenster lassen nur ein schwaches Licht eintreten. Einige von ihnen wurden erst, an der Thematik ablesbar (u. a. der Papst und die Faschisten), nach dem Zweiten Weltkrieg eingesetzt.

An die Nordseite der Kirche schließt sich die zwischen 1565 und 1623 errichtete **Loggia dei Mercanti** an. Unter den Renaissancebögen des Kreuzgangs der Franziskanermönche findet vormittags einer der farbigsten lokalen Bauernmärkte der Marken statt. An kleinen Ständen werden Obst, Gemüse, Pilze, Kleinvieh und Blumen feilgeboten. Nach wie vor kommen die Kleinbauern aus den umgebenden Bergdörfern hierher, um ihr oft bescheidenes Angebot auszubreiten. Immer noch sieht man wettergegerbte ältere Frauen beim Abwiegen mit antiquierten Handwaagen. Das eingenommene Geld wird gebündelt unter dem Rock verstaut. Aber auch beim Markt von Ascoli kündigen sich Veränderungen an. Die Fischhändler, deren Stände die Ostseite des Kreuzgangs einnahmen, mussten schon in eine modern-sterile *Pescheria* um die Ecke umziehen.

Nördlich an die Loggia dei Mercanti schließt sich mit dem **Chiostro Minore** (14. Jh.) ein zweiter, älterer franziskanischer Kreuzgang an, der allerdings oft verschlossen ist. Falls gerade geöffnet, lohnt auch ein Blick in das benachbarte **Teatro Ventidio Basso.** Das zwischen 1841 und 1872 errichtete Theater von Ascoli Piceno ist einer der prächtigsten Bauten seiner Art in den Marken.

☆Die Piazza Arringo

Die Piazza Arringo ist der zweite historisch wichtige Stadtplatz im Zentrum Ascolis. An gleicher Stelle lag schon das Forum des römischen *Asculum.* Auch während der Zeit der freien Kommune befand sich hier bei Dom und Rathaus das weltliche und religiöse Zentrum des städtischen Lebens. Der Name des Platzes leitet sich von den Ansprachen *(arringhe)* ab, die die Volkstribunen hier vor dem versammelten Volk hielten. Trotz ihrer geschichtlichen Bedeutung ist die Piazza Arringo nicht ganz so stimmungsvoll, wie die nicht weit entfernte Piazza del Popolo. Die das langgestreckte Geviert säumenden Bauten wurden über lange Jahrhunderte immer wieder verändert und wirken dadurch architektonisch weniger einheitlich. Störend ist auch der stetige Autostrom, der sich an der Nordseite der Piazza entlangschiebt.

Der **Dom Sant'Emidio** ist dem Missionar und Märtyrer *Emidius* aus Trier geweiht. Der Stadtheilige genießt bis heute ein hohes Ansehen in der Bevölkerung, steht er doch in dem Ruf, Ascoli vor Erdbebenschäden zu bewahren. Offensichtlich nicht ohne Grund – das große Beben von 1997 hinterließ hier so gut wie keine Zerstörungen. Eine erste Kirche zu Ehren des Stadtheiligen wurde an gleichem Platz schon im 5. oder 6. Jh. errichtet. Im Laufe der folgenden Jahrhunderte wurde sie immer wieder erweitert und umgestaltet. Die unvollendete repräsentative Fassade entstand erst 1529. Im Innenraum zeigt sich trotz der langen Bauperiode

„Thronende Madonna“ von Carlo Crivelli

ein überraschend geschlossener, wuchtiger und großzügiger Raumeindruck. Auffallend sind die Veränderungen des 19. Jhs., große muschelförmige Schmuckformen über den Seitenkapellen, blaue Deckenmalereien und ein reich ausgeschmückter Altarbaldachin. Unter ihm steht ein Sarkophag aus frühchristlicher Zeit. Seiten und Rückwand zieren rätselhaft wirkende figürlichen Darstellungen: Vögel und ein Panther im Geäst, seltsame Fabelwesen, Greife auf Raubtierleib mit Rehen in den Klauen.

In der Kapelle rechts vom Chor ist ein **Hauptwerk** des venezianischen Künstlers **Carlo Crivelli** zu sehen. Um 1469 kam er nach Ascoli, wo er eine Künstlerwerkstatt gründete, in der zahlreiche Bilder zur Ausschmückung der Kirchen der Umgebung entstanden. Das 1473 gemalte Polyptychon „Thronende Madonna mit Kind und Heiligen“ zeigt besonders exemplarisch den Malstil der Crivelleschi: in gold-metallenem Rahmen eine detaillierte Darstellung mit vielen ausschmückenden Feinheiten - architektonische Schmuckformen, Goldverzierungen auf den Stoffen, Fruchtgirlanden und eine aristokratisch-distanziert wirkende Madonna.

Links von den Altartreppen liegt der Zugang zur **Krypta** des 11. Jhs., ein dunkler Raum, der auf romanischen Säulen ruht. Der Mittelteil wurde 1704 barock umgestaltet. In dem als Altar dienenden Sarkophag des 4. Jh. ruhen die sterblichen Überreste des hl. Emidius aus Trier.

Unglücklich zwischen Blechschlangen eingezwängt steht unmittelbar neben dem Dom auf achteckigem Grundriss das **Baptisterium,** das älteste Bauwerk an der Piazza Arringo. Eine erste Taufkapelle entstand hier schon im 5. Jh. auf den Grundmauern eines heidnischen Tempels. In der heutigen Form stammt das Baptisterium aus dem 12. Jh. Der Innenraum mit dem Becken, in dem die Erwachsenentaufe durch Untertauchen des ganzen Körpers vorgenommen wurde, sowie einem runden Taufstein des 14. Jhs., ist wegen Restaurierung für längere Zeit geschlossen.

Der große **Palazzo Comunale** an der Südseite der Piazza Arringo ist erheblich älter, als es nach der gleichförmig repräsentativen Schaufront von 1700 den Anschein hat. Der Blick von der Hofseite her zeigt, dass er aus zwei älteren, später verbundenen Palazzi des 12. und 13. Jhs. besteht. Im Kommunalpalast, der noch viel von seiner ursprünglichen Inneneinrichtung bewahrt, ist heute die **Pinacoteca Civica,** untergebracht (geöffnet täglich 9- 13 u. 15-19 Uhr, Eintritt 3,10 €). Auch der große ehemalige Ratssaal, der mit Deckenmalereien geschmückte *Salone della Vittoria,* ist jetzt ein Teil des Museums. Die städtische Gemäldesammlung von Ascoli besitzt eher zufällig zusammengekommene Kunstwerke aus diversen Ländern, von Tiepolo über van Dyck bis William Turner. In den Marken entstanden sind u. a. drei ausgestellte Bilder von *Pietro Alemanno,* einem um 1475 aus Süddeutschland in die Marken eingewanderten und in Ascoli gestorbenen Künstler. Seine etwas melancholisch dreinblickenden Madonnen wirken nordisch verhalten. Vom Lehrmeister Pietro Alemannos, *Carlo Crivelli,* stammt ein schönes Triptychon mit einem vornehmen San Sebastiano, der nichts mehr von einem Märtyrer hat. Der Heilige mit blondem Langhaar erscheint eher wie ein venezianischer Page. Hervorzuheben ist auch die Altartafel des anonymen *Maestro di Polittico di Ascoli* aus dem 14. Jh. mit einfach geschnittenen, schon sehr diesseitigen Gesichtern, sowie ein goldbestickter Papstmantel des 13. Jhs., der in England angefertigt wurde.

Zwischen Dom und dem Palazzo Comunale liegt der **Palazzo Vescovile.** Der architektonisch uneinheitliche Bischofspalast, dessen ältester Teil, der **Palazzo Roverello** von 1532, an den Palazzo Comunale angrenzt, beherbergt das **Diözesanmuseum** mit diversen Kunstwerken aus den Kirchen der Stadt. Sehenswert ist im Palazzo Roverello außerdem ein reich mit Fresken ausgeschmückter Salon im ersten Stock. Die Szenen aus dem Leben des Moses wurden um 1574 von *Marcello Fogolino* gemalt.

Im **Palazzo Panichi** gegenüber an der Piazza Arringo ist das **Archäologische Museum** von Ascoli untergebracht, in dem neben antiken Skulpturen, Reliefs und Mosaiken auch Grabbeigaben aus den picenischen und langobardischen Nekropolen der Umgebung ausgestellt sind (geöffnet Di-So 8.30-19.30 Uhr, Eintritt 2 €).

☆Die östliche Altstadt

Mit der Piazza del Popolo und der Piazza Arringo und den angrenzenden Bauten hat man die Hauptsehenswürdigkeiten Ascolis gesehen. Ein in die angrenzenden Viertel ausgedehnter Stadtbummel führt zu zahlreichen weiteren kleineren Kunst- und Kulturdenkmälern, römischen Ruinen, Renaissancebauten und vor allem romanischen Kirchen, von denen nicht weniger als sechzehn im Zentrum Ascolis stehen.

Ein sehenswerter romanischer Bau ist z. B. wenige Schritte von der Piazza Arringo entfernt, am Ende der *Via Tornasacca,* **San Gregorio Magno.** Die kleine Kirche wurde im 13. Jh. in die Ruine eines antiken Tempels eingebaut, wie zwei in die Fassade einbezogenen römischen Säulen belegen. Der schlichte einschiffige Innenraum entspricht der ehemaligen Cella.

Östlich der Piazza Arringo gelangt man über die *Viale de Gasperi* zur ebenfalls romanischen Kirche **San Vittore** aus der ersten Hälfte des 13. Jhs. Der Innenraum zeigt sich in den strengen und klaren Formen dieser Stilepoche. An den Wänden haben sich einige beschädigte Fresken aus der Entstehungszeit erhalten. Die Malereien in der Krypta werden dem anonymen Meister von Offida (14. Jh) zugeschrieben.

Ganz am Ostende des Stadtkerns steht über dem Ufer des Castellano-Baches die **Malatestafestung.** Der kantig-abweisende, mit seinen winzigen Fenstern gefängnisartig wirkende Bau wurde 1540 von *Antonio di Sangallo* dem Jüngeren errichtet. Er bewachte einen der Hauptzugänge zur Stadt, der über die noch aus der Zeit des Augustus stammende Flussbrücke am Fuße der Festungsmauern verlief. Die 1944 von der Deutschen Wehrmacht gesprengte **Römerbrücke** wurde aus den originalen Steinen wiederaufgebaut.

Nördlich der Hauptstraße Corso Vittorio Emanuele erreicht man durch die *Via Castelfidardo/Via Alamanni* den in Ost-West-Richtung verlaufenden **Corso Mazzini.** Vorbei an diversen Palazzi führt er zurück zur Piazza del Popolo, wo man sich bei Cappuccino, Campari, Anislikör oder einem Glas Wein vom Pflastertreten erholen kann. Wenn geöffnet, lohnt ein Blick in die architektonisch oft interessant gestalteten Innenhöfe, wie z. B. bei Haus Nr. 228 mit schöner Loggia. Der *Palazzo Parisano* (Nr. 229) besitzt eine hübsche Rokokofassade. Aus dem 16. Jh. stammt der *Palazetto Bonaparte* in der Seitengasse Via dei Bonaparte (Nr. 24). Die noblen Räume des zwischen 1532 und 1583 errichteten Renaissancebaus **Palazzo Malaspina** am Corso Mazzini Nr. 224 beherbergt heute eine Sammlung zeitgenössischer Kunstwerke *(Galleria d'Arte Contemporanea,* geöffnet tgl. 9–13 u. 16–19 Uhr außer Mo und nach Feiertagen, Eintritt 3,10 €).

☆Das westliche Altstadtviertel

Nordwestlich der zentralen Piazza del Popolo, zum Trontofluss hin, erstreckt sich das am stärksten mittelalterlich geprägte Viertel Ascolis. Um die *Piazza Ventidio Bassa* stehen hier drei weitere romanische Kirchenbauten. **San Pietro Martire** unmittelbar am Platz, eine Dominikanerkirche aus dem 13. Jh., zeigt innen einen weiten großzügigen Raum. Der Predigerorden der Dominikaner, der sich in den Dienst der päpstlichen Macht gestellt hatte, brauchte große Hallenkirchen, um möglichst viele Gläubige ansprechen zu können. Die sehr alte **Chiesa Ss. Vincenzo e Anastasio** (10.–14. Jh.) an der Piazza Basso gegenüber präsentiert sich mit einer eigenartiger Fassade. Ihre 64 Kassettenfelder waren ursprünglich mit Fresken ausgemalt. Innen tritt man in einen dunklen, völlig schmucklosen dreischiffigen Raum. Vor den Treppen des leicht erhöhten Chors liegt der Zugang zu einer katakombenartigen Krypta mit einem Brunnen, dessen Wasser angeblich Lepra heilen konnte.

Nicht weit entfernt steht über dem Ufer des Tronto **Santa Maria Inter Vineas** aus dem 13. Jh. Der stimmungsvolle dreischiffiger Innenraum ist bis auf den neogotisch ausgemalten, auf Löwenfüßen ruhenden Eingangsbaldachin unverfälscht romanisch. Reste der ursprünglichen Freskenausmalung haben sich an den Pfeilern des Hauptschiffes erhalten. In der Regel muss man sich jedoch mit einem Blick auf den dreistöckigen Campanile begnügen, denn die Kirche ist leider meist verschlossen.

Westlich der Piazza Bassa schwingt sich der **Ponte di Solestà** über den Tronto-Fluss. Die 2000 Jahre alte Römerbrücke aus der Zeit des Augustus hält auch den Belastungen des modernen Straßenverkehrs stand. Am stadtseitigen Brückenkopf bildet die *Porta Solestà* von 1230 den Zugang zum alten Ort. Bei der Brücke steht auch die Kapelle **Tempietto di S. Emidio Rosso,** in der der Stein aufbewahrt wird, auf dem der verehrte Stadtpatron Sant'Emidio enthauptet wurde. Nach einer frommen Legende soll der magische Heilige aus Trier sein abgetrenntes Haupt in die Hand genommen haben und noch einen knappen Kilometer zu einigen frühchristlichen Katakomben gelaufen sein, die er sich als letzte Ruhestätte ausgesucht hatte. Folgt man dem Weg des Märtyrers über die Ponte di Solestà stadtauswärts, so gelangt man jenseits der Umgehungsstraße zum gegen den Felshang gebauten barocken **Tempietto di S. Emidio alle Grotte.** Er wurde 1721 am Platz der Katakomben zu Ehren des Heiligen errichtet, dem man die wundersamen Bewahrung Ascolis vor dem schweren Erdbeben des Jahres 1703 zuschrieb.

Von der Nordseite der Ponte di Solestà blickt man auf das alte **Quartiere San Giacomo** hinter dem Stadttor, aus dem vier Geschlechtertürme aufragen. Im Mittelalter überragten über 200 dieser Turmbauten die Dächer Ascolis. Die führenden Familien (Geschlechter) der Stadt ließen sie zu Wehrzwecken, aber auch als Demonstration von Macht und Einfluss, errichten. Verständlich, dass Friedrich II. 1242 nach Einnahme der Stadt – vielleicht als ein Akt der symbolischen Entmannung (Entmachtung) – erst einmal 90 der kantigen Türme niederreißen ließ.

Hinter der Porta Solestà führt ein Pflasterweg nach rechts oberhalb des Tronto an der Stadtmauer entlang. Die Bewohner des bescheidenen Viertels bewirtschaften immer noch ihre manchmal nur handtuchgroßen Gemüsegärten am steilen Uferhang. Zwischen den Häusern verläuft parallel zum Fluss die von alten Palazzi gesäumte **Via dei Soderini.** Zu den ältesten Bauten gehört der *Palazetto Longobardo* (Nr. 26) aus dem 12. Jh. Daneben erhebt sich der gut erhaltene Geschlechterturm **Torre Ercolani.** Von der Plattform an der Spitze genießt man eine schöne Aussicht über die Ziegeldächer Ascolis (Zugang über den Palazetto Longobardo). Ein kurzes Stück weiter stadtauswärts an der Via dei Soderini trifft man mit **San Giacomo** (11.–14. Jh.) auf eine weitere romanische Kirche. Von den zwei Portalen besitzt das seitliche zur Via Annibal Caro einigen plastischen Figurenschmuck: im Bogen ist links ein Drache, rechts ein Wolf über einem Widder zu sehen, in der Lünette eine Madonna mit zwei Heiligen.

Über den *Corso di Sotto* gelangt man von hier zur *Piazza Cecco* am

Der Reiterwettstreit der Quintana

Der jährlich am ersten Augustsonntag in Ascoli Piceno veranstaltete **Palio della Quintana** ist eines der farbigsten Stadtfeste ganz Italiens. Zum ersten Mal wurde es 1955 gefeiert, wobei man allerdings eine uralte Tradition wiederbelebte.

Das Fest folgt in seinem Ablauf akribisch den überlieferten Statuten eines schon 1377 in Schriften erwähnten **Reiterturniers:** Am Festtag ziehen etwa 1000 Bürger der Stadt von Trompetern, Trommlern und Fahnenschwenkern begleitet in einem farbigen Umzug durch die Gassen der Altstadt. Es versteht sich, dass die Festteilnehmer in der sommerlichen Hitze unter den historischen Samt- und Brokatgewändern, dicken Mänteln, großen Hüten und langen Umhängen enorm ins Schwitzen geraten. Dies tut der großen Begeisterung und Anteilnahme keinen Abbruch, wobei der Alkohol hier, anders als in unseren Breiten, keine große Rolle spielt. Tausende von Zuschauern wohnen dem Spektakel bei, das einen in längst vergangene Zeiten zurückversetzt.

Wie bei vielen anderen historischen Stadtfesten Italiens (Corsa dei Ceri in Gubbio, Palio in Siena) ist auch in der Quintana von Ascoli der **mittelalterliche Wettstreit der verschiedenen Stadtviertel** ritualisiert. Diese in Ascoli **„sestiere“** genannten Bezirke bildeten damals verschworene Gemeinschaften, die in stetiger Konkurrenz zu den Nachbarn standen. Manchmal war diese so stark, dass es zu gewalttätigen Auseinandersetzungen kam. Das in strenge Regeln gefasste Turnier der Quintana, auf das man das ganze Jahr über hinfieberte, bildete ein Ventil für die Agressionen der rivalisierenden Mitglieder der verschiedenen *sestiere*.

Höhepunkt ist der Wettstreit im Lanzenstechen, an dem die Vertreter der sechs Stadtviertel teilnehmen. Zielobjekt und Opfer ist die Negerpuppe des „Moro“. In ihr sehen manche Historiker eigentlich ein Symbol für den „Mauren“, eine andere Bezeichnung für den Sarazenen. Die arabischen Seefahrer bedrohten mit überraschenden Überfällen und Raubzügen über lange Jahrhunderte die Bewohner der Adriaküste und des Hinterlandes und waren entsprechend verhasst.

westlichen Rand des Stadtkerns mit der Ruine der römischen **Porta Gemini.** Durch das Tor führte die antike *Via Salaria* in die Stadt. Nicht weit entfernt von hier oberhalb der Via Ricci trifft man auf die wenigen Überreste des **römischen Theaters** von Ascoli.

Von der Piazza Cecco geht es auf dem Corso Mazzini zurück zur Piazza del Popolo. In den angrenzenden Vierteln verstecken sich weitere mittelalterliche Bauten wie die *Chiesa Sant'Andrea* (13. Jh.) mit neueren Anbauten und einem Wandrelief, oder die schlicht-romanischer Kirche *San Tommasio* an der gleichnamigen Piazza. Von letzterer führt die *Via C. Mazzoni* an alten Mauern entlang zur *Via delle Torri* und zur *Piazza Sant'Agostino* mit der gleichnamigen Kirche und einem markanten Zwillingsgeschlechterturm.

Ein letzter kurzer Weg führt von der Piazza del Popolo zu einem ruhigen Aussichtsplatz am Südrand der Altstadt. Er verläuft über die *Piazza Roma* hinweg zunächst in die **Via Pretorio,** eine alte Handwerkergasse mit schönen Fassaden und einigen kleinen Läden und Werkstätten, wo man traditionelles Kunsthandwerk erstehen kann (Keramik, Srohflechtarbeiten). Über die Via Barro und Via Capitolino ansteigend passiert man mit *San Angelo Magno* eine weitere, meist verschlossene romanischen Kirche.

Nach der Überquerung der Hauptstraße oberhalb der Kirche führt der Weg an den Substruktionsbauten eines römischen Tempels vorbei zu einem Rast- und Aussichtsplatz im Schatten der Bäume bei der Kirche **Santa Annunziata.** Von hier oben wird deutlich, wie von allen Seiten Neubauten den historische Kern von Ascoli bedrängen.

Information

- **Ascoli Piceno.** 54 000 Ew., 155 m ü. NN, PLZ 63 100.
- **Tourist-Info.** *I.A.T* im Palazzo dei Capitani an der Piazza del Popolo, Tel. 07 36 25 30 45, Fax 07 36 25 23 91, E-mail: iat.ascolipiceno@regione.marche.it oder *Centro Visitatori* im Palazzo Comunale an der Piazza Arringo, Tel. 07 36 29 82 04, Fax 07 36 29 82 32.

Unterkunft

Seltsamerweise gibt es in Ascoli Piceno nur ein dürftiges Hotelangebot. Zwei preiswerte Altstadthotels haben in den letzten Jahren ihre Pforten geschlossen.

Hotels in Ascoli

- Im Zentrum gibt es nur noch das **Gioli******/€€€€, Viale De Gasperi 14, Tel. und Fax 07 36 25 55 50, innen wie außen ein nüchtern-kalter Neubau, man gibt sich sehr vornehm, guter Komfort aber ohne Atmosphäre.
- Noch relativ zentrumsnah liegt das **Pennile*****/€€€, Via G. Spalvieri, etwas anonymer Neubau am Stadtrand oberhalb des Bahnhofs, ruhige Lage, mittlerer Komfort, leicht überteuert, zu Fuß sind es etwa 15 Min. bis zum Rand des alten Ortskerns, Tel. 0 73 64 16 45, Fax 07 36 34 27 55.
- In etwa gleicher Entfernung vom Zentrum, ebenfalls in einem Neubauviertel in der Nähe des Bahnhofs, liegt das recht komfortable **Marche******/€€, Via Kennedy 34, häufige Stadtbusverbindung ins Zentrum, Tel. 0 73 64 55 75, Fax 07 36 34 28 12.
- Die preisgünstige **Pensione Cantina dell'Arte**€ bietet Unterkunft auch für nur eine Nacht, Einzel- und Doppelzimmer mit Bad, zentral im centro storico gelegen. Rua della Lupa 8, Tel. 07 36 25 56 20 oder 07 36 25 57 44.

Hotels in der Umgebung

- Ca. 5 km östlich der Stadt liegt das sehr einfache **Pavoni***/€, Zimmer z. T. ohne eigenes Bad, Via Navicelli 135b, Tel 07 36 34 25 75.

• Ca. 12 km außerhalb in der Sommerfrische des Colle San Marco steht das große, ruhig gelegene Ferienhotel **Roxy Miravalle*****/€€€, Localita Colle San Marco, Tel. und Fax 07 36 35 11 00, nur vom 20.5.–20.9. geöffnet.

Jugendherberge

• **Ostello de'Longobardo.** Im Palazetto Longobardo beim Torre Ercolani im Qartiere San Giacomo, Via dei Soderini 16, Anmeldung beim Jugendherbergsvater in der Via dei Guiderocchi 5, Schlafplatz zu 11 €, Tel. 07 36 25 90 07.

Essen und Trinken

Restaurants in Ascoli

• **Gallo d'Oro****-***. Corso V. Emanuele 13, leicht vornehmes, oft empfohlenes Ristorante, preiswertes *Menu Turistico Ascolane* mit frittierten Oliven und Gemüsen, Tel. 07 36 25 35 20, Mo Ruhetag.

• Das **Ristorante-Osteria Kursaal** **-*** in der Via Pietro Alamanni hält nicht, was der Name verspricht: kein verstaubtes Restaurant eines deutschen Kurhotels, sondern eine freundliche, ganz und gar italienische Osteria, vielfach empfohlen. In der *Osteria* bekommt man mittags ein preiswertes Zwei-Gänge-Einheitsmenu, das zugehörige *Ristorante* nebenan ist etwas teurer, neben dem preisgünstiges *Menu del Giorno* gibt es ein reichhaltiges *Menu Degustazione,* Tel. 07 36 25 31 40, So geschlossen.

• **Tornasacco****. Piazza del Popolo 36, beliebtes Restaurant unmittelbar an der Hauptpiazza von Ascoli, einladendes Ambiente, durchschnittliche Küche mit vielen Gerichten *all'ascolana* (gefüllte Oliven, frittierte Gemüse), Tel. 25 41 51, Fr. Ruhetag.

Restaurants außerhalb

Zwei gute Adressen etwa 7 km außerhalb im Ortsteil *Piagge* auf dem Weg zum Colle San Marco; beides sind preisgünstige, atmosphärisch angenehme Familientrattorien mit guter Küche *all'ascolana.*

• **C'era una Volta****. Località Piagge 336, Tel. 07 36 26 17 80, nur abends, Di Ruhetag.

• **Cefelò****. Località Piagge 275, Tel. 07 36 25 45 25, Di Ruhetag.

Imbiss

• Imbiss-Pizzeria **Il Menestrello,** für den kleinen Hunger, in der Via Pretoriana oberhalb der Piazza Roma

• **An der Piazza Roma** selbst gibt es zwei Verkaufspizzerien *al Taglio,* wo man ein Stück Pizza auf die Hand bekommt.

Cafés und Bars

• Das Traditionscafé Nr. 1 in Ascoli, das **Caffè Meletti** an der Piazza del Popolo, verkauft den auf Anisbasis hergestellten lokalen Melettilikör, im Übrigen durchschnittliches Angebot, trotz des stilvollen Ambientes zu normalen Preisen.

• Wenig Schritte östliche der Piazza del Popolo findet man die kleine altmodische Bar **Sestelli,** wo man ebenfalls der Meletti-Anislikör erstehen kann.

Nachtleben

Ein Nachtlokal im Zentrum ist der **Club 28,** Corso V. Emanuele 28, Tel. 07 36 25 96 38.

Öffentliche Verkehrsmittel

Bahn

• Ascoli Piceno ist über eine Stichstrecke mit **San Benedetto del Tronto** an der Küstenfernbahn verbunden; werktags verkehren 12 Züge, davon zwei durchgehend bis **Ancona;** an So kein Verkehr.

• Der **Bahnhof** liegt am östlichen Rand des Stadtzentrums.

Bus

Cotravat, die Busgesellschaft von Ascoli verbindet die Stadt mit den umliegenden Ortschaften. Die genauen Abfahrtszeiten zu erfahren, ist allerdings ein recht schwieriges Unterfangen. Nirgendwo hängen Fahrpläne aus, man muss die Zeiten in den Verkaufsstellen für die Fahrkarten erfragen, z. B. in der Bar des Bahnhofs. Auskünfte erteilt auch die Touristeninformation im Palazzo Comunale (s. o.), Internet: www.startspa.it.

• **Richtung Westen** (Acquasanta Terme) fahren die Busse vom Bahnhof aus entlang dem Corso Emanuele und der Via D. Angeli durch die Innenstadt.

• **Richtung Osten** (San Benedetto) starten sie hinter dem Dom an der Viale de Gasperi. Häufige Verbindungen, auch an So, nach San Benedetto del Tronto. Wegen der jederzeit möglichen Staus auf der Talstraße ist allerdings der Zug vorzuziehen.

• Werktags etwa 10 Busse über *Acquasanta Terme* nach **Arquata del Tronto.**

• Fernbus nach **Rom** über *Rieti* zurzeit um 6 Uhr (werktags), 9.30 Uhr (tgl.), 16.30 (tgl.), 17.30 (So), Fahrzeit gut 3 Std., in *Rieti* Zuganschluss nach *Terni/Umbrien.* Ankunft von Rom: 11,15 (tgl.), 17.40 (tgl.), 21.05 (werktags), 23.15 (tgl.).

• Werktags außer Juli/August zwei Busse nach **Norcia** in Umbrien, morgens um 5 Uhr und ein weiterer Bus gegen gegen 14 Uhr.

Markt im Kreuzgang von San Francesco

Taxis

• Taxistände an der Piazza Arringo, Tel. 07 36 25 90 72, sowie der Piazza Roma, Tel. 07 36 25 90 84.

Rund ums Auto

• **Mietwagen.** *AVIS,* Via del Commercio 3, Tel. 07 36 34 33 88.

• **A.C.I.** Viale Indipendenzia 38/a, Tel. 0 73 64 58 20 und 0 73 64 59 20.

Einkaufen

Markt

• Täglich außer Mo farbiger **Obst-, Gemüse- und Blumenmarkt** im ehemaligen Kreuzgang von San Francesco.

• Am gleichen Platz an jedem dritten So im Montag sowie dem vorangehenden Sa nachmittag großer **Antiquitätenmarkt.**

Spezialitäten

• Eine traditionelle Adresse für die Oliven von Ascoli, aber auch Weine und andere Spezialitäten, ist die **Enoteca Migliori** an der Piazza Arringo 2. Für die *Olive all'ascolana* wird eine besonders fleischige und aromatische Olivensorte aus der Umgebung verwandt. In mühseliger Handarbeit werden die Früchte entsteint und einzeln mit einer Masse aus Hühnerklein, Mett und Kräutern gefüllt, anschließend paniert und in Öl ausgebacken.

• Gute Weinauswahl in der **Enoteca** an der Ecke Via L. Mercantine/Via Castelfidardo, **gegenüber der Osteria Kursaal,** neben dem *Rosso Piceno* kann man hier auch dem weiße Falerio dei *Colle Ascolani* erstehen, der ebenfalls einen guten Ruf genießt.

Feste und Veranstaltungen

• Der **Palio della Quintana,** Der Reiterwettstreit der Stadtteile, findet jedes Jahr am ersten Sonntag im August statt (siehe Kastentext).

• Daneben nimmt die Bevölkerung Ascolis auch mit großer Begeisterung am Maskenball des **Carnevale** teil, bei dem sich die Piazza del Popolo in einen großen beleuchteten Tanzsalon verwandelt. Hauptfesttage sind neben dem Faschingsdienstag der vorausgehende Sonntag und Donnerstag.

Durch das Bergland südwestlich von Ascoli

Während östlich von Ascoli das landschaftlich wenig reizvolle, zugebaute Trontotal zum Meer hin abfällt, gelangt man südlich und westlich der Stadt schnell in abwechslungsreiche, dünn besiedelte Berglandschaften. Das traditionelle Naherholungsgebiet der *Ascolani* ist südlich in 700 m Höhe der *Colle San Marco.* Zwischen grünen Wiesen und dichten Laubwäldern versteckt sich hier die **Eremo di San Marco.** Die kleine Einsiedelei des 13. Jhs. klebt förmlich an einer steilen Felswand.

Hinter Colle San Marco führt das Sträßchen über den bescheidenen Wintersportort **San Giacomo** (1105 m) ganz hinauf auf den kahlen Rücken der schon in der Region Abruzzen gelegenen **Montagna dei Fiori.** Im Frühsommer blühen auf den weiten Bergwiesen zahlreiche Wildblumen. Von der Bergspitze in gut 1800 m Höhe genießt man ein herrliches Panorama von der Adria bis zum Gran Sasso. Vereinzelt trifft man hier oben auf archaisch aussehende einfache Schichtsteinhütten, die baulich den *Trulli* Apuliens ähneln.

Am Westabhang des Berges, in nur noch 420 m Höhe auf einem Felssporn über dem Bach Castellano, liegt das winzige **Castel Trosino.** Von der Ortsanlage her präsentiert es sich noch ganz als ein pittoreskes Castello des Mittelalters. Hier entstand im 6. Jh. eine Siedlung der Langobarden, nachdem diese 571 Ascoli erobert hatten. Ende des 19. Jhs. entdeckte man beim Ort eine große langobardische Nekropole mit vielen Grabbeigaben (Schmuck, Gefäße, Hausrat, Waffen), die z. T. im Archäologischen Museum von Ascoli ausgestellt sind.

Im Trontotal westlich von Ascoli liegt **Acquasanta Terme.** Mitten durch den Ort schiebt sich der Verkehr der Fernstraße Ascoli–Rieti, dessen Abgase sich mit dem Geruch nach faulen Eiern mischen. Am Fluss unterhalb des Zentrum liegt ein Thermalbad mit knapp 40°C heißen schwefelhaltigen Quellen, die schon die Römer zu Heilzwecken nutzten. Außer der hübschen kleinen Burg **Castel Luco** (14. Jh.) vier Kilometer westlich und der abwechslungsreichen Landschaft der Umgebung gibt es hier keine nennenswerten Sehenswürdigkeiten.

Nördlich des Tronto blickt man auf die erodierte Flanken eines namenlosen Bergzuges mit dem *Monte Ceresa* (1494 m) als höchste Erhebung. Der von großen Findlingsblöcken durchsetzte Boden hier eignet sich wenig für die Landwirtschaft, viele Dörfer und Weiler sind aufgrund der Landflucht entvölkert. Seit den 50er-Jahren völlig verlassen ist z. B. das gegen glatte Felsbänke gebaute, nur zu Fuß zu erreichende **Rocchette.** Es liegt einige Kilometer nördlich von Acquasanta Terme oberhalb des noch bewohnten hübschen **Tallanco,** zu dem man über die alte Talstraße nach Osten und den Abzweig beim Dorf *Centrale* gelangt.

Südlich von Acquasanta öffnet sich ein schluchtariges Tal unterhalb der **Monti della Laga,** die nur zu einem kleinen Teil auf märkischem Gebiet liegen. Auf dem Gipfel des *Macera della Morte* (2073 m) treffen die Grenzen der Regionen Marken, Abruzzen und Latium zusammen. Die bis auf knapp 2500 m ansteigenden Monti della Laga gehören zu den am dünnsten besiedelten Gebieten ganz Italiens. Ihre zum Trontotal abfallenden Bergflanken bedecken dichte Buchen- und Kastanienwäldern, durchsetzt mit einigen winzigen Dörfern. Deren Häuser besitzen z. T. noch die für die Gegend typischen schönen Holzbalkone.

Die Existenzbedingungen waren in diesem Landstrich, wo es kaum größer Flächen fruchtbaren Ackerlandes gibt, schon immer recht hart. Die Menschen in den Dörfern wirken ernster und zurückhaltender als anderswo. Während des Zweiten Weltkriegs war der Widerstand der Partisanen gegen die deutschen Besatzer hier besonders unbeugsam. Bei *Umito* fanden im März 1944 über 50 Kämpfende beider Seiten den Tod.

Durch das enge Tal des Tronto mit seinen rundlich-glatt verwitterten Felsblöcken wird flussaufwärts schließlich **Arquata del Tronto** erreicht, der letzte nennenswerte Ort in den Marken vor der Grenze zu Latium. An der Talstraße ist ein neuerer Ortsteil, der *Borgo,* entstanden. Der kleine kompakte alte Kern, das **Castello,** steht hoch über dem Flusstal am Hang der Monti Sibillini. Am Ende der hier hinaufführenden Stichstraße öffnet sich eine friedliche winzige Piazza mit plätscherndem Brunnen und preisgünstiger Bar. Über allem wacht die restaurierte *Rocca* des 12. Jhs. mit unergründlichen Besichtigungsszeiten und Panoramablick über das Trontotal zu den *Monti della Laga* und zum *Monte Vettore.* Wenige Schritte oberhalb des Dorfplatzes birgt die Kirche *San Salvatore* rechts vom Altar ein ungewöhnliches Holzkreuz des 12. Jhs.

Von Arquata gelangt man auf einer vor wenigen Jahren neueröffneten Tunnelstraße zügig nach *Norcia* in Umbrien. Schöner ist aber die Fahrt über die alte Passstraße. Beim höchsten Punkt, der **Forca Canapine** (1541 m) an der Grenze zu Umbrien, ist ein kleiner Ferienort entstanden. Im Sommer lassen sich hier herrliche Wanderungen in der weiten offenen Berglandschaft unternehmen. Ein einfach zu gehender Weg führt z. B. von der Forca Canapine nach Süden vorbei an kleinen Wiesentümpeln auf die Aussichtskuppen *Monte dei Signori* (1781 m) und *Monte Utero* (1807). Im Winter bieten die meist baumlosen nicht allzu steilen Hänge ein ideales Terrain für den Skilanglauf. Nördlich der Forca Canapine erstreckt sich, schon auf umbrischem Gebiet, die grandiose **Hochebene von Castelluccio.**

Information

- **Acquasanta Terme** 3640 Ew., 390 m ü. NN, Plz 63 041; **Arquata del Tronto** 1600 Ew., 770 m ü. NN, PLZ 63 043.

Faszinierende Südmarken mit Arquata del Tronto Castello und dem Monte Vettore

Unterkunft

In Acquasanta

- Das etwas altmodische **Terme*****/€-€€€ an der Hauptstraße ist ein freundliches Kleinstadthotel, Zimmer von unterschiedlicher Qualität und Größe, ruhiger ist es zur Rückseite hin, mit gutem Restaurant, Piazza Terme 20, Tel. u. Fax 07 36 80 12 63.
- Ordentlichen Komfort bieten die 164 Zimmer des etwas nüchternen großen Thermalhotels **Italia*****/€-€€, Via del Bagno 59, Tel. 07 36 80 12 69.

In Arquata del Tronto

- **Regina Giovanni*****/€. Das preisgünstige Neubauhotel an der Verbindungsstraße zwischen *Borgo* und *Castello* bietet mittleren Komfort, einige Zimmer ohne eigenes Bad, Via Salaria 5, Tel. 07 36 80 91 48, Fax 07 36 80 98 44.

Bei der Forca Canapine

In der einsamer Berglandschaft bei der Forca Canapine in etwa 1500 m Höhe gibt es drei Hotels (s. a. Kapitel Umbrien bei Castelluccio):

- Das einfache, ganzjährig geöffnete **Arquata***/€ wird von einer freundlich-selbstbewussten älteren Dame geführt, Unterkunft in jugendherbergsartig eingerichteten Zimmern ohne Bad, Gemeinschaftsduschen, mit gutem Restaurant, ganzjährig geöffnet, Via Nursina 11, Località Forca Canapine, Tel. 07 36 80 81 12, Halbpension etwa 40 €.
- Eine einfache Unterkunft ist auch das dem Arquata benachbarte **Kapriol***/€, Località Forca Canapine 4, Tel. 07 36 80 81 19, nicht ganzjährig geöffnet, zwischen Sommer- und Wintersaison jeweils längere Schließungszeiten.
- Das beste Hotel an der Forca Canapine ist schon auf der umbrischen Seite das recht

große **Canapine****/€€, 06 046 Norcia, Frazione Forca Canapine, Tel. 07 43 82 30 05, Fax 07 43 82 30 06, Voranmeldung ratsam, außerhalb der Saison muss man auch hier mit verschlossenen Türen rechnen.

Essen und Trinken

- Ausgezeichnete Küche im **Ristorante des Hotels Terme**** in Acquasanta Terme (s. o.), die gemischte Vorspeisenplatte *antipasti misti* ist eine kreative Folge kleiner Überraschungen, daneben gute Wild, Pilz- und Trüffelgerichte.
- Im gemütlichen Speisesaal des **Berghotels Arquata***-** an der Forca Canapine (s. o.) gibt es ordentliche, ländliche Traditionsküche, Landschinken, Pecorino, Linsen von Castelluccio, Dinkelsuppe, Nudeln mit Steinpilzen, anständige Portionen für hungrige Wanderer und Skiläufer.

Öffentliche Verkehrsmittel

- **Bus.** Nur werktags etwa 10 Busse auf der Strecke *Ascoli Piceno - Aquasanta - Arquata;* vier Verbindungen auf der Fernbuslinie *Rom - Ascoli Piceno - San Benedetto del Tronto,* die Busse halten auch in *Aquasanta* und unterhalb Arquarta im Ortsteil *Trisungo* an der Via Salaria, Fahrplan s. o.

Wanderung

☆Monti della Laga bei Umito

Die Wanderung führt eine lange Wegstrecke durch die schönen Laubwälder am Nordhang der einsamen Monti della Laga. Die Route folgt dabei dem Lauf des Wildbaches Fosso della Montagna. Auf halber Strecke und beim Ende des Hinweges trifft man auf zwei von Seitenzuflüssen gebildete kleine, pittoreske Wasserfälle mit Strudellöchern und Steinrutschen.

- **Dauer/Schwierigkeit:** Reine Gehzeit ca. 5½ Stunden, Anstiege insgesamt ca. 650 m, einfache Orientierung.
- **Verpflegung:** Keine Einkehrmöglichkeit unterwegs und auch nicht beim Ausgangspunkt,
- **Wanderkarte:** Siehe rechte Seite; der Kauf einer zusätzlichen Wanderkarte ist wegen der kaum zu verfehlenden Wegführung entbehrlich.
- **Wegverlauf:** Bei **Umito** endet die Stichstraße von Acquasanta mit einer Wendeschleife unterhalb eines neueren Kirchleins. 20 m hinter einem Brunnenhaus verlassen wir hier die Straße nach rechts und folgen einem Fahrweg über dem Bachtal des *Fosso della Montagna* (kleines Holzschild „Volpara"). Wir folgen jetzt immer dem Hauptweg geradeaus am orographisch rechten Ufer des Wildbaches. Bei einem Brückchen über den Bach rechter Hand (20 Min.) verengt sich der Weg etwas und steigt bald steiler an. Nach einigem Auf und Ab wird in einer deutlichen Rechtskurve ein Seitenbach überquert (50 Min.). Ein nach links abzweigender schmaler Pfad folgt dem Bachlauf in ein hübsches Seitental. Vorbei an einer Wasserrutsche und steil durch ein Waldstück mit großen Findlingen erreicht man nach etwa 25 Minuten den 50 m hohen, gestuften Wasserfall **Cascata della Prata.** Auf gleichem Weg geht es zurück zum Hauptweg (1 Std. 30 Min.), der 10 Minuten später rechts an einem Häuschen vorbeiführt und sich zu einem Pfad verengt. Auf stetig ansteigendem Pfad im Schatten des Laubwaldes wandert man rechts an einer Höhle mit altem Backofen vorbei

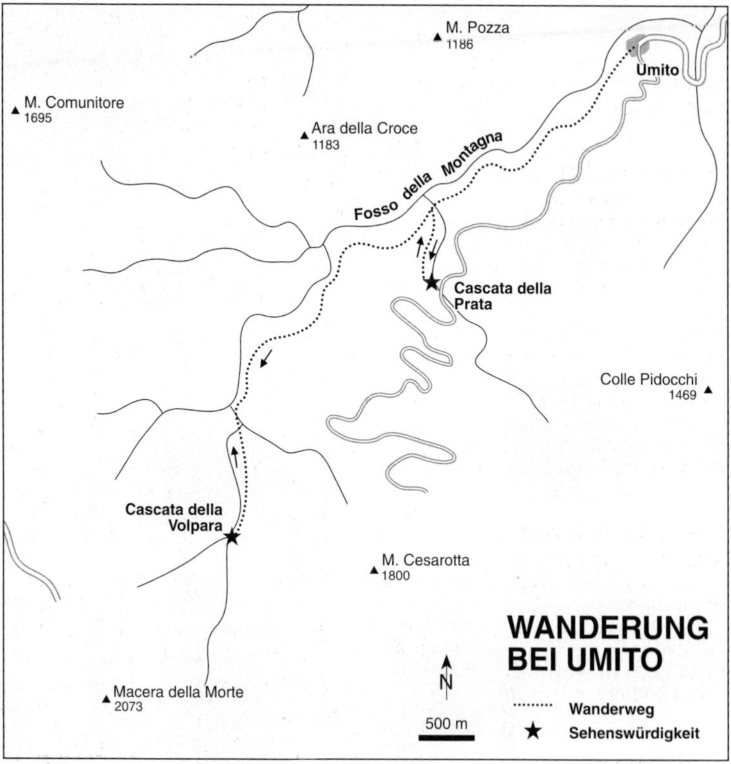

(2 Std.), 20 Minuten darauf wird ein Seitenbach mit hübschem Mini-Wasserfall gekreuzt.

Der Pfad steigt steiler an und führt an glatten Steinflächen mit einigen Gumpen entlang. Rechter Hand wird bald darauf die **Cascata della Volpara** sichtbar (3 Std. 10 Min.). Nur im Frühjahr, zur Zeit der Schneeschmelze, zeigt sich ein richtiger Wasserfall. Später bildet sich eine Wasserrutsche über felsige Geländestufen, nicht unbedingt spektakulär, aber doch sehenswert. Ein schmaler Pfad führt über zwei Seitenbäche hinweg zum Fuße der unteren Felsstufe. Links vom Wasser ansteigend erreicht man eine zweite Felsstufe, nach der sich der Pfad nach und nach verliert.

Dem Hinweg folgend gelangt man in gut 2 Stunden zurück zum Ausgangspunkt.

Anhang

Città della Pieve

Landschaft Fossonibrone
Grotta die S. Eustacchio

Know-How auf einen Blick

Taiwan
Tansania, Sansibar
Teneriffa
Thailand
Thailand – Tauch- und Strandführer
Thailands Süden
Thüringer Wald
Tokyo
Toscana
Transsib
Trinidad und Tobago
Tschechien
Tunesien
Tunesiens Küste

Umbrien
USA/Canada
USA, Gastschüler
USA, Nordosten
USA – der Westen
USA – der Süden
USA – Südwesten, Natur u. Wandern
USA SW, Kalifornien, Baja California
Usedom

Venedig
Venezuela
Vereinigte Arabische Emirate
Vietnam

Westafrika – Sahel
Westafrika – Küste
Wien
Wo es keinen Arzt gibt

Edition RKH

Burma – Land der Pagoden
Durchgedreht – 7 Jahre im Sattel
Finca auf Mallorca
Geschichten aus d. anderen Mallorca
Goldene Insel
Mallorquinische Reise
Please wait to be seated!
Salzkarawane, Die
Schönen Urlaub!
Südwärts Lateinamerika
Traumstr. Panamerikana
Unlimited Mileage

Praxis

Aktiv Algarve
Aktiv frz. Atlantikküste
Aktiv Gran Canaria
Aktiv Marokko
Aktiv Polen
All Inclusive?
Als Frau allein unterwegs
Bordbuch Südeuropa
Canyoning
Clever buchen/fliegen
Clever kuren
Daoismus erleben
Drogen in Reiseländern
Dschungelwandern
Essbare Früchte Asiens
Fernreisen a. eigene Faust
Fernreisen, Fahrzeug
Fliegen ohne Angst
Fun u. Sport im Schnee
GPS f. Auto, Motorrad
GPS Outdoor
Heilige Stätten Indiens
Hinduismus erleben
Höhlen erkunden
Inline-Skaten Bodensee
Inline Skating
Internet für die Reise
Islam erleben
Kanu-Handbuch
Kommunikation unterw.
Kreuzfahrt-Handbuch
Küstensegeln
Maya-Kultur erleben
Mountain Biking
Orientierung mit Kompass und GPS
Paragliding-Handbuch
Pferdetrekking
Reisefotografie
Reisefotografie digital
Reisen und Schreiben
Respektvoll reisen
Richtig Kartenlesen
Safari-Handbuch Afrika
Schutz v. Gewalt/Kriminalität
Schwanger reisen
Selbstdiagnose u. Behandlung unterwegs
Sicherheit/Bärengeb.
Sicherheit/Meer
Sonne, Wind und Reisewetter
Survival-Handbuch, Naturkatastrophen
Tauchen kalte Gewässer
Tauchen warme Gewässer
Transsib – Moskau-Peking
Trekking-Handbuch
Tropenreisen
Verreisen mit Hund
Vulkane besteigen
Wandern im Watt
Wann wohin reisen?
Was kriecht u. krabbelt in den Tropen
Wein-Reiseführer Dtschl.
Wein-Reiseführer Italien
Wildnis-Ausrüstung
Wildnis-Backpacking
Wildnis-Küche
Winterwandern
Wohnmobil-Ausrüstung
Wohnmobil/Indien
Wohnmobil-Reisen
Wracktauchen weltweit

KulturSchock

Afghanistan
Ägypten
Brasilien
China VR/Taiwan
Golf-Emirate, Oman
Indien
Iran
Islam
Japan
Jemen
KulturSchock – Mit anderen Augen sehen
Marokko
Mexiko
Pakistan
Russland
Spanien
Thailand
Türkei
Vietnam

Wo man unsere Reiseliteratur bekommt:

Jede Buchhandlung der BRD, der Schweiz, Österreichs und der Benelux-Staaten kann unsere Bücher beziehen.
Wer sie dort nicht findet, kann alle Bücher über unseren Internet-Shop unter **www.reise-know-how.de** oder **www.reisebuch.de** bestellen.

Register

Die Autoren

Georg Henke, Jahrgang 1950, arbeitet als Jurist, Fotograf und Reisebuchautor. Ausgedehnte Reisen führten ihn um die ganze Welt. In Europa zieht es ihn neben Südfrankreich vor allem nach Mittelitalien, das er seit 1980 regelmäßig bereist.

Danksagung

Danken möchte ich vor allem Gabriele und Dominik Pratesi aus Bremen für ihre engagierte Unterstützung bei der Recherche vor Ort.

Julia Sander, Jahrgang 1969, kam 1989 nach Umbrien, um die italienische Sprache zu lernen. In dieser Zeit entdeckte sie ihre Verbundenheit mit diesem Fleckchen Erde, zu den eigenbrötlerischen wie liebenswerten Bewohnern, zu der ausgezeichneten Küche und dem feinen Wein, dem sonnigen Klima, der italienischen Lebensart. Die Liebe zu der Region ließ sie letztendlich neun Jahre in Umbrien bleiben. Dort arbeitete sie im Weinbau, im Fremdenverkehrsbüro von Assisi, gab Deutschunterricht, vermietete Ferienwohnungen in einem Bauernhof und kochte für Gästefeiern. Heute lebt sie mit ihrem Sohn im oberbayerischen Chiemgau.

Danksagung

Ringrazio per il loro aiuto e sostegno tutti i miei amici, sopratutto:

Petra Zahn, Fausto Carloni e famiglia, Ilaria Zengherini, Stefania Maltoni, Luana Firrincieli, Stefano Herzel, Luisa Mauriello, la famiglia Tili e la mia famiglia. Un Grazie anche a tutte le Aziende di promozione Turistiche per la loro gentile collaborazione. E sopratutto voglio ringraziare Georg Henke, chi a continuato e compiuto il mio lavoro.

Grazie!

Bildquellennachweis

Julia Sander: 12/13, 24, 33, 42, 55, 69, 70, 82, 107, 135 u., 137, 150, 152, 157, 159, 163, 166, 175, 182, 218, 249, 360, 373, 399
Georg Henke: alle anderen Fotos.

Kartenverzeichnis

Kartenatlas

Übersichtskarten

Wanderkarten

Umgebung von Perugia
IV
V
III
VI
VI
Umbértide
0
8 km
1 : 330.000
Mengara
Abbazia di
Vallingegno
Scritto
Chiáscio
E45
Tévere
Montelabate
Piccione
Valfábbrica
Bosco
PERÚGIA
Città d.
Domenica
Assisi
Ponte
S. Giovanni
Bastia
S. M. d.
Angeli
Torgiano
E45
Ponte
Nuovo
Bettona
Deruta

Lago Trasimo und Umgebung
IV
Niccone
Umbértide
Cortona
Mercatale
Camucia
Terontola Staz.
Castel Rigone
Tuoro s. Tras.
Passignano s. Tras.
II
Isola Maggiore
I. Minore
Lago
Trasimeno
Castiglione del Lago
Magione
Monte del Lago
Corciano
I. Polvese
Pozzuolo
S. Savino
S. Arcangelo
Lago di Chiusi
Panicarola
Mugnano
Panicale
Chiusi
Paciano
Tavernelle
Sarteano
Città d. Pieve
Piegaro
1
Montegiove
Marsciano
Piazze
Monteleone d´Orvieto
La Scarzuola
VI
S. Casciano dei Bagni
S. Venanzo
Ficulle
0
8 km
1 : 300.000
E35
Prodo

V
II
III
XIV
0
8 km
1 : 300.000
Acqualagna
Cagli
M. Cátria
1701
Cantiano
1162
M. Petrano
M. Nerone
1525
Schéggia
Gúbbio
Piobbico
Apécchio
Pietralunga
Umbértide
Mercatello sul Metáuro
Bocca Serriola
730
Bocca Trabária
1049
Sansepolcro
S. Giustino
Città di Castello
Montone
Niccone
P.so di Viamággio
E 45
E 78
Tévere
Monterchi
Monte Santa Maria Tiberina
Morra
Caprese Michelángelo
Anghiari
le Ville
Palazzo d. Peto
Castiglion Fiorentino

XIV
Urbánia
Fermignano
E78
Mondávio
Corinaldo
S. Michele
Metauro
Gola d. Furlo
Acqualagna
S. Lorenzo in Campo
X
Piόbbico
Pérgola
Serra de Conti
M. Nerone 1525
Cagli
1162 M. Petrano
Eremo di Fonte Avellana
Arcévia
Monte-carotto
Cantiano
1701 M. Cátria
Sasso-ferrato
Serra S. Quírico
Gola d. Rossa
Gr. di Frasassi
IV
Schéggia
M. Cucco 1566
S. Vittore d. Chiuse
M. S. Vicino 1479
Gúbbio
Fabriano
Cerreto d´Esi
M. Puro 1155
Fossato di Vico
Mengara
Branca
Matélica
Gualdo Tadino
Chiáscio
Castelraimondo
Piόraco
Valfábbrica
Camerino
Nocera Umbra
Múccia
Serravalle di Chienti
Assisi
Eremo d. Carceri
M. Pennino 1571
Pieve Torina
S. M. d. Angeli
Valtopina
Colfiorito
XII
0 12 km
1 : 500.000
VI

II
III
VIII
PERÚGIA
Assisi
Éremo d. Cárceri
Ponte S. Giovanni
S. M. d. Angeli
Torgiano
E45
Spello
Chiasco
Bettona
Foligno
Tevere
Deruta
Bevagna
Marsciano
Gualdo Cattaneo
E45
Monti Martani
Montefalco
Bastardo
Tempio d. Clitunno
San Felice
0
8 km
1 : 330.000
Giano
M. Martano
1094
Massa Martana
Todi
Spoleto
Acquasparta

XII
Nocera Umbra
Serravalle di Chienti
1571
S. Giusto
XII
S. Lorenzo al Lago
Pieve Torina
Valtopina
Colfiorito
PARCO
NAZIONALE
DEI MONTI
SIBILLINI
M. Fema
1575
Ussita
Visso
2169
M. Bove
Abb. di Sassovivo
Sellano
833
Abb. S. Eutízio
Trevi
Preci
Castelluccio
1426
M. Serano
Cerreto
Nórcia
Nera
Serravalle
Vallo di Nera
San Felice
M. Coscerno
1685
Monteluco
Cáscia
Scheggino
1227
S. Pietro in Valle
VIII

Südumbrien
Ficulle
E 35
1
Pian-
castagnáio
Acqua-
pendente
Orvieto
L. di
Corbara
S. Lorenzo
Nuovo
Bolsena
Grádoli
Cívita
Bagnorégio
Lago di
Bolsena
Valentano
Capodimonte
S. Michele
in Teverina
Íschia
di Castro
Marta
Piansano
Monte-
fiascone
Grotte
S. Stéfar
Férento
Bomarzo
0
8 km
1 : 300.000
Canino
Tuscánia
VITERBO
Bagnáia
Marta
Nórchia
Caprarola
L. di Vico

VI
San Felice
Tempio d. Clitunno
Venanzo
Giano
Fonti d. Clitunno
M. Martano
1094
Todi
Massa Martana
Spoleto
odo
S. Pietro in Valle
Acquasparta
aschi
Montecastrilli
Cársulae
M. Torre Magiore
1120
Ferentillo
Guardea
San Gémini
TERNI
Amélia
Lugnano in Teverina
Piediluco
Narni
Orte
Gréccio
E 35
1
Otricol
Calvi d'Úmbria
Cottanello
Contigliano
oriano l Camino
Vignanello
Magliano Sabina
Borghetto
1287

Märkische Adria
und Hinterland Nord
ADRIA
ANCONA
Falconara
Maritt.
Senigállia
Marotta
Torrette di Fano
Fano
PÈSARO
Cattólica
Gabicce
Mare
Gradara
S. Ángelo
Cartoceto
Fossom-
brone
Mondolfo
Mondávio
Corinaldo
Ostra
S. Michele
S. Lorenzo
in Campo
Pérgola
Serra
de Conti
Montecarotto
Jesi
Monte
S. Vito
Chiaravalle
Polverigi
Agugliano
Numana
Sirolo
S. Maria
di Portonovo
B. di S. Pietro
Gola
d. Furlo
Cesano
Misa
14
E 55
E 78
0
12 km
1 : 500.000
XIV
V
IX

Märkische Adria und Hinterland Mitte
ANCONA
ADRIA
X
Monte Conero
S. Maria di Portonovo
Badia di S. Pietro
Camerano
Sirolo
Numana
Ósimo
Castelfidardo
14
Porto Recanati
Musone
Loreto
Monte-fano
Recanati
Potenza
0
8 km
1 : 300.000
E 55
Potenza Picena
Villa Potenza
Civitanova Marche
S. Maria a Piè di Chient
Macerata
S. Cláudio al Chienti
Porto S. Elpídio
Sforzacosta
S. Elpídio a Mare
Chienti
Corridónia
14
Monte S. Giusto
Porto S. Giórgio
Abb. di Fiastra
XII
Fermo
Mogliano
Marina Palmense
Tenna
Montegiórgio
XII

V
S. Severino Marche
Matélica
Castel-raimondo
Tolentino
Sant'Eustachio
Abb. di Fiastra
Urbisaglia
Camerino
Caldarola
Chienti
S. Ginésio
1435
S. Giusto
Múccia
Lago di Fiastra
Pieve Torina
S. Lorenzo al Lago
Sarnano
Sant di Macereto
Bolognola
Amándola
NATIONALPARK
1575
Ussita
Montefortino
Visso
M. Bove
2169
Montemónaco
DEI MONTI SIBILLINI
Abb. S. Eutízio
Castelluccio
M. Vettore
Triponzo
2476
Acquasanta Terme
Nórcia
Arquata d. Tronto
Serravalle
VI
DEL GRAN SASS

Märkische Adria Süd und Monti Sibillini
XI
14
dónia
Monte S. Giusto
S. Elpídio a Mare
Porto S. Giórgio
Fermo
ogliano
Marina Palmense
nte-rgio
Tenna
Pedaso
Aso
Servigliano
Monte-rubbiano
14
0
8 km
1 : 330.000
S. Vittória Matenano
Ripatransone
Grotta-mare
S. Benedetto del Tronto
Montalto d. Marche
Porto d´Áscoli
nanza
Acquaviva Picena
Offida
ÁSCOLI PICENO
Alba Adriática
E 55
Nereto
S. Egídio alla Vibrata
Tronto
Colle S. Marco
Civitella d. Tronto
ATIONALPARK
Bellante
Valle Castellana
Campli

Mercato Saraceno
RSM
S. MARINO
Cattólica
Gradara
Novafétria
MONTEFELTRO
S. Leo
Montefiore
Gonea
Morciàno di Romagna
Sáludécio
Mercatino Conca
S. Ágata Féltria
Marécchia
Pennabilli
M. Carpegna
1415
Macerata Féltria
Foglia
Sasso-corvaro
Castel-delci
1221
Simoncello
Carpegna
Urbino
Lunano
Sêstino
Badia Tedalda
S. Ángelo in Vado
Urbánia
Fermi-gnano
Borge Pace
Mercatello sul Metáuro
Metauro
Gola d. Furlo
Acqualagna
Bocca Trabária 1049
Piòbbico
M. Nerone
1525
Sansepolcro
Cagli
Apécchio
Giustino
Bocca Serriola 730
1162
M. Petrano
Eremo di Fonte Avellana
Cantiano
1701
M. Cátria
Città di Castello
Pietralunga
Schéggia
0
12 km
1 : 500.000
E 45
Gúbbio
Niccone
Umbértide
X
IV
V
III
II

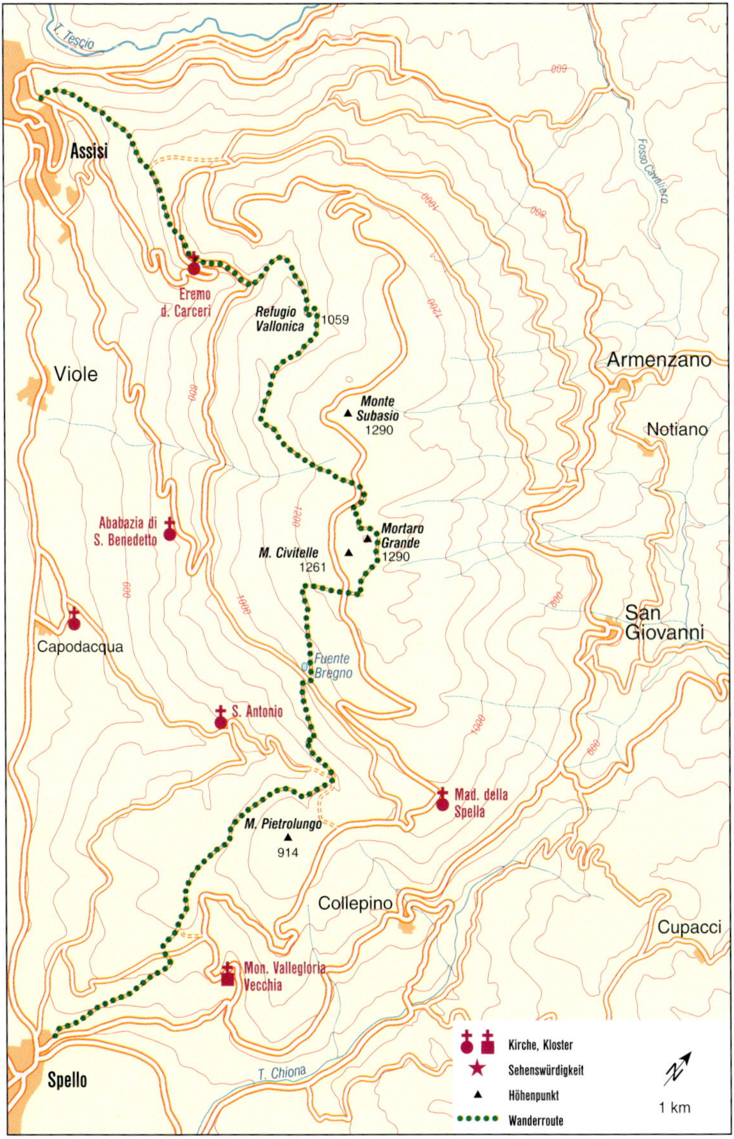
T. Tescio
Assisi
Eremo d. Carceri
Refugio Vallonica
1059
Viole
Monte Subasio
1290
Armenzano
Notiano
Ababazia di S. Benedetto
Mortaro Grande
1290
M. Civitelle
1261
Capodacqua
San Giovanni
Fuente Bregno
S. Antonio
Mad. della Spella
M. Pietrolungo
914
Collepino
Cupacci
Mon. Valleglorìa Vecchia
Spello
T. Chiona
Fosso Cavaliero
Kirche, Kloster
Sehenswürdigkeit
Höhenpunkt
Wanderroute
1 km

Colfiorito
Scòpoli
Sostino
Casale
M. Aguzzo
1102
M. Serrone
1046
1029
Sasso di Pale
958
Pale
S. Maria Gacobbe
Belfiore
Abbazia di Sassovivo
M. Casalini
695
Colle S. Lorenzo
394
Vescia-Scanzano
Uppello
S. Paolo
S. Giovanni-Profiamma
FOLIGNO
500 m
N
Kirche
Höhenpunkt
Wanderroute

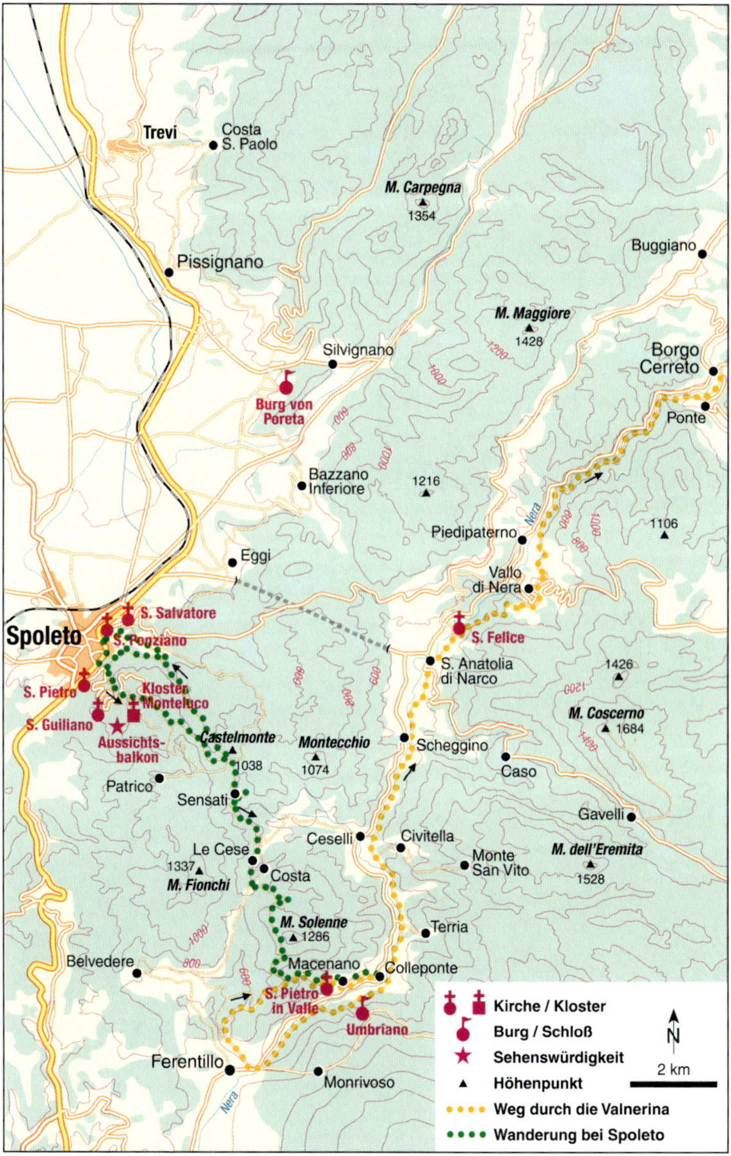

Kartenatlas

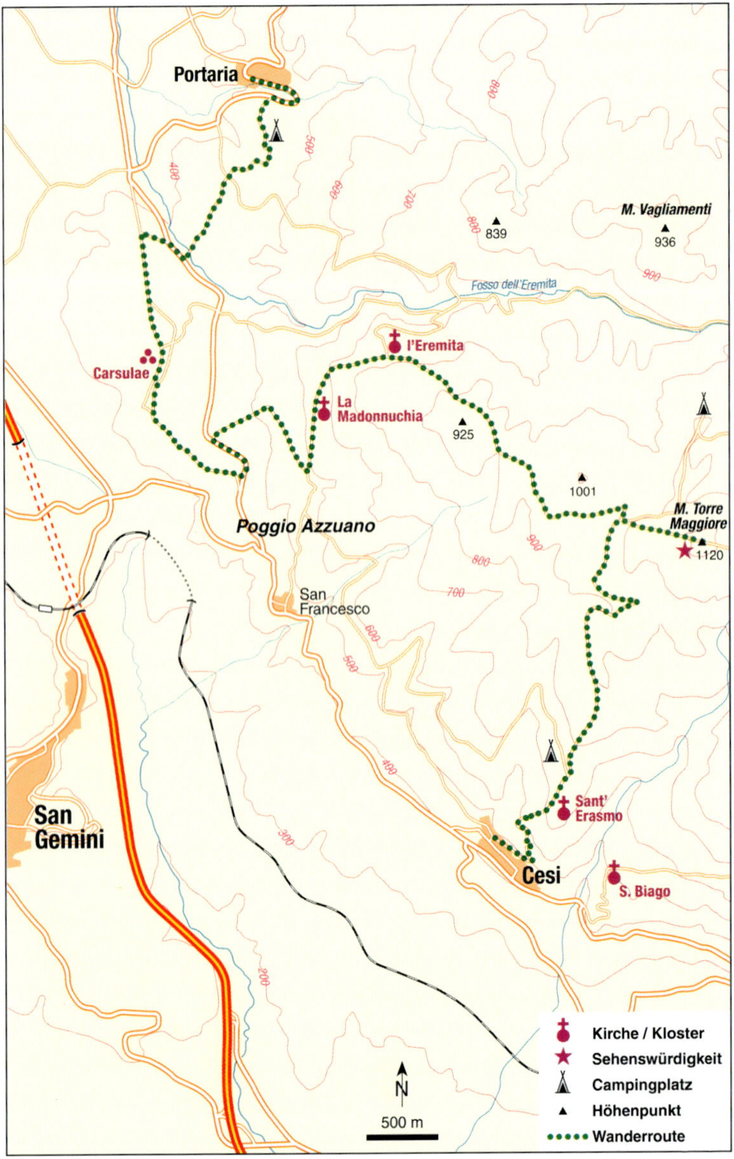
Portaria
M. Vagliamenti
936
839
Fosso dell'Eremita
l'Eremita
Carsulae
La Madonnuchia
925
1001
M. Torre Maggiore
1120
Poggio Azzuano
San Francesco
Sant' Erasmo
Cesi
S. Biago
San Gemini
N
500 m
Kirche / Kloster
Sehenswürdigkeit
Campingplatz
Höhenpunkt
Wanderroute

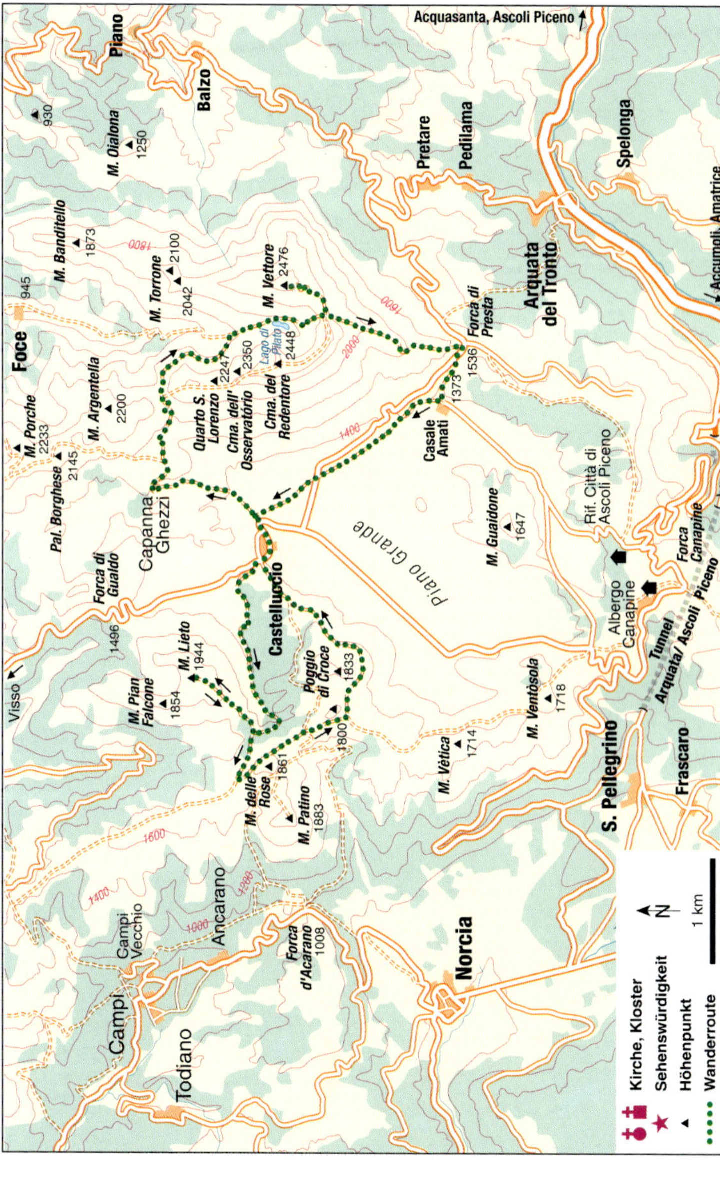

Kartenatlas

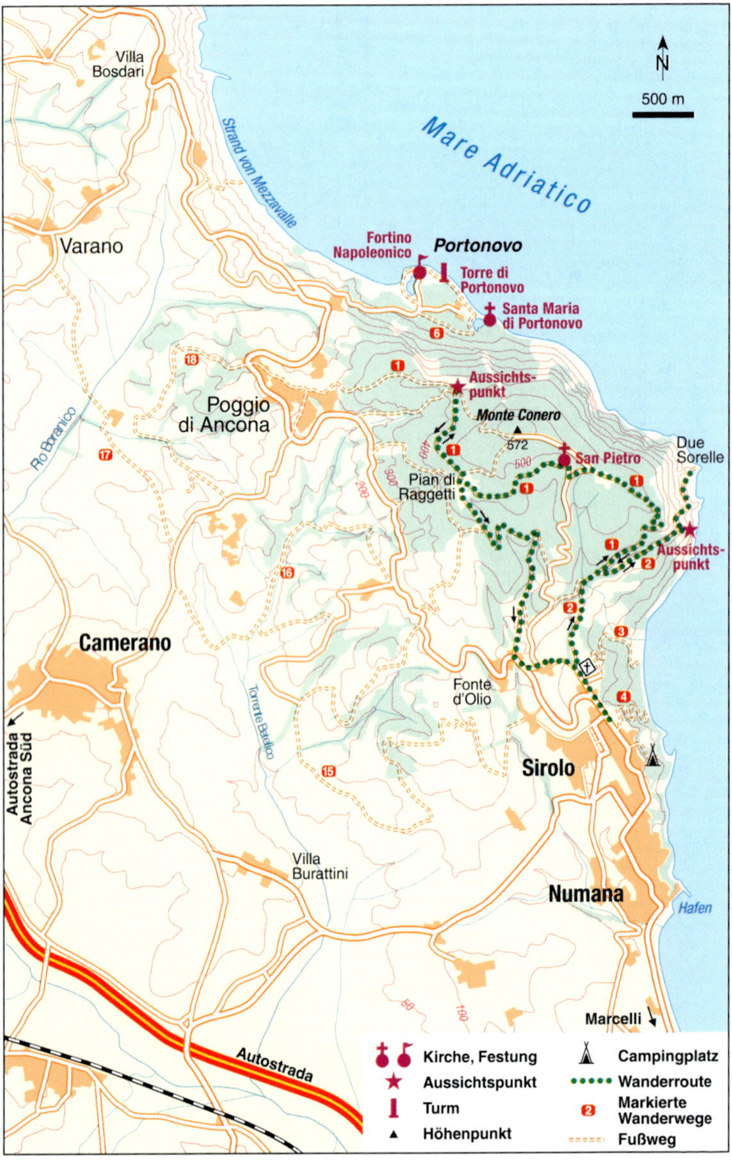
N
500 m
Mare Adriatico
Villa Bosdari
Strand von Mezzavalle
Varano
Fortino Napoleonico
Portonovo
Torre di Portonovo
Santa Maria di Portonovo
Aussichts-punkt
Poggio di Ancona
Monte Conero
572
San Pietro
Due Sorelle
Pian di Raggetti
Aussichts-punkt
Rio Boranico
Camerano
Fonte d'Olio
Torrente Betelico
Sirolo
Autostrada Ancona Süd
Villa Burattini
Numana
Hafen
Marcelli
Autostrada
Kirche, Festung
Aussichtspunkt
Turm
Höhenpunkt
Campingplatz
Wanderroute
Markierte Wanderwege
Fußweg

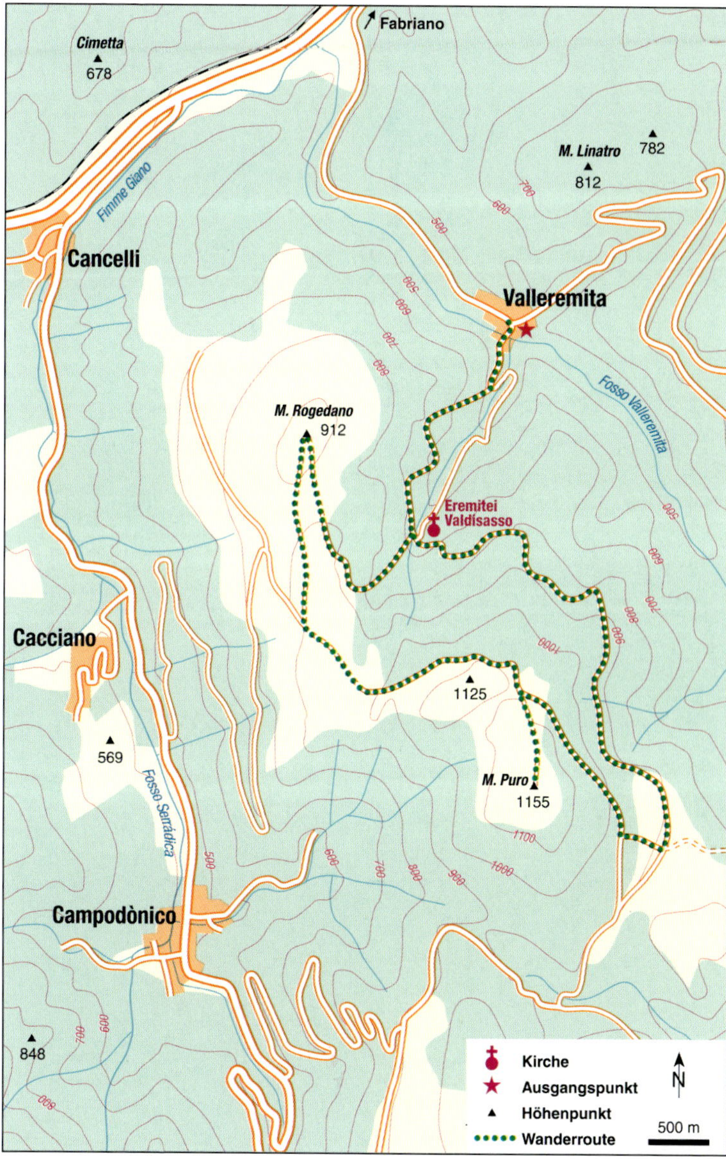
Fabriano
Cimetta
678
M. Linatro
812
782
Fimme Giano
Cancelli
Valleremita
Fosso Valleremita
M. Rogedano
912
Eremitei Valdisasso
Cacciano
1125
569
Fosso Serrádica
M. Puro
1155
Campodònico
848
500
600
700
800
900
1000
1100
Kirche
Ausgangspunkt
Höhenpunkt
Wanderroute
N
500 m

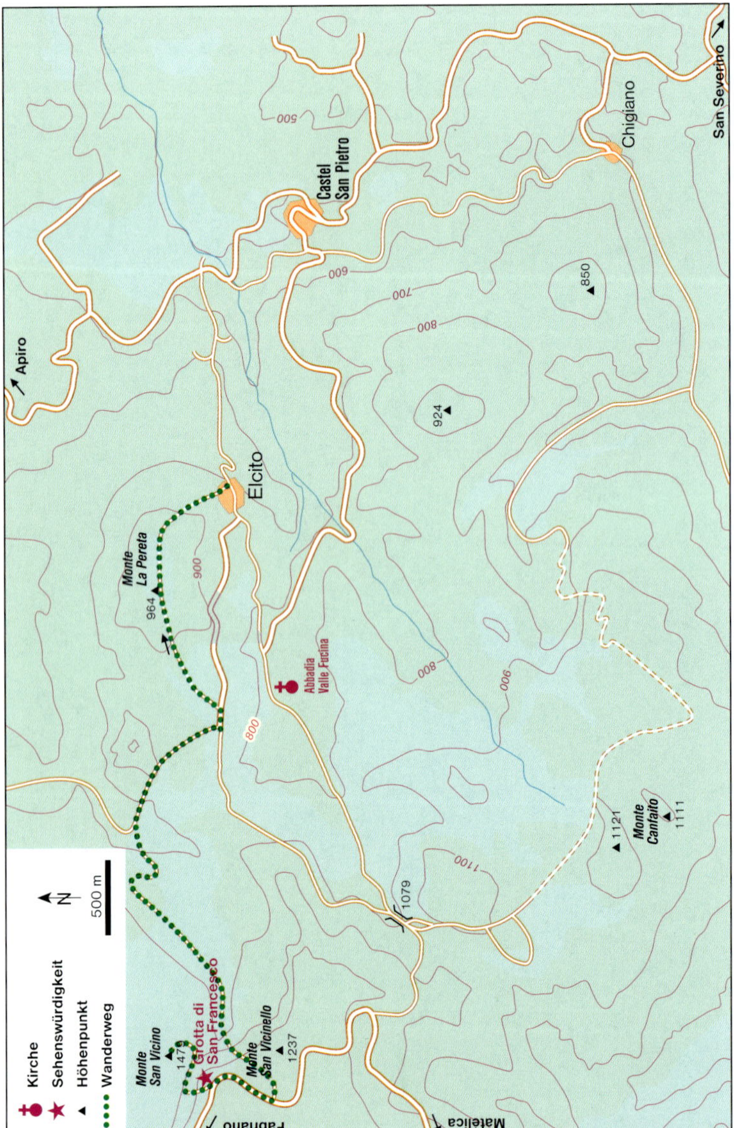

Kirche
Sehenswürdigkeit
Höhenpunkt
Wanderweg
N
500 m
Apiro
Castel San Pietro
Chigiano
San Severino
Elcito
Monte La Pereta
964
Abbadia Valle Fucina
850
924
Monte Canfaito
1121
1111
1079
Grotta di San Francesco
Monte San Vicino
1479
Monte San Vicinello
1237
Fabriano
Matelica
500
600
700
800
900
1100